Wilhelm von Gwinner

Schopenhauer's Leben

Wilhelm von Gwinner

Schopenhauer's Leben

ISBN/EAN: 9783742899286

Hergestellt in Europa, USA, Kanada, Australien, Japan

Cover: Foto ©ninafisch / pixelio.de

Manufactured and distributed by brebook publishing software
(www.brebook.com)

Wilhelm von Gwinner

Schopenhauer's Leben

SCHOPENHAUER'S LEBEN

VON

WILHELM GWINNER.

ZWEITE, UMGEARBEITETE UND VIELFACH VERMEHRTE AUFLAGE

DER SCHRIFT:

ARTHUR SCHOPENHAUER AUS PERSÖNLICHEM UMGANGE DARGESTELLT.

MIT ZWEI STAHLSTICHEN:

SCHOPENHAUER IM 21. UND 70. LEBENSJAHRE.

LEIPZIG:

F. A. BROCKHAUS.

—

1878.

Vorrede.

Wir armen Sterblichen tasten wie die Blinden umher, unserem bestandlosen Dasein Halt zu verleihen, und finden, wenn uns der Glaube nicht hilft, nur die trügerische Stütze des Nachruhms — jener Existenz in den Köpfen und wenn es hoch kommt in den Herzen unseresgleichen. Oder sollen wir fortleben in unseren Thaten, auch wo sie nur im Dunkeln wirken wie ihre Urheber? Ein schlechter Trost, selbst wenn der letzte Zweck solchen Thuns uns klar vor Augen stände und nicht die Zukunft in Nacht läge wie die Vergangenheit! Denn als Werkzeug zu dienen, um danach weggeworfen zu werden — dies sollte ein geistbegabtes Wesen befriedigen können?

Darum erwartet der sinnigere Mensch, wenn es ihm je gelänge, den Schleier der Wahrheit zu lüften, dass er — sich selbst zwar, aber in anderem Lichte als dem vergänglichen sähe: sein ewiges Urbild und damit das Urbild der Dinge; denn der Schlüssel zur Welt liegt im Menschen. Aber wenn er nur die Hülle zerreisst,

welche die geheimen Schrecken seines zeitlichen Zerr-
bildes deckt, so wird ihm die Wahrheit nimmer erfreulich
sein. Dies erfuhr jener Jüngling zu Sais, dies erfuhr,
schon am Morgen seines Lebens, der merkwürdige Mensch,
in dessen Kopfe sich die Welt, gleich der Fata-Morgana,
so verkehrt zu spiegeln schien, dass ihm die Zunftgenossen, deren Regel und Brauch er missachtet, nicht
allein seinen Platz lange mit Erfolg streitig machen,
sondern ihm sogar jeden Werth für die Wissenschaft
absprechen konnten. Und doch mussten sie sich sagen,
dass er von der Menge der Taglöhner wie selbst von
den Höherstehenden unter ihnen durch jenes Etwas sich
unterschied, was dem Namen der Sterblichen Dauer verleiht. Er gab der Welt ein Bild, das in sich Eins ist,
neu und bedeutsam, nicht willkürlich ersonnen, sondern
wahrhaft und wirklich erlebt, mag es ihr gefallen oder
nicht, mag sie darin sich wiedererkennen oder nicht
— es steht einmal da und wirkt, wie jedes echte
Werk des Genius, mögen seine Fehler sein welche sie
wollen. Dafür ist ausgesorgt, er hat seine Stelle, dank
der Lauterkeit seiner Absicht, für immer. Keines Professors Neid verdrängt ihn mehr daraus, keine Kritik,
keine Schmährede — freilich auch keine falsche Nachahmung und kein eitler Götzendienst, die es der Mode
gefällt, seiner Person und Weltansicht anzuhängen, heben
ihn darüber hinaus.

Was aber soll bei einem Manne, der sein ganzes

Innere sozusagen ausgeschrieben hat, dessen Leben, soweit es irgend öffentlichen Antheil erweckt, in seinen
Gedanken aufging, der Biograph noch leisten, damit er,
nicht müssig verherrlichend noch indiscret blossstellend,
dem Verlangen gerecht werde, mit dem inneren Menschen, wie er in seinen Werken von sich Zeugniss gibt,
den äusseren der Nachwelt im Zusammenhang zu zeigen?
Und hinwiederum was soll er thun, das Bild eines Lebens
dem Orcus zu entreissen, das, selbst im Lichte wandelnd,
sich den Blicken entzog und von Jugend auf ängstlich
vermied, sich dem Gemeinleben als dienendes Glied ein-
zufügen, dessen Anziehungspunkte zu theilen, geschweige
denn sich auszubreiten in dem weiten Umkreise menschlicher Reibung und Reizung?

Man sprach sonst von der Leerheit eines deutschen
Gelehrtenlebens, das über seine vier Wände nicht hinaus-
gekommen: unser Philosoph hat die Welt gesehen —
aber sie ihn nicht. Es fehlt selbst jener Kreis guter
Freunde, der seinem grossen Lehrer das Weichbild
Königsbergs erweiterte; kein classischer Zeuge seiner
Blütezeit ist übrig, kein vertrauter Briefwechsel —
Alles hat er in sich selbst vergraben oder in Philosopheme umgesetzt, sodass es den Anschein gewinnt, er
habe Allen, die sich um seine Person bekümmern, jene
Maxime einschärfen wollen, von welcher Voltaire meinte,
dass sie keine Ausnahme leide: „Saget der Nachwelt nur,
was der Nachwelt würdig ist!" Und doch erweckt eben

diese Verschlossenheit seines Privatlebens, diese einzigartige Weltscheu und Weltflucht, bei hoher Empfänglichkeit für die Reize des Lebens und frühzeitiger Gewöhnung an deren Genuss, gerade um des Widerspruchs willen ein um so dringenderes Bedürfniss, in die versteckten Falten einzudringen — nicht aus Neugierde, sondern um Freund wie Feind in Stand zu setzen, über die Stellung seiner Schriften zu seiner Persönlichkeit richtig zu urtheilen.

Unwillkürlich nehmen wir an diesen Schriften einen vorzugsweise praktischen Antheil, weil eben der ganze Mensch daraus spricht zum ganzen Menschen — über Dinge, die Jeden wesentlich d. i. als Träger eines Willens angehen und sich deshalb auch im Wollen und Thun eines Jeden eigenthümlich abspiegeln. Diesem Bedürfnisse, einer Persönlichkeit so nahe als möglich zu treten, deren Gedanken uns erregt haben, sei es auch antipathisch, diesem Bedürfnisse, von welchem Lessing sagt, dass es einem Schriftsteller gegenüber, den man erst lieb gewonnen, auf die geringste Kleinigkeit sich erstrecke, ist man in neuester Zeit gewohnt, durch die unermüdlichsten und gewandtesten Kräfte genügt zu sehen. Selbst das nicht seltene Uebermaass im Einzelnen möchten Viele ungern vermissen, in der Zuversicht immer tiefer in die Werkstätte des Genius hineingeführt zu werden; denn je mehr der Stoff anwächst und sich vervielfältigt, desto sicherer und vertrauter schaltet damit die Gestaltungskraft jener mustergültigen Biographen. Mit ihnen in

die Schranken zu treten, liegt mir fern, schon weil ich
bei weitem nicht Alles beisammen hatte, was dazu
gehört, und mir Gelegenheit und Neigung fehlten,
es zusammenzubringen. Da ich jedoch meine bald
nach Schopenhauer's Tod erschienene Gelegenheitsschrift:
„Arthur Schopenhauer aus persönlichem Umgange dargestellt", den Anforderungen, welche fortwährend an dieselbe gestellt werden, ihrer ganzen Anlage nach nicht mehr
entsprechend finden und mich deshalb zum unveränderten
Wiederabdruck derselben nicht entschliessen konnte, musste
ich die umfassendere Arbeit einer Zusammenstellung des
mir von Schopenhauer selbst Ueberlieferten mit dem mir
aus den Händen seiner Erbin, seiner Freunde und Anderer gebotenen Materials übernehmen, indem ich dabei
auf die Nachsicht Derer rechne, welche diese Arbeit
lieber jetzt unvollkommen, aber doch von einem Augen-
und Ohrenzeugen, als später von einem ferner Stehenden
gründlicher vollbracht sehen — sollten sie auch, wie ich
fürchte, finden, dass nicht überall das rechte oder auch
nur gleiches Maass eingehalten, sondern hier zu viel,
dort zu wenig gegeben oder gesagt sei. Ja ich muss auf
den Vorwurf gefasst sein, meiner früher ausgesprochenen
eigenen Ansicht und Schopenhauer's Sinn zuwider manche
Züge und Windungen seines Lebenslaufs der Oeffentlichkeit übergeben zu haben, welche rein privater Natur
sind. Aber nachdem das Bedenklichste dieser Art von
ihm und über ihn einmal bekannt geworden und auch

die Zeit eingetreten ist, die er, bei der Mittheilung
„einiger Verse" in seinen Parergen, noch in weiter Ferne
sah: da man nämlich an seiner Philosophie „einen so
lebhaften Antheil nehmen werde, dass man sogar irgendeine Art von persönlicher Bekanntschaft mit dem Urheber
derselben wünschen werde" — däuchte mir Alles am
Platze zu sein, was zur Vervollständigung des Bildes
seiner Persönlichkeit beizutragen vermag.

Wem also hierbei die Grenzlinie überschritten zu
sein scheint, der klage mich an,' nicht Schopenhauer,
eingedenk dessen, dass jedes Einzelleben, wie Heinrich
Steffens so schön gesagt hat, zwischen seinem Urbilde
und Zerrbilde schwankt; der entschuldige mich oder
spreche mich frei, wenn er findet, es gelte in etwas von
Schopenhauer's Leben, was dieser vom Leben der Pflanzen
sagt, nämlich dass dieses auch die geheime Seite unverhüllt zeigt — nicht etwa weil er sich ihrer nicht ge-
schämt hätte, sondern aus einer angeborenen, neben seiner
Aengstlichkeit und Verheimlichungssucht doppelt merkwürdigen Unfähigkeit zur Verstellung, aus seiner —
exorbitanten Wahrheitsliebe. Ein solcher Mensch
darf allerdings nicht mit dem Maasse des gemeinen
Mittelschlags gemessen werden. Er fühlte dies selbst
nur zu wohl, als er drei Jahre vor seinem Tode dem
Dr. David Asher, der ihn gefragt, ob er bereits Jemand die Erlaubniss ertheilt hätte, seine Biographie
zu schreiben, antwortete: „Meine Biographie will ich

nicht schreiben noch geschrieben wissen. Die kleine
Skizze, die ich dem Prof. Erdmann auf Verlangen gemacht, die auch Frauenstädt wiedergegeben hat, und zwei
ähnliche in Meyer's Conversations-Lexikon und Pierer's
Real-Lexikon genügen. Mein Privatleben will ich nicht
der kalten und übelwollenden Neugier des Publikums
zum besten geben." Dieses sein Privatleben galt ihm
seinem Schriftstellerleben gegenüber für ganz unwerth
und nichts weniger als mustergültig für irgend wen, geschweige denn für Alle. Er hatte sich selbst nur damit
abgefunden, so gut es ging, und es war damit öfter übel
als leidlich gegangen.

Sollte daher mein Buch in diesem oder jenem Punkte
indiscret gefunden werden, so möge der Leser desto
discreter sein und vor Allem nicht der banalen Spur
Jener folgen, welche Schopenhauer's äusseres Leben zur
Kritik seiner Lehre missbrauchen. Der Darstellung und
Beurtheilung dieser Lehre, soweit solche nicht zum Verständnisse seines Lebens und Charakters ganz unum-
gänglich sind, habe ich mich um so mehr enthalten zu
sollen geglaubt, als sonst das Erscheinen dieser Biographie noch mehr als schon geschehen, verzögert worden
wäre; obwol das seit Schopenhauer's Tod an allen Orten
darüber Aufgehäufte der Sichtung und Richtung fast
so dringend harrt, als dies zu jener Zeit, da Schopenhauer seine „Kritik der Kantischen Philosophie" schrieb,
bei dieser der Fall gewesen. Es war ihm nicht be-

schieden, selbst noch einzugreifen in die von ihm gegen das Ende seines Lebens geweissagten, vorzüglich durch seine und Darwin's Theoreme so lebhaft wiedererwachten philosophischen Kämpfe. Das „metaphysische Bedürfniss", über das er so schön geschrieben, schien im letzten Abschnitt seines Lebens allmählich der Liebhaberei verfallen zu sein, so wenig fragte die strengere Forschung noch nach übersinnlichen Problemen. Aber mit einem mal trat die Wendung ein, und zwar von der erkenntnisstheoretischen Seite: Die Physiologen stellten sich offen unter Schopenhauer's Fahne, die Psychologen und Physiker gingen an seiner Hand auf Kant zurück — überall zeigten sich die Spuren seiner Gedanken.

Vollends aber gewann der praktische Theil seines Systems, für welchen die Zeitgenossen seiner Jugend so gut wie kein Verständniss gehabt — sonst wäre er nicht so lange verborgen geblieben — einen so tiefgreifenden Einfluss, dass selbst die Caricatur seines Pessimismus in der „Philosophie des Unbewussten" mit einem in den Annalen der philosophischen Literatur Deutschlands beispiellosen Erfolge gekrönt werden konnte.

Nach alle dem kann es nicht meine Aufgabe sein, jetzt noch auf die Angriffe zu antworten, zu welchen mein Charakterbild Schopenhauer's auf entgegengesetzten Seiten Anlass geboten hat. Ich wiederhole nur, was ich vor sechzehn Jahren gesagt: Dass es nicht meine Absicht gewesen, ihn der Menge näher zu bringen, noch ihn in

den Augen Derer zu heben, die nie ihr geistig Brod
mit Thränen gegessen haben, am wenigsten aber ihm
die Gunst solcher Anhänger zu wahren, die neben dem
Denker den Heiligen suchen, Natur und Gnade zumal
begehren. Ich wiederhole, wir sind überhaupt nicht
mehr eingerichtet für Ausnahmsmenschen dieser Art,
sie passen nicht in unseren Culturstaat; je mehr sie
von sich reden machen, desto gründlicher müssen sie
abgestossen werden, bei Lebzeiten schon und mehr noch
nach ihrem Tode. Aber unbeschadet dieses politisch
nothwendigen Scherbengerichts dürften wir wol dem
Genie seine Ehre lassen und uns hüten, Gefallen daran
zu finden, wenn dasselbe um der Schwächen seines
Trägers willen herabgezogen wird.

Niemand hat treffender, lebendiger, überzeugender
die Grundverschiedenheit der moralischen und intellectuellen Werthschätzung dargelegt als Schopenhauer.
Wenn er nun selbst nicht das schöne Lob verdient,
welches die Athener auf das, nach Antigonos' Rath, dem
Zenon gesetzte Denkmal schreiben konnten: dass sein
Leben seiner Lehre gleich gewesen sei, und wenn wir
mit Cicero im Widerspruche zwischen Leben und Lehre
das Schmählichste finden wollten, was wir uns denken
können (Tusc. Quaest. II, 4) — bleibt er um deswillen
nicht gleichwol der Autor seiner Werke? und ziemt es
uns, über den Menschen zu Gericht zu sitzen, wenn der
Denker in die Ehrenhalle Eintritt verlangt, wo ein Baco

von Verulam sitzt wie ein Sokrates? Mit Unrecht zum
wenigsten würfe man den, der den seltenen Werth eines
wahrhaft productiven Geistes aus der Masse mittel-
mässiger und schlechter, das Gold der Wissenschaft nur
breitschlagender hervorhebt, mit den neuesten Markt-
schreiern und Industrierittern in der Philosophie zusammen, welchen Schopenhauer zum Modegötzen geworden ist, den sie bald sinnlos auf den Thron des
Weltheilandes erheben, bald zum Schwungbret für die
tollsten Luftsprünge herabwürdigen.

Ja, was ich im Angesicht seines Sarges gesagt: seine
Lehre werde, wie der Schnitt seines Rockes, aus der
Mode bleiben, das sage ich noch; weil ich der Meinung
bin, es sei im Grunde nur das Zerrbild, nicht das seinem
Träger selbst nur für Augenblicke zu Gebot gestandene,
allein bedeutsame Urbild, mit dem sich der grosse
Haufen seiner Verehrer zu schaffen macht, indem er
aus Schopenhauer das für sich herausnimmt, was seinem
überreizten Gaumen eben zusagt, obgleich es, so genossen,
lauteres Gift ist — ein Gift, das eben Denen am ersten
verleidet werden muss, die es bei schwacher Verdauungs-
kraft am unbedachtsamsten nehmen. Diesem ungesunden,
unreifen Schopenhauer-Cultus hoffe ich durch die ungeschminkte Darstellung des zwar im höchsten Grade
ungewöhnlichen, aber doch nur allzu menschlichen Menschen wesentlich Abbruch zu thun und damit zugleich
die Mitschuld an jenem Götzendienste zu sühnen, die

meiner vielleicht zu enkomiastischen Zeichnung seines
Lebensbildes von 1862 zur Last fallen könnte.

Damals freilich, kurz nach seinem Hintritte, galt es,
der Welt zu sagen, wer er gewesen und was er ihr
bieten könne; heute thut ihr daneben ein deutlicher
Einblick in die Mängel und Fehler seines Geistes noth.
Soll aber die edelste Frucht desselben uns nicht verloren sein, so muss die wahre Bedeutung seines „Idealismus" dem Verständnisse näher gebracht und sein zur
Modefratze entstellter „Pessimismus" dem in naturalistischer Selbstverblendung tief herabgekommenen inneren
Leben der Menschheit zum heilsamen Gegengift dienen.
Der Werth einer Philosophie nämlich, die einerseits die
nur secundäre, nur physische Bedeutung unserer sinnlichen und discursiven Erkenntniss gegenüber der primären, metaphysischen Dignität des ethischen Factors
unseres Bewusstseins nachweiset; einer Philosophie, in
der sich die uns erscheinende Welt als ein, man darf
sagen zufälliges Mittel zu einem über alle ihre Herrlich-
keiten erhabenen, supramundanen Zwecke darstellt; einer
Philosophie, die uns andererseits eben diese räthselhafte
Welt näher rückt, indem sie uns durch das Medium
unseres eigenen Willens die Wirkungsweise der Naturkräfte *realiter* und synergistisch erfahren lehrt; einer
Philosophie endlich, welche die ausschliessliche moralische
Bedeutung dieses Zeitlebens in der Darlegung des geheimen Dranges aller Naturkräfte nach ihrer αχμη, der

Erkenntniss, und ihrer Selbstkritik nach Erreichung
dieses Zieles im selbstbewussten Leben sozusagen *ab ovo*
demonstrirt — der Werth, sage ich, einer solchen Philosophie in einer Zeit, die von der Selbstherrlichkeit und
dem „Selbstzweck" der Natur dergestalt durchdrungen
ist, dass sie den Geist, der speculirt, als solchen tief
verachtend, der schönen grünen Weide der Empirie nicht
satt wird — hat sich bereits fühlbar gemacht und wird
sich mehr und mehr fühlbar machen. Lebensübermuth
und Lebensüberdruss treffen, wie alle Extreme, schnell
zusammen. Ein bei letzterem angelangtes Geschlecht
wird sich nicht Hütten bauen auf Schopenhauer's Boden;
aber es wird vielleicht seinen Uebergang über ihn nehmen:
vom Wissen zum Glauben, und die Brücke abbrechen, sobald es dieselbe hinter sich hat — mit dem grossen
Apostel erkennend, nicht allein, was unser Freund ja
mit seltener Klarheit erkannte: dass wir hienieden nur
durch einen Spiegel sehen im Dunkeln und „die ganze
Schöpfung zusammenseufzet und in Wehen liegt bis jetzo";
sondern auch, was er nicht erkannte, dass „die Leiden
dieses Zeitlebens für nichts zu achten sind gegen die
Herrlichkeit, die an uns enthüllt wird in der Befreiung
von der Knechtschaft der Vergänglichkeit".

Frankfurt a. M., im September 1877.

Inhalt.

XVII. Schluss.

I.

1788 — 1806.

Die väterlichen Ahnen Arthur Schopenhauer's stammen der
Familientradition zufolge aus Holland. Schopenhauer wollte dies
schon aus der Schreibart seines Namens folgern. Auch sein mütter-
licher Ururgrossvater war Prediger an der Kathedrale zu Gorkum.
Den väterlichen Urgrossvater, Andreas Schopenhauer, finden wir zu
Anfang des 18. Jahrhunderts als Pachter auf der in der Mitte der
Danziger Nehrung gelegenen bedeutendsten städtischen Domäne, Stuthof, der nämlichen, welche ungefähr neunzig Jahre später der mütterliche Grossvater Schopenhauer's, der Rathsherr Christian Heinrich
Trosiener innehatte. Damals, 1789, lebte noch, als uraltes Inven-
tarstück des Hofes, ein mehr als hundertjähriger Greis, der in Andreas Schopenhauer's Diensten gestanden und nun den kleinen Arthur
auf dem Arme trug, ihn beharrlich Andreas nennend, da er sich
nicht ausreden liess, dass es der ebenso geheissene Sohn seines
alten Herrn sei: die dazwischenliegenden Generationen hatte er
vergessen. Er war Zeuge eines unerwarteten Besuchs Peter's des
Grossen und Katharina's auf Stuthof gewesen und hatte dieses
denkwürdigste Ereigniss seines langen Lebens in so guter Erinnerung behalten, dass er lebhaft zu erzählen verstand, wie der
Kaiser und seine Gemahlin das Haus durchzogen, um sich ein
Schlafzimmer zu wählen, bis ihre Wahl auf eines gefallen war,
das weder Ofen noch Kamin hatte. Nun galt es, bei strenger

Kälte, diesen Raum zu erwärmen: guter Rath war hier theuer, aber Herr Andreas Schopenhauer wusste ihn schnell und zu allerhöchster Zufriedenheit zu finden. Die untapezierten Wände und der mit holländischen Fliesen ausgelegte Fussboden gestatteten die Ausführung: mehrere Fässchen Branntwein wurden herbeigeschafft, in das Zimmer ausgegossen und angezündet. Jauchzend blickte der Czar in das zu seinen Füssen wogende Feuermeer, während alle Anstalten getroffen waren, die weitere Verbreitung desselben zu verhindern. Sobald es ausgebrannt war, begab sich das hohe Paar in dem erhitzten, mit Qualm und Dunst gefüllten Raume zur Ruhe, stand am Morgen ohne Migräne wieder auf und verliess rühmend das gastfreie Dach seines Wirthes. Als einen Mann von grosser Thatkraft und Entschlossenheit zeigt diesen auch eine auf den Urenkel vererbte elfenbeinerne Büste.

Sein Sohn Andreas führte ein arbeitsames Leben. Von den Mühen desselben ruhte er zuletzt in stiller Zurückgezogenheit auf seinem Landgute in dem eine halbe Meile von Danzig entfernten Flecken Ohra aus, wo sich die, 1861 restaurirte Familiengrabstätte befindet, einem Wohnhause mit ausgedehntem Garten und einer öffentlichen Allee, die bis zu ihrer Abholzung in den funfziger Jahren den Namen der Familie führte. Meine, aus danziger Nachrichten, auf Grund deren dieser Grossvater Schopenhauer's auch irrthümlich Johann Friedrich benannt worden, geschöpfte frühere Angabe, dass derselbe den Wohlstand der Familie aufs höchste gebracht habe, kann jedoch nicht von der spätern Zeit seines Lebens gelten, da seine Schwiegertochter bezeugt, es sei ihm ausser den Liegenschaften in Ohra zuletzt wenig übriggeblieben. Die politischen Umgestaltungen jener Zeit hatten die schwersten Vermögensverluste in Danzig zur Folge, und so war auch dieser thätige Mann, wahrscheinlich durch den Besitz polnischer Schuldverschreibungen von seinem frühern Wohlstande bedeutend zurückgekommen. Er starb 1794 mit Hinterlassung einer Witwe, der Tochter eines alten danziger Patricierhauses, Anna Renata Saermans, über welche Johanna Schopenhauer ihrem Sohne schreibt, sie sei von so heftigem

Charakter gewesen, dass sie zuletzt, nach ihres Mannes Tode, für wahnsinnig erklärt und unter Vormundschaft gesetzt worden sei. Obwol ein alter Freund der Familie mit diesem Amte betraut worden, so habe sich doch Schopenhauer's Vater durch das „heillose gerichtliche Verfahren" gegen seine Mutter tief gekränkt gefühlt, aber „wegen des blödsinnigen Andreas" nichts ändern können.

Michael Andreas, ihr ältester Sohn, nämlich war von Jugend auf geistesschwach, sodass der Rückschluss auf eine Geisteskrankheit der Mutter mag gerechtfertigt geschienen haben, obwol von eigentlichem Irrsinne, geschweige von Tobsucht, bei dieser nichts vorgekommen sein kann, da sie in dem Gartenhause zu Ohra ohne Aufsicht wohnen blieb. Dort besuchte sie ihre Schwiegertochter 1799 und „fand das ganze Haus leer — man hatte Alles gerichtlich verkauft — tröstete sie, beruhigte sie, schaffte an, was ihr fehlte und sorgte für ihre Bequemlichkeit". Aber wie sie die Mutter gefunden habe, werde sie nie vergessen. Bald darauf erlöste dieselbe der Tod.

Auch der zweite Sohn, Karl Gottfried, war nach Johanna's Schilderung „ein durch Ausschweifung halb wahnsinnig gewordener Mensch", hatte sich von seiner Familie losgerissen, lebte „in einem Winkel mit schlechtem Volk" und hinterliess bei seinem 1795 erfolgten Tode, ungeachtet einer ihm von seinem Bruder Johann Friedrich anerfallenen erheblichen Erbschaft fast nichts als ein Testament, in welchem seinen Geschwistern der „Pflichttheil", Andern dagegen viele Tausende vermacht waren, worüber die ganze Stadt lachte, sodass sein trauriges Leben noch einen heitern Schluss hatte.

Ja, auch der jüngste, 1747 geborene Sohn Renata's, Heinrich Floris, der Vater Arthur's, blieb, wie wir sehen werden, in seinem letzten Lebensjahre nicht frei von Geistesstörungen. Er war ein ungewöhnlicher Mensch. Sein Körperbau war gedrungen und gross, sein Gesicht breit, wie das seines Sohnes, auch war er harthörig, wie dieser, nur in höherm Grade und bereits in jüngern Jahren, während

1*

sein Sohn erst seit einer im siebenunddreissigsten Lebensjahre be-
standenen Krankheit über einseitige Abnahme des Gehörs zu klagen
hatte. Eine etwas aufwärts strebende Nase und ein grosser Mund
mit vortretendem Unterkiefer gereichten dem übrigens sehr stattlichen Manne so wenig zur Zierde, dass, als er am 22. Februar
1788 nachmittags mit erhitztem Kopfe ins Comptoir trat und seinem Personal die Worte entgegenstammelte: „ein Sohn geboren!"
der ihm gegenübersitzende Buchhalter, ein lebhafter witziger Mann,
sich feierlich erhob und, im Vertrauen auf die Taubheit des Prin-
cipals mit der Anrede gratulirte: „Wenn er dem Papa ähnlich
wird, muss er ein schöner Pavian werden." Aber Heinrich Floris
Schopenhauer war ein Mann von Intelligenz und ausserordentlicher
Willenskraft, der das Ansehen, das er in seiner Vaterstadt genoss, ganz allein sich selbst zu danken hatte. Mit ungewöhnlich
starkem Sinn für Freiheit und Recht verband er den Stolz des
Patriciers und Aristokraten, den unternehmenden Geist und die
Ausdauer des hanseatischen Kaufherrn. Die von ihm in Gesellschaft mit seinem Bruder Johann Friedrich in Blüte gebrachte
Grosshandlung hatte ihn reich gemacht, als Ereignisse, denen
keine Bürgertugend gewachsen war, seine Vaterstadt und ihn selbst
allmählich der Vortheile beraubten, durch welche beide vordem
begünstigt gewesen waren. Aber er beugte seinen Nacken nicht
unter das Geschick, sondern trat demselben entschlossen entgegen.
Furchtlose Offenheit war ein Grundzug seines Charakters, an
dessen Eigenheit er mit der nämlichen rücksichtslosen Zähigkeit
festhielt, die das Leben seines Sohnes auszeichnet. Der überaus
heftige und dabei in wichtigen Dingen bis zur Starrheit feste, sich
worthaltende Wille beider widerlegt die gemeine Meinung, nach
welcher Beharrlichkeit nur bei ruhigen Naturen zu finden wäre:
der Grundton überdauert die momentanen Ausschweifungen in der
Consequenz solcher Charaktere und verleugnet sich selbst nicht in
der heftigsten Erregung.

Die allgemeine Gunst seiner Mitbürger zog er zuerst durch
einen Vorfall auf sich, der uns mitten in die Geschichte der

schicksalreichen Stadt versetzt. Friedrich II. hatte die seit der ersten Theilung Polens zur Beute Preussens ausersehene hanseatische Republik, um ihr jede Zufuhr von der Landseite abzuschneiden, mit einem Armeecorps eingeschlossen. Der Commandeur desselben war bei Andreas Schopenhauer in Ohra einquartiert. Um dem alten Herrn seinen Dank für die erzwungene aber gastfreundliche Aufnahme zu bezeigen, liess der General dem in der Stadt wohnenden Sohne desselben, welcher ausgezeichnet schöne Pferde hielt und für dieselben eine in Danzig fast sprichwörtlich gewordene Vorliebe hegte, freie Einfuhr der Fourrage anbieten. Heinrich Floris aber schrieb darauf: er danke dem preussischen General für seinen guten Willen; sein Stall sei jetzt noch versehen, und wenn der Vorrath verzehrt sei, lasse er seine Pferde todtstechen.

Diesen seinen glühenden, während der jahrelangen Drangsale seiner Vaterstadt grossgezogenen Preussenhass bethätigte er nicht nur mit Worten, sondern er opferte demselben, als sich Danzigs Schicksal 1793 entschied, nach einem längst gefassten Entschlusse, Vaterland und Vermögen, indem er, 24 Stunden, nachdem ihm die Gewissheit der preussischen Herrschaft geworden, sein Comptoir schloss und mit den bedeutendsten Verlusten — die Abzugssteuer allein betrug zehn Procent des gesammten Vermögens — nach Hamburg übersiedelte. Und doch war ihm schon frühe der Weg offengestanden, unter dem auch von ihm bewunderten Monarchen in dem verhassten Staate seinen Vortheil zu finden. Denn als er, einige Jahre vor seiner Verheirathung nach langem Aufenthalte im Auslande heimreiste, war er in Potsdam als Zuschauer bei der Parade Friedrich dem Grossen, dem so leicht keine neue Erscheinung entging, durch die hervorragende Gestalt, die Eleganz der Toilette und die selbstbewusste Haltung aufgefallen und noch am nämlichen Tage beschieden worden, sich den folgenden Morgen früh um 6 Uhr im Cabinet des Königs einzustellen. Er traf diesen allein und das Resultat der fast zweistündigen Audienz, während welcher sich der Monarch über Handelsverhältnisse

erkundigte, war die wiederholte, beinahe dringend werdende Aufforderung, sich in Preussen niederzulassen. Aber — „voilà les
calamités de la ville de Dansic" sprach der König lächelnd, indem er auf einen mit Karten und Papieren bedeckten Tisch in
einer Ecke des Zimmers hinwies. Diese Worte brachen den Zau-
ber, von dem Schopenhauer's Vater anfing sich befangen zu fühlen.
Der stolze Republikaner, dessen Familienwappen* die Devise führt:
„Point de bonheur sans liberté", war nicht gewillt, sein Glück aus
der Hand des Unterdrückers seiner Vaterstadt zu nehmen; das
durchdringende Auge Friedrich's des Grossen aber hatte die Bedeutung des Mannes sogleich erkannt, und stets bemüht seinem Lande
neue Kräfte zuzuführen, sicherte er Heinrich Floris Schopenhauer
und dessen Nachkommen durch Cabinetsordre vom 9. Mai 1773
die Niederlassungsfreiheit in seinen Staaten unter wichtigen Prä-
rogativen zu.

Die auch culturgeschichtlich nicht uninteressante, vom Könige
eigenhändig unterzeichnete Verleihungsurkunde lautet: „Demnach
bei Seiner Königlichen Majestät von Preussen, Unserem allergnädigsten Herrn, der aus Dantzig gebürtige Kauff- und Handelsmann Heinrich Floris Schopenhauer allerunterthänigst *immediate*
angesuchet, dass ihm an einem der Handelsplätze in Dero Staaten
sich mit seinem Vermögen, Leuten und Effecten frey und un-
behindert niederzulassen und daselbst, wo er es für sich und seine
Handlung am zuträglichsten findet, sein Negoce zu etabliren, und
solches zu Wasser und zu Lande überall ungestört zu betreiben
erlaubt werden möge; Seine Königliche Majestät auch vermöge der
dem Kauffmann Schopenhauer unter'm 9. April a. c., ertheilten
Resolution diesem allerunterthänigsten Gesuch in Gnaden zu deferiren
und stattzugeben geruhet, so haben allerhöchst dieselben ihm darüber hiermit und krafft Dieses folgende Concession ertheilen wollen,
dass 1. der Kauff- und Handelsmann Heinrich Floris Schopenhauer

---

* Ein goldenes Band zwischen zwei silbernen Sternen im blauen
Felde.

sich nach Elbing oder einen anderen Handelsplatz Seiner Königlichen Majestät Staaten, welchen er für sich und sein Negoce am
convenabelsten finden wird, mit seinem Vermögen, Leuten und
Mobilien frei und ungehindert begeben, daselbst niederlassen auch
eine Handlung etabliren und ungestöhrt betreiben könne, möge
und dürfe, zu deren desto mehreren Begünstigung und Beförderung
ihm sowohl als seinen Leuten und Nachkommen nicht nur die
Edictmässige Servis- und Einquartierungsfreiheit, sondern auch
die Befreyung von der Enrollirung und Werbung angedeyhen imgleichen

„2. Mit Ein- und Ausländern zu handeln seine Schiffe unter
Seiner Königlichen Majestät Flagge gehen zu lassen und mit allen
Ein- und Ausländischen Producten, insoweit die letztere nicht ver-
bothen oder darüber octroyiret worden, gleich einem Bürger Handlung und Verkehr zu treiben, ohne davon ein Mehreres als die
ordinairen und festgesetzten Accise- und Zollabgaben zu entrich-
ten, oder sonst an andern als denen bisherigen jedes Orts üblichen
Accise- und Zoll-Formalitäten gebunden zu seyn, frey stehen;
Jedoch muss derselbe sich nicht beigehen lassen Contrebande zu
treiben, ansonsten er wie andere gestrafft wird, ferner wird

„3. Sein Etablissement nach Gutbefinden an einen andern Ort
zu verlegen, auch allenfalls noch auf einen andern inländischen
Handelsplatz ein Comptoir zu etabliren, auch überall diese Freyheit zu geniessen, ohne deshalb Nachschuss oder Abschoss-Gelder
erlegen zu dürfen, ihm nachgelassen und gestattet, wie denn derselbe auch

„4. Seine etablirte Handlung allenfalls wiederum aufheben und
sich aus dem Lande begeben zu dürfen, ohne dieserwegen Nachschuss-
oder Abzugs-Gelder oder dergleichen zu erlegen, nach Maassgabe
Seiner Königlichen Majestät allergnädigsten Declaration vom
3. Mai a. c. die unumschränkte Freyheit haben und

„5. Alle diese bemeldete Beneficia, Immunitäten und Freyheiten
ihm sowohl als seiner Familie, im Fall er sich verheirathet zu Nutzen
und zu statten kommen sollen.

„Seine Königliche Majestät wollen auch dem Kauff- und Handels-
mann Heinrich Floris Schopenhauer bei dieser ihm verliehenen
Concession höchst schützen und mainteniren, und befehlen daher
Dero sämmtlichen Kriegs- und Domainen-Kammern, bei welchen
sich der Impetrant seines Etablissements halber melden wird, hiermit in Gnaden, solches sofort dem fünften Departement Dero
General-Directorii anzuzeigen, übrigens aber sich hiernach aller-
gehorsamst und gantz eigentlichst zu achten und dem Kauff- und
Handelsmann Schopenhauer darunter allen beförderlichen guten
Willen, würksahme Hülffe und Facilité unweigerlich zu erweisen,
und so offt es erforderlich ist prompt zu leisten. Signatum Berlin am 9. Mai 1773. *Friedrich.*"

Ebenso wenig wie von diesem Freibriefe hat Heinrich Floris
Schopenhauer von dem ihm vom Könige von Polen verliehenen
Hofrathstitel jemals Gebrauch gemacht.

Neben ausgebreiteten kaufmännischen Kenntnissen hatte er sich
während seines mehrjährigen Aufenthalts in Frankreich und Eng-
land eine unter seinen Standesgenossen nicht gewöhnliche geistige
Bildung erworben. Mit besonderer Vorliebe las er die französischen
Schriftsteller seines Jahrhunderts, vor allen Voltaire. Für das
Staats- und Familienleben der Engländer war er so eingenommen,
dass er sich lange mit dem Plane trug, zu ihnen auszuwandern.
Nachmals beschränkte er sich darauf, sein Hauswesen mit eng-
lischem Comfort auszustatten und, wozu ihm sein Landsitz in
Oliva Gelegenheit bot, die englische Gartenkunst zu pflegen. Täglich las er eine englische und eine französische Zeitung und frühzeitig hielt er seinen Sohn zum Lesen der „Times" an: denn aus
diesem Weltblatt könne man alles lernen. Arthur befolgte auch
den väterlichen Rath bis zu seinem Ende. Auf Heinrich Floris'
Lebensordnung und Gewohnheiten hatte der Chef des Hauses
Bethmann in Bordeaux, in dem er längere Zeit als Volontär
thätig gewesen war, nachhaltigen Einfluss; denn Herr Schopenhauer pflegte seine Unterweisungen als Familienvater mit den Worten zu bekräftigen: „So hat es Herr Bethmann gehalten."

Er war bereits in sein achtunddreissigstes Jahr getreten, als
ihn die eben aufblühenden Reize der achtzehnjährigen Tochter des
Rathsherrn Christian Heinrich Trosiener in die Fesseln der Ehe
schlugen. Auch der mütterliche Grossvater Arthur Schopenhauer's
war nach seiner Tochter Schilderung ein Mann von unbeugsam
republikanischem Sinn und unbestechlicher Redlichkeit, stand jedoch auf seiten des sogenannten Volks d. h. der Oppositionspartei;
denn es fehlte auch in jener kritischen Zeit, als Sein oder Nichtsein der Republik in Frage stand, nicht an innerm Zwiespalt,
gleichwie in unsern Tagen die ehrwürdige Verfassung der freien
Stadt Frankfurt, welcher diese soviel zu danken hatte, nicht
schnell genug weggeräumt werden konnte, damit doch ja nicht
dieses Geschäft der Hand des hereinbrechenden grössern Geschicks
vorbehalten bleibe.* Jedesmal wann die äussern Verhältnisse, von
denen solche kleinen Freistaaten beherrscht werden, treues Festhalten an den angestammten Gütern und zögerndes Beharren innerhalb der schützenden Schranken, auch wenn sie eng geworden, von
den Dächern herab predigen, schwelgt kurz vor dem Ende noch
die politische Leidenschaft in Reformgelüsten. Der Rathsherr
Trosiener war jedoch kein Neuerer im schlechten Sinn. An-
geborenes Talent und wohlbenutzte Lebenserfahrungen ersetzten
ihm die gelehrten Kenntnisse, und sein richtiger Blick liess ihn
die Nachtheile bürgerlicher Spaltungen im Augenblick der Gefahr
wohl erkennen. Wie er sein Amt mit Ernst und Würde führte,
so war auch sein Aeusseres imponirend. Er hatte für die damalige Zeit bedeutende Reisen gemacht, war in Russland und
mehrere Jahre in Frankreich gewesen und hatte sich mit den
fremden Sprachen geistige und körperliche Gewandtheit angeeignet.
Auch war er heiterer Gemüthsart, wie seine Tochter; aber über
alle guten Eigenschaften warf, nach dem Zeugnisse der letztern,
eine nicht zu zähmende Heftigkeit des Charakters zuweilen

---

* So schrieb ich 1861. Fünf Jahre danach schon erntete die Stadt
die Frucht ihrer politischen Desorganisation.

ihren verdunkelnden Schatten, welche denen, die ihn nicht genau
kannten, den Umgang mit ihm verleidete. „Gerade wenn man es
am wenigsten erwartet hatte, konnte ihn der unbedeutendste Anlass zu wildem, freilich sich schnell wieder legenden Zorne aufbringen. Dann erbebte vor seiner Donnerstimme das ganze Haus
und alle Hausgenossen bis auf Hund und Katze liefen ihm voll
Angst aus dem Wege."
Die ausserordentliche Reizbarkeit und Heftigkeit Schopenhauer's
finden wir also in beiden Linien der Familie reichlich vorbereitet.
Sie bilden einen häufig, ja fast regelmässig wiederkehrenden Cha-
rakterzug im Leben hochbegabter Menschen, den unter andern
schon Augustinus von seinem Vater Patricius, ebenso Lessing,
Goethe, Seume von dem seinigen berichtet.

Von ihrer Mutter rühmt Johanna, sie allein habe sich durch
die häuslichen Ungewitter, die der tobende Gatte heraufbeschwor,
nicht aus der Fassung bringen lassen. Sie rühmt aber auch ihren
Mutterwitz, ihren natürlichen Verstand und sagt, dass ihre Hände
zu machen gewusst, was ihre Augen gesehen hätten.

Johanna Henriette Trosiener stand, obwol bereits ein erster
Liebesschmerz hinter ihr lag, noch auf der letzten Stufe der Kindheit, als sie der auf reiner Neigung beruhenden Werbung des
fast zwanzig Jahre ältern Mannes Gehör schenkte. Ueber ihr
Verhältniss zu ihm sagt sie: „Aus freiem Entschluss sprach ich in
Gegenwart meiner Aeltern das erbetene Ja sogleich aus, sogar
ohne die damals gewohnte Bedenkzeit von drei Tagen mir vor-
zubehalten. Alfanzereien dieser Art strebten meinem geraden Sinne
immer entgegen und ohne es zu wissen, stieg ich durch dieses
mein ungeziertes Benehmen, in der Achtung des vorurtheilfreiesten
Mannes, den ich je gekannt. Noch vor Vollendung meines neunzehnten Jahres war mir durch diese Verbindung die Aussicht auf
ein weit glänzenderes Los geworden, als ich jemals berechtigt gewesen zu erwarten; doch dass dies in so früher Jugend meine
Wahl nicht bestimmen konnte, ja dass ich kaum daran dachte,
wird man mir zutrauen. Ich meinte mit dem Leben abgeschlossen

zu haben, ein Wahn, dem man in früher Jugend nach der ersten
schmerzlichen Erfahrung sich so leicht und gern überlässt. Aeltern
und Verwandten mussten meine Verbindung mit einem so bedeutenden Manne, wie Heinrich Floris Schopenhauer in unserer Stadt es
war, für ein sehr glückliches Ereigniss nehmen, doch haben weder
mein Vater noch meine Mutter sich erlaubt, meinen Entschluss
leiten zu wollen, obgleich Schopenhauer's Betragen gegen mich zu
auffallend war, als dass seine Erklärung sie hätte überraschen
können. Ich durfte stolz darauf sein, diesem Manne anzugehören,
und war es auch. Glühende Liebe heuchelte ich ihm ebenso
wenig als er Anspruch darauf machte."

Der Verfasser der „Welt als Wille und Vorstellung" verdankt
also von der Mutter aus seine Entstehung keiner Neigungsehe,
indem das feurige Temperament seines Vaters zwar mit hellem
Verstande aufgenommen wurde, die überwältigende Innigkeit des
Gefühls aber, die wir Liebe nennen, der Verbindung fremd blieb.

Johanna war am 9. Juli 1766 geboren und die älteste Tochter ihrer Aeltern. Sie hatte die zierlichen Formen, die klaren
blauen Augen und das hellbraune Haar von der Mutter. Ihre
Gesichtszüge waren mehr anmuthig als schön. Bis ins Greisenalter bewahrte sie, selbst nachdem ihre Figur durch Corpulenz
und das Höherstehen der linken Hüfte verdorben war, in ihrer
Erscheinung und Unterhaltung eine Grazie, die ihrer nie gesättig-
tigten Neigung zur Geselligkeit in den verschiedensten Kreisen den
gewohnten Erfolg sicherte. Dabei hielt sie sehr auf sich selbst,
war sich ihrer Vorzüge von Jugend auf wohlbewusst und konnte
bei Personen, die ihr nicht rangfähig erschienen, für hochmüthig
gelten.

Ihr Jugendleben in der herrlichen Vaterstadt hat sie noch im
letzten Jahre ihres Lebens anziehend geschildert. Leider über-
raschte sie, als diese Memoiren erst bis zum Jahre 1789 gediehen
waren, der Tod. Was ihr an gründlicher Bildung in der beschränkten Erziehungssphäre ihres Aeltornhauses abgegangen war,
wusste ihr reiches Talent an der Seite eines Weltmannes wie

Heinrich Floris Schopenhauer in der kürzesten Zeit zu ersetzen.
Schon dessen häusliche Einrichtung bot der jungen Frau höhere
Eindrücke als ein elegantes Ameublement gewähren kann. Die
besten Kupferstiche schmückten die Wände ihrer Zimmer, Ab-
güsse antiker Büsten und Statuen im Hause machten sie mit der
plastischen Kunst bekannt. Die Benutzung der auserwählten englischen und französischen Bibliothek ihres Mannes läuterte ihren
literarischen Geschmack und bildete ihr Urtheil, während ein treuer
Freund ihrer Kindheit, der Prediger der englischen Colonie in
Danzig, Dr. Jameson, ihr bei den Irrungen, welche die rasche
Entwickelung ihres intellectuellen und moralischen Lebens mit sich
führte, beruhigend und wegweisend zur Seite stand. Ihrem welt-
offnen, nur zu viel nach aussen gerichteten Sinne, den sie mit
den Worten Goethe's schildert:

> Ich sah die Welt mit liebevollen Blicken,
> Und Welt und ich wir schwelgten in Entzücken —

leistete ihr Gatte indessen mehr Vorschub als gut für sie war.
Denn was die Heimat bot, so viel es auch sein mochte, schien
bald nicht mehr zu genügen.

Der grösste Theil des Jahres wurde auf dem reizenden Landsitze unter Eindrücken verlebt, wie sie für das hoffnungsreiche
Leben einer jungen Frau nicht günstiger gedacht werden können.
Zwischen Striess und Oliva lehnten damals, in einiger Entfernung
voneinander erbaut, sieben Landhäuser mit zum Theil grossartigen,
von uralten Buchen und Rüstern umschatteten Gartenanlagen, an den
ebenfalls mit ehrwürdigen Bäumen prangenden Anhöhen, welche den
Saum eines bis Kassuben hinein sich erstreckenden Waldes bildeten.
Feld und Wald, die Halbinsel Hela mit ihrem Leuchtthurm, die
offene See, die Rhede mit den aus blauer Ferne heransegelnden
Schiffen, der Hafen, der Strom mit der Festung Weichselmünde,
die ganze Umgebung Danzigs, die hohen Wälle und Thürme der
Stadt — dies alles lag vor ihren Blicken. Im eindrucksvollsten
Wechsel zwischen tiefer Waldeinsamkeit und Gesellschaft vergingen

ihre Tage. Ihren Gatten, der die Stadt seiner Geschäfte wegen
in der Woche nicht verlassen konnte, sah sie nur Sonnabends
und Sonntags: dann aber kam er in der Regel von ein paar
Freunden begleitet, und an Sonntagen schien das Speisezimmer
für die Zahl geladener und ungeladener, fremder und einheimischer
Gäste nicht Raum genug zu bieten. Danach trat wieder tiefe
Stille um sie ein, in der sie sich selbst und den französischen
Romanen, die der Gemahl ihr in die Hände gab, überlassen war.

„Aber was besass ich nicht alles! den terrassenförmig angelegten herrlichen Garten, voll Blumen und Früchte, den Spring-
brunnen, den grossen Teich mit buntbemalter Gondel, die mein
Mann mir aus Archangel hatte kommen lassen und die so leicht
zu regieren war, dass ein sechsjähriges Kind damit hätte fertig
werden können; Pferde, mit denen ich nach Belieben spazieren
fahren konnte; zwei winzige spanische Hündchen; acht Lämmer, die
nie anders als wohlgebürstet und schneeweiss vor mir erschienen und
deren jedes eine Glocke am Halse trug von neuer, in England ge-
machter Erfindung, kraft deren die acht zusammen eine wie Silber
tönende, sehr rein gestimmte Octave bildeten; den Hühnerhof mit
seltenem Geflügel; uralte Karpfen im Teiche, die eilig herbei-
schwammen, sobald sie meine Stimme hörten und mit aufgeris-
senen Mäulern die Brocken, die ich von meiner Gondel ihnen zu-
warf, einander abzujagen sich bemühten."

Dennoch wollte „zuweilen ein leises Gefühl von Unbehagen
oder Missmuth" auf sie eindringen; aber „ein Blick auf die wundervolle Scenerie um mich her — und es war verklungen! In der
Abend- wie in der Morgenbeleuchtung, vom Sturm in seinen
tiefsten Tiefen aufgeregt, erglänzend im hellen Sonnenschein, oder
von darüber hinfliegenden Schatten der Wolken momentan verdunkelt, bot im Wechsel der Tageszeit das ewig bewegte Meer
mir ein nie mich ermüdendes Schauspiel; und wenn ich abends
die Jalousien vor meinem Fenster nicht schloss, weckte mich der
erste Strahl der mir gegenüber aus der Ostsee glorreich sich er-
hebenden Sonne. Mitternacht kam oft heran, die unaussprechliche

Herrlichkeit der lauen nordischen Sommernacht, während welcher die Sonne nur wie zum Scherz auf wenige Stunden sich verbirgt, hielt lange noch am offenen Fenster mich fest. Der purpurrothe Streif, der am Horizont die Stelle des Unterganges der Sonne bezeichnet, war noch nicht erloschen, die zweite Morgenstunde hatte noch nicht geschlagen und schon erglühete der östliche Himmel in immer steigender Pracht. Ich sah beide Leuchtthürme, den auf der Insel Hela und den am danziger Strande, Meteoren gleich, durch die Dämmerung blinken, lauschte noch eine Weile dem Geflüster der Bäume im nahen Walde, dem wunderlichen Gezwitscher der träumenden Vögel in meinem Garten, bis endlich das Geriesel des nie rastenden Springbrunnens unter meinem Fenster mich unwiderstehlich einlullte."

Als am 17. August 1786 Friedrich der Grosse die Augen geschlossen hatte und die Kunde davon wie ein Lauffeuer durch Danzig ging, athmete die Stadt neu auf: beinah jubelnd rief man das längst Erwartete einander entgegen, als müsse der schwere Druck, unter dem man seit Jahren seufzte, jetzt schwinden und alles anders werden. Heinrich Floris Schopenhauer theilte diesen Freudetaumel seiner Mitbürger nicht; denn er sah darin sowol eine Ungerechtigkeit gegen den grossen König, als eine arge Täuschung. Fester als jemals wurzelte seitdem in ihm der Entschluss, sobald seine Vaterstadt dem Schicksal, unter preussische Herrschaft zu kommen, nicht mehr ausweichen könne, sich einen andern Wohnplatz zu suchen. Das Verlangen, seiner jungen Frau die Welt zu zeigen, wurde deshalb durch die Absicht das englische Familienleben ihrer Kenntniss näher zu bringen — denn die Auswanderung nach jenem Lande der Freiheit lag in seinen Gedanken — vollends zur Reife gebracht.

So trat denn das wanderlustige Ehepaar am Johannistag 1787 seine erste grosse Reise an. Ueber Berlin, Hannover und Pyrmont, wo sich Johanna Schopenhauer Möser's Freundschaft erwarb, kamen sie nach Frankfurt. „Hier", sagt sie, „wehte ein Hauch vaterländischer Luft mir entgegen: alles erinnerte mich an Danzig

und das dortige reichsstädtische Leben." Sie trug damals den
Sohn unter dem Herzen, nicht ahnend, dass dieser dereinst seine
zweite Heimat und sein Grab in dieser Stadt finden sollte. Sie
reisten durch Belgien nach Paris und von dort nach England, wo
der Ersterzeugte nach dem ausdrücklichen Wunsch seines Vaters
ans Licht der Welt gesetzt werden sollte, um damit die Rechte
des englischen Indigenats zu erwerben. Allein die plötzlich er-
wachende Sorge für die junge Mutter liess es nicht dazu kommen,
und nach einer forcirten Heimreise im Winter, von deren Beschwerden unsere Generation keine Vorstellung mehr hat, erfolgte
die ersehnte Geburt am 22. Februar 1788, einem Freitage, in
dem noch stehenden, aber sehr veränderten, jetzt durch eine Gedenktafel bezeichneten Hause auf der Heiligengeiststrasse Nr. 117
in Danzig. Am 3. März war die Taufe. Den Namen Arthur
wählte der Vater mit Rücksicht auf die dereinstige Firma des
zum Kaufmann vorausbestimmten neuen Weltbürgers, weil dieser
Name in allen Sprachen der nämliche bleibe.

Nach dem Zeugnisse der Mutter, die nun „am Tage wie in
der Nacht kaum einen andern Gedanken" als ihren Arthur hatte,
war es ein kräftiger Knabe, den sie der Welt geschenkt und von
dem sie, „wie alle jungen Mütter, fest überzeugt war, dass kein
schöneres, frömmeres und klügeres Kind auf Gottes Erdboden
lebe". Dank der doppelten Gelegenheit, verbrachte Arthur die
ersten Jahre seiner Kindheit fast ganz auf dem Lande. Auf dem
Stuthofe nämlich bot das von den mütterlichen Grossältern be-
wohnte Herrenhaus mit der ausgedehnten unruhvollen Landwirth-
schaft ein der vornehmen Stille Olivas entgegengesetztes, aber
nicht minder gesundes und unterhaltendes Landleben. Dort war
es, wo man einmal den kleinen Philosophen fand, wie er einen
Schuh in ein grosses Gefäss voll Milch geworfen hatte und nun
den Schuh recht herzlich bat, herauszuspringen, „weil das Kind
noch gar keinen Begriff von der Unerbittlichkeit der Naturgesetze
und dem starren Verharren jedes Dings bei seinem Wesen hat,
sondern noch glaubt, selbst leblose Dinge werden ihm ein wenig

nachgeben: vielleicht weil es sich mit der Natur als Eins erkennt, vielleicht weil es sie sich befreundet glaubt aus Unbekanntschaft mit dem Wesen der Welt".*

Der Ausbruch der Revolution in Paris, hatte die republikanischen Gesinnungen der Aeltern Schopenhauer's zur Begeisterung gesteigert und als mit der Blokade Danzigs im März 1793 die letzte Hoffnung auf Erhaltung der städtischen Freiheit gewichen war, wanderten sie mit dem fünfjährigen Sohne, wenige Stunden ehe die preussischen Truppen die Stadt besetzten, in eiliger Flucht durch das damals schwedische Pommern nach Hamburg aus. Heinrich Floris Schopenhauer betrat seine Vaterstadt nie wieder; doch gestattete er, einem Versprechen gemäss, seiner Frau, um ihr und ihren Verwandten die schmerzliche Trennung zu erleichtern, alle vier Jahre hinzureisen.

Während ihres zwölfjährigen Wohnsitzes in Hamburg, wo Heinrich Floris Schopenhauer sein Handelsgeschäft unter ungünstigen Zeitverhältnissen fortsetzte, schlossen sich der Familie die besten Kreise der liberalen Schwesterstadt auf. Aber der Verlust der Heimat schien die Wanderlust der Ehegatten fast krankhaft vermehrt zu haben; denn ausser den Besuchen der jungen Frau in Danzig unterbrachen ihren hamburger Aufenthalt zahlreiche grosse und kleine Reisen. Der leichte freie Sinn Johanna's, ihre Virtuosität in der Anknüpfung neuer geselligen Verhältnisse, die Geläufigkeit ihrer englischen und französischen Conversation, endlich eine wol allzu grosse Liberalität in der Verwendung und Mittheilung dessen was sie besass, mochten sie und den ihr zu Gefallen lebenden Gatten besonders zum Reiseleben verführen. Auch der Umstand, dass die junge Frau in einer Ehe lebte, die sie nicht vollkommen ausfüllte und befriedigte, trug gewiss zu dieser Unstetigkeit und Zerstreuungssucht bei. So kam die Familie schon während Arthur's Knabenalter mit vielen ausgezeichneten Zeitgenossen in persönliche Berührung. Zu ihren merkwürdigen

---

* Frauenstädt, Memorabilien (Berlin 1863), S. 255.

Bekanntschaften der frühern Zeit gehören Klopstock, Tischbein, Reimarus, Baron Staël, Graf Reinhard, Feldmarschall Kalkreuth, Lady Hamilton und Nelson.

Die weltmännische Ausbildung Arthur's war ein Nebenzweck dieser Reisen, den sein Vater damals schon ins Auge fasste. „Mein Sohn soll im Buche der Welt lesen", das waren seine Worte, die sich bedeutsamer erfüllten, als der Kaufmann ahnen konnte. Dankbar gedachte der Sohn dessen, so oft er die vor-urtheilsfreie, vielseitige liberale Erziehung, die ihm von frühester Kindheit an zutheil geworden, derjenigen der meisten deutschen Gelehrten gegenüber rühmte. Schon mit neun Jahren, als der Mutter die Trennung von dem einzigen Sohne durch die Ankunft eines Töchterchens erleichtert war, nahm ihn der Vater mit nach Frankreich und liess ihn dort bei einem Geschäftsfreunde, Gregoire in Havre, zurück, wo der Knabe über zwei Jahre blieb und mit dem gleichalterigen Sohne des Hauses, Anthime Gregoire, Privat-unterricht genoss. Dort verlebte er 1797—1799 die glücklichste Zeit seines Knabenalters und bildete sich — worauf es der Vater abgesehen hatte — ganz zum Franzosen aus. Nach Hamburg auf dem Seewege ohne Begleitung heimgekehrt, hatte er seine Mutter-sprache verlernt und konnte sich nur allmählich wieder an die harten Klänge derselben gewöhnen; ja noch vier Jahre später empfand er in einer Familiengesellschaft zu Amsterdam die grösste Freude darüber, dass „den ganzen Abend nichts als Französisch gesprochen worden" war.

Er trat nun in das Runge'sche Privatinstitut, wo die Söhne der angesehensten Familien seine Schulgenossen waren. Einer der-selben war der spätere hamburgische Ministerresident Ch. Godef-froy, in dessen Familie funfzig Jahre später Dr. Frauenstädt Hauslehrer war. Hier wie auch schon in Havre empfing er einigen lateinischen Unterricht; jedoch, wie dies in solchen kaufmännischen Bildungsanstalten die Regel bildete, mehr des gelehrten Scheines wegen und ohne allen bleibenden Gewinn. Bereits im folgenden Sommer treffen wir ihn wieder drei Monate lang auf Reisen, da er die

Aeltern nach Hannover, Kassel, Weimar, wo er Schiller sah, Karlsbad, Prag, Dresden, Berlin und Leipzig begleiten durfte.

Zum grössten Leidwesen des für die Erziehung des zukünftigen Kaufmanns so frühe besorgten Vaters erwachte aber um diese Zeit im Herzen des Sohnes eine brennende Liebe zur Wissenschaft. Lange widerstand der Vater, bis er endlich den Bitten Arthur's und den Zeugnissen der Lehrer desselben Gehör schenkend, dem Plane näher trat, ihn dem Gymnasium zu übergeben. Da er aber auf diesem Wege für des Sohnes Auskommen fürchtete, ging er mit der Absicht um, ihm eine Stiftspfründe zu sichern. Ueber der Erwägung der Einkaufsbedingungen verzögerte sich die Entscheidung, und Heinrich Floris Schopenhauer nahm seine Zuflucht zur List. Er benutzte nämlich die Sehnsucht des Knaben nach seinem geliebten Anthime in Havre und seinen nicht weniger mächtigen Trieb die Welt zu sehen, indem er ihm die Alternative stellte: entweder sofort ins Gymnasium einzutreten oder aber, auf die gelehrte Laufbahn ein- für allemal verzichtend, nach dem Genusse einer grossen Reise, deren Plan die Aeltern bereits entworfen hatten, die Handlung zu erlernen. Einer solchen Versuchung konnte der erst funfzehnjährige Liebhaber der Muse nicht widerstehen: er verleugnete die Geliebte und reiste im Frühjahr 1803 voll Erwartung der Dinge, die kommen sollten, mit den Aeltern ab.

Von dieser letzten und längsten, vom Mai 1803 bis Anfang 1805 dauernden Reise durch Holland, England, Belgien, Frankreich, die Schweiz, Oesterreich und Deutschland hat Johanna Schopenhauer später vielgelesene Beschreibungen gegeben, deren Stoff sie aus genau geführten, aber damals noch jeder literarischen Absicht fremden Tagebüchern schöpfen konnte. Auch der Sohn wurde zur Führung eines Reisejournals angehalten. Der unleugbare Nachtheil, gerade in den Jahren, welche die Spannung der Geisteskräfte auf den Erwerb gründlicher Schulkenntnisse fordern, aus jeder geordneten Thätigkeit herausgerissen und den Zerstreuungen eines von zahllosen flüchtigen Eindrücken hin- und herbewegten nur geniessenden Reiselebens preisgegeben zu sein, sollte auch ihm nachmals schmerzlich bewusst werden. Allein was manchem andern Knaben verderblich geworden wäre, ihm gereichte es schliesslich zum Gewinne; ja, nachdem das Versäumte durch eisernen Fleiss ersetzt war, stellte sich die Ueberzeugung bei ihm fest, dass diese Führung seines Lebens nicht Zufall sondern zur Aufgabe desselben nothwendig gewesen sei. Seine ebenso wahren als schönen Betrachtungen über das erste der vier Lebensalter geben hierzu den besten Commentar. In seinem Hauptwerke sind sie an die Erklärung des kindlichen Charakters des Genies geknüpft, indem er zeigt, wie beim Kinde ganz dasselbe stattfindet wie beim Genie, dass nämlich die Entwickelung des bereits mit dem siebenten Lebensjahre zu seiner vollen Ausdehnung und Masse gelangten Cerebralsystems der Entwickelung des übrigen Organismus weit vorauseilt. „Gerade hierauf nun", sagt er in den Parergen (2. Aufl., I, 508), „beruht jene Glückseligkeit des ersten Viertels unseres Lebens, infolge welcher es nachher wie ein verlorenes Paradies hinter uns liegt. Wir haben in der Kindheit nur wenige Beziehungen und geringe Bedürfnisse, also wenig Anregung des Willens: der grössere Theil unseres Wesens geht demnach im Erkennen auf." Und zwar ist diese Thätigkeit eine künstlerisch productive, poetische: „Das Leben in seiner ganzen Bedeutsamkeit steht noch so neu, frisch, ohne Abstumpfung seiner Eindrücke durch Wiederholung vor uns, dass wir, mitten unter unserem kindischen Treiben, stets im Stillen und ohne deutliche Absicht beschäftigt sind, an den einzelnen Scenen und Vorgängen, das Wesen des Lebens selbst, die Grundtypen seiner Gestalten und Darstellungen (die Platonischen Ideen) aufzufassen. So bildet sich demnach schon in den Kinderjahren die feste Grundlage unserer Weltansicht." Eben in jenem Alter nun, in dem das jugendliche Gemüth für Eindrücke jeder Art am empfänglichsten ist und seine Fühler nach allen Seiten der Welt verlangend ausstreckt, wurde Schopenhauer nicht, wie die meisten zum Gelehrtenberufe bestimmten Jünglinge, mit todten Begriffen, mit Beschreibungen und Erzählungen, sondern mit den Dingen selbst, mit lebendigen Anschauungen befruchtet und auf diese Weise eigens dazu herangebildet, sich bei dem Klange der Worte nicht zu beruhigen, geschweige denn diese für die Dinge selbst zu nehmen. „Der Natur unseres Intellects zufolge", sagt er in dem kurzen aber lehrreichen Kapitel über Erziehung („Parerga", II, §. 385) „sollen die Begriffe durch Abstraction aus den Anschauungen entstehen, mithin diese früher dasein als jene. Wenn es nun wirklich diesen Gang nimmt, wie es der Fall ist bei dem, der blos die eigene Erfahrung zum Lehrer und zum Buche hat, so weiss der Mensch ganz gut, welche Anschauungen es sind, die unter jeden seiner Begriffe gehören und von demselben vertreten werden: er kennt beide genau und behandelt demnach alles ihm Vorkommende richtig. Hingegen bei der künstlichen Erziehung wird durch Vorsagen, Lehren und Lesen der Kopf voll Begriffe gepfropft, bevor noch irgendeine ausgebreitete Bekanntschaft mit der anschaulichen Welt da ist. Die Anschauungen zu allen jenen Begriffen soll nun die Erfahrung nachbringen: bis dahin aber werden dieselben falsch angewendet und demnach die Dinge und Menschen falsch beurtheilt, falsch gesehen, falsch behandelt. Demnach wäre der Hauptpunkt in der Erziehung, dass die Bekanntschaft mit der Welt, deren Erlangung wir als den Zweck aller Erziehung bezeichnen können, vom rechten Ende angefangen würde, indem die Anschauung dem Begriff vorherginge und die Kinder das Leben nicht früher aus der Copie kennen lernten als aus dem Original." Ganz diesem Gedanken entsprechend und ihn ergänzend sagt Hamann: „Der Schulunterricht scheine dazu ausgesonnen zu sein, um das Lernen zu verekeln: alle unsere Erkenntnisskräfte hängen von der sinnlichen Aufmerksamkeit ab und diese beruhe auf der Lust des Gemüths an den Gegenständen selbst."

In England blieben sie sechs Monate, und während verschiedener Ausflüge der Aeltern in den Norden des britischen Eilandes wurde der Sohn vom Juli bis September 1803 in der Pension (*boarding school*) eines Geistlichen, Namens Lancaster, zu Wimbledon bei London untergebracht. Hier legte er den Grund zu seiner nachmaligen Vertrautheit mit Sprache und Literatur der ihm geistig verwandten Nation. Dem an französische Freiheit gewöhnten Knaben freilich wollten die steifen gebundenen Formen des englischen Lebens, besonders des kirchlichen, das ihm als eitle Heuchelei erschien, so wenig zusagen, dass er einem seiner hamburger Schulfreunde schreiben konnte, er finde sich „durch seinen Aufenthalt in England bewogen, die ganze Nation zu hassen". Hatte er sich der allezeit offenen, beweglichen, warmblütigen französischen Sitte ebenso leicht als innig angeschlossen, so fand er sich jetzt, in der kältern Region, zum ersten mal isolirt, auf sich selbst zurückgewiesen — eine Selbstbeschränkung, die dem ungestümen und verwöhnten Knaben die ersten Verstimmungen bereitet zu haben scheint, obwol er seine Zeit mit schönen Künsten und ritterlichen Uebungen, mit Flötenspiel, Gesang, Zeichnen, Reiten, Fechten und Tanzen verbringen durfte.

„Du musst", schreibt ihm seine Mutter am 19. Juli 1803, „den Leuten ein wenig mehr entgegenkommen, als sonst wol deine Art ist. Bei jeder gesellschaftlichen Verbindung muss einer den ersten Schritt thun, und warum solltest du das nicht so gut können wie ein anderer, der, obgleich er älter als du ist, nicht den Vorzug gehabt hat, der dir so früh zutheil geworden ist, oft und viel unter fremden Menschen zu leben, und also aus Blödigkeit sich zurückhält, weil er nicht den Muth hat, vorwärts zu gehen? Der ceremoniöse Ton muss dir freilich auffallen; er ist aber der Ordnung wegen nothwendig. So wenig ich für steife Etikette eingenommen bin, so kann ich doch das rauhe sich nur selbst zu gefallen suchende Wesen und Thun noch weniger leiden. Du hast keine übeln Anlagen dazu, wie ich oft zu meinem Verdruss bemerkt habe, und es ist mir lieb, dass du jetzt unter Leuten von anderm Schlage leben musst, obgleich sie vielleicht ein wenig zu sehr auf die andere Seite ausschweifen. Ich werde mich herzlich freuen, wenn ich bei meiner Zurückkunft merken werde, dass du etwas von diesem complimentenreichen Wesen, wie du es nennst, angenommen hast; dafür, dass du es übertreiben werdest, ist mir nicht bange."

Auch muss er über Mangel an Unterhaltung geklagt haben, wenn es nicht der blosse Vorwand seines allgemeinen Missbehagens war, da die Mutter schreiben konnte: „Zeichnen, Bücher, Flöte, Fechten und Spazierengehen ist denn doch ziemlich viel Abwechselung. Ich habe viele Jahre hindurch fast keine andern Freuden des Lebens gekannt und mich recht wohl dabei befunden. Dein Alter ist eigentlich noch für keine andern gemacht: um die rauschendern Freuden des Lebens zu geniessen, muss man erstlich zu leben verstehen, und du bist erst in der Vorbereitung begriffen." Allein, als ob das Los des Erstgeborenen denn doch ein zu hartes wäre, gestattet ihm der Vater, allwöchentlich nach London zu fahren. Nur in Einem Punkte wird ihm nachdrücklicher zugesetzt: nämlich, dass er besser schreiben lerne. Der künftige Held der Feder war auch mit Erfolg dafür thätig, denn seine Handschrift nahm damals bereits die ebenso deutlichen als gewandten Züge an, die man unter dem Bilde des Siebzigjährigen findet. Während der Vater für die unnützen Schnörkel in den Briefen des Sohnes ein kritisches Auge hatte, sah die Mutter auf dessen Stil und Lektüre. So schreibt sie am 4. August 1803: er solle weniger Gebrauch von den Schiller'schen Trauerspielen machen und mehr Englisch lesen. „Ueberhaupt wünschte ich, dass du die Dichter alle sammt und sonders auf einige Zeit über Seite legtest und eine ernsthaftere Lektüre wähltest. So anziehend jene Schriften sind, so sind sie doch nur für die Stunden der Musse. Du hast deren zwar viele, aber in dem Alter, in dem du jetzt stehst, ist deine Zeit so kostbar für die Zukunft, dass du, wenn du vernünftig sein willst, auch aus diesen dir selbst gelassenen Stunden so viel Nutzen ziehen musst als möglich. Ich gestehe, die Beschäftigung mit den Meisterwerken des Genius ist äusserst reizend, aber wer sich zu anhaltend damit abgibt, verliert am Ende allen Geschmack an ernstern Dingen, und glaube mir, Schiller selbst wäre nie, was er ist, wenn er in seiner Jugend nur Dichter gelesen hätte; er sagt ja selbst: ernst ist das Leben, heiter ist die Kunst, und du musst jetzt hinein ins ernste Leben, und wahrlich es wird dir mehr als ernst, es wird dir unerträglich vorkommen, wenn du dich schon so frühe gewöhnst, deine Stunden alle mit der Kunst zu vertändeln. Du bist nun funfzehn Jahre alt, du hast schon die besten deutschen, französischen und zum Theil auch englischen Dichter gelesen und studirt, und doch, ausser den Schulstunden, kein einziges Buch in Prosa, einige Romane ausgenommen, keine Geschichte, nichts als was du etwa lesen musstest, um bei Herrn Runge zu bestehen. Das ist nicht recht. Du weisst, ich habe Gefühl fürs Schöne, ich freue mich, dass du es von mir vielleicht geerbt hast; aber dies Gefühl kann uns nun einmal in dieser Welt, wie sie ist, nicht zum Leitfaden dienen, das Nützliche muss vorangehen und alles in der Welt wollte ich dich lieber werden sehen als einen sogenannten Bel-esprit."

Sie, die nachmals selbst auf eine schöngeistige Existenz verfallen sollte, ahnte nicht, dass dereinst noch Kritiker ihres Sohnes erstehen würden, die statt des Philosophen den Belletristen in ihm entdeckten, sie ahnte noch weniger, dass ihm der Ernst des Lebens in höherm Sinne als dem des Nützlichen und die Heiterkeit der Kunst in tieferer Bedeutung als der des Unterhaltenden und Reizenden aufgehen sollte.

An einem Ausbruche seines Widerwillens gegen die „infame Bigoterie", die ihn an Sonn- und Festtagen müssig zu gehen nöthigte und ihm den Wunsch eingegeben: „wenn doch die Wahrheit mit ihrer Fackel die ägyptische Finsterniss in England durchbrennte", tadelt sie nur die Form: „Wie kannst du der Wahrheit so etwas zumuthen? eine Finsterniss kann erleuchtet werden, aber brennen kann sie wahrhaftig nicht. So etwas heisst auf englisch *bombast*. — Vom lieben Christenthum kriegst du indessen dein reichlich Theil und ich kann es dir nicht verdenken, wenn es dir etwas zu viel dünkt, aber ein wenig auslachen muss ich dich denn doch: weisst du noch wie manchen Krieg ich mit dir hatte, wenn du des Sonntags und an Feiertagen durchaus nichts Ordent-

liches vornehmen wolltest, weil es dir «Tage der Ruhe» waren?
nun kriegst du der sonntäglichen Ruhe satt und genug."

Man sieht und wird in der Folge noch mehr sehen, dass der
Satz: das Kind ist des Mannes Vater, in Schopenhauer's Leben
eine höhere als nur parabolische Bedeutung gewinnt. Wie Minerva
aus Jupiter's Haupt, sprang, nachdem er von Kant's Geist befruchtet
war, sein System aus dem seinigen, sodass diesem System — sowol seiner Entstehung als seinem Inhalte nach — beinahe jede
Entwickelung fehlt, und alle auf dem Begriff eines Processes beruhenden Wissenschaften, wie die historischen, seinem Urheber ·
zeitlebens heterogen geblieben sind. Aber diesem bedenklichen
Mangel seines Geistes steht eben jene seltene Sicherheit und Beharrlichkeit in dem einmal als wahr Erfassten gegenüber, deren
er sich im Gegensatze zu seinen berühmten kant'schen Mitschülern
mit Recht rühmen durfte.

Und wie sich hier der funfzehnjährige Knabe wider den ver-
meinten Aberglauben der — später von ihm als die intelligenteste
Nation verehrten — Engländer ereifert, so überkommt den Greis
noch die Lust dreinzuschlagen, wenn er in den „Pickwickern" liest,
wie der alte Weller dem „frommen" Mr. Niggins seinen Lohn
schliesslich in Prügeln bezahlt, sodass er den erbaulichen Text
mit den Worten glossirt: „*The author sheweth here allegorically
how the English, nation ought to treat that set of hypocrites, im-
postors and money-graspers, the clergy of the established humbug
that devours annualy £ 3,500,000!*" Von Religion und Kirche
hatte der Knabe Begriffe mit nach England hinüber gebracht,
welche dieselben deren natürlichem Gebiete, dem Erhabenen, gänzlich entrückten. Wo ihm dies jedoch unentstellt und unverhüllt
entgegentritt, trägt es über alle Reiseeindrücke den Sieg davon.
Hatte er noch in der portugiesischen Synagoge zu Amsterdam bei
den endlosen Rouladen des Vorsängers und dem Geplapper der
Gemeinde die ernsthafte Miene nur mit Anstrengung behauptet, so
ergreift ihn in der Kathedrale zu Gent während der grossen Messe
das Gefühl der Andacht mit Macht, aber fast befremdend, weil er

es in dem zur flachsten Nüchternheit herabgekommenen protestantischen Gottesdienst seiner Jugendzeit, „wo der gellende Gesang der Menge Ohrenweh macht und die mit aufgesperrten Mäulern blökende Gemeinde oft zum Lachen zwingt", nicht gefunden hatte. Im Innern der Paulskirche in London fühlt er sich „einem unaussprechlich Erhabenen und Ehrfurcht Erregenden gegenüber verschwinden". Der Anblick der Westminster-Abtei gibt ihm „unendlichen Stoff zum Denken". Wenn man in diesen gothischen Mauern die Ueberreste und Denkmäler der Dichter, Helden und Könige sehe, wie sie aus so verschiedenen Jahrhunderten hier zusammenstehen, so frage man sich, „ob jene wol selbst so beisammen seien, dort, wo nicht Jahrhunderte, nicht Stände, nicht Raum und Zeit sie trennen, und was wol jeder von dem Glanz, von der Grösse, die ihn hier umgaben, mit hinüber genommen habe". Die Könige hätten Krone und Scepter hier zurückgelassen, die Dichter den Ruhm; „doch die grossen Geister unter ihnen, deren Glanz aus ihnen selbst geflossen, die ihn nicht von aussen empfangen, haben alles, was sie hier gehabt, mit hinübergenommen". Fürwahr keine müssige Betrachtung des funfzehnjährigen Unsterblichkeitscandidaten!

Die auf das Ganze gerichtete philosophische Ader wird bereits bei jeder Gelegenheit rege: im naturhistorischen Museum bleibt er vor den Versen des gerade hundert Jahre vor ihm geborenen Pope stehen:

See, through this air, this ocean and this earth,
All matter quick, and bursting into birth:
Above, how high progressive life may go!
Around, how wide! how deep extend below,
Vast chain of being! which from God began,
Natures ethéreal, human angel, man,
Beast, bird, fish, insect, what no eye can see,
No glass can reach; from infinite to thee
From thee to nothing.*

---

* Essay on man, Ep. I, v. 233—241.

Im November 1803 reisten sie über Rotterdam, Gorkum — wo die alte gothische Kirche besucht wurde, an der sein Ururgrossvater gepredigt hatte — über Antwerpen und Brüssel nach Paris. Hier blieben sie über zwei Monate, Tag für Tag unter der persönlichen Leitung der lebendigen pariser Chronik, Mercier's, des Verfassers des „Tableau de Paris", mit der Betrachtung aller merkwürdigen Dinge und Menschen ausnutzend, nichts übergehend, vom Louvre bis zur Sèvres-Porzellanfabrik, von dem an der Schwelle des Kaiserthrons stehenden ersten Consul bis zum taubstummen Massieu, dessen Bittschrift seinen Lehrer in der Schreckenszeit vor der Guillotine gerettet hatte. Während ihn die Antiken im Louvre mächtig fesselten, liess ihn Talma's Spiel vollständig kalt. „Je mehr ich die kleinen Komödien und komischen Opern im Faydeau und Vaudeville sehe, desto mehr finde ich Geschmack daran: die französische Sprache und die Acteurs scheinen zu diesen Stücken gemacht; an die höchst unnatürliche rauhe Declamation der französischen Tragiker werde ich mich aber nie gewöhnen."

Ende Januar wurde die Reise über Orléans, Tours, Angoulème, Bordeaux, durch das ganze südliche Frankreich bis zu den Orangengärten und Palmen von Hyères fortgesetzt. Hier waren es nun die Naturgenüsse, welche ihm täglich neuen Reiz boten und in seinem Geiste intuitiv verarbeitet wurden. So, wenn er im Berge bei St.-Feriol das furchtbare Gebrüll hört, mit dem das Wasser aus dem Hochbassin des Languedocer Kanals in die unterirdische Leitung stürzte, worüber er siebzehn Jahre später in seiner berliner Vorlesung bemerkte, dass er hier durch ein blos Gehörtes das Gefühl des Erhabenen im höchsten Grade empfunden, weil er, obwol in dem dunkeln unterirdischen Gange völlig sicher und unberührt stehend, durch das ungeheuere Getöse doch ganz und gar wie vernichtet gewesen, der Vorgang also nur in der Perception verlaufen sei. Die Ruinen des römischen Amphitheaters in Nîmes flössen ihm „Ehrfurcht" ein. „Die Spuren von den verschiedenen Jahrhunderten, welche diese grauen Steine gesehen

haben", bemerkt er in seinem Tagebuch, „führen bald den Gedanken an die Tausende längst verwester Menschen herbei, die in
diesen mannichfaltigen Jahrhunderten an allen ihren Tagen, sowie
ich heute, über diese Ruinen hinwegschritten: wenn die Dauer
des Menschen sich kurz nennen lässt, so ist es im Vergleich mit
der Dauer seiner Werke." .

Den tiefsten Eindruck nahm er natürlich von den Alpen mit
sich. In Chamouny quälte er seinen Vater, allein zurückbleiben
zu dürfen, und noch im späten Alter überschlich ihn ein eigenthümliches Heimweh, wenn er auf den Montblanc zu sprechen kam.
„Die so häufig bemerkte trübe Stimmung hochbegabter Geister",
sagt er *, „hat ihr Sinnbild an diesem Berge, dessen Gipfel
meistens bewölkt ist: aber wann bisweilen, zumal früh morgens,
der Wolkenschleier reisst und nun der Gipfel, vom Sonnenlichte
roth, aus seiner Himmelshöhe über den Wolken auf Chamouny
herabsieht: dann ist es ein Anblick, bei welchem Jedem das Herz
im tiefsten Grunde aufgeht. So zeigt auch das meistens melan-
cholische Genie zwischen durch die nur ihm mögliche aus der
vollkommensten Objectivität des Geistes entspringende eigenthümliche Heiterkeit, die wie ein Lichtglanz auf seiner hohen Stirne
schwebt: *in tristitia hilaris, in hilaritate tristis.*"** Dieser Hang
zur contemplativen Melancholie ist bekanntlich dem zur Mannbarkeit erwachenden Jünglingsalter eigen; wie viel stärker aber musste
eine solche Gemüthsstimmung sich bei ihm geltend machen, der
berufen war, den von jeder Affectation und Unlauterkeit freien
philosophischen Pessimismus im Occident sozusagen neu zu entdecken und nach seiner Mutter Zeugniss schon als Knabe „über
das Elend der Menschen brütete". Dem fundamentalen Widerstreit, den er dabei in dem Verhältnisse zwischen Wollen und Erkennen bestehen liess, mögen wir verwerfen, indem wir einsehen,
wie alles auf die positive Qualität des Willens ankommt; wir

---

* Die Welt als Wille und Vorstellung (3. Aufl.) II, 437.
** Giordano Bruno (op. da Wagner), I, xxxvii.

mögen sagen, dass es unserm Philosophen nicht gelungen sei, das
unauslöschliche Bedürfniss der Versöhnung beider zu stillen, wir
mögen seinem Leben wie seiner Lehre jene Harmonie absprechen,
in der allein das Gemüth wahrhafte Ruhe findet — aber wir dürfen, wollen wir ihm wie uns selbst gerecht werden, nicht das
Wahre, Tiefgeschöpfte und Heilsame in dieser Lehre verkennen.
Dazu nun gehört auch dieses sein „willensfreies Erkennen", sofern
man dabei den verderbten, nur von verkehrten Antrieben geleiteten Willen, wie er unser aller Erbtheil ist, im Auge hat und die
unaussprechliche Wohlthat der Befreiung von demselben zu würdigen und darzustellen weiss wie Schopenhauer.

Diese Einsicht scheint ihm schon sehr frühe geworden zu sein,
wie sie denn auch einen der Grundpfeiler seines Systems bildet.
Bereits beim Besuche des Taubstummeninstituts des Abbé Sicard
in Paris im Januar 1804 reflectirt er über den „auffallend ruhigen, heitern und milden Gesichtsausdruck" jener Unglücklichen,
welchen freilich der grosse praktische Vortheil zur Seite steht,
dass ihr Wille nur *a visu gustum* zu fassen vermag, nicht aber
wie wir Hörenden und Sprechenden durch die Stimmen von aussen
und innen aus sich herausgelockt wird.

Der Knabe brütete über dem menschlichen Elend, weil dasselbe dem Knaben schon tief zu Herzen ging, weil er — untreu
dem glücklichen Leichtsinn des eigennützigsten Lebensalters —
staunend vor diesem Elend stehen blieb, bis sich ihm der moralische Sinn und Zweck des Lebens daraus enthüllte. Wie der
edle Königssohn Sakya, in dessen weltflüchtigem Glauben seit zwei-
tausendvierhundert Jahren zum Aergernisse des abendländischen Cul-
turphilisters ungezählte Millionen unsers Geschlechts leben und
sterben, vor den Thoren seiner Hauptstadt menschlichem Elend
begegnend von der Lustfahrt absteht und sinnend heimkehrt, so
sehen wir unsern sechzehnjährigen Philosophen zum Verdrusse
seiner lebenslustigen Mutter in einer reizenden Landschaft plötzlich alle Reiselust verlieren, weil der Wagen an „elenden Hütten
und verkümmerten Menschen" vorbeigerollt ist. In dem Bagno

von Toulon geräth er ausser sich über das Los der Sträflinge.
„Es ist schrecklich", schreibt er unter anderm in sein Tagebuch,
„wenn man es bedenkt, dass das Leben dieser elenden Galerensklaven, was viel sagen will, ganz freudenlos ist und bei denen,
deren Leiden auch nach fünfundzwanzig Jahren kein Ziel gesetzt
ist, auch ganz hoffnungslos: lässt sich eine schrecklichere
Empfindung denken, wie die eines solchen Unglücklichen, während
er an die Bank der finstern Galere geschmiedet wird, von der
ihn nichts wie der Tod mehr trennen kann? Manchem wird sein
Leiden wol noch durch die unzertrennliche Gesellschaft dessen
erschwert, der mit ihm an Eine Kette geschmiedet ist. Und wenn
dann endlich der Zeitpunkt herangekommen, den er seit zehn oder
zwölf, oder, was selten vorkommt, zwanzig ewig langen Jahren
täglich mit verzweifelnden Seufzern herbeiwünschte, das Ende der
Sklaverei: was soll er werden? er kommt in eine Welt zurück,
für die er seit Jahren todt war. Die Aussichten, die er vielleicht
hatte, als er zehn Jahre jünger war, sind verschwunden; Keiner
will den zu sich aufnehmen, der von der Galere kommt, und zehn
Jahre Strafe haben ihn von dem Verbrechen des Augenblicks
nicht rein gewaschen. Er muss zum zweiten mal ein Verbrecher
werden und endet am Hochgericht. Ich erschrak, als ich hörte,
dass hier sechstausend Galerensklaven sind. Die Gesichter dieser
Menschen können einen hinlänglichen Stoff zu physiognomischen
Betrachtungen geben."

In Lyon schreibt der Knabe: „Diese grosse prächtige Stadt
hat in der Revolution mehr als jede andere gelitten, war der
Schauplatz unerhörter Greuel. Es gibt beinahe keine Familie,
von welcher nicht mehrere Mitglieder und gewöhnlich die Familien-
väter auf dem Schaffot starben, und die unglücklichen Einwohner
von Lyon gehen jetzt auf demselben Platz spazieren, auf dem
ihre Freunde und nahen Verwandten vor zehn Jahren in Haufen
gestellt und mit Kanonen *à mitraille* erschossen wurden! Stellt
sich ihnen nicht das blutige Bild ihrer Väter entgegen, die in
Martern den Geist aufgaben? Sollte man es glauben, dass sie an

dem Platze vorbeifahren und kaltblütig die Hinrichtung ihrer Freunde erzählen können? Es ist unbegreiflich, wie die Macht der Zeit die lebhaftesten und schrecklichsten Eindrücke verwischt!"

Nachdem die ganze Schweiz, an der dem verwöhnten Touristen übrigens ausser der Natur Alles missfiel*, durchwandert und zum Schlusse noch der Rheinfall sozusagen mit Andacht betrachtet war, ging die Reise im Juni 1804 durch Schwaben, Baiern nach Oesterreich. Der Eintritt in den Kaiserstaat kam der Familie theuer zu stehen und mag als kleines Reisebild aus Schopenhauer's Feder sowie zur Kennzeichnung der Atmosphäre, in welcher der junge Weltbürger zu athmen gewohnt war, nach dem Wortlaute seines Tagebuchs vorgeführt werden. „Wir liessen (vor der Grenzfestung Braunau an der Salza) das Land der ehrlichen Baiern hinter uns und fuhren durch den hässlichen finstern schwarzgelben Schlagbaum, nicht ahnend das Unheil, welches uns jenseits von der chikanösesten aller chikanösen Polizeien und der impertinentesten aller impertinenten Accisen bevorstand. Ein halbes Dutzend Kanzeley- und Polizeidiener buchstabirten, sobald wir angekommen waren, mit der scrupulösesten und wichtigsten Miene von der Welt an unserem Passe und es ward befunden, dass derselbe, obwol vom Senate der unter kaiserlichem Schutz stehenden Reichstadt ausgestellt, von keinem österreichischen Gesandten visirt, folglich ungültig sei; denn in Oesterreich haben die Zeugnisse fremder Regierungen keinen Credit. Der Pass, der überall gut gewesen

---

* Ebenso schreibt er in späterer Zeit in Vevay die Reflexion nieder: „Es gibt auf der Erde wirklich sehr schöne Landschaften: aber mit der Staffage ist es überall schlecht bestellt; daher man bei dieser sich nicht aufhalten muss." (Frauenstädt, Memorabilien, S. 352.) Und in einem Briefe seines Gesinnungsgenossen, Lord Byron, an Th. Moore aus derselben Zeit (Ravenna 1821) heisst es: „*Switzerland is a curst, selfish swinish country of brutes, placed in the most romantic region of the world.*" (Letters and Journals of Lord Byron by Th. Moore.) Die Schweiz war damals noch nicht der besteingerichtete Gasthof der Welt, in dem sich alle Nationen begegnen.

war, der in Ländern gegolten hatte, wo des Krieges und der
schwankenden Regierung wegen die Vorsicht in diesem Stück noth-
wendiger ist, wie in dem unbedeutenden verarmten und ausgesoge-
nen Oesterreich, dessen Regierung dem Himmel danken sollte,
wenn ein Fremder sein Geld dort verzehren kommt — der Pass
war hier nicht gut. Ich ging sogleich zum Polizeicommissar, wir
bataillirten eine Stunde mit ihm, nichts wollte helfen, es war kein
Ausweg als entweder umzukehren, was wir vor vier Jahren einmal unter ähnlichen Umständen gethan hatten, oder eine Estaffette,
um einen Pass nach Wien zu schicken und uns zu entschliessen,
sechs Tage in Braunau zuzubringen. Das Letztere ward beschlossen: die Estaffette musste sogleich aufsitzen und wir waffne-
ten uns mit Geduld. Nachdem die Mauth alle unsere Koffer durch-
wühlt, wurde unser Wagen mit Beschlag genommen mit der Anzeige, dass er nicht anders wie unter Vorzeigung eines österreichischen Passes herausgegeben werden würde. Am Morgen
nach unserer Ankunft wollte ich spazieren gehen, wurde aber am
Thor angehalten, gefragt, wer ich sei, wo ich hin wolle, wo ich
herkomme, ob ich einen Pass habe und dergleichen österreichische
Fragen mehr. Ich sagte endlich, wenn man so examinirt würde,
um zum Thor hinauszugehen, wollte ich drinnen bleiben; doch
darauf wurde ich als eine verdächtige Person zu dem mir schon
bekannten Polizeicommissar gebracht. Diesem erzählte ich mit vielem
Eifer meine Geschichte und sagte ihm, dass entweder kein Mensch
ohne Pass aus dem Thor gelassen werden müsste, oder man könnte
auch mich meines fremden Ansehens wegen nicht anhalten; denn
es könnte die Pflicht der Wache nicht sein, alle Einwohner zu
kennen und den Fremden zu unterscheiden."

Dieser *a priori* Beweis *ad absurdum* von seiten des sechzehnjährigen Philosophen machte jedoch keinen Eindruck; der Thor-
schreiber behielt recht und es musste ein Thorpass gelöst werden.
Aus den angekündigten sechs Tagen Aufenthalt ward eine volle
Woche, „bis die couriermässig bezahlte Staffette zu Fuss in Gestalt
eines alten Weibes mit dem Passe aus Wien ankam" und die

zwischen Polizei- und Zollpersonal hin- und hergezerrte Familie erlöste. Nachdem die Kaiserstadt gründlich besehen, auch ein Ausflug bis Pressburg unternommen war, wurde die Heimreise durch Mähren, Böhmen, Schlesien und Sachsen angetreten. Den höchsten Genuss derselben bot ihm eine Fusstour im Riesengebirge. „Begeisternd gross und herzerhebend" nennt er die Rundsicht vom Gipfel der Schneekoppe bei Sonnenaufgang. Die allzu angestrengte Wanderung in der Sonnenhitze aber zog ihm eine schmerzhafte und komische Verunstaltung zu. Die Ohren schwollen ihm nämlich „unter heftigem Jucken zu monströsem, die natürliche Grösse um das Dreifache überragenden Umfang", sodass sie „gerade vom Kopf abstanden, beim Gehen wackelten" und ihn „in ein wahres Ungeheuer" verwandelten. „Als ich eine kurze Strecke über die Strasse ging, sah ich mit Schrecken an meinem Schatten zwei lange Ohren unterm Hut hervorragen und musste schaudernd an König Richard's Ausruf denken:

> Shine out, fair sun, till I have bought a glass:
> That I may see my shadow as I pass!"

Von Berlin aus begleitete er dann im September 1804 seine Mutter allein nach der alten Heimat, um in der ehrwürdigen Marienkirche, wo er auch die Taufe empfangen hatte, von dem Diakonus Blech confirmirt zu werden. Am 23. October 1804 schreibt ihm sein Vater nach Danzig:

„Mein lieber Sohn! Da du nunmehr mir schriftlich die Angelobung machest, schön und flüchtig schreiben und perfekt rechnen zu lernen, so will ich dann mir auch darauf verlassen, mit Bitte es ebenfalls dahin zu bringen, wie andere Menschen aufrecht zu gehen, damit du keinen runden Rücken bekommst, welches abscheulich aussieht. Die schöne Stellung am Schreibpulte wie im gemeinen Leben ist gleich nöthig; denn wenn man in den Speisesälen einen so darnieder gebückten gewahr wird, nimmt man ihn für einen verkleideten Schuster oder Schneider. Es ist gut, dass du dich ein Kleid hast machen zu lassen bereits resolvirt, aber

du musst auch eine Winterweste demselben beifügen und wird
Herr Kabrun die Auslage davon machen. Sei diesem guten Mann
auch ebenso ergeben wie dankbar, dass er dir die Wechselbriefe
und die Facturen schreiben lässt auf seinem Comptoir, damit diese
weiters so aussehen, dass sie in alle Welt gehen können. Es sind
wenige Häuser, wo du dich so gut vorbereiten kannst, ein guter
Comtorist zu werden, wie bei diesem meinem werthen Freunde
Kabrun in Dantzig. Betrachte demnach Alles und merke auf seine
Reden, sie können dir nicht anders wie sehr vörderlich zu deinem
Fortkommen in der Welt seyn. Zwar lohnt es sich nicht, dir die
neue Flöte noch zuzuschicken, weil die $1/2$ der Zeit schon passirt
ist, die du in Dantzig noch zuzubringen hast, aber darum spiele
immer auf der alten in ein oder anderes Concert, weilen auch
dieses dir in deiner Vaterstadt zur mehreren Empfehlung dient.
Die Mutter schreibt mir gar, dass du mit eins ein besserer Jüngling geworden, da man ihr von deinem ordentlichen Betragen erzählt. Lass diese Ordnung aber auch doch in deinem Zimmer
und bei deinem Weissgeräthe herrschen, denn die Begebenheit in
Braunau war gar ärgerlich. Solltest du auf der Reitschule guten
Unterricht oder durch einen guten Korporal durch's Exerciren
den besseren Maintient des Körpers gewinnen können, so will ich
auch dazu die Kosten gerne hingeben, allein du musst doch auch
im Französischen und Englischen dich üben und Herrn Kabrun
wiederum anliegen, dir Briefe in diesen Sprachen, wie in dem
Teutschen, schreiben zu lassen; er hilft dir gerne zurecht und
wenn du seinen Briefstyl erhaschst, hast du gantz alles was dir von
nöthen ist, auch wollte ich dass du bei hiesigem Herrn Jenisch
nicht mehr als ein Kind aufs Comptoir sässest und damit Gott
befohlen. *Schopenhauer.*"

Und in dem letzten Briefe, den der Vater an den Sohn geschrieben hat, vom 20. November 1804, heisst es: „Ich wollte
dass du lerntest, dir die Menschen angenehm zu machen; denn
so würdest du auch gar leicht den Herrn Kabrun bei Tische zu
mehreren Reden veranlassen. Und was dem Geradegehen und

-sitzen betrift: so rathe ich dich Jedweden, der mit dir umgeht
zu bitten, dir einen Schlag zu reichen, wenn du gedankenlos ob
dieser grossen Sache dich antreffen lässt. So haben Fürsten-
kinder verfahren und nicht den Schmertz gescheut für wenige
Zeit, bloss nicht als Tölpel ihr Leben lang zu erscheinen. Nichts
kann als dieses helfen und ich corrigire dermalen den jungen
Lehmann mit Success von diesem Erziehungsfehler. Du wirst mit
deiner lieben Mutter und Schwester in der Mitte des Decembers
das gute Dantzig verlassen und so noch mehr als drei Monate
darinnen verlebt haben. Vom Tantzen und reiten kann man nicht
leben als Kaufmann, dessen Briefe gelesen werden sollen und folglich gut geschrieben werden müssen. Hin und wieder finde ich
die grosse Buchstaben deiner Schreiberey noch immer wahre Miss-
geburthen, besonders im Teutschen, welches als deine Muttersprache
dir keines einzigen Fehlers in der Handschrift zeihen müsste. Es
ist gantz gut, dass du in Dantzig confirmirt werden wirst, hier
aber noch Morgens die Vorlesungen des Herrn Runge in der
Theologie anhören und stets dich bescheiden, sittlich und fleissig
betragen. Adieu. *Heinrich Floris Schopenhauer.*"

Im December also kehrte er nach Hamburg zurück, um gleich
nach Neujahr 1805 bei Senator Jenisch in die kaufmännische
Lehre zu treten. Im April erfolgte der plötzliche Tod seines
Vaters. Die Art desselben — er stürzte aus einer hohen Speicher-
öffnung in den Kanal — erregte Aufsehen und es ging das Gerücht, dass er, in einem Anfalle von Trübsinn, wegen eingebildeter
oder wirklicher Vermögensverluste freiwillig geendet habe. Schon
längere Zeit hatte er an krankhafter Aufregung gelitten und war
mit zunehmender Taubheit reizbarer und heftiger geworden. Wenn
es wahr ist, was sein Sohn lehrt, dass der Wahnsinn, psychologisch
betrachtet, wesentlich in unvollkommener Rückerinnerung besteht,
so scheint er in seinem letzten Lebensabschnitte auch nicht frei
von Geistesstörungen geblieben zu sein. Denn, obwol er noch im
Mannesalter stand, verliess ihn zuweilen das Gedächtniss. Ein
Freund der Familie, der ihm, dankbar für früher genossene Gast-

freundschaft, während seines londoner Aufenthalts im Jahre 1803 manche Gefälligkeit erzeigt hatte und ihn im Herbst des folgenden Jahres auf der Heimreise von England nach Danzig besuchte, fand ihn auf seinem Comptoir in grosser Aufregung und wurde von ihm mit den Worten empfangen: „Ich kenne Sie nicht! es kommen so viele, die sagen, ich bin der und der — ich will nichts von Ihnen wissen." Als sich der Freund verblüfft entfernte, folgte ihm ein Commis, der den Principal entschuldigte: derselbe komme später gewöhnlich zur Besinnung. Als er ihn tags darauf, nach erhaltener Einladung, in seiner Wohnung wieder besuchte, fand er ihn mit der Gelbsucht behaftet und erhielt die Aufklärung, dass er sich über die grosse Rechnung des Möbelschreiners alterirt, welcher Reparaturen zum bevorstehenden Empfang der Hausherrin ausgeführt hatte.

Mehrfache, mir indirect bekannt gewordene Aeusserungen seiner Witwe und seines Sohnes, an den ich absichtlich eine Frage wegen jenes Todesfalls zu stellen unterliess, geben kaum einem Zweifel Raum, dass jenes Gerücht begründet gewesen sei.

So war denn das äussere Band zwischen Vater und Sohn jäh zerrissen; aber nur, um diesem mit dem ersten tiefen Schmerze seines Lebens die Innigkeit der gemüthlichen Verbindung mit dem geliebten Erzeuger zum vollen Bewusstsein zu bringen. Dieser nicht gemeinen Pietät verlieh er damals wie in seinem ganzen spätern Leben nicht wortreiche, aber ergreifende Sprache, am nachdruckvollsten in jener nach seinem Tode bekannt gegebenen „Widmung" der zweiten Auflage seines Hauptwerks*, die nicht vollständig verstanden würde, wenn man nur die äussern Vortheile, die sein Leben dem Fleiss und der Einsicht seines Vaters verdankte, darin anerkannt sehen wollte; denn Aeusseres und Inneres, Willkür und Nothwendigkeit, Erziehung und Geburt stellen nach seiner Meinung nur zwei Seiten desselben Verhältnisses dar, und wie er das Schicksal bewunderte, welches dem zu einer ebenso

---

* Frauenstädt, Memorabilien, S. 204.

kurzen als wunderbaren Thätigkeit berufenen Genie eines Rafael und Mozart schon von Kindheit auf durch väterliches Beispiel und Unterweisung die nöthige Anleitung in der Kunst, zu welcher sie ausschliesslich bestimmt waren, zutheil werden liess, so verehrte er in der Person seines Vaters jene „geheime und räthselhafte, das individuelle Leben lenkende Macht", die ihn schon als Knaben mit Welt und Menschen bekannt gemacht, den noch unbefangenen jugendlichen Geist mit der unmittelbaren Anschauung der Dinge gesättigt, ihm fast mühelos die Kenntniss der Sprachen und Kunstwerke erschlossen und ihm endlich die freie Musse gewährt, das klar in sich aufgenommene Bild der Welt in zur Reife gebrachten Gedanken abzusetzen.

Sein Verhältniss zu beiden Aeltern ist nicht nur für seine Lehre von der Erblichkeit der Eigenschaften, sondern für die Grundgedanken seines Systems von so besonderer Wichtigkeit, dass eine etwas ausführlichere Behandlung desselben, als sonst gestattet wäre, angemessen erscheint.

Das vierte Gebot des Dekalogs gab Schopenhauer, als er sich mit seiner Mutter überwarf, zu denken. Er hielt sich zuletzt an den Wortlaut, indem er·sich darauf beschränkte, die Mutter, die ihn stets hatte frei gewähren lassen, zu ehren, unfähig ihr noch das Gefühl der Liebe entgegenzubringen, das er für den strengen Vater zeitlebens bewahrte. Denn obwol er auf seinen Intellect, von dem er überzeugt war, dass er ein Erbtheil der Mutter sei, als auf den Hohenadelsbrief seiner Person sah, der ihn dem vulgären Menschenthum weit entrücke — einen Stolz, oder wenn man will, eine Selbstüberhebung, von der ihn kein Misserfolg und keine Missachtung zurückzubringen vermochten — so konnte er doch ebenso wenig jemals die tiefere Einsicht verleugnen, dass das Werthgebende, weil allein Wesenhafte, in letzter Instanz nur der Wille sei, den er dem väterlichen Antheil zuschrieb. „Im Herzen steckt der Mensch, nicht im Kopf", — heisst es in seinem Hauptwerke — „der Sinn und Zweck des Lebens ist kein intellectueller, sondern ein moralischer. Wie Fackeln und Feuerwerk vor der Sonne blass und unscheinbar werden, so wird Geist, ja Genie überstrahlt und verdunkelt von der Güte des Herzens, die einer über dieses Leben hinausreichenden Ordnung der Dinge angehört und mit jeder andern Vollkommenheit incommensurabel ist." Daher die „wohlbegründete Ueberzeugung, welche der Anblick edler Handlungen hervorruft, dass der Geist der Liebe, der Diesen seiner Feinde schonen, Jenen des zuvor nie Gesehenen sich mit Lebensgefahr annehmen heisst, nimmermehr verfliegen und zu Nichts werden kann" („Die Welt als Wille und Vorstellung" [3. Auflage], II, 261. 562).

Wer aber hat in die geheime Werkstätte der Persönlichkeit gesehen? „Das Individuum", lehrt Schopenhauer, „überkommt den Willen vom Vater, den Intellect von der Mutter, hat also keinen einfachen Ursprung. Je heterogener, unangemessener zu einander beide Eltern waren, desto grösser wird jene Disharmonie, jener innere Zwiespalt im Charakter der meisten Menschen sein. Während einige durch ihr Herz, andere durch ihren Kopf excelliren, gibt es noch andere, deren Vorzug blos in einer gewissen Harmonie und Einheit des ganzen Wesens liegt, welche daraus entsteht, dass bei ihnen Herz und Kopf einander so überaus angemessen sind, dass sie sich wechselseitig unterstützen und hervorheben; was vermuthen lässt, dass ihre Eltern eine besondere Angemessenheit und Uebereinstimmung zu einander hatten" (S. 601). Darf dies von Schopenhauer gesagt werden? Ich glaube ja, wenn man die Frage recht versteht und sich an die natürliche, physiologische Seite der Sache hält. Die moralische Seite nämlich: dass sich, im Leben selbst, zur richtigen Einsicht der Wille, der die That gebiert, finde, darf zunächst nicht in diese Erbschaftsfrage hereingezogen werden. Dissonanzen dieser Art gehören in ein höheres Gebiet. Aber jene Zusammenstimmung, kraft deren der weibliche Factor in der Zeugung — angenommen der Intellect — durch den männlichen — angenommen der Wille — besonders günstig und vollkommen befruchtet wird, dürfte man bei schärferm Zusehen in der merkwürdigen Ehe, welcher Schopenhauer seine Entstehung oder besser seine Erzeugung verdankt, ebenso wenig vermissen als die von ihm behauptete Folge derselben: jene Uebereinstimmung und Einheit des ganzen Wesens, kraft deren dasselbe, wie zu einem ganz besondern Zwecke vorausbestimmt, seinen Lebensweg mit einer Sicherheit einschlägt, fortsetzt und zum Ende führt, die im einzelnen und von vorn gesehen nicht selten wie Eigensinn, Starrsinn ja Tollheit sich darstellt; dagegen im ganzen und von hinten betrachtet als eingeborenes Schicksal, leitender Genius, höhere Führung oder Vorschung erkannt wird, wie dies Schopenhauer in seiner „Transcendenten-Speculation über die anscheinende Absichtlichkeit im Schicksale der Einzelnen" ins Licht setzt.

Wen das Gefühl einer solchen Leitung durchs Leben begleitet, sodass er sich, wie dies bei Schopenhauer in allen Wendepunkten seines Lebens der Fall gewesen ist, stets, wenn auch oft wider sein augenblickliches Wollen — *nolentem trahunt* — dahin gezogen weiss, wohin er soll: von dem werden wir sagen müssen, dass er in einer gewissen Uebereinstimmung mit sich selbst geboren sei, mag auch immerhin die objective Ansicht seines Lebens einen unharmonischen und unsympathischen Eindruck hinterlassen; ja, mag für einen solchen Menschen selbst, wie dies bei Schopenhauer der Fall war, das Bewusstsein einer zur Treue gegen sich selbst angelegten, in sich scharf abgeschlossenen geistigen Constitution nicht zur Selbstbefriedigung und beharrlichen Lebensfreude führen. Dass dieses Gefühl, wie es einem Goethe zeitlebens hold geblieben, unserm Freunde schon in jungen Jahren versagen musste, weist auf eine finstere Wurzel zurück, ändert aber nichts an der Sache; denn er ging seinen Weg so unverrückt und sicher wie in Jahrhunderten vielleicht kein zweiter: war also wol, wie Goethe sagt, „zu einem Talent geboren". Jene finstere Wurzel aber tritt vielleicht in der Schroffheit und extremen Folgerichtigkeit des väterlichen Charakters zu Tage. Vor Jahren habe ich dessen Lehre von der Erblichkeit der Eigenschaften als einer sichern speculativen Errungenschaft, wie die Alten sagten: eines κτῆμα ἐν ἀεί, erwähnt, weil sie von ihm als ein Folgesatz seines Centraldogmas von dem androgynen Wesen der Welt (in der uns nach Faust's Ende das Ewigweibliche hinanzieht, d. h. die Vorstellung den Willen solange von immer neuen Seiten beleuchtet, bis er zur Selbsterkenntniss gelangt und in der Umarmung mit ihr das Sittliche zeugt) ohne Zweifel selbständig gefunden und eigenthümlich — man vergleiche z. B. seine Erklärung des Incests — verwerthet worden ist. Indessen darf nicht verschwiegen werden, dass die von Schopenhauer („Die Welt als Wille", II, 601) erwähnten Naturforscher, Linné und Burdach, nicht die einzigen, noch die am klarsten sehenden Vorgänger in dieser Lehre gewesen sind. Im Prioritätseifer für den Grundgedanken seines Systems sagt er („Parerga", I, 145): von jeder grossen Wahrheit gebe sich, ehe sie gefunden worden, ein Vorgefühl kund, eine Ahndung, ein undeutliches Bild, wie im Nebel, und ein vergebliches Haschen, sie zu ergreifen, weil die Fortschritte der Zeit sie vorbereitet hätten: demgemäss präludirten dann vereinzelte Aussprüche; allein nur wer eine Wahrheit aus ihren Gründen erkannt und in ihren Folgen durchdacht, ihren ganzen Inhalt entwickelt, den Umfang ihres Bereichs übersehen und sie sonach mit vollem Bewusstsein ihres Werthes und ihrer Wichtigkeit deutlich und zusammenhängend dargelegt habe, der sei ihr Urheber. In diesem Sinne aber kann er selbst nicht als der Urheber jener Lehre gelten; denn nicht alle der hierzu von ihm erforderten Bedingungen dürften wol bei seinem Kapitel 43 der „Welt als Wille und Vorstellung" zutreffen.

Man kann den Werth einer Mittheilung von Hérault de Séchelles („Die Welt als Wille", II, 597) dahin gestellt sein lassen, nach welcher Buffon den Grundsatz aufgestellt, dass die „qualités intellectuelles et morales" den Kindern im allgemeinen von der Mutter kommen, wobei er auf seine eigene Mutter hingewiesen habe „qui avait en effet beaucoup d'esprit, des connaissances étendues et une tête bien organisée"; obwol in dem Hereinziehen der „qualités morales", worunter die Franzosen mehr den geistigen Habitus als den angeborenen Willenscharakter verstehen, ein totaler Widerspruch gegen die Schopenhauer'sche Theorie nicht zu erkennen sein dürfte.

Denn nicht nur ist die Correctheit der Berichterstattung zweifelhaft, weil der richtige Gegensatz fehlt, da nicht angenommen werden kann, Buffon habe etwa an die vorzugsweise Vererbung der physischen Eigenschaften vom Vater geglaubt; sondern es bleibt auch die wichtigere, dem gemeinen Verständniss fernliegende ja geradezu paradoxe Seite der Theorie, dass der Intellect von der Mutter erbt, von dem grossen Naturforscher als „principe" ausgesprochen. Aber in *Friedrich Fischer's* „Naturlehre der Seele" (Basel 1835), 196. 619*, findet sich, neun Jahre vor dem Erscheinen des zweiten Bandes der „Welt als Wille und Vorstellung" der Satz: „die Intelligenz hat das Kind von der Mutter, den Charakter vom Vater". Freilich mit dem Zusatze: „das Temperament ist eine gemischte Eigenschaft Beider", während Schopenhauer dieses. schlechthin zum Erbtheil vom Vater rechnet („Die Welt als Wille", II, 600), ohne jedoch den inhaltreichen Begriff mehr als beiläufig (vgl. II, 372) zu erörtern. Die gleiche, nur tiefer geschöpfte Erkenntniss hatte schon der *Philosophus teutonicus* („Antistief.", §. 391): „Im Manne ist der Geist feuerisch, der säet die seelische Tinctur; im Weibe ist der Geist wässerisch nach dem Lichte, der säet des Geistes Tinctur, im innern Reiche die Bildniss der verblichenen Wesenheit, und im äussern die Lufts-Eigenschaft aus dem Ekel der Irdigkeit." Ebenso *Swedenborg* in seinen „Delitiae sapientiae de amore conjugiale", wo er lehrt, dass das Innerliche (die verborgene Wurzel) im Männlichen die Liebe (*amor*), im Weiblichen die Weis-

---

* Ja auch der Grundgedanke der „Metaphysik der Geschlechtsliebe", auf deren Originalität Schopenhauer so sicher pochte, findet sich daselbst in den unzweideutigen Worten: „Der Geschlechtstrieb ist der einzige Trieb, welcher nicht zur Natur und Bestimmung des Individuums gehört, sondern die äusserliche Bestimmung der Erhaltung der Gattung hat. In ihm ist das Individuum blosses Mittel der Gattung, es dient einem fremden Zwecke; wobei der Umstand besonders demüthigend ist, dass die Natur, auf eine nur geringe Aufopferung und uneigennützige Bereitwilligkeit zur Erhaltung der Gattung rechnend, diesen fremden Dienst mit dem Solde der lebhaftesten Lust bezahlt."

heit *(sapientia)* sei und das Aeusserliche umgekehrt; dass eben deshalb Mann und Weib sich einander suchten und anzögen, indem eins im andern und durch das andere offenbar werden wolle, sodass der Wille des Weibes sich mit dem Verstande des Mannes und infolge dessen der letztere sich mit ersterm verbinde.

Ist es nun freilich eine unabsehbare Aufgabe der Anthropologie, diese Grunderkenntniss mittels scharfer Beobachtungen nach der physischen wie nach der psychischen Seite hin erfahrungsmässig zu entwickeln, so scheint doch wenigstens die Formel dazu bei Schopenhauer insofern richtig angesetzt zu sein, als derselbe, seinem gesammten Philosophiren getreu, den Schein der Paradoxie nicht fürchtend, auch hier die Factoren der Rechnung in Gedanken scharf gesondert hält, um den Werth eines jeden in der factischen Verbindung nicht zu verlieren. Allein es fehlt bei ihm eine genügende Analyse dieser Factoren selbst, sonst würde er gefunden haben, dass er in Wille und Intellect nicht alles beisammen hatte. Die lebendige Einheit, die wir aus der Zeugung hervorgehen sehen, setzt ein Einigendes voraus, dessen Wesen in keinem der constituirenden Factoren aufgehen kann, wie Schopenhauer von seinem Willen (als Ding an sich oder *Deus ex machina*) voraussetzt, vielmehr beide umfasst und kraft ihrer (höhern) Centralität miteinander vermittelt. Der gesetzmässige Hergang dieser Vermittelung bildet das eigentliche Problem, sodass man von vornherein einsieht, wie keiner der beiden Factoren anders als durch einen organischen Process, wie solcher den Gegenstand einer künftigen Morphologie des menschlichen Geistes bilden mag, auf das neue Leben übertragen werden könne.

Es genügt hiernach nicht, zu wissen: Schopenhauer's Mutter war eine Frau von Geist, um zu der Behauptung fortzuschreiten: Schopenhauer hatte „den Grad, die Beschaffenheit und Richtung seiner Intelligenz von der Mutter" („Die Welt als Wille", II, 590), ein Satz, den er in dieser Allgemeinheit wol selbst schwerlich zu beweisen unternommen hätte, zumal er sich nicht des Arguments eines gekrönten Kritikers seiner Philosophie bedienen konnte, dass

er im Grunde seines Wesens ein Belletrist gewesen sei. Ebenso
wenig genügt es zu wissen: Schopenhauer's Vater war ein Mann
von lebhaftem Temperament, starkem Unabhängigkeitssinn und
Rechtsgefühl, grosser Beharrlichkeit u. s. w., um zu sagen: Schopenhauer hatte „sein Moralisches, seinen Charakter, seine Neigungen, sein Herz vom Vater" („Die Welt als Wille", a. a. O.). Wenn
wir dagegen beides nur als die organische Basis betrachten, auf
der sich die Persönlichkeit unsers Philosophen entfaltet, so verliert die Theorie den Anschein des Rohen und Willkürlichen, mit
dem sie auch bei Schopenhauer noch behaftet erscheint. Keines-
falls können sie die dreisten Asserte naturalistischer Anthropologen
neuesten Schlags umstossen, welche mit den Thatsachen wie mit
den Worten umspringen, indem sie stets bei der Hand sind, solche
zu erfinden, wo sie derselben zur Durchführung ihrer falschen
Analogien bedürfen. Es mag sich bewahrheiten, was *van Beneden*
bei seinen Untersuchungen über den Ursprung der sogenannten
Geschlechtszellen bei Polypen entdeckt haben will, dass sich die
Eizellen aus dem Darmblatt *(entoderma)* und die Spermazellen aus
dem Hautblatt *(exoderma)* entwickeln, dass also die Ausbildung
des geschlechtlichen Gegensatzes schon während der Differenzirung
der beiden primären Keimblätter bei den niedrigsten Pflanzen-
thieren beginnt und das Exoderm, aus dem sich das Cerebral-
system herausbildet, das männliche Keimblatt sei, wie *Häckel* in
seiner „Anthropogenie" behauptet: wie soll daraus der männliche
Antheil menschlicher Zeugung — dieselbe so mechanisch und roh
wie möglich gedacht — bestimmt werden, da das Sperma im be-
fruchteten Ei sich vollständig auflöst und, wie dessen Kern, verschwindet? Gerade dieser jeden Zeugungsprocess begleitende Auf-
lösungsprocess kann auch harten Köpfen deutlich machen, dass
alles Entstehen auf immateriellem Grunde beruht. So können es
nur dynamische Metamorphosen sein, welche die beiden Factoren
der geschlechtlichen Zeugung infolge ihres Contacts im Mutter-
schose durchmachen und welche geeignet sind, eine richtige

Theorie der Fortpflanzung bestimmter Geisteseigenschaften zu begründen.

Ich darf mich hier nicht weiter verlieren; genug, wenn ich, ohne missverstanden zu werden, sagen kann: Schopenhauer sah die Welt mit den Augen seiner Mutter: offen, ruhig, klar; im Einzelnen oft nicht mit genügender Umsicht und Deutlichkeit, im Ganzen sicher und bestimmt, dabei nicht ohne ästhetische Färbung; und: Schopenhauer ergriff die Welt mit der Freiheit und Energie, mit der Reizbarkeit und Schroffheit seines Vaters. Welcher Werth auf Charakter und Temperament des letztern für die Beurtheilung seines Genius zu legen sei, hat er selbst mehrfach angedeutet. Zur Prüfung der Geisteskraft und Geistesart seiner Mutter liegen deren zahlreiche Schriften * vor. Johanna Schopenhauer zählt weder als Biographin, noch als Kunsthistorikerin, noch als Reisebeschreiberin, noch als Novellistin zu den bleibenden Sternen am literarischen Himmel: dazu war zum Theil schon ihr Schulunterricht zu mangelhaft gewesen; für ihre Zeit aber hatte sie ihre Bedeutung. Dies beweist der allgemeine Erfolg ihrer Schriftstellerei selbst in Kreisen, die mit literarischer Kost verwöhnt und übersättigt waren.

Das Werthvollste, was wir zur Charakteristik ihres Geistes von Dritten besitzen, sind jene im Sommer 1822 entstandenen Blätter Goethe's über ihren Roman „Gabriele". Goethe las die drei Bände dieses ihm „längst vortheilhaft bekannten Romans mit der grössten Gemüthsruhe, zwischen den hohen Fichtenwäldern von Marienbad, unter dem blausten Himmel, in reinster, leichtester Luft, daher auch mit aller Empfänglichkeit, die man zum Genuss eines jeden dichterischen Erzeugnisses mitbringen sollte", und schrieb „auf einsamen Spaziergängen" seine Bemerkungen darüber in seine Schreibtafel. „Gabriele", heisst es darin, „setzt ein reiches Leben

---

* Die Gesammtausgabe erschien in vierundzwanzig Bänden (Leipzig 1830–31).

voraus und zeigt grosse Reife einer daher gewonnenen Bildung.
Alles ist nach dem Wirklichen gezeichnet, doch kein Zug dem
Ganzen fremd — — der Roman stellt (im Gegensatze zur Erziehung) das unbedingte als das Interessanteste vor: gerade das
grenzenlose Streben, was uns aus der menschlichen Gesellschaft,
was uns aus der Welt treibt, unbedingte Leidenschaft; für die
dann bei unübersteiglichen Hindernissen nur Befriedigung im Ver-
zweifeln bleibt, Ruhe nur im Tod. Dieser eigenthümliche Charakter des tragischen Romans ist der Verfasserin auf schlichtem Wege
sehr wohl gelungen, sie hat mit einfachen Mitteln grosse Rührung
hervorzubringen gewusst; wie sie denn auch, im Gang der Ereignisse, das natürlich Rührende aufzufassen weiss, das uns nicht
schmerzlich und jammervoll, sondern durch überraschende Wahrheit der Zustände höchst anmuthig ergreift . . . Durchaus wohlthätig ist die Freiheit des Gemüths, kraft welcher allein die wahre
Rührung möglich wird. Daher denn auch die Facilität der allgemeinen Anordnung, des innern Ausdrucks, des äussern Stils. Ein
heiteres Behagen theilt sich dem Leser mit . . . Einsichtige Anthropologie, sittlich-physiologe Ansichten, sogar durch Familien
und Generationen durchgeführt. Abstufung der Verhältnisse und
Ableitung. Verwandtschaft, Gewohnheit, Neigung, Dankbarkeit,
Freundschaft, bis zur leidenschaftlichen Anhänglichkeit. Keine
Spur von Parteisinn, bösem Willen, Neckerei, vielmehr anmuthiges
Gefühl eines allgemeinen Wohlwollens; kein böses Princip, kein
verhasster Charakter, das Lobens- und Tadelnswerthe mehr in
seiner Erscheinung, in seinen Folgen als durch Billigung oder
Misbilligung dargestellt. — Nichts Phantastisches, sogar das Ima-
ginative schliesst sich rationell aus Wirkliche. Das Problematische, ans Unwahrscheinliche grenzend, bevorwortet sich selbst und
ist mit grosser Klugheit behandelt."

So musste der Mutterboden des Philosophen beschaffen sein,
der, in Schelling's Schule eingetreten, derselben bald den Rücken
zuwandte, weil die romantische Verquickung der Philosophie mit

der Poesie seiner Natur zuwider und ihm, schon als Student, die Einsicht aufgegangen war, dass die Philosophie, deren Material der Verstand oder die Begriffe seien — unbeschadet ihres Charakters als Kunst — nothwendig Prosa, und zwar die nüchternste Prosa sein müsse.

II.

1806 — 1809.

Der Tod Heinrich Floris Schopenhauer's veranlasste die in ihren Folgen von der Witwe wenig überlegte alsbaldige Liquidation seines Geschäfts und gab Mutter und Sohn eine Freiheit, welche jedes von beiden, ihrer Sinnesart gemäss, bald nach einer der seitherigen entgegengesetzten Lebensrichtung führen sollte. Der Sohn zwar, im Andenken des Verlorenen fortlebend, hielt sich aus Pietät zunächst den Gedanken fern, von dieser Freiheit Gebrauch zu machen; seine Mutter aber siedelte schon im folgenden Jahre mit ihrem achtjährigen Töchterchen nach Weimar über. Der Domicilwechsel war ihr durch das fortwährende Reisen vertraut geworden. Die Stadt, in der sie den kaum erwachsenen Sohn allein zurückliess, scheint ihr durch die neuesten Erinnerungen verleidet gewesen zu sein. Dass sie Deutschlands Musenhof zum Wohnsitze wählte, lag gewiss hauptsächlich in ihren geistigen Bedürfnissen; denn aus Sparsamkeit, wie wir sehen werden, geschah es nicht, und alle persönlichen Bande musste sie dort erst neu anknüpfen. Dies geschah mit einem ihre Erwartungen weit übertreffenden Erfolg. Vierzehn Tage vor der verhängnissvollen Schlacht bei Jena, ohne Ahnung von dem bevorstehenden Sturm, dem sie freilich bei einiger Vorsicht und Achtsamkeit auf den Gang der öffentlichen Ereignisse hätte fern bleiben können, war sie. in Weimar angelangt, und wenige Wochen danach schon hatte die bindende Gewalt gemeinsamer grosser Erlebnisse, hatten ihre Liebenswürdigkeit und ihre Talente sie mit allen Celebritäten der Stadt befreundet. „Meine Existenz", schreibt sie nach durchlebten Schrecken aller Art dem Sohn am 19. October 1806, „wird hier angenehm werden: man hat mich in zehn Tagen besser als sonst vielleicht in zehn Jahren kennen gelernt. Goethe sagte mir heute, ich wäre durch die Feuertaufe zur Weimaranerin geworden. Wol hat er recht. Er sagte mir, jetzt, da der Winter trüber als sonst heranrücke, müssen wir auch zusammenrücken, um einander die trüben Tage wechselseitig zu erheitern. Was ich thun kann, um mich froh und muthig zu erhalten, thue ich. Alle Abende, solange diese Tage des Trübsals währen, versammeln sich meine Bekannten um mich her, ich gebe ihnen Thee und Butterbrot im strengsten Verstande des Wortes. Es wird kein Licht mehr als gewöhnlich angezündet, und doch kommen sie immer wieder und ihnen ist wohl bei mir. Meyers, Fernow, Goethe bisweilen, sind darunter. Viele, die ich noch nicht kenne, wünschen bei mir eingeführt zu werden. Wieland hat mich heute um die Erlaubniss bitten lassen, mich dieser Tage auch besuchen zu dürfen."

Die hierauf folgende Zeit schuf in ihr, wie ihre Tochter sagt, „einen zweiten Geistesfrühling; denn der Himmel gewährte ihr in derselben, was er sonst nur der Frische der Jugend zu geben pflegt. Mit dem wärmsten, sorglosesten Gefühle blickte sie in eine ihr bis dahin unbekannt gebliebene und doch längst geahndete neue Welt. Ueberrascht von der plötzlich sich entfaltenden Kraft ihrer Fähigkeiten, von ihrem bis dahin schlummernden Talent mit einem mal gehoben, genoss sie mit täglich neuer Freude den Umgang der ausgezeichnetsten Männer, die damals Weimar theils als ihm angehörig in sich schloss, theils durch dieselben aus entfernteren Gegenden Deutschlands an sich zog. Sie gefiel und that gemüthlich wohl. Sie war wohlhabend genug geblieben, um bequem leben und den reichen Kreis dieser Freunde fast täglich um sich herziehen zu können. Ihr anspruchsloser und doch erregender

Umgang machte ihr Haus zum Mittelpunkt des geistig-geselligen Treibens, in dem jeder sich selbst heimisch und behaglich empfand und unbefangen das Beste darbot, was er zu geben vermochte. Sie selbst nennt in dem Schema zu ihren Memoiren einen Theil der interessantesten Menschen, die sie damals um sich sah; zahllose andere führte die Zeit vorüber und lange Jahre hindurch blieb, trotz allen äussern Veränderungen, ein Nachschimmer jener Tage wie ein später Sonnenstrahl auf dem Hause ruhen."

Ihr Salon versammelte wöchentlich zweimal Männer wie Goethe, Wieland, Heinrich Meyer, Falk, Fernow, die beiden Bertuch, Zacharias Werner, Friedrich Majer, Froriep, St. Schütze, Riemer, Grimm, Fürst Pückler, die beiden Schlegel und viele andere; denn alle Fremden von Bedeutung, die in Weimar verweilten, wurden bei ihr eingeführt. Auch bei Hof war sie, des bürgerlichen Standes ungeachtet, zuweilen gern geschen, sie genoss die Freundschaft der Herzogin Amalie, Karl August's und seiner Gemahlin, der Herzoge von Gotha, des damaligen Erbgrossherzogs von Mecklenburg-Schwerin und der Herzogin von Hildburghausen. Unter allen aber trat ihr *Karl Ludwig Fernow* am nächsten. Mit seiner Biographie eröffnete sie ihre literarische Laufbahn, auf der sie in wenigen Jahren eine der beliebtesten Schriftstellerinnen werden sollte.

Ueber ihr Verhältniss zu diesem hochgebildeten Kunst- und Literaturkenner, der sich aus dürftigen Verhältnissen emporgearbeitet hatte, sagt Adele Schopenhauer: „Er ward ihr Freund und Lehrer, ordnete ihre ungeregelten und mangelhaften Kenntnisse, lehrte sie das Verständniss der Antike, die ihr früher fern lag, und gab besonders ihrem durch Augustin in Paris technisch bereits entwickelten Talent zur Malerei, die Basis der Kunstkenntnisse, welche ihr später die Herausgabe einiger in dies Fach schlagender Schriften möglich machten. Er war ein edler, am Leben selbst zu grosser Tüchtigkeit gereifter Mann und wandte ihr eine sehr ernste Neigung zu. Was sie für ihn zu thun durch sein Leiden — er starb schon 1808 — veranlasst ward, ist aus

ihrer mit grossem Beifall aufgenommenen Biographie Fernow's zu
ersehen; aber nicht mit welcher Zartheit er alles, was in seiner
Macht stand, für sie that: ich möchte sagen, es sei von ihm jeder
Halt und jeder Schmuck ihres spätern Lebens ausgegangen und
sein Geist habe in jeder bedeutenden Stunde desselben auf sie
rückgewirkt, wie in ihrer Jugend das Andenken des Predigers
Jameson."

Am Begräbnisstage Fernow's erschien dessen intimster Freund
Gerhard von Kügelgen in Weimar und übertrug seine Neigung
auf die Freundin. In einem von Adele veröffentlichten Fragmente
vom Jahre 1809, wie es scheint aus einem Briefe an den Sohn,
beschreibt Johanna Schopenhauer die aus Kupferstichen allgemein
bekannten Bildnisse Kügelgen's von Goethe, Wieland, Schiller und
Herder in ansprechender Weise; ja sie griff, nach dem tragischen
Ende des Freundes, seinem Andenken zu lieb, sogar zur Recen-
sentenfeder, indem sie seiner Biographie von Hasse (Leipzig 1824)
eine Beurtheilung widmete, deren Wärme alle begreifen werden,
welchen die „Erinnerungen aus dem Leben eines alten Mannes"
auch die edle Gestalt des Vaters desselben wieder zurückgerufen
haben. In dieser Recension sagt sie ein wahres Wort über die
Aufgabe des Biographen, das ich bedauere mir nicht in vollem
Umfange zu Nutzen machen zu können: „So wie hier Kügelgen's
Lebensgeschichte (aus Briefen, Aufsätzen und mündlichen Mittheilungen desselben) zusammengestellt erscheint, möchte man in einiger
Hinsicht sie sogar einer Selbstbiographie vorziehen dürfen. Denn
auch dem edelsten, reinsten Gemüthe wird es schwer, in allen
Eigenthümlichkeiten des Charakters, in allen Ereignissen des Lebens
der Welt sich zu zeigen und ihr ganz aufrichtig von allen seinen
Verhältnissen und Handlungen Rechenschaft abzulegen. Wahrheit
und Dichtung vereinigen sich wider Wissen und Willen des Verfassers nur zu oft in einem solchen Werke, wenn gleich der
Titel dieses nicht immer kundthut, weil jener selbst sich dessen
nicht bewusst ist. In vielen Fällen ist man sich selbst nicht
klar, in andern hemmen Berücksichtigungen oder Bescheidenheit

den freien Erguss des Gemüths. Doch im Gespräch, einem bewährten Freunde gegenüber, wäre es auch nur mit der Feder in
der Hand, da geht das Herz auf und ergiesst sich ohne Rückhalt
und Bedenklichkeit." Fernow und Kügelgen sollten auch dem
Sohne hochverehrte Lehrer werden.

Während die Mutter sich mitten unter den Schrecken des
Kriegs eine neue Existenz schuf, sass der Sohn in anderer, tieferer
Noth an dem verhassten Comptoirpult. Immer heftiger tobten in
ihm die Anfechtungen zwischen innerm Beruf und äusserlicher
Pflichttreue, bis sie allmählich den Charakter tiefster Melancholie
annahmen. Dabei versäumte er seine Geschäfte und hinterging
seinen Lehrherrn auf alle Weise. Die Möglichkeit, den verfehlten
Beruf jetzt noch abwerfen, jetzt noch den Zweck seines Daseins
erreichen zu können, kam ihm unter den heterogenen Umgebungen
und Beschäftigungen nicht mehr in den Sinn. Er dachte, dazu
sei es zu spät. An sich selbst verzweifelnd, liess er den Riss in
seinem Innern nur in schwermüthigen Reflexionen in den Briefen
an die Mutter durchblicken. Diese hatte ihm in lebendiger farben-
reicher Darstellung die Plünderung Weimars, ihr entschlossenes,
den Andern vorangehendes, anfeuerndes Eingreifen zur Linderung
des Elends der Verwundeten und Beraubten geschildert und ihn
versichert: „Ich könnte dir Dinge erzählen, vor denen dir das
Haar emporsträuben würde; allein ich will es nicht thun: denn
ich weiss ohnehin, wie gern du über das Elend der Menschen
brütest. Du kennst es noch nicht, mein Sohn; alles was wir zusammen sahen, ist nichts gegen diesen Abgrund des Jammers."
Dann aber, ihren guten Stern im Unstern rühmend, hatte sie mit
den Worten geschlossen: „Alles, was ich sonst wünschte, findet
sich von selbst, und ich verdanke es blos dem Glücke, dass
meine Zimmer unversehrt geblieben und dass ich Gelegenheit fand,
mich zu zeigen wie ich bin, dass meine Heiterkeit ungetrübt blieb,
weil ich von Tausenden die Einzige bin, die keinen herben Verlust zu beweinen hat und nur das allgemeine Leiden, kein eigenes

mein Herz presst. Ich fühle es wol, wie egoistisch das klingt und dies ist eben die entsetzliche Seite des allgemeinen Unglücks, dass es auch die Besten unter uns zu diesem Egoismus herunterstimmen kann."

Da ergreift der Sohn das willkommene Thema zur Variation und schreibt an die Mutter: „Das Vergessen überstandener Verzweiflung ist ein so seltsamer Zug der menschlichen Natur, dass man dergleichen nicht glauben würde, wenn man es nicht sähe. Herrlich hat Tieck es ausgedrückt in ungefähr den Worten: «Wir stehen und jammern und fragen die Sterne, wer je unglücklicher gewesen als wir, indess hinter unserm Rücken schon die spottende Zukunft steht und über den vergänglichen Schmerz des Menschen lacht.» Aber gewiss, es soll so sein, nichts soll standhalten im vergänglichen Leben: kein unendlicher Schmerz, keine ewige Freude, kein bleibender Eindruck, kein dauernder Enthusiasmus, kein hoher Entschluss, der gelten könnte fürs Leben! Alles löst sich auf im Strom der Zeit. Die Minuten, die zahllosen Atome von Kleinigkeiten, in die jede Handlung zerfällt, sind die Würmer, die an allem Grossen und Kühnen zehren und es zerstören. Das Ungeheuer Alltäglichkeit drückt Alles nieder was emporstrebt. Es wird mit nichts Ernst im menschlichen Leben, weil der Staub es nicht werth ist. Was sollten auch ewige Leidenschaften dieser Armseligkeiten wegen?

> Life is a jest and all things shew it:
> I thought so once and now I know it."*

So früh schon hatte sich der Kern seiner Weltanschauung in ihm festgesetzt.

Das Einzige was ihm in dieser Stimmung erhob, scheint die Musik gewesen zu sein, wenigstens schreibt er über sie nicht

---

* „Das Leben ist ein Possen und alle Dinge zeigen es: so kam es mir ehedem vor und nun weiss ich es sicher." (Verse Gay's, die er unter dessen Büste in der Westminster-Abtei gelesen hatte.)

lange darauf: „Wie fand das himmlische Samenkorn Raum auf unserm harten Boden, auf welchem Nothwendigkeit und Mangel um jedes Plätzchen streiten? wir sind ja verbannt vom Urgeist und sollen nicht zu ihm empordringen. Das eiserne Urtheil des Bedürfnisses ist über der Armen Geschlecht ausgesprochen, Mangel und Nothdurft liegen unabwälzbar auf ihm, fordern jede Kraft und hemmen jedes Streben. Nur wenn sie völlig befriedigt sind, darf der Geist, ermüdet und abgestumpft, durch die Nebel der Erde geblendet, aufwärtsblicken. Tadle die Armen nicht, wenn sie im Staube nach der Freude wühlen. O Gott, wir müssen es ihnen vergeben, wenn sie nach dem Bösen greifen; denn ihr Himmel ist verschlossen und wenige Strahlen scheinen durch bis zu ihnen. Und doch hat ein mitleidender Engel die himmlische Blume für uns erfleht und sie prangt hoch in voller Herrlichkeit, auf diesem Boden des Jammers gewurzelt. — Die Pulsschläge der göttlichen Tonkunst haben nicht aufgehört zu schlagen durch die Jahrhunderte der Barbarei und ein unmittelbarer Widerhall des Ewigen ist uns in ihr geblieben, jedem Sinn verständlich und selbst über Laster und Tugend erhaben."

Man sieht, er ringt danach, sein aufgeregtes Gemüth sozusagen in ästhetische Temperatur zu bringen. Bilder aus dem Pflanzenleben hält er sich vor, er, der zwei Jahre später schreiben konnte: „Wir sollen nicht grünen und blühen wie die Pflanzen der Erde: das sagt uns jedes Trauerspiel; also wol etwas Besseres (thun), sagt sich der Zuschauer und sieht mit Genuss zertrümmern alles was ihm oft das Wünschenswertheste schien."

Dann heisst es in einem Brief aus Hamburg anfangs 1807: „Es ist unbegreiflich wie bei der Bannung der ewigen Seele in den Körper solche aus ihrer vorherigen erhabenen Apathie konnte gerissen werden, hinabgezogen in die Kleinheit des Irdischen und so zerstreut durch Körper und Körperwelt, dass sie ihren bisherigen Zustand verlernte und an dem von ihrem vorigen Standpunkt so unendlich kleinen Irdischen theilnahm und sich so darin einbaute, dass sie ihr ganzes Dasein darauf beschränkte und damit

ausfüllte; dass die Aussenwelt sie so zerstreute, dass sie selbst
das Wunderbare und ihr Fremde dieser Aussenwelt in dem Grade
übersieht, dass Tausende aus der Welt gehen, ohne sie beachtet
und darüber gedacht zu haben: da doch jede der dem Menschen-
geist unerklärbaren einfachsten Naturerscheinungen z. B. eines der
Elemente hinreichen würde, ihn sein ganzes kurzes Leben hindurch
in beständigem Streben zu erhalten und zu beschäftigen. Aber er
geht rasch fort auf der Brücke, deren Grund er nicht kennt, ohne
rechts oder links zu schauen seinen kleinen Fusspfad, ohne zu
denken woher noch wohin, nur emsig zum nächsten Schritte
strebend."

Solche Anschauungen und Reflexionen — formell unvollkommen,
wie es bei dem Achtzehnjährigen, zumal ohne classische Vorschule
Aufgewachsenen nicht anders sein konnte — deuten, scharf besehen, auf noch etwas mehr als auf den Conflict mit dem gewählten Beruf: es ist dies die sich selbst kaum bewusste Trauer über
den mit der Mannbarkeit erwachenden „blinden Willen zum Leben",
den der Jüngling über sich Herr werden fühlt; es ist der Schmerz
vor der gewaltsamen Stauung seines bis dahin klar und eben da-
hingeflossenen beschaulichen Daseins zum sinnbetäubenden Strudel
der Begierden, wobei es seiner edlern Natur befremdend und un-
heimlich in der Welt zu Muth wird — eine Stimmung, die auch
nach der ·Wendung seines äussern Lebens noch fortdauert, sodass
er ihr sogar, so gut er vermag, in Versen Ausdruck gibt:

O Wollust, o Hölle,
O Sinne, o Liebe,
Nicht zu befried'gen
Und nicht zu besiegen!
Aus Höhen des Himmels
Hast du mich gezogen
Und hin mich geworfen
In Staub dieser Erde:
Da lieg' ich in Fesseln.
Wie wollt' ich mich schwingen
Zum Throne des ew'gen,
Mich spiegeln im Abdruck

Des höchsten Gedankens,
Mich wiegen in Düften,
Die Räume durchfliegen,
Voll Andacht, voll Wunder,
Ausbrechend in Jubel,
In Demuth versinkend,
Den Einklang nur hörend;
Wie wollt' ich vergessen
Des niedrigen Staubes,
Nicht schelten die Thoren,
Nicht neiden die Grossen,
Nicht spotten der Schwachen,
Die Bösen nicht sehen,
Den Meister im Werke,
In Körpern die Geister
Nur sehen und lieben —
Doch du, Band der Schwäche,
Du ziehest mich nieder,
Dass fest mich umklammert
Das Heer deiner Fäden,
Und jegliches Streben
Nach Oben misslingt mir.

Was wäre wünschenswerther wohl
Als ganz zu siegen
Ueber das leere und so arme Leben,
Was keinen Wunsch uns je erfüllen kann,
Ob Sehnsucht gleich uns auch das Herz zersprengt.
Wie wär' es schön, mit leichtem leisen Schritte
Das wüste Erdenleben zu durchwandeln,
Dass nirgends je der Fuss im Staube hafte,
Das Auge nicht vom Himmel ab sich wende.

Man glaubt in diesen Seufzern eine wörtliche Uebersetzung aus den Klaggesängen seines Geistesverwandten, des unübertroffenen Meisters des wahren Weltschmerzes, Leopardi zu hören*;

---

* Nicht allein den nämlichen Gedanken, sondern denselben Worten begegnen wir bei beiden. So sagt Schopenhauer („Aus Arthur Schopenhauer's handschriftlichem Nachlass", herausgegeben von Julius Frauenstädt [Leipzig 1864], S. 422): „Der Natur liegt blos unser Dasein,

aber Leopardi war ja unheilbarem Siechthum verfallen; während wir hier „der Welt Lust verleidet" sehen im Herzen des in den Schossen der Kraft strotzenden *adolescentulus.*

Mit sorgenden Augen sah die Mutter diese Zeichen einer abnormen Entwickelung sich häufen und da ihr sein Widerwille gegen die kaufmännische Lehre kein Geheimniss war, so musste sie dem Gedanken an eine Veränderung seiner Lage, obwol der Sohn keine Silbe von dem Wunsche des Berufswechsels geschrieben, allmählich Raum geben. Sie suchte Rath bei dem Freunde und Fernow's Gutachten trat als ein solches Ereigniss in ihres Sohnes Leben, dass dieser, wie er noch im Alter gern erzählte, den Brief seiner Mutter, dem es beigefügt war, in den Händen haltend, eine Erschütterung seines innersten Wesens wie niemals wieder empfand und in einen Strom von Thränen ausbrach. Fernow schrieb:

„In Betreff der Angelegenheit, über welche Sie, wertheste Freundin, meine Meinung zu hören wünschen, würde ich Ihnen nach reiflicher Erwägung etwa folgendes sagen können. Ein Alter von achtzehn Jahren finde ich keineswegs schon zu hoch, um eine andere Beschäftigung zu verlassen und sich einer literarischen und wissenschaftlichen Bestimmung zu widmen. Ja ich wage sogar zu behaupten, dass es die glückliche Epoche des Jugendalters ist, wo sich Gedächtniss und Urtheil in der reifenden Kraft des Geistes vereinigen, um das, was mit fester Entschliessung unternommen wird, leichter und schneller auszuführen, sich einer Kenntniss eher zu bemächtigen, als in einer frühern oder spätern Lebensperiode, wo der Geist entweder noch zu schwach, oder nicht mehr geschmeidig genug ist; vorausgesetzt, dass der Trieb auch das gehörige Maass von Fähigkeit mit sich führe, und dass dem einmal gefassten Entschlusse eine feste ausdauernde Beharrlichkeit folge,

---

nicht unser Wohlsein am Herzen" und Leopardi (Opere da Ranieri [Florenz 1856], I, 107): „*So che natura è sorda, che miserar non sa; che non del ben sollecita fu, ma dell' esser solo.*"

besonders in den ersten Jahren, wo der zu ersteigende Berg am höchsten erscheint. Eine Menge gelehrter und geistreicher Männer haben sich unter dem Zwange der Umstände erst im spätern Jünglingsalter den Studien widmen können, und haben nicht allein in kürzerer Zeit die unverschuldete Versäumniss der Jugend nachgeholt, sondern es sogar noch dahin gebracht, über den grossen Haufen Derer, welche sich dem Gelehrtenstande widmen, rühmlich hervorzuragen. Sie selbst werden solche glücklich nachgereifte Spätlinge kennen, und ich kann es mit meiner eigenen Erfahrung belegen, dass ein unauslöschlicher Trieb und feste Beharrlichkeit, wenn auch einige Jahre später, doch sicher zum Ziele führen, und dass das Gefühl, seinem eigenen Bestreben das was man ist zu verdanken, die Anstrengungen, die es in den Jahren des Werdens gekostet, überschwenglich belohnt; und mein achtzehntes Jahr war längst vorüber, als es mir endlich vergönnt war, meiner Neigung nach Gefallen zu folgen. Aber einem solchen für das ganze Leben entscheidenden Entschlusse muss darum auch eine desto ernstlichere, strengere Prüfung seiner selbst vorhergehen, oder der Trieb müsste von jeher so stark und entschieden gewesen sein, dass man sich ihm, wie jedem wahren Naturinstincte unbedingt überlassen darf; dieses letztere ist freilich das sicherste und beste, denn es beweiset den innern Beruf. Ohne dies ist es allerdings sehr misslich, aus blosser Unzufriedenheit mit einer Bestimmung sich in eine andere zu werfen, die uns durch ihre äussern Reize anzieht, von der wir aber nicht wissen, ob sie uns nicht über kurz oder lang gleichfalls Ueberdruss und Unzufriedenheit erregt. Es geht dann nicht nur eine köstliche Zeit unwiederbringlich verloren, sondern man wird durch eine solche Täuschung auch misstrauisch gegen sich selbst, und verliert Muth und Kraft, sich einen neuen Lebensplan zu schaffen und zu befolgen. Da ich nicht das Vergnügen habe, Ihren Herrn Sohn persönlich zu kennen, also auch weder von seinen geistigen Fähigkeiten, noch von seiner Gemüthsart unterrichtet bin, um wissen zu können, ob dergleichen bei ihm zu ·fürchten sein möchte, so habe ich doch auf

jeden Fall diesen sehr wichtigen Punkt hier besonders berühren
wollen, da mir der Beispiele solcher Art mehrere im Leben begegnet sind, wo ein zu schneller Entschluss aus Unbehaglichkeit,
die oft mehr in der Gemüthsstimmung, als in der mit der Neigung heterogenen Beschäftigung ihren Grund hatte, eine Bestimmung mit einer andern zu vertauschen, das Uebel nur ärger machte.
Der wahre Trieb zweifelt nicht an seiner Bestimmung, er ergreift
sie entschlossen und beharrt bei ihr.

„Die frühere Bildung für Welt und Leben, die Ihr Herr Sohn
empfangen hat, und die Kenntniss verschiedener neuerer Sprachen,
die derselbe besitzt, sind unstreitig ein grosser und bedeutender
Vortheil. Sein Geist wird dadurch eine vielgewandte Vorbildung,
sein Gefühl eine reichere Empfänglichkeit, sein Verstand einen
Schatz von Lebensklugheit und klarer Ansicht der Dinge erworben
haben, die ihn vor jeder pedantischen Einseitigkeit schützen werden.
Aber eine solche frühe Weltbildung führt zugleich auch oft eine
Zerstreuung des Geistes, eine oberflächliche Leichtigkeit mit sich,
welche hindert, den Geist dauernd auf einen Gegenstand zu heften
und Gründlichkeit lieb zu gewinnen, ohne welche alle litterarische
Beschäftigung nichts als seichte und hohle Bellettristerei ist.

„Fasste nun Ihr Herr Sohn den wohlgeprüften Entschluss, sich
einer wissenschaftlichen Bestimmung zu widmen, so würde die
Nachholung des versäumten Studiums der alten Sprachen das
Nächste und Nothwendigste sein. Bei gehörigem Fleisse und unter
der Privatleitung eines geschickten Schulmannes, der sich dazu
der kürzesten und zweckmässigsten Methode des Unterrichts bediente, wäre dies eine Sache von etwa zwei Jahren. Dann würde
ich rathen, als nöthige Vorbereitung zu den Universitätsstudien
noch ein oder zwei Jahre lang ein Gymnasium zu beziehen. Ihr
Herr Sohn würde dann zweiundzwanzig Jahre alt sein, wenn er
die Universität bezöge, und nach meiner Ueberzeugung ist diese
grössere Reife der Jugend für den Zweck des akademischen Lebens
höchst wohlthätig. Der grosse Haufen unserer studirenden Jugend
würde diese Zeit weit nützlicher verwenden, wenn sie, statt im

sechzehnten oder siebzehnten Jahre, erst im zwanzigsten oder zweiundzwanzigsten die Universität bezöge.

„Den wahren innern Trieb und die Fähigkeit vorausgesetzt, welche man der Lust zu dieser edlern Bestimmung zutrauen darf, bleibt, wie gesagt, ein reiflich geprüfter Entschluss und dann ein unverdrossenes Ausharren mit steter Hinsicht auf das vorgesetzte Ziel, die Hauptsache; und da Ihr Herr Sohn auch die äussern Mittel besitzt, welche zur Erreichung eines solchen Zweckes erforderlich sind, so hat er in dieser Hinsicht sogar entschiedene Vortheile vor denen, welche mit Entbehrung und Dürftigkeit ringen müssen und dem Glücke nichts zu verdanken haben."

Nie ist ein guter Rath besser befolgt, nie ein bedeutsamer Entschluss schneller und sicherer gefasst und beharrlicher ausgeführt worden! Sonst bei grossen wie kleinen Entscheidungen voll Bedenken, sah er in jenem Augenblick die Würfel gefallen, seine Zukunft bestimmt vor sich liegen. Es war im Mai 1807. Sofort schrieb er an Senator Jenisch, an seine Mutter und bereitete seinen Weggang von Hamburg vor. Ein Brief Johanna Schopenhauer's vom 14. Mai 1807 zeigt, wie diese die Nachricht aufnahm und für ihn thätig ward.

„Du bist also entschlossen, mein Arthur; viel Glück dazu, ich hoffe, es soll dich nicht reuen; denn nach diesem Schritte käme jede Reue zu spät. Jetzt ist nur ein Weg für uns und der geht vorwärts. Wir müssen nun die Zeit zu Rathe halten. Du siehst, ich beantworte deinen Brief wenige Stunden nachdem ich ihn erhielt, und habe auch schon an Jenisch und Willink* geschrieben. Die Briefe lege ich dir offen bei, wenn sie dir zweckmässig dünken, so gib sie ab. Dass du so gegen deine Gewohnheit schnell dich entschlossest, würde bei jedem andern mich beunruhigen, ich würde Uebereilung fürchten; bei dir beruhigte es mich, ich sehe darin die Macht des Naturinstincts, der dich treibt. Nur jetzt Ausdauer und Muth, guter Arthur, wende alle deine Macht, alle

---

* Sein Hauswirth in Hamburg.

deine Kräfte an, das Ziel zu erreichen, es wird dich lohnen. Lieber, lieber Arthur, lass es mich nie bereuen, dass ich nicht deinen Wünschen entgegenarbeitete, dein Glück soll mich für alles, für jede Sorge um dich, für so vieles, wovon du nichts weisst, oder es doch nur ahndest, entschädigen. Du kannst nur glücklich werden, wenn du jetzt nicht wankst noch weichst. In deinem Alter kann man ungeheuer viel, wenn man nur ernstlich will. Jetzt willst du gewiss mit ganzer Seele, aber wirst du ausdauern und werden die grossen Schwierigkeiten, die sich dir entgegenstellen, dich nicht zurückschrecken? Nur dies Eine fürchte ich; denn an Talent fehlt es dir nicht; aber du bist alt und klug genug, um dein eigenes Heil zu bedenken, und so hoffe ich getrost. Ich habe auch meinen Freund Fernow schon gesprochen, auch Meyern, der mich heute besuchte, habe ich deinen schnellen Entschluss erzählt. Goethe nahm gestern Abschied von mir, übermorgen geht er ins Karlsbad: gebe der Himmel, dass er mit neuem frischen Leben zurückkehre. Meyer fand unser beider Benehmen recht und billig, Fernow hat deinen Brief gelesen, und freut sich deines Entschlusses, und wird uns ferner rathen und helfen. Ich denke dich in Gotha in das Haus irgendeines der vielen vortrefflichen Schulgelehrten zu bringen, die dort sind. Fernow hat dort einen Freund, Dr. Jacobs, der ein gar trefflicher Mensch sein soll, auch nach Meyer's Aussage, gelehrt und gebildet wie wenige. Vielleicht nimmt er dich, auf jeden Fall soll er deine Studien leiten. Ich werde Ende der künftigen Woche mit Fernow hinüberfahren und sehen, wie und wo ich dich dort anbringe. — — In Gotha sollst du so gut als möglich ist wohnen, aber auf Eleganz musst du Verzicht thun; wenn du erst unter uns bist und das hiesige Leben siehst, wirst du alles dieses für Philisterei halten und dich darüber schämen; wenn du erst ein Mann bist und deinen eigenen Herd hast, dann magst du dir dein Nest so zierlich du willst und kannst aufzieren, bis dahin aber ist das lauter Ballast, der dir nur hinderlich wird.* Alle Abreden wären also genommen, du reisest sobald du kannst über Kassel gerade hierher, wenn keine Reisegesellschaft sich findet, mit der ordinären Post. Bücher, Bett, Notenpult und Schreibepult werden über Lüneburg hierher an mich geschickt, die übrigen Möbeln bleiben fürs erste bei Willink's. Ich werde in der Zeit für dich hier sorgen. Auf dem Lande kannst du nicht sein: es ist kein Landprediger in der Nähe, der gelehrte Kenntnisse genug besässe. Es ist auch nöthig, dass du erst eine Zeit das Gymnasium besuchst, um dich an den akademischen Vortrag zu gewöhnen, alles das ist dort zur Hand, du kannst mehreres auf einmal dort lernen, sodass der einförmige Unterricht dich nicht ermüdet, auf dem Lande wäre das alles einseitiger. In alle diesem folge ich Fernow's Rath, er ist mein Freund und hat mein volles Vertrauen; er war nie in Gotha, kennt Jacobs nicht persönlich, steht aber schon lange mit ihm in einer gelehrten Correspondenz, fürchte also nicht, dass er etwa das Interesse eines Freundes befördern will; das Gute, was ich dir von Jacobs schreibe, ist der allgemeine Ruf: seit ich hier bin, habe ich schon viel von ihm gehört — — Denke nicht ferner über deinen Entschluss, er ist jetzt gefasst; aber waffne dich mit Muth, strebe dich von so manchem unnützen Tand loszumachen, der dir nur hinderlich sein und nicht helfen kann. Du verachtest den Reichthum, lerne auch seinen Schein verachten und deinen Blick einzig nach dem schönen grossen Ziel zu richten, das du dir selbst gesetzt hast, so wirst du glücklich sein. Auch mir ist jetzt wohler ums Herz; denn dein Missmuth drückte auch mich; es wird jetzt alles besser, alles recht gut gehen, das hoffe ich mit Ueberzeugung."

Im Juni 1807 treffen wir ihn bereits in seiner neuen Laufbahn in Gotha. Er hat Kost und Wohnung bei dem Gymnasial-

---

* Dies bezieht sich auf seine Fragen wegen der Wegschaffung seiner ziemlich reichen Einrichtung in Hamburg. Die Ermahnung zur Einfachheit kehrte später vom Sohn auf die Mutter zurück.

professor Karl Gotthold Lenz und Privatunterricht bei dem Director
des Gymnasiums, dem durch seine Horaz- und Catull-Ausgaben
bekannten Fr. Wilhelm Döring. Dieser, der ihn mit den Anfangsgründen des Latein wieder beginnen lassen muss, findet bald Anlass, ihm eine glänzende Zukunft zu prophezeien. Die Mutter
unterlässt jedoch nicht, einen Dämpfer daraufzusetzen, indem sie
ihm schreibt, Passow habe ihr gesagt, dass Döring die Schwachheit
habe, bei seinen Schülern gewaltig in die Trompete zu stossen.

Im Gymnasium nimmt er an den Lectionen in der Muttersprache theil und hier ist es Friedrich Jacobs, der berühmte
Humanist, den die Reife seiner deutschen Aufsätze in Erstaunen
setzt. Als der treffliche Mann kurz darauf einem Rufe an das
Lyceum in München folgt, beklagt Schopenhauer den Abgang des
schnell liebgewonnenen Lehrers in folgenden Versen:

> Den Geist in weiterm Kreise zu entfalten,
> Ziehst Du hinweg zum fernen Baierlande.
> Zerreissen müssen manche alte Bande,
> Nicht fürstliche Verheissung kann Dich halten.
> Denn Du strebst auf zu einem höhern Ziele,
> Dort, wo dem Zug der Wissenschaft zu fröhnen,
> Ein neuer Bund des Guten und des Schönen
> Vereinigt hat der Edelsten schon viele.
> Doch ohne Trost sich hier die Jünger stehen,
> Sie blicken traurend nach Dir in die Ferne:
> Es schwindet jetzt der hellste ihrer Sterne,
> Von wannen soll ein ähnlich Licht ergehen?
> Bist uns, du edler Meister, denn entschwunden,
> So mög' ein guter Genius Dich leiten:
> Er möge in der Fremde Dir bereiten
> Die treue Liebe, die Du hier gefunden.

Die raschen Erfolge geben ihm die ganze Spannkraft des
Geistes wieder. Im Kreise seiner Schulgenossen erwirbt sich der
Eindringling, dank seiner Aufgewecktheit und Weltkenntniss, schnell
Respect und eine Zuneigung, die sich bis zum Tode der Jugend-
freunde bewährte. Von bekanntern nenne ich die Philologen
Friedrich Osann und E. A. Lewald, den nachmaligen Geheimen

Hofrath und Redacteur der „Preussischen Staatszeitung" Karl John
aus Thüringen, den nachmaligen Gymnasialdirector in Königsberg
in der Neumark und Schriftsteller Arnold aus Kurland. Mit dem
vollen Jugendmuthe stellt sich auch der Uebermuth jenes glücklichen Alters ein. Er dichtet Spottverse auf die gothaer Philister:

> Sie spähen, lauschen, geben acht
>   Auf alles was geschiehet,
>   Was jeder treibt, was jeder macht,
>   Was jeder redet laut und sacht,
>   Nichts ihnen sich entziehet.
> Durch Fenster ihre Blicke spähn,
>   Ihr Ohr lauscht an den Thüren,
>   Es darf nichts unbemerkt geschehn,
>   Die Katz nicht auf dem Dache gehn,
>   Dass sie es nicht erführen.
> Des Menschen Geist, Gedanken, Werth,
>   Das spitzt nicht ihre Ohren;
>   Wie viel alljährlich er verzehrt
>   Und ob mit Recht der Mann gehört
>   Zu den Honoratioren,
> Ob er zuerst zu grüssen ist,
>   Ob er „Herr von" und gnädig,
>   Ob Rath nur oder Canzelist,
>   Luther'scher oder röm'scher Christ,
>   Verehelicht oder ledig,
> Sein Haus wie gross, sein Rock wie fein,
>   Wird gründlich wohl erwogen,
>   Doch: kann er uns von Nutzen sein?
>   Wird jeder Rücksicht gross und klein
>   Wie billig vorgezogen.
> Sonst frägt sich's, was hält er von uns,
>   Von uns wie denkt und spricht er?
>   Da frägt man nach bei Hinz und Kunz,
>   Wiegt seine Wort' mit Loth und Unz,
>   Erspähet die Gesichter.

Dieser Uebermuth, durch den Beifall der Commilitonen angespornt,
wagte sich auch an einen ihm persönlich kaum bekannten Gymnasialprofessor Schulz, der sich tadelnd über die Selecta, welcher
Schopenhauer angehörte, geäussert hatte. Was das Stadtgespräch

über ihn colportirte, fasste Schopenhauer in einen Vers, der dem
Verspotteten zufällig zu Ohren kam und für den Spötter verhäng-
nissvoll werden sollte:

> Der Kanzel Zierde, des Katheders Freude,
> Der Stadt Erzähler und der Loge Sprecher,
> Vollkommner Christ, vollkommner Jude, Heide,
> Der Morgens Bücher trägt und Abends Fächer,
> Der sieben freien Künste aller Meister,
> Der Mann, der alles kann und alles kennet,
> Die Blüth' und Krone aller schönen Geister,
> Der tausende von Freunden hat und — nennet.

Die Rache folgte dem Verbrechen auf dem Fusse. Professor Döring
nämlich fand sich aus collegialischer Rücksicht veranlasst, ihm
den Privatunterricht aufzukündigen, womit Schopenhauer den wesentlichen Zweck seines gothaer Aufenthalts vereitelt sah.

Zunächst erhielt er eine lange Strafpredigt seiner Mutter, aus
welcher einiges in mehrfacher Rücksicht mitzutheilen ist. — „Du
siehst, wie es mit deiner eingebildeten Menschen- und Weltkenntniss steht: was geschehen ist, sagte ich dir vorher, aber du
trotztest auf Döring's Vorliebe zu dir; du siehst, wie sehr du
irrtest. Wenn dir das mit den Gegenständen, die dich zunächst
umgeben, geschieht, so müsstest du doch wol in deiner Beurtheilung im ganzen allmählich etwas vorsichtiger werden. Dies ist
die erste Lection, welche die dich umgebende Welt dir gibt. Sie
ist hart, aber wenn du dich nicht änderst, wird es noch härter
kommen, du wirst vielleicht sehr unglücklich werden, und weder
das Bewusstsein es nicht verschuldet zu haben, noch die Theilnahme der Bessern wird dich trösten. Arthur, wenn du doch
endlich einmal verständest, was du immer überlaut bewunderst!
Goethe's Spruch*: «Habet die Narren eben zum Narren auch wie
sichs gebührt», ist oft und laut von dir nachgeplappert; heisst
das aber die Narren zum Narren haben, wenn man sie bessern

---

* Kophtisches Lied.

will? Wahrlich nicht, das heisst, sich ihnen gleichstellen; im Gegentheil, sie laufen lassen, ihre Narrheit gebrauchen zum Nutzen
oder Vergnügen, wie es kommt und dabei ihnen aus dem Wege
gehen, damit nicht durch irgendeinen ungefähren Stoss aus dem
Narren ein Wüthender wird, das ist Lebensweisheit und diese hat
Goethe gemeint. Du bist kein böser Mensch, du bist nicht ohne
Geist und Bildung, du hast alles was dich zu einer Zierde der
menschlichen Gesellschaft machen könnte, dabei kenne ich dein
Gemüth und weiss, dass wenige besser sind; aber dennoch bist du
überlästig und unerträglich und ich halte es für höchst beschwerlich,
mit dir zu leben: alle deine guten Eigenschaften werden durch
deine Superklugheit verdunkelt und für die Welt unbrauchbar gemacht, blos weil du die Wuth, alles besser wissen zu wollen,
überall Fehler zu finden ausser in dir selbst, überall bessern und
meistern zu wollen, nicht beherrschen kannst. Damit erbitterst
du die Menschen um dich her, niemand will sich auf eine so gewaltsame Weise bessern und erleuchten lassen, am wenigsten von
einem so unbedeutenden Individuum, wie du doch noch bist.
Niemand kann es ertragen, von dir, der doch auch so viele Blössen
gibt, sich tadeln zu lassen, am wenigsten in deiner absprechenden
Manier, die im Orakelton gerade heraus sagt: so und so ist es,
ohne weiter eine Einwendung nur zu vermuthen. Wärst du weniger
als du bist, so wärst du nur lächerlich, so aber bist du höchst
ärgerlich. Die Menschen im ganzen sind nicht böse, wenn man
sie nicht hetzt: du hättest wie tausend andere in Gotha ruhig
leben und studiren können und alle persönliche Freiheit haben,
die das allgemeine Gesetz erlaubt, wenn du ruhig deinen Gang
gegangen wärst und andere ruhig den ihrigen hättest gehen lassen,
aber das wolltest du nicht und so wirst du ausgestossen. Ich
kann die Professoren und ihr Betragen gegen dich nicht loben,
ich will es auch nicht entschuldigen; aber was hattest du mit
ihnen zu schaffen? warum hörtest du nicht ihre Collegien, nahmst
für dich heraus, was du brauchen konntest und liessest es übrigens
dahingestellt sein, ob ihre Aufsätze mehr Sinn oder mehr Worte

haben, ohne am Tische eines ihrer Collegen laut oder leise, dem Nachbar ins Ohr, abzuurtheilen? solch eine ambulirende Literaturzeitung, wie du gern sein möchtest, ist ein langweiliges gehässiges Ding, weil man nicht Seiten überschlagen oder den ganzen Kram hinter den Ofen werfen kann — — Genug, Arthur, du bringst die Menschen gegen dich auf ohne Noth, sie misshandeln dich dafür, das ist in der Regel und geschieht dir gewiss, du magst unter Philistern oder schönen Geistern leben; niemand wird ein Betragen wie das deinige dulden und du musst entweder dich ändern oder du gehst zu Grunde. Du wirst zu Grund und Boden getreten werden und nicht ehrenvoll fallen; auch die Ersten und Klügsten werden dich ausstossen so gut wie die Geringsten — — Alles was ich dir bis hieher schrieb, soll kein Vorwurf sein, nur ein Versuch, dich dir einmal zu zeigen, wie die Welt dich sieht, wie ich, deine Mutter, die dir so manchen Beweis ihrer Liebe gab, dich leider sehen muss, und nun ziehe daraus was für ein Resultat du kannst — — Ich würde dich gleich herkommen lassen, aber theils weiss ich dich jetzt nicht gut auf längere Zeit zu beherbergen, theils würde mich auch deine Gegenwart und dein ewiges Einreden hindern, ordentlich für dich zu forschen und zu wählen, und mich bald ärgerlich, bald verwirrt machen, besonders wenn deine edle bekannte Unentschlossenheit dazu käme, und überdies kann ich diesmal nicht dafür stehen, dass der Unwille über dich, der doch bei Lesung deines Briefs in mir aufwallte, nicht meiner Herr würde und es zu heftigen Auftritten käme, die wir beide besser thun zu vermeiden. Also ist's besser, du bleibst noch dort und wartest ruhig meinen nächsten Brief ab, der dir vielleicht schon etwas Entscheidendes bringt. Glaube mir, du dauerst mich, ich weiss, du bist nicht bösartig, und gelingt's mir nur einmal, dir anschaulich zu machen, wie und wo du fehlst, so bist du geborgen — — Nimm noch eine Warnung von mir an, ich bitte dich, thue ein übriges und nimm sie blindlings an, wenn es nicht anders sein kann: vertraue dich von heute an keinem deiner dortigen jungen Freunde! Neugier, Sucht sich in fremde Händel

zu mischen und der den mittelmässigen Menschen eigene Hang,
sich an jeden zu drängen, der eine Art Celebrität hat, sie sei
von welcher Art sie wolle und wär's ein armer Sünder, der morgen gehängt werden soll, wird sie zu dir führen; denn leider bist
du in dem kleinen Kreise, der dich umgibt, eine merkwürdige
Personage geworden, sie werden forschen und fragen und hernach
klätschen und trätschen oder mit deinem Vertrauen geheimnissvoll
sich anstellen. Dass sie dein Vertrauen missbrauchen, ist gewiss,
ich könnte dir Beweise verschaffen — —."

Dass ihn dieser Brief mehr als das Erlebniss selbst deprimirte,
geht aus dem Tone hervor, den seine Mutter drei Wochen später
gegen ihn anschlug. Er war mit einem mal gewaltsam auf den
ihm natürlichen Ernst zurückgeworfen; der Rest knabenhafter Unstetigkeit war gebüsst, und festen Schritts sehen wir ihn jetzt in
eine dauerndere, seinem Charakter angemessenere Lebensführung
einlenken.

Zur Fortsetzung der Lehrzeit dachte er an Göttingen, München,
Braunschweig; aber die Mutter stellte ihm nach eingeholtem Rath
ihrer Freunde eine andere Alternative. Entweder solle er nach
Weimar übersiedeln, um bei dem kurz zuvor an das dortige Gymnasium berufenen, noch blutjungen, aber schon ausgezeichneten
Gräcisten Passow Privatunterricht zu nehmen, oder im Gymnasium
zu Altenburg, wo Matthiä und Messerschmidt wirkten, eine ähnliche Stellung, wie er sie in Gotha gehabt, zu erlangen suchen.
Im Grunde verleugnete Johanna Schopenhauer sich selbst, indem
sie ihm beide Wege offenstellte; denn nach ihrer Entscheidung
würde der letztere für beide Theile der passendere gewesen sein.
„Fragst du mich, so stimme ich für Altenburg, weil ich glaube,
dass der Aufenthalt dort für dich am zweckmässigsten sein wird
und dass du dort bei weniger Zerstreuung als hier, wo dich das
Theater und anderes mehr anziehen wird, dennoch, wie ich nach
aller Urtheil glauben muss, ein angenehmes Leben führen können
wirst. Willst du lieber hier sein, so habe ich auch nichts dagegen, glaube auch, dass du mit Fleiss und Anstrengung hier

deinen Zweck wirst erreichen können; doch kannst du nur sechs
Stunden wöchentlich von Passow haben, musst allein studiren
und zusehen, wie du dir forthilfst; denn das hiesige Gymnasium
ist nichts für dich — — Ich würde dir dann nicht weit von mir
und Passow eine Stube und Kammer miethen.

„Du wirst für uns beide zuträglich finden, dass ich dann
unser gegenseitiges Verhältniss so einzurichten strebe, dass unserer
beider Freiheit kein Abbruch geschieht und ich in der zwang-
losen, friedlichen, unabhängigen Ruhe bleibe, die mich jetzt erst
recht eigentlich des Lebens froh werden lässt. Also, lieber Arthur, wenn du hier wohnst, treibst du dein Wesen für dich, als
wäre ich nicht da, nur dass du alle Mittage von 1 Uhr bis etwa
gegen 3 Uhr bei mir zu Tische kommst. Den Abend bringt jedes
von uns zu, wie es will, ausser meine beiden Gesellschaftsabende,
an welchen du mit den Uebrigen natürlicherweise zu mir kommst
und wenn du willst, auch bei mir zu Abend issest; die andern Abende
speisest du zu Hause, auch deinen Thee trinkst du zu Hause —
— So, lieber Arthur, glaube ich, ist's nothwendig für uns beide:
auf diese Weise bleiben wir so ziemlich in unsern jetzigen Verhältnissen. Ich gestehe dir, ich finde die meinigen so angenehm,
ich bin diese ruhige Lebensweise so gewohnt, dass mir vor allem
graut, was eine Abänderung darin zu Wege bringen könnte. Indessen alles dies kann auch mit deinem Hiersein gar wohl bestehen,
wenn man nur gehörige Massregeln trifft; und ich bin überzeugt,
du wirst dir gern alles gefallen lassen, was ich in dieser Hinsicht
wünschen werde, und mir jede Einrichtung überlassen. Deine
eigene Freiheit gewinnt dadurch auch — — An Vergnügungen
hast du drei Abende Theater und zwei Abende bei mir, und daran
wol genug, obgleich ich fürchte, die Abende bei mir werden dir
nicht immer so angenehm erscheinen wie denen, die, älter und
bedeutender als du bis jetzt noch sein kannst, thätigen Antheil
daran nehmen können. Du bist der einzige ganz junge Mensch
in dieser Gesellschaft; doch das Interesse Goethe nahe zu sein,
wird dich für die Lustigkeit, die du vielleicht vermissen wirst,

5*

hoffentlich entschädigen. — — Mir sollst du recht willkommen sein und ich will thun, was ich, ohne meine eigene Freiheit und Ruhe aufzuopfern, thun kann, um dir deinen Aufenthalt hier recht angenehm zu machen."

Sei es dass der Musenhof eine überwiegende Anziehungskraft übte, sei es dass der Pennalismus ihm zu gründlich verleidet war, als dass er dem Gedanken, in eine zweite Periode desselben einzutreten, Raum gegeben hätte — er entschied sich für Weimar, und scheint die Argumente gegen Altenburg in seiner Antwort an die Mutter nicht gespart zu haben; denn am 13. December 1807 schreibt diese: „Von allen Gründen, die dich bestimmten Weimar zu wählen, sehe ich nur den einen, dass du gern hier sein wolltest. Du bist in Weimar nicht mehr als anderswo bis jetzt zu Hause; ob du es mit der Zeit sein wirst, werden wir sehen, ich lasse dich eben gewähren, wie ich immer gethan habe."

Nach Erledigung der äussern Angelegenheiten, kommt sie auf das bereits erörterte Thema nachdrücklicher zurück: „Nun zu deinem Verhältnisse hier gegen mich, und da dünkt mir es am besten, ich sage dir gleich ohne Umschweife was ich wünsche und wie es mir ums Herz ist, damit wir einander gleich verstehen. Dass ich dich recht lieb habe, daran zweifelst du nicht, ich habe es dir bewiesen so lange ich lebe. Es ist zu meinem Glücke nothwendig zu wissen, dass du glücklich bist, aber nicht ein Zeuge davon zu sein. Ich habe dir immer gesagt, es wäre sehr schwer mit dir zu leben, und je näher ich dich betrachte, desto mehr scheint diese Schwierigkeit, für mich wenigstens, zuzunehmen. Ich verhehle es dir nicht: so lange du bist wie du bist, würde ich jedes Opfer eher bringen, als mich dazu entschliessen. Ich verkenne dein Gutes nicht, auch liegt das, was mich von dir zurückscheucht, nicht in deinem Gemüth, nicht in deinem innern, aber in deinem äussern Wesen, deinen Ansichten, deinen Urtheilen, deinen Gewohnheiten — kurz, ich kann mit dir in nichts, was die Aussenwelt angeht, übereinstimmen. Auch dein Missmuth ist mir drückend und verstimmt meinen heitern Humor, ohne dass es

dir etwas hilft. Sieh, lieber Arthur, du bist nur auf Tage bei
mir zum Besuch gewesen und jedesmal gab es heftige Scenen um
nichts und wieder nichts, und jedesmal athmete ich erst frei,
wenn du weg warst, weil deine Gegenwart, deine Klagen über
unvermeidliche Dinge, deine finstern Gesichter, deine bizarren Urtheile, die wie Orakelsprüche von dir ausgesprochen werden, ohne
dass man etwas dagegen einwenden dürfte, mich drückten, und
mehr noch der ewige Kampf in meinem Innern, mit dem ich alles
was ich dagegen einwenden möchte, gewaltsam niederdrückte, um
nur nicht zu neuem Streit Anlass zu geben. Ich lebe jetzt sehr
ruhig, seit Jahr und Tag habe ich keinen unangenehmen Augenblick gehabt, den ich dir nicht zu danken hätte. Ich bin still
für mich, niemand widerspricht mir, ich widerspreche niemandem,
kein lautes Wort hört man in meinem Haushalt, alles geht seinen
einförmigen Gang, ich gehe den meinen, nirgends merkt man wer
befiehlt und wer gehorcht, jeder thut das Seine in Ruhe, und das
Leben gleitet hin, ich weiss nicht wie. Dies ist mein eigentliches
Dasein und so muss es bleiben, wenn dir die Ruhe und das Glück
meiner noch übrigen Jahre lieb ist. Wenn du älter wirst, lieber
Arthur, und manches heller siehst, werden wir auch besser zueinander stimmen, und vielleicht verlebe ich dann meine besten
Tage in deinem Hause mit deinen Kindern, wie es sich für eine
alte Grossmutter gehört. Bis dahin lass uns streben, dass die
tausend kleinen Neckereien nicht unsre Gemüther erbittern und
die Liebe daraus verjagen. Dazu gehört, dass wir wenig miteinander sind; denn obgleich wir bei jedem wichtigen Anlass bald
eins sind, so sind wir bei jedem andern desto uneiniger. Höre
also, auf welchem Fuss ich mit dir sein will. Du bist in deinem
Logis zu Hause; in meinem bist du ein Gast, wie ich es etwa
nach meiner Verheirathung im Hause meiner Aeltern war, ein
willkommener, lieber Gast, der immer freundlich empfangen wird,
sich aber in keine häusliche Einrichtung mischt. Um diese be-
kümmerst du dich gar nicht — — ich dulde keine Einrede, weil
es mich verdriesslich macht und nichts hilft — — an meinen

Gesellschaftstagen kannst du abends bei mir essen, wenn du dich dabei des leidigen Disputirens, das mich auch verdriesslich macht, wie auch alles Lamentirens über die dumme Welt und das menschliche Elend enthalten willst, weil mir das immer eine schlechte Nacht und üble Träume macht und ich gern gut schlafe.‟

Inzwischen fasste der für das Leben mit den Menschen schon so gründlich verdorbene Jüngling seinen solitären Beruf nach dem Willen der Natur mit der ganzen Energie und Zielgewissheit seines Charakters fester ins Auge. Hatte er als gothaer Gymnasiast noch den jungen Weltmann herausgekehrt, sich von Hamburg eine neumodische Claque verschrieben und über seinen Umgang mit „Baronen und Comtessen‟ berichtet, sodass selbst die wahrlich nicht sparsame Mutter den später so ökonomischen Sohn zur Einschränkung ermahnen musste, so richtete er jetzt mehr und mehr seinen ungetheilten Eifer auf die Hebung des geistigen Schatzes, den er in den Tiefen seines Wesens verborgen wusste. Der Unterricht ausgezeichneter Philologen und sein eigenes Sprachtalent hatten die versäumte gelehrte Vorbildung in der kürzesten Zeit ersetzt. Unter Passow's beständiger Aufsicht — er wohnte in dem nämlichen Hause — lebte er sich unvermerkt in das seinem Geiste wahlverwandte classische Alterthum ein. Nebenher liefen lateinische Uebungen bei dem berühmten Latinisten Lenz, dem Director des weimarer Gymnasiums. Durch blosses Bücherstudium ergänzte er seine geographischen, mathematischen und geschichtlichen Kenntnisse. Mit rastlosem Fleisse füllte er lesend und lernend nicht nur die Tagesstunden, sondern auch die halben Nächte aus.

Die Schwierigkeiten, mit welchen Autodidakten in der Regel zu kämpfen haben — ein Kampf, infolge dessen ihr Wissen zeitlebens gewisse Unsicherheiten beibehält — scheinen ihm, dessen jugendlicher Geist so vielseitig durch Anschauungen und Sprachen zum richtigen und deutlichen Erfassen von Verhältnissen und Begriffen herangebildet war, kaum bemerklich geworden zu sein. Wie wäre es sonst möglich gewesen, dass er bereits damals jene selbständige tief eindringende Lektüre der alten Classiker begann, deren täglichen Umgang seitdem nicht mehr ausgesetzt zu haben, der Greis sich rühmen durfte? Nur hierdurch wird es, auch angesichts einer zeitweilig eingesetzten ausserordentlichen Thatkraft, verständlich, wie er in Zeit von zwei Jahren sich eine akademische Vorbildung anzueignen vermochte, deren Gründlichkeit und Gediegenheit ihn über die meisten seiner Commilitonen stellte. Denn jene Nachtwachen hielten ihn keineswegs ganz von Zerstreuungen zurück. Er ritt, focht und musicirte, besuchte Theater und Concerte, machte auch wol einen Ball, eine Maskerade und Schlittenfahrt mit, und in der guten Jahreszeit fehlte es nicht an kleinen und grossen Ausflügen, meistentheils zu Ross, nach Jena, Rudolstadt, Lauchstädt, Halle und andern Orten.

In den Sommer 1808 fällt sogar eine längere Abwesenheit von Weimar, während einer Reise nach Wiesbaden, wo 'seine Mutter die Cur gebrauchte, und im September desselben Jahres treffen wir ihn in Gesellschaft des Satyrikers Johann Daniel Falk beim Fürstencongresse in Erfurt, wo er in der Wohnung des Gothaischen Hofs Unterkunft findet und sich über die Hofdamen skandalisirt, die den Völkerunterdrücker vor der Komödie für ein Scheusal, nach derselben für den liebenswürdigsten Mann der Welt erklärten.

Mitten durch diese Allotrien hindurch wird der rothe Faden der Philosophie, wenn auch noch dünn, so doch in seiner Eigenartigkeit deutlich erkennbar, fortgesponnen. Jenes innige, allmählich bis zur Ueberschwänglichkeit gesteigerte Insichhineinleben, wie es in seltsamem Widerspiel mit Revolution und Kriegsfurie, aus dem vorigen Jahrhundert herübergenommen, noch bei uns in der Luft lag und in der darauffolgenden Periode der Erschlaffung in der Popularphilosophie und Almanachspoesie der ersten drei Decennien unsers Jahrhunderts noch so lange dürftig nachblühte, bildet ein wesentliches Ferment in Schopenhauer's Speculation. Ja, man kann sagen, dass in dieser dem jetzt lebenden Geschlecht schier unbegreiflich gewordenen Geistesrichtung zugleich die Wurzeln ihrer Kraft liegen. Mag man die Uebergänge zu Theorie und Praxis des modernen Realismus bei Schopenhauer leichter finden als bei seinen berühmten Nebenbuhlern — Herkunft und Ursprung verleugnen sich nicht. Wie könnte es auch anders sein? jedes Gestirn hat· seine Atmosphäre, jeder Organismus sein Element, jeder Genius seine Zeit, die er nicht weniger fordert als sie ihn. So darf es uns nicht wundern, wenn wir ihn mit zwanzig Jahren seine Bücher mit Reflexionen füllen sehen wie diese: „Alle Philosophie und aller Trost, den sie gewährt, läuft darauf hinaus zu zeigen, dass eine Geisterwelt ist und dass wir in derselben von allen Erscheinungen der Aussenwelt getrennt, ihnen von einem erhabenen Sitz mit grösster Ruhe und ohne Theilnahme zusehen können, wenn unser der Körperwelt gehörender Theil auch noch so sehr darin herumgerissen wird", und weiter: „Tief im Menschen liegt das Vertrauen, dass etwas ausser ihm sich seiner bewusst ist wie er selbst; das Gegentheil lebhaft vorgestellt, neben der Unermesslichkeit, ist ein schrecklicher Gedanke." Und diesen schrecklichen Gedanken sollte er, in anderm Sinne, ausdenken, indem er mit dem Vertrauen auf jene innere Stimme das *cogito ergo cogitor* seinem ältern Zeitgenossen, dem von ihm so ungerecht geschmähten Baader, überliess. Denn nachdem ihm die Strahlenbrechung des Bewusstseins mit der Individuation zum blossen Scheine herabgesunken war und er von einem höhern Bewusstsein als dem menschlichen nichts mehr wissen wollte, lag für ihn in letzter Instanz jener Fall offen am Tag und musste ihn zur Verneinung des in seiner absoluten Isolirung trostlosen Lebens der Menschheit führen.

Damals, in der protoplastisch-flüssigen Form seines Denkens, sehen wir zunächst die Begriffe des Innern und des Subjectiven idealistisch ineinander verschwimmen. „Der objective Dichter", schreibt er, „kann nichts mehr werden als vollkommener Darsteller und kann nur die Aussenwelt darstellen; denn jedes Uebersinnliche, jedes ausserhalb des Erdenkreises Liegende kennt er nur aus seinem Innern und er würde damit sofort subjectiv. Die Aussen-

welt stellt sich selbst am treuesten dar — aber der Dichter concentrirt das Wesentliche, Charakteristische, sondert das Zufällige."
Dann sucht er in diesem Subject, in dieser Innenwelt doch ein
höheres Object: „Ist aber dies der Gipfel der Poesie? ist dies
göttlicher als das Bild der innern Ahndung? muss die Welt, die
der Dichter schafft, eine Mosaik aus schon vorhandenen Steinen
sein? kann er sie nicht selbst mit ungebundener Willkür färben?"
Also die blosse Betrachtung der Welt schafft ihm kein Vergnügen:
er sucht nach einem Massstab ihres Werths und findet denselben,
nicht wie die gewöhnlichen Köpfe, in ihr selbst.

Diese so frühzeitige ethische Richtung seines Geistes, kraft
deren er von Kind auf Welt und Leben darauf ansah, was sie
werth seien, ist nicht zufällig: wir müssen hierin seine Bestimmung erkennen. Denn wie die allgemeine, mehr formale Bedeutung seiner Philosophie darin liegt, dass dieselbe uns von allem
nur Eine Seite zeigt, diese aber in der allerschärfsten und natür-
lichsten Beleuchtung, so die besondere und reale darin, dass sie
die Nichtigkeit des irdischen Daseins mit allen seinen Herrlich-
keiten, ohne eine über dasselbe und dessen Vergangenheit und
Zukunft hinausreichende sittliche Zwecksetzung, ins grellste Licht
setzt. Nur ein Mensch, der berufen war, dem mit vollen Segeln
ins hohe Meer eines plattrealistischen Optimismus hinausfahrenden
Zeitgeiste seine tiefinnerste Leerheit und seinen Selbstwiderspruch
vorzuhalten, konnte schon als Jüngling, ohne alle dogmatische
Anlehnung, raisonniren, wie Schopenhauer. Schon in Gotha schreibt
er: „Der Rang auf der Geisterstufe bestimmt sich ganz danach,
mit welchem Blick man in die Aussenwelt schaut, wie tief und
wie oberflächlich. Der gewöhnliche Europäer" — der Indier
stand ihm unbekannterweise bereits näher — „sieht oft beinahe
wie das Thier hinein und würde, wenn es ihm nicht von andern
gesagt wäre, nie das Unsichtbare im Sichtbaren ahnden. Er kann
also so wenig wie das Thier ernsthaft über die Aussenwelt hinweg, oder auch nur mit einer eigenen Anschauung sich aus derselben hinausdenken. Warum müssen doch die wenigen hohen

Menschen, die durch Zufall nicht so fest eingekörpert sind, als die Legion der andern, warum müssen diese einzelnen durch tausend Hindernisse so getrennt sein, dass ihre Stimmen sich nicht erreichen können, sie sich nicht erkennen und die selige Geister-schäferstunde nicht schlagen kann? Warum muss ein solcher, wenn der Zufall ihm schon viel gab, höchstens nur im Kunstwerk Verstorbener oder Entfernter dann und wann das ähnliche Wesen spüren und dann Sehnsucht seine Qual vermehren, während er schmachtet in der Einöde, wo, wie Sand in der Sahara, unzähl-bar die Schar der schalen Halbthiere allein seinen Blick berührt?" Und ein Jahr später an seine classischen Studien anknüpfend: „Warum liegt über dem Andenken der Vorzeit eine so liebliche Ruhe? warum ergreift uns wehmüthige Rührung fast schon beim Nennen der alten Zeit? warum sehen wir ihre Gestalten in so sanftem Schimmerlichte, so ohne Beimischung des Grellen? Ist es darum, weil der Tod sie geebnet hat, weil ihre Sorgen und Qualen nicht mehr sind und die Zeit gelehrt hat, dass diese Täuschungen waren und wir sie nun belächeln wie die Trübsale der Kinder?"

Wie auf solche Weise das Alterthum sein Heiligthum ward, zeigt folgende, in seinen Homer geschriebene *oratio dominica:*

Unser Vater Homer, der du jetzt mit dem edlen Achilleus
Wallst in Elysions Hain, geheiliget werde dein Name!
Oft besuch' uns dein Geist, und wie im Lande der Schatten
Deine Lyra ertönt, so schalle sie auch auf der Erde:
Sie, die die Sorg' um das tägliche Brot aus den Busen hinwegsingt,
Selbst, ein Wunder dem Ohr, Centauren versöhnt mit Lapithen.
Doch es versuch' uns Schwächre dein Genius nimmer zum Wettflug,
Sondern erlös' uns nur von dem Erdengeschick auf Minuten:
Denn dein ist ja die Kraft, das Herz zu rühren, der Lorber,
Heiliger Vater! von Ewigkeit zu Ewigkeit! Amen.

Und zu Sophokles' Tragödien macht er eine Bemerkung, welche zeigt, wie früh schon der Grundstein zum praktischen Theil seines Systems in seinem Geiste gelegt war: „Nicht nur die Vernunft vom Belvedere der Speculation herab, auf das sie durch Schlüsse gestiegen, sondern ein lebendiges, doch nüchternes, uns viel näheres Gefühl sagt uns, dass alle unsere Noth, selbst die fürchterlichste, gar keine ist, da sie durchaus nur bedingt und leicht (immer wenigstens durch den Tod) zu lösen ist, sondern nur ein Bild eines nicht (wie es selbst) in der Zeit, sondern in der Ewigkeit vorhandenen wirklichen Uebels, das wir durch die innere Anschauung, *vulgo* Phantasie, erkennen oder uns erinnern. Aber wenn uns irdische Noth packt, sind wir als unsere eigenen Henker geschäftig, ihr das Bild jenes entsetzlichen wahren Uebels unterzuschieben, und dann fühlen wir einen Beruf, zu rasen und zu jammern. Ausbildung der Vernunft lässt uns diese Täuschung erkennen und vermeiden: das wollten wol die Stoiker, und da alle Poesie das Bild des Ewigen in der Zeit ist, wird auch durch Bilder des irdischen Unglücks die Idee jenes wahren unauflösbaren unbedingten Uebels erweckt und uns so das Bewusstsein der Ewigkeit beigebracht: das ist das Trauerspiel."

Schon war er zu der an sich richtigen und vollständigen ethischen Disjunction gelangt: entweder ist alles vollkommen, das Grösste wie das Kleinste, keins dem andern geopfert, es sind in allem zum besten Zweck die vollkommensten Mittel, die wie die einzige gerade Linie zu ihm führen, vorhanden: dann müsste jedes Leiden, jeder Irrthum, jede Angst nicht etwa nothwendiges, durch andere Einrichtungen bedingtes und entschädigtes Uebel sein, sondern wirklich das unmittelbare, einzig rechte, beste Mittel, auch ausser allem Zusammenhang mit dem übrigen; oder aber — und wer könnte denn angesichts dieser Welt bei jener Annahme stehen bleiben? — es sind nur zwei andere Fälle möglich: wir müssen — wenn nicht alles zum bösen Zweck annehmen — neben dem guten Willen einem bösen Willen Gewalt zugestehen, der jenen zu Umwegen zwingt, oder wir müssen diese Gewalt nur dem Zufall und also dem lenkenden Willen Unvollkommenheit in der Anordnung oder in der Macht zuschreiben." Dass er statt der ersten Alternative dieses Falls die letzte und zwar in der höchsten Potenz, da „der lenkende Wille" nicht allein blind ist, sondern sich

selbst widerspricht, als wirklich statuiren und den danach allein
übrigen Ausweg der Verneinung oder Abtödtung dieses Willens
rücksichtslos lehren konnte, lag eben in der excessiven Energie,
mit der er dem Einen Gedanken von dem Widerspruch und Jammer
des Lebens nachhing, um ihn desto vollkommener auszuprägen.
Die Blindheit des Willens ist in seinem System durchaus nothwendig und dieses wird nicht ergänzt oder verbessert, sondern
verballhornt, wenn man diesem Willen durch eine unbewusste All-
wissenheit (ein Messer ohne Klinge) aufhelfen will, indem man
die ethische Wurzel, an welcher das Ganze hängt, übersieht.*

Wenn wir den zum humanen, aber kaltblütigen Freidenker er-
zogenen, innerlich bekenntniss- und glaubenslosen, noch durch
keinen schweren sittlichen Conflict hindurchgegangenen, zum vollen
Genusse des Lebens befähigten und stark hinneigenden Jüngling
über die Nachtseite der Welt so anhaltend und tief eindringend
grübeln sehen, wie sonst wol nur Solche, deren „Wille zum Leben"
bereits gründlich gebrochen ist, so sind wir auf diese ethische
Wurzel seiner Philosophie deutlich hingewiesen und die Schroffheit
und Härte seines Charakters muss uns in besserm Lichte erscheinen. So schreibt er 1808 in Weimar: „Nehmen wir aus
dem Leben die wenigen Augenblicke der Religion, der Kunst und
der reinen Liebe, was bleibt als eine lange Reihe trivialer Gedanken", und im folgenden Jahre: „Das Leiden, welches ich von
mir weg und auf einen andern schiebe, wird dadurch vergrössert:
darum die grosse Masse des Uebels auf der Welt, die entstanden
ist, indem das ursprüngliche positive Uebel (die Schuld der Welt)
durch dies egoistische Weiterschieben vermehrt wurde. Nur durch

---

* „Die Macht, die uns ins Dasein rief, muss eine blinde sein;
denn eine sehende, wenn eine äusserliche, hätte ein boshafter Dämon
sein müssen; und eine innerliche, also wir selbst, hätten sehend uns
nie in eine so peinliche Lage begeben. Aber reiner erkenntnissloser
Wille zum Leben, blinder Drang, der sich so objectivirt, ist der Kern
des Lebens." (Aus Schopenhauer's Nachlass, S. 441.) Wer das ἓν
καὶ πᾶν festhält, kann dieser Consequenz nicht entrinnen.

freiwilliges Aufladen und an sich Ziehen des Uebels wird es zur
möglichsten, vielleicht unendlichen Verringerung gelangen, und so
das Reich Gottes kommen." Von letzterm, das ihm später zum
Nirwana wurde, eine positive Vorstellung zu gewinnen, ist ihm
freilich weder theoretisch noch praktisch gelungen.

Alles was ihn wirklich ergriff, verfolgte er mit tiefeindringender
Leidenschaft. So war er 1809 nach der Aufführung von Calderon's „Standhaftem Prinzen" in solchem Grade erschüttert, dass
er die gewohnte Gesellschaft bei seiner Mutter verlassen und die
Einsamkeit aufsuchen musste. Zu jener Zeit tritt auch bereits
die, wie es scheint vom Vater auf ihn vererbte, mit krankhaften
Affectionen des Gehörnervs zusammenhängende Anlage zu plötz-
lichen Beängstigungen ohne ersichtlichen Anlass, besonders in
nächtlicher Stille, bei ihm hervor, eine Anlage, gegen die er zeitlebens zu kämpfen hatte. Damals schon hängte er scharfgeladene
Waffen neben sein Bett, und dasselbe Motiv, dem wir in jenem
1808 in Weimar geschriebenen Sonette begegnen: „Die lange
Winternacht will nimmer enden" („Parerga", 2. Aufl., II, 691), findet
sich variirt in einem andern poetischen Fragment jener Tage,
dessen Mittheilung nur durch das psychologische Interesse gerechtfertigt sein soll:

> Mitten in einer stürmischen Nacht,
> Bin ich mit grossen Aengsten erwacht,
> Hört' es sausen und hört' es stürmen
> Durch Höfe, Hallen und an den Thürmen;
> Ströme gossen von Dächern und Rinnen,
> Platschten im Graben und peitschten die Zinnen;
> Fenster klirrten und Wetterfahnen,
> Eulengeschrei schien ängstlich zu mahnen;
> Panzer scharrten im Rittersaal —
> Aber kein Schimmer, kein schwächster Strahl
> Konnte die tiefe Nacht durchreichen.
> Als könnte vor keiner Sonne sie weichen,
> Fest und undurchdringlich sie lag,
> Dass ich glaubt', es käme nimmer kein Tag:
> Da that gar grosse Angst mich fassen,
> Fühlt' mich so bang, so allein und verlassen;

Wie lag der gestrige Tag so weit,
Mit seiner Lust und Herrlichkeit!
Suchte vergebens zurück es zu rufen,
Wie wir uns gestern Freude erschufen,
Als so lieblich glänzten die Becher,
Laut erschallte der Jubel der Zecher,
Hundert Kerzen erhellten den Saal,
Heller noch leuchtet der Augen Strahl u. s. f.
Aber jetzt war Alles verschwunden
In der Wetternacht Geisterstunden,
Lag so weit, so bleich wie im Traum:
Dass es gewesen, glaubt' ich kaum.
Kein Strahl brach durch der Finsterniss Grausen
Und kein menschlicher Ton durch das Sausen u. s. f.

Solchen Anfällen von Angst zu steuern, waren Luftschlösser weniger
geeignet als — Polyhymnia, deren Dienst er eifrig ergeben blieb
und welcher folgende Verse gelten:

Es bauet sich im unruhvollen Leben
Ein neues Leben voller Ordnung auf,
Der Menschen plan - und grenzenloses Streben,
Der Zeiten eisern schonungsloser Lauf,
Die bösen Geister, die uns rings umschweben
Und tückisch jedem Glücke lauern auf,
Das Alles ist gebannet und gewichen,
Durch einen Strohm von Wohllaut ausgeglichen.

Mit einigen seiner gothaer Freunde blieb er in Correspondenz,
neue Jugendbekanntschaften dagegen knüpfte er während seines
weimarer Aufenthalts nicht an, sondern er beschränkte sich auf
den Umgang mit Männern wie Passow und Fernow, der jedoch,
wie erwähnt, schon Ende 1808 starb. Goethe sah er zum öftern
im Hause seiner Mutter, aber nur in grösserer Gesellschaft, sodass er ihm vorerst unnahbar blieb.

Nachdem er mit einundzwanzig Jahren grossjährig geworden
war und sein Abgang zur Universität bevorstand, lieferte ihm
seine Mutter das väterliche Erbtheil aus. Infolge der seit der
Verheirathung der Aeltern andauernden, auf der Vaterstadt besonders schwer lastenden Ungunst der Zeiten, infolge erheblicher

Verluste in Russland, Polen, Spanien und Frankreich, infolge des mehrfachen Domicilwechsels, endlich wol auch infolge der vielen kostspieligen Reisen war das Gesammtvermögen bereits zur Zeit des Todes seines Vaters erheblich zusammengeschmolzen. Die an ein grosses Leben gewöhnte Witwe trug diesem Vermögenstande nicht genügende Rechnung, sodass ihre Ausgaben die Liquidatoren der Handlung ihres Mannes gleich anfangs mit Sorge erfüllten. Sie lebte als „reiche Witwe", wie sie Anselm von Feuerbach noch 1815 in Karlsbad mit Frau von Goethe in vornehmer Gesellschaft kennen lernte. Sie hielt in Weimar verheirathete Dienerschaft im Hause und eine Zeit lang sogar Equipage, trieb auch Luxus mit Kunstsachen, Toilette und Badereisen. Dessenungeachtet war das dem Sohne übriggebliebene Patrimonium nach dem damaligen Kapitalwerthe vollkommen ausreichend, ihm für seine Person zeitlebens ein bequemes Auskommen zu sichern.

„Es ist Zeit, lieber Arthur", schreibt seine Mutter, „dass ich dir von deinem väterlichen Vermögen Rechenschaft ablege. Mir ist es leichter, dies schriftlich als mündlich zu thun und du kannst es auch so besser übersehen und begreifen, was ich dir zu sagen habe ... Es kommt mir überall wunderlich vor, so mit dir zu rechnen: ist unser Interesse nicht eins? Unser gegenseitiges Verhältniss kann nichts zerreissen, die Natur band es zu fest; fehlt mir je etwas, zu wem kann ich aufsehen als zu dir? und brauchst du die Mutter, so findest du sie immer wie bisher. Deshalb müssen wir aber dennoch alles verabreden. Aus Ganslandt's (des Liquidators) Rechnung wirst du sehen, wie wir stehen. Die Verwickelung, in der dein Vater uns liess, die traurigen Umstände bei seinem Tode, die uns zwangen geheimnissvoll und leise zu handeln, und die nachherigen bösen Zeiten tragen die Schuld, dass wir nicht reicher sind; doch haben wir genug, um anständig zu leben und können wohl zufrieden sein. Du siehst auf der Rechnung, wir besitzen jetzt baar 109,875 Mark Banco — hiervon kommt dir der dritte Theil."

Unter Einrechnung seines Antheils am Mobiliarvermögen rundete sie das auszuliefernde Erbtheil auf 19000 Thaler ab. Diese wurden solid angelegt bis auf 6000 Thaler, welche Schopenhauer der Grosshandlung M ... u. Comp. in Danzig zu acht und später zu sechs Procent auf kündbare Wechsel lieh. Ungetheilt blieben Hof, Garten und Land in Ohra und Niederfeld, zum grossväterlichen Nachlass gehörig und im Jahre 1799 auf 40138 Gulden geschätzt. Diese Güter konnten damals nicht verkauft werden. Sie waren parcellenweise an Landleute verpachtet und wurden während der Belagerungen Danzigs 1807 und 1813 geplündert, niedergebrannt und unter Wasser gesetzt, später von den gänzlich verarmten Pächtern mit fremder Hülfe allmählich wieder urbar gemacht und bebaut. Die auf das Heinrich Floris Schopenhauer'sche Drittel entfallende Rente von 800 danziger Gulden war bis dahin zur Unterstützung der gleichfalls in Dürftigkeit gerathenen Mutter Johanna's verwendet worden. Arthur's Antheil vergrösserte sich im Jahre 1816 durch Beerbung seines Onkels Andreas, aus dessen Nachlass ihm ausserdem über zweitausend Thaler zuflossen. Er verfügte hiernach als Student bereits über eine Rente von mehr als tausend Thalern.

III.

1809—1813.

Im October 1809 bezog er, gelockt von dem akademischen Glanze, der zu jener Zeit die Georgia Augusta noch umstrahlte, die Universität Göttingen. Nicht zufolge einer getroffenen Berufswahl, sondern weil ihm das Studium der Naturwissenschaften vor allem unerlasslich schien, liess er sich in die medicinische Facultät einschreiben und hörte zunächst Naturgeschichte und Mineralogie bei Blumenbach, einem von ihm zeitlebens hochgeschätzten Lehrer, Anatomie bei Hempel, Mathematik bei Thibaut und Staatengeschichte bei Heeren. Daneben setzte er die Lektüre der griechischen und lateinischen Classiker sowie seine Fechtstunden eifrig fort. Im zweiten Semester hörte er Physik bei Tobias Mayer, Chemie bei Stromeyer und Botanik bei Schrader, auch nahm er lateinische Privatstunden bei Kirsten. Im dritten belegte er alte Geschichte bei Heeren, vergleichende Anatomie bei Blumenbach, nochmals Physik bei Mayer und als erstes Philosophicum Psychologie und Metaphysik bei G. E. Schulze, der ihn zuerst über seinen Beruf aufklärte und dadurch veranlasste, von nun an alle seine Studien für den Dienst der Königin der Wissenschaften einzurichten. Im Sommer 1811, seinem letzten göttinger Semester, hörte er Logik bei Schulze, Physiologie bei Blumenbach, Ethnographie bei Heeren und Reichsgeschichte bei Lüder. Daneben, als ob er an seiner Flöte nicht genug gehabt hätte, nahm er Guitarrestunden.

Der Verfasser des „Aenesidem" ward für den Anfang der philosophischen Lehrzeit Schopenhauer's von entscheidendem Einflusse;
denn dieser befolgte gewissenhaft den „weisen Rath Schulze's, seinen
Privatfleiss fürs erste ganz Platon und Kant zuzuwenden und bis
er diese bewältigt haben würde, keinen andern, namentlich nicht
Aristoteles und Spinoza anzusehen". So berichtet er selbst in einem
Briefe an Professor Erdmann, der ihn 1851 um Mittheilungen über
seinen Bildungsgang gebeten hatte.

Platon's Genius war ihm durchaus homogen; dagegen lag er
mit Kant, bis er sich von ihm angeeignet hatte, was seiner Natur
zusagte, in hartem Kampf. Aus jener Zeit seiner ersten Bekanntschaft mit beiden macht er Randglossen wie diese: „Die Kritik der
reinen Vernunft könnte der Selbstmord des Verstandes (nämlich
in der Philosophie) genannt werden. — Epikur ist der Kant der
praktischen Philosophie, wie Kant der Epikur der speculativen. —
Kant's regulativer Gebrauch der Vernunft ist vielleicht die ärgste
Missgeburt des menschlichen Verstandes. — Es ist vielleicht der
beste Ausdruck für Kant's Mängel, wenn man sagt: er hat die
Contemplation nicht gekannt. — Eines erzählt eine Lüge: ein anderer, der die Wahrheit weiss, sagt, dies ist Lug und Trug und
hier habt ihr die Wahrheit. Ein dritter, der die Wahrheit nicht
weiss, aber sehr scharfsinnig ist, zeigt Widersprüche und unmögliche Behauptungen in jener Lüge auf und sagt: darum ist es Lug
und Trug. Die Lüge ist das Leben, der Scharfsinnige ist allein
Kant, die Wahrheit hat mancher mitgebracht, z. B. Plato. — Wäre
nicht mit Kant zu gleicher Zeit Goethe der Welt gesandt, gleichsam um ihm das Gegengewicht im Zeitgeist zu halten, so hätte
jener auf manchem strebenden Gemüth wie ein Alp gelegen und
es unter grosser Qual niedergedrückt; jetzt aber wirken beide aus
entgegengesetzten Richtungen unendlich wohlthätig und werden den
deutschen Geist vielleicht zu einer Höhe heben, die selbst das Alterthum übersteigt."

Er las damals die „Wahlverwandtschaften", die seinen Geist reich
befruchten sollten. Hier sehen wir ihn an einem Punkt, wo später

sein eigenes System mit zwiefachem Faden einschlägt: es galt die
Vermittelung des Idealismus und Realismus, die er dann auf anthro-
pologischer Basis in der „Welt als Wille und Vorstellung" vollzog.

Platon dagegen ist ihm von Anfang der göttliche, der „durchweg nach Einheit und ergründender Tiefe strebt und dem alle Dinge
nur Buchstaben sind, in denen er die göttlichen Ideen liest". Ihn
im Gegensatz zum Aristoteles zu charakterisiren, den er damals,
obwol er seine Werke (in der Ausgabe von Buhle) bereits besass,
erst oberflächlich kennen gelernt hatte, stellt er die beiden Aeusserungen zusammen: Ὁ γὰρ πᾶσι δοκεῖ τοῦτ᾽ εἶναί φαμεν* (was Allen
zu sein scheint, davon sagen wir, es sei) und Τοῖς πολλοῖς πολλὰ
δοκεῖ** (die Menge meint mancherlei). Er bemerkt: Aristoteles
bleibe stets auf der Oberfläche, er zähle unendlich viele Dinge auf,
klassificire, sondere, ohne jedoch etwas anderes, als irgendeinen
nüchternen, meist willkürlichen Verstandesbegriff zu Grunde zu legen;
er habe es immer mehr mit Worten als mit Dingen zu thun, die
wahre Tiefe weder ahnend, noch suchend. Vierzig Jahre später
urtheilt er über beide noch ebenso in den „Fragmenten zur Geschichte der Philosophie" („Parerga", I, 51).

Von welchem Standpunkte aus er in den Geist der Ideenlehre
selbständig einzudringen suchte, davon fand ich in seinem Platon
ein merkwürdiges Zeugniss. „Der Unterschied, den viele geleugnet
zwischen Platonischer Idee und abstractem Generalbegriff, scheint
mir: Generalbegriffe können wir abstrahiren von Dingen, die ihre
Existenz blos in der Relation haben und von Artefacten, also von
Dingen, deren Begriff ursprünglich aus dem menschlichen Verstand
stammt, sodass dieser sein eigenes Geschöpf wieder in ihnen auffasst, indem er das zu einem Behuf Wesentliche eines Dings zusammenstellt und vom Zufälligen aller Dinge dieser Gattung abstrahirt. Ideen aber hat er ausser denen, die in ihm ohne allen
sinnlichen Gegenstand liegen, nur von den Formen der Natur. Die

---

* Aristoteles, Ethica ad Nicomachum, Lib. X, cap. 2, 1173.
** Plato, De Republica IX, 576,c. (Ed. Bip., p. 248).

Abstraction vom Unwesentlichen und Zusammenstellung des Wesentlichen nimmt er zwar auch bei Bildung der Ideen von Naturgegen-
ständen vor: aber der Unterschied ist, dass diese Ideen ebenso,
wenn auch ungleich vollkommener und nur als Theile einer grössern
Idee, in der Gottheit gelegen haben müssen bei der Schöpfung der
Gattung und auf diese Weise die Gottheit ihre Idee dem Menschen
mittheilt durch das Organ der Natur, welche als ihre Sprache anzusehen ist. Bildlich wird es deutlich, wenn man sagt: die Ideen
sind Realitäten in Gott vorhanden. Die Körperwelt ist ein
Concavglas, das die von den Ideen ausgehenden Strahlen zerstreut;
die menschliche Vernunft ein Convexglas, das sie wieder sammelt
und die ursprünglichen Bilder der Ideen wieder zeigt, wenn auch
verundeutlicht durch den Umweg. Jene Ideen aber, die in uns
liegen ohne einen Gegenstand in der Sinnenwelt zu haben, hat
uns Gott also gleichsam unmittelbar mitgetheilt und nicht
wie jene erstern durch die Sprache der Natur. Da wir aber in
der Sinnenwelt so befangen sind, dass das in dieser Ausgedrückte
uns, wenigstens in den meisten Augenblicken unsers Lebens, offen-
barer scheint, als jene inwohnenden Ideen, da wir ferner uns einander nur sinnliche Gegenstände oder Ausdrücke für dieselben und
für ihre Relationen mittheilen können, so versuchen wir, die Gottheit nachahmend, unsere inwohnenden Ideen ebenfalls durch die
Sprache der Natur auszudrücken: aber da die Schöpfungskraft uns
abgeht, können wir nicht neue Gegenstände schaffen, die den innern
Ideen ganz entsprächen, wir versuchen also es durch die Zusammenstellung der schon vorhandenen Gegenstände der Natur. Diese
nothwendig unvollkommenen Versuche sind die Philosophie, die
Poesie und die Künste.“

Diese damals von ihm zum Schlusse des sechsten Buchs der
„Politeia“ in der Zeit seiner ersten Bekanntschaft mit Platon geschriebene Glosse enthält bereits alles Wesentliche der spätern Lehre
über die Ideen, und ich gebe zu bedenken, ob sie ausserdem nicht
mehr enthält, was er nachmals als dogmatische Schlacken weggeworfen, was aber der platonischen Weisheit nicht allein, sondern

auch der Wahrheit näher gestanden und eine solidere Grundlage hatte, als das im Zusammenhang seines Systems doppelt problematische dritte Buch der „Welt als Wille und Vorstellung".

Wie leicht er es dagegen von Anfang mit der Platonischen Naturphilosophie genommen, erhellt aus einer Anmerkung zum „Timäus": „Wenn Platon in seinen kosmogenischen Darstellungen bisweilen plötzlich anfängt zu rechnen, Zahlen aneinander zu reihen, von denen man nicht sieht, wo sie herkommen, wie sie zusammenhängen, was sie eigentlich für Grössen bezeichnen oder welches Resultat sie geben, so schreibe ich dies dem zu, dass er erfahren hat, wie aus Berechnungen bisweilen Resultate erwachsen, die man vorher für nie erhaltbar angesehen hat und über welche man erstaunt, und dass er so glaubte, auch metaphysische Wahrheiten (die eben, weil sie es sind, d. h. ausser dem Raum und der Zeit liegen, für jede mathematische Betrachtung unerreichbar sind) durch Zahlen und Grössen zu erklimmen. Da ich mir nicht vorstellen kann, dass er dabei etwas Deutliches gedacht habe, so kommt er mir vor, wie kleine Kinder, die, ehe sie einen Buchstaben kennen, ein Buch verkehrt nehmen und mit ernsthafter Miene daraus vorlesen." —

Mit Platon's und Kant's Werken, Sokrates' Büste und Goethe's Porträt, zogen damals bereits auch der Pudel und dessen Lager, das Bärenfell, in die Studierstube ein. Nach Lebensalter, Bildung und Sinnesart dem Studentenleben engern Sinnes schon entwachsen, lebte er doch nicht ungesellig; die cavaliermässigen Gewohnheiten wurden vielmehr mit akademischer Ungebundenheit eingehalten und seine Liberalität dabei von den Commilitonen stark in Anspruch genommen. Auch die Disputirkunst entfaltete sich, der mütterlichen Antipathie zum Trotz, immer reicher und „die Manie Recht zu haben" kostete ihn für verlorene Wetten manche Flasche Edelweins. Zum Theil war dies nur die leidige Folge seiner natürlichen Ueberlegenheit. So schreibt sein Studiengenosse Bunsen im Juli 1813 an Ernst Schulze: der Umgang mit Schelling habe ihm eine unbegrenzte Achtung vor dessen Geist und Verdiensten eingeflösst, aber „sein Disputiren ist rauh und eckig und sein Ton trotzig wie seine einzige Stirn, sein Absprechen im Eifer und seine Paradoxie furchtbar". * Dies alles galt auch von Schopenhauer.

Jede Gelegenheit, Merkwürdiges zu sehen, vom Bauchredner bis zur nichtöffentlichen Hinrichtung, wird, wie während der Reisejahre, benutzt; überhaupt macht sich in seiner Lebensweise bereits jene Stetigkeit bemerkbar, durch die sie sich später auszeichnete. Neben seiner Tischgenossenschaft, zu welcher ein Baron Edgar von Schwerdtner, ein Garlieb und ein Siemerling aus Neustrelitz gehörten, standen ihm aus der Gymnasialzeit E. A. Lewald und Friedrich Osann, mit denen er auch später in Briefwechsel blieb, näher. Als jüngerer Studiengenosse, von dessen Genie er Grosses erwartete, schloss sich Chr. Karl Josias Bunsen besonders innig an ihn an. Um den Finanzen des Freundes aufzuhelfen, setzte Schopenhauer sogar für denselben in die Lotterie. Er selbst spielte, weil man dem Glück nicht die Thüre verschliessen dürfe, mit kleinen Einsätzen zeitlebens. Im Frühjahr 1811 nahm er Bunsen auf seine Kosten mit nach Weimar, wo er ihn in die Welt einführte und regelmässig das Theater für ihn bezahlte. So weit auch der äussere und innere Lebenslauf beider nachmals auseinander ging, so bewahrte doch Bunsen, wie wir sehen werden, das Andenken an die gemeinsam verlebten Jugendtage und die durch Schopenhauer erfahrene Förderung in dankbarem Herzen.

Auch mit den übrigen berühmt gewordenen Göttingern jener Zeit kam er in freundschaftliche Beziehungen, besonders mit Friedrich Wilhelm Thiersch, dann mit dem jüngern philologischen Kreise, welchem ausser Bunsen der Dichter Ernst Schulze, der Theologe Gottfried Chr. Fr. Lücke und der Philologe Karl Lachmann angehörten. Der jüngste Commilitone war das Wunderkind Karl Witte, welcher mit dem vollendeten zehnten Lebensjahre zur Universität hatte entlassen werden können.

Die Ferien wurden zu grössern Ausflügen benutzt. So im Juni

---

* Bunsen's Leben von Nippold, I, 40.

1810 über den Meissner nach Kassel und im Herbst 1811 in den Harz. Dort schrieb er von Ellrich aus am 8. September: „Die Philosophie ist eine hohe Alpenstrasse, zu ihr führt nur ein steiler Pfad über spitze Steine und stechende Dornen: er ist einsam und wird immer öder je höher man kommt, und wer ihn geht, darf kein Grausen kennen, sondern muss alles hinter sich lassen, und sich getrost im kalten Schnee seinen Weg selbst bahnen. Oft steht er plötzlich am Abgrund und sieht unten das grüne Thal: dahin zieht ihn der Schwindel gewaltsam hinab; aber er muss sich halten und sollte er mit dem eigenen Blut die Sohlen an den Felsen kleben. Dafür sieht er bald die Welt unter sich, ihre Sandwüsten und Moräste verschwinden, ihre Unebenheiten gleichen sich aus, ihre Misstöne dringen nicht hinauf, ihre Rundung offenbart sich. Er selbst steht immer in reiner, kühler Alpenluft und sieht schon die Sonne, wenn unten noch schwarze Nacht liegt." Und was der feste Kern dieses himmlischen Lichts sei, hatte er schon erkannt: „Einen Trost gibt es, Eine sichere Hoffnung, und diese erfahren wir v o m m o - ra li s c h e n G e f ü h l. Wenn es so deutlich zu uns redet, wenn wir im Innern einen so starken Bewegungsgrund auch zur grössten, unserm scheinbaren Wohl ganz widersprechenden Aufopferung fühlen: so sehen wir lebhaft ein, dass ein anderes Wohl unser ist, demgemäss wir so allen irdischen Gründen entgegenhandeln sollen; dass die schwere Pflicht auf ein hohes Glück deutet, dem sie entspricht: dass die Stimme, die wir im Dunkeln hören, aus einem hellen Orte kommt. — Aber kein Versprechen gibt dem Gebote Gottes Kraft, sondern sein Gebot ist statt des Versprechens . . . Diese Welt ist das Reich des Zufalls und des Irrthums: darum sollen wir nur nach dem streben, was kein Zufall raubt, und nur das behaupten und nach dem handeln, worin kein Irrthum möglich ist."

Von solchen Gedanken beseelt, besuchte er während der Ferien in Weimar den achtundsiebenzigjährigen Wieland, der ihn, wol auf Betrieb Johanna Schopenhauer's, zu sich bestellt hatte, und, auf die Wahl seines Studiums kommend, ihm abrieth, lediglich Philo-

sophie zu studiren, was doch kein solides Fach wäre. „Das Leben“,
antwortete ihm Schopenhauer, „ist eine missliche Sache: ich habe
mir vorgesetzt, es damit hinzubringen, über dasselbe nachzudenken.“
Im Verlauf der Unterhaltung sagte Wieland mit Wärme: „Ja, es
scheint mir jetzt selbst, Sie haben das Rechte gewählt, junger
Mann; ich verstehe jetzt Ihre Natur, bleiben Sie bei der Philosophie.“ Kurz darauf war eine grosse Cour beim Herzoge. Goethe,
Wieland und Johanna Schopenhauer waren dabei zugegen, letztere
durch besondere Vergünstigung; denn als Bürgerliche hatte sie nur
ausnahmsweise Zutritt bei Hofe. In dem Augenblicke, da Goethe
mit ihr einige Worte wechselte, trat Wieland auf sie zu und sagte
mit jugendlicher Lebhaftigkeit: „Ich habe neulich eine höchst interessante Bekanntschaft gemacht, Madame Schopenhauer! Wissen
Sie auch mit wem? mit Ihrem Sohn! ah, es war mir sehr lieb,
diesen jungen Mann kennen zu lernen, aus dem wird noch einmal
etwas Grosses werden.“ * Es war Schopenhauer nicht vergönnt,
dem neidlosen Bewunderer fremder Grösse sein Erstlingswerk zu
überreichen; denn als er 1813 wieder nach Weimar kam, war
Wieland kurz zuvor heimgegangen.

Mit Ende der Herbstferien siedelte Schopenhauer nach Berlin
über. Fichte, damals noch immer von vielen als der legitime Thron-
erbe Kant's angesehen — freilich am wenigsten in Göttingen, wo
der ehrliche Meiners gegen Fichte und Schelling das Zeugniss ablegen durfte: alle echten Verehrer Kant's entrüste „die unleidliche
Arroganz und der bübische Muthwillen der Nachfolger des grossen
Reformators“ ** — musste vor allem gehört werden. Mit nicht
geringen Erwartungen folgte Schopenhauer eine Zeit lang den ab-
strusen Vorträgen über „Die Thatsachen des Bewusstseins“ und
die „Wissenschaftslehre“, disputirte auch mit Fichte in dessen Collo-

---

* Aus Schopenhauer's Munde, nach einer Mittheilung von Dr. Karl
Bähr in Dresden.
** Chr. Meiners Allgemeine kritische Geschichte der Ethik, I, xi
(Göttingen 1800); und: Grundriss der Ethik, S. xxx (Hannover 1801).

quien eifriger als man zu hören gewohnt war; bald aber wich „die Verehrung *a priori*", wie er in der für die Encyklopädien bestimmten Skizze seines Lebens sagt, „der Geringschätzung und dem Spotte", denen er dann seiner Art nach vollen Lauf liess. Seine Handexemplare der Schriften Fichte's sind voll von den Spuren derselben.

Er hatte kaum hundert Seiten der „Grundlage der gesammten Wissenschaftslehre" gelesen, als ihm schon das Fundament des Gebäudes verdächtig ward. „Fichte", bemerkt er, „stellt, wie mir scheint, das Bewusstsein (Ich) und das, was im Bewusstsein vorkommt (Nicht-Ich) einander gegenüber und bestimmt ihr Verhalten und Verhältniss gegeneinander nach den Gesetzen, die nur innerhalb der Erfahrung gelten, nach Causalität und Wechselwirkung, nach quantitativen Verhältnissen (Raum), während das Ich und Nicht-Ich doch die Factoren der Erfahrung sind, dasjenige, innerhalb welchem das Gebiet der Erfahrung liegt, für welches also die innerhalb dieser gültigen Gesetze nicht gelten können."

Fichte's persönliche Erscheinung, die Art seines Kathedervortrags widerstrebte ihm in ebenso hohem Grade, wie dies, zur Zeit der jenaer Periode Fichte's, bei dem in seiner leidenschaftlichen Offenherzigkeit Schopenhauer wahlverwandten Anselm von Feuerbach der Fall gewesen. Den kleinen Mann mit dem rothen Gesicht, borstigen Haar und stechenden Blick, wie er vom Katheder herab durch hohles Pathos den Studenten imponirt habe mit Phrasen, wie: „das Ich ist, weil es sich setzt, und setzt sich, weil es ist" *, wusste er nachahmend noch in spätern Jahren aufs wirksamste zu verspotten. Durch diese schonungslose Kritik suchte er sich nach getäuschter Liebhaber Art für die verlorene Zeit und Mühe in Scherz und Ernst schadlos zu halten. So schrieb er zum Schlusse der „Wissenschaftslehre": „Fichte's bleiernes Märchen *in nuce: Passus sum mala magna in cruce.* Es gibt ein Sein.

---

* Zu diesem, auch von Hegel stark in Anspruch genommenen „Sich-Setzen" pflegte Schopenhauer zur Bequemlichkeit einen Stuhl zu zeichnen.

Dieses ist gebildet aus dem Superlativ des Bewusstseins: denn das Bewusstsein ist für uns das Realste; das Sein aber soll noch viel tausend mal realer sein. Dies Sein bekommt Lust sich anzuschauen; ob aus Neugier oder aus Eitelkeit, wird nicht gemeldet. Diese Sichanschauung des Seins ist ein Zeugungsact, wobei zugleich ans Licht kommt, dass das Sein ein Zwitter ist. Es gebiert sogleich darauf das Wissen. Das Wissen nun bekommt *ex nunc* Lust, thätig zu sein, kanns nicht in Person, gebiert also dazu das Kindlein Ich, das Hände und Füsse und den Titel Princip hat, als das Princip Ich. Dies nun, weil seine Mutter Wissen während ihrer Schwangerschaft mit Teufels Gewalt thätig sein wollte, hat als Muttermal davongetragen einen rastlosen Trieb zur Thätigkeit: damit es mit diesem nicht etwa Mutter und Grossmutter zu Leibe gehe, wird ihm eine weiche Masse vorgeworfen (woher man sie nimmt, wird nicht gemeldet); dieselbe heisst Welt, ist blos da, damit Principchen Ich darauf beisse, und ist an sich ein gestaltloser Klumpen, der blos etwas wird durch das Beissen des Principchens Ich; dieses wiederum hat zum Gebiss den Trieb, welches Gebiss man nicht anders wahrnimmt, als durch seinen Abdruck in den weichen Klumpen Welt. Diese Wechselwirkung der beiden auf einander heisst die Synthesis der Weltanschauung und ist das kurzweiligste bei der ganzen Sache; denn hat das Ich eingebissen, so sicht der Klumpen anders aus als zuvor, das närrische quecksilberne Principchen Ich will ihn gleich wieder anders und beisst ihn zu einer andern Gestalt; diese will es gleich wieder anders und beisst sie nochmals um, und so in Einem fort. Nachdem aber Grossmama Sein dem Dinge eine Weile zugesehen hat, wird sie grämisch und sicht, dass sie darein reden müsse, damit etwas Gescheutes daraus werde; sie selbst aber ist, wie leicht zu denken, das Gescheuteste in der ganzen Gesellschaft. Sie schickt also an das Principchen Ich den ausserordentlichen Botschafter Sollen ab, der, beiläufig gesagt, wie die Botschafter pflegen, durch und durch Formalität ist. Dieser insinuirt dem Principchen, dass es nicht mehr so den Klumpen Welt zu allem beisse und forme, was ihm

eben durch den Kopf führe, sondern dass es hübsch der Grossmama ihr Conterfei herausknappere. Principchen Ich lässt gehorsamst vermelden, dass es sein Bestes thun werde, bittet auch,
ein paar mal zu grüssen und knappert weiter"…

An derselben Stelle bemerkt er: „Ueber welche Geduld des
Publikums hatten diese Menschen (Fichte, Schelling, Hegel) zu gebieten, und wie haben sie solche gemissbraucht und vernichtet!
Dass man nach Kant's grossen Entdeckungen nicht gesehen, dass
diese Wissenschaftslehre entstanden ist aus der Bedrängniss des
Verstandes, der, weil ihm die Anwendung seiner handfesten Begriffe (welche in der Erfahrung die ersten und ihre Stütze sind)
gelegt ist, jetzt die feinern, abstractern, kaum noch verständlichen
wählt, um ins Reich des Uebersinnlichen zu schiffen auf diesen
Flössen, nachdem ihm seine Kriegsschiffe gescheitert sind — dass,
sage ich, diese Wissenschaftslehre nicht in der Wiege erstickt ist,
sondern gross geworden, und dass man über ihre innerlich erkannte
Schwäche einen Schleier voll bunten Unsinns gedeckt hat, das zeugt,
wie wenig man in Kant's Geist gedrungen ist."

Die extremen, mehr durch ihre Rhetorik bestechenden, als be-
sonnenen, und weniger auf Wahrheit als Effect berechneten Philo-
spheme Fichte's, der als Schriftsteller und akademischer Lehrer
zu seinem Erfolge des damaligen Deutschlands bedurfte, reizten
Schopenhauer auch gegen dessen nichtsystematische Schriften, die
er gleichzeitig las, zu beständigem Widerspruch, obwol ihn der
idealische Flug der Gedanken, welchem Fichte's Schriftstellerei ihre
bleibende Bedeutung in der deutschen Literatur verdankt, auch wieder
lebhaft anregte. So schreibt er zu den Phantasmen Fichte's über
die „Idee", in dessen „Grundzügen des gegenwärtigen Zeitalters"
(S. 117 fg.) eine Erläuterung, die zugleich seinen damaligen ethischen
Standpunkt bezeichnet. Fichte behauptet nämlich unter anderm
für das Leben in der Idee gebe es keine Selbstverleugnung
mehr und keine Aufopferung: das zu verleugnende Selbst und die
Objecte des Opfers seien seinem Auge entrückt, seiner Liebe ent-
schwunden u. s. w. Dazu Schopenhauer: „Das ist wahr nur von

der hellen, erhabenen Stunde. Kein Mensch, auch der göttlichste wol nicht, hat ein Leben aus lauter solchen: keiner gleicht der galvanischen Säule, die das wundervolle Licht, die zauberwirkende Materie immerfort und unerschöpft ausströmt, sondern nur der Elektrisirmaschine, die sich entladet, ihre Kraft verliert und dann ein gemeines Glas ist. Fichte behauptet freilich, dass wir blos in jenen hellen Stunden, die er aber als permanent anzunehmen scheint, leben, übrigens todt sind: in gewissem Sinne ist auch das wahr, aber das äussere, das Scheinleben, hat für uns insofern Realität, als das, was mein scheinbares Ich Unrechtes thut, mein lebendiges wahres Ich nachher quält und dieses sich doch also, durch das äussere Scheinleben an jenes gebunden, mit ihm für eins erkennen muss; und es ist nicht so, wie Fichte in der Anweisung zum seligen Leben sagt: «Der Selige hat keine Reue über das Vergangene, denn insofern er nicht in Gott war, war er nichts». Auch dies wäre wahr, wenn dieses Nichtsein einmal beendigt und abgethan wäre und nie wiederkehrte, und die hohe Einsicht immer lebendig bliebe: aber ich sage, das kann nicht sein. Vielmehr ist, wie ich in Ellrich * geschrieben, das Leben des besten Menschen, dessen, der mit sich am zufriedensten sein kann, und daher der glücklichste ist, doch nur ein steter, langer, rastloser Kampf ohne Sieg; Vollendung, Ruhe, höchste unerschütterliche Einigkeit mit sich ist nicht zu finden: das Höchste, wozu der Mensch es bringt, ist, dass er den Arm nicht sinken lässt, sondern kämpft und kämpft bis an den letzten Athemzug. Was in der erhabenen hellen Stunde erkannt ist, in der dumpfen, trüben, thierischen auszuführen, das eben ist die Arbeit des Lebens. Nach dem im Augenblick der Erkenntniss der Wahrheit der hohen Einsicht, der wahrhaftigen Seligkeit Erkannten muss ich mir ein Gesetz machen, das ich in den dumpfen Augenblicken befolge, weil ich, obgleich ich dann in gewissem Sinn nicht da bin und lebe, doch mein Schein-Ich und was es dann thut, nachher nicht verleugnen darf,

* Im Harz 1811.

und mein, von mir selbst gebotenes Gesetz, mein ohne Anstrengung gefasster Wille, mit dem ich ohne Wahl und Zaudern das allein Wünschenswerthe wollte, wird mir nun ein fremdes, starres, hartes Gebot, dem ich folgen muss, wenn auch noch so widerstrebend. Wenn der ganz in der Sinnlichkeit Befangene eine böse That zu thun im Begriff ist, schreit sein Gewissen dagegen, und wenn er sie auch vollbringt, begleitet sie dennoch ein schmerzendes, zu übertäubendes Gefühl. Auf diese Weise lebt er für den Augenblick wirklich und Fichte hat daher Unrecht zu sagen, dass alle solche nur ein Scheinleben und kein wahres hätten. Es dürfte nicht sein, aber sein kann es, dass Menschen nur auf diese schmerzliche Art Augenblicke des wahren Lebens haben. Ein solcher erkennt es nicht, wie der Selige frei und objectiv und hinstrebend, sondern subjectiv: es tritt zu ihm mit Weh."

Denselben Standpunkt, der dem, was er später über die Freiheit zu sagen hatte, entgegengesetzt zu sein scheint, indessen, beim Lichte besehen, doch sehr nahe rückt, bezeichnet eine längere Glosse zu Fichte's „Anweisung zum seligen Leben". Nimmt man die Schulbegriffe, die dem kaum geweckten abstracten Denken des Studenten noch anhängen, hinweg, so erkennt man, wie der Vogel werden wird. „Er träumt von einem Normalvolke *, das nach einem Vernunftinstinct ohne Freiheit gehandelt habe, und prophezeit ein anderes, das nach der Vernunft mit Freiheit handeln werde. Mit jenem meint er eines, bei dem die Vernunftidee stets unmittelbar und nicht durch den Verstand wirksam gewesen, mit diesem eines, wo sie es nur nach ihrer Erstarrung zu Verstandesbegriffen sein werde. Wenn aber die Vernunft ohne Freiheit wirken soll, so ist es nicht genug, dass sie unmittelbar und stets gegenwärtig die Sinnlichkeit überstimme, sondern dass gar keine Sinnlichkeit dagewesen sei, und da müsste das Normalvolk nicht aus Menschen, sondern aus ganz andern Geschöpfen bestanden haben; sonst wirkt die Vernunft doch immer mit Freiheit, und zwar, wenn eine solche,

---

* In den: Grundzügen des gegenwärtigen Zeitalters.

stets gegenwärtige Uebermacht der Vernunft möglich wäre, wären durch sie die Menschen höchst beglückt, da nie ein Zwiespalt in ihnen entstände. Aber dies ist ebenso unmöglich, als Menschen ohne Sinnlichkeit. Bei jeder moralischen Handlung geben Sinnlichkeit und Vernunft beide ihre Stimmen. Dass beide dasselbe wollen, ist ein sehr seltener Fall. Dass die Vernunft allein den Willen bestimme, und die Sinnlichkeit, die dabei beeinträchtigt wird, gar nicht laut werde, halte ich mit Kant („Kritik der praktischen Vernunft", S. 149) für unmöglich; doch kann sie bald durch die Uebermacht der Vernunft beschwichtigt werden. Dass die Sinnlichkeit allein wirke, ist vielleicht auch nicht möglich: die Vernunft wird sich immer, wenn auch nur in einem machtlosen Tadeln und Murren äussern. Welche nun den Willen in jedem einzelnen Falle bestimmen wird, hängt ab: theils davon, welche durch den gegebenen Fall am meisten angeregt ist (darum geschehen schwarze Verbrechen selten und sind zu kleinen Tugendübungen Viele bereit), theils von der Stärke der sinnlichen Natur eines Menschen' überhaupt. Von dem Verhältniss dieser letztern zur Vernunft hängt ab die natürliche Gutmüthigkeit und das Temperament des Menschen. In Anbetracht dieses Verhältnisses sagt Kant mit Recht, dass keiner den moralischen Werth eines andern, nicht einmal seiner selbst bestimmen kann. Den augenblicklichen, von aussen so mannichfach modificirten Ziehkräften der Sinnlichkeit und Vernunft nun ausgesetzt, ist der Mensch ohne Einheit, ohne Charakter, und unnützer Reue hinterher, wenn er der Sinnlichkeit nachgegeben, preisgegeben. Aber der Verstand ist das chemische Medium, in dem sich Sinnlichkeit und Vernunft beide auflösen, das gemeinschaftliche Archiv der Lehren der Erfahrung und der Beschlüsse der Vernunft. Die Lehren der Erfahrung, darin niedergelegt, machen den Menschen klug für das Leben, die Beschlüsse der Vernunft darin aufbewahrt, machen ihn weise für die Ewigkeit. Erst öftere Reue über seine Willensbestimmung durch die augenblickliche Uebermacht der Sinnlichkeit bringt ihn dazu, jenes Archiv zu benutzen, und dadurch zur Einheit und Selbstzufriedenheit zu gelangen. Schweigt die Sinnlichkeit und spricht die Vernunft allein, so sieht er, dass nur diese das einzige und höchste Gute erkennt, und diese Erkenntniss legt er nieder im Archiv des Verstandes als Gesetz, und darum sagt Platon mit Recht, alles Sündigen sei nur Irren, Mangel der rechten Erkenntniss (ἐπιστήμη). Dass die Vernunft in jedem Augenblick gleich thätig und mächtig und gegenwärtig sei, sodass sie auch die stärkste Sinnlichkeit überwältige, halte ich für unmöglich; aber der Verstand ist immer gegenwärtig, d. h. der Mensch weiss immer was er thut und kann sich immer seiner Entschlüsse erinnern, und diese müssen sein die zu Verstandesbegriffen erstarrten hyperphysischen Ideen der Vernunft. Also: Vernunft und Sinnlichkeit wirken in allen Menschen sich entgegen und jedes tugendhafte Handeln geschieht mit Freiheit, einerlei, ob es nach lebendigen und gegenwärtigen, oder ob es nach erstarrten und bewahrten Aussprüchen der Vernunft geschehe. In Keinem kann die Vernunft zu jeder Zeit so stark sein, dass sie immer für den gegenwärtigen Fall sich gleichsam neugebärend den Willen bestimme. So bedürfen wir des Verstandes als eines Mittlers, der, das feste Gesetz der Vernunft hinhaltend, es uns möglich mache, selbst gegen das Bedünken und die Einsicht des Augenblicks, nach der Autorität eines hellern Augenblicks, in dem die Vernunft wirksam war, zu handeln. Dies letztere macht unsere Existenz zu Mühe und Arbeit, zu einer schmerzvollen und berechtigt uns zu der Hoffnung einer andern, die ohne Widerspruch sei: also ist kein seliges Leben vor dem Tode, wie Fichte will, möglich, und die Hoffnung eines bessern Lebens, die er tadelt, ist gegründet."

Kein Wunder, dass er, als ihm nachher Fichte's „System der Sittenlehre" bekannt wurde, welches Herbart als dessen reifstes Werk betrachtete, nur ein System des moralischen Fatalismus darin fand und in sein Handexemplar schrieb: „Ce livre est un tissu singulier de démonstrations affectantes une forme rigide, et développées, détaillées, expliquées jusqu'au suprême dégré de l'ennuyeux absolu; néanmoins ces mêmes démonstrations ne sont abso-

lument fondées sur rien: le point d'attachement d'où elles partent
sont quelques suppositions vagues, gratuites et même dépourvues
d'un sens exact. Cependant ce livre doit en imposer singulière-
ment à ceux qui aiment à lire sans bien savoir de quoi il est
question et qui alors se trouvent agréablement surpris de ren-
contrer de tems en tems ou quelque vérité triviale ou quelque
paradoxe choquant qu'on leur fait croire être les résultats des démonstrations météorobates qui avaient précédé." Die Wahl des
Französischen zu dieser Kritik ist bezeichnend: er versetzte sich,
einem Manne gegenüber, dessen Gedankenblitze ihn selbst einige
Zeit lang verblüfft hatten, aus der Schulstube der deutschen Philosophie in die freie Luft des weltmännischen *bonsens*.

Aber er hatte doch nicht vergebens Fichte's Worten gelauscht,
und insofern wird ihn die Nachwelt von dem Vorwurfe der Ungerechtigkeit und des Undanks gegen seinen berühmten Lehrer
vielleicht nicht freisprechen, mögen immerhin die berührten Eigenschaften des Fichte'schen Philosophirens seinem eigenen reinen,
brennenden Wahrheitseifer zur Entschuldigung gereichen. Wie
Herbart schon an dem Titel der „Welt als Wille und Vorstellung"
den Schüler Fichte's erkennen wollte, so mag man sagen: Schopenhauer habe von Fichte die Losung zu seinem System empfangen.
Man vergleiche mit Schopenhauer's Lehren, was Fichte an verschiedenen Orten über das Bewusstsein, über das Ich, über den
Willen, über Causalität sagt und man findet, dass Fichte gewisse
zum Aufgehen fertige Keime auf den jüngern Zeitgenossen übertragen habe, ohne freilich um deswillen genöthigt zu sein, müssige
Prioritätsfragen aufzuwerfen, geschweige denn Schopenhauer des
Plagiats zu beschuldigen. Es verhält sich damit zum guten Theil
gewiss nur wie mit so vielen Ideen, die, wann ihre Zeit gekommen
ist, gleichsam in der Luft liegen: mancher hascht danach, bis einer
sie ergreift und verwerthet.

Schopenhauer hat sich selbst über das merkwürdige Zusammentreffen seiner Lehre mit einigen Stellen in Fichte's Sittenlehre gewundert, als er diese gelegentlich der Preisschrift über die Frei-

heit zur Hand nahm, ohne deshalb an seinem Urtheil über Fichte
und seinem Verhältnisse zu diesem irre zu werden. Man gestatte
der Berührung dieses interessanten Verhältnisses nur zwei Seiten.
Fichte sagt in der „Sittenlehre" (1798): „Ist ein Bewusstsein gesetzt, so ist die Trennung in Subject und Object gesetzt, und es
ist ohne sie gar kein Bewusstsein möglich. Durch diese Trennung
entstehen erst Wissen und Sein. Um mir nur sagen zu können:
Ich, bin ich genöthigt zu trennen; aber auch lediglich dadurch,
dass ich dies sage und indem ich es sage, geschieht die Trennung.
Das Eine, welches getrennt wird, das sonach allem Bewusstsein
zum Grunde liegt und zufolge dessen das subjective und objective
im Bewusstsein unmittelbar als Eins gesetzt wird, ist absolut gleich
X, kann als einfaches auf keine Weise zum Bewusstsein kommen
(S. VI fg.). Dieses ganze Ich nun, inwiefern es nicht Subject ist
und nicht Object, sondern Subject-Object (welches selbst nichts
anderes bedeutet als eine leere Stelle des Denkens) * hat in sich
eine Tendenz zu absoluter Selbstthätigkeit, welche, wenn sie von
der Substanz selbst abgesondert und als Grund ihrer Thätigkeit
gedacht wird, ein Trieb ist (S. 43). Das Geistige in mir, unmittelbar als Princip einer Wirksamkeit angeschaut, wird mir zu
einem Willen. Nun aber soll ich auf den Stoff (die der Thätigkeit als Widerstand entgegengesetzte «blosse Objectivität») wirken;

---

* „Die Identität des Subjects des Wollens mit dem erkennenden
Subject, vermöge welcher, und zwar nothwendig, das Wort Ich beide
einschliesst und bezeichnet, ist der Weltknoten und daher unerklärlich. Denn nur die Verhältnisse der Objecte sind uns begreiflich: unter
diesen aber können zwei nur insofern eins sein, als sie Theile eines
Ganzen sind. Hier hingegen, wo vom Subject die Rede ist, gelten die
Regeln für das Erkennen der Objecte nicht mehr, und eine wirkliche
Identität des Erkennenden mit dem als wollend Erkannten, als des
Subjects mit dem Objecte, ist unmittelbar gegeben. Wer aber
das Unerklärliche dieser Identität sich recht vergegenwärtigt, wird sie
mit mir das Wunder κατ᾽ εξοχην nennen." (Ueber die vierfache Wurzel
etc., 2. Aufl., S. 136.) Vgl. Welt als Wille und Vorstellung (3. Aufl.), I,
327. Parerga, II, §. 32.

aber es ist mir unmöglich, eine Wirkung auf ihn zu denken, ausser durch das, was selbst Stoff ist. Wie ich mich daher, wie ich muss, wirkend denke auf ihn, werde ich mir selbst zu Stoff und inwiefern ich so mich erblicke, nenne ich mich einen materiellen Leib. Ich, als Princip einer Wirksamkeit in der Körperwelt angeschaut, bin ein articulirter Leib, und die Vorstellung meines Leibes selbst ist nichts anderes, denn die Vorstellung meiner selbst als Ursache in der Körperwelt, mithin mittelbar nichts anderes, als eine gewisse Ansicht meiner absoluten Thätigkeit (S. xv). Das durch meine Wirksamkeit veränderliche Ding, oder die Beschaffenheit der Natur ist ganz dasselbe, was das unveränderliche oder die blosse Materie ist, nur angesehen von einer andern Seite: ebenso wie die Causalität des Begriffs auf das objective, von zwei Seiten angesehen, als Wille und als Leib erschien (S. xvii). Wenn man sich nun doch entschliesst, diese Erscheinung (des absoluten Wollens) nicht weiter zu erklären und sie für absolut unerklärbar, d. i. für Wahrheit und für unsere einige Wahrheit zu halten, nach der alle andere Wahrheit beurtheilt und gerichtet werden müsse — so geschieht dies zufolge eines praktischen Interesse: man macht in unserm System sich selbst zum Boden seiner Philosophie; daher kommt sie demjenigen bodenlos vor, der dies nicht vermag; aber man kann ihn im voraus versichern, dass er auch anderwärts keinen Boden finden werde, wenn er sich diesen nicht verschaffe (S. 19). Wie wird nun dieses absolute Wollen gedacht? man denke sich eine Stahlfeder — sie wird, sobald ein Druck auf sie geschehen wird, demselben entgegenstreben — diese eigene innere Tendenz sich zu einem Gegenstreben zu bestimmen, als eigentliches Wesen der Elasticität und letzter, nicht weiter zu erklärender Grund aller Erscheinungen derselben, wenn die Bedingungen ihrer Aeusserung eintreten — diese Selbstbestimmung wäre, was bei dem Vernunftwesen der blosse Act des Wollens ist: aus beiden würde, wenn die Stahlfeder sich selbst anschauen könnte, in ihr das Bewusstsein eines Willens entstehen, das Drückende zurückzustossen" (S. 20 fg.).

Gehört dies alles nicht unzweifelhaft zur Entstehungsgeschichte der „Welt als Wille und Vorstellung"? Und doch hatte Schopenhauer, wie schon Herbart in seiner Recension dieses Werks hervorhebt, die „Sittenlehre" zur Zeit der Entstehung desselben noch gar nicht gelesen! Wenn daher Fichte in der nämlichen „Sittenlehre" (S. 207) behauptet: „wo der Wille, wo überhaupt das Ich eintrete, sei die Naturkraft ganz am Ende; nicht ihr, sondern dem ihr absolut entgegengesetzten Willen sei A und — A gleich möglich", so konnte Schopenhauer unter andern hierin den Beweis finden, dass Fichte weder vom Willen, noch von der Naturkraft eine deutliche Vorstellung, geschweige denn die richtige Erkenntniss gehabt, vielmehr jene mit Schopenhauer's Grundgedanken fast wörtlich zusammentreffenden Stellen, wie Schelling, wenn er vom Wollen als „Ursein" geredet „nur im Traume hingeschrieben" habe.

Zur gerechten Beurtheilung Schopenhauer's müssen wir stets im Auge behalten, wie nur die schroffe Einseitigkeit, die sein Denken von Jugend auf beherrschte, zugleich die erstaunliche Stetigkeit und Treue desselben möglich gemacht hat. Nachdem die Lehrjahre einmal hinter ihm lagen, blieb sich die Art, wie er die Welt sah und das Leben nahm, nicht nur im allgemeinen, sondern ins einzelne hinein so auffallend gleich, dass er sich dessen im Vergleich mit den Metamorphosen seiner berühmten Antagonisten mit vollem Recht rühmen konnte. Freilich fehlte dafür auch alle eigentliche Entwickelung — ein Begriff, welchem Schopenhauer in Lehre und Leben mit eleatischer Verachtung — aber auch Blindheit aus dem Wege gegangen ist. Damals machte er die erste Bekanntschaft mit Schelling's „Philosophischen Schriften" (Landshut 1809) und bemerkte zu dessen Abhandlung „Vom Ich als Princip der Philosophie" über das ihm schon durch Fichte verdächtig gewordene Absolute: „Es ist ein Product des transscendenten Verstandes, so gut wie der Herrgott, das Chaos, die Schöpfung und alle Theologie und Dämonologie jeder Zeit; es ist der absolute Ruhepunkt, den zu denken unser Verstand uns nöthigt: dass es aber ein Paralogismus sei, wird daraus klar, dass, wenn wir seinen Begriff consequent verfolgen, das reine Nichts übrigbleibt. Ausser dem Absoluten kann nichts sein, nämlich in dem Sinn, in dem das Absolute ist; also in Bezug auf dasselbe, für dasselbe, ihm gegenüber ist nichts. Nun sind wir keines Begriffs einer Existenz fähig, die nicht sei ein Vorstellendes und ein Vorgestelltes (Subject und Object), immer brauchen wir, um uns irgend ein Sein zu denken, Pluralität oder wenigstens Dualismus, und wenn denn nicht etwa zwei Urwesen einander ewig gegenüber liegen und sich anstarren (wo dann eines nichts als das Bewusstsein des andern wäre, wo mit dem einen dann auch das andere aufgehoben wäre, wir sie aber deshalb doch nicht als Eins denken können, sondern immer im Dualismus denken müssen), so haben wir gleich wieder Wandel, Wechsel, Werden, und suchen für diese den Ruhepunkt gerade wie zuerst. * Wollen wir den Dualismus aber aufheben, so denken wir uns gar nichts mehr, obgleich dies nicht hindert, dass wir mit Fichte sagen können: Ich denke mir Eins, das da ist durch sich, von sich, in sich und nichts ausser ihm; nur ist es gelogen. Gibt man es aber auch zu und nimmt man an, dass man es gedacht habe, so lässt sich aus einem solchen auf keine Weise die Zeit mit ihrer Welt und ihrem Wandel ableiten."

Im Winterhalbjahr 1811 auf 1812 belegte er, ausser bei Fichte, kein Philosophicum; dagegen betrieb er seine naturwissenschaftlichen Studien desto gründlicher und hörte Experimentalchemie bei Klaproth, über Magnetismus und Elektricität bei Erman, über weissblütige Thiere, Ichthyologie, Amphibiologie, Ornithologie und über Hausthiere bei Lichtenstein, ausserdem nordische Poesie bei Rühs. Neben der fortgesetzten Beschäftigung mit den Alten, las

---

* Darin lag eben das schwere Missverständniss dieser ganzen Nachkant'schen Speculation, die Schopenhauer'sche nicht ausgenommen, dass sie den Ruhepunkt nicht am rechten Orte suchte: *motus in loco natali placidus, extra locum natalem turbidus.*

er damals Kant's „Kritik der Urtheilskraft", Reinhold's „Briefe", Montaigne und Rabelais. Auch das Studium der von ihm als Wissenschaft geringgeschätzten Geschichte setzte er fort, indem er auf Heeren's Empfehlung Johann von Müller's damals erschienene „Vierundzwanzig Bücher allgemeiner Geschichte" las.

Mit Beifall hatte er in Fichte's „Grundzügen des gegenwärtigen Zeitalters" gelesen, dass Fichte diejenigen getadelt, welche schriftliche Mittheilung philosophischer Gegenstände der mündlichen vorziehen; ja es gefiel ihm, von Fichte zu hören, das Zeitalter könne nicht mehr lesen und darum sei alles Schreiben vergeblich: man müsse von der einen Seite wiederum das Mittel der mündlichen Mittheilung ergreifen und diese zur Fertigkeit und Kunst ausbilden; von der andern Seite sich Empfänglichkeit für diese Art der Mittheilung zu erwerben suchen. Hierzu schrieb er die Randglosse: „Warum durchreist man schöne Gegenden gern zu Fuss? um halten zu können, wo man will, eilen oder zögern zu können, wo man will, eine Aussicht von mehrern Standpunkten sehen zu können. Im Postwagen muss man vorwärts und zwar die grosse Strasse, die für Lastthiere gebahnt ist. Dem gleicht der Vortrag vom Katheder. Der Dialog ist das Beste und gleicht der Extrapost, wo man halt ruft, wo man will, auch Nebenwege einschlagen darf." Allein ihm selbst gelang es nicht, die Studenten im philosophischen Vortrage zu gewinnen und die Kunst der wissenschaftlichen Rede, die er doch in nicht geringem Grade besass, in die ihrer würdigen Kreise zu tragen.

Damals schon begann die natürliche Reaction seiner Lebensweise auf seinen Charakter. Fragt man, wie er in Berlin gelebt, jetzt, da er in das Alter getreten war, in welchem Verhältnisse mannichfaltigster Art sich anknüpfen und für die Gestaltung des innern und äussern Menschen von Bedeutung werden, so ist zu bekennen, dass er ausserhalb des Universitätsgebäudes jeden Umgang, der auf seine innere Entwickelung hätte Einfluss gewinnen können, gänzlich mied. Berlin bot bekanntlich gerade in jenen Tagen, vor dem Ausbruche der Befreiungskriege, in gesellschaftlicher Hinsicht weitaus das Beste, was damals in Deutschland zu haben war, auch mochte nicht leicht ein zugereister Student zum Eintritt in jene geistig hochgeweckten Kreise besser vorbereitet sein als Schopenhauer, dem nicht allein die Sprachen der gebildeten Welt, sondern diese selbst vertraut geworden, der schon auf der grossen Reise mit den Aeltern fast an allen bedeutenden Plätzen die Gastfreundschaft der ersten Familien mitgenossen, sociale Beziehungen der freiesten, wie der gebundensten Art kennen gelernt, ja in Weimar an den höchsten Gaben edler Geselligkeit theilgenommen hatte. Aber dies alles gleitete mehr und mehr an ihm ab, je weiter er in der Erkenntniss seiner selbst fortschritt, und in dem Maasse, wie er dem Hange zur Isolirung nachgab, wuchsen für ihn die Hindernisse und Schwierigkeiten des Anknüpfens mit Männern und Frauen, die mit ihm auf gleicher Bildungsstufe standen, und die Gefahren der Trennung des innern Menschen vom äussern, welchem letztern die Wahl der Mittel zu seiner Befriedigung weniger schwer fiel als jenem.

Er trat in kein höher stehendes Familienleben ein, besuchte keinen jener Vereinigungsorte der Männer, wo man vom Strom der Zeit getragen wird und die Interessen des Tages sich kreuzen — das alles war ihm unbequem und antipathisch, und seine sorgenfreie äussere Lage bot ihm keine Veranlassung, nach dem Genusse der freiesten Erziehung, seiner Natur einen Zwang aufzuerlegen, dessen Nutzen er nicht einsehen wollte. So versagten sich ihm allmählich die Menschen, weil er sich ihnen versagte, weil er den — allerdings mehr hohlen und unwahren als wesentlichen — Formen ihrer Gemeinschaft instinctiv widerstrebte. Er begann deshalb das Junggesellenleben engern Sinnes schon zu einer Zeit, in der sich andere ledige junge Leute an Familien anschliessen, indem sie im Schose der Familie ihre zukünftige Heimstätte so bestimmt voraussehen, wie Schopenhauer die seinige in der Einsamkeit seiner Studierstube, die sich nur für vorübergehende Besuche öffnete.

Die Nachtheile einer solchen Lebensweise für seine Gemüthsbildung — und wir athmen ja keine antike Lebensluft mehr —

offenbarten sich nachmals, als er im reifen Mannesalter stand,
da man als dienendes Glied in keine Familie passt, vielmehr das
Haupt einer solchen sein soll, und es ihm nicht allein an der
Wärme des häuslichen Herdes, sondern auch an solchen Freunden
gebrach, die das Beste mit ihm hätten theilen können, sodass er
sich Jahrzehnte hindurch auf den Umgang mit blossen Tischgenossen und sogenannten guten Bekannten beschränkt sah, bis
dann allmählich ein kleiner Kreis solcher, denen er sein Bestes
durch seine Werke mitzutheilen vermocht hatte, ihn zum Haupte
einer geistigen Familie machte, die ihm für Kind und Kegel
Ersatz bieten sollte.

Im Sommer 1812 hörte er bei Schleiermacher Geschichte der
Philosophie im Mittelalter, bei Fr. Aug. Wolf griechische Literaturgeschichte, Aristophanes' „Wolken" und Horaz' „Satiren", bei Böckh
Platon's Leben und Schriften, bei Lichtenstein Zoologie und Ento-
mologie, bei E. S. Weiss Geognostik. Im September unternahm
er eine Erholungsreise nach Dresden und Teplitz, wo er mit Mutter
und Schwester zusammenkam. Im Winter 1812 auf 1813 besuchte er Wolf's Vorlesungen über classische Alterthümer, hörte
Fischer's Physik, Bode's Astronomie und Horkel's allgemeine Physiologie. Sein nachhaltiger Eifer in letzterer Wissenschaft, sowie in
allen Zweigen der Zoologie, die zu jener Zeit, da die Mikroskopie
noch in ihren Anfängen stand, viel trockner gelehrt wurde, als
heute, war ebenso sehr das Verdienst seiner ausgezeichneten Lehrer
als Folge seiner Geistesrichtung. Von Jugend auf galt ihm die
Erscheinung des Lebens als das Problem der Probleme, keine
Gelegenheit das Thierleben zu beobachten, wurde versäumt, Me-
nagerien und zoologische Gärten zählten ihn zu ihren besten Kun-
den. Man musste damals noch mit bescheidenen Hülfsmitteln
arbeiten und wie das Material waren die Experimente im Vergleich mit den heutigen beschränkt, bis die Naturwissenschaft allmählich zum reichen Manne ward und die nämlichen Hörsäle unter
einem Ehrenberg, Johannes Müller, du Bois-Reymond u. a. mit
Leckerbissen besetzten Tafeln glichen.

Mehr noch als Blumenbach und Lichtenstein sollte er Fr. August Wolf, jenem Prototyp einer echten Gelehrtennatur verdanken, der ihn in der Liebe zum Alterthum bestärkte und ihm bei dem fortgesetzten Lesen der Classiker bereitwillige Hülfe leistete. Das Collegium über Horaz liess eine so hohe Verehrung für den Dichter bei Schopenhauer zurück, dass derselbe zum steten Begleiter unseres Philosophen wurde. Auch bei seinen philosophischen Studien ward ihm Wolf öfters zum Wegweiser und schenkte insbesondere seinen kritischen Glossen zu den Vorlesungen Schleiermacher's über Geschichte der Philosophie in der christlichen Zeit Beifall, indem er ihm Schleiermacher's Darstellung der Scholastik durch die Behauptung verdächtig machte, Schleiermacher habe die Scholastiker nicht gelesen. Nach Wolf hatte nur ein Einziger unter den Neuern diese Arbeit vollbracht, nämlich Dietrich Tiedemann. Erwägt man den enormen Abstand zwischen den ethischen und wissenschaftlichen Charakteren Schleiermacher's und Schopenhauer's, dazu die Verschiedenheit des erworbenen Standpunktes beider, so kann es nicht Wunder nehmen, dass der Schüler dem Lehrer nicht näher trat. Auch versäumte es Schopenhauer, durch den ersten Anstoss an dem Wesen eines Menschen für immer zurückgeschreckt, im persönlichen Verkehr mit dem dialektischen Virtuosen unsers Jahrhunderts — denn diese Ehre gebührt ihm, nicht Hegel — sein Urtheil zu berichtigen. Uebrigens wusste er köstliche Anekdoten von ihm zu erzählen, lobte seinen Witz und den Satz: auf Universitäten lerne man nur, was man nachher zu lernen habe. Solger dagegen, sprach er, wie Hegel, den Geist ab und nannte ihn einen süssen Herrn, in dessen Dialogen nur Eine, künstlich getheilte Person spreche. Savigny scheint er gar nicht gehört zu haben, wie er denn überhaupt die juridischen und theologischen Disciplinen vernachlässigte. Es ist auch nicht zu verkennen, dass sein Denken nach diesen Richtungen hin verhältnissmässig mangelhaft ausgebildet blieb; obwol ich damit keineswegs das verächtliche Kopfschütteln beschönigen möchte, welches mancher „jetztzeitige" Anbeter Schopenhauer's für dessen politische und strafrechtlichen

Grundsätze bereit zu haben pflegt. Denn wenn irgendwo, so hat Schopenhauer auf diesen Gebieten vorurtheilsfreie, im Geist der Alten gedachte, nüchterne, ja im wesentlichen die allein richtigen Anschauungen, mögen sie dem modernen Liberalismus immerhin noch für lange hinaus veraltet, inhuman oder lächerlich erscheinen.

Zu jener Zeit besuchte er wiederholt die Charité, wo besonders zwei in der sogenannten melancholischen Station detinirte Unglückliche sein Interesse erregten. Sie waren sich ihrer Geistesstörung vollkommen bewusst, ohne darüber Herr werden zu können, und theilten Schopenhauer, in Erwiderung des von ihm werkthätig bezeugten tiefen Mitleids, Gefühle und Gedanken mit, welche die besondere Theilnahme des „Buddhisten" an ihrem Schicksale erklären. So der Eine ein Gedicht, in dem sich die Vorstellungen des Mitleidigen und des Bemitleideten echt indisch vermengen, mit der Ueberschrift:

Dem Edlen, welcher hold erscheint
Auch dem, der in der Zelle weint,
Der leidende Menschenfreund.

Der Andere, dem er auf sein Verlangen eine Bibel geschenkt hatte, theilte ihm, um ihn von dem „unerschöpflichen Inhalt der Heiligen Schrift" zu überzeugen, einige Aufsätze mit, die für ihn gedenkliche Stellen enthielten.

Als daher Fichte vom Katheder herab dem „göttlichen Genie" den Wahnsinn als einen thierischen Zustand entgegensetzte, fand Schopenhauer diese falsche Antithese besonders anstössig: er berief sich auf das bekannte Wort des Aristoteles und argumentirte, schon als geschworener Kantianer: „Ich denke, der gesunde, verständige Mensch ist in den körperlichen Bedingungen unsers Bewusstseins und Denkens (dieselben, welche Raum, Zeit und Verstandesbegriffe ihm schaffen) fest eingeschlossen, sie liegen ihm knapp an und passen und decken ihn wie ein wohlgemachtes Kleid: darüber hinaus kann er nicht (d. h. sich und die Dinge, ohne jene Bedingungen der Erfahrung, an sich erkennen) aber in ihnen weiss er vollkommen Bescheid. Vom Thiere gilt in seiner Gesundheit dasselbe, nur dass seine Erfahrungserkenntniss dumpfer, enger, sein Kleid gleichsam weniger bequem, einem Sack ähnlich ist. Das Genie, durch seine Kraft, die als etwas ganz Uebersinnliches nicht weiter bestimmt werden kann, sieht gleichsam durch jene Beschränkungen, welche Bedingungen der Erfahrungserkenntniss sind, hindurch, erkennt sein eigenes und der Dinge Wesen an sich und sucht sein Leben lang diese Erkenntniss mitzutheilen und handelt auch nach ihr. Man könnte jenem meinem Gleichnisse zufolge sagen: es ist seinem Kleide zu gross und sieht oben hinaus. Dem Wahnsinnigen sind eben die Bedingungen der Erfahrungserkenntniss zerrüttet; dadurch sind die Erfahrungsgesetze ihm zerstört, da sie nicht den Dingen angehören, sondern Anschauungsformen der Sinnlichkeit sind (was hier von neuem sich bestätigt); alles ist ihm verworren, dem Gleichniss nach ist sein Kleid zerrissen: aber eben deshalb sieht sein Ich, dass keiner Zerrüttung unterworfen ist, zu Zeiten durch, und Wahnsinnige thun geniale Aussprüche oder würden sie wenigstens thun, wenn ihnen nicht die hohe Besonnenheit fehlte, die der Charakter des Genies ist" (Frauenstädt, „Memorabilien", S. 236).

Auch der Zusammenhang des Wahnsinns mit dem Irrthum beschäftigte ihn viel. Er meinte, die Keime zu den Irrthümern lägen in uns wie das Blatterngift, nur mit dem Unterschied, dass sie als geistige Krankheit fast bei jedem andere seien. Das Leben sei eine lange Reihe solcher Krankheiten, die uns zugleich des Krankheitsstoffs entledigen, und sein Zweck kein anderer, als dass jene Stoffe alle hintereinander heraus kämen. Dem Menschen könne demnach kein grösseres Unglück widerfahren, als dass irgendein Irrthum nie zur Aeusserung komme, d. h. das Gift in ihm unentwickelt bleibe. Man solle ihn also nicht zu ängstlich hüten und die Krankheit zu hemmen suchen, sondern ihre Entwickelung befördern. Schlage dieselbe zurück, oder habe die Natur nicht die Kraft, sie nach Aussen zu treiben, so erfolge der Tod, d. h. eine fixe Idee bringe ihn ins Tollhaus.

IV.

1813 — 1814.

Das grosse Jahr 1813 war gekommen. Auch Schopenhauer schafft sich ein neues Gewehr und einen „Schläger mit Gehenk" an, schenkt einem armen Commilitonen einen kostbaren Säbel und steuert reichlich für die Freiwilligen bei — aber selbst einzutreten, dazu fehlt ihm der innere Antrieb. Brave Leute, welche das, worin wir Alle gleich sein sollen, nicht genugsam erwägen, haben ihm dies sehr verargt; ja, Menschen, die selbst von Allem entblösst sind, was den Charakter des Mannes kleidet, mit dem Strom der Zeit schwimmende und zugleich mit sicherer Witterung der Gesinnungen Schopenhauer's gegen sie begabte Literaten haben sich nach seinem Tode beeilt, ihm den Mangel an Patriotismus und Liberalismus ins Gewissen zu schieben. Er passte zum Soldaten so wenig wie sie zur Würdigung seines Charakters. Seine Heimatlosigkeit — er war damals weder Hamburger noch Preusse — seine Erziehung im Auslande hatten zur Ausbildung seiner ohnedies schwachen Vaterlandsliebe nichts beitragen können; aber wäre dieselbe auch gehegt und gepflegt worden, wie bei Goethe, sie würde schwerlich stark genug geworden sein, ihn von dem durch die Vorsehung ihm bestimmten Lebensweg abzulenken. Nur der bei modernen deutschen Lohnsudlern bemerkliche gänzliche Mangel an Anstandsgefühl kann sich an solche Dinge hängen, um unter solchem Vorwand einen Schriftsteller, welcher seiner Nation

zur Ehre gereicht, vor dieser um deswillen herabzuwürdigen, weil
er sie selbst in tiefen Schatten stellt und das *odi profanum* ihnen
gegenüber stets auf seiner Lippe schwebt. Wollten sie bei sich
selbst anfangen, wo der Skandal zu Hause ist, es müsste ihnen
bald vergehen, die hohe Miene aufzusetzen und von Dingen zu
reden, die sie nie besessen, ja kaum bei Andern, die zu hoch für
sie stehen, deutlich gesehen haben.

Der Augenblick forderte andere Gaben als Schopenhauer verliehen waren. Für den Staat, als das äussere Gesetz, gegenüber
dem Reich Gottes als dem innern Gesetz, war er so wenig eingenommen, dass er damals bereits dem Fichte-Hegel'schen Staats-
götzendienst seine negative „Maulkorbtheorie" gegenüberstellte,
und von diesem Standpunkte aus beurtheilte er auch die Zeit-
ereignisse. So schreibt er in Dresden 1814 über Napoleon:
„Die, welche eine Vergeltung nach dem Tode wähnen, würden
verlangen, dass Bonaparte durch unsägliche Quaalen alle unzähl-
baren Leiden büsste, die er verursacht hat; aber er ist nicht straf-
barer als alle Die, welche denselben Willen haben, nur nicht mit
derselben Kraft. Dadurch, dass ihm diese seltene Kraft beigegeben ist, hat er die ganze Bosheit des menschlichen Willens offenbart: und die Leiden eines Zeitalters, als die nothwendige andere
Seite davon, offenbaren den Jammer, der mit dem bösen Willen,
dessen Erscheinung im Ganzen diese Welt ist, unzertrennlich verknüpft ist. Eben dieses aber, dass erkannt werde, mit welchem
namenlosen Jammer der Wille zum Leben verknüpft und eigentlich Eins ist, ist der Zweck der Welt. Bonaparte's Erscheinung
trägt also viel zu diesem Zwecke bei. Dass die Welt ein fades
Schlaraffenland sei, ist nicht ihr Zweck; sondern dass sie ein
Trauerspiel sei, in welchem der Wille zum Leben sich erkenne
und sich wende. Bonaparte ist nur ein gewaltiger Spiegel des
Willens zum Leben" (Frauenstädt, „Memorabilien", S. 304). Napoleon diente also zum praktischen Vorläufer seines Systems.

Da an eine ruhige Promotion in Berlin nicht mehr zu denken
war, zog er sich, die begonnene Inauguraldissertation auszuarbeiten,

im Mai nach Sachsen zurück. Auf der zwölftägigen Flucht nach Dresden war er mitten in das Kriegsgetümmel gerathen und beim Heranrücken französischer Truppen von dem Bürgermeister eines Städtchens als Dolmetscher in Anspruch genommen worden, wobei ihm seine Fertigkeit im Französischen vortrefflich zu statten kam. Anfangs Juni kam er nach Weimar, wo er Spinoza vornahm und, vermuthlich mit Rücksicht auf die beabsichtigte Promotion *in praesentia*, bei Lenz lateinische Sprechstunden hatte.

In der Abgeschiedenheit des friedlich ernsten rudolstädter Thales vollendete er hierauf während jenes thatenreichen Sommers die „Philosophische Abhandlung über die vierfache Wurzel des Satzes vom zureichenden Grunde". Der Umgang mit der einsamen Natur gereichte dem durch die gewaltige Zeit aufgeregten Jünglinge noch am ehesten zur Beruhigung. Er wohnte im Gasthause Zum Ritter, zwei Treppen hoch, wo er sich mit den Worten: *„Arth. Schopenhauer majorem anni 1813 partem in hoc conclave degit. Laudaturque domus, longos quae prospicit agros"* (Horat. Epist. I, 10) auf einer Fensterscheibe einschrieb, welche nach vierzig Jahren von einem Anhänger noch vorgefunden und ihm ins Gedächtniss zurückgerufen wurde. Die fertige Dissertation sandte er, nachdem er sich zur Promotion *in absentia* entschlossen hatte, an den Dekan der philosophischen Facultät, Professor Eichstädt in Jena mit folgendem Schreiben:

„Decane maxime spectabilis!

„Cum hujus aestatis initio strepitus armorum a Berolino, ubi philosophiae operam dabam, Musas fugaret, neque amplius resonarent aedes iis dicatae voce magistri, etiam ego una cum agmine earum, in quarum vexilla unice juraveram, excessi (non tam eam ob rem, quod in me, singularibus conjuncturis ubique peregrinum, nulla civitas jus haberet, sed multo magis quod penitus sentirem minime in id me natum fuisse ut quoquomodo manu sed ut capite operam meam humani generi praestarem patriamque mihi Germania esse majorem): invitus quidem, quia tum maxime ad summos in philosophia honores petendos me accingebam, quos cum jam adeptus forem, studiis Academicis meis finem imponere constitueram. Jam vero in viciniam illustrissimae clarissimaeque Academiae vestrae delatus, precibus te adeo, Decane maxime spectabilis, amplissimumque ordinem philosophorum, ut, inspectis dijudicatisque hisce, quae huic epistolae adjungo, speciminibus studiorum meorum, considerare vobiscum atque perpendere velitis, utrum dignus sim, qui ad Doctoris gradum a vobis evehar. Mitto tibi nimirum Dissertationem *de principii rationis sufficientis quadruplici fundamento*, quam ut Berolinensi Academiae offerrem commentus eram atque deinde tum ex institutis illius Academiae, tum quod latina lingua disquisitionibus criticis philosophorum parum apta est, germanicis litteris mandavi.

„Pauca jam de vitae studiorumque meorum ratione afferam. Non contigit mihi esse tam felici ut a teneris annis veterum linguis viam ad scientiarum fastigium inprimis munientibus imbuerer. Gedano enim oriundus, longe aliis quam litterarum studiis fueram destinatus atque in diversis Europae regionibus pueritiam degi, liberali quidem educatione usus, rerum vero regionumque mihi se offerentium varietate tum distractus tum edoctus. Inde factum est ut ad pubertatem jam provectus essem, quum animi nativa ad litterarum studia inclinatio, licet a pueritia inde aliquo modo sese manifestasset, tantum virium esset nacta, ut ad prioris vitae rationem et occupationes relinquendas, totumque me iis rebus quae ad scientiarum studia animum praeparant, inprimis vero veterum linquis dandum me impelleret.

„Tum igitur per aliquot annos maxima virium contentione laborisque assiduitate, minime pecuniae, qua adjumenta ad propositum finem conducentia compararentur, sed valde otii parcus, prioris vitae neglectus reparavi atque compensavi eoque perveni, ut, veteribus liguis ceterisque humanitatis artibus nullo modo minus quam ceteri juvenes ad academica studia se conferentes, instructus, in Academiam Georgiam Augustam migrare possem, quamvis ob enarratas illas moras maturiore quam hodie fieri solet aetate, quum

nempe vicesimum et secundum annum jam fere explevissem. Ibi
per duos annos in philosophiae studium incubui, licet initio medicinae nomen dedissem, sed nec tum quidem ullis quam quae philosopho conducunt institutionibus essem usus, lectionesque deinde
non modo philosophicas stricte ita dictas, sed et historicas, inprimis vero omnes illas quibus diversae de rerum natura doctrinae
traduntur frequentavi. Inde Berolinum me contuli, ubi eadem
studia continuavi, celeberrimos philosophos ibi disserentes audivi,
denuo toti seriei lectionum rerum naturam tractantium, et philo-
logicis insuper lectionibus a celeb: Wolfio habitis interfui. Etiam
ibi per duos annos, si hoc praesens interruptum semestre ad-
numeras, litteris studui.

„Si jam contigerit mihi ut dissertatio mea amplissimo philosophorum ordini probetur, typis eam exprimendam continuo curabo:
quamobrem et has preces adjicere liceat. Quum heic philosophicis
amicis plane sim destitutus, non habui quicum commentationem
illam communicare potuissem, quae proinde nullius oculis adhuc
subjecta est. Infirmitas vero humana ea est, ut ne de iis quidem
rebus, quas oculis usurpamus, nisi et alterius assensione fulti, plane
certi esse possumus; multo igitur adhuc minus licet suo solo judicio
niti in veritatibus philosophicis quas ab illa, quam modo memo-
ravi, evidentia quam remotissimas esse, qui contendant, multi haud
dubie reperientur. Quamobrem ordinis vestri doctissimos acutissi-
mosque philosophos impense rogo, ut etiamsi tractatus meus in
universum sibi probetur, si tamen singula quaedam sive minus vera,
sive parum clara, sive nimis prolixa,˙sive jam alibi simili modo
dicta sibi videantur, hujus rei certiorem me reddere velint mi-
nimeque hac in re mihi parcant: neque reticeant si quid ullo modo
invidiosum sibi videatur, cujusmodi, exempli gratia, ea Senecae
verba, quae titulo inscripsi, esse vereor, licet ei menti, qua totam
dissertationem conscripsi optime respondeant: nam multis modis
ea invidiose interpretari licet, et non nisi iis quibus stabilis fama
jam parata est conceditur ubique „malignum spernere vulgus“.
Et praefatio forsan parum gravis esse videri possit. Inprimis vero

hoc scire velim, utrum illa lis, quam Kantio ob probationem legis causalitatis suam movi, a nemine adhuc suscepta sit: ego quidem nusquam disceptationem illam motam invenire potui, praeterquam quod Herderus in Metacritica illum locum perstringit, sed levissime, ut pleraque, et insuper ille liber innumeris erroribus scatet omninoque nihil probat nisi Herderum ingentem illum philosophum minime intellexisse, ita ut inter tot falsas objectiones unam veram eruere paucissimorum sit, quum insuper illa ipsa nullis firmis argumentationibus ibi fulta sit. Sed non nisi minimam partem tantae vis librorum de philosophia Kantiana conscriptorum perlustrare mihi licuit et vacavit, maxime heic ubi librorum copia deest. Quamobrem ordinis vestri subtilissimos philosophos ut hac in re auctores mihi sint, rogo. Quibus precibus et hanc adjicio, ut, si horum, quos statim recensebo librorum aliqui sive bibliotecae publicae vestrae sive privatis insint, eam in me conferre velitis gratiam ut in paucos tantummodo dies sed quam primum illos commodare mihi et huc mittere velitis, qua benevolentia vestra ego magnopere vobis obstrictum me intelligam.*

„Jam te, Decane maxime spectabilis, amplissimumque ordinem philosophorum rogo atque oro ut mihi favere propitiique esse velitis, Deum vero Optimum Maximum ut semper salvos incolumesque vos servet bonisque omnibus semper velit cumulare. Nominum vestrorum spectatissimorum cultor deditissimus *Arthur Schopenhauer* Gedanensis." („Hochverehrter Herr Dekan! Als zu Anfang dieses Sommers der Kriegslärm von Berlin, wo ich Philosophie studirte, die Musen verscheuchte und in ihren Hallen nicht mehr des Lehrers Stimme ertönte, zog auch ich, da ich einzig zu ihren Fahnen geschworen hatte, in ihrem Gefolge von dannen

---

* Hier waren folgende Schriften genannt: Jac. Sigm. Beck, Einzig möglicher Standpunkt, aus welchem die kritische Philosophie beurtheilt werden muss (1796); Beck, System; (Glo. E. Schulze's) Aenesidemus (1792); Sal. Maimon, Versuch über die Transscendentalphilosophie (1790); Jac. Fr. Fries, Neue Kritik der Vernunft (1807).

[nicht sowol deshalb, weil ich, durch besondere Verkettung der
Umstände überall fremd, nirgends Bürgerpflichten zu erfüllen hatte,
als vielmehr, weil ich aufs tiefste von der Ueberzeugung durchdrungen war, dass ich nicht dazu geboren sei, der Menschheit mit
der Faust zu dienen, sondern mit dem Kopfe, und dass mein
Vaterland grösser als Deutschland sei], obwol ungern, da ich damals gerade meine Bewerbung um den philosophischen Doctorgrad
vorbereitete, mit dessen Erlangung ich meinen akademischen Studien ein Ziel zu setzen beschlossen hatte. Nunmehr aber, in der
Nachbarschaft Ihrer hocherleuchteten berühmten Universität wei-
lend, wende ich mich an Sie, hochverehrter Herr Dekan, und an
Eine hochansehnliche philosophische Facultät mit der Bitte, Sie
möchten nach Einsicht und Prüfung der diesem Schreiben beiliegenden Probe meiner gelehrten Studien in Berathung und Erwägung ziehen, ob ich des von Ihnen zu ertheilenden Doctorgrades
würdig sei. Ich sende Ihnen eine Abhandlung über die vierfache
Wurzel des Satzes vom zureichenden Grunde, die ich der berliner
Universität zu überreichen gedachte und nach den Statuten derselben, aber auch, weil die lateinische Sprache zu philosophisch-
kritischen Untersuchungen wenig geeignet ist, deutsch abgefasst
habe.

„Ich füge eine kurze Nachricht von meinem Lebens- und Stu-
diengange bei. Ich bin nicht so glücklich gewesen, von frühester
Jugend auf in die Sprachen der Alten, die zur Höhe der Wissenschaften hauptsächlich den Weg bahnen, eingeweiht zu werden.
In Danzig geboren, bin ich nämlich lange Zeit zu ganz Anderem
als zur Gelehrtenlaufbahn bestimmt gewesen und habe meine
Knabenzeit in verschiedenen Ländern Europas verbracht, wobei
ich eine liberale Erziehung genoss, durch den bunten Wechsel der
mir dargebotenen Dinge und Gegenden jedoch ebensowol zerstreut
als belehrt wurde. So geschah es, dass ich das Alter der Mannbarkeit schon erreicht hatte, als mein angeborener Hang zu den
Wissenschaften, obwol sich derselbe von meiner Kindheit an ziemlich deutlich bemerkbar gemacht hatte, stark genug geworden war,

mich zu bestimmen, meine frühere Laufbahn und Beschäftigung zu
verlassen und mich gänzlich solchen Arbeiten hinzugeben, die den
Kopf zur gelehrten Thätigkeit vorbereiten, besonders den alten
Sprachen.

„Von da an aber habe ich durch mehrjährige äusserste An-
spannung meiner Kräfte, durch unausgesetzten Fleiss, und indem
ich nicht mit dem Gelde zur Beschaffung der dem vorgesetzten
Zwecke dienlichen Mittel, wohl aber mit der Zeit geizte, die Ver-
säumnisse des vergangenen Lebens wieder gut gemacht und ausgeglichen. Und zwar brachte ich es dahin, dass ich sowol in den
alten Sprachen, als in den übrigen zur akademischen Vorbildung
gehörigen Kenntnissen den übrigen zur Universität abgehenden
Jünglingen in jeder Hinsicht gleichstehend — obschon wegen der
erwähnten Verspätung in reiferm Alter als heutzutage üblich ist,
nämlich mit fast erreichtem zweiundzwanzigsten Lebensjahre —
die Georgia Augusta beziehen konnte. Dort lag ich zwei Jahre
lang dem Studium der Philosophie ob; anfangs zwar hatte ich
mich als Mediciner einschreiben lassen, ohne jedoch andere als
solche Vorlesungen, die auch dem Philosophen nützlich sind, zu
hören, wie ich denn auch später nicht nur philosophische Collegien
engern Sinnes, sondern auch historische, vor allem aber solche
über die verschiedenen Zweige der Naturwissenschaft besuchte.
Hierauf ging ich nach Berlin, wo ich die nämlichen Studien fortsetzte, die daselbst lesenden berühmten Philosophen hörte, nochmals den ganzen Cyklus der naturwissenschaftlichen Vorlesungen
und ausserdem die philologischen des berühmten Wolf durchmachte.
Auch dort habe ich unter Einrechnung des unterbrochenen laufenden Semesters zwei Jahre lang studirt.

„Sollte ich so glücklich sein, mit meiner Dissertation die Zufriedenheit Einer hochansehnlichen philosophischen Facultät zu
erlangen, so werde ich alsbald für deren Druck sorgen, weshalb
ich mir erlaube, eine Bitte hinzuzufügen. Da mir philosophisch
gebildete Freunde hier gänzlich fehlen, so konnte ich die Abhandlung keinem mittheilen und hat deshalb noch Niemand dieselbe

geschen. Unsere menschliche Schwachheit ist aber so gross, dass wir nicht einmal dessen, was wir vor Augen haben, wenn es nicht durch fremde Zustimmung bekräftigt wird, vollkommen gewiss sein können; noch viel weniger also darf man sich auf sein eigenes Urtheil in Sachen der Philosophie verlassen, rücksichtlich deren ohne Zweifel Viele behaupten, dass deren Wahrheiten von einer solchen Gewissheit am weitesten entfernt sind. Deshalb richte ich an die ebenso gelehrten als scharfsinnigen Philosophen Ihrer Facultät die dringende Bitte: sie möchten, falls meine Abhandlung zwar im allgemeinen ihren Beifall hat, Einzelnes aber ihnen nicht recht der Wahrheit entsprechend oder nicht hinlänglich klar oder zu weitläufig oder schon anderwärts auf ähnliche Weise gesagt zu sein scheint, mich dies wissen und mir dieserhalb nicht die geringste Schonung angedeihen lassen. Auch bitte ich, mir nicht zu verschweigen, wenn Ihnen etwas darin irgendwie als gehässig erscheinen sollte, wie ich dies z. B. von den auf den Titel geschriebenen Worten Seneca's befürchte, obwol dieselben dem Geist, in dem die ganze Dissertation geschrieben ist, vortrefflich entsprechen; denn sie lässt mehrfach gehässige Deutung zu, und nur Denen, die bereits in unerschütterlichem Ansehen stehen, ist es gestattet, «die böswillige Menge zu verachten». Auch die Vorrede dürfte vielleicht nicht ernst genug zu sein scheinen. Hauptsächlich aber wünschte ich zu erfahren, ob meine Kritik des Kant'schen Beweises des Causalitätsgesetzes keinen Vorgänger hat: ich wenigstens habe diese Streitfrage nirgends angeregt gefunden, ausgenommen, dass Herder in der «Metakritik» die Materie berührt, aber, wie das Meiste, aufs Oberflächlichste. Ueberdies wimmelt das Buch von zahllosen Fehlern und beweist überhaupt nichts, als dass Herder den grossen Philosophen durchaus nicht verstanden hat, sodass es Sache der Wenigsten ist, unter so vielen falschen Einwürfen den Einen richtigen herauszufinden, zumal auch dieser auf keine soliden Gründe gestützt ist. Aber nur den kleinsten Theil von der Masse der über Kant's Philosophie erschienenen Schriften hatte ich Gelegenheit und Musse durchzugehen, zumal hier, wo mir keine Bücher zur Hand sind. Darum ersuche ich die so gründlich unterrichteten philosophischen Mitglieder Ihrer Facultät um gütige Auskunft in diesem Betreff, welcher Bitte ich die weitere beifüge, falls sich die hier unten aufgeführten Bücher in Ihrer öffentlichen oder in einer Privat-Bibliothek vorfinden sollten, mir die Freundlichkeit zu erzeigen, dieselben auf wenige Tage nur, jedoch sobald als möglich mir leihen und hersenden zu wollen, für welche Gefälligkeit ich Ihnen mich sehr verbunden fühlen werde.

„Ihnen, hochgeehrter Herr Dekan, sowie Einer hochansehnlichen philosophischen Facultät mich empfehlend, bitte ich den Allmächtigen, Sie allezeit gesund und wohl zu erhalten und mit Glücksgütern zu segnen. Ew. Hochwohlgeboren ergebenster Arthur Schopenhauer aus Danzig"). —

Hierauf erhielt er das am 2. October 1813 ausgestellte Doctordiplom. Ob ihm auf seine übrigen Fragen eine Antwort geworden, kann ich nicht sagen. Es scheint nicht der Fall gewesen zu sein. Die auf seine Kosten in Rudolstadt dem Druck übergebene Dissertation schickte er unter andern an Reinhold in Jena, sowie an G. E. Schulze in Göttingen und Schleiermacher in Berlin. An Reinhold schrieb er:

„Ew. Wohlgeboren werden sich wol kaum erinnern, dass bei Ihrer letzten Anwesenheit in Weimar ich öfter das Glück gehabt habe, Sie bei meiner Mutter zu sehn. Auch geschieht es nicht, indem ich mich auf jene frühere Bekanntschaft berufe, dass ich mir die Freiheit nehme, Ihnen beifolgende Abhandlung zu überreichen, sondern indem ich dadurch die schuldige Verehrung an den Tag legen will gegen den Mann, der durch die erste Anerkennung und Verbreitung der unsterblichen Lehren Kant's sich ein bleibendes Verdienst erworben und auch nachher, mehr als irgendeiner die reinste Liebe und Hinstrebung zur Wahrheit, mit Hintansetzung aller andern Motive, bewiesen hat.

„Diese Abhandlung habe ich bei Gelegenheit meiner Promotion drucken lassen. Sie war für die Berliner Universität bestimmt, wo ich in den letzten zwei Jahren meine Studien vollendete: da mich aber die Kriegsunruhen von da vertrieben und die gehoffte Rückkehr zu lange unmöglich blieb, entschloss ich mich im October sie der Jenaischen Facultät zu übergeben. Wenn Ew. Wohlgeboren mich etwa der Mittheilung Ihrer sehr schätzbaren Meinung über die kleine Schrift würdigen wollten, würde mich dieses ungemein glücklich machen. Meine Mutter empfiehlt sich Ihnen bestens."

Man muss dieser Schrift, so wenig sie die Spuren der Jugendarbeit verbergen kann, das Zeugniss *ex ungue leonem* geben. Schopenhauer selbst hat sie als die Grundlage seiner Philosophie betrachtet und für diese seine „Wurzel" eine Zärtlichkeit bethätigt, welche jener der schönen „Isabella von Aegypten" für die ihrige an Innigkeit gewachsen war, ein Vergleich, zu dem uns wol der auf gleicher Linie stehende verführt, dessen sich Schopenhauer's Mutter nicht schämte, als ihr die „Vierfache Wurzel" überreicht wurde und sie fragte: das sei wol etwas für Apotheker! Er entgegnete ihr damals: man werde sie noch lesen, wann von ihren Schriften kaum mehr ein Exemplar in einer Rumpelkammer stecken werde, und sie gab ihm schlagfertig den Spott mit den Worten zurück: „Von den deinigen wird die ganze Auflage noch zu haben sein."

Für lange Zeit hinaus sollte sie recht behalten: die erste Auflage der „Vierfachen Wurzel" wurde gleich derjenigen des Hauptwerkes grösstentheils Makulatur*; während Johanna's Schriften den besten Absatz fanden. Noch 1833 konnte sie dem Sohne, der ihr von einer Recension der neuesten derselben Kenntniss gegeben hatte, von Bonn aus schreiben: „Also ein Hallischer Ritter hat für mich eine Lanze gebrochen? ich danke es ihm von Herzen, weiss aber sonst nichts weiter davon; denn seit vier Jahren lese

---

* Schopenhauer erhielt nicht einmal das Geld dafür, weil der ganze Rest der Auflage durch Versehen zur Concursmasse der rudolstädter Commissions-Buchhandlung gezogen wurde.

ich keine einzige Recension; kein einziges Blatt der Art kommt
über meine Schwelle: *quand on le sait c'est peu de chose, quand
on ne le sait pas ce n'est rien*, und übrigens kann man doch
durch dumme Recensionen leicht sich irren lassen und seine Sachen
schlechter machen, als ohne dem geschehen wäre. Das habe ich zu
meinem Schaden damals erfahren. Mein Thermometer sind einstweilen die Verleger und da steht es noch gut. Uebrigens sage
ich mit Goethen, der auch keine Recension mehr las, «und hat
der Walfisch seine Laus, darf ich auch meine haben»."

Ihr Sohn war noch viel weniger als sie geneigt, sich durch
das Urtheil der Bücherrichter irremachen zu lassen; aber er
müsste kein Schriftsteller von Profession gewesen sein, wenn er
nicht den ersten Stimmen, die seine Erstgeborene begrüssten, mit
jener des delphischen Orakels würdigen Spannung angehender
Autoren gelauscht hätte. Sie blieben auch nicht aus, diese Stimmen; über Ignoritwerden konnte er damals nicht klagen. Aber
bis zu der merkwürdigen Recension Herbart's (im dritten Stück
des „Hermes", 1820, S. 131—149) fielen diese Urtheile, obwol sie
alle zugleich Lob spendeten, immer weniger befriedigend für ihn
aus. Als Ereignisse in seinem damaligen Lebensabschnitte verdienen sie hier Erwähnung. Professor Schulze war der erste, der
ihn durch zweifache Anerkennung ehrte. Am 20. Januar 1814
schrieb er an Schopenhauer:

„Sie haben, mein theuerster Herr Doctor, mit Ihrem Werke
über das Princip vom zureichenden Grunde mir ein sehr angenehmes Geschenk gemacht und ich statte Ihnen den aufrichtigsten
Dank für dasselbe und für das Vergnügen ab, welches mir dessen
Lectüre gewährte. Vermöge unserer ehemaligen Verbindung hatte
es für mich ein besonderes Interesse, und da mir aus jener Verbindung Ihr philosophisches Talent bekannt war, so fieng ich es
mit nicht geringen Erwartungen zu lesen an. Aber diese Erwartungen sind bey weitem übertroffen worden. Sehe ich nähmlich

bey Ihrer Schrift auf die Wichtigkeit des Themas für die ganze
Philosophie, auf die Methode, die in der Untersuchung und Beantwortung der zum Thema gehörigen Fragen befolgt worden ist,
auf den Scharfsinn und die Richtigkeit der Beobachtungen über
manche Acte des menschlichen Geistes und auf die Consequenz im
Denken, die sich darin aussprechen, auf die Bestimmtheit und das
Anziehende des Vortrages, auf die Achtung der Verdienste anderer
Philosophen, die darin an den Tag gelegt worden ist, endlich auf
die Abwesenheit alles Bestrebens, nur etwas Neues und Eigenes
zu sagen, obgleich vieles darin von einer neuen Seite dargestellt
worden ist, so muss ich solche für eine recht erfreuliche Erscheinung halten, die vom Verfasser noch viel Ausgezeichnetes und
Treffliches erwarten lässt. Sie wissen, wie wenig ich dazu Neigung
habe, Ihnen Complimente zu machen, und ich brauche also nicht
erst zu versichern, dass das obige allgemeine Urtheil über Ihre
Schrift die reine Sprache meiner Ueberzeugung sey.

„Bey diesem Urtheile würde ich es bewenden lassen, wenn Sie
mich nicht ausdrücklich dazu aufgefordert hätten, auch von dem
Eindrucke zu reden, den die Ausführung der Absicht Ihres Werkes
auf meine Ueberzeugung gemacht hat. Doch hiervon nur so viel,
als die engen Grenzen eines Briefes erlauben. Mehrmals habe
ich mich (besonders in der «Kritik der theoretischen Philosophie»
bei der Prüfung der Kantischen Ableitung des Princips der Causalität aus der Form der hypothetischen Urtheile) über den grossen
und innern Unterschied der idealen Gründe von den realen erklärt.
In der Hauptsache wären wir also wohl miteinander einverstanden.
Aber davon bin ich nicht überzeugt worden, dass das, was Sie
§. 37 den Satz vom zureichenden Grunde des Seyns nennen, ein
von dem logischen Princip des Grundes innerlich verschiedenes
Princip sey. Vollkommen richtig und wahr ist freylich, was Sie
S. 21 über die Verschiedenheit der Erkenntniss der Gleichheit
der drey Seiten eines Triangels aus der Gleichheit der drei Winkel
von aller Erkenntniss aus blosser Vergleichung des Inhalts gewisser

Begriffe anführen. Aber diese Verschiedenheit ist, wie es mir vorkommt, lediglich aus der eigenthümlichen Beschaffenheit der mathematischen Erkenntnisse abstammend, welche mit blossen Begriffen nicht zu Stande gebracht werden kann, sondern der Construction der Begriffe bedarf, wenn eine Einsicht von der Gleichheit oder Ungleichheit gewisser Grössen entstehen soll. In dem, was Sie das Gesetz der Motivation genannt haben, finde ich gleichfalls nur Anwendung des Princips der Causalität auf eine besondere Classe von Objecten, nähmlich auf menschliche Entschliessungen. Gleichwohl ist Ihre Bemühung, die Unterschiede der vier Anwendungen des Princips vom zureichenden Grunde deutlich zu machen, nicht überflüssig, sondern verdienstlich. Denn wenn auch diese Anwendungen nicht alle im gleichen Grade verschieden seyn sollten, so ist es doch lehrreich und wichtig, keine von den dabey vorkommenden Verschiedenheiten zu übersehen und dadurch die richtigen Anwendungen sicherer zu machen. Und der in der Aufsuchung des Verschiedenartigen bewiesene Scharfsinn hat den Wissenschaften weit mehr Vortheil gebracht, als der die Verschiedenartigkeit der Dinge verkennende und alles gleichmachende Witz. Die Bestimmung mancher Geistesacte in Ihrem Werke schien mir nicht allgemein genug gefasst und angegeben. Aber *ubi plurima nitent non in paucis est haerendum.* Und wer, wie Sie, einen Plato, Aristoteles und Kant sich zu Mustern für die Bearbeitung der Philosophie gewählt hat, der ist auf dem Wege des Fortschreitens zu immer grösserer Vollkommenheit. Ich nähre daher die frohe Hoffnung, dass die Philosophie oder die Aufklärung der höchsten Angelegenheiten des menschlichen Geistes Ihren Talenten und Ihrem Eifer dafür noch vieles zu verdanken haben wird, und ich bin mit vorzüglicher Hochachtung und aufrichtiger freundschaftlicher Gesinnung der Ihrige" etc.

Auch die erste öffentliche Besprechung der Schrift in den „Göttinger gelehrten Anzeigen" vom 30. April 1814 hatte den Aenesidemus zum Verfasser. Da sie in Kürze nicht allein die

Originalität der Leistung*, sondern auch Schulze's Stellung zu derselben anzeigt, darf sie hier Platz finden.

„Wenn sich die Erstlinge wissenschaftlicher Studien durch Gründlichkeit, durch die Richtigkeit der dabei verfolgten Methode, durch das Bestreben, bemerkte Lücken auszufüllen, endlich auch durch einen deutlichen Vortrag auszeichnen und für die Zukunft Vorzügliches versprechen, so verdienen sie, der Aufmerksamkeit des gelehrten Publikums besonders empfohlen zu werden. Wir halten uns daher auch für verpflichtet, der Anzeige dieser philosophischen Abhandlung eines unserer ehemaligen akademischen Mitbürger einige Zeilen zu widmen und darin die schönen Hoffnungen auszusprechen, wozu die philosophischen Talente des Verfassers und dessen Eifer für das Höchste in der Philosophie berechtigen. Schon die Beschaffenheit des Thema, dessen Aufklärung er unternommen hat, zeugt von dessen Bekanntschaft mit dem

---

* Obwol schon Leibniz den Satz vom zureichenden Grunde als allgemeines, ideale und reale Gründe in sich vereinigendes Princip der Erkenntniss aufgestellt und die Erweisbarkeit desselben *a priori* wenigstens behauptet hat, so findet sich doch bei ihm keine Anwendung desselben auf die mathematischen Erkenntnisse, indem er der Meinung war, dass dazu der Satz der Identität und des Widerspruchs genüge; Kant aber hat diese Anwendung bereits vor Schopenhauer gemacht, wie man unter anderm aus seiner Streitschrift gegen Eberhard ersehen kann, und der Professor der Mathematik Joh. Karl Becker in Manheim hat mich darauf aufmerksam gemacht, dass sich Kant, indem er, obwol nicht mit Schopenhauer's Worten, dessen „Seynsgrund" vom Grunde des Werdens deutlich unterscheidet, in dem Briefe an Reinhold vom 12. Mai 1779 sich sogar desselben Beispiels wie Schopenhauer bedient; denn da heisst es: „Nebenbei bemerke ich, dass der Realgrund wiederum zwiefach sei, entweder der formale (der Anschauung der Objecte), wie z. B. die Seiten des Triangels den Grund der Winkel enthalten, oder der materiale (der Existenz der Dinge), welcher letztere macht, dass das, was ihn enthält, Ursache genannt wird." Der Brief wurde 1825 von Reinhold's Sohn veröffentlicht, nachdem ihn Reinhold schon in seiner Recension des Eberhard'schen Magazins (Allgemeine Literaturzeitung, 1789, Nr. 174—176) benutzt hatte.

Wesen der Philosophie. Denn wie und womit man auch in dieser anfangen oder was man in ihr beabsichtigen mag, entweder eine wissenschaftliche Auflösung der Räthsel der physischen und moralischen Welt oder eine Selbsterkenntniss in Anschung der Möglichkeit einer solchen Auflösung, immer muss, was man sucht und gefunden zu haben überzeugt ist, am Leitfaden und durch Anwendung des Princips vom Grunde gesucht und gefunden worden seyn. Ob jedoch an den Gründen, worauf sich die philosophische Speculation stützen muss, ein innerer und wesentlicher Unterschied stattfinde oder nicht, darüber wird bekanntlich von den Philosophen noch gestritten.

„Diesen Streit will nun der Verfasser beilegen und ist bemüht zu zeigen, dass der Satz vom Grunde ein gemeinschaftlicher Ausdruck für vier ganz verschiedene Verhältnisse sei, deren jedes auf einem *a priori* gegebenen Gesetze beruhe, von welchen vier Gesetzen aber (die er auf dem Titel des Werkes bildlich die Wurzeln von jenem Satze genannt hat) nach dem Princip der Homogeneität angenommen werden muss, dass, so wie sie in einem gemeinschaftlichen Ausdruck zusammentreffen, sie auch aus einer und derselben Urbeschaffenheit unsers ganzen Erkenntnissvermögens als ihrer gemeinschaftlichen Wurzel entspringen, welche anzusehen wäre als der innerste Keim aller Dependenz, Relativität, Instabilität und Endlichkeit der Objecte unseres in Sinnlichkeit, Verstand und Vernunft, Subject und Object befangenen Bewusstseyns. Ausser den bisher gemeiniglich schon angenommenen Arten der Anwendung des Satzes vom zureichenden Grunde, die auf die Begriffe von Grund und Folge, Ursach und Wirkung zurückgeführt werden, stellt nämlich der Verfasser noch zwei auf und rechtfertigt dies auf folgende Art. Wenn gefragt wird, warum sind in diesem Dreyeck die drei Seiten gleich? so ist die Antwort: weil die drei Winkel gleich sind. Von dieser Gleichheit der Winkel kann aber nicht gesagt werden, weder dass sie die Ursach der Gleichheit der Seiten, noch auch der Grund der Erkenntniss dieser Gleichheit sei, indem, was den letzten Punkt betrifft, im Begriffe von der Gleich-

heit der Winkel nicht der von der Gleichheit der Seiten gegeben
ist. Wenn man ferner einen Andern fragt: warum thust du das?
so wird irgendein Motiv angegeben. Dies ist aber keine Ursach
worauf die Handlung als Wirkung folgt; denn es kann keines
angegeben werden, daraus die Handlung nothwendig erfolgte. Die
Verbindung zwischen Ursach und Wirkung ist aber eine nothwendige. Ebenso wenig ist es auch ein Grund, unter den die
Handlung als Folge zu subsumiren ist; denn es ist nicht von
einer Erkenntniss, sondern von einer vorgegangenen Veränderung
die Rede. In Ansehung dessen nun, wie der Verfasser dies Alles
weiter ausgeführt hat, müssen wir auf das Werk selbst verweisen.
Und da die Verschiedenheit in der Anwendung des Princips vom
Grunde nicht bestritten werden kann, gleichwol von den Erbauern
philosophischer Systeme wenig berücksichtigt worden ist, so bleibt
die tiefeindringende Erörterung jener Verschiedenheit immer
lehrreich, sollte auch der Verfasser in der Bestimmung derselben,
was die Anwendung jenes Princips in der Mathematik vorzüglich
aber auf die Motive zum Handeln betrifft, wie wir zum wenigsten
dafür halten, zu weit gegangen seyn."

Herbart fällt, wie wir sehen werden, ein contradictorisch entgegengesetztes Urtheil! Es folgten zwei ausführliche Recensionen,
die eine anonym, im Juniheft der marburger „Theologischen Annalen" von 1814, die andere unter der Chiffre *M. A.* in der „Jenaer
Literaturzeitung", Juli 1814, Nr. 23. Die von dem Verfasser der
erstern herausgefundene Absicht Schopenhauers „die Ethik zum
Schlussstein der ganzen Philosophie zu machen", lag in Wahrheit
damals bereits vor. Am Schlusse des in den spätern Auflagen
gestrichenen, „Apologie über Phantasie und Vernunft" überschrie-
benen Paragraphen 58 heisst es: „Was denn aber das innerste
Wesen des Künstlers, das innerste Wesen des Heiligen sey, ob
vielleicht Eines und dasselbe — darüber mich hier auszulassen,
wäre gegen meinen Vorsatz, das Ethische und Aesthetische in
dieser Abhandlung nicht zu berühren. Vielleicht aber könnte
mir jenes einmal Gegenstand einer grössern Schrift werden, deren

Inhalt zu dem der gegenwärtigen sich verhalten würde, wie Wachen zum Traum. Der Missdeutung dieses Ausdrucks gegen unsere nunmehr zu Ende gehende Betrachtung wollen wir mit Seneka's Worten begegnen: *Somnium narrare vigilantis est.*"* Aus der Zeit vor der Abfassung seiner Erstlingsschrift findet sich die Aeusserung: „Unter meinen Händen und viel mehr in meinem Geiste erwächst ein Werk, eine Philosophie, die Ethik und Metaphysik in Einem seyn soll, da man sie bisher trennte, so fälschlich als die Menschen in Seele und Körper. Das Werk wächst, concrescirt allmälich und langsam, wie das Kind im Mutterleibe: ich weiss nicht, was zuerst und was zuletzt entstanden ist. Ich werde ein Glied, ein Gefäss, einen Theil nach dem andern gewahr, d. h. ich schreibe auf, unbekümmert, wie es zum Ganzen passen wird: denn ich weiss, es ist Alles aus Einem Grund entsprungen. So entsteht ein organisches Ganzes und nur ein solches kann leben." (Frauenstädt, Memorab., S. 244.)

Hierin lag denn auch die innere Nöthigung für ihn, sich jenes „Traums" in der „Vierfachen Wurzel des Satzes vom Grunde" bewusst zu werden, bevor er in der „Welt als Wille und Vorstellung" zum „Wachen" durchdrang. „Die Philosophie", heisst es in seinen frühesten Studien (a. a. O., S. 718) „ist so lange vergeblich versucht, weil man sie auf dem Wege der Wissenschaft, statt auf dem der Kunst suchte. Man suchte das Warum, statt das Was zu betrachten; man strebte nach der Ferne, statt das überall Nahe zu ergreifen; man gieng nach Aussen in allen Richtungen, statt in sich zu gehen, wo jedes Räthsel zu lösen ist . . . Nach Weltanfang und Ende, Zustand vor und nach dem Tode u. s. w. zu fragen, worin der Zweck fast alles Philosophirens vor Kant bestand und wozu uns allerdings die blosse Vernunft treibt; dies ist das widersprechende Beginnen, das Ding an sich nach den Gesetzen der Erscheinung erkennen zu wollen. Die Sonderung in

---

* Epist. 53. Dieses scheint das in dem Briefe an Eichstädt erwähnte Motto gewesen zu sein.

der Erkenntniss beider ist die wahre Philosophie . . . Alle Philosophen haben darin geirrt, dass sie die Philosophie für eine
Wissenschaft hielten und sie daher am Leitfaden des Satzes
vom Grunde suchten . . . Der Satz vom Grunde in seinen vier
Gestalten gleicht einem Sturm ohne Anfang und Ende, der Alles
mit sich fortreisst: auch die Wissenschaft geht seinen Weg stol-
zirend, im Wahne eines Ziels; aber die Kunst gleicht dem ruhigen
Sonnenlicht, das kein Sturm erschüttert und das den Sturm durch-
schneidet . . . Meine Philosophie soll von allen bisherigen (die
platonische gewissermassen ausgenommen) sich im innersten Wesen
dadurch unterscheiden, dass sie nicht, wie jene alle, eine blosse
Anwendung des Satzes vom Grunde ist und an diesem Leitfaden
daherläuft, was alle Wissenschaften müssen. Daher sie auch keine
solche sein soll, sondern eine Kunst."

Also dieses dem Philosophen als Künstler, der das Ganze der
Erscheinungen durchschauen und sie in Eins schauen soll, so ver-
hängnissvolle Erkenntnissprincip musste vor allem analysirt und
auf seinen speculativen Werth zurückgebracht werden. Deshalb
war die Abhandlung eine nothwendige Grundarbeit für den Neu-
bau seines Systems.

Censura perit scriptum manet! hatte Schopenhauer über die
Recension in der „Jenaer Literaturzeitung" geschrieben. Dies
konnte nicht von dem Urtheil des einzigen seiner Recensenten,
der ihm an Scharfsinn gewachsen war, von Herbart gelten. Als
dieser, auf Veranlassung des Verlegers der „Welt als Wille und
Vorstellung", Schopenhauer's Hauptwerk besprach, kam er, „seiner
Schuldigkeit gemäss" auf dessen Inauguraldissertation zurück, wo
er denn fand: Schopenhauer werde, „wie er die Kategorien aufgegeben, dereinst noch die ganze Kant'sche Synthesis, wodurch
Objecte gemacht werden sollen", aufgeben müssen. Und was alsdann von seiner Wurzel des Satzes vom zureichenden Grunde
übrigbleiben werde, sei leicht einzusehen: „nichts weiter als das
Andenken an eins jener sinnreichen, aber betrüglichen Spiele, da
man wegen einer oberflächlichen Aehnlichkeit das zusammenstellt

und entstellt — was seiner wahren Natur nach gar nicht zusammen-
gehört. Der Hauptsatz über die Wurzel des Satzes vom zureichenden Grunde lautet so: Unser Bewusstsein, soweit es als Sinnlichkeit, Verstand, Vernunft erscheint, zerfällt in Subject und Object
und enthält, bis dahin, nichts ausserdem. Object für das Subject
sein und unsere Vorstellung sein, ist dasselbe. Alle unsere Vorstellungen sind Objecte des Subjects, und alle Objecte des Subjects
sind unsere Vorstellungen. Aber nichts für sich Bestehendes und
Unabhängiges, auch nichts Einzelnes und Abgerissenes, kann Object für uns werden: sondern alle unsere Vorstellungen stehen in
einer gesetzmässigen und der Form nach *a priori* bestimmbaren
Verbindung. Diese Verbindung ist diejenige Art der Relation,
welche der Satz vom zureichenden Grunde allgemein genommen
ausdrückt. Jenes über alle unsere Vorstellungen herrschende Gesetz ist die Wurzel des Satzes vom zureichenden Grunde. Selbiges
ist Thatsache und der Satz vom zureichenden Grunde ist sein
Ausdruck. Allgemein aber, wie es hier aufgestellt ist, können wir
es nur durch Abstraction gewinnen. Gegeben ist es allein durch
Fälle *in concreto*. Die vier gegebenen Klassen sollen nun sein:
die Causalität, die logische Verknüpfung von Gründen und Folgen,
die Beziehungen in Raum und Zeit und die Motivation des
Willens.

„Dies alles", fährt Herbart fort, „hängt nun in der Kantischen
Lehre ganz vortrefflich, an sich selbst aber gar nicht zusammen.
Sinnlichkeit, Verstand, Vernunft sind die Hirngespinnste einer falschen Psychologie.* Dass im Bewusstsein Subject und Object
ursprünglich einander gegenüberständen, ist factisch unwahr, denn

---

* Die drei Erkenntnisskräfte „Verstand, Vernunft, Sinnlichkeit"
entsprechen bei Schopenhauer den drei Klassen der Objecte für das
Subject und den in denselben herrschenden drei Gestaltungen des Satzes
vom Grunde. Für die vierte Klasse, die nur Ein Object, nämlich das
„Object des innern Sinnes" begreift, besteht keine besondere Erkennt-
nisskraft wegen der (unbegreiflichen) Identität des Subjects des Erkennens mit dem des Wollens.

man kann sich in Objecte vertiefen und verlieren, auch kennt das
Kind im frühesten Alter noch kein Ich; aber ein Subject lässt
sich gar nicht isoliren, es bezieht sich nothwendig auf Objecte.
Ferner hat dieser ganze Gegensatz nicht das mindeste zu thun,
weder mit dem Begriffe der Causalität, der unmittelbar und einzig
aus dem der Veränderung hervorgeht, — noch mit der logischen
Verknüpfung der Urtheile zu Schlüssen, die einzig auf der Identität der Mittelbegriffe beruht, — noch mit den mathematischen
Beziehungen, deren Grund Niemand einsehen wird, der Raum und
Zeit für ursprünglich gegebene Anschauungsformen hält; — sondern
allein die Motive des Willens befinden sich, wenn sie zum vollen
Bewusstsein gelangen, in einer solchen Region des Denkens, worin
sich das Subject von den Objecten nothwendig unterscheidet . . .
Uebrigens ist der hier gemachte Fehler uralt; wer hat nicht die
principia essendi, fiendi und *cognoscendi* in Einem Athem her-
sagen gehört, als ob das gleichartige Dinge wären, wiewol das
principium essendi ein Unding, die *principia fiendi* und *cognoscendi* aber Gegenstände von ganz verschiedenen, sehr weitläufigen
und mühsamen Untersuchungen sind, von denen beim Verfasser
nichts zu finden ist."
Die schwache Seite der Schrift, die Befangenheit in Kant's
subjectivem Idealismus legt Herbart mit gewohnter Schärfe bloss;
im übrigen verräth seine Kritik eben nur jene, bei Herbart's
eminentem Scharfsinn doppelt bedauerliche Flachheit in der Auffassung speculativer Probleme, welche in dem Mangel an Tiefsinn,
der doch erst den Philosophen macht, begründet ist und Schopenhauer zu dem Witzwort veranlasste, Herbart habe sich „seinen
Verstand verkehrt angezogen". Die *lex specificationis* bis zum
Excess, der Begriffsspalterei treibend, leugnet er sogar den Zusammenhang der Causalität mit dem *principium rationis sufficientis*
— ein Zusammenhang, der so alt als das Denken ist, wie denn
die Scholastiker das innige Verhältniss beider bereits richtig erkannten, wenn sie letzteres als den Grund nahmen, in welchen die
Ursache sich einführt, als den Inhalt, welchen dieselbe sich gibt,

gleichwie nach *Baader* (Werke, VIII, 131) die Pathologen nicht allein zwischen *causa morbi* und *natura morbi*, sondern von beiden den *spiritus morbi* unterscheiden sollen, welcher, so wie er entsteht, sich in seinen eigenen Leib einzuführen strebt und da er dies nicht vermag *(parceque le mal ne peut pas prendre nature)*, sich zerstörend in dem *corpus sanitatis* äussert. Aber *causa*, *natura*, *spiritus* und *effectus* sind nur voneinander zu unterscheiden, nicht zu trennen. Eine solche Trennung will Herbart mit der formalen Erklärung decken, der Begriff der Causalität gehe unmittelbar und einzig aus der „Veränderung" hervor; als ob nicht jeder Syllogismus eine Veränderung involvirte! Und ebenso äusserlich findet er das trennende Merkmal der logischen Verknüpfung der Urtheile zu Schlüssen, d. i. des *principium cognoscendi* in der Identität der Mittelbegriffe, als ob nicht aller Grund Mitte, alle Begründung Vermittelung, alle Vermittelung Aufhebung eines Gegensatzes wäre und der Satz vom zureichenden Grunde in der von Schopenhauer wenigstens in erkenntnisstheoretischer Hinsicht genial erfassten allgemeinen Bedeutung als oberstes Gesetz der Verknüpfung unserer Vorstellungen etwas anderes besagte, als dass, wie schon Meister Eckhart lehrt, eine Causalität nur durch Vermittelung effectiv wird. Die zum Ziel führenden „weitläuftigen und mühsamen Untersuchungen" über Grund und Ursache, von denen bei Schopenhauer „nichts zu finden" ist, darf man auch bei Herbart nicht suchen: sie liegen tiefer als der Gedankengang beider.

Ebenso flach scheint mir Herbart's Behauptung, der Gegensatz von Object und Subject habe mit den Begriffen von Ursache und Wirkung, Grund und Folge nicht das mindeste zu thun, sondern allein die Motive des Willens, und zwar nur wenn sie zum vollen Bewusstsein gelangen, befänden sich in einer solchen Region des Denkens, worin sich das Subject von den Objecten nothwendig unterscheide. Weil das Subject sich im Vorstellen noch nicht gefunden hat oder nicht gegenwärtig ist, sollen die Vorstellungen nicht Objecte für das Subject sein! Als ob es auf ein bewusstes

Gegenüberstellen beider und nicht vielmehr darauf ankäme, dass wir, sobald wir auf eine Vorstellung als solche reflectiren, wir sie in diesem Gegensatze befangen finden, und somit nothwendig in Relation setzen, d. h. neue Vorstellungen mit ihr verbinden, in welcher Verbindung nach Schopenhauer der Satz vom Grunde eben sein Wesen hat. —

Im November 1813 kehrte Schopenhauer als Doctor der Philosophie nach Weimar zurück und nahm Pension bei seiner Mutter. Hier aber sollte er keine Heimat mehr finden. Schon als er von Dresden kommend bei ihr Zuflucht gesucht hatte, waren ihm häusliche Verhältnisse entgegengetreten, die ihm so sehr missfielen, dass die auf sein späteres Leben einen langen düstern Schatten werfende Entzweiung mit der Mutter damals zuerst unausrottbare Wurzeln schlug. Er warf ihr vor, das Andenken seines Vaters nicht geehrt zu haben, glaubte auch, da sie diesen nicht geliebt habe, nicht an ihre über den Instinct in die Jahre seiner Selbstständigkeit hinausreichende Mutterliebe. Grund oder Ungrund dieser Beschuldigungen haben wir nicht zu untersuchen. Was ich von ihr weiss, spricht nicht für dieselben. Aber schon die Betrachtung der beiderseitigen Gaben führt zu der Ueberzeugung, dass beide nicht harmoniren konnten. Es lag zu Vieles zwischen ihnen, vor allem der auf den heterogensten Werthen beruhende Stolz eines jeden. Reich an Phantasie und Verstand, aber in allen Stücken verwöhnt, nach aussen gerichtet, dem Scheine allzu weiblich ergeben und zur Verschwendung geneigt, brachte sie dem unbiegsamen, misstrauischen, von Selbstgefühl strotzenden, heftigen Charakter des jungen Mannes kein rechtes Verständniss entgegen, noch wusste sie denselben nach ihrem geselligen Hange irgendwie zu verwerthen. Die nur zu sehr begründete Besorgniss des Sohnes, dass das väterliche Vermögen in den Händen der Mutter noch ganz zusammenschwinden und ihm, der sich zum Erwerb nicht befähigt fühlte, die Sorge für seine nächsten Angehörigen zufallen könnte, steigerte sein Misstrauen und führte zu Auftritten zwischen Mutter und Sohn, welche die für ihre Gemüthsruhe, wie wir gehört haben, sehr besorgte Frau schon nach wenigen Monaten veranlassten, dem Zusammenleben für immer ein Ziel zu stecken.

Von da an sind beider Wege nicht mehr zusammengetroffen, wenn auch im Laufe der Zeit ein milderes Urtheil der bessern Einsicht folgte und die zurückgedrängte mütterliche Liebe von Zeit zu Zeit wieder aufsprossen liess. Gesehen haben sie einander, soviel mir bekannt ist, vom Mai 1814 bis zu dem am 17. April 1838 erfolgten Tode der Mutter nicht wieder, und wie Schopenhauer über sein Verhältniss zu ihr einem vertrauten Freunde gegenüber sich ausgesprochen haben mag, zeigt eine Stelle aus einem Briefe Heinrich von Lotzow's, der ihm am 29. Juni 1838 schreibt: „Die Nachricht von dem Tode Ihrer Mutter muss in Ihnen ein sonderbares Gefühl hervorgebracht haben. Wie Leute, denen ein Glied amputirt ist, nachher in Erneuerung des alten Schmerzes es empfinden können, als wenn es noch einen Theil ihres Leibes ausmachte. Ich hatte mir das viel schöner ausgedacht: Ihre Mutter würde Ihren anfangenden Ruhm erleben und so sich alte Bande wieder erneuern. Das hat nicht sein sollen."

In jener aufgeregten Zeit trafen, wie gesagt, besondere Umstände zusammen, ein besseres Einvernehmen Beider unmöglich zu machen. Im Januar 1814 war auf Schopenhauer's Kosten ein Universitätsfreund desselben, Joseph Gans, herzugereist, der bis Mitte April bei ihm freie Aufnahme finden sollte. Da sich derselbe in bedrängten Verhältnissen befand, so trug Schopenhauer nicht allein die Kosten seines Unterhalts — Gans wohnte mit ihm zusammen und ging mit ihm bei der Mutter zu Tisch — sondern versah ihn zugleich mit Kleidern, Büchern und Taschengeld. Auch den ins Feld Ziehenden wandte er fortwährend seine thätige Theilnahme zu. So stellte er einem Lieutenant Helmholtz die Uniform und gab ihm einen Sophokles mit. Aber das Recht, sich für seine Person vom Kriegsdienst zu dispensiren und überhaupt den Krieg von seinem höhern und kältern Standpunkt aus zu sehen, suchte sich sein Selbstgefühl einem in jenen Tagen aufgekommenen patriotischen Zelotismus gegenüber zuweilen lauter zu wahren als nöthig und gut sein mochte. Vielleicht ergriff er auch diese Veranlassung zum Bruch mit einem Hausfreunde seiner Mutter, mit dem er sich bereits bei seiner vorjährigen Einkehr in Weimar überworfen hatte. Es war dies der damals mit seinen „Kaledonischen Erzählungen" als Belletrist aufgetretene nachmalige Geheime Regierungsrath Friedrich von Gerstenbergk, genannt Müller, welcher acht Jahre älter als Schopenhauer war und gleichfalls im Hause wohnte.

Die grosse Wirthschaft wurde seiner Mutter beschwerlich, besonders fand sie sich durch die beständige Gegenwart des jungen Gans in ihrer Freiheit beschränkt. Sie kündigte deshalb im April 1814 dem Sohne die Pension, bei der sie überdies ihre Rechnung nicht gefunden hatte. Schopenhauer hielt sich dadurch für gekränkt und verlangte die sofortige Erhöhung der für ihn und seinen Freund bezahlten Beträge, worauf seine Mutter in einem längern Briefe* antwortete, dessen theilweise Mittheilung, nachdem nun einmal der leidige Process zwischen Mutter und Sohn vor die Nachwelt gebracht ist, als eine Pflicht gegen beide betrachtet werden muss.

„Die Einquartierung und mancherlei andere Hindernisse hielten mich ab, dir gestern zu antworten, wie ich mir doch fest vorgenommen hatte. Heute will ich es in möglichster Kürze der Reihe nach thun. Wie du es mit dem Gelde, das du für meine Mutter geben willst, einrichtest, ist mir recht . . . An die Erhöhung deiner Pension gehe ich ungern. Wie froh wär' ich, wenn ich dich und deinen Freund als meine Gäste betrachten könnte ohne alle Entschädigung! Ich sehe indess, es ist dir ganz ein Ernst,

---

* Der schriftliche Verkehr mit dem Sohne war von ihr kurz zuvor mit den Worten eingeleitet worden: „Seit unserer letzten verdriesslichen Unterredung habe ich mir fest vorgenommen, lieber Arthur, nie wieder von Geschäften mündlich mit dir zu sprechen, weder von angenehmen noch von unangenehmen, weil meine Gesundheit dabei leidet, darum schreibe ich, so wenig ich sonst das Schreiben unter Leuten leiden kann, die einander alle Tage sehen."

dass ich keinen Schaden durch Euch leiden soll und ich will auch nicht eigensinnig oder albern generös erscheinen. Willst du mir also für Gans soviel geben als für dich, da er nicht weniger braucht, so denke ich jetzt, da manche Ausgabe wegfällt, oder doch geringer wird, auszukommen, genau lässt sich dergleichen nie berechnen. Ich schrieb dir wegen des Trinkgelds an meine Leute, weil ich mir bewusst bin, dir wenigstens stillschweigend freie Bedienung versprochen zu haben. Mit Thränen bat ich dich, bei mir zu wohnen, das ist wahr; ich wollte nicht im Zorn von dir mich trennen. Dann wollte ich auch, dass du meine Lebensweise näher und länger ansehen solltest, damit du keine falsche Idee davon mit dir nähmst. Ich dachte auch, es würde dir gut sein, wieder einmal in einer Familie zu leben. Jetzt weise ich dir nicht die Thüre; nie kann mir solch ein Gedanke kommen, du müsstest mich denn aufs Heftigste erzürnen. Ich schrieb dir aus keinen andern Gründen, als die ich dir meldete, was ich dir schrieb. Ich halte es nicht für gut, dass eine Mutter mit ihrem erwachsenen unabhängigen Sohne in Einem Hausstande lebt; es kommt für beide nie etwas Gutes dabei heraus. Dagegen, wenn der Sohn im Orte lebt, ist sein Besuch für beide eine Freude und Erholung.

„Ich sehe nicht ein, wohin du diesen Sommer gehen willst. In Dresden ist's traurig, in Tübingen oder Stuttgart ist's noch nicht recht geheuer, nach Berlin zurück magst du nicht. Ich würde dir rathen, dich hier einzurichten, wo du angenehmer leben und für dich studiren kannst, wie an jedem andern Orte. Vielleicht aber willst du nach Ilmenau, Rudolstadt oder in sonst eine schöne Gegend in der Nachbarschaft. Ist dies der Fall, so bist du mir, wie wir jetzt leben, willkommen und kannst bis Mitte oder Ende Mai bleiben, es wäre mir sogar lieb; denn ich würde dich ungern auf vierzehn Tage oder drei Wochen ohne Noth in einen Gasthof oder anderes Logis ziehen lassen. Auf mehrere Monate wär' es ein anderes. Die Gründe warum, habe ich dir geschrieben, wenn auch der, dass es mir zu viel kostet, jetzt wegfällt, so bleiben doch die andern; genug, ich wünsche, dass du nicht für wenige Wochen dir die Last und mir das Missvergnügen machtest auszuziehen. Willst du dich auf längere Zeit in Weimar einrichten, so stehe ich gern bereit, dir mit Rath und That dabei zu helfen. Da mein Quartier mir, wenn du nicht bei mir wohnst, zu gross ist, so will Müller mir die Last der Miethe dadurch erleichtern, dass er mir die Hinterstuben abmiethet und sein Quartier vermiethet. Dies Quartier enthält fünf Stuben und ist nicht wohlfeil. Es ist uns auch nicht gleich, wer darin wohnt: eine Familie mit Kindern möchte ich ungern darin wissen. Daher ist's nicht wahrscheinlich, dass es vor Johanni vermiethet wird; sollte sich aber gegen Erwarten eine gute Gelegenheit dazu finden, ehe du verreist, so werde ich es dir sagen und wir suchen dann uns einzurichten so gut es gehen will. Ich kann dann auf kurze Zeit Gans mein Schlafzimmer geben, in meinem Cabinet schlafen und Müller zieht in Gansens Stube, oder wir sehen sonst uns zu helfen.

„Müller verdrängt dich nicht, er weiss nichts von dem, was wir jetzt miteinander verhandeln; denn es ist meine Art, nie von dem, was ich thue oder lasse ohne Noth zu sprechen. Ich spreche überhaupt fast nie von dir mit ihm, obgleich er nie sich so über dich ausdrückt, dass du es nicht selbst anhören könntest, weil er weiss, es würde mir weh thun, wenn er es thäte ... Von jenen unangenehmen Vorfällen zwischen dir und Müllern haben wir so viel gesprochen, dass es endlich genug sein könnte. Ich war damals mit dir nicht zufrieden, mit ihm aber auch nicht, ich sagte es ihm wie dir, er erkannte sein Unrecht, in meiner Gegenwart sich so vergessen zu haben, bat mich um Vergebung und die Sache war zwischen mir und meinem Freunde abgethan. Er war fest entschlossen, nie wieder in den gleichen Fehler zu fallen; aber es gieng nicht: Ihr seid ein paar einander so entgegengesetzte Elemente, dass es knallen und brausen muss, wenn ihr zusammenkommt, ohne dass jeder deshalb an sich schlechter wäre. Das sah ich deutlich, Ihr könnt nicht nebeneinander existiren, daher traf ich die Einrichtung, nach welcher wir jetzt ganz friedlich leben und uns wohl dabei befinden. Müller hat jetzt keinen Grund, dich fern zu wünschen. Er hasst dich nicht, wie du ihn, er ist darin gerechter als du. Das Alleinessen Mittags ist ihm recht, da er jetzt viel zu thun hat, und es ist möglich, dass diese Einrichtung bleibt, selbst wenn du fort bist; im Uebrigen genirst du ihn gar nicht. Dein Treiben und Wesen gefällt mir freilich nicht immer und ganz. Du scheinst mir zu absprechend, zu verachtend gegen die, die nicht sind, wie du, zu aburtheilend ohne Noth und predigst mir zuweilen zu viel. Deswegen aber wünsche ich nicht, dass du ein tüchtiger Husar wärst, wenn auch deine Weise zu sehen und dein Eifer Andern diese Ansicht aufdrängen zu wollen, mir nicht gefällt. Ich weiss, dies ist die jetzige Art der jungen Welt, ich ertrage sie und denke, die junge Welt wird auch einst alt.

„Besonders aber verdriesst es mich, wenn du auf die schimpfst, die, ergriffen von der grossen Zeit, in der wir leben, das Schwerd zur Hand nehmen, selbst wenn die Natur sie nicht dazu bestimmte. Du solltest Anderen ihre Weise lassen, wie man dir die deine lässt, denke ich. Gans ist dann froh, seine angeborene Feigheit hinter dir zu verbergen und pappelt dir nach, ohne deinen Geist zu haben. Das ist gar nicht erfreulich zu hören; lieb wär's mir, wenn du solche Unterhaltung in Zukunft vermiedest.

„Warum unser Familienband dir zerrissen scheint, begreife ich nicht. Lass nur Gelegenheiten zur Theilnahme kommen, du wirst sie bei mir und Adelen nicht vermissen. Schon unsere Bereitwilligkeit, deinen israelitischen Freund aufzunehmen, sollte dir ein Beweis davon sein. Wollte ich dir meinen Freund opfern, weil Ihr Euch nicht miteinander vertragt, so thäte ich Unrecht an ihm und mir. Du hast mir oft bei andern Gelegenheiten mit Recht gesagt: wir beide sind zwei — und so muss es auch sein. Genug, ich habe dafür gesorgt, dass Ihr einander wenigstens nie in den Weg treten könnt; da ich die Unmöglichkeit einsehe, dass Ihr Euch je erkennen könntet. Ich aber kenne Euch beide, jeder ist mir lieb nach seiner Art und keiner thut dem andern bei mir Eintrag, keinen werde ich dem andern opfern. Da ich aus Gründen, die ich einsah, eh' ich Müllern kannte, weiss, dass wir beide nie in einem Haushalt auf die Dauer leben können, da ich weiss, dass du selbst dies nie wünschtest, warum soll ich mich von einem Freunde losreissen, der mir treu ist und helfend, so wie's Noth thut, der mir meine Existenz angenehmer macht und den ich und viele achtungswerthe Menschen für gut und rechtlich anerkennen? Bloss weil er sich, hingerissen von Zorn, Empfindlichkeit und Hitze unartig gegen dich betrug, der auch nicht artig war? Besonders da ich die natürliche Antipathie zwischen Euch anerkenne, für welche Ihr beide nicht könnt. Da wäre ich sehr ungerecht gegen mich und ihn. Lass ihn nur immer wo er ist, er thut dir keinen Eintrag. Sei mild, gut, theilnehmend gegen mich und Adelen, sitze nicht immer auf dem Richterstuhl uns gegenüber und du wirst sehen, ob wir dich lieben. Antworte mir nicht, es ist unnöthig. Wenn du deine Abreise bestimmt hast, so sag' es mir, doch das eilt nicht, ich brauch' es nicht lange vorher zu wissen."

Wenn man diese Briefe liest, dazu voraussetzt, es sei weiter nichts vorgefallen, als worüber sie handeln, so ist man versucht, dem Sohne allein die Schuld des Zerwürfnisses beizumessen. Ja wenn man aus dem Munde solcher Personen, die ganz zu ihr passten, Zeugnisse über sie hört, so scheint es, als könne man nicht zweifeln, Johanna Schopenhauer gebe in den mitgetheilten Briefen das Bild eines Charakters, den sie wirklich besessen und von dem man nicht begreife, wie der Sohn damit sich nicht habe zurechtsetzen können. Ich will nur Eines erwähnen, freilich aus späterer Zeit, aber auch die frühere beleuchtend. Anfangs 1828 kam auf einer „Kunstreise" Karl von Holtei nach Weimar. Er hielt dort declamatorische Vorträge und die damals einundsechzigjährige Hofräthin Schopenhauer gehörte, trotz ihrer beschränkten Verhältnisse, noch immer zu den Hauptstützen solcher Gäste. Nachdem er erzählt, dass er im Hause Ottiliens von Goethe sehr bald heimisch geworden sei, fährt er fort: „Noch mehr wurd' ich es

bei Johanna Schopenhauer. Diese herrliche Frau, die mich wie
einen ältern Sohn behandelte und mir vom ersten Tage näherer
Bekanntschaft bis zum letzten Athemzuge ihres Lebens eine liebevolle, jeder Entfernung und Trennung Trotz bietende Freundschaft
bewahrte, war mir in Weimar eigentlich der Mittelpunkt des Daseins. Gleichviel, ob sie, mich zu erfreuen, eine kleine Schaar
kluger und lustiger junger Männer um ihren Theetisch versammelte
und uns jeden Uebermuth gestattete, mochten wir noch so wild
toben und lärmen, — oder ob sie in geweihten, feierlichen Abend-
stunden geistiger und gemüthlicher Sammlung mit mir allein bis
tief in die Nacht sitzend, meine klagenden Selbstbekenntnisse vernahm, beruhigend und ermunternd mir einredete, über literarische
Entwürfe sprach, keinen Tadel verhehlte, jede Spur von Talent
anerkannte und immer mild, schonend, empfänglich, theilnehmend,
edel blieb. Ihr langer vertrauter Umgang mit Goethe, dessen
steter Verkehr in ihrem Hause erst aufgehört hatte, seitdem er
das seine nicht mehr verlies; die vielen Spuren seiner bei ihr
verlebten Abende, die in unzähligen, während des Gesprächs leicht
hingeworfenen Handzeichnungen und Schriftproben vorhanden waren;
die lebhafte Erinnerung an alle Goethe'schen, Schiller'schen, Wieland'schen, Herder'schen und überhaupt Weimar'schen Zustände,
die sie entweder aus eigenem Miterlebniss oder aus beredtem
Munde anschauender Zeugen anführen konnte, dies im Verein mit
ihrer productiven Kraft, ihrem ächt weiblich gebliebenen Talente
der Darstellung, machte sie zu einem unerschöpflichen Quell be-
lehrender Unterhaltung. Dabei war ihre Einrichtung so zierlich
und sauber, alles so sorgsam gehalten, die Räume so friedlich und
traulich, die Wände mit schönen Gemälden, zum Theil ihr Werk,
geziert, über sie und ihre Umgebung ein so wohlthuender Friede
verbreitet, dass jene Dämonen des irdischen Taumels und der un-
ersättlichen Gier nach Lebenslust, die störend in mir tobten und
mich in manchen Sumpf geführt, schüchtern entwichen, sobald
ich nur bei ihr eintrat. Aber ihr durft' ich alles bekennen, alles
erzählen, mein Herz vor ihr ausschütten, und ohne Heuchelei er-

schien ich bei meiner Freundin als der wahre, wirkliche Mensch
in seiner ungeschmückten Natürlichkeit. Und so mag mirs nun
geglaubt werden oder nicht: sei mir die Wahl gestellt — heute —
zu jeder Stunde — ob ich den glücklichsten Abend, den süsseste
Liebe mir je gegeben, oder ob ich einen solchen ernsten, wehmüthigen, traulichen Abend bei meiner alten, verkrummten Freundin
noch einmal durchleben will — ich wähle den letztern." * Und
doch erschien dieselbe Johanna Schopenhauer nicht immer und
in jedem Verhältnisse so mild und harmlos, wie sie sich in den
Briefen an den Sohn und später in den Augen eines Holtei darstellt. In einem Schreiben ihrer, in dürftigen Verhältnissen lebenden Schwester Julie an sie, aus dem Jahre 1814, beschwert sich
dieselbe in ihrem eigenen und in der Mutter Namen aufs heftigste
über „ungerechte Anklagen und Beschuldigungen" Johanna's und
schliesst mit den Worten: „Sollten wir mehrere solcher Briefe
von dir erhalten, die Mutter und ich würden zu Grunde gehen."
In den Erinnerungen der Malerin Luise Seidler (herausgegeben
von H. Uhde, Berlin 1874), welche Johanna Schopenhauer im
Fromann'schen Hause in Jena kennen lernte, finden sich wiederholt Klagen über dieselbe. Obwol sie Johanna Schopenhauer zu
dem Kreise ihrer „intimern Freunde" zählt, schreibt sie an ihren
Freund Schröder am 4. Januar 1811 über ihr Zusammensein im
Sommer 1810: „Man hat mir oft sehr wehe gethan, besonders
die Schopenhauer: kein Tag verging, wo sie mich nicht durch
Worte oder Mienen zu kränken suchte. Goethe erschien mir da
als rechter Schutzengel und Rächer; er brachte zehn Tage in
Dresden zu und übersah mit Einem Blick meine Lage. Oder wollte
er die andern demüthigen? Ich weiss es nicht, aber er war mir
ein väterlicher, aufmerksamer, gütigster Freund, der mich in allem
auszeichnete ... Ach, wenn man so allein steht, ist jedes freundliche Wort so viel werth, und nun, nach so vielen Kränkungen
sich so entschädigt zu sehen!" So viel ist aus dieser Aeusserung

---

* Karl von Holtei, Vierzig Jahre (Breslau 1845), V, 49.

mit Sicherheit zu entnehmen, dass jener hochfahrende Ton, der uns von einem Jugendbekannten Johanna's bezeugt ist, durch die Erfolge, deren sich ihre Talente gerade damals und in den folgenden Jahren erfreuten, nicht herabgestimmt worden war.

Noch bevor Schopenhauer die Wohnung seiner Mutter verliess, kam es zum Bruche. Auf den Scheidebrief der letztern schrieb er die Worte des Livius: *Veritatem laborare nimis saepe ajunt, exstingui nunquam* (die Wahrheit hat oft einen schweren Stand, vernichtet wird sie nie), und das Horazische: *Turpe putant parere minoribus* (für Schande halten sie's, den Jüngeren zu gehorchen).

Bei dem unleugbaren Anstoss, den das Verhältniss des Sohnes zur Mutter gibt, dürfen wir, abgesehen von der Abnormität seines Charakters, der eine tiefere Prüfung erheischt, nicht vergessen, wie die auf ihren Höhepunkt gesteigerte, einseitig ästhetische Existenz jener Kreise, in denen Johanna Schopenhauer sich bewegte, seinem Geiste eine ebenbürtige Concurrenz am Theetische bieten wollte, in welche einzutreten er sich für zu gut hielt. Dass eine Frau von dem Verstande Johanna Schopenhauer's im Gepränge mit dem Flitterglanze des Almanach-Esprit, den aussergewöhnlichen Werth ihres Sohnes so bedeutend unterschätzen und dessen empfindliches Ehrgefühl von sich abstossen konnte, erklärt sich vor allem aus ihrem, mit literarischer Bildung übersättigten Kreise. Und doch glänzte nur Einer neben dem jungen Genie, der es verdunkeln durfte, wie die mit Lichteffecten bunter Art sich neigende Sonne den aufgehenden Abendstern. Wenn *Goethe* den Salon Johanna Schopenhauer's betrat, dann hatte der Sohn weder Auge noch Ohr für die andern. Der Dichter war damals in seiner verschlossensten Periode; nur die „Farbenlehre", wegen deren Verkennung er grollte, vermochte ihm den fast vierzig Jahre jüngern und wie er selbst sagt, „schwer zu erkennenden jungen Mann" näher zu bringen. Seine Aufmerksamkeit zog Schopenhauer zuerst auf sich durch das Kapitel vom „Seynsgrund" in der „Vierfachen Wurzel", welches (in § 40 der ersten Auflage) die Demonstration der geometrischen Sätze durch blosse Anschauung erörtert. Er-

freut, einem Selbstdenker zu begegnen, nahm er das gänzlich vor-
urtheilsfreie Interesse des jungen Schopenhauer alsbald für sein
von den Naturforschern missachtetes Schoskind in Beschlag, schickte
ihm den grössern Theil seines optischen Apparats und lud ihn zu
sich ein, um ihm die verwickeltern und schwierigern Experimente
selbst vorzumachen.

Schopenhauer nahm auf solche Art das Studium der Optik
zunächst lediglich aus Verehrung für den grossen Dichter, dessen
persönlichen Umgang er demselben dankte, mit dem gleichen Eifer
auf, den er seiner Zeit den classischen Sprachen entgegengebracht
hatte, ohne zu ahnen, dass ihn jene wunderbare Schicksalsfügung,
welche den Lebenslauf jedes Menschen beherrscht, mit diesen scheinbar abseits liegenden Forschungen gerade den zur Vorbereitung
seiner Lebensaufgabe zunächst nothwendigen Schritt thun liess, der
ihm mit Berkeley's und Kant's Hülfe seine eigenthümliche Erkenntnisstheorie erschliessen sollte. Wenn je, so war hier der
Schüler des Lehrers werth. Das aufkeimende Genie des Philosophen ordnete sich anfangs willig unter. Seit Goethe's erster
Begegnung glaubte er zu wissen, dass dessen vornehmstes Gebot
sei: Du sollst keine andern Götter haben neben mir! Die Wahrheit aber — jene eine und einzige, auf die er es allein abgesehen
hatte, und von der er überzeugt war, dass sie sich von jedem
Punkte aus finden lasse — galt ihm viel zu viel, als dass ihn
selbst ein so mächtiger Geist aus der Bahn, die ihm die Natur
vorgezeichnet, hätte ablenken können. In der Stille liess er sich
von ihm befruchten und setzte die lebendigen Keime nachher aus-
getragener Ideen im ernsten Ringen mit dem für ihn scheinbar
undankbaren, in Wahrheit dankbarsten Stoffe an. Denn wie die
Wankelmüthigkeit der Farbe dem Philosophen von jeher zum Verdrusse gereichte, sodass nach Goethe ein alter Scribent sagt: „hält
man dem Stier ein rothes Tuch vor, so wird er wüthend, aber
der Philosoph, wenn man nur überhaupt von der Farbe spricht,
fängt an zu rasen“, so ist sie eben dadurch am besten geeignet,

tiefern Aufschluss über das Wesen aller anschaulichen Erkenntniss zu gewähren.

Dass Goethe die Entstehung der sogenannten physischen Farben richtig erkläre, war ihm bald zur Gewissheit geworden, aber ebenso auch, dass dessen Lehre die Stelle einer allgemeinen optischen Theorie, die weder physikalisch noch chemisch, sondern physiologisch erfasst werden müsse, nicht vertreten könne. Dem Philosophen konnten die von Goethe zusammengestellten „Data zur Farbenlehre", so lebhaft er auch von deren Wahrheit und Nothwendigkeit überzeugt war, nicht genügen; obwol Goethe in der Einleitung zu seiner Farbenlehre sagt: „Vom Philosophen glauben wir Dank zu verdienen, dass wir gesucht, die Phänomene bis zu ihren Urquellen zu verfolgen, bis dorthin, wo sie bloss erscheinen und sind und wo sich nichts weiter an ihnen erklären lässt." Denn eine solche Meinung konnte nur der ganz in der Anschauung lebende und wirkende Dichter haben, der ja auch gesagt hat: „Das Höchste wäre zu begreifen, dass alles Faktische schon Theorie ist. Die Bläue des Himmels offenbart uns das Grundgesetz der Chromatik. Man suche nur nichts hinter den Phänomenen: sie selbst sind die Lehre."

Wie prächtig diese zwei so grundverschiedenen grossen Geister aufeinander platzen mussten, davon kann man sich einen Begriff machen, wenn man aus Schopenhauer's Munde darüber hört: „Dieser Goethe war so ganz Realist, dass es ihm durchaus nicht zu Sinn wollte, dass die Objecte als solche nur da seien, insofern sie von dem erkennenden Subject vorgestellt werden. Was, sagte er mir einst, mit seinen Jupiteraugen mich anblickend, das Licht sollte nur da sein, insofern Sie es sehen? nein, Sie wären nicht da, wenn das Licht Sie nicht sähe" (Frauenstädt, „Memorabilien", S. 222). Wahrlich ein schönes und erhabenes Wort, homogen dem andern von der Sonnenhaftigkeit des Auges! Die Eine Seite der Wahrheit war von ihm mit solcher Kraft und Klarheit erfasst, dass er für die andere keinen Sinn mehr hatte. Dasselbe war aber bei Schopenhauer der Fall, der mit Angelus Silesius zu denken gelernt hatte:

Ich weiss, dass ohne mich Gott nicht ein Nun kann leben:
Werd' ich zunicht, er muss vor Noth den Geist aufgeben;

während der „mit festen markigen Knochen auf der wohlgegründeten dauernden Erde" stehende Dichter stets an die „Grenzen der Menschheit" erinnert wird und wenn er auch, mit dem Instincte des Genies, Schopenhauer's Weisheit anticipirt, dass „der Kern der Natur Menschen im Herzen" liegt, doch nie vergisst, wie alles menschliche Schauen und Thun nur ein abgeleitetes sein kann, und deshalb seinen jungen Widersacher ähnlich zurecht weist, wie Baader den Cartesius: *cogitor ergo cogito*! Die Welt wäre nur, weil und wie du sie siehest? nein, du bist, wirkst und erkennst nur als theilhaft des Wesen- und Sonnenhaften, als gewollt, gewirkt und durchschaut!

Zunächst galt es, den Metaphysiker an einer bestimmten Klasse von Objecten des edelsten Sinns in der richtigen Beobachtung zu üben, und hierbei kam ihm Goethe's Naturblick trefflich zu statten. Ausser Schiller wüsste ich keinen zu nennen, an dem Goethe's persönlicher Umgang, wenn man die Kürze der Zeit erwägt, in diesem Grade fruchtbar geworden wäre. Mitten unter den Spielen der Laune und des Witzes, die sich in jenen kunstsinnigen und kunstseligen Dilettantenkreisen um den Abend des reichen Dichterlebens wie leichte Blumenkränze wanden, verfolgte der Jüngling seinen grossen Zweck. An dem Abend, an dem ihm Goethe zuerst „seine Gnade zuwandte", spielte ein Liebhabertheater von jungen Mädchen bei Johanna Schopenhauer, und Adele prangte in Goethe's weissem Brocatrock, der zuerst bei der Promotion in Strassburg fungirt hatte. Damals fand sich ein inniges Verständniss zwischen Beiden und Goethe lud Schopenhauer ein, den nächsten Abend bei ihm zuzubringen, da er doch „Die Räuber", die man gab, nicht werde sehen wollen. Damals empfing Schopenhauer auch den vollen Eindruck von Goethe's Grösse, an dem er sein ganzes Leben hindurch mit der höchsten Bewunderung festgehalten. Auch

blieb der Gewinn wesentlich auf seiner Seite; Goethe, im Speculiren von Jugend auf mässig, war zu alt, in seiner Bildung zu
fertig, um neue philosophische Gedankenkreise in sich aufzunehmen,
und als ihm sein junger Freund vier Jahre später die Antwort auf seine inhaltschwere Frage: „Ob nicht Natur zuletzt sich
doch ergründe?" * erwartungsvoll zusandte, interessirte er sich
zwar lebhaft dafür, ging ihm aber nachher nicht weiter darauf
ein und scheint das anfangs mit Eifer ergriffene Werk nicht durch-
studirt zu haben; wenigstens hatte ihn Schopenhauer in diesem
Verdachte. Er sah in Goethe den vollkommenen Menschen und
konnte sich nicht in die Entdeckung finden, dass auch dieser Saiten
hatte, die keinen Ton gaben. Goethe aber war sich seiner Stellung
zu ihm und zur Philosophie wohl bewusst. So gab er in der Zeit,
als Schopenhauer's Farbentheorie gedruckt vor ihm lag, gelegentlich das bezeichnende Urtheil ab: „Dr. Schopenhauer ist ein bedeutender Kopf, den ich selbst veranlasste, weil er eine Zeit lang
sich in Weimar aufhielt, meine Farbenlehre zu ergreifen, damit
wir in unsern Unterredungen irgend einen quasirealen Grund und
Gegenstand hätten, worüber wir uns besprächen, da ich in der
intellectuellen Welt ohne eine solche Vermittlung gar nicht wan-
deln kann, es müsste denn auf poetischem Wege sein, wo es sich
ohnehin von selbst gibt. Nun ist dieser junge Mann, von meinem
Standpunkte ausgehend, mein Gegner geworden. Zur Mittelstimmung
dieser Differenz habe ich auch wohl die Formel, doch bleiben dergleichen Dinge immer schwer zu entwickeln." ** So mag es ihm
denn auch zu schwer gefallen sein, die Mittelstimmung zur „Welt
als Wille und Vorstellung" aus seinem poetischen Formelschatz
herauszufinden. Jene Differenz betraf die wahre Polarität der Farben
und besonders die Herstellung des Weiss aus Farben, die ihm

---

* Aus Goethe's Gedicht zum Jubiläum des Geheimen Raths Voigt,
das zuerst 1816 in der Jenaischen Literaturzeitung erschien.
** Briefwechsel mit Staatsrath Schulz (herausgegeben von Düntzer
1853), S. 149.

Goethe „nie verziehen, ohne brieflich oder mündlich ein Argument dagegen vorzubringen".

Wie er übrigens von Schopenhauer dachte, zeigt auch eine in dem, beiden Familien nah befreundeten Fromann'schen Hause zu Jena erhaltene Anekdote, nach welcher Goethe zu den am Theetische über Schopenhauer, der, „in mürrischer Absonderung am Fenster stand", kichernden Mädchen gesagt haben soll, „Kinderchen lasst mir Den dort in Ruhe, der wächst uns allen noch einmal über den Kopf". * In den „Tag- und Jahresheften" findet sich unter „1816" die, auch auf den Winter 1813—1814 zurückzubeziehende Notiz: „Dr. Schopenhauer trat als wohlwollender Freund an meine Seite. Wir verhandelten manches übereinstimmend miteinander, doch liess sich zuletzt eine gewisse Scheidung nicht vermeiden, wie wenn zwei Freunde, die bisher miteinander gegangen, sich die Hand geben, der eine jedoch nach Norden, der andere nach Süden will, da sie denn sehr schnell einander aus dem Gesichte kommen."

Als Schopenhauer im Mai 1814 Weimar für immer verliess, schrieb ihm Goethe nach damaliger Sitte ein Stammbuchblatt, welches das einzige in dessen Stammbuch bleiben sollte. Es lautete:

„Willst du dich deines Werthes freuen,
So musst der Welt du Werth verleihen.

im Gefolg und zum Andenken mancher vertraulichen Gespräche.

Weimar den 8. May 1814.   *Goethe.*"

Vortrefflich! wenn die Welt besser nicht wäre, fehlte selbst der Antrieb es ihr zu offenbaren.

Nächst dem grossen Dichter wurde ihm Fr. Majer, von welchem in demselben Jahre, in dem „Die Welt als Wille und Vorstellung"

---

* Hm. Fromann, Arthur Schopenhauer. Drei Vorlesungen (Jena 1872).

das Licht erblickte, die Schrift „Brahma oder die Religion der Inder" herausgegeben wurde, durch die Einführung in die Heiligthümer des Orients von providentieller Bedeutung. Persönlich angezogen aber fühlte er sich nur von Einer Person, ausser Goethen, von der Schauspielerin Karoline Jagemann. „Dieses Weib", gestand er einst seiner Mutter, in deren Kreis der gefeierte Liebling Karl August's nicht fehlen durfte, „würde ich heimführen und wenn ich sie Steine klopfend an der Landstrasse fände." Uebrigens war sie zehn Jahre älter als er. Sein einziges Liebesgedicht, aus dem Winter 1809, war von ihr eingegeben.

V.

1814—1818.

So vielseitig ihn das Leben in Weimar anregte, so sehr zerstreute es ihn auch und lenkte ihn unwillkürlich von seinem Wege
ab. Es war deshalb nicht allein das Zerwürfniss mit der Mutter,
das ihn bestimmte, gegen Ende Mai 1814 nach dem ihm von
mehrmaligem Besuch in besonders freundlichem Andenken gebliebenen Elb-Florenz überzusiedeln; sondern das Bedürfniss, sich
ganz und ausschliesslich selbst anzugehören, ohne dabei die Vortheile der Grossstadt zu entbehren. Er trug, wie wir gesehen
haben, die Bausteine seines Systems bereits mit sich. In diesem
und dem folgenden Jahre stellten sich alle Dogmen desselben,
selbst die untergeordneten, fest. Seine Philosophie erhob sich damals, wie er sagt, aus dem Gärungsprocesse seines Denkens „wie
aus dem Morgennebel eine schöne Gegend". In die vier Jahre
seines ersten dresdener Aufenthalts drängen sich so Entwurf und
Ausführung der „Welt als Wille und Vorstellung" und damit der
wesentliche Inhalt seines Lebens zusammen. Als weitere erkenntniss-
theoretische Einleitung erschien zur Ostermesse 1816 die Abhandlung „Ueber das Sehen und die Farben", bei dem Verleger der
„Kritik der reinen Vernunft", J. Fr. Hartknoch in Leipzig. Bereits im Herbst 1815 hatte er das Manuscript derselben an Goethe

Gwinner, Schopenhauer's Leben.　　　　　10

geschickt, der es längere Zeit behielt, indem er es auf seiner Rheinreise mit sich führte.

Ob von den Briefen Schopenhauer's an Goethe in des letzteren Nachlass noch etwas vorhanden sei, ist zweifelhaft. Die bis zum Januar 1816 empfangenen hat Goethe mit dem Manuscript der Farbenlehre Schopenhauer's an diesen zurückgeschickt (s. S. 152, unten) und Goethe's Enkel, Kammerherr *Walther von Goethe*, hat mir mitgetheilt, dass Briefe Schopenhauer's wenigstens nicht zu den von Goethe zu einer Gruppe vereinigten Briefen naturwissenschaftlichen Inhalts gehören, dass auch „bisjetzt, bei allgemeinerer und bezüglicher Revision" (im Juni 1876), nichts von Schopenhauer gefunden worden sei. Die Briefe Goethe's an Schopenhauer folgen hier vollständig.

1.

Des Herrn Docktor Schoppenhauer Wohlgeboren.

Herrn Docktor Schoppenhauer wünsche um eilf Uhr, lieber jedoch um halb eilf bey mir zu sehen, um den ersten klaren Sonnenschein zu benutzen.

W. d. 8. Jan. 1814.   *Goethe*.

2.

Ihre freundliche Sendung, mein Werthester, hat mich zu guter Stunde in Wiesbaden getroffen, so dass ich lesen, überdenken und mich an Ihrer Arbeit erfreuen konnte. Hätte ich ein schreibendes Wesen neben mir gehabt: so hätten Sie viel vernommen. Nun müsste ich aber, mit unwilliger Hand, die ganze Litaney von Unfällen, Ortsveränderungen, lehrreichen und erfreulichen Erfahrungen und Zerstreuungen aufzeichnen, wenn ich mein Schweigen entschuldigen wollte. So eben schon wieder den Fuss im Stegreife bitte ich nur, sich kurze Zeit zu gedulden und mir das Werk biss ich nach Weimar komme zum Geleit zu lassen. Alsdann erfolgt es zurück mit Bemerkungen wie sie der Tag bringt und erlaubt. Bleiben Sie nur meines Danks und Andenkens versichert. Bey Frankfurt, am Mayn. d. 7. Sept. 1815.

*Goethe.**

3.

Den ersten ruhigen Augenblick nach meiner Zurückkunft ergreife, um Ihren Aufsatz sowie den ersten und letzten Brief nochmals zu durchgehen und ich kann nicht verbergen, dass es mit grossem Vergnügen geschieht. Ich versetze mich in Ihren Standpunkt und da muss ich denn loben und bewundern, wie ein selbstdenkendes Individuum sich so treu und redlich mit jenen Fragen befasst, und das, was gegenständlich daran ist, rein im Auge behält, indem es sie aus seinem Innern, ja aus dem Innern der Menschheit zu beantworten sucht.

Abstrahire ich nun von Ihrer Persönlichkeit und suche das was Ihnen gehört mir anzueignen, so finde ich sehr vieles was ich aus meinem bestimmten Gesichtspunkte gar gern gleichmässig ausdrücke. Komm' ich aber an das, wo Sie von mir differiren, so fühle ich nur allzu sehr, dass ich jenen Gegenständen dergestalt entfremdet bin und dass es mir schwer ja unmöglich fällt, einen Widerspruch in mich aufzunehmen, denselben zu lösen, oder mich ihm zu bequemen. Ich darf daher an diese strittigen Punkte nicht rühren; nur wegen des Violetten sende ich ein Blättchen nach.

---

* Aus von Meusebach's Sammlung abgedruckt im zweiten Heft der „Findlinge" von Hoffmann von Fallersleben (Leipzig 1859). Ueber diesen auf der Gerbermühle, wo Goethe bei Geheimerath von Willemer und Frau zu Gast war, verfassten Brief, schreibt Schopenhauer am 12. Januar 1860 an Dr. Karl Bähr in Dresden, der ihn auf die Veröffentlichung desselben aufmerksam gemacht hatte: dieser „eigenhändige Brief Goethe's an mich ist mir 1821 in Berlin auf eine sehr unredliche Weise aus den Händen gespielt worden; und seitdem hatte ich nichts davon gehört: jetzt ist er durch den Druck konservirt und dem Publiko mitgetheilt worden, was ausserdem nicht der Fall sein würde: also Kompensation".

10*

Damit jedoch ihre schöne und dankenswerthe Arbeit nach aussen nicht völlig stocke, so thue ich folgenden Vorschlag. Auf meiner Reise hatte ich das Glück Hrn. Dr. Seebeck zu begegnen. Dieser sorgfältige, denkende Beobachter hat jene Phänomene nie ausser Augen gelassen und ist vollkommen als in seinem Hauptgeschäft darin bewandert. Erlauben Sie es, so sende ich ihm Aufsatz und Briefe oder auch den Aufsatz allein, und es wird gewiss dadurch für Sie und mich erwünschte Theilnahme und Belehrung entspringen. Auch er verhält sich ohngefähr wie Sie gegen meine Farbenlehre, er lässt sie bestehen als Grund und Anleitung, als Fachwerk und Andeutung, und sie hat nie etwas weiters seyn sollen. Auch er hat verschiednes Vernachlässigte herangezogen, manches Leichtübergangene ausgeführt, Stellen berichtigt, andere bestätigt, manches Neue supplirt und besonders die Gegner nach ihren Stärken und Schwächen sehr schön beurtheilt.

So sehr aber auch die Sache dadurch gewinnt und so sehr es mir Freude machen sollte, das zu erleben, was andern erst lange nach ihrem Hinscheiden aufgespart ist, so erforderte es doch in meiner gegenwärtigen Lage zu grosse Anstrengung, zu gewaltsamen Anlauf, mich wieder in die sonst so geliebte und betretene Region zu versetzen. Ja ich konnte meinem Freunde kaum, da er von mir einiges zu Förderung der Hauptpunkte begehrte, zu Willen seyn. Mein grösster Wunsch wäre daher, dass Sie beyde sich näherten und so lange gemeinschaftlich wirkten, bis ich von meinen wunderlichen Geistesreisen, auf denen ich jetzt hin- und hergezogen werde, wieder glücklich in die harmonisch farbigen Regionen zurückkehre. Ihre Antwort soll entscheiden, bleiben Sie meines Antheils versichert. Mit den besten Wünschen

Weimar den 23. Octbr. 1815.

Goethe.

4.

Weimar den 16. Novbr. 1815.

Gar sehr, mein Werthester, bin ich Ihnen dankbar, dass Sie durch Ihr freundliches und ausführliches Schreiben die Entfernung, die trennt, so glücklich aufheben wollen. Ich kann dasselbe nur theilweise erwiedern und beruhige Sie daher vor allem über die Frage: ob Jemand Ihre Abhandlung gesehen? und ich kann aufrichtig sagen: Niemand! Doctor Seebeck besuchte mich auf dem Lande, wo ich ihre Arbeit nicht bey mir hatte, ich dachte wohl daran, allein traute mir nicht genug Sammlung zu, um aus dem Gedächtnisse den gehörigen Vortrag zu machen, sodann auch, weil uns nur kurze Zeit verliehen war, wollte ich Seebeck in seiner Darstellung der Phänomene und deren Erläuterung nicht unterbrechen, welche sämmtlich zu der Abtheilung der physischen Farben gehören. Ferner hinderte mich der Zweifel, ob es Ihnen auch angenehm sein könnte?

Wenn ich nun aber den Wunsch äusserte, Sie mit Seebeck in Rapport zu setzen, so gründete er sich darauf, dass ich meinen Freund auch für die physiologische Abtheilung und für das allgemeine theoretische zu interessiren hoffte. Nun, da Sie es ablehnen, werde ich nicht weiter darauf bestehen.

So weit für diesmal, damit wenigstens meine Ansicht des Violetten diesen Brief begleiten könne. Zunächst habe sodann mich zu erklären über meine unüberwindliche Abneigung, auch nur den mindesten öffentlichen Antheil an dem Streite über die Farbenlehre gegenwärtig zu nehmen, sodann aber glaube ich Ihnen schuldig zu seyn, über Ihre Arbeit selbsten, welche ich wieder mit Aufmerksamkeit betrachtet, meine Ansichten zu eröffnen. Wer selbst geneigt ist, die Welt aus dem Subject zu erbauen, wird die Betrachtung nicht ablehnen, dass das Subject, in der Erscheinung, immer nur Individuum ist, und daher eines gewissen Antheils von Wahrheit und Irrthum bedarf, um seine Eigenthümlichkeit zu erhalten. Nichts aber trennt die Menschen mehr als dass die

Portionen dieser beyden Ingredienzien nach verschiedenen Pro-
portionen gemischt sind.
G.

(Beilage.) In meiner Vorstellung vom Violetten bestärken
mich folgende Gründe.

1) Auf Saussüre's Kyanometer wird das allerdunkelste Blau
Königsblau genannt, welches ohne ein *Ocil de rouge* nicht denkbar ist. Diesen röthlichen Schein möchte ich nun für das Violette
halten, welches sich in der feinsten Trübe auf dem entschiedensten
Dunklen zeigt. Auf so hohe Berge, um das Phänomen selbst zu
beobachten, bin ich nie gekommen.

2) Man bereite ein ganz finsteres Zimmer, in dessen Thüre
eine weisse Blechtafel mit scharfgeränderter Oeffnung angebracht
ist, man betrachte diese von aussen und der leere Raum wird als
ein schwarzer Gegenstand auf weissem Grund erscheinen. Diesen
sehe man durch's Prisma an und das schönste Violett wird sichtbar werden, ohne dass denkbar sei, das finstere Zimmer werfe
irgend Licht zurück.

3) Besitze ich unter meinem Apparat eine gemachte Fensterscheibe, auf welche, an gewissen Stellen die feinste Trübe leicht
aufgetragen ist, die bey durchfallendem Lichte ein vollkommenes
Hellgelb, bei durchwirkender Finsterniss aber das herrlichste Violett
sehen lässt. Man mag diesen Versuch vor einem schwarzen Hute
oder vor jener finstern Oeffnung des bemeldeten Zimmers anstellen.

Was die Herstellung des Weissen aus verschiedenen Farben
betrifft, so kann ich mir sie auch nicht zueignen. Das gewaltsam
wirkende Sonnenlicht hebt das Skieron der Farbe für unsere Sinne
auf. Dieses Finstere mag nun einfach als gelb und blau oder gesteigert verbunden und zusammengesetzt, oder auch durcheinander
gemischt seyn.

Ich trat in eine nachgeahmte gothische Kapelle, die Fenster-
scheiben waren sämmtlich von buntem böhmischen Glas, und ich
konnte bemerken, dass die Sonne, sie mochte durch eine Scheibe,

durch welche sie wollte, in mein Auge kommen, mir immer farblos, nur etwas weniges gedämpft erschien.

Man bilde aus den reinsten drey Pigmenten, gelb, blau und roth, eine kleine Portion schwarz, und mische diese in eine grosse Wanne Wasser, man wird dieser nichts anmerken aber doch auch nicht behaupten, dass es dadurch klarer geworden sey.

Bei sinnlichen Dingen giebt es eine Gränze, wo sie uns verschwinden, und sowohl bey Erfahrung als bey Urtheil sind wir hier an der gefährlichsten Stelle.

Was die Herstellung des Weissen aus der Herstellung der getheilten Augesthätigkeit betrifft, nächstens.

W. d. 16. Nov. 1815. *G.*

5.

Wie oft hab' ich Sie, mein Werthester, in diesen Winterabenden hergewünscht, da in dem vorliegenden Falle schriftlich keine Auskunft zu hoffen ist. Ich setzte die Farbenlehre zwischen uns in die Mitte als Gegenstand der Unterhaltung und die braucht ja nicht immer einstimmig zu seyn. Doch um Sie nicht ganz, bei so schönem redlichen Bemühen, ohne ausgesprochene Theilnahme zu lassen, beschäftigte ich mich zwey Tage in Jena, um, so viel als möglich wäre, nachzusehen, was denn seit den letzten acht Jahren im In- und Auslande über die Farben zu Sprache gekommen. Ich wollte darauf meine fernere Unterhaltung mit Ihnen gründen. Dieser löbliche Vorsatz aber brachte die entgegengesetzte Wirkung hervor; denn ich sah nur allzu deutlich, wie die Menschen zwar über die Gegenstände und ihre Erscheinung vollkommen einig seyn können, dass sie aber über Ansicht, Ableitung, Erklärung niemals überein kommen werden, selbst diejenigen nicht, welche in Principien einig sind, denn die Anwendung entzweit sie sogleich wieder. Und so sah ich denn auch nur allzu deutlich, dass es ein vergebnes Bemühen wäre, uns wechselseitig verständigen zu wollen. Idee und Erfahrung werden in der Mitte nie zusammen treffen, zu vereinigen sind sie nur durch Kunst und That. Mit Ihrem Manuscript und Briefen habe ich mich beschäftigt, die letzten sogar mit eigenen Fingern eingeheftet, weil alles beisammen bleiben muss. Gern hätt' ich mir einen Auszug daraus machen lassen, weil dieses aber nur durch einen Sachkundigen geschehen konnte, so hätt' ich dadurch das Geheimniss verletzt. Mögen Sie es selbst thun, so würden Sie mir Freude machen, ja ich wünschte die Darstellung Ihrer Ansichten so ins Kurze gezogen, dass ich solche dereinst in die Farbenlehre inseriren könnte.

Lassen Sie mich von Zeit zu Zeit wissen, womit Sie sich beschäftigen und Sie werden mich immer theilnehmend finden, denn ob ich gleich zu alt bin, mir die Ansichten Anderer anzueignen, so mag ich doch sehr gern, insofern es nur immer möglich ist, mich geschichtlich unterrichten, wie sie gedacht haben und wie sie denken.

Lassen Sie mich bald erfahren, dass diese Sendung Ihnen zu Handen gekommen ist.

Mit den aufrichtigsten Wünschen

Weimar den 28. Jänner 1816.

Goethe.

6.

Ausser denen Schriften, welche Sie, mein Werthester, schon genannt haben, finde ich nur Nachstehendes bemerkt:

1. Parrot, Grundriss der theoret. Physik 2. Thl. Dorpat u. Riga 1811, Vorrede p. xx bis xxiv.
2. Benzenberg's Reise in die Schweiz. 2. Thl.
3. Recension der Farbenlehre Nr. XX *January 1814 Quarterly Review.*

Leider habe ich das erstere vollständige Verzeichniss von Seebeck nicht bei der Hand, es stand in einem Briefe und ist deswegen nicht zu meinen chromatischen Akten gekommen. Ich suche und schreibe darnach. Möge ich es Ihnen zur rechten Zeit noch senden können.

Wundershalber lege ich einen englischen Aufsatz bey, den ich mir bald zurück erbitte. Die wunderlichen Folgerungen aus einem wohlgesehenen Phänomen können wohl zur Verzweiflung bringen. Die entoptischen Farben gewinnen immer mehr Gewicht. Seebeck erhält wegen dieser Entdeckung von den Franzosen die Hälfte des Preises, Brewster die andere wegen andern Dingen; und ich gehe darauf aus, den Vortrag, die dioptrischen Farben der zweyten Classe betr., umzuschreiben, welches doch sobald nicht geschehen möchte. Kommt die Arbeit zu Stande, so bringt vielleicht die daraus entspringende Aufklärung auch uns beyde näher.

Ebenfalls wird ein Werkchen des Bergrath Voigt, über die Farben organischer Naturen, der guten Sache förderlich seyn.

Ihren nochmals durchgearbeiteten Aufsatz erwarte mit Vergnügen im Druck.

Der ich recht wohl zu leben wünsche.

Weimar d. 11. Febr. 1816.

Goethe.

7.

Weimar d. 16. Juny 1816.

Das schwarze Siegel meines Briefes muss mir abermals bey Ihnen, mein werthester Herr Doctor, zur Entschuldigung dienen, wenn ich beynahe nur den Empfang Ihres wohlgedachten Aufsatzes melde. Die Krankheit meiner lieben Frau und ihr erfolgtes Ableben hat mich allem Wissenschaftlichen und namentlich der Farbenlehre entrissen, in die ich durch Ihre Arbeit, durch den Abdruck des Schulz'schen Aufsatzes, welcher beyliegt, und bey dem Transport meines sämmtlichen chromatischen Apparats nach Jena wieder hineingelockt worden. Auch wurden die Versuche der entoptischen Farben leider unterbrochen, sowie die der chemischen, wozu mich Voigts schätzenswerthe Schrift: die Farben organischer Körper angeregt. Indessen ist aus (allem) doch zu ersehen, dass der Punkt, von dem wir sämmtlich ausgehen, lebendig fortwirkt, wenn gleich nach verschiedenen Richtungen. Möchten doch auch Sie nicht müde werden dieses schöne Feld zu bebauen und Ihre Ansichten fortzuhegen, damit wir vielleicht in einigen Jahren fröhlich in dem Mittelpunkt wieder zusammen träfen, von dem wir herstammen; denn wir sind denn doch auf das Höchste Alterthum gegründet und diesen Vortheil wird uns niemand entreissen. Lassen Sie manchmal von sich hören.

Mit den besten Wünschen

Goethe.

8.

Endlich einmal wieder von Ihnen zu hören war mir sehr angenehm: Sie gehen rasch Ihren Weg mit Freudigkeit, wozu ich Ihnen Glück wünsche. Das angekündigte Werk lese gewiss mit allem Antheil. Geben wir uns doch viele Mühe zu erfahren, wie unsre Anherrn gedacht, sollten wir unsern werthen Zeitgenossen nicht gleiche Aufmerksamkeit widmen. Dass der Artikel Farbe in dem neuen Lexikon erscheint, ist recht löblich; manches wäre dabey zu erinnern, doch alles muss einen Anfang haben. Wenn wir nur erst die Controvers los wären, die immer, auf oder ab, dem reinen natürlichen Vortrag schadet. Möge die Italiänische Reise glücklich sein! An Vergnügen und Nutzen wird es nicht fehlen. Vielleicht machen Sie von einliegender Carte Gebrauch. Wohlwollende Landsleute bitte zu grüssen.

Das Beste wünschend

Carlsbad d. 9. Aug. 1818.

Goethe.

Nach Schopenhauer's Rückkunft aus Italien, fand dessen letzte persönliche Begegnung mit Goethe statt. In den „Annalen" desselben findet sich 1819 die Bemerkung: „Ein Besuch Dr. Schopenhauer's, eines meist verkannten, aber auch schwer zu kennenden, verdienstvollen jungen Mannes, regte mich auf und gedieh zur wechselseitigen Belehrung."

Mit Recht hat Schopenhauer in der 1854 erschienenen zweiten Auflage seiner Abhandlung geltend gemacht, dass seine treue Anhängerschaft in der Farbenlehre bessere Würdigung von seiten Goethe's verdient hätte, als dass ihn dieser schliesslich wegen nebensächlicher Abweichungen einfach für seinen Gegner erklärte, ihn, der von der Zeit seiner ersten Bekanntschaft mit Goethe's Lehre „im furchtlosen Widerspruch mit der gesammten gelehrten Welt, deren Fahne ganz allein hoch emporgehalten". Schopenhauer bemerkt hierüber nach seiner Art: „Goethe verlangte die unbedingteste Beistimmung, und nichts darüber noch darunter. Daher er, als ich durch meine Theorie einen wesentlichen Schritt über ihn hinausgethan hatte, seinem Unmuth in Epigrammen Luft machte, wie:

> Trüge gern noch länger des Lehrers Bürden,
> Wenn Schüler nur nicht gleich Lehrer würden;

und

> Dein Gutgedachtes, in fremden Adern,
> Wird sogleich mit dir selber hadern."

Aber Schopenhauer fand in der Sache selbst seinen schönsten Lohn; denn seine, in jener Abhandlung zuerst aufgestellte und später in der zweiten Auflage der „Vierfachen Wurzel", § 21, mit überzeugender Klarheit ausgeführten Lehre von der Intellectualität aller Anschauung, ist noch bei seinen Lebzeiten und mehr noch nach seinem Tode durch die Ergebnisse der Physik und Physiologie bestätigt worden. Gegen diese für die idealistische Grundansicht Schopenhauer's so wichtige Lehre, hat sich Herbart mit besonderer Schärfe gewendet; allein seine Einwendungen verfehlen ihr Ziel. Denn wenn er selbst sagt, dass unser Unmittelbares allein in dem „Einfachen der Empfindung" besteht und dass dieses für sich allein keine Objecte darstellt, so möchte ich wissen, wie mit diesem Einfachen der Empfindung, wenngleich nur „in allmählicher Ausbildung", die Vorstellung von Objecten überhaupt zu Stande kommen soll, ohne dass das Subject sie zu dem macht, was sie (in der Vorstellung) sind. Geben die Sinnesempfindungen des

Getasts und Gesichts — und sie allein liefern Data für den, die objective Welt construirenden Verstand — an und für sich noch keine Anschauung, da ja ihr „Einfaches" nach Herbart selbst erst durch Beziehung aufeinander (Complexion) zur Wahrnehmung wird, ist also die Wahrnehmung uns nicht unmittelbar „gegeben" (Kant), sondern durch unsere Thätigkeit, und wär' es die blosse Reaction oder „Selbsterhaltung", erzeugt, so frage sich Jeder, ob diese Thätigkeit auf einen Mechanismus beschränkt sein könne, wie Herbart mit seinen „Störungen" sich ihn denkt, wobei das erkennende Subject noch nicht einmal zum Instrument erhoben ist, dem zwar die Töne durch blosse Erschütterung entlockt werden, aber doch nur vermöge seines complicirten Baues. Herbart fragt, wie es denn in die von Schopenhauer angenommene Kant'sche Lehre von den apriorischen Grundformen der Anschauung hineinpasse, „dass das Kind in den ersten Wochen seines Lebens zwar mit allen Sinnen empfindend und mit Zeit, Raum und Causalität vollständig ausgerüstet", dennoch nach Schopenhauer nicht anschaue, nicht apprehendire, sondern „dumm in die Welt hineinstarre". Wo die Bedingungen und Gründe eines Ereignisses vollständig gegeben seien, müsse das Ereigniss sogleich erfolgen, nicht wochenlang zögern. Allein die Bedingungen sind eben noch nicht vollständig gegeben! Diese Umdeutung der idealistischen Theorie in eine mechanische, mag im Geiste Herbart's unvermeidlich sein; im Sinne Schopenhauer's handelt es sich nicht um fertige Schablonen, in welche die Dinge hineinfallen, sondern um intellectuelle Vermögen, welche unbeschadet ihrer Apriorität nur an der Erfahrung in Gebrauch gesetzt, nur durch die Erfahrung geübt werden können. Aus demselben Grunde fehlt dem Neugeborenen noch die Fähigkeit, diese Formen der Anschauung aufeinander zu beziehen. Sehr bald aber stellt sie sich ein, sobald nämlich, als sie erfordert ist, wie sich die Fähigkeit zum Gebrauch jedes Organs nicht eher einstellt, als nachdem das fortschreitende Leben seiner bedarf. Aehnlich verhält es sich mit Herbart's übrigen

Einwürfen; ihre Widerlegung aber, so wichtig und interessant sie ist, würde mich zu weit von meiner Aufgabe entfernen. — Obwol die angeborene Aristokratie seines Charakters Schopenhauer's Umgang auch in Dresden sehr beschränkte, so lebte er doch nicht eingezogen, sondern verkehrte mit den Ortsgenossen und wusste seine, ihr Recht fordernde Jugend, soweit es der höhere Zweck, die souveräne Macht seiner Bestimmung zuliess, als Mann von Welt zu geniessen. Den Antheil, den er an dem dresdener Schriftstellerleben jener Tage nahm, war ganz eigenthümlich. Ungeachtet des oft beissenden Spottes und der stolzen Ueberhebung, zu der ihn seine Ueberlegenheit leicht fortriss, war er beliebt und geachtet. Die tiefinnerliche Redlichkeit seines ganzen, jeder gemeinen Absicht, jedem äussern Vortheil fremden Wesens, lehrte die verletzende Seite desselben übersehen und verzeihen. Mit beschränkten und hartköpfigen Naturen freilich, wie sie leider gewöhnlich die Mehrzahl bilden, war der Verkehr bald abgebrochen. Als Freund der Familie stand ihm der geistvolle Kunstkenner Joh. Gottlob von Quandt näher, der ihm, wie wir sehen werden, bis zu seinem Ende treu ergeben blieb; obwol Schopenhauer's Sarkasmen ihn sowenig verschonten, dass der liebenswürdige philosophische Dilettant, bei Besprechung des Systems seines Freundes nach vielen Jahren ihm scherzend ins Gedächtniss rief, wie dieser von jeher auf sein Urtheil nicht viel gehalten und ihn immer, wenn er einen leidlich gescheiten Einfall gehabt, gefragt habe, wo er es gelesen, „als wenn er seine Gedanken im Kehricht der Literatur aufläse".

Mit Tieck stand er längere Zeit in freundschaftlichem Verkehr; ein Ausfall gegen Friedrich Schlegel aber beleidigte dessen Jugendfreund so sehr, dass sie sich völlig überwarfen. Ein sonderbares Spiel des Zufalls wollte, dass unser Philosoph in Dresden mit den drei beliebtesten deutschen Romanschreibern jener Tage befreundet wurde: es waren dies Karl Gottlieb Samuel Heun (H. Clauren), welcher damals als Commissar der preussischen Regierung bei der Ausgleichungscommission der sächsischen Angelegenheiten thätig war, Friedrich August Schulze (Fr. Laun) und Friedrich Gustav Schilling. Alle drei waren viel älter als Schopenhauer, gute Menschen und vortreffliche Gesellschafter, weshalb man zur Erklärung dieser Freundschaft nicht nöthig hat, zu der sublimen Auffindung eines preisgekrönten Kritikers Schopenhauer's seine Zuflucht zu nehmen, dass dieser im Grunde seines Wesens selbst — ein Belletrist gewesen sei. Mit demselben Rechte nennt der auf Schopenhauer's Schultern stehende Philosoph des „Unbewussten" Schopenhauer den „dilettantischsten aller namhaften Philosophen"*, er, der sein speculatives Talent durch dilettantenhaften fachwissenschaftlichen Aufputz seines Systems bei allen Sachkundigen um den Credit gebracht hat.

Nach Laun führte Schopenhauer in jenem Schriftstellerkreise den Namen des *Jupiter tonans*. Derselbe half Schopenhauer aus einer galanten Affaire, deren dieser nachmals als eines seltenen Beispiels gedachte, dass bei der Einen Angelegenheit vier durchaus ehrliche Menschen concurrirt hätten. Schilling's Erzählungen fand er wegen ihres unerschöpflichen Humors so vortrefflich, dass

---

* Dieses Prädicat gibt der Philosoph des „Unbewussten" seinem Meister in dem Augenblick, in dem er dessen Lehre entstellt. Er sagt nämlich: es sei charakteristisch, dass gerade der dilettantischste aller namhaften Philosophen, Schopenhauer, sich über die Anforderungen des strengen Denkens hinwegsetzend, den Willen als Kern des eigenen Wesens unmittelbar im Bewusstsein zu finden behaupte. Wie das Philosophiren des gemeinen Menschenverstandes in der äussern Wahrnehmung die Dinge unmittelbar zu erfassen glaube, ebenso dogmatisch habe Schopenhauer vermeint, in der innern Wahrnehmung den Willen unmittelbar zu erfassen. Dies ist aber nur eine, den Sinn der Schopenhauer'schen Lehre vom Willen entstellende Ungenauigkeit, zu Ehren des „Unbewussten". Vgl. Die Welt als Wille, Bd. II, Kapitel 18; Parerga, Bd. II, §. 65: „Weil das Sichbewusstwerden des Seienden als Wille kein unmittelbares, sondern dadurch vermittelt ist, dass der Wille den organischen Leib und mittels eines Theils desselben sich einen Intellect schafft, dann aber erst durch diesen sich im Selbstbewusstsein als Wille findet und erkennt" u. s. w. Vgl. übrigens die Bemerkungen zu Herbart's Recension (Kapitel VIII unten).

er bedauerte, sie über ungleich schlechtern Productionen der spätern Zeit in Vergessenheit gerathen zu sehen.

Dass er die Schätze der dresdener Sammlungen zu seinem umfassenden Zwecke vielfältig benutzte, dass ihn die reizende Umgebung oft ins Freie lockte, bedarf kaum der Erwähnung. Von Jugend auf überliess er sich gern dem einsamen Verkehr mit der Natur, und je älter er wurde, desto unentbehrlicher ward ihm derselbe. An den Ufern der Elbe wandelnd, sammelte er seine besten Gedanken, die er oft mit einem einzigen Stichwort in der Brieftasche fixirte, um alsdann in jenem heftigen Schritt, der ihn, noch im Greisenalter, schon aus der Ferne erkennen liess, nach der stillen Werkstätte zurückzueilen. Die grössern Ausflüge wurden seltener, jemehr ihn seine Arbeit in Anspruch nahm. Nur im Sommer 1816 unternahm er einen neuntägigen Ritt nach Teplitz und im Sommer 1817 einen fünftägigen Ausflug in die Sächsische Schweiz.

Nachdem er die Frucht seiner optischen Studien eingeheimst hatte, wandte er sich mit täglich wachsender Inspiration zur Entwickelung seines Systems, dessen Elemente „gewissermassen ohne sein Zuthun, strahlenweise wie ein Krystall zu einem Centrum convergirend zusammenschossen". Zum Verständniss desselben ist die Versicherung Schopenhauer's wichtig, dass ausser Kant, dessen Philosophie er nur ausgedacht zu haben bekennt, in seiner intellectuellen Entwickelung besonders Helvetius und Cabanis Epoche gemacht. Die Werke beider gaben, neben Kant's „Kritik" und Anquetil's „Oupnek'hat", seinen Grundgedanken die hauptsächlichste Nahrung. Von Helvetius und Cabanis rühmte er, dass sie ihm die Augen über die secundäre Natur des Intellects, deren speculative Begründung ihm, trotz aller Gebrechen, der Modephilosophie seiner Zeit gegenüber zum unvergänglichen Ruhme gereicht, und die er selbst als den Brennpunkt und das wesentliche Verdienst seiner Lehre hervorhebt. Anders freilich, als unter den Händen der französischen Sensualisten, gestaltete sich diese Erkenntniss in dem Kopfe des deutschen Denkers, den die Nachwelt ganz gewiss, trotz aller Vorgänger, von Clemens Alexandrinus bis Crusius, als den Entdecker derselben anerkennen wird.

„Die Zerlegung des Ich in Willen und Erkenntniss", sagte er später, „mag so unerwartet sein, als die des Wassers in Wasserstoff und Sauerstoff: sie ist der Wendepunkt meiner Philosophie, und nächst ihr ist dies die strenge Sonderung der anschauenden und denkenden Erkenntniss."* Im Willen, als dem Wesen der Dinge, sah er den Gegensatz des Idealen und Realen, dieses Kreuz der Philosophen, trotz der „gänzlichen Diversität" beider, an der er festgehalten hat, insofern begründet, als der Wille durch seine eigenste ethische Natur gezwungen werde, sich im Intellect einen Spiegel zu schaffen. Dabei ist er zeitlebens stehen geblieben; denn eine Erklärung der Identität des Subjects des Wollens und Erkennens im Ich hielt er, wie erwähnt, für unmöglich, und er rechnete es seiner Philosophie als grossen Vorzug an, dass sie „alle Transscendenz, alle Hypostasen, alle mythische oder historische Auffassung der Welt" von sich ausschliesse.** Denn seine mit Begeisterung erfasste Idee der Philosophie als einer Kunst liess ihn den Charakter und das Material derselben, die Begriffe, keinen Augenblick übersehen. Er bezeichnet selbst den hohen Grad von Besonnenheit, der es ihm möglich mache, „das lebhafteste Anschauen oder das tiefste Empfinden, wann die gute Stunde es herbeigeführt, plötzlich und im selben Moment mit der kältesten abstracten Reflexion zu übergiessen und es dadurch aufzubewahren, als den specifischen «Kunstgriff» seines Geistes". Wenn er seine Gedanken in Worte bringen, d. h. gleichsam die freien einfangen und einkerkern, oder die lebendigen tödten und einbalsamiren solle, um sie Andern mittheilbar zu machen, so gehe er ungern an dies undankbare Geschäft; denn das Beste lasse sich nicht sagen. Aber das Beste, was gesagt werden könne, zu sagen, sei die Aufgabe der Philosophie. Sie zu lösen, sollten wir streben;

---

* Frauenstädt, Memorabilien, S. 367.
** A. a. O., S. 284.

aber nicht aus Verzweiflung, dass die Rede das Beste nicht fasse, sie in Phantasmen, oder gar sinnlosen Gallimathias verwandeln. Darum solle das Gesagte vor allem dem Verstand fassbar sein und zum Zweck der Philosophie nur soweit streben, als die Verständlichkeit, ohne die es nichts sei, es zulasse. Darum waren ihm jene, durch Fichte in Aufnahme gebrachten aller Anschauung nicht nur, sondern oft der Verständlichkeit baren Wortgespinste ein Greuel und, wie Kant selbst, wies er alle Gemeinschaft mit dieser Art des Philosophirens von sich ab.

Er trug das ungetrübte volle Bewusstsein seiner genialen Kraft von Anfang an in das merkwürdige Buch hinein. So etwas, sagte er als Greis, könne man nur in der Jugend und nur mit Eingebung schreiben; jetzt staune er sein Werk, besonders das vierte Buch, wie das eines ganz andern Menschen an. Es war im Frühling 1818, als er mit diesem beschäftigt, aus der mit einem Blütenmeer bedeckten Orangerie des Zwingers ganz berauscht heimkehrend, von seiner Hauswirthin, die eine Blüte an seinem Rocke sah, mit den Worten empfangen wurde, „Sie blühen, Herr Doctor!" „Ja", sagte er, „wenn die Bäume nicht blühen, wie sollten sie Früchte tragen." Mit Berufung auf die Erörterungen Cabanis', sagt er in der „Welt als Wille", II, 88: die zwanziger und die ersten dreissiger Jahre, seien für den Intellect was der Mai für die Bäume: „nur jetzt setzen sich die Blüten an, deren Entwickelung alle spätern Früchte sind: die anschauliche Welt hat ihren Eindruck gemacht und dadurch den Fonds aller folgenden Gedanken des Individuums gegründet." So lebhaft wie Lord Byron fühlte er in jener Blütezeit, dem „Thaue gleich" auf sich

des Herzens Frische fallen,

Die aus den holden Dingen, die wir sehen,
Gefühle auszieht, neu und wonnevoll:
Die Brust bewahrt sie, wie die Zell' den Honig.
Denkst du, der Honig sei der Dinge Werk?
Ach nein, nicht sie, nur deine eigne Kraft
Kann selbst der Blume Süssigkeit verdoppeln.*

---

* Schopenhauer's Uebersetzung, a. a. O.

Es war jene Zeit, von der er nachmals, ähnlich wie Goethe von seinen zwanziger Jahren, rühmen konnte, dass in ihr sein Geist, auf seinem Culminationspunkte stehend, in Augenblicken der höchsten Spannung des Gehirns Offenbarungen zu ihm geredet habe, sein Auge habe treffen mögen, auf welchen Gegenstand es wollte. Kein Wunder, dass er in solchem Zustande der Ekstase seiner Umgebung wie sich selbst oft wunderlich vorkam und auf die Frage eines Aufsehers im Gewächshause, der die Geberden des in die Physiognomie der Pflanzen Vertieften beobachtet hatte: wer er sei, mit Humor antworten konnte: „Ja, wenn Sie mir das sagen könnten, dann wäre ich Ihnen vielen Dank schuldig."*

Will man solche Selbstbespiegelung als Zeichen eines krankhaft gesteigerten Selbstgefühls betrachten, so muss man wenigstens anerkennen, dass daneben bei dem jungen Manne eine gleich abnorm tiefe ethische Erkenntniss herging. Schon als Student hatte er bei der Lektüre eines Moralisten folgende Reflexion niedergeschrieben: „Der simple Philister will dem Leben eine Art von Unendlichkeit, eine Unbedingtheit beilegen und sucht es zu betrachten und durchzuführen, als lasse es nichts mehr zu wünschen übrig. Der gelehrte Philister thut dasselbe an Grundsätzen und Methoden: er legt einigen von diesen unbedingte Vollkommenheit und objective Gültigkeit bei, sodass ihm, nachdem diese gefunden sind, nichts übrigbleibt, als alles, was vorkommt, nach ihnen zu messen und dann zu billigen oder zu verwerfen. Aber das Glück und die Wahrheit sollen und können hier nie erhascht werden. Blos ihre Schattenbilder sind uns gesandt, damit wir uns rühren. Der gewöhnliche Mensch verfolgt die des Glücks unermüdet und unverdrossen; der denkende ebenso die der Wahrheit. Beide haben, wenn auch nur Schattenbilder, doch in diesen soviel sie zu fassen vermochten. Das Leben ist eine Sprache, in der uns eine Lehre gegeben wird. Könnte diese Lehre uns auf eine andere Weise beigebracht werden, so lebten wir nicht. Nie werden daher

---

* Frauenstädt, Memorabilien, S. 241.

Weisheitssprüche oder Klugheitsregeln die Erfahrung ersetzen und
so ein Surrogat für das Leben selbst sein. Doch sind sie nicht
zu verwerfen, denn sie gehören eben mit zum Leben; vielmehr
sind sie hochzuachten und anzusehen als die Hefte, die Andere
jener grossen Lehre des Weltgeistes nachgeschrieben haben, die
aber ihrer Natur nach unvollkommen sein mussten und nie jene
wahrhafte *viva vox* ersetzen konnten. Um so weniger konnten
sie es, da jene Lehre (das Leben) jedem anderes sagt, weil jeder
anderes bedarf, und den am Pfingsttage predigenden Aposteln
gleicht, die, die Menge unterrichtend, jedem in seiner Zunge zu
reden scheinen.“

Und so sagte es auch ihm, da er sich so hochstehend fühlte,
gar ernste Dinge. Wer „das metaphysische Bedürfniss des Menschen“ mit Novalis „als Heimweh, als Trieb überall zu Hause zu
sein“, in sich empfindet, wird dem Autor der „Welt als Wille
und Vorstellung“ das Zeugniss nicht versagen können, dass dieser
der Befriedigung dieses Bedürfnisses mit einer Innigkeit obgelegen,
welche sein Werk — ganz abgesehen von dem Mehr oder Weniger
seines Wahrheitsgehalts — zu einer unvergleichlichen Gedanken-
anregung macht. Als solche, als die klarste und zeitgemässeste,
weil dem Zeitgeist widersprechendste Paränese, war mir das Werk
erschienen, als ich Schopenhauer vor Jahren näher trat, ohne weder
die Grundlagen noch die Resultate seiner Philosophie anzuerkennen.
Dass man, auf entgegengesetzten Seiten, dies unverständlich gefunden und nicht gelten lassen will, obwol bereits Herbart, Jean
Paul und Baader „Die Welt als Wille und Vorstellung“ mit
denselben Augen betrachtet, beweist eben nur die Unfähigkeit *intra et extra muros*, zur Vermittelung so weit klaffender
Gegensätze, wie sie in Schopenhauer's Ideengängen sich aufthun,
die rechte Formel zu finden, ja nur das rechte Bedürfniss zu
fühlen. Ich kann mich hierüber nicht besser deutlich machen,
als indem ich, der ich gewissermaassen selbst für Schopenhauer in
die Posaune gestossen und seinen Erfolg natürlich gefunden habe,
diesen auf seine eigentliche Bedeutung und seinen wahren Werth

11 *

zurückzuführen suche. Ich habe meine Aufgabe auf die Darstellung seines Lebens beschränkt und will deshalb keine Darstellung und Kritik seiner Lehre geben; aber Bedeutung und Erfolg seiner Werke gehören eben zu dem Leben eines Gelehrten und Schriftstellers, und dürfen deshalb in einer Biographie desselben nicht ganz unbesprochen bleiben.

Ich knüpfe dabei an das unzweifelhaft zum Besten, was Schopenhauer geschrieben, gehörige siebzehnte Kapitel des zweiten Bandes der „Welt als Wille und Vorstellung" über „das metaphysische Bedürfniss des Menschen" an, wo er mit scharfer Waffe der „absoluten Substanz" zu Leibe geht, nachdem er darauf hingewiesen, dass der Mensch allein von allen Wesen, welchen das Daseyn sich so sehr von selbst verstehe, dass sie es nicht bemerken, über sein eignes Daseyn sich verwundern könne, und dass aus dieser Verwunderung, wie schon Aristoteles erkannte, die Philosophie ihren Ursprung nehme. „Diesem könnte nicht so seyn, wenn die Welt im Spinozischen, in unsern Tagen unter modernen Formen und Darstellungen als Pantheismus so oft wieder vorgebrachten Sinn ein schlechthin nothwendiges Wesen wäre. Denn dies besagt, dass sie mit einer so grossen Nothwendigkeit existire, dass neben derselben jede andere, unserm Verstande als solche fassliche Nothwendigkeit wie ein Zufall aussehen müsse: sie wäre nämlich alsdann Etwas, das nicht nur alles wirkliche, sondern auch alles irgend mögliche Daseyn dergestalt in sich begriffe, dass, wie Spinoza eben auch angiebt, die Möglichkeit und die Wirklichkeit desselben ganz und gar Eins wären, dessen Nichtseyn daher auch die Unmöglichkeit selbst wäre, also Etwas, dessen Nichtseyn oder Andersseyn völlig undenkbar sein müsste, welches mithin sowenig sich wegdenken liesse, wie z. B. der Raum oder die Zeit. Indem ferner wir selbst Theile, Modi, Attribute oder Accidenzien einer solchen absoluten Substanz wären, welche das Einzige wäre, was, in irgend einem Sinne, jemals und irgendwo daseyn könnte, so müsste unser und ihr Daseyn, nebst der Beschaffenheit desselben, weit entfernt, sich uns als auffallend, problematisch, ja als das unergründliche, uns stets beunruhigende Räthsel darzustellen, sich im Gegentheil noch viel mehr von selbst verstehen, als dass 2 mal 2 vier ist. Denn wir müssten gar nicht anders irgend zu denken fähig seyn als dass die Welt sey und so sey wie sie ist: mithin müssten wir ihres Daseyns als solchen, d. h. als eines Problems zum Nachdenken, sowenig uns bewusst werden, als wir die unglaublich schnelle Bewegung unsers Planeten empfinden."

So gut dies alles die pantheistische absolute Substanz trifft, sowenig trifft es darüber hinaus. Aber Schopenhauer selbst weist uns — und dies ist die Hauptsache — auf den richtigen Weg, indem er jenen erhabenen platonischen Affect der Verwunderung, der „das Problem, welches die edlere Menschheit jeder Zeit und jedes Landes unablässig beschäftigt und ihr keine Ruhe lässt, in seiner ganzen Grösse erfasst", auf seine zwiefache Wurzel zurückführt. Die Welt und unser Daseyn verstehen sich nämlich nicht nur nicht von selbst, sondern „was mehr ist, wir fassen sehr bald die Welt auf als Etwas dessen Nichtseyn nicht nur denkbar, sondern sogar ihrem Daseyn vorzuziehen wäre; daher unsere Verwunderung über sie leicht übergeht in ein Brüten über jene Fatalität, welche dennoch ihr Daseyn hervorrufen konnte, und vermöge deren eine so unermessliche Kraft, wie zur Hervorbringung und Erhaltung einer solchen Welt erfordert ist, so sehr gegen ihren eigenen Vortheil geleitet werden konnte. Das philosophische Erstaunen ist demnach im Grunde ein bestürztes und betrübtes: die Philosophie hebt, wie die Ouvertüre zum «Don Juan», mit einem Mollakkord an. Hieraus ergiebt sich, dass sie weder Spinozismus noch Optimismus seyn darf".

Diese Beschaffenheit des Erstaunens, welches zur Philosophie treibt, entspringt offenbar „aus dem Anblick des Uebels" und dessen Klimax, des Todes, sowie „des Bösen in der Welt", in welchem Schopenhauer an derselben Stelle tiefsinnig nur das von sich auf einen Andern geschobene Uebel erkennt. Dieses also ist „das *punctum pruriens* der Metaphysik, das Problem, welches die Menschheit in eine Unruhe versetzt, die sich weder durch Skepticismus noch durch Kriticismus beschwichtigen lässt." Schon hieraus ergibt sich — ganz abgesehen von dem auf Kant gestützten theoretischen Nachweise der Unmöglichkeit des Ersatzes der Metaphysik durch eine die subjectiven Bedingungen des Erkennens ignorirende „absolute Physik", wie sie dem Naturalismus vorschwebt — der solidarische Zusammenhang des Problems der Philosophie mit dem Selbstbewusstsein. Aus ihm allein können die letzten und wichtigsten Aufschlüsse über das Wesen der Dinge geschöpft werden. „Die letzten Grundgeheimnisse trägt der Mensch in seinem Innern, und dieses ist ihm am unmittelbarsten zugänglich; daher er nur hier den Schlüssel zum Räthsel der Welt zu finden und das Wesen aller Dinge an Einem ·Faden zu erfassen hoffen darf. Das eigenste Gebiet der Metaphysik liegt also in dem, was man Geistesphilosophie genannt hat." — „Dem Vorwurf des Atheismus liegt der dunkle Begriff einer absoluten Physik ohne Metaphysik zu Grund; denn von der Erkenntniss, dass die Ordnung der Natur nicht die einzige und absolute Ordnung der Dinge sei, hängt die Moralität ab. Daher kann man als das nothwendige *Credo* aller Gerechten und Guten dieses aufstellen: Ich glaube an eine Metaphysik."

In diesem Glauben ging er an sein Werk. Er that dies in einer Zeit, deren Genius eben die Segel aufzog, um ins offene Meer des Naturalismus hinauszutreiben; obwol die literarische Sonderexistenz Deutschlands noch bis ins fünfte Decennium unsers Jahrhunderts, auf der Oberfläche betrachtet, den entgegengesetzten Eindruck bieten konnte. Deshalb war seine Zeit noch nicht gekommen, als „Die Welt als Wille und Vorstellung" erschien, aber sie kam später um so gewisser. Das Bedürfniss einer Philosophie nämlich, welche an die Stelle des Glaubens treten konnte, machte sich erst geltend, nachdem nicht allein das heilige Feuer dieses Glaubens in der gebildeten Gesellschaft erloschen war, sondern auch der an dessen Stelle getretene, von Schopenhauer als „Barbiergesellen- und Apothekerlehrlingsphilosophie" stigmatisirte moderne Materialismus sein Pulver wirkungslos verpufft hatte.

Siehe! da war ein fast vergessener Autor, welcher, statt des „Evangeliums der Natur", vom Kern der Natur predigte, welcher Faust's Gebet:

> Du führst die Reihen der Lebendigen
> Vor mir vorbei, und lehrst mich meine Brüder
> Im stillen Busch, in Luft und Wasser kennen —
> — — — — — — — — — — — — — —
> Dann führst du mich zur sichern Höhle, zeigst
> Mich dann mir selbst, und meiner eignen Brust
> Geheime tiefe Wunder öffnen sich —

zu deuten wusste, indem er in der Selbsterkenntniss des Willens „die sichre Höhle" vor den Schrecken und Qualen des Lebens fand, indem er Kant's *petitio principii*, dass die Erfahrung nicht die Quelle der Metaphysik sein könne, verwerfend, die Nachweisung gab, dass vielmehr das eigenthümliche Problem derselben gerade darin bestehe, die äussere Erfahrung an der rechten Stelle mit der innern Erfahrung in Verbindung zu setzen und diese zum Schlüssel jener zu machen; indem er das von Kant für schlechthin unerkennbar gehaltene Urbild oder Ansicht jener schattenhaften „Reihen der lebendigen" und unlebendigen Dinge an einer Stelle fixirte, wo Kant die Fährte desselben bereits aufgedeckt hatte, nämlich am menschlichen Willen und dessen, neben seiner empirischen Noth-wendigkeit bestehenden intelligibeln Freiheit*, und indem er endlich von dieser Freiheit des menschlichen Willens Gebrauch machte, die endlose Kette der Ursachen und Wirkungen, an welcher, als dem Grunde alles Uebels, der Wille im Reiche der Erscheinungen angeschmiedet liege, zu zerreissen und damit zu jenem Frieden, den die Welt nicht hat, für immer einzugehen.

Gesetzt, es wäre so, dann leuchtet ein, dass eine solche Philo-sophie von Vielen als rettende That begrüsst werden konnte, nach-dem das letzte Ideal, welches den Menschen in seiner, durch den Tod *ad absurdum* geführten „Würde" erhalten zu können schien,

---

* Prolegomena zu einer jeden künftigen Metaphysik, §. 53.

mit der Vergötteruug des „Stoffs" bankrott geworden. Gesetzt aber auch, es wäre anders, Schopenhauer's Lehre wäre mit fundamentalen und unheilbaren Fehlern behaftet, wie dies meine Ansicht ist, so werden wir gleichwol urtheilen dürfen, dass, wie nach der aristotelischen Regel die Glieder jedes Gegensatzes einander fordern, die Wirkung einer den Gegenpol des modernen Bewusstseins darstellenden wissenschaftlichen Weltanschauung nicht ausbleiben konnte. Die echten und gewissen Kinder „unserer herrlichen Zeit" haben sich denn auch von dem abenteuerlichen Gedanken bei hellem europäischen Tage die asiatische Nacht über uns hereinzuführen, von Anfang an mit Spott und Entrüstung weggewendet. Aber die Andern, die unzähligen Andern, die sich bei dem neuen Glauben von der „Herrlichkeit des All" noch nicht zur Ruhe gesetzt; die nach einem bessern Trunke lechzten als jenem Theewasser, das an D. F. Strauss' Musikabenden gereicht wird: griffen mit Begierde nach einem Halt in der allgemeinen rastlosen Jagd nach Gewinn und Genuss, in der trostlosen Flucht dieses irdischen Daseins. Und ein solcher war in der von jeder confessionellen Färbung freien Speculation Schopenhauer's geboten! Hier konnten sie in schärfster Beleuchtung die abschreckende Nachtseite dieses „Alls" sehen und die Nothwendigkeit irgendeiner Abkehr davon, wäre es auch nur zur Vorbereitung höherer Einsicht, ahnden.

Die grosse Predigt des vierten Buchs der „Welt als Wille und Vorstellung": wir sind nicht da zum Geniessen, unser Leben und die Welt mit diesem hat nur einen moralischen Zweck, alles Uebel in der Welt ist unsere Schuld, die wir durch Leiden und Tod büssen — so uralt sie war, so neu klang sie in der neuen Fassung an moderne Ohren.

Eine solche Stauung des breiten Culturstromes wer hätte sie für möglich gehalten? nur ein abnorm organisirter, aus Orient und Occident gemischter Geist konnte sie unternehmen. Er selbst, als Voltairianer auferzogen, als Kantianer geschult, begriff sein eigenes Werk, soweit eben nicht Erziehung und Schule, sondern Genie es erzeugt, nur in Momenten der Inspiration. Deshalb konnte er später, wie wir gehört haben, versichern, er staune es selbst an, wie das eines ganz andern Menschen; deshalb stand ihm später dieses vierte Buch fast fremd gegenüber. Derselbe tiefe Eindruck fand sich, nachdem seine Zeit gekommen war, bei vielen Andern. Darum liegt der Grund des Erfolgs wie der Bedeutung seines Werks in der ethischen Tiefe desselben. In einer Zeit, welcher unsere allgemeine geistige Verflachung und sittliche Abstumpfung, die vollständige Desorientirung in Zweck und Ziel des menschlichen Lebens bewusst zu werden begann, musste seine Lehre als ein neuer Leitstern aufgehen.

Damals, als er dies Werk seinen Zeitgenossen zum ersten mal darbot, mochte das sichere Vorgefühl dieser Stellung desselben zum Zeitgeiste nicht wenig zu seiner Erwartung eines unmittelbaren Erfolgs beitragen. Aber er vergass, dass gerade in jenen Tagen der nationalen Erhebung nach längerm Drucke „die Bejahung des Willens" in nie zuvor gekannter Kraftentfaltung den Edeln ein Bedürfniss und den Gemeinen eine Wohlthat war; er vergass, dass diejenigen, die überhaupt zum Verständnisse seines Werks die nöthige Bildung besassen, bei der noch immer andauernden Abundanz speculativer Theorien und Phantasiesprünge aller Art sich längst gewöhnt hatten, dem Heterogensten und Ungleichwerthigsten, wenn es Bücher waren und nichts weiter, ein und dasselbe sogenannte rein literarische Interesse entgegenzubringen. Erst die nächstfolgenden Jahrzehnte waren bestimmt, mit diesem allmählich bei uns aufzuräumen, während anderwärts auf beiden Hemisphären der praktische Charakter der neuen Zeit rascher zur Entwickelung gelangte. Der Philosoph aber, der keine historische Ader hatte, der seine Zeit gänzlich ignorirte, konnte sich schwer darein finden, von ihr ignorirt zu werden. —

Anfangs März 1818 schrieb der mit Schopenhauer in Dresden bekannt gewordene Freiherr von Biedenfeld an den mit ihm in Verbindung stehenden Verlagsbuchhändler Friedrich Arnold Brockhaus in Leipzig, dieser möge den Artikel über Farbe und Farbenlehre im „Conversations-Lexikon" von jemand unter

Schopenhauer's Aufsicht umarbeiten lassen: es sei darin zwar Newton's Lehre recht anschaulich dargestellt, nicht aber die Goethe's und Schopenhauer's, und dennoch sei es gerade Schopenhauer's Lehre, welche über Newton den Sieg davonzutragen und Goethe's Werk zu krönen beginne.

„Schopenhauer", fuhr er fort, „dieser höchst interessante Kopf, welcher vielleicht an Denkkraft, ernstem Willen und Tiefe des Studiums von keinem Lebenden überboten wird, hat nun auch ein grösseres umfassendes philosophisches Werk in der Arbeit, welches im Juli fertig zur Abgabe wird. Noch hat er keinen Verleger gesucht, macht auf grosses Honorar keinen Anspruch, da er Vermögen hat, und wünscht einen grossen Buchhändler zum Verleger. Wäre dies nicht ein Ihrer würdiges Unternehmen? Einige Zeilen an Schopenhauer würden Sie ohne Zweifel ganz darüber *au fait* setzen und zweifelsohne ein Werk hervorbringen, welches Epoche machen, zerstören und mächtig aufbauen wird. Hiermit habe ich gethan, was Freundes Pflicht erheischt — Sie müssen nun thun, was Erfahrung und Klugheit Ihnen rathen."*

Brockhaus, mit Johanna Schopenhauer schon länger in freundschaftlichen und literarischen Beziehungen, erklärte sich gern bereit, mit Dr. Schopenhauer, den er bereits durch das Zeugniss mehrerer Freunde als einen ausgezeichneten Kopf kenne, in Verbindung zu treten, und erhielt hierauf folgenden Brief Schopenhauer's vom 28. März 1818:

„Da mir Hr. von Biedenfeld gesagt hat, dass Sie, auf eine vorläufige Anfrage, nicht abgeneigt wären, ein Manuscript von mir zu drucken; so nehme ich mir die Freiheit Ihnen näher anzugeben, wovon die Rede ist.

„Ich will nämlich zur nächsten Michaelis-Messe ein philosophisches Werk erscheinen lassen, an welchem ich hier seit 4 Jahren

---

* Friedrich Arnold Brockhaus. Sein Leben und Wirken nach Briefen und andern Aufzeichnungen, geschildert von seinem Enkel Heinrich Eduard Brockhaus (Leipzig 1876), II, 349.

unablässig gearbeitet habe. — Es wäre nun einerseits sehr am unrechten Ort, dem Verleger gegenüber als Schriftsteller den Bescheidenen spielen zu wollen: andererseits ist es überall unrecht den Charlatan zu machen. Daher will ich Ihnen zugleich offen und gewissenhaft über mein Werk dasjenige sagen, woran Ihnen meines Erachtens gelegen seyn kann. Zugleich aber nehme ich Ihnen, als einem Mann von Ehre, hiermit das Versprechen ab, das Gesagte streng zu verschweigen, sogar den Titel des Buchs, welchen Niemand früher als aus dem Messkatalog erfahren soll.

„Mein Werk also ist ein neues philosophisches System: aber neu im ganzen Sinn des Worts: nicht neue Darstellung des schon Vorhandenen: sondern eine im höchsten Grad zusammenhängende Gedankenreihe, die bisher noch nie in irgend eines Menschen Kopf gekommen. Das Buch, in welchem ich das schwere Geschäft, sie Andern verständlich mitzutheilen ausgeführt habe, wird, meiner festen Ueberzeugung nach, eines von denen seyn, welche nachher die Quelle und der Anlass von hundert andern Büchern werden. Jene Gedankenreihe war, dem Wesentlichen nach, schon vor 4 Jahren in meinem Kopfe vorhanden: aber um sie zu entwickeln und sie durch unzählige Aufsätze und Studien mir selber vollkommen deutlich zu machen, bedurfte es ganzer 4 Jahre, in welchen ich mich ausschliesslich damit und mit den dazu gehörigen Studien fremder Werke beschäftigt habe. Vor einem Jahre fing ich an, das Ganze in zusammenhangendem Vortrag für Andere fasslich zu machen, und bin damit eben jetzt fertig geworden. Dieser Vortrag selbst ist gleich fern von dem hochtönenden, leeren und sinnlosen Wortschwall der neuen philosophischen Schule und vom breiten platten Geschwätze der Periode vor Kant: er ist im höchsten Grade deutlich fasslich, dabei energisch und ich darf wohl sagen nicht ohne Schönheit: nur wer ächte eigene Gedanken hat, hat ächten Stil. Der Werth, den ich auf meine Arbeit lege, ist sehr gross: denn ich betrachte sie als die ganze Frucht meines Daseyns. Der Eindruck nämlich, welchen auf einen individuellen Geist die Welt macht, und der Gedanke, durch welchen der Geist, nach erhaltener Bildung, auf jenen Eindruck reagirt, ist allemal nach zurückgelegtem dreissigsten Jahre da, vorhanden und geschehn: alles Spätere sind nur Entwickelungen und Variationen desselben. Ist nun diese Reaktion, dieser Gedanke, ein vom gewöhnlichen, wie er sich täglich in Millionen Individuen wiederholt, verschiedener und wirklich eigenthümlicher, so kann auch das Werk, in welchem er sich ausspricht und mittheilt, sogleich vollendet werden, sobald nur ein günstiges Geschick die Musse, die innere und äussere Ruhe dazu giebt. — Dies ist nun, wie ich glaube, mein Fall gewesen. Wollte ich demnach, gemäss dem Werthe, welchen ich auf mein Werk lege, meine Forderungen an Sie abmessen, so würden diese ausserordentlich, ja unerschwingbar ausfallen. Sogar aber wenn ich auch nur nach dem Werth, den, meines Erachtens, das Manuscript für den Verleger haben wird, die Forderungen machen wollte, würden sie schon stark sein. Allein auch dieses werde ich nicht, weil ich nicht verlangen kann, dass Sie alles Gesagte mir ganz auf mein Wort glauben, sondern Sie natürlich argwöhnen müssen, ich sei durch Eigenliebe bestochen. Dies annehmend bequeme ich mich von der Rücksicht auszugehen, dass mein Name noch sehr wenig bekannt und dass ein philosophisches Werk, solange es keinen Ruhm erlangt hat, vor's Erste kein grosses Publikum findet, wiewohl nachher ein desto grösseres. Hierauf also gründen sich folgende höchst billige Forderungen" — —

Er nennt hierauf den Titel des Werks und verlangt für eine bis zur Michaelismesse fertig zu stellende Auflage von „allerhöchstens 800 Exemplaren" das „kaum nennenswerthe Honorar von einem Dukaten für den gedruckten Bogen", welches gleich bei Ablieferung des Manuscripts, von dem er zwei Drittel auf Mitte Juli, den Rest auf Anfang September verspricht, bezahlt werden müsse: „denn ich reise, sobald ich es übergebe, nach Italien ab, welche Reise ich bloss dieser Arbeit wegen um zwei Jahre verschoben habe". Er erbittet sich „eine ganz entschiedene Antwort ohne Aufschub", lehnt jede Mitarbeit am „Conversations-Lexikon" und

„Kunstblatt" ab, da er „nie an Zeitschriften arbeiten würde" und bemerkt zum Schlusse: dass er sich nicht etwa dazu verstehen werde, das Manuscript theilweise früher abzuliefern als zur angegebenen Zeit. Die Vollendung, die er dem Werke geben wolle, erlaube das durchaus nicht. In Wahrheit war es ihm vor allem darum zu thun, dass die ungedruckte Handschrift nicht länger als unbedingt nothwendig in fremder Hand bleibe.

Brockhaus antwortete sofort am 31. März: „Ew. Wohlgeboren Antrag ist mir ebenso schmeichelhaft, als ich die Stipulationen, womit Sie ihn begleiten angemessen und billig finde und nehme ich ihn daher ohne weiteres an. Sobald ich die bestimmten zwei Drittel des Manuscripts in Händen habe, soll das festgesetzte Honorar gleich erfolgen. Wünschen Sie, dass noch ein besonderer formeller Contrakt darüber abgeschlossen werde, so will ich ihn entwerfen und an Ew. Wohlgeboren einsenden. Fänden Sie Zeit und Lust die Artikel meines Lexikons über Farbe und Farbenlehre, die ich hier beilege, zu ergänzen und zu erweitern, so würde ich Ew. Wohlgeboren dafür sehr verbunden seyn.

„Ew. Wohlgeboren können übrigens auf meine Discretion vertrauen und empfehle ich mich denenselben auf das Ergebenste. *Brockhaus.*"

Der Contract wurde am 8. April geschlossen. Da jedoch der, wegen der mildern Censur, in Altenburg bewerkstelligte Druck des Werks anfangs langsam von statten ging, so liess Schopenhauer im August 1814 wiederholte Mahnbriefe an seinen Verleger ergehen, in denen er nach seiner durchaus unpraktischen, ungestümen und schroffen, gleich Schlimmes fürchtenden und Schlechtes argwöhnenden Art, je länger die Verzögerung dauerte, desto verletzender auftrat.

So heisst es in einem Briefe vom 31. August*: „Sie haben nicht nur den Kontrakt nicht gehalten, sondern auch seitdem mich mit fortdauernden Versprechen und Versicherungen zum Besten

---

* Vollständig abgedruckt a. a. O., S. 356.

gehabt, was mich doppelt aufbringt. Sie haben mich ermahnt doch ja zum Anfang September den Rest fertig zu haben, weil sonst das Werk nicht zur Messe fertig sein könnte: ich habe gearbeitet wie ein verhungerter Abschreiber, und sehe nun dass es nichts hilft. Sie wissen, wie wichtig mir die Erscheinung meines Werkes ist und können daraus schliessen, wie ich gegen Sie gesinnt bin. Mit welcher Zuversicht dass mein Werk erscheint, soll ich jetzt nach Italien gehen? Alles ist zu meiner Abreise bereit und nichts hält mich, als Sie: weil mir mein Werk meiner Person weit vorgeht. Es ist nichts schrecklicher für mich, als mit Leuten zu thun zu haben, deren Worte keinen Glauben verdienen. Ich weiss nicht woran ich bin und werde es nicht wissen, nach Allem, was Sie mir jetzt auch schreiben mögen: denn wie soll ich Ihren Worten trauen?

„Ich will jetzt das Honorar haben: hauptsächlich zum Beweise dass es Ihnen Ernst ist zu drucken: sodann weil ich zur Reise alle Gelder einziehen muss, die mir zukommen.

„Obgleich dies Honorar nicht der zehnte Theil ist, von dem was der Sache angemessen wäre; so muss ich, nach Ihrem bisherigen Verfahren, fürchten, dass Sie auch dessen Auszahlung verzögern werden; was mich in diesem Argwohn bestätigt, ist Ihr Schweigen über diesen Punkt, so oft ich ihn berührte, und zudem höre ich von mehreren Seiten, dass Sie mit Bezahlen des Honorars meistens warten liessen, auch wohl überhaupt Anstand nähmen. Von Ihnen hätte ich dies am wenigsten erwartet, nach den Grundsätzen, die Sie in Ihrer Broschüre gegen Maklot äussern: bedenken Sie nur, dass so ein Nachdrucker auch nichts weiter will, als das Honorar umgehn, und dass Ihre gute Sache es allein durch den Umstand ist, dass Sie wirklich Honorar bezahlen.

„Was ich von Ihnen, nach meiner eignen Festsetzung, zu fordern habe, ist so bitterwenig, dass ich nicht ein Wort daran wenden würde; wäre es nicht, dass ich von Ihnen das Honorar so fordre, wie man vom *Veturino* sich einen Thaler geben lässt, um sicher zu seyn, dass er wirklich fährt, und zweitens weil ich die Reise vor mir habe. Sie können es, nach dem was ich Ihnen vorgestellt, mir selbst nicht verdenken, wenn ich in diesem Punkt mich nicht wieder dem Hinhalten und Aufhalten durch Sie aussetzen, sondern sicher gehen will. Daher ersuche ich Sie mir das Honorar für wenigstens 40 Bogen zu schicken: denn da ich jetzt sehe, dass die zweite Absendung von *MS* grade soviel als die erste betragen wird (vielleicht 4 geschriebene Bogen weniger) so ist gewiss, dass selbst bei dem engen Druck, mehr als 40 Bogen herauskommen: aller Billigkeit nach sollten Sie, zumal bei dem engen Druck, mir auch die Bogen bezahlen, die über 40 sind: doch will ich, wie gesagt, es Ihnen selbst anheimstellen. — Wollen Sie mir das Honorar nicht vorher übermachen, so will ich das *MS* Jemandem in Leipzig senden, der es Ihnen gegen das Honorar einhändigt; auch muss ich ihm dann den Kontrakt schicken, damit falls Sie den Druck noch ferner verzögern, er Sie gerichtlich dazu anhalten kann. Denn es ist ja, beim Himmel, kein anderer Weg möglich. Um indessen das letzte Extrem und ein entschieden feindliches Verfahren, womöglich, zu vermeiden, will ich Ihnen noch einen Vorschlag thun, der so ist, wie ihn Ihr bisheriges Verfahren noch keineswegs verdient. Ich will in acht Tagen den Rest des *MS* an Sie absenden, wenn Sie in Ihrem nächsten Brief mir unumwunden Ihr festes Ehrenwort geben, am Tage nach Empfang des *MS* das Honorar für wenigstens 40 Bogen zu übersenden und zugleich mit aller Ihnen möglichen Aufrichtigkeit zu melden, wann der Druck beendigt seyn wird. — Wenn Sie auch diesem sich durch Umschweife entziehn, so muss ich, wie gesagt, Jemanden in Leipzig die Sache zu betreiben übergeben. Messen Sie übrigens es sich selbst bei, dass meine Geduld, wie Sie sehn, zu Ende ist. *Arthur Schopenhauer.*"

Jetzt war, wie Dr. Eduard Brockhaus am angeführten Ort sagt, umgekehrt Brockhaus' Geduld zu Ende. Bis dahin hatte derselbe die ihm wohlbekannte Ungeduld junger Autoren berücksichtigend, sich auf die Versicherung beschränkt, dass er, soviel an ihm selbst liege, alles gethan habe, den Vertrag zu erfüllen. Jetzt sendet er

Schopenhauer alsbald Abschriften der zwischen ihm und dem Factor der altenburger Druckerei gewechselten Briefe und schreibt ihm am 1. September 1818:

„Mein Herr! Auf Ihren Brief von gestern erwiedere ich, dass Sie die einliegenden Briefe des Factors der Druckerey durchsehen wollen, und dass Sie daraus ersehen werden, *a)* dass Ihr *Ms.* ohne einen Tag Zeitverlust an ihn ist eingesandt worden; *b)* dass ich ihm die schleunigste Beförderung, den Druck zu 30 Zeilen, die sorgfältigste Correctur empfohlen habe; *c)* dass der Fehler wegen der Zeilen in der Druckerey gemacht, dass eine Veranlassung dazu dagewesen und es dem Werk, da es so ausläuft, zum Vortheil gereicht; *d)* dass, wenn die dritte Correctur hieher nach Leipzig geschickt werden sollte, eine Lieferung zu 5 Bogen auf die Woche unmöglich fällt, dass man aber, wenn ich darauf nicht bestehe, so viel liefern wolle, worauf ich erwiedert habe, dass man auch die dritte Correctur dort lesen und den Druck möglichst beschleunigen solle, weil ich Ihnen versprochen habe, dass bis zur Messe also im October (dass sich die Buchhändler-Messe anders dehnt, als die Messe der Waarenhändler können sie von jedem Lehrburschen erfahren) 40 Bogen (so stark haben Sie Ihr Werk angegeben) gedruckt seyn müssten; man Ihnen übrigens direkt die Aushänge-Bogen zusenden solle. — Sie werden hieraus abnehmen, dass ich als ein ordentlicher, pünktlicher und verständiger Geschäftsmann gehandelt habe und mich kein Vorwurf trifft. Selbst setzen und drucken kann und will ich Ihr Werk nicht. Ich muss mich an Andere wenden. Geschieht dies an eine so ansehnliche und wohl administrirte Druckerey als es die altenburger ist, so trifft mich, wenn man die Welt nimmt wie sie ist und sie sich nicht nach Vorstellung abstrahirt, kein Vorwurf. Wenigstens will ich mich gerne vor eine Jury vernünftiger Menschen deshalb stellen lassen.

„Was das Honorar betrifft, so können Sie solches (und zwar 40 Ducaten) dem Contract gemäss bey der Ablieferung des Rests vom *Ms.* in Empfang nehmen, nehmen lassen, oder von mir eingesandt erhalten. Dem wahren Manne von Ehre genügt das Wort, das einfache. Meine Erfahrung hat mich gelehrt, dass es vorzüglich nur Windbeutel sind, die etwas «bei ihrer Ehre» oder «auf Ehre» betheuern.

„Wenn Sie anführen, dass Sie allgemein dort hörten, ich lasse auf das Honorar (doch gegen Contrakt) warten, so werden Sie mir erlauben, dass solange Sie mir nicht wenigstens einen einzigen Autor namentlich aufführen, den ich darüber zur Rede stellen kann, ich Sie für keinen Ehrenmann halte. Das «allgemein» will ich Ihnen ersparen. Dies zur Antwort auf Ihren Brief. *Brockhaus.*"

Schopenhauer sandte hierauf den Rest seines Manuscripts an Dr. Wiesand in Leipzig, indem er diesen zur Empfangnahme des Honorars bevollmächtigte, und letzteres wurde demselben am 18. September mit 40 Ducaten ausbezahlt. Darauf erst schrieb Schopenhauer am 22. September wieder an Brockhaus, doch ist dieser Brief nicht erhalten. Jedenfalls war darin der Schluss von Brockhaus' letztem Briefe mit Stillschweigen übergangen, denn dieser entgegnete am 24. September:

„Mein Herr! Ich hatte in Ihrem Briefe vom 22. vor allem andern einen Beweis für Ihre injuriösen Behauptungen in Ihrem früheren Briefe oder einen Widerruf derselben erwartet, und da sich weder das Eine noch das Andere darin befindet, und ich Sie nach meiner Erklärung also fortan für «keinen Ehrenmann» halte, so kann deshalb auch künftig kein Briefwechsel weiter zwischen uns stattfinden, und werde ich daher Ihre etwaigen Briefe, die ohnehin in ihrer göttlichen Grobheit und Rusticität eher auf einen Vetturino als einen Philosophen schliessen lassen möchten gar nicht annehmen, wenn ich Ihre Handschrift auf der Adresse erkenne, und auf alle Fälle den Inhalt gar nicht beachten. Was ich zu thun habe, weiss ich selbst und bedarf ich dazu keiner Erinnerung, die in den sackgroben Formen, worin Sie solche kleiden, ohnehin immer entgegengesetzte Wirkungen hervorbringen.* Ich hoffe nur, dass meine Befürchtung, an Ihrem Werke blos Makulatur zu drucken, nicht in Erfüllung gehen werde."

Mit dieser Dissonanz, sagt Dr. Eduard Brockhaus, dessen angeführtem Werke diese Correspondenz zum Theil entlehnt ist, „schloss der an Harmonien ohnehin nicht reiche briefliche und geschäftliche Verkehr zwischen Schopenhauer und Brockhaus, wenigstens findet sich keine Spur einer Wiederaufnahme desselben, weder beim Erscheinen des Werks noch in den folgenden Jahren. Brockhaus suchte zunächst seine übrigen Verpflichtungen gegen Schopenhauer ebenso gewissenhaft zu erfüllen, wie er es in Betreff der Auszahlung des Honorars gethan hatte; er drängte die altenburger Druckerei und äusserte dabei einmal, noch vor dem vollständigen Bruche mit Schopenhauer: «Ich muss mich mit diesem Menschen sehr zusammennehmen, weil er ein wahrer Kettenhund ist.» So konnte das Werk, wenn auch nicht im October, doch noch vor Ende des Jahres 1818 erscheinen." Schopenhauer erhielt durch J. G. von Quandt die letzten Aushängebogen, sowie die Freiexemplare, als er sich bereits in Rom befand. Ende September war er über Wien nach Italien abgereist.

---

* Worin zugleich der Humor der Sache liegt, da Schopenhauer in diesem und ähnlichen Fällen fest überzeugt war, mit dem angeschlagenen Tone das zweckmässigste Mittel gewählt zu haben.

VI.

1818—1819.

Die Hast, mit der er nach längst gefasstem Entschlusse kurz
vor dem Erscheinen des Werks Deutschland den Rücken kehrte,
trägt etwas von dem eiligen Rückzug dessen an sich, der soeben den
Zunder an ein grosses Feuerwerk gelegt hat. Das stolze Gefühl,
der Welt seine Schuld abgetragen zu haben, begleitete ihn über die
Alpen. Gleich seinem grossen Vorbilde Goethe brachte er die
gediegenste Vorbereitung zum Genusse des classischen Bodens mit.
Damals schämte man sich in Deutschland noch, diesen unwissend
zu betreten; eine Schüchternheit, welche die Kraft des Dampfes
längst überwunden hat. Die dresdener Sammlungen hatten sein
Verlangen nach den Quellen aufs Höchste gesteigert. Des Italienischen war er durch Privatunterricht und Lektüre bereits so weit
mächtig, dass er sich verständlich machen konnte. Später lernte
er selbst die Dialekte sprechen. Die Herrschaft über ihre besondere Mundart ist bekanntlich der Schlüssel zu dem Herzen der
Italiener; ihm sollte sie dort auch die besten Fremdenkreise eröffnen, wo er mit seinen Sprachkenntnissen in mancher Lage ganz
unentbehrlich wurde. Der erste längere Aufenthalt galt Venedig, das
ihm freilich nicht in der Gestalt des deutschen Stubengelehrten sah.

Am 1. Nov. 1818 schreibt er dort in sein „Reisebuch": „Wer
plötzlich in ein ganz fremdes Land oder Stadt versetzt wird, wo
eine der seinigen sehr verschiedene Lebensweise, wohl gar auch

Sprache herrscht, dem ist zuerst wie dem, der in kaltes Wasser gestiegen: ihn berührt plötzlich eine von der seinigen weit verschiedene Temperatur, er fühlt eine gewaltsame, überlegene Einwirkung von Aussen, die ihn beängstigt. Er ist in einem ihm fremden Element, in dem er sich nicht mit Leichtigkeit bewegen kann: obendrein fürchtet er, weil ihm Alles auffällt, eben so Allen aufzufallen. Aber sobald er sich etwas beruhigt, sich in die Umgebung gefunden und von deren Temperatur ein wenig angenommen hat, wird ihm, wie dem im kalten Wasser, ausserordentlich wohl: er hat sich dem Element assimilirt, er hört sodann auf, sich mit seiner Person beschäftigen zu müssen und wendet seine Aufmerksamkeit rein auf die Umgebung, der er, eben durch die objective, antheilslose Betrachtung jetzt sich überlegen fühlt, statt vorhin von ihr gedrückt zu werden." *

Mit diesem Wohlgefühl trat er ins Land der Schönheit. Zum Pedanten war er weder geschaffen, noch erzogen. „*Schopenhauer n'est pas un philosophe comme les autres; c'est un philosophe qui a vu le monde*", sagte nachmals die „*Revue contemporaine*" von dem Schriftsteller: auch der Mensch war insoweit ein Mann von Welt, als er seine Jugend genossen hat, wie zur selben Zeit in derselben Stadt der, im äussern Leben freilich weit günstiger gestellte andere berühmte Pessimist, der Dichter des „Kain". Ein fast unbändiger „Wille zum Leben" musste beide durch dessen Höhen und Tiefen treiben, wie hätten sie sonst dasselbe darstellen können, wie sie es dargestellt haben.

Beide erlebten damals ihre „venetianischen Geschichten". Byron, der um dieselbe Zeit jenes Werk schuf, von welchem Goethe sagte, es sei „grenzenlos genial, menschenfeindlich bis zur herbsten Grausamkeit, menschenfreundlich in die Tiefen süssester Neigung sich versenkend", schreibt am Ende der Carnevalszeit an Th. Moore: „*I will work the mine of my youth to the last veins of the ore, and then — good night. I have lived and am content.*" So

---

* Frauenstädt, Memorab., S. 346.

konnte auch Schopenhauer, jener Zeit gedenkend, die Worte seines
göttinger Studiengenossen Ernst Schulze gebrauchen: „Wahrlich
ich habe gelebt! fest an die feurige Brust drückt' ich das blühende
Sein." Noch im späten Alter überkam ihn eine ihm sonst ganz
fremde weiche Stimmung, wenn er von Venedig sprach, wo die
Zauberarme der Liebe ihn eine Zeit lang umstrickt hielten, bis
die innere Stimme ihm gebot, sich loszureissen und seinen Weg
allein weiterzuwandeln.

Lord Byron liess sich im Winter 1818 — die nächtlichen
Gondelfahrten und Redouten, wo er maskirt blieb, ausgenommen —
an öffentlichen Orten nicht sehen und wich neuen Bekanntschaften
von Distinction bis zur Unhöflichkeit aus: gab er doch der Gräfin
Benzoni, als diese im April 1819 ihm seine nachmals so heiss geliebte Teresa, Gräfin Guiccioli-Gamba vorstellen wollte, anfangs
eine abschlägige Antwort und fügte sich zuletzt nur aus Verbindlichkeit gegen die ältere Freundin. Er pflegte aber, wenn
das Wetter es irgend erlaubte, nach dem Lido zu fahren, wo er
in dem Fort seine Pferde stehen hatte, um seinen täglichen Ritt
längs dem Strande bis Malamocco zu machen. Bei einer solchen
Fahrt traf Schopenhauer im November mit ihm zusammen, eine
Begegnung, welche dieser um so besser in der Erinnerung behielt,
als die, seine Gondel mit ihm theilende venetianische Freundin —
sie hiess auch Teresa — durch ihr lebhaft ausgesprochenes Wohlgefallen an Byron's glänzender Erscheinung seine Eifersucht erweckte.

Auch den, zehn Jahre jüngern edeln Dichter Leopardi, dessen
Lyrik an Reinheit und Tiefe die Byron's übertrifft und den Pessi-
missmus auf seinen denkbar höchsten poetischen Ausdruck gebracht
hat, sollte Schopenhauer, obwol beide 1823 gleichzeitig in Rom
waren, nicht persönlich kennen lernen. So gingen damals, wie so
oft, drei congeniale Geister in nahen Bahnen fremd aneinander
vorüber. Ja um dieselbe Zeit befand sich Chateaubriand in Italien,
sodass die vier grossen „Weltverächter" die schönste Gelegenheit
gehabt hätten, neben dem Congress von Verona einen Pessimisten-
Congress abzuhalten.

In der zweiten Hälfte des November reiste er über Bologna nach Florenz und Rom, wo er den Winter über blieb. Die italienische Literatur nahm er eifrig zur Hand. Sein Lieblingsdichter, dessen Geist ihm Fernow zuerst erschlossen hatte, blieb merkwürdigerweise Petrarca. Die Lehrhaftigkeit Dante's war nicht nach seinem Geschmack. Ariost und Boccaccio fand er nur amusant und der weltgeschichtliche Ruhm des letztern blieb für ihn immer ein Anstoss. Tasso und Alfieri gestand er nur untergeordneten Werth zu. Im Gebiete der Kunst wandte er seine Aufmerksamkeit vorzugsweise der antiken Architektur und Plastik zu. Für die Malerei besass er einen weniger scharfen Sinn, als seine Untersuchungen über die Farben vielleicht voraussetzen lassen. Ueberhaupt war sein ästhetisches Gefühl technisch nicht in dem Maasse begabt, wie es viele seiner Leser vermuthen. Die Schwerkraft seines Geistes lag so ganz auf einer andern Seite, dass es vielmehr zu bewundern ist, wenn er auch nur in einzelnen Gebieten der Kunst — abgesehen von dem der Philosophie näher verwandten poetischen — Talent des Sinnes verräth. Die reichen Anschauungen, die ihm sein Leben bot, darf man hierbei nicht in Betracht ziehen; denn was nicht in dem Menschen liegt, kommt nie durch Anschauen in ihn hinein. Leben doch unzählige inmitten der grössten Kunstwerke und bleiben stumpf, wie sie geboren sind. Das Talent dagegen, im elendesten Dorfe vergraben, trägt die Welt von Schönheit, die es erfüllt, auch ungeweckt in sich; und fehlt der Sinn, so hilft selbst der höchsten Geisteskraft die Anschauung wenig. Dies zeigt vielleicht keiner schlagender als Lord Byron, der für die grössten Meisterwerke der bildenden Künste stets unempfänglich geblieben ist.

Schauspiel und Oper besuchte er fast regelmässig. Seine Vorliebe für Rossini stammt aus Italien, wo er mit der italienischen Oper auf jene leichte Art bekannt wurde, die durch unausgesetzte Wiederholungen auch den Laien allmählich ein Urtheil gewinnen lässt. Sein geselliger Verkehr beschränkte sich meist auf den Umgang mit gebildeten Reisenden, namentlich Engländern, wodurch ihm allmählich englische Sprache und Sitte so vertraut wurden, dass er nach der Rückkehr von der zweiten italienischen Reise sein Leben ganz auf englischen Fuss stellte, indem er mit sich selbst englisch sprach, sein Rechnungsbuch englisch führte, englische Zeitungen las und sich mit englischen Utensilien umgab.

Dieser sein Umgang mit jungen Ausländern trug viel dazu bei, seine Lebensweise in Italien ungeregelter zu gestalten, als sonst in seiner Art lag. Als erregendes Centrum eines bald grössern, bald kleinern Kreises nahm er auch theil an allen Excentricitäten desselben. In höhern italienischen Familienkreisen Eintritt zu suchen, war ihm nicht bequem und lohnend genug; die mittlern aber stiessen ihn, so viel die Männer betrifft, durch ihren Charakter eher ab, als dass er sich angezogen gefühlt hätte. Man muss sich erinnern, dass dem Mittelstand in Italien vor einem halben Jahrhundert das nationale Ehrgefühl fast ausgegangen war, um zu verstehen, was Schopenhauer damals über den italienischen National-charakter sagen konnte: „Der Hauptzug ist vollkommene Un-verschämtheit: diese besteht darin, dass man eines Theils sich für nichts zu schlecht hält, also anmaassend und frech ist; andern Theils sich für nichts zu gut hält, also niederträchtig ist. Wer Scham hat, ist für einige Dinge zu blöde, für andere zu stolz. Der Italiener ist weder das eine, noch das andere, sondern nach Umständen allenfalls furchtsam oder hochfahrend." *

Ueber Schopenhauer's ersten römischen Aufenthalt können wir einen noch lebenden Zeitgenossen, den *per excessum naturae* trotz seiner Frühreife altersfrischen Karl Witte hören. Er war, ein Wunderkind, schon mit zwölf Jahren Schopenhauer's Commilitone in Göttingen, und theilt über sein Verhältniss zu demselben Folgendes mit: „Als ich in Rom mit ihm zusammentraf, war ich acht-zehn Jahr alt. G. E. Schulze's Logik, die ich einige Jahre zuvor gehört, hatten nicht vermocht, meine leider geringe philosophische Begabung zu wecken. So fehlte mir denn nur allzu sehr die Fähig-

---

* Frauenstädt, Memorab., S. 349.

keit, Schopenhauer's damals noch so wenig anerkannte hohe Bedeutung selbständig zu würdigen. Wir trafen uns wiederholt beim späten Mittagessen in der von Deutschen wenig besuchten *trattoria dell' Armellino*, woraus sich dann gemeinsame Beschauungen von Alterthümern und Kunstwerken entwickelten. Ungünstige Urtheile über ihn waren von Weimar aus in der römisch-deutschen Colonie, aber auch in Berlin, wo meine Eltern wohnten, verbreitet. Ich mag nun von meinem Umgang mit Schopenhauer nach Hause geschrieben haben und von dort aus gewarnt worden sein. Tagebücher führte ich nicht, dagegen hat sich ein vom 19. Februar 1819 datirter Brief an meine Mutter erhalten, aus dem ich Folgendes entnehme: «Mit Schopenhauer bin ich viel umgegangen. In der ganzen Zeit bemerkte ich nichts Schlechtes an ihm. Seine religiösen Ansichten würde ich nur dann so bezeichnen können, wenn sie auf sein Leben einen nachtheiligen Einfluss hätten. Dagegen habe ich viele Tugenden an ihm gefunden, unter denen seine unbeschränkte Wahrheitsliebe nicht die kleinste ist. Dagegen war sein Umgang in vielen Beziehungen lehrreich, in anderen interessant. Hier bestehen viele Vorurtheile gegen ihn, namentlich in Bezug auf das Verhältniss zu seiner Mutter, die ich möglichst zu widerlegen gesucht habe. Wie die Deutschen hier nun einmal sind, hat er sie sich fast Alle durch seine Paradoxien zu Feinden gemacht und ich bin wiederholt vor dem Umgang mit ihm gewarnt worden. Ich habe ihm daraus kein Hehl gemacht, und da ich allmählich mehr in Künstlerkreise gezogen ward, hörte unser Umgang auf, ein so ausschliesslicher zu sein, wie anfangs. Daraus erwuchs eine Verstimmung, die schliesslich wegen einer Kleinigkeit zum Bruche führte. Gewiss thut mir das recht Leid, und wo er zu vertheidigen ist, trete ich noch immer für ihn ein; doch ist die Sache nun einmal nicht mehr zu ändern. Ich wünschte sehr, zu erfahren, wie man in Deutschland über Schopenhauer's eben erschienenes Buch: Die Welt als Vorstellung und Willen, urtheilt.» — Darauf, worin die erwähnte Kleinigkeit bestanden, kann ich mich schlechthin nicht mehr besinnen. Ich weiss nur noch, dass ein Billet Schopenhauer's, durch das ich mich verletzt fühlte, den Ausschlag gab. Eines Tages hatte er im Café greco den für die antike Kunst so günstigen Umstand hervorgehoben, dass der Kreis der olympischen Götter den Künstlern die Aufgabe gestellt hätte, für die verschiedensten Individualitäten den leiblichen Ausdruck zu finden. Einer aus dem anwesenden Künstlerkreise, mich dünkt, es sei der Bildhauer Eberhard gewesen, warf ein: dafür haben wir ja die zwölf Apostel! Welches Entsetzen Schopenhauer's Antwort: Gehn Sie mir doch mit Ihren zwölf Philistern aus Jerusalem! hervorrief, kann man sich denken."

Die deutsche Colonie in Rom war im Winter zuvor durch die Anwesenheit des Kronprinzen Ludwig von Baiern auf den Gipfel ihrer Herrlichkeit gehoben worden. Nun muss man jene im Grunde unwahre und impotente, aus dem zweideutigen Boden Brentano'scher Romantik herausgewachsene neudeutsche Kunst mit den Augen ihrer Meister und Mitläufer sehen, um deren Enthusiasmus für diesen Kreis zu theilen; einem Schopenhauer konnte die phantastische Exaltation, die träumerische Verschwommenheit jener „guten Geister" (in deren Spitzen sich, auf der einen, talentvollen Seite grosse Unbildung — mit Ueberbildung und Verbildung auf der andern, talentlosen berührten) am wenigsten imponiren. In der ersten Zeit seines römischen Aufenthalts besuchte er die geselligen Abende im Café greco und in der Sabina, gerieth daselbst aber bald mit Convertitenthum und Teutschthümelei in Conflict. Kein Wunder bei einem Manne, dem alle historische Religion ein Unding war und der über sein Vaterland dachte, wie es in einem Fragmente des Euripides heisst:

Ἅπας μὲν ἀὴρ αἰετῷ περάσιμος,
ἅπασα δὲ χθὼν ἀνδρὶ γενναίῳ πατρίς. *

Dem durch eine verkehrte Erziehung noch engherziger und kopfscheuer, als er von Natur war, gewordenen, nach seinem Tode von

---

* Der weite Himmel ist des Adlers Bahn,
  Die weite Welt des Edlen Vaterland.

Herrn Johannes Janssen über Gebühr aufgebauschten Historiker und nachmaligen Stadtbibliothekar Joh. Fr. Böhmer scheint er die Galle besonders erhitzt zu haben; denn derselbe äusserte sich damals mit Bezug auf Schopenhauer: man müsse zum Wohl des Volks die gesammte Sippe dieser undeutschen und religionslosen Philosophen einsperren lassen. Und sein Biograph will über jene deutsche Gesellschaft im Café greco wissen: Schopenhauer habe mit seinen mephistophelischen Witzen eine Zeit lang „ein störendes Element unter den Genossen" gebildet und eines Tags durch die Behauptung, die deutsche Nation sei von allen die dümmste; habe aber gleichwol ein Uebergewicht über die andern erlangt, weil sie gar keine Religion besitze, unter den Anwesenden einen „Sturm der Entrüstung" hervorgerufen, sodass mehrere Stimmen mit Hinauswerfen gedroht hätten. * Also einsperren und hinauswerfen! *probatum est.*

Völlig aus der Luft gegriffen ist, was Ch. Bartholmèss beiläufig in seiner „Kritischen Geschichte der religiösen Doctrinen der neueren Philosophie" (Paris 1855, II, 443) über Schopenhauer's Lebensweise in Rom und Neapel vorbringt: „En voyageant, en méditant au milieu des trésors d'art et des beautés naturelles dont brillent Dresde, Rome et Naples, en évitant partout les hommes avec hauteur, les femmes avec mépris, et cela tandis qu'il faisait consister le lien et le bonheur social dans une mutuelle et universelle commisération, il combinait un système propre." Dieses „reine Phantasiestück", wie es Schopenhauer in einem Briefe an Frauenstädt noch allzu schmeichelhaft charakterisirt, ist nichts als ein Ausschnitt aus dem Gewebe von Oberflächlichkeiten, wie sie in Frankreich früher selbst ein Mitglied des Instituts zu Markt bringen durfte.

Im März 1818 reiste er nach Neapel, wo er den ersten warmen

---

* Joh. Fr. Böhmer's Leben, Briefe und kleinere Schriften, I, 56, II, 41. Vgl. auch Dr. Adolf Cornill, Joh. Dav. Passavant. Ein Lebensbild (Frankfurt 1864), S. 67.

Gruss aus der Heimat empfing. Es war ein Brief seiner damals zwanzigjährigen Schwester Adele, der uns die fehlenden Reiseberichte in etwas ersetzen kann. Das Zerwürfniss mit der Mutter hatte leider auch nachtheilig auf sein Verhältniss zur Schwester eingewirkt; wennschon er derselben innerlich näher stand als jener.

Luise Adelheid Schopenhauer hatte im Aeussern wenig Aehnlichkeit mit Mutter und Bruder. Sie war hoch und schmalschulterig gewachsen, hatte stark vortretende blaue Augen, volles weiches braunes Haar und glänzend weisse, hinter der kurzen Oberlippe leicht sichtbare Zähne. Sie besass eine ungemein seelenvolle weiche Stimme und entzückte in ihrer Jugend durch ihren Liedervortrag. Sie war einer von Goethe's erklärten Lieblingen, an welche auch mehrere in seine Werke aufgenommene Gedichte gerichtet sind, und mit seiner geliebten Schwiegertochter, Ottilie von Pogwisch, innig befreundet. Ihre vielseitigen Talente fanden von Kindheit auf die reichste Nahrung. Sie war geistvoll, schrieb und erzählte vortrefflich, zeichnete, malte und schnitzte. Den ihr angeborenen Kunstsinn bildete sie unter Goethe's Leitung und im Verkehr mit den Koryphäen der Kunstbestrebungen ihrer Zeit bis zu einer hohen Stufe aus. Ihre Urtheilskraft schätzte Goethe so hoch, dass er sich über Bücher aller Art, die ihm zugeschickt waren, von ihr Bericht erstatten liess. Alle diese ihre geistigen Vorzüge wurden aber von jener unverwelklichen Schönheit eines wahrhaft hochgeborenen Charakters überstrahlt, welche Freud' und Leid eines prüfungsreichen Lebens zuletzt mit überirdischem Frieden verklärte. In den Tagen des Glücks hatte ihre edle Natur es verschmäht, in eine oder die andere sie nicht befriedigende Ehe zu treten, wozu ihr mehr als eine Gelegenheit geboten war; aber auch nachdem sie Vermögen und Gesundheit verloren hatte, blieb ihr die Liebe Aller, die sie kannten, und sie trug den Schmerz eines unbefriedigten Lebens mit dem schweigenden Heroismus, dessen nur die edelste Weiblichkeit fähig ist. Ihre Bildung war, wie die geistige Atmosphäre, in der sie gross geworden, eine classisch humane, ebenso frei von allen nationalen, religiösen und socialen

Vorurtheilen, als rein und durch sittliche Schönheit geadelt. Sie hing besonders in jüngern Jahren mit inniger Liebe an dem Bruder und ihre Schuld war es nicht, wenn seine Misanthropie auch sie nicht verschonte. Doch erhob er sie, wenn er sie einmal verdammt hatte, das andere mal wieder in den Himmel und eine völlige Entfremdung liess die edle Natur beider nicht aufkommen.

Wie frühe auch sie den Ernst des Lebens erfahren, ist zwischen den Zeilen des sonst heitern Briefs deutlich zu lesen.

„Tausend Dank, lieber Arthur, weil du über den Zauberton Rom mein Andenken nicht überhörtest, sogar noch an die längst vergangene Zeit dachtest und so freundlich schriebst. Seit langen langen Zeiten hat mich nichts so durchaus erfreut, wie dieser Brief, wie diese Schilderung deines Treibens und Lebens. Wir gewöhnen uns, Rom und Italien, weil es uns unerreichbar ist, unerreichbar fern zu glauben, und so konnte ich selbst nicht begreifen, wie du und das ersehnte Land mir plötzlich so überraschend nah gerückt sein könnten, dass ich nun genau wisse, wie es dort um dich stehe.

„Ich begreife dein Gefühl ganz, wie dir der erste Eintritt dennoch vielleicht nicht genügte und du nichtsdestoweniger nachher alles geniessen konntest, wie es sich bot, ohne schwärmerische Aufwallung mit reiner betrachtender Ruhe, ohne dich mit Vergleichungen deiner Phantasiebilder zu martern; wie dir die Vergangenheit, in der du so viel lebst, wie zur Gegenwart verwirklicht wird, und wie dich das Alles immer im Bezug auf dein Werk doppelt erfreut und interessirt. Auch die wunderbar weiche Stimmung mit der du Venedig nennst, ist mir gar nicht fremdartig, mag nun die Zauberei sein wie sie will. Ich dachte, es käme immer schöner, schreibst du — ach es gäbe beinah gar keine Traurigkeit, wenn man das nicht eben so gar oft denken müsste! Es geht mit dem Leben ja ebenso, und wir müssen am Ende Alle damit enden, uns den Irrthum zu gestehen, und den Blick von uns weg auf Alles um uns her zu richten. Schön ists, dass man denn doch auch manchmal zurücksicht, recht weit zurück, noch weiter als von Rom — nach Venedig; nicht wahr?

„Da du mir nicht freiwillig erzählst, so frage ich: kennst du Thorwaldsen, Canova, und was hast du dort gesehen? kennst du Kestner in Rom? warst du bei der Humboldt? Niebuhr ist ein Esel, ich fand noch nicht Gelegenheit dem Goethe die Geschichte zu erzählen; warum, nachher. Ohne Zweifel ist Bunsen schuld, mir thut es leid, es war so der erste Anflug von Gefühl, was ich einmal für ihn empfand, ich war eben vierzehn Jahr und nun wird mir der Schlingel ein Philister! Magnus (?) ist noch in Italien, schwerlich aber in Rom. Was du über deinen Freund Ruhl schreibst, hat mich innigst erfreut. Ja, wohl liegt etwas unaussprechlich rührendes in der wunderbaren Geschichte. Als Maler ist er längst mein Augenmerk, ich sah sehr brave Sachen von ihm, nur zu wild, zu sehr nach der neuen Teuschheit schmeckend. Den Pinsel hat er sehr in seiner Gewalt; vielleicht dankt dir die Kunst in ihm noch viel, denn du musst ja Gewalt über ihn haben bei solcher Liebe. Es ist recht, dass du ihm gleich geschrieben, er ist doch ein seltner Mensch und verdient wohl, dass du kleinliche Rücksichten seinethalben übersiehst. Erhalte dir den Freund, ihm das Gefühl, man hat es wohl nicht oft im Leben. Möge dir das Glück immer so treu sein und die Missverständnisse alle so schön lösen — jede andere Versöhnung lässt einen Stachel zurück, diese bringt euch näher als ihr je war't, es ist ein Finden, kaum ein Wiederfinden zu nennen. *

„Nun lass uns von deinem Werke reden. Ich erhielt es vor kurzem. Quandt's Vater ist todt, daher die Verzögerung. Goethe empfing es mit grosser Freude, zerschnitt gleich das ganze dicke Buch in zwei Theile und fing augenblicklich an, darin zu lesen.

---

* Ludwig Sigismund Ruhl, geboren zu Kassel 1794, später Director der dortigen Kunstsammlungen, bereiste Italien mit seinem Bruder, dem Architekten Julius Eugen Ruhl, wo er mit Schopenhauer, den er vermuthlich schon in Dresden kennen gelernt, in Rom zusammentraf. Der in allen Stilarten bewanderte Künstler hat eine grosse Anzahl geistreicher Zeichnungen geliefert. Seine Umrisse zu Shakspeare waren mit Recht hochgeschätzt. Schwächere Compositionen haben sie verdrängt.

Nach einer Stunde sandte er mir beiliegenden Zettel * und liess
sagen: Er danke dir sehr und glaube dass das ganze Buch gut
sei. Weil er immer das Glück habe, in Büchern die bedeutendsten
Stellen aufzuschlagen, so habe er denn die bezeichneten Seiten
gelesen und grosse Freude daran gehabt. Darum sende er die
Nummern, dass du nachsehen könnest was er meine. Bald gedenkt er dir selber weitläufiger seine Herzensmeinung zu schreiben;
bis dahin solle ich dir dies melden. Wenige Tage darauf sagte
mir Ottilie, der Vater sitze über dem Buche und lese es mit einem
Eifer, wie sie noch nie an ihm gesehen. Er äusserte gegen sie:
auf ein ganzes Jahr habe er nun eine Freude; denn nun lese er
es von Anfang zu Ende und denke wohl soviel Zeit dazu zu bedürfen. Dann sprach er mit mir und meinte, es sei ihm eine
grosse Freude, dass du noch so an ihm hingest, da ihr euch doch
eigentlich über die Farbenlehre vereinigt hättet, indem dein
Weg von dem seinen abgienge. In diesem Buche gefalle ihm vorzüglich die Klarheit der Darstellung und der Schreibart, obschon
deine Sprache von der der Andern abweiche, und man sich erst
gewöhnen müsse, die Dinge so zu nennen, wie du es verlangst.
Habe man aber einmal diesen Vortheil erlangt und wisse: dass
Pferd nicht Pferd, sondern *cavallo* und Gott etwa *dio* oder anders
heisse, dann lese man bequem und leicht. Auch gefalle ihm die
ganze Eintheilung gar wohl — nur liess ihm das ungraziöse Format keine Ruh, und er bildete sich glücklich ein, das Werk bestehe in zwei Theilen. Nächstens hoffe ich ihn wieder allein zu
sprechen; vielleicht äussert er etwas Befriedigenderes. Wenigstens
bist du der einzige Autor, den Goethe auf diese Weise mit diesem
Ernste liest; das, dünkt mich, muss dich freuen. Wir, Ottilie und
ich, fingen dann auf gut Glück an; die Vorrede erschreckte mich
und ich wollte sogleich bei dem von dir bezeichneten Theil beginnen. Ottilie bestand auf dem Anfang, ich fand später zu viel

---

* Er enthält die Notiz: „pag. 320. 321. 440. 441. *Goethe.*" (3. Aufl.,
S. 261 fg. und 360 fg.)

fremde Worte und Andeutungen, die ich nicht verstehen konnte, freute mich aber sehr mir einbilden zu können, die ersten Seiten wirklich verstanden zu haben. Lass mich aber erst weiter lesen — etwa das, was du mir vorschlägst. Wenn ich einen Freund hätte, der mir's erklärte, läse ich wohl das ganze Buch. Traust du es etwa Quandten zu? Hier habe ich Niemand, als Häser, meinen Lehrer der italienischen Sprache. Ein gründlich gebildeter Mann, doch wollte ich lieber gestehen das sittenloseste Buch gelesen zu haben als ein Werk der Art — du kennst die Narren nicht, mit denen ich lebe. Häser könnte mich verrathen und ich wäre geliefert. Ich weiss wenig, doch zeige ich das schon nicht gern — und es ist auch gut so; denn uns Frauen kleidet vieles Wissen schlecht.

„Meinem innern Leben ist dagegen etwas Ernst nöthig, darum lerne ich wo ich kann und weiss, doch da ichs im äusseren nicht brauche, lass ichs ganz tief darinnen hausen und leben. Goethen sah ich sehr viel, der Kaiserin Aufenthalt führte Feste herbei, unter ihnen eine Redoute. Goethe erhielt den Auftrag die Werke der vier Schriftsteller, die hier ehemals vereint waren, im Zug wo möglich einzuschalten, insofern sie sich personificiren liessen. Er fasste die Idee auf und schrieb eine Reihe höchst wunderbarer schöner Gedichte, die drei junge Mädchen, als Epos, Tragödie und Nacht den Zug erklärend, vor der Kaiserin sprachen. Der Zug selbst bestand nun aus seinen, Schillers, Herders und Wielands Werken in buntester Mannichfaltigkeit und grosser Pracht aneinander gereiht. Wo es nöthig war, sprachen die vorgestellten Personen selbst, ausserdem Epos und Tragödie als Herolde des Festes. Die Nacht hatte den grössten Theil des Prologs und Alles auf die Kaiserin unmittelbar sich beziehende. Die Charakteristik jedes Dichters gieng seinen Gaben voran, die Ihm erklärte Goethen selbst. Der Tag schloss, von den Wissenschaften unterstützt, das ganze Fest. Wie mich dies ganz wunderbare Vorüberführen von Weimars längst vergangener Herrlichkeit ergriff, wie begeistert ich unter Goethe's Leitung als Tragödie auftrat, kannst du leicht denken.

Wir brachten einen ganzen Tag allein mit ihm auf dem Lande zu
und er wusste uns durch die Schönheit der Verse und der Ueberredung seines Eifers zum Unglaublichen zu vermögen. Du wirst
das, wenn es erst gedruckt ist, erhalten wenn du willst, und dich
wundern, dass dies mit einer Probe geleistet, in zehn Tagen gelernt werden konnte. So wie er einen Theil der Verse vollendete,
gab er ihn her, weigerte aber das Ganze dem B. zum Druck, da
er es selbst für zu ernst hielt, um es ungefeilt dem Publicum zu
übergeben. Seitdem nun ging ich oft mit Julie Eglofstein zum
Goethe, um dort zu lesen, ihn über Dramaturgie reden zu hören,
endlich dort zu spielen. Er studirte uns Paleophron und Neo-
terpe ein, was wir bald darauf in seinem Hause gaben. Jede
Woche bringe ich nun einen freien Abend dort zu, wir lernen
dabei weit mehr als man glaubt, denn er verbindet diesem Spiel
unendlich viel Schönes, Ernsteres. Nebenbei amüsirt es ihn selbst,
es erinnert ihn an seine Jugend, an Wolffs etc. etc. In diesem
Augenblick habe ich ihn zwar lange nicht gesehen, das heisst
acht Tage. Und weil ich im Erzählen bin, so lass mich gleich
meinen Winter-Bericht hinzufügen. Nach der Kaiserin Abgang
trat Trauer und Stille ein, und man gewann Zeit seine eigentlichen
guten Stunden zu geniessen. Ich habe viel in meinem engern
Kreise gelebt. Die Mutter schreibt einen Roman, der uns einen
Theil der Abende beschäftigt. Sie liest ihn vor, er kommt mir
ausgezeichnet vor und ich glaube, gerade Romane schreiben Frauen
am besten. Da ich anfange, die Stimme zu verlieren, habe ich
mich aufs Clavier verlegt und treibe es mit grossem Eifer. Nebenbei habe ich mir das Studium des Vasari auferlegt, weil ich nach
Dresden (auf vier Monate) gehe und die Gallerie dort mit etwas
gescheuterem Blicke als sonst sehen möchte. Lieber Freund,
schlucke die bittere Empfindung wieder hinunter: ich weiss wahrhaftig wohl, wie weh es thut, dass ich jetzt nach Dresden gehe —
doch habe ich das Versprechen, dich bei deiner Rückkehr zu sehen.
Ich reise nach Leipzig und du kommst hin oder lässt mich holen;
wenn ich in Dresden bin, will ich das schon vorbereiten. Ich

hätte dir den Schmerz ersparen können, aber seit vier Jahren sehne ich mich nach einer Gelegenheit etwas Rechtes zu lernen. Du wirst mich entschuldigen! nicht wahr? Grössten Theils danke ich der Mutter Erlaubniss, dich gewiss zu sehen, Quandten. Ich wusste es wohl, dass du ihn nicht liebtest; wir fühlen beide das Peinliche einer ganz unvollkommen gebliebenen Ausbildung und Richtung seines Wesens, es ist etwas ganz ungeordnetes, wildes in seiner Fantasie wie in seinem ganzen Leben. Mich ängstigte er früher oft ganz unbeschreiblich — dagegen rührte mich seine himmlische Güte des Herzens, seine Treue, seine Hingebung. So wird es dir auch oft ergehen. Er zieht nach Dresden, dort werde ich ihn jeden Tag sehen, er wird mich fragen ob du ihn liebst — ich will ihm sagen, was wahr ist, dass du ihm sehr gut bist; aber betrügen kann ich ihn nicht, denn er glaubt jedem meiner Worte. Ehe ich nach Dresden gehe, erwartet mich noch eine grosse Freude: die Wolff kommt auf einige Wochen. Du kannst mein Glück dir denken. Das Glück hat sich mir überhaupt wieder recht treu gezeigt, es drohte mir das Schlimmste was mir begegnen kann. Unser Hausgenosse schien sich nach Süden begeben zu wollen, die Mutter, die ohnehin hier ungern lebt, wäre sicher auch fortgezogen. Eine Reihe der wunderlichsten Zufälligkeiten stellt mich für dies Jahr noch ganz sicher.

„Was du mir über mein Gefühl in der Schweiz schreibst, ist mir höchst erfreulich. Du hast also doch verstanden, was ich eigentlich wollte. Ausser dir aber auch noch Niemand. Es ist wunderbar wie in uns doch dieselbe Natur aus allen Verschiedenheiten, die uns Geschlecht, Erziehung und Leben aufdrang, hervorblickt. Nur in deinem ungemässigten Stolze finde ich mich nicht, und doch begreife ich, wie du dazu kommst. Zugeknöpft! sagst du — und es thut mir weh, dass auch ich dir sagen muss: zuknöpfen ist das einzige Mittel dich ruhig zu erhalten. Aber wie dich auch das Schicksal oder deine Seele treibe gegen mich immer wahr! nicht so, mein Freund?

„Da schreibst du närrischer Mensch, ausser mir hättest du

nie eine Frau ohne Sinnlichkeit geliebt. Ich habe sehr gelacht.
Möchte aber fragen, ob du mich denn wohl, wenn ich nicht deine
Schwester wäre, hättest lieben können; denn am Ende giebt's
Frauen genug, die höher stehen als ich. Wenn also mein eigentliches Wesen und nicht der Schwestername mir deine Neigung
gab, könntest du eine Andre lieben, fast — sieh', ich sage fast,
ebenso lieben. Das Mädchen, die du nennst, jammert mich sehr,
ich hoffe zu Gott du hast sie nicht betrogen; denn du bist ja
gegen Alles wahr, warum denn gegen so ein armes schwaches
Ding nicht? Was du für Kleinigkeiten von deiner Frau forderst!
Nur eben Alles, wie Alle. Doch wäre, dünkt mich, sehr leicht
ein Mädchen zu finden, die einen grossen Theil deiner Wünsche
entspräche, der Zufall walte nur — ihr findet eher zehn Frauen
als wir einen Mann. Häusliches Glück ist wohl das Schönste, was
uns dies Dasein giebt, und die Meisten gehen stumm, ohne Klage
hin und haben es nicht und dürfen es nicht einmal suchen. Ich
habe es auch nicht; mich drängt, mich quält fremde Einwirkung,
mich treibt mein Stolz oft zu Unfreundlichkeiten gegen Gerstenbergk, gegen die Mutter. Aber ich kann auch nur hier und dort
wieder halten was von meinem Glücksbau fällt, stützen und ver-
decken, mich zurückzuhalten streben und mich selbst in Schlaf
singen, wenn mich der Schmerz zu heftig angreift. Und das thue
auch du.

„So eben erhalte ich noch eine Nachricht von deinem Werke.
Minister Gersdorf hat es gelesen und ist sehr davon erbaut. Gerstenbergk hat mich danach gefragt, ich möchte es ihm aber nicht
gern geben. Ottilie sammelt immer alle Nachrichten dich be-
treffend ein, wahrhaftig du kannst stolz auf ihre Neigung zu dir
sein! Ueberhaupt fragen mich oft die Leute, besonders Eglofsteins
nach dir. Tinnette Reizenstein ist als Philosophin und Betschwester
hier, auf einige Wochen, angelangt. Was sie mit all den Grazien
angefangen haben mag, die ihr sonst günstig gewesen! Mich dünkt,
du warst auch ihr Anbeter? Uebrigens Alles beim Alten, Fremde
von Bedeutung sehen wir nicht; ich nehme die früher genannten

Theaterkünstler aus. Pückler und Haugwitz sind nicht gekommen. So begnügt man sich mit den alten wenigen Freunden; Froriep und Könneritz sind am meisten bei uns. Letzterer muss mir immer den Commentar zu dem von dir Gesagten liefern, er hat Kunstsinn und Geschmack und erzählt sehr hübsch. Von der Fackelnbeleuchtung der Antiken haben wir schon oft gesprochen. Nebenbei lese ich Krysalides Reise durch Italien, kann also immer im Geiste dir folgen.

„In Venedig hast du Byron nicht gesehen.* Das ist mir höchst fatal und unerklärlich; denn wenig Dichter haben mich so angesprochen, wenigere haben mir den Wunsch sie zu sehen gegeben. — Lebe wohl! mein Brief ist ein Buch worden — und ein neumodisches, ohne inneren Zusammenhang der Einzelheiten. Es hängt darum doch Alles in mir ganz ordentlich zusammen; aber mein Leben bringt es mit sich, dass ich bald den Speisekammerschlüssel, bald die Palette, den Federhut und die Schreibfeder wechselnd ergreifen muss. Ich glaube zwischen den Zeilen dieses Briefes liegen wohl zwanzig Sorten von Stimmungen und Geschäften. Anfang und Ende aller ist meine herzliche Liebe zu dir. Adio! deine *Adele*.‟

In den folgenden Monaten kehrte er über Rom und Florenz nach Venedig zurück. Im Mai 1819 antwortet ihm die Schwester wieder auf einen inhaltreichen Brief. Da heisst es unter anderm: „Sehr seltsam ist mir's von dir vorgekommen, dass du vom Sterben, von Testiren sprichst — du fühlst dich doch nicht kränker? Wie wunderbar in dir Misstrauen und Glauben, das Hohe und Niedere sich vereinen, spricht sehr in diesem Briefe sich aus‟ (der Brief enthielt ein Geständniss des Bruders) „du vertraust mir

---

* Vermuthlich ein Missverständniss; es müsste denn sein, dass er erst später in Erfahrung gebracht hätte, wer jener in der Lagune mit ihm zusammen Getroffene gewesen, was bei Byron's allbekannter Persönlichkeit nicht wahrscheinlich ist. Dass er ihn im November 1818 in Venedig gesehen, hat er mir selbst erzählt.

unbedingt und weiss Gott, du sollst dich nie in mir, in meiner
Liebe täuschen — — drei Monate warst du in Rom! Mein Byron
nennt sie die Niobe der Nationen. Mich hat das immer unbeschreiblich ergriffen und das Eine Wort hat mir die Idee des Empfindens
mit dem ich Rom einst sehen werde *, gegeben. Die üble Wirkung, die der schneidende Contrast des Neuen und Alten, des Gemeinen, schmutzig Widrigen mit dem Edleren und Hohen macht —
so wie du sie mich errathen lässest, so habe ich sie mir immer
gedacht. Dein Urtheil über Canova befremdet mich, man gibt
ihm Spielereien mit seiner Kunst schuld und unter Allem erträgt
der wahre Genius dies am wenigsten — — Ueber deine Westen-
noth und Visitenplage bei der Humboldt habe ich gelacht. Ist
der Zweck dem Maass der Arbeit entsprechend, so thue ich was
erforderlich. Sintemal nun eine Weste sehr schnell angezogen ist,
hätte ich sie vertauscht und in der einen Secunde vielleicht einen
erfreulichen Abend gewonnen. — Halb scherzend berührst du den
übeln Ruf" (als Ungläubiger und Atheist) „den du nach Rom gebracht und dort leider reisend hinter dir liessest. Es ist mir ein
unaussprechlicher Schmerz, wenn ich etwas der Art höre. Im
Nothfall tritt das Urtheil mit Füssen; aber ich beschwöre dich,
mache dir's nicht zur Lust. Die Anklagen, die du mir nennst,
konnte ich errathen. Lass dir gestehen, dass ich mit aus Feigheit

---

* Es geschah 27 Jahre später an der Seite ihrer Freundinnen, der
kunstsinnigen Sibylle Mertens-Schaaffhausen und Ottilie von Goethe. Am
30. Dec. 1847 schreibt sie dem Bruder von Neapel aus: „Deine Prophe-
zeihung, lieber Arthur, dass mich Rom langweilen werde, ist an mir
zu Schanden geworden: ich habe fast zwei Jahre mit stets sich erneuern-
dem Interesse dort gelebt und sogar hier weiss ich noch wie schön
es ist — — Ottilie behauptet, Bilder ersetzten mir die Menschen. Sehr
möglich. Das Gefühl der Schönheit ist ein sanftes Glück und in der
Kunst bleibt es ungetrübt. Ueber Italien werde ich wohl niemals viel
reden, ich fühle den sehr grossen Einfluss, den es auf meine ganze
Seele gehabt: es hat mich von mir selbst gelöst und ganz fremde, ganz
andere Interessen und Ideen mir geweckt. Dass mir die Kunst soviel
gewähren könne, wusste ich nicht."

dein Buch oft bei Seite lege, wenn ich irgend etwas Einzelnes darin lese. Eure philosophischen Ansichten sind mir nicht ganz fremd, und ob ich gleich nichts weniger als bigott, nicht einmal ganz echt christlich bin, wie man es jetzt wenigstens so nennt, so fürchte ich doch: dein Glauben, deine Meinung widerspricht der meinen, und ich scheue den Schmerz dieser Verschiedenheit. Nie kann ich mit dir darin übereinstimmen, dass du dir aus der Verachtung der Menschen nichts machst: reisse wie du willst an der Lebenskette, die uns Alle verknüpft, du reissest dich doch nicht los, und es ist eine grosse Frage, ob nicht Stunden kommen, wo du die Menschen brauchst, über die du dich jetzt stolz erhebst. Gesetzt aber es wäre dann möglich gewesen zu vollbringen, was du für nöthig fandest, ohne diesen Hass auf dich zu laden, es fände sich gar, dass diese kleinen Misshelligkeiten, die zu grossen führen, mit deinem Werk in gar keiner Verbindung ständen? wie dann? Ich bin fest überzeugt, der Uebermuth, den die innere Kraft auch mir zuweilen giebt, der ists, der dich treibt, immer mehr und mehr gegen dich zu stellen; je grösser der feindliche Haufe, je grösser der Sieg, je grösser der Stolz — aber, am Ende, war's der Mühe werth? ist etwa der ganze Sieg gar unnöthig und kämpftest du mit Windmühlen, die zu umgehen viel leichter, sicherer und klüger war? — — Dein Schimpfen über Teutschland sollte mir geläufige Sprache sein: die meisten geistreichen Männer unserer Zeit führen sie; ich aber hafte zu fest am vaterländischen Boden, um etwas anderes als immer wachsenden Schmerz zu empfinden. Mein Freund, zur Ruhe kommst weder du noch einer der Andern, so bald wenigstens. Mir scheint das Ende dieser momentanen Ausruhn-Ruhe schon ziemlich nah, und vielleicht müssen wir unsere eigentliche Spektakelzeit erst noch erleben. Doch du sitzest ruhig in Italien und hast bei manchem grossen Vorzug auch noch den, dass du nicht jede Zeitung lesen oder erzählen und überhaupt nicht viel Politik hören musst. — — Goethen habe ich von dir erzählt. Deine sechzehn Engländer belustigten ihn sehr. — Die Sandische Geschichte hat ihn ungewöhnlich ergriffen, er spricht fast immer Politik und scheint im Innersten tief verwundet, obgleich er immer äussert, er habe vorausgesehen, dass es so kommen müsse . . . als unvermeidliche Folge der gewaltthätig eingreifenden Rohheit — es ist traurig diese Andeutungen zu hören, er spricht sich nur selten in einzelnen Worten aus, doch seine Meinung ist klar. — — Wo magst du sein? In Mailand oder Bologna oder gar im geliebten Venedig? Deine Geschichte daselbst fängt an, mich zu interessiren, möge sie glücklich enden — die Geliebte ist reich, sie ist von Stande gar, und doch meinst du, sie werde dir folgen wollen? Wunderlich, dazu gehörte Liebe!' hättest du die wirklich gefunden, dann thätest du gar wohl, sie zu erhalten . . . Am Ende sitzest du auch wohl bereits in Venedig?" (Es war in der That der Fall) „Und ökonomisch willst du sein und verliebt dabei? Und *triste raison*! ausrufen und von zerstörten Träumen reden? Es giebt doch Träume, die lange dauern, darum schreie ich mich nicht selbst wach, ich versuche sie zu halten. Und am Ende — bist du auch in Venedig. Ach ich mache dumme Spässe und doch thut mir's innerlich recht weh, dass in deinem einen Briefe zwei Liebesgeschichten sind ohne Liebe und Alles dies doch nicht ist, was ich dir gewünscht hätte. —

„Nun wie ich lebe? In Saus und Braus, seitdem alles gesund ist; wir fahren viel aus, ich bin fast den halben Tag mit meinen Freunden in der freien Luft und halte diese Zeit nicht für verloren, weil ich mich viel gesunder fühle. Goethen sehe ich alle Mittwoch, wo wir Abends bei ihm essen. Er hat mir ein sehr schönes Blumenstück von Seger zum Copiren gegeben. Mein Inneres ist klar und heiter, wie der blaue Himmel über mir, Ottilie fehlt mir, aber ich gönne ihr ihr Glück in Preussen zu sein, da sie's Jahre lang wünschte. Die Mutter ist unendlich freundlich und gut, die Freunde kommen viel, alles um mich her ist mir eben recht — — *adio caro*, behüte dich dein guter Geist vor Venedig! denke meiner oft und bleibe mir recht treu und gut. Deine *Adele*."

Noch war dieser Brief nicht in seiner Hand, als ein anderer

nachgeschickt wurde, der mit den Worten begann: „Vielleicht erhältst du diesen Brief zwei Tage später als den andern — in diesen zwei Tagen liegt die Umwälzung meines ganzen Erdengeschicks." Er brachte die Unglückspost von dem Sturze des danziger Handlungshauses A. L. M . . . & Comp., welchem Johanna Schopenhauer den Rest ihres eigenen und fast das ganze Vermögen ihrer Tochter ohne weitere als wechselmässige Sicherheit anvertraut hatte. Auch der Sohn, durch hohe Zinsen verleitet, hatte sich überreden lassen, über achttausend Thaler, dabei die Erbschaft aus dem Nachlasse seines Oheims Andreas Schopenhauer, bei dem der Familie befreundeten, in grossem Ansehen und Vertrauen gestandenen, aber in den für Danzigs Handel furchtbaren Kriegsjahren herabgekommenen Hause gegen Solawechsel stehen zu lassen.

Man vergegenwärtige sich den jähen Umschlag in dem Leben seiner Mutter und Schwester. Nur der kleinste Theil von Adelens Vermögen wurde gerettet, während der Mutter eigene Kapitalien durch die kostspielige Lebensweise, durch die Kriegslasten und einen grossen Verlust in Russland damals bereits so weit aufgezehrt waren, dass vom Ersatze des infolge ihrer unvorsichtigen Verwaltung verloren gegangenen Erbtheils der Tochter nicht mehr die Rede sein konnte, aber Adele ertrug ihre plötzliche Verarmung würdig.

„Mein Weg ist rauh und hart", schreibt sie dem Bruder am 14. Januar 1820, aber meine Seele ist klar, und gewiss, mein Freund, ich werde nicht unglücklich sein. Gebe nur Gott, dass ich bei Ottilien bleiben kann! Dazu lasse er mir alle meine Freunde und ich werde zufrieden sein. Auch dich bitte ich innigst, traue mir mit der alten Liebe, verhärte dein Herz nicht gegen mich, selbst wenn ich zuweilen unbedacht heftig dir wehe that. Niemand auf der Erde liebt dich, wie ich, bedenke wohl was das heisst, und halte das Herz fest, was nicht leicht zu gewinnen war."

Die erfolgreiche Schriftstellerei Johanna's ermöglichte ein anständiges Weiterleben; aber der Contrast ihrer frühern und spätern

Existenz war doch so gross, dass Adele nachmals (im Februar 1836) an den Bruder schreiben konnte: „Ich habe jahrelange Qual erduldet; denn mein Vermögensverlust hat alle edleren, schöneren Verhältnisse geknickt, verdorben, mein Leben verpfuscht, weil ich lebte, als wäre ich wohlhabend und doch nicht heirathen konnte aus Armuth und weil mich die Scheinwohlhabenheit drückte wie eine Lüge."

Durch den vorerwähnten Brief Adelens, der ihn im Juni 1819 in Mailand erreichte, erhielt Schopenhauer die erste Kunde von dem gemeinsamen Unglück. Das Nächste war, dass er der Schwester schrieb: das Wenige, was ihm geblieben, sei er bereit mit ihr und der Mutter zu theilen, von welchem Anerbieten jedoch niemals der geringste Gebrauch gemacht worden ist. Irgendeine Geldverlegenheit erwuchs ihm durch die Zahlungseinstellung seiner Schuldner nicht; denn sein Creditbrief war bis zu seinem Austritte aus Italien honorirt worden, und noch in Mailand erhob er auf denselben eine grössere Summe.

Er fasste sofort den Entschluss, sich als Privatdocent zu habilitiren und zwar in Heidelberg, wo er anfangs Juli anlangte. Nachdem er über einen Monat dort verweilt, begab er sich zur Ordnung seiner Angelegenheiten nach Dresden, wo er den Winter über verblieb. Mit seinem Jugendfreunde, dem Philologen E. A. Lewald in Heidelberg ging er über die dortigen Verhältnisse zu Rath. Am 24. November 1819 schreibt ihm derselbe unter anderm: „Deine Vorstellung von dem Zustande unserer Universität sowie von dem Geist der Studirenden in Deutschland überhaupt ist etwas zu düster. Zum Theil ist es wahr, dass sie αφιλοκαλοι und sehr aufs Brotstudium erpicht sind; doch sind sie keineswegs durchgängig und in dem Grade, wie du denkst, für alles Andere unempfänglich, noch weniger unfähig für das Edlere geweckt zu werden. Mit dem Beispiel A. W. Schlegel's, welches du anführst, mag es wohl seine Richtigkeit haben; doch er selbst ist, wie man weiss, durch sein affektirtes Wesen ein wenig schuld daran, dass seine Vorträge nicht den verdienten Beifall finden. Es kömmt, wo nicht alles, doch sehr vieles auf die Art an, wie die Sachen gelehrt und betrieben werden. In der Philosophie ist hier wirklich eine von Vielen anerkannte Lücke, und abgesehen von dem Werth deiner schriftstellerischen Arbeiten wird es solchen erwünscht sein, einen jungen Mann hier auftreten zu sehen, der das Interesse der Zuhörer zu wecken im Stande ist."

Trotzdem kam er, wie mich dünkt nicht zum Vortheil seines Lebenszwecks, von Heidelberg ab. Zur selben Zeit schrieb ihm Adele von Danzig, wo sie seit dem Ausbruche des M...'schen Bankrotts mit der Mutter weilte: „Warum du nach Heidelberg gehst, da die Universität sinkt und‘ nicht nach Bonn, wo ein neues Leben sich öffnet, ist mir räthselhaft. In Heidelberg ist in geselliger Hinsicht unangenehm leben. — Ueber dein Buch las ich eine Recension im neuen litterarischen Wochenblatt Kotzebou's. Ich denke fast, sie ist aus Weimar, etwa von Riemer. Ich freute mich, eine Ansicht des Ganzen daraus zu erhalten; doch ist sie zu zierlich und leicht, zu damenmässig für ein so ernstes Werk. Dennoch ist der Schreiber gescheut und Manches hat mich sehr frappirt, Einiges mir als wahr in die Augen leuchten wollen. Lob und Tadel kann dir jetzt vom Einzelnen beinah gleich gelten; die Hauptsache bleibt, dass dein Werk bekannt werde, damit dadurch dir neuer Lebensstoff erwachse; denn die Gegenwart hält ja auch dich! für kommende Jahrhunderte arbeiten ist gross, erhebend schön; gearbeitet haben lässt eine peinigende Leere zurück. Darum wünsche ich dir sogar einige Kämpfe mit den Zeitgenossen, Niederlage und Sieg, wie's kommt. Das ist ja das Band, das dich ans Leben knüpft."

Und neben dieser herrlichen Paränese an den Bruder sagt sie, nach der Mittheilung ihrer Plane für die Zukunft, über sich selbst: „Mein Herz ist schwer, aber mein Sinn ist klar, ich weiss was ich will und was ich soll. Ich bin heiter; denn die Natur hat mir unendlichen Trost gegeben. Danzig liegt in einem Paradiese: wie ein Stammbuch der Welt gemahnt es mich oft, wenn ich umherstreife. Von allen Ländern findest du Proben: oft begrüsst mich mein herrlicher Rhein, oft Schwaben, oft sogar ein Eckchen Schweiz. Ach Arthur, wie oft denke ich auch, ich wollte es wäre ein Traum! Wem gab nicht das Schicksal eine schaukelnde Gondel der Thorheit und wer verliesse nicht gern das feste Land der Wirklichkeit, der harten Nothwendigkeit, um wieder eingewiegt zu werden von den schmeichelnden Wellen? Nur, glaube ich, denken wir über Nothwendigkeit sehr verschieden: ich liesse viel- leicht an deiner Stelle den Traum nicht los, denn wenn es mög- lich ist, glücklich zu sein, so soll man geniessen. Beides, Ent- behren und Geniessen ganz und rein, ohne Umschränkung, wie es das Leben giebt! Darum wer weiss ob ich nicht nach Venedig eilte! Ich wüsste gern wie dir dort das Herz gebunden ward, denn nie habe ich eine solche Leidenschaft in dir für möglich gehalten. Geht es aber nicht, so schweige nur fort . . . So sehr ich zu- weilen die Blutsverwandtschaft zwischen dir und mir empfinde, wenn du plötzlich so aus meiner tiefsten Seele heraus denkst, so sehr schmerzt es mich, wenn ich so betrachte, wie dir doch noch alle Hauptschlüssel zu meinem Wesen fehlen, wie du sie gleichsam immer aus der Hand fallen lässest, in die ich sie lege."

Wir sehen hieraus, wie hart der Kampf war, den Schopenhauer damals zwischen Herzensneigung und erkanntem Beruf mit sich auszufechten hatte. Kein Wunder, dass ihn die schlimme Wendung in seiner und der Seinigen Vermögenslage, obwol dieselbe gerade wieder im rechten Augenblick eingetreten war, ihm das Losreissen von Venedig zu erleichtern, damals in gereizten Zustand versetzte, sodass er das ihm angeborene Uebermaass von Misstrauen selbst der Schwester gegenüber nicht zurückzuhalten vermochte. Dieselbe rücksichtslose Energie, mit welcher er seines Herzens Wünschen, so bald sie ihn von der Verfolgung seines Lebenszieles abzulenken drohten, zu widerstehen wusste, entwickelte er auch zur Erhaltung der dazu nothwendigen Mittel, und da er den von seiner Mutter im danziger Schiffbruche unternommenen Rettungsarbeiten gegen- über seine eigene Taktik festhielt, so lag die Gefahr nahe, durch Vereitelung des versuchten Nachlassvertrags das Unglück für beide

Theile zu vergrössern. Ihn liess die Furcht nicht los, dass Adele
gleich ihrer Mutter nach Weiber Art in Vermögensfragen leichtsinnig und übereilt handele. Ja er mochte in seinem krankhaften,
ihm manchmal nützlichen und deshalb durch sein ganzes Leben
nur bestärkten Argwohn sogar durchblicken lassen, Mutter und
Schwester betrieben den von M... seinen Gläubigern angebotenen
Accord um desswillen, weil Adelen mit Rücksicht darauf, dass ihr
Vermögen dem Gemeinschuldner zur Zeit ihrer Minderjährigkeit
anvertraut worden war, von diesem eine vorzugsweise Deckung
durch nicht zur Masse gezogene Ländereien gewährt werden sollte.

Deshalb schliesst sie einen Brief vom 22. November 1819 mit
den Worten: „Du fühlst meine entsetzliche Lage, verarge mir also
nicht wenn ich jetzt ausser Stand bin, mehr zu schreiben. Gieb
mir bald Nachricht von dir — doch bitte ich dich ernstlich, reize
mich jetzt nicht durch Misstrauen. Ich bin so wund, gedrückt
und habe so verschiedene schmerzliche Losreissungen mit mir selbst
in der Stille abzumachen, dass ich nichts weiter ertragen kann.
Argwohn hat noch nie zu dem gehört, was ich erduldet, auch
die leiseste Andeutung tritt scheidend zwischen uns. Ich habe
deine Festigkeit, aber ich habe auch deinen Stolz, das vergiss
nicht."

Diese Warnung fruchtete nichts; er scheint ihr vielmehr vorgeworfen zu haben, dass sie ihm nur halbes Vertrauen entgegen-
bringe, denn am 9. December schreibt sie weiter: „Deinen gestern
empfangenen Brief eile ich zu beantworten: er lastet auf meiner
Seele. Und wie käme ich zu halbem Vertrauen? Kennst du
mich oder kennst du mich nicht? Und wie käme die gemeine berechnende Klugheit in meine Seele, die Gott Lob nie kleinlich
erschien? .. Du wirst mich immer gleich finden, aber ich will
nicht in einem fort in den Himmel erhoben und dann verdammt
werden; fasse endlich eine klare Idee meines Wesens — wo nicht,
gieb mich auf ... Deine Scherze verwunden mich gar nicht, ich
selbst bin oft heiter, lustig sogar; denn was geschehen soll, es
wird geschehen. Deine Recensionen kann ich nicht lesen, ich habe

nichts als die Danziger Anzeigen und die Berliner Zeitung. Ueber Venedig bleibt mir nur eine Note zu machen: ich schrieb «vielleicht» und dies Vielleicht ist eben die kleine Erklärung, dass ich's könnte, ich sage ganz kühn Alles für Alles, nichts für die Hälfte! Geniessen oder Entbehren ganz. Denn im Unrecht, in dem Verbotenen oder als schädlich Erkannten liegt meine Unmöglichkeit des Genusses, und es bleibt bei gänzlichem Entbehren und wo möglich bei einem ruhigen obendrein. Ginge ich nach Italien und bliebe, so richtete ich mich ein, ich würde genug zum Leben haben ohne das tragische Ende zu bedürfen und wüsste ganz genau ob und wie ich wagte. Folglich passt die Antwort nicht auf meinen Charakter. Es ist zwischen uns mancher Unterschied, darum habe ich bloss nicht bedacht, dass dein Glücklichsein das Opfer deiner ganzen Zukunft fordert, mein Glück * hingegen mir in der Zukunft vielleicht Schmerzen bereiten würde, denen ich kluger Weise entgehen konnte; aber meinem Beutel schwerlich schwindsüchtige Auszehrung zuzöge. Endlich bleibt noch zu bemerken, dass ich als Mann mich nicht einmal vom Stuhl viel weniger von einer Brücke stürzte, weil ich kein Geld hätte. Adio, es gehe dir gut, besser als mir."

Als sie heftiger in ihn drang, seinerseits den Nachlassvertrag mit M . . . anzunehmen, und er, aus Gründen, die wir kennen lernen werden, sich nicht dazu entschloss, wurde die leidige Angelegenheit schliesslich zum Anlasse eines mehr als zehnjährigen Zerwürfnisses der Geschwister. Sechzehn Jahre später schreibt Adele über diese Entzweiung: „Ich riss mich los von dir, weil mich dein Misstrauen erschreckte! Es ist eine traurige Geschichte; Vorwürfe verdiene ich aber nicht; ich habe in aller Unschuld gefehlt." Sie meint ihre Vermögensangelegenheit, die ihr vorgeworfene Uebereilung in der Zustimmung zu M.'s Accord und ihre Leichtgläubig-

---

* Dessen Erwägung sie zur Zurückweisung mehrerer Heirathsanträge vermocht hatte, die ihr der Bruder jetzt missliebig in Erinnerung gebracht.

keit dem letztern und dessen Gesellschafter sowie der Mutter gegenüber, die ihr Schulden verschwiegen hatte.

Schopenhauer selbst führte seine Sache, wenn man erwägt, dass
er von Natur zu nichts weniger als zum Geschäftsmann angelegt
war, mit merkwürdiger Geschicklichkeit und Consequenz zu Ende.
Indem er fest bei seinen Wechseln stehen blieb, ohne in den
Accord einzutreten, aber das Zustandekommen desselben durch die
Zusicherung, warten zu wollen, möglich machte, gelang es ihm
schliesslich, seine ganze Forderung zu retten.

Wie seine Feder bei diesem und ähnlichen Anlässen zum Schutze
des gefährdeten Patrimoniums thätig ward, ist charakteristisch und
nicht ohne allerhand Humor. Mancher seiner Schachzüge ist des
gewandtesten Advocaten würdig; dahinter aber lugt fremdartig die
des praktischen Zwecks unwillkürlich vergessende „objective Ansicht" hervor. Abgesehen von dem grossen Interesse, das seinen
Scharfsinn in Bewegung setzte, half ihm hier sein ausserordentlich
sicheres und starkes Rechtsgefühl im engern, d. i. juridischen Sinn.
Den neuestens nach Analogie des Kampfs ums Dasein von Jhering
in Mode gebrachten „Kampf ums Recht" hielt auch Schopenhauer
für Pflicht. In einem 1835 geschriebenen Briefe, mittels dessen
es ihm glückte, eine ihm mit seiner Mutter und Schwester gemeinschaftlich zustehende alte Forderung ohne den angesonnenen bedeutenden Abzug beizutreiben, heisst es: „Der Ausgang des Prozesses könnte keinen Augenblick zweifelhaft sein. In meinen Augen
wäre es deshalb unverzeihlicher Kleinmuth, wenn ich den Antrag
annehmen wollte: wer nicht bereit ist, sein Eigenthum, eben weil
es sein ist, erforderlichen Falls zu vertheidigen, verdient nicht es
zu besitzen."

Ende Januar 1820 hatte er von einem der M...'schen Masse-
verwalter, dem Senator Soermans, der überdies sein Oheim und
Taufpathe war, die wiederholte dringende Aufforderung erhalten,
dem von den übrigen Gläubigern angenommenen Accord, kraft
dessen diese mit dreissig Procent abgefunden wurden, beizutreten.
Diesem antwortet er:

„Ew. Wohlgeboren geehrtes Schreiben vom 18. dieses hat mir
nunmehr eine deutliche und gewiss richtige Ansicht der Sache gegeben, welche diese ist: Das Hauptactiv, das Weinlager, ist zwar
allerdings in der Bilanz richtig angeschlagen; aber zur allmälichen
preiswürdigen Realisation gehörten mehrere Jahre. Dazu haben
einerseits die Administratoren und andererseits auch die Gläubiger
keine Zeit noch Geduld. Der gerichtliche Concurs wäre noch lang-
wieriger und vielleicht auch sonst nachtheiliger. Eine schnelle
Realisation, unter Aufsicht der Administratoren, mittelst Auctionen,
würde zwingen die Weine vielleicht um ein Viertel des Werths
loszuschlagen: dann würden die Creditoren schwerlich auch nur
dreissig Prozent erhalten. Darum ist für alle Betheiligten der
Accord zu dreissig Prozent das Beste. Die Creditoren erhielten
doch nicht mehr durch Realisation. Das Haus kommt so besser
weg und kann sich einst erholen. Dies Alles ist, Ihren Briefen
zufolge Ihre Meinung und Ansicht, der ich alle Gerechtigkeit
widerfahren lasse, und die Sache nun auch so ansehe. — Wäre
ich nun nicht schon zuvor, wie Sie wissen, fest entschlossen gewesen, die dreissig Prozent, die mir nicht helfen können, nicht
anzunehmen, so würde ich eben jetzt erst jenen negativen Beschluss
fest fassen. Zwar sagen Sie, dass ich auch nachher, wann das Haus
wieder in eine bessere Lage käme, von M.'s Ehrgefühl etwas hoffen
dürfe; ich glaube es selbst, allein ich halte es für sicherer, dem
Ehrgefühl die Arbeit ein wenig zu erleichtern, indem man etwas
Nothwendigkeit ihm unter die Arme greifen lässt, und lasse mir
überhaupt nicht gerne schenken, was *par Dieu et mon droit* Mein
ist, von meinem Vater sauer und redlich erworben. Mein fester
Entschluss ist nunmehr dieser: ich genehmige den vorgeschlagenen
Accord keineswegs und trete ihm nicht bei; dagegen aber
werde ich weder dem Beschluss noch der Ausführung desselben
das mindeste Hinderniss in den Weg legen und gar kein Wasser
trüben. Meine Wechsel auf das Haus M ... sind nicht fällig und
können nie verfallen, da sie drei und sechs Monat nach Kündigung
lauten. Warum sollte ich, sie zu kündigen, einen so schlimmen

Zeitpunkt nehmen? Zwingen kann mich Niemand: vielleicht nicht einmal die gerichtliche Aufforderung aller Gläubiger zum Concurs, von der übrigens ja nicht die Rede ist. Meine Wechsel also bleiben noch sehr lange gut: darum werde ich mich in langer Zeit gar nicht rühren. Die Herren M . . . und A . . . . * werden mir gewiss recht gerne dereinst geben, was mein ist und mir für meine Geduld Dank wissen. Ich gedenke auch, wann jener Zeitpunkt einmal gekommen sein wird, recht glimpflich und unter gegenseitigen Rücksichten die Sache mit jenen Herren abzumachen, nicht etwa urplötzlich ihnen das Messer an die Kehle zu setzen.

„Dank dem Himmel und meinem Vater habe ich ja noch sonst ansehnliche und gutstehende Kapitalien, die ich jeden Augenblick einfordern kann; so dass die Umstände mich nie zwingen können, Leute, die meinen Schaden nicht suchen, durch ungestüme Zudringlichkeiten in Noth und Verlegenheit zu setzen. Ich hoffe, dass ich dereinst noch mit den Herren M . . . und diese auch mit mir zufrieden sein werden, und führe auf Ehre nichts schlimmeres im Schilde, als was ich zu erkennen gebe. Ew. Wohlgeboren sind hiedurch aller ferneren für mich in dieser Sache zu thuenden Schritte gänzlich dispensirt. Genehmigen die Creditoren den Accord, so verlassen Sie sich fest darauf, dass ich die Ausführung durch nichts in der Welt im Mindesten hindern werde. Entschlagen Sie sich darüber aller Besorglichkeit: ich sage es *bona fide*. Uebrigens aber nehme ich für meine Person und meine Ansprüche von der ganzen Verhandlung gar keine Notiz. Kurz und gut: ich passe.

„Das Einzige darum ich Ew. Wohlgeboren noch bitte, ist, mir s. Zt. anzuzeigen, ob der Accord zu Stande gekommen: widrigenfalls nämlich ich meine Maasregel ändern müsste. Für alle Bemühung, der Ew. Wohlgeboren sich in dieser Sache unterzogen haben, sage ich Ihnen meinen aufrichtigsten Dank und wünsche von Herzen die Gelegenheit zu finden, auch Ihnen einmal nützlich zu werden. Vielleicht trifft sich dieses um so eher, da ich fortan

---

* M.'s Schwiegersohn und Theilhaber.

in Berlin seyn werde und schon Mitte März dort eintreffen muss. Denn nach nunmehr erhaltener Erlaubniss von der Fakultät werde ich Ostern als *Doctor legens* im Fach der spekulativen Philosophie auftreten. Ob ich Zuhörer finde, steht dahin, da ausser dem ordentlichen Professor schon vier Doctores in diesem Fache bei der Universität sind. Mir bleibt aber keine Wahl: es ist das Einzige was ich thun kann. Ich verharre hochachtungsvoll Ew. Wohlgeboren ergebener *Arthur Schopenhauer*."

Hierauf stellte ihm der Chef des Handlungshauses, Commerzienrath A. L. M. in ausführlichem Schreiben vor: die Garanten des Accords wollten die Bürgschaft für dessen Erfüllung nur unter der Bedingung des Beitritts sämmtlicher Gläubiger übernehmen; auf seine spätere Zahlungsfähigkeit im Falle des Zustandekommens des Accords dürfe Schopenhauer sich keine Hoffnung machen, da er, M., ein alter Mann sei, der an die Fortsetzung des Geschäfts nicht denken könne. Dagegen laufe Schopenhauer Gefahr, den Concurs zu provociren, was er doch grossmüthig vermeiden wolle. Schopenhauer habe früher funfzig Procent verlangt: um nun ein Aeusserstes zu thun, wolle er ausser der Zahlung der Accordsumme noch einen nach einigen Jahren fälligen Wechsel über eine Summe von weitern zwanzig Procent der Gesammtschuld geben, in der Hoffnung, dass Schopenhauer dies geheim halte und ihn bei Verfall des Wechsels mit Schonung behandeln werde.

Schopenhauer antwortet am 28. Februar 1820: „Ew. Wohlgeboren geschenktes Zutrauen ist mir als solches heilig: daher gebe ich Ihnen mein Ehrenwort, dass ich es nie missbrauchen werde, welchen Gang auch unsere Verhandlungen noch nehmen mögen.

„Ich werde mich jetzt gegen Sie mit der grössten Freimüthigkeit und ohne allen Rückhalt erklären, damit Sie auch einmal wissen, wie Sie mit mir daran sind. Ich kann dies thun, da das, was ich Ihnen zu sagen habe, Ihnen schon durch die Natur der Sache bekannt seyn muss, und es deshalb nicht sowohl darauf ankommt, Sie davon zu unterrichten, als Sie zu überzeugen, dass auch ich es einsehe; damit Sie sich nicht fruchtlos bemühen mit ähnlichen Anerbietungen wie die letzte.

„Dass ich mich bereit erklärt hätte, fünfzig Prozent anzunehmen, ist durchaus nicht der Fall; sondern ist eine blosse Deutung, die es Herrn Soermans beliebt in eine ganz beiläufig hingeworfene Redensart hineinzulegen. Es ist nicht hübsch, dass er gegen sein Pathchen, das er vor zweiunddreissig Jahren in der Taufe hielt, dergleichen Mittel versucht: zum Glück kann das Kind aber jetzt mit Händen und Beinen um sich schlagen, und lässt nichts an sich kommen. Denn die Zeit, da er für dasselbe ohne weitere Vollmacht «Ja» sagen konnte, ist jetzt gerade vor zweiunddreissig Jahren gewesen.

„Einem klugen und erfahrenen Mann, wie Ew. Wohlgeboren, brauche ich nicht erst zu sagen, dass Niemand sich aus seinem Recht oder nur aus seinem errungenen Vortheil herauscomplimentiren lässt. Bei der langen Unterhaltung mit Herrn Soermans habe ich einen so guten Gesichtspunkt und Standpunkt gewonnen, dass man mich gar nicht mehr daraus verdrängen kann und ich jetzt Ihnen gegenüber ganz ohne alle diplomatischen Kunstgriffe, der Kürze wegen mit offen hingelegten Karten spielen darf.

„Der Gläubiger auf Hypotheke ist auf ein bestimmtes Grundstück gewiesen, mit welchem seine Rechte stehen und fallen: er benutzt seine Avantage. Der Gläubiger auf Wechsel hat nicht diese, sondern andere Avantagen und muss sie benutzen, wenn er kein Narr ist. Mein Recht haftet auf keinem Grundstück: dagegen aber auf Ihrer Person und der des Herrn A., und nach Ihrem Ableben auf den Erben beider. Wie könnte ich zweifeln, dass nicht Sie oder Ihr Herr Schwiegersohn, oder deren Nachkommen jemals wieder in den Stand kämen, mir mein Eigenthum zurückzugeben? Meine Wechsel sind perennirend, also mein Recht unauslöschlich. Für die Frist wachsen die Zinsen, die auf den Wechseln stehn. Sie sind jetzo so glücklich mit dreissig Prozent eine ungeheure Schuldenlast abzuwälzen. Ich melde mich nicht, kündige nicht meine Wechsel: jene ganze Verhandlung geht mich

nichts an. Ein Weiser sieht gelassen den Vogel Phönix verbrennen; denn er weiss, dass er verjüngt wieder auferstehn wird.
Sie sagen, dass Sie in keinen Wohlstand mehr kommen werden:
aber wie könnte dies auf mich wirken, während ich weiss, dass
Ihr Interesse Ihnen gebietet, dies in jedem Fall zu sagen? Ein
reicher und vornehmer Mann, wie Sie bisher waren, hat gewöhnlich einen Rückhalt. Sie sagen, Herr A. hat reiche Verwandte,
aber sie werden ihn nicht eher unterstützen, als bis er aller früheren
Verpflichtungen ledig ist: dann werden diese Anverwandten entweder ihn zeitlebens in der Noth lassen, oder auch — sich entschliessen einem brotlosen Gelehrten zu geben was sein ist, ihm
von seinem Vater hinterlassen.

„Sie sagen, wenn es zum gerichtlichen Concurs kommt, muss
ich mich melden, oder werde präcludirt. Nach sächsischem Recht
kann ich auch dann bloss von der zu vertheilenden Masse, nicht
von meinem Wechselrecht präcludirt werden. Aber gesetzt auch,
es wäre in Preussen anders, so kann ich noch immer jene Edictal-
ladung abwarten. Ueberdies aber weiss ich ja sehr wohl, dass,
da es Ihnen gelungen ist, mit fast allen ihren Gläubigern einen so
vortheilhaften Contrakt zu schliessen, Sie nicht der Staatskunst
mühevolles Werk zernichten werden, bloss um mir einen Possen
zu spielen, bei dem Sie sich selbst sehr viel mehr schaden und
ich am Ende doch nicht viel mehr verlieren kann, als wenn ich
jetzt nachgäbe. Denn zum Ganzen Ihrer Schuldenmasse verhält
sich ja meine Forderung wie 8 zu 395! Solche Kleinigkeit kann
jenes Gebäude nicht umstossen: selbst wenn meine Forderung dreimal so gross wäre, hätte ich das nicht zu besorgen. Uebrigens
dürfen weder Sie noch Ihre Freunde befürchten, dass ich so un-
sinnig und unbillig seyn könnte, im Mindesten die Vollziehung
jenes Accordes zu stören. Hierüber können Sie und jene Herren
sich aller Sorgen entschlagen, wie ich dies auch bereits Herrn
Soermans erklärt habe. Auch nachher werde ich gegen Sie alle
Rücksicht, Schonung und Billigkeit beobachten und nicht Schritte
thun, die bei solcher Lage der Dinge nicht *gentlemanlike* wären.

Mein Wunsch ist bloss, dass Sie alsdann darauf denken, mir nach
und nach das Meinige zurückzugeben, und Sie werden mich stets
sehr billig finden, sobald Sie etwas thun, um mich von Ihrem guten
Willen zu überzeugen.

„Sie sehn, dass ich aus der angenommenen Stellung nicht zu
vertreiben seyn werde. Ersparen Sie sich alle ferneren Schritte und
Vorschläge: ich bin fest entschlossen, von meinem Rechte mir nicht
das Mindeste zu vergeben, und werde mich nicht irre machen lassen.
Man wird beim Accord mein Ausbleiben entschuldigen müssen.

„Meine Wechsel auf Sie betrachte ich wie Staatspapiere, deren
Cours vor der Hand auf dreissig Prozent gefallen ist, daher ich
solche nicht verkaufe, sondern erwarte, dass sie sich wieder heben.

„Mein Verfahren ist ganz einfach und natürlich. Sie haben
mein Geld und wollen es vorläufig behalten: ich habe Ihre Wechsel
und will sie vorläufig behalten.

„Sollten Sie dennoch schlechterdings mich los seyn wollen, so
wäre das einzige Mittel, mir noch vor diesem nächsten 15. April
1820, in Berlin, siebenzig Prozent meines Kapitals auf einmal
zahlen zu lassen; sodann würde ich um aller Sorgen ledig zu seyn,
die Wechsel zurückgeben und renonciren. Späterhin gilt dieses
auch nicht mehr. — Darunter thäte ich es durchaus nicht, ersparen
Sie sich alle Mühe.

„Es thut mir von Herzen leid, dass ich Ihnen so lästig fallen
muss. Auch kann ich mir denken, dass von Ihrem Standpunkte
aus mein Verfahren hart und unbillig erscheinen mag. Aber das
ist eine blosse Illusion, welche verschwindet, sobald Sie erwägen,
dass ich ja nichts will, als mir nur das nicht nehmen lassen, was
mit dem grössten und unbestrittensten Rechte mein ist und worauf
überdies mein ganzes Glück, meine Freiheit, meine gelehrte Musse
beruhen, ein Gut, das auf dieser Welt meines Gleichen so selten
zu Theil wird, dass es fast so gewissenlos als schwach wäre, es
nicht auf das Aeusserste zu vertheidigen und mit aller Gewalt festzuhalten. — Sie sagen vielleicht, dass wenn alle ihre Gläubiger
so dächten, ich auch schlimm dran wäre. Aber wenn alle Men-

schen dächten wie ich, so würde überhaupt mehr gedacht, und es gäbe dann wahrscheinlich weder Bankrotte noch Kriege noch Faro-Tische. Macchiavelli sagt einmal: *giacche il volgo pensa altrimente* — obgleich der grosse Haufen anders denkt — *ma nel mondo non é, se non volgo* — aber auf dieser Welt giebt's ja nichts anderes als grossen Haufen — *e gli pocchi ivi luogo trovano* — und die Wenigen — (die Ausnahmen) finden dort ihr Plätzchen — *dove gli molti stare non possono* — wo die Menge doch nicht stehn kann. *

„Den 13. März gehe ich nach Berlin ab, um zu versuchen, ob ich bei der Universität Zuhörer zu Vorlesungen finde. Ihre Stockung zwingt mich mit meinem Wissen Handel zu treiben, einer Waare, die jetzt viel weniger nachgefragt wird als ihre Weine. Wenn Ew. Wohlgeboren mir nicht noch etwa den 6. März schreiben, bitte ich daher Ihren Brief nach Berlin zu adressiren und zwar das erste mal *poste restante*. Mit der vollkommensten Hochachtung Ew. Wohlgeboren ergebener Diener *Arthur Schopenhauer.*"

M. erlärte sich ausser Stand, den Vorschlag anzunehmen, machte jedoch, wie wir gleich sehen werden, in einem Schreiben vom 27. März weitere Avancen. Schopenhauer antwortete hierauf am 10. April ablehnend. Ein weiteres Schreiben M.'s liess er unbeantwortet. Mit diesem Briefe schloss die Correspondenz. Der Accord wurde mit den übrigen Gläubigern in Vollzug gesetzt und Schopenhauer störte seinem Versprechen gemäss dessen vollständige Abwickelung nicht. Nachdem diese aber erfolgt war, säumte er nicht länger, den ersten der drei in seinen Händen befindlichen Solawechsel vom 27. October 1810 der noch unter der alten Firma fortbetriebenen Handlung auf den 27. August 1821 aufzukündigen.

Er war sich wohl bewusst *va banque* gespielt zu haben und sprach deshalb nunmehr seiner im Grunde ängstlichen Natur, wie er dies bei Berathungen mit sich selbst gewohnt war, schwarz auf weiss Muth zu. Da heisst es: „*Ne quid detrimenti Respublica*

---

* Diesen Satz liess er in der Reinschrift weg.

capiat! Res agitur summa! Gehn wird es, aber es muss forcirt werden. Lässt du dich auf's Complimentenmachen ein, so kommst du zu Schaden: denn das Ganze ist ja ein forcirter Ausweg: also muss man consequent und im Ton bleiben. Er liess mich meine Stellung nicht einnehmen aus Gutwilligkeit noch auch weil er dagegen irgend ein heimliches Mittel wusste, sondern ganz und gar gezwungen, wider Willen, *par force*, weil er sonst seine ganze Rettung hätte aufgeben müssen. Er versuchte Alles, *pessima fide*; dagegen, weil er voraussah, was ich nachher thun müsste und jetzt thue, bot er siebenzig Prozent und drohte, dass ich sonst gar nichts erhalten würde. *There is the humour of it.* Der forcirte Geist des Ganzen muss bleiben und durchgeführt werden bis ans Ende: ich muss nun, wenn er meinen ersten Stoss parirt, die Parade forciren."

Der kritische „erste Stoss" wurde deshalb durch folgenden an M. persönlich gerichteten Brief vom 1. Mai 1821 unterstützt. „Ew. Wohlgeboren letztes Schreiben vom 28. Mai vorigen Jahres habe derzeit zu empfangen die Ehre gehabt. Ich will jetzt nur in Beziehung auf meinen beifolgenden Brief an Ihr Handlungshaus Ihnen meine ganze Gesinnung mit einem Mal eröffnen, um allen überflüssigen Debatten zuvorzukommen.

„Nämlich vielleicht möchten Sie wieder versuchen wollen durch Gegenreden und Entschuldigungen mir entweder neuen Aufschub oder noch grössere Erlassungen meiner Forderung abzudringen. Daher sage ich Ihnen zum Voraus, dass solches ganz vergeblich seyn würde und ich auf das festeste entschlossen bin, keine Ausrede gelten zu lassen, keiner Einwendung und keiner eingeschobenen Mittelsperson irgend Gehör zu geben, und mit Einem Wort mich durch nichts in der Welt aus der Fassung bringen zu lassen. Weder der Herr Socrmans, dessen seltene Freundschaft gegen Sie und sonstige Denkungsart ich herrlich erprobt habe, noch sonst irgend Jemand kann mich wankend machen: denn es gilt meine Freiheit und Unabhängigkeit, es gilt meine Existenz; und das Recht ist ganz auf meiner Seite.

„An Ihrer Zahlungsfähigkeit hege ich nicht den leisesten Zweifel. Konnten Sie mir vor Jahr und Tag siebenzig Prozent bieten, so können Sie auch jetzt diesen Wechsel bezahlen. Ihr mir unendlich werther Brief vom 27. März vorigen Jahres aus Uhlkau * sagt ja so deutlich, dass ein Kind es verstehn müsste, dass Sie damals im Begriff standen, mir die siebenzig Prozent noch bis zum 15. April desselben Jahres auf Einmal auszahlen zu lassen und dass, was Sie noch zaudern machte, bloss die falsche Hoffnung war noch wohlfeiler abzukommen. Es hätte da nur eines kleinen Anstosses von mir bedurft durch schleuniges Benehmen jeder andern Hoffnung und ich hätte die siebenzig Prozent an dem Hals gehabt: allein ich verstand Sie vollkommen und gab den Anstoss nicht, da hundert besser sind als siebenzig, und Sie durch jenen Brief sich bei mir in besseren Credit setzten als Ihre Absicht wohl seyn mochte. Seit jenem Briefe, den ich in Rahm und Glas möchte fassen lassen **, sind Sie mir wieder ein gutes sicheres Haus.

„Sie sehn, ich bin noch eben so freimüthig und offen, als da ich Ihnen vor zwei Jahren aus Dresden meine Gesinnung eröffnete. So wenig damals Sie und Ihre Alliirten mit allen ersinnlichen Machinationen vermochten mich zu verhindern, die Stellung einzunehmen, die ich eingenommen habe, so wenig werden Sie mich abhalten, solche gehörig zu benutzen: und war ich klug genug solche einzunehmen, so werde ich doch nicht so stockdumm seyn sie unbenutzt zu lassen.

„Sollten Sie also doch noch Zahlungsunfähigkeit vorschützen wollen, so werde ich Ihnen das Gegentheil beweisen durch die famöse Schlussart, welche der grosse Kant in die Philosophie eingeführt, um damit die moralische Freiheit des Menschen zu beweisen, nehmlich den Schluss vom Sollen aufs Können. Das heisst: zahlen Sie nicht gutwillig, so wird der Wechsel eingeklagt. Sie sehn, dass man wohl ein Philosoph seyn kann, ohne deshalb ein Narr zu seyn.

---

* Landgut des Commerzienraths M. bei Danzig.
** Er schrieb darauf: *Epistola aurea.*

„Also *in summa:* dass Sie mich bezahlen werden, ist ausser Zweifel, die Frage ist bloss, ob Sie sich gutwillig dazu verstehn werden oder ob gezwungen. Im ersten Fall werde ich wieder von Ihnen denken wie vormals, wo ich manche Proben ihrer Redlichkeit und Billigkeit erfahren habe, und werde alle jene widerrechtlichen Versuche, mich um einen Theil des Meinigen zu bringen, allein den Herren zuschreiben, unter deren Einfluss Sie damals standen. Im anderen Fall aber werden Sie Ihren moralischen Credit bei mir verlieren, welches meine Maassregeln noch strenger machen und beschleunigen wird."

Der Inhalt des Antwortschreibens M.'s, auf welches Schopenhauer schrieb: „Den Teufel halte, wer ihn hat: er wird ihn nicht zum zweiten male fangen!" ist im wesentlichen aus Schopenhauer's weiterm Briefe vom 22. Mai 1821 zu entnehmen: „Ew. Wohlgeboren ist die Kündigung des Wechsels ungelegen gekommen: dergleichen kommt selten gelegen; ich vermuthete es daher schon zum voraus. Sie machen Einwendungen und anderweitige Vorschläge. Auch darauf war ich gefasst. Aber das hatte ich nicht erwartet, dass Sie, in der irrigen Voraussetzung, ich hätte keine Abschriften meiner Briefe, mir solche Abschriften schicken würden, in denen ein wichtiger Satz, der gegen Sie spricht, ausgelassen ist. Dies ist doch der Fall. Nämlich in meinem Brief an Ew. Wohlgeboren vom 28. Febr. 1820 stehn nach den Worten «Sie sehn dass ich aus der angenommenen Stellung nicht zu vertreiben seyn werde» noch folgende: «ersparen Sie sich alle ferneren Schritte und Vorschläge: ich bin fest entschlossen, von meinem Rechte mir nicht das mindeste zu vergeben.» Diese sind es, die in Ihrer Abschrift fehlen. Solche enthalten aber, wie Sie wohl selbst bemerkt haben mögen, eine förmliche *reservatio juris integri.* Dieser Umstand hat mich ausserordentlich gewundert, zumal da Sie in demselben Briefe mich auffordern, Ihnen unbedingt zu glauben und zu vertrauen.

„Uebrigens hängt die Bedeutung jenes meines Briefes vom 28. Febr. 1820 gar nicht von obiger Klausel ab: vielleicht steht solche nur überflüssiger Weise darin, da auch ohne dieselbe jener Brief mir gar nicht präjudiciren kann. Denn erstens habe ich gehalten, was ich versprach, nämlich Ihren Accord weder in der Abschliessung noch in der Vollziehung zu stören. Das ist geschehn: ich habe in Jahr und Tag nichts von mir hören lassen. Den 1. August ist die Vollziehung jenes Accords beendigt und Sie sind aller alten Schulden ledig: und erst vier Wochen nachher komme ich mit einem Theil meiner Forderung: was wollen Sie mehr?

„Billigkeit und Schonung gegen Sie beweise ich dadurch, dass ich statt $2/3$ % Zinsen monatlich, die mir auf dem Wechsel verschrieben sind, nur 5 % *pro anno* fordere und dieses nachdem ich zwei und ein drittel Jahr ohne alle Zinsen geblieben; sodann dadurch dass ich nicht mit meiner ganzen Forderung auf Einmal komme. Nun aber kommt hauptsächlich noch dieses hinzu, dass die Sachen gar nicht mehr so stehn, wie da ich jene Briefe schrieb: von Ihrer Seite sind seitdem ganz neue Symptome eingetreten, die ein anderes Verhältniss der Sachen zeigen. Nämlich erstlich seit jenem meinem Briefe an Herrn Soermans hat dieser mein Oheim, mein Pathe, mein Bevollmächtigter, versuchen wollen gegen meinen Willen einen Accord zu fünfzig Prozent mit Ihnen abzuschliessen, hat mir geschrieben, ich hätte ihn autorisirt einen solchen zu unterzeichnen, woran kein wahres Wort ist. Dadurch hat er an den Tag gelegt, dass er *mala fide* gegen mich handelte, was ich nicht voraussetzte, da ich ihm früher schrieb. Es war ein grosses Glück, dass dieser Pariser Diplomat, der es mit dem Bonaparte aufgenommen *, mit mir abgearbeiteten Stubengelehrten nicht so leicht fertig werden konnte, als er dachte.

„Sodann Ew. Wohlgeboren selbst haben zwar im Jahr 1819 durch kein Jammern, Wehklagen und Flehen von meiner Seite sich erweichen lassen, mir auch nur Ein Prozent mehr als die leidigen dreissig zuzugestehn: hingegen als ich, von guten Göttern geleitet,

---

* Bei den Unterhandlungen mit Napoleon zu Gunsten seiner Vaterstadt.

meine jetzige Stellung einnahm, boten Sie mir sogleich fünfzig Prozent, dann gar siebenzig, ja ich behaupte nochmals, dass aus Ihrem unschätzbaren Briefe vom 27. März 1820 deutlich hervorgeht, dass Sie im Begriff waren mich beim Wort zu halten und mir die siebenzig Prozent gleich an den Hals zu werfen, und dass es Ihnen hiezu nicht an Gelde sondern bloss an Entschlossenheit gefehlt hat. Von diesem letzten Punkt aber ganz abgesehn, bleibt immer klar, dass Sie mir zuerst weniger geboten als Sie nöthigenfalls zu geben vermochten, dass Sie folglich absichtlich sich einen Theil des Meinigen widerrechtlich haben zueignen wollen. Nach solchen Proben würde mich sogar ein unter anderen Voraussetzungen gegebenes früheres festes und bestimmtes Versprechen nicht ferner binden; denn die Sache ist eine andere geworden. Sollten Sie also wirklich versuchen wollen jene meine Briefe gerichtlich gegen mich gelten zu machen, wo Sie dann aber das Original zu produciren hätten, so würde ich diesem Schritt mit grösster Ruhe entgegensehn. Das Gericht würde eben sich über meinen Brief belustigen und dann erklären: das wären Flausen; allgemeine und unbestimmte Ausdrücke könnten das heilige Wechselrecht nicht hemmen, und überdies hätte ich schon Geduld und Nachsicht genug bewiesen. Das sehen Ew. Wohlgeboren auch selbst ein. Sodann könnte ich überdies noch beweisen, wie durch Schritte von Ihrer Seite die Sachen seitdem eine andere Gestalt angenommen. So viel davon: Sie haben mir Ihre Waffen gezeigt; ich zeige Ihnen meine. Jetzt stecken wir sie vors Erste wieder ein.

„Ein ganz besonderer Scherz von Ihnen aber ist es, dass Sie mir sagen, mein Wechsel könnte Ihr Haus jetzt hinterher doch zum Concurs bringen: das wäre ein Mirakel! haben Sie, um dies zu vermeiden gegen 130000 Thaler aufbringen können, so werden Sie auch schon die lumpigen 3279 Thaler anschaffen können, die ich zunächst von Ihnen fordere, ja sechs mal so viel, wenn es nöthig wäre. Mit Terzerolen schiesst man keine Festungen ein.

„Nach allem diesem werden Sie wohl nicht mehr erwarten, dass ich auf Ihre weit hinaussehenden Vorschläge eingehe. Ich habe solche nach Ihrem Wunsch hinlänglich überlegt und durchdacht, finde aber, dass wenn ich mich dazu verstände, ich selbst ein Merino-Schaaf seyn müsste, würdig unter Ihren Heerden zu weiden.* Sie sprechen mir von Sicherheit, aber Sie zeigen mir keine: ich kenne keine andere Sicherheit als gute Hypotheken, und hätten Sie die, so könnten Sie leicht Geld darauf erhalten und mich damit loswerden. Sie sagen, ich soll Ihnen glauben und kein Misstrauen hegen: aber Sie waren es, der mir A° 1817 noch mein so eben ererbtes Kapital abdrang durch die Versicherung, ich hätte nicht das Geringste zu befürchten, und der dann 1819 seine Zahlungen einstellte. Sie waren es, der mir 1819 und 1820 den November, December, Januar und Februar hindurch hoch und theuer versichert und durch Andere bezeugen liess, er könne mir nicht mehr als dreissig Prozent geben; aber schon Ende März mir siebenzig anbot. Woher soll da mein Zutrauen kommen?

„Dass Sie leben und dass Sie mich bezahlen sind zwei ganz verschiedene Dinge. Was hilft mir da die Lebensversicherung? ich werde Sie ja doch nicht todtschlagen um bezahlt zu werden. Und kann ich wissen, mit wie Vielen Sie vielleicht, wie Sie ja mit mir wollten, heimlich zu siebenzig Prozent, in einigen Jahren zahlbar, abgemacht haben? mit denen würde ich dann in Collision gerathen und es stände wieder schlimm.

„Dass Sie sowohl als Herr A. wieder prosperiren mögen, ist mein aufrichtiger Wunsch und es soll mich stets von ganzem Herzen freuen es zu vernehmen: nur darf Ihr Glück nicht auf den Trümmern des meinigen erbaut seyn. Ihre Kinder werden mir noch hier in brillanten Equipagen vorbeifahren, während ich als ein alter abgenutzter Universitätslehrer auf der Strasse keuche:

---

* M. hatte, um ihn zur Stundung auf drei bis sechs Jahre zu bewegen, unter anderm in Aussicht gestellt, dass schon der Ertrag einer Heerde echter Merinoschaafe, welche auf seinen beiden Gütern gezogen und in drei bis vier Jahren auf 2400 Stück gebracht sein würden, Schopenhauer's spätere Befriedigung sichere.

Glück und Seegen dazu, sobald Sie mir nichts schuldig geblieben sind. Aber meine Befriedigung ist das letzte Opfer, das Sie zu bringen haben, ehe Sie Ihr neues Wohlseyn begründen: dann mögen Ihnen Himmel und Erde günstig seyn. Ihre gütige Einladung nach Uhlkau * muss ich daher mit Dank ablehnen, so lange Sie noch mein Schuldner sind; denn sonst würde ich, je besser der Empfang wäre, den Sie mir machten, desto mehr mir vorkommen wie der Kaufmann, der den Don Juan im letzten Akt besucht.

„Also nun zum Resultat. Von der Bezahlung des den 27. August fälligen Wechsels können weder Menschen noch Götter Sie retten: das steht unwiderruflich beschlossen. Aber hinsichtlich meiner dann noch übrigen Forderung, will ich Ihnen einen Vorschlag thun, der freilich Ihren übermässigen Zumuthungen keineswegs entspricht, jedoch Ihnen einen sicheren Beweis geben wird, dass ich, auch nach Allem was ich Ihnen vorwerfen kann, doch nicht bloss an mich denke, sondern auch Sie berücksichtige ...“

Es folgten Vorschläge behufs Umtausches der Wechsel, da M ... ihm seinen bevorstehenden Austritt aus der Firma angezeigt hatte. Dann heisst es weiter: „Sie sehen also, dass ich wirklich auf Sie Rücksicht nehme, und zwar wie die Vernunft es fordert, sehr vorsichtig aber durchaus redlich gegen Sie handle.“

Der erste Wechsel wurde am 27. August mit Zinsen bezahlt. Schopenhauer kündigte darauf, da seine Vorschläge nicht angenommen worden waren, mit der Empfangsanzeige auch den zweiten Wechsel, indem er mit den Worten schloss: „Uebrigens wünsche ich, dass Sie sich nicht die Mühe geben mögen, mir Gegenrede gegen diesen Schritt zu machen, da ich fest entschlossen

---

* M. hatte geschrieben: „Verlangen Sie noch über ein und anderes nähere Auskunft, so bin ich zu allem bereit; ja ich würde es am liebsten sehen, wenn Sie sich entschlössen, hieher zu kommen und sich selbst von der Wahrheit des Ihnen Gesagten zu überzeugen. Sie sind ja in 27 Jahren, wie ich glaube, nicht in Ihrer Vaterstadt gewesen. Die Kosten der Reise können nicht bedeutend sein, und während Sie bei mir sind, werden Sie gar keine Kosten haben.“

bin, das einmal ergriffene System, welches sich jetzt ja auch durch die Erfahrung bewährt hat, mit strenger Consequenz durchzuführen und mir zuverlässig keine Halbheit zu Schulden kommen lassen werde."

So geschah es: der zweite und auch der dritte Wechsel wurden rechtzeitig eingelöst und auf diese Weise binnen zehn Monaten an Kapital und Zinsen über 9400 Thaler bezahlt.

VII.

1819 — 1820.

Bevor sich Schopenhauer für Berlin entschied, schrieb er im
December 1819 von Dresden aus an Professor J. Fr. Blumenbach in
Göttingen: „Verehrter Herr Obermedicinalrath! Seit mehr als
drei Jahren hatte ich keinen Anlass Ihnen mit einem Briefe beschwerlich zu fallen, obgleich ich in der Zeit unzählige Male mit
Verehrung Ihrer gedacht und erwähnt habe. Ich habe Ihnen daher noch einen zwar verspäteten aber darum nicht weniger auf-
richtigen Dank abzustatten für gewisse litterarische Notizen, welche
Sie damals die Güte hatten mir mitzutheilen und die ich zu
meinem Zwecke benutzt habe. — Seit der Zeit, wie überhaupt
seit 1814 bin ich ununterbrochen in diesem Teutsch-Florenz gewesen, bis ich im September vorigen Jahres abreiste um auch das
wahre Florenz nebst Rom und Neapel bis Poseidonia *(Paestum)*
zu besuchen, von welcher zu vieler Belehrung und mancher Freude
vollbrachten Reise ich Ende Augusts wieder hier eintraf. — Seitdem beschäftigt mich nun der Plan und die Vorbereitung zu einem
Eintritt ins praktische Leben, soweit das einem so theoretischen
Menschen wie es der Natur gefallen hat aus mir zu machen möglich ist, und das ist nur möglich durch Lehren und Dociren.
Früher fand ich mich dazu noch keineswegs berufen: denn ich
war noch nicht genug mit mir selbst im Reinen. Zwar hatte
mich schon vor sechs Jahren die Jenaische Facultät zum Doctor

gemacht; allein ich selbst konnte diesem Ausspruch noch keineswegs meine Bestätigung hinzufügen: vielmehr blieb ich in meinen Augen nach wie vor Student, nur dass ich zugleich mein eigner Professor ward, der theils *ex ingenio* theils mit Hülfe der hiesigen, nur der Göttinger nachstehenden Bibliothek seinen Schüler docirte, von welchem Lehrcursus die dabei geschriebenen Hefte, während Lehrer und Schüler im heiligen *Latium* die Ferien durchbrachten, der gelehrten und denkenden Welt überreicht wurden, damit sie solche einmal, wenn sie gerade Zeit und Lust hat, sie betrachte: denn ich habe von Ihrem trefflichen Lichtenberg gelernt, dass wenn man ein Buch in die Welt schickt, man nicht etwa meinen muss, nun würde sogleich Jeder seine Pfeife weglegen, oder auch sie anzünden, um es zu lesen. Ein Buch muss daher, wie Göttinger Zwieback, so eingerichtet seyn, dass es sich eine gute Weile halten kann, darf aber doch nicht so trocken seyn. —

„Nachdem nun besagtermaassen die Lehrjahre und auch die Wanderjahre vorüber sind, glaube ich mir nunmehr den Doctorgrad auch selber bestätigen zu dürfen und fange an zu meinen, dass jetzt wohl Einer und der Andre Manches von mir möchte lernen können. Daher ist jetzt mein Plan mich auf einer Universität zu habilitiren, um denen die es etwa hören möchten, spekulative Philosophie nach meiner Weise vorzutragen. Meine Absicht schwankt zwischen Göttingen, Berlin und Heidelberg; jedoch neigen meine Wünsche sich am meisten nach Göttingen: es ist die würdigste, vielleicht die erste Universität in der Welt: die Zahl der Studenten wird hoffentlich jetzt, nach überstandener fataler Katastrophe, bald wieder die Zahl von 1300 erreichen, der Fleiss, die Lust am Lernen ist nirgends so gross als dort, man hat den Gebrauch der ersten aller Bibliotheken, und die Nähe der gelehrtesten Männer in allen Fächern, unter welchen Ihr Umgang, mein verehrter Lehrer, mir, wie Sie wissen, von jeher der schätzbarste war.

„Sonach ist jetzt meine Bitte an Sie, dass Sie mir recht aufrichtig sagen, was Sie von meiner Absicht halten, ob Sie meinen, dass man mir im Ganzen nicht abgeneigt sein würde und ob zu vermuthen steht, dass ich einige Zuhörer fände. Zugleich bitte ich, hinzuzufügen welche *specimina* meine Habilitation erfordert, an wen ich meine förmliche Anzeige deshalb und wie ich sie zu machen habe, auch wie bald dies spätestens geschehn muss: denn ich wünsche schon Ostern in die neue und solange vorbereitete Laufbahn einzutreten. Ich stelle es ganz Ihnen anheim mit der Facultät und mit wem Sie wollen darüber Rücksprache zu halten. Ihre mir so oft bewiesene Zuneigung und Gefälligkeit macht mich so kühn, gerade Ihnen mit dieser Bitte beschwerlich zu fallen, deren gütige Erfüllung, da es einen mir sehr wichtigen Schritt betrifft, ich mit der grössten Dankbarkeit erkennen werde.

„In der jetzigen wunderlichen Zeitperiode möchte es wohl nicht überflüssig seyn zu versichern, dass ich von nichts weiter entfernt bin, als jemals irgendwie einen Einfluss auf die politischen Meinungen der Zeit zu gewinnen: meine Schrift zeugt hievon hinlänglich. Zudem versichere ich Sie, von dem Gefühl durchdrungen zu seyn, dass das Streben und Denken des eigentlichen Gelehrten auf die Menschheit im Ganzen, zu allen Zeiten und in allen Ländern gerichtet seyn müsse, wenigstens würde ich es für eine Herabwürdigung meiner selbst halten, eine so enge und kleinliche Sphäre als die gerade gegenwärtige Zeit und ihre Umstände zum Wirkungskreise meines Geistes zu nehmen. Ich denke ausserordentlich gering von jenen *soit-disant* Philosophen, die zu Publicisten geworden sind, und die eben dadurch, dass sie auf die Zeitgenossen als solche unmittelbar wirken wollen, das Bekenntniss ablegen, dass sie keine Zeile schreiben können, die einst ein Nachkomme zu lesen würdigt.

„Sie haben, verehrter Herr Obermedicinalrath, mein Anliegen. Von Ihrer Güte die Erfüllung desselben hoffend verharre ich mit der innigsten Hochachtung" etc.

Die Antwort des alten Herrn lautete: „Göttingen den 15. December. Herzlichen Dank, mein theurer Freund, für Ihren lieben Brief und besonders für die Freude, die mir Ihr Vorsatz macht

Sich dem academischen Leben zu widmen. Die Fragen, die Sie
mir deshalb in Rücksicht auf Göttingen vorlegen, sind meist leicht
zu beantworten. Ob ich meyne dass man im Ganzen Ihnen hier
nicht abgeneigt seyn werde? Zuverlässig nicht. Dafür bürgt schon
der vortreffliche Charakter unserer beiden mit so allgemeinem
Beyfall lesenden Philosophen, Bouterweck und Schulze, welcher
letztere jetzt *Decanus* seiner Facultät ist. Die zu prästirenden
Prästanda reduciren sich bloss auf eine öffentliche Disputation
pro facultate legendi und circa 30 Thaler für die Nostrification.
Diese Fragen sind also gar bald abgethan. Nicht aber so die über
die zu vermuthenden Zuhörer, als worüber ich mir durchaus nie
etwas vorauszusagen getraue, selbst nicht im Falle einer Lücke in
einem Fache. Nur so viel recht aufrichtig (wie Sie es ausdrücklich von mir verlangen), dass ich hier nicht höre, dass man etwa
einen andern Vortrag der Philosophie vermisse (was mir hingegen
neuerlich von Heidelberg gesagt worden) und dass es dem letzten
jungen Philosophen, der es mehrere Jahre bey uns versuchte, Dr.
Stiedenroth, nicht gelingen wollte. So viel über diesen Punkt
nach meiner — vielleicht irrigen — Ansicht, aber so aufrichtig
als ich mit Herz und Mund beharre Ihr ganz ergebenster *Blumenbach.*"   –

Gleichzeitig hatte sich Schopenhauer mit folgendem Schreiben
an Professor M. H. C. Lichtenstein in Berlin gewandt:

„Geehrtester Herr Professor! Die Güte und Geneigtheit, welche
Sie in früheren Zeiten mir vielfältig bewiesen haben, macht mich
so kühn Ihnen mit einer Bitte beschwerlich zu fallen. Nachdem
ich Ende Augusts von einer Reise nach Italien zurückgekehrt bin,
auf welcher ich elf Monate zugebracht, bin ich seitdem ernstlich
mit dem Vorhaben beschäftigt, mich auf irgend einer Universität
zu habilitiren, um endlich doch, soweit ein theoretischer Mensch
wie ich es kann, ins praktische Leben zu kommen. Den Plan
hierzu habe ich immer gehabt; jedoch war ich bis zu meiner Abreise nach Italien viel zu sehr mit meinen eignen Studien und Gedanken und mit dem Resultat derselben, der vor einem Jahr von

mir erschienenen Schrift beschäftigt, als dass ich mich hätte durch irgend eine praktische Beschäftigung stören und zerstreuen mögen. Auch werde ich erst diesen Winter das zweiunddreissigste Jahr zurückgelegt haben.

„Was ich zu lehren wünsche ist, wie leicht zu ermessen, nichts Anderes als spekulative Philosophie, die ich nach meiner Weise vorzutragen gedenke, von der, wer das Nähere darüber wissen will, sich aus meiner Schrift im Allgemeinen einen Begriff verschaffen kann. Die neue Laufbahn wünsche ich nächste Ostern endlich anzutreten, aber über die Universität, zu der ich mich wenden werde, bin ich noch unschlüssig: Berlin, Göttingen und Heidelberg haben in Hinsicht auf meine Zwecke und Verhältnisse jede Manches für sich und Manches wider sich. Was nun Berlin betrifft, so ist zuvörderst mir, der ich seit 1814 hier in Dresden wohne, diese Universität unter jenen dreien die nächste, was wegen des Transports meiner Bücher und Effekten und auch in mancher andern Hinsicht in Betracht kommt. Gründe von grösserem Gewicht sind aber diese: dass ich dort wohl mehr als irgendwo ein Publikum fände wie es meinen Vorträgen angemessen ist, nämlich ein schon reiferes und gebildetes. Auf der dortigen Universität pflegen junge Leute ihre Bildung zu vollenden, nachdem sie auf anderen Universitäten den Grund gelegt haben; manche, besonders Mediciner studiren dort noch nach der Promotion fort, manche andere, die Vermögen haben und mit ihren Studien nichts als allgemeine höhere Ausbildung bezwecken, wählen Berlin, weil es in dieser Hinsicht jeder anderen Universität weit vorzuziehen ist, und zugleich um die Annehmlichkeiten der Residenz zu geniessen: ja es kommt hierzu noch, dass die höhere Geisteskultur, welche Teutschland heutzutage vor anderen Ländern auszeichnet, nirgends so sehr und so allgemein zu Hause ist als gerade in Berlin, weshalb ich in dieser grossen Stadt, bei Vorträgen der Art wie ich sie zu halten gedenke, und bei der Gabe eines sehr eindringlichen und lebendigen mündlichen Vortrags, die ich zu haben vermeine, wohl noch auf manche Zuhörer, die lange nicht mehr Studenten sind, mir Hoffnung machen dürfte.

„Was mich nach solchen Betrachtungen allein noch Anstand nehmen lässt, nicht Berlin unbedingt zu erkiesen, ist bloss zweierlei: dass nämlich der Ort selbst wegen Eigenschaften die allen sehr grossen Städten gemein sind und wegen der fatalen Lage in der Sandwüste mir nie gefallen hat, und sodann die Theuerheit des Aufenthalts, vermöge welcher ich dort beträchtlich mehr ausgeben würde, als etwa in Göttingen oder gar in Heidelberg, welches jedoch durch ein volleres Auditorium leicht compensirt werden könnte.

„Nun kommt endlich noch dieses in Betrachtung, dass durch Solgers Tod theils eine Lücke in den philosophischen Vorträgen entstanden und folglich auszufüllen ist, theils eine Professur erledigt worden, auf welche ich gestehe, mir Hoffnung zu machen, falls nicht ein Würdigerer, sie zu besetzen, gefunden wird.

„Meine Bitte an Sie, geehrter Herr Professor, ist, dass Sie die Güte haben, mir zuvörderst über dieses Alles aufrichtig Ihre Meinung zu sagen, insbesondere ob Sie glauben, dass ich in Berlin auf eine mässige Anzahl Zuhörer rechnen dürfte, ob Ihnen vielleicht hin und wieder Urtheile über meine Schrift zu Ohren gekommen sind, ob Sie endlich glauben, dass die Fakultät mir nicht abgeneigt sein würde. Ich stelle es Ihnen ganz anheim, mit wem Sie wollen, davon vorläufig zu reden. Zugleich bitte ich mir anzuzeigen, welche Specimina meine Habilitation erfordern würde, ob etwa meine Schriften als ein Theil derselben gelten können, an wen und wie ich die förmliche Anzeige deshalb zu machen hätte, auch wann dieses spätestens geschehen müsste. Endlich würde es mir lieb seyn, die jetzige Anzahl Ihrer Studenten zu erfahren.

„Von ganzem Herzen bitte ich Sie zu verzeihen, dass ich Ihnen mit einer so weitläuftigen Angelegenheit Langeweile mache und so viel Mühe zumuthe. Es ist Niemand in Berlin, zu dem ich in jeder Hinsicht ein so grosses Zutrauen hegte als zu Ihnen, und der mir so viele Freundlichkeit bewiesen hätte als Sie. Da es einen für mich sehr wichtigen Schritt betrifft, so werden Sie durch eine vollständige und baldige Erfüllung meiner Bitte mich zur dauerndsten Dankbarkeit verpflichten.

„In dem sehr wunderlichen gegenwärtigen Zeitpunkt möchte es wohl nicht überflüssig seyn zu versichern, dass mir nichts fremder ist als irgend eine politische Tendenz oder auf die Zeitgenossen in deren eigenen Angelegenheiten irgend einen Einfluss zu gewinnen, wovon meine Schriften ebenfalls ein Zeugniss ablegen. Was mich jetzt ebenso wie von jeher beschäftigt, ja mich, wie ich von Natur bin, allein beschäftigen kann, sind Dinge, welche die Menschheit zu allen Zeiten und in allen Ländern auf gleiche Weise betreffen, und ich würde es für eine Herabwürdigung meiner selbst halten, wenn ich die ernstliche Anwendung meiner Geisteskräfte auf eine mir so klein und eng erscheinende Sphäre richten sollte als die eben gegenwärtigen Umstände irgend einer bestimmten Zeit oder Landes sind. Ja ich bin sogar der Meinung, dass jeder Gelehrte im höheren Sinn des Worts dieser Gesinnung seyn und das Ausbessern der Staatsmaschine den Staatsmännern überlassen sollte, wie diese ihm das höhere und vollkommenere Wissen. Ganz ausserordentlich gering aber denke ich von jenen *soit-disant* Philosophen, die zu Publicisten geworden sind und die eben dadurch, dass sie unmittelbar in und auf ihre Zeitgenossen eine Wirkungssphäre suchen, das deutlichste Bekenntniss ablegen, dass sie keine Zeile zu schreiben fähig sind, die einst auch ein Nachkomme zu lesen würdigte.

„So viel, geehrter Herr Professor, von meiner Angelegenheit, die mich gezwungen hat, sehr viel von mir selbst zu reden. Von Ihrer Güte hoffe ich mit Zuversicht die Erfüllung meiner Bitte. Mit vieler Theilnahme habe ich vor einem Jahre in Rom Ihre Verheirathung vernommen und bitte meinen verspäteten aber herzlichen Glückwunsch zu genehmigen. Mit aufrichtiger Hochachtung" etc.

Lichtenstein erwiderte ihm: „Ihre werthe Zuschrift mein

hochgeschätzter Herr Doctòr, erheischt eine baldige Beantwortung und da will ich sie Ihnen lieber ein wenig unvollständig als verspätet geben. Ich bin nemlich von manchen Dingen in diesem Augenblick nicht genau unterrichtet, da ich eben erst nach achtmonatlicher Abwesenheit von England und Frankreich heimkehre.

„Unsere Universität hat eine ziemliche Zahl Studenten, man rechnet zwischen 1000 und 1100. Seit Hegel hier ist, scheinen die philosophischen Studien mehr Freunde zu finden, als leider bisher der Fall war, denn Solger hatte nie soviel Zuhörer und soviel Beifall, als seitdem, obgleich Hegel doch wohl ein zahlreicheres Auditorium hatte. Es sind eine grosse Menge zum Theil noch sehr junger Docenten im philosophischen Fache hier, von denen einige z. B. Fichte, Ritter, Stiedenroth ein verdientes Glück bei den Studenten zu machen scheinen. Doch scheinen sie davon allein noch keineswegs leben zu können, indem das Ministerium mit freiwilligen Gratificationen (statt der Besoldung) von Zeit zu Zeit zutritt, um sie der Universität zu erhalten. Meistens lesen sie auch *publica*, um sich erst bekannt zu machen und sich nach und nach ein Auditorium zu bilden. Ueberhaupt glaube ich schwerlich, dass man auf einen grossen Ertrag an Honorar bei diesen Vorlesungen rechnen dürfte. Es ist der ärmere Theil der Studenten, der sie besucht. Von dieser Seite kann ich Ihnen daher die Aussichten nicht sehr lachend darstellen. Dagegen werden S i e von Seiten der Facultät alle mögliche Bereitwilligkeit und Gefälligkeit finden. Es kommt bloss darauf an, dass Sie Ihre im Druck erschienenen Schriften als *specimina*, nebst lateinischem *curriculo ritae* und Doctordiplom, bei dem ebenfalls lateinisch zu verfassenden Gesuch um Zulassung als Privatdocent einsenden, um ohne Fehl sogleich die zustimmende Antwort zu erhalten. Dann würde nur noch eine deutsche Vorlesung in *consessu facultatis*, worüber nach Befinden nachher ein *colloquium* gehalten wird, so wie nachmals bei Anfang der Vorlesungen eine kleine lateinische Einführungsrede zu halten sein. Die Kosten betragen 10 Thaler Gold. Decan der Facultät ist jetzt Herr Professor Boeckh, an ihn ist das Gesuch einzusenden, doch an die Facultät zu richten. Es würde mir am zweckmässigsten erscheinen, erst hierher zu kommen und dann alle diese Schritte zu thun, denn das Hin- und Herschreiben in solchen Angelegenheiten verzögert das Ende gewaltig.

„Bestimmt ausgesprochene Urtheile über Ihre Schriften sind mir nicht gegenwärtig, doch können Sie darauf rechnen, dass man sie hier nach ihrem Werth schätzt. Solger nahm mir das Exemplar Ihrer Schrift über die vierfache Wurzel etc., das Sie mir schenkten gleich ein Paar Tage nachdem ich es erhalten mit fort und ich muss es mir jetzt erst noch aus seinem Nachlass zurückfordern.

„Sollten Sie sich nach diesem Allem entschliessen bei unserer Universität Ihre akademische Laufbahn zu beginnen, so würde ich mich dessen ganz besonders freuen und Sie bitten, unser altes vertrauliches Verhältniss wieder eintreten zu lassen. Sein Sie meiner ganzen Hochachtung und Freundschaft versichert.

Berlin 8. Dec. 1819. *Lichtenstein.*"

Schopenhauer schrieb hierauf am 13. December: „Geehrtester Herr Professor! Empfangen Sie meinen herzlichen Dank für die so baldige Beantwortung meiner Fragen, welche Ihrer gewöhnlichen Güte gegen mich ganz entsprechend ist. Mein Plan nach Berlin zu kommen ist zum Entschluss gereift, theils dadurch dass, indem ich Ihnen die dafür überwiegenden Gründe auseinandersetzte, mir selbst das ganze Gewicht derselben erst recht fühlbar geworden ist und nachgewirkt hat; theils durch die Versicherung die Sie mir geben, dass ich von Seiten der Fakultät alle Gunst zu gewärtigen habe, woran mir vor Allem liegt. Von Seiten der Frequenz und Einnahme der Vorlesungen machen Sie mir keine glänzenden Versprechungen. Ich vertraue aber in dieser Hinsicht ganz auf mich selbst und will mir schon ein Auditorium schaffen. Uebrigens fällt es mir nicht ein, vom Ertrag meiner Vorlesungen leben zu wollen. Ich habe bis jetzt immer von den Zinsen meines Erbtheils höchst bequem und anständig gelebt. Durch einen Bankerott in Danzig werden diese jetzt beträchtlich geringer werden:

jedoch werden sie für das eigentlich nöthige noch hinreichen. Sollte der Ertrag meiner Vorlesungen mir den eingetretenen Abgang ersetzen, so ist das Alles was ich wünsche; wo nicht, so müssten nöthigenfalls die Kapitalien herhalten und das können sie eine sehr lange Weile. Mir liegt hauptsächlich daran, persönlich wirksam zu werden, endlich eine bürgerliche Existenz zu haben, miteinzugreifen; obgleich der Hauptzweck meines Lebens in meinem letzten Werk völlig erreicht ist.

„Mit einer Frage und der Bitte um Antwort darauf, nur mit zwei Worten, muss ich Ihnen aber noch beschwerlich fallen. Dass Sie so sehr bald antworteten, lässt mich vermuthen, dass die Anbringung meines Gesuchs bei der Fakultät Eile hat, obgleich Sie darüber Nichts sagen. Da ich einen entscheidenden Schritt nicht gern eher thue als bis es seyn muss, auch mein *curriculum vitae* mit gehöriger Sorgfalt abfassen möchte, bitte ich mir anzuzeigen, wann spätestens das Gesuch u. s. w. daseyn muss. Ich mache schon jetzt Anstalt. Ueber die nähere Bestimmung der zu haltenden Vorlesung u. s. w. werde ich sodann Böckh als Dekan selbst befragen. Ist keine Petition an das Ministerium nöthig? — Vor der Zeit nach Berlin zu kommen und meinen alten Lieblingsaufenthalt Dresden zu verlassen, bin ich nicht gesonnen. Da die Sache so einfach ist, wird sie sich ja wohl auch aus dieser Entfernung vorbereiten lassen.

„Bei meinem Aufenthalt in Berlin wird mir nichts erwünschter seyn als die Fortdauer Ihrer Gewogenheit und Geneigtheit, da ich stets gegen Sie die aufrichtigste und innigste Hochachtung gehegt habe. Allezeit verharrend" etc.

Nach erhaltener Antwort richtete er sodann am 31. December folgendes Schreiben an Böckh: „Ew. Wohlgeboren als dem gegenwärtigen Dekan der Fakultät habe ich die Ehre die Beilagen zu übersenden aus welchen Sie mein Anliegen hinlänglich ersehen werden. Es liegt mir sehr viel daran in den Lektionskatalog zu kommen, da es sonst ja fast unmöglich ist, dass ich Zuhörer erhalte. Herr Prof. Lichtenstein zeigt mir an, dass ich, um dessen gewiss zu seyn, schon am 12. oder 14. Januar in Berlin seyn müsse, um die Habilitation zu vollenden. Das ist mir nicht möglich. Da jedoch auf anderen Universitäten dieser Punkt gar keine Schwierigkeit hat, z. B. in Heidelberg, wo man (wer man auch seyn möge) zur Habilitation sogar eine eigene Dissertation schreiben und über solche disputiren muss, es dennoch sich von selbst versteht, dass man vorläufig im Katalog angezeigt wird, ja sogar erst ein ½ Jahr nach Anfang seiner Vorlesungen" (die Disputation) „halten kann, — so glaube ich von der Billigkeit der Universität erwarten zu dürfen, dass sie nach meinen eingesandten Schriften mir gleichsam auf Kredit eine vorläufige Stelle im Katalog einräumen wird. Gesetzt dass meine nachherigen Habilitationsleistungen den Erwartungen nicht entsprächen, so habe ich gar nichts dagegen, dass die Universität in allen Litteraturzeitungen, wo der Lektionskatalog abgedruckt gewesen, nachher anzeige, dass ich nicht lesen dürfe, weil ich den Leistungen nicht genug gethan. Dergleichen ist aber eigentlich unmöglich, weil gerade der mündliche Vortrag meine stärkste Seite ist. Was ich im Uebrigen kann, mögen Sie aus beifolgenden Arbeiten sehn. Wenn übrigens Ew. Wohlgeboren etwas dazu beitragen können, dass meinem Wunsche in dieser Hinsicht willfahrt werde, so werde ich solches mit dem aufrichtigsten Dank erkennen.

„Im Katalog wünschte ich so angezeigt zu werden: *Arthur Schopenhauer privatim senis per hebdomadem horis universam tradet philosophiam i. e. doctrinam de essentia mundi et mente humana.* Im Teutschen: Arthur Schopenhauer wird die gesammte Philosophie d. h. die Lehre vom Wesen der Welt und des menschlichen Geistes vortragen; 6 mal wöchentlich. Die Stunde bitte ich nach Ihrem besten Dafürhalten auszuwählen: am passendsten ist wohl die, wo Herr Professor Hegel sein Hauptkollegium liest: doch möchte ich in keinem Fall zwischen 1 und 4 lesen.

„Herr Prof. Lichtenstein schreibt mir, dass ausser den beifolgenden *speciminibus* nur noch eine Vorlesung *in consessu facultatis,* über welche nach Befinden nachmals ein Colloquium gehalten wird, und sodann beim Anfang der Vorlesungen eine kleine lateinische Einführungsrede zu halten sei. Ew. Wohlgeboren werden mir die Bitte nicht abschlagen mir folgende Fragen zu beantworten: 1) Ob jene Vorlesung über einen aufgegebenen oder einen von mir gewählten Gegenstand zu halten sei. 2) Ob solche nur eine Stunde oder auch länger dauern dürfe. 3) Ob das Colloquium lateinisch oder teutsch gehalten wird. 4) Welchen Gegenstand u. Form ungefähr die Einführungsrede haben muss. Endlich wann ungefähr die Vorlesungen nach Ostern ihren wirklichen Anfang nehmen.

„Ich habe vor sieben Jahren mit viel Vergnügen Ihre öffentlichen Vorlesungen über die Argumente der Platonischen Dialogen beigewohnt: die Darstellung erfreute mich um so mehr als mir die Materie schon bekannt war.

„Ew. Wohlgeboren mich und meine Angelegenheit bestens empfehlend und Ihnen ein heilbringendes neues Jahr wünschend verharre ich mit aufrichtiger Hochachtung.“

Durch Vermittelung eines jüngern Freundes Schopenhauer's, des damals in Berlin habilitirten Philologen Friedrich Gotthilf Osann aus Weimar (geb. 1794 gest. 1858 in Giessen), ertheilte Böckh die gewünschte Auskunft.

Das Schreiben an die philosophische Facultät, nebst dem *curriculum vitae*, welche Schopenhauer hiernach in sehr kurzer Zeit abgefasst und dem Briefe an Böckh beigelegt hatte, lauteten wie folgt:

„Amplissimi Ordinis Philosophorum Decane maxime spectabilis, clarissimi Seniores ceterique Assessores celeberrimi!

„Rogo oroque vos ut jus atque licentiam concedere mihi velitis philosophiam cunctasque ejus partes in Academia vestra docendi. Ut considerare vobiscum atque perpendere possitis utrum huic muneri idoneus et eo honore dignus sim, scripta vobis offero a me hactenus evulgata, nempe Dissertationem de principii rationis sufficientis quadruplici fundamento, Tractatum de Visu et Coloribus, Libros denique de mundo, sive systema philosophiae. Nec non Diploma quo Academiae Jenensis amplissimus philosophorum ordo Doctoris gradum a se evectum esse testatus est, his litteris adjungo. Ut etiam de vitae meae ratione vobis constet his litteris usitato more curriculum conscripsi quod quidem solito prolixius fieri maturior aetas et vitae meae anfractus coëgerunt.

„Si igitur dignum me judicaveritis, quem illo beneficio et honore ornaretis magnam in perpetuum vobis habebo gratiam. Si insuper ea erit vestra erga me voluntas ut collatum in me beneficium etiam insigni gratia cumulare velitis, hoc quoque singulari favore mihi concedetis ut lectiones aestivo semestri proximo habendae Catalogo lectionum jam proditūro inserantur, licet equidem, necessitatibus quibusdam heic detentus, non nisi Martio mense Berolinum me conferre et tum demum reliquis, quae exhibenda mihi injunxeritis doctrinae speciminibus vobis me probare conari potero: quibus tamen injunctionibus ut satisfacere valeam, maxima mihi spes est, quamobrem etiam atque etiam rogo ut pro benignitate et liberalitate vestra hac quoque in re gratificari mihi velitis.

„Jam te Decane maxime spectabilis amplissimumque Philosophorum Ordinem rogo atque oro ut mihi favere propitiique esse velitis, Deum vero Optimum Maximum ut in hunc qui jam instat et in multos deinceps annos salvos incolumesque vos servet, bonisque omnibus semper velit cumulare. Nominum vestrorum splendidissimorum cultor deditissimus *Arthur Schopenhauer.*"

„Mihi jam vitae narraturo cursum multa plura occurrunt referenda quam alias solitum esse ejusmodi vitarum curriculorum scriptoribus existimo. Hoc inde repetendum quod vitae conditionem qua utor, studiaque quae persequor non mihi sic ut plerisque fors objecerit seu aliorum prudentia indigitaverit, sed electio mihi dederit: via autem eo quo sum perveniendi non modo non munita et strata mihi, sed praepedita, obstructa quin etiam ab initio ignorata mihi erat.

„Gedano oriundus, A°. 1788, 22. Februarii die, in lucem editus sum patre Henrico Florisio, matre Johanna Henrica Trosienera, adhuc superstite etiam scriptis compluribus evulgatis satis nota. Parum tamen abfuit quin Anglus fierem, mater enim jam imminente partu ex Anglia Gedanum revecta est. Pater autem optimus ille negotiator fuit opulentior etiam Regis Poloniae a consiliis aulicis, licet nunquam se ita appellari passus sit. Erat vir acerrimus, idem vero integerrimus, probissimus et incorruptissimae fidei, insigni insuper in re mercatoria perspicacitate praeditus. Quantum huic viro acceptum referam, verbis exprimere vix possum: quanquam enim via qua ille me ducere destinaverat, licet optima ei visa, meo tamen ingenio apta non fuit; nihilominus quod mature bonis artibus imbutus fui, deinde autem libertas, otium subsidiaque omnia ad ea studia, quibus unice natus fueram, persequenda ingeniumque doctrinis excolendum praesto mihi fuerunt, quod denique etiam postea, maturiore jam aetate, absque labore meo ea commoda mihi suppetierunt quibus paucissimi meae conditionis et indolis gavisi sunt, scilicet liberrimum otium et curarum omnium perfecta vacuitas, per quae mihi licuit multos deinceps annos studiis a quaestu alienissimis, investigationibus meditationibusque abstrusioribus unice impendere, postremo quae investigaveram et excogitaveram nulla re distracto vel perturbato scriptis mandare, — hoc omne illi viro unice debeo:

Nam Caesar nullus nobis haec otia fecit.

„Illius igitur optimi patris plane ineffabilia in me merita atque beneficia gratissimo animo, quoad vivam, semper recordabor, ejusque memoriam sanctissime colam.

„Quum Anno 1793 Borussorum rex, jam feliciter regnantis augustissimus pater urbem Gedanum in suam potestatem redigeret, pater meus, libertatis simul et patriae amantissimus, antiquae reipublicae casum spectare non sustinuit; paucis igitur antequam urbem occuparet Borussorum exercitus horis, ille cum conjuge et filio excessit, noctemque in villa sua commoratus, sequenti die festinato itinere Hamburgum perrexit. Sed non nisi magno dispendio suo ex urbis clade se solum cum suis redemit: non modo enim loci commutatio mercatori res est damnosissima, item venditio bonorum infausto temporis momento detrimentosa; sed insuper fortunarum omnium decima pars in fiscum solvenda ei fuit: quod autem quum fecisset, ab omni cum urbe nexu liber atque solutus declaratus est. Hoc pacto ego quidem tenerrima adhuc aetate (quintum agebam annum) extorris sum factus patriâ: neque deinde unquam patriam novam sum nactus. Licet enim pater ab eo inde tempore ad finem vitae usque domicilium Hamburgi haberet et mercaturam ibi exerceret; civium tamen numero adscribi nunquam voluit, imo jure extra neorum ibi obtinente usus, semper peregrinus habitus est.

„De me autem, unico tunc filio et herede (soror decem post me annis nata est) hoc constituerat ut negotiator fierem egregius idemque homo urbanissimus et politissimus. Quem in finem ante omnia necesse esse existimabat ut ego Franco-Gallicam linquam percallerem. Itaque quum A⁰. 1797 ille animi causa iter in Galliam et Angliam susciperet, me, decimum agentem annum et eo usque in ludo privato usitatis studiis incumbentem, secum tulit, Lutetiâ Parisiorum visâ, Portum Gratiae me duxit, ubi apud negotiatorem quendam, amicitiâ sibi conjunctum, me reliquit, ut si fieri posset, plane Franco-Gallus evaderem. Negotiator ille, vir bonus, aequus, mitis, plane pro altero filio me habuit unaque cum suo ipsius filio, aetate mihi aequali me educandum curavit. Nos igitur a privatis magistris nos adeuntibus instituebamur omnibus bonis artibus ei aetatulae convenientibus, ita ut praeter Gallicam linguam multa alia utiliaque ibi discerem, nec non latinae linguae aliqua rudimenta, haec vero dicis causa tantum et cum modo in finem, ne plane obstupescerem, si quando Latinum mihi occurreret vocabulum. In illo igitur amoenissimo oppido Sequanae ostio litorique maris imminente longe jucundissimam pueritiae partem transegi.

„Plus biennio ibi commoratus, deinde solus nave Hamburgum revectus sum, quum duodecimum nondum explevissem annum. Mirum in modum laetabatur bonus pater quum me proinde quasi Francogallus essem garrientem audiret: vernaculam autem adeo dedidisceram, ut, quae mihi dicebantur, non nisi maxima difficultate intelligerem. Tum autem Hamburgi in ludum ventitabam privatum ubi plurimi procerum et ditiorum Hamburgensium filii educabantur, cujus quidem ludimagister Rungius erat, Philosophiae Doctor, etiam libelli cujusdam de re paedagogica scriptor. Hujus optimi viri aliorumque ibi docentium institutione usus, quaecunque et negotiatori prodesse et ingenuum hominem decere censentur diligenter discebam. Latinae autem linguae non nisi una per totam hebdomadem hora tribuebatur, dicis causa et perfunctorie. Hac igitur institutione per quatuor fere sum usus annos. Sed multo ante hujus temporis finem magna me invasit propensio litteris operam meam navandi precibusque obnixis adibam patrem, ut hac in re morem mihi gerere neque mercatorem me efficere vellet. Hac autem ab re ille quam maxime abhorrebat, neque se exorari patiebatur, meae scilicet utilitati, suo judicio, unice prospiciens. Quum autem ego nullis repulsis absterritus aut defatigatus, iisdem semper precibus aures ejus obtunderem, etiam magister ille meus alias majoresque ingenii dotes quam quae mercatori ex usu sunt, me habere testificaretur, tandem firmissimus patris animus eo usque fractus certe labefactatus est, ut jam, licet invitus, assentiretur, deque tradendo me Gymnasio edocendum sermones jactaret. Quum huic optimo patri salus mea inprimis cordi esset, simul vero in mente ejus idearum consociatio notionem litterarum cum notione egestatis firmissimo nodo colligavisset, ante omnia sibi curandum censuit ut imminenti huic periculo mature praecaveret: quamobrem Canonicum Hamburgensem me facere cepit consilium, hujusque rei conditiones agitare ingressus est. Quum autem de pretio pro ea re solvendo, magno sane illo, non statim conveniret, hoc toti consilio, de mutanda studiorum meorum ratione, moram intulit. Per hanc autem moram pater spem resumsit efficiendi, ut ego sententia desisterem. Quod quidem ne per vim efficeret prohibebat summa illa libertatis unius cujusque ei insita reverentia. At dolo me tentare non dubitavit. Rerum viscendarum me sciebat appetentissimum, item me jamdiu vehementissimo desiderio teneri revisendi

Portum Gratiae suavissimosque ibi degentes amicos. Ergo declaravit mihi, se proximo vere diuturnam per magnam Europae partem peregrinationem una cum uxore animi causa esse suscepturum, nec non me quoque posse participem fore pulcherrimi hujus itineris, in quo etiam revisendi Portus Gratiae copia mihi futura esset, si modo polliceri sibi vellem, me postea nulli rei nisi mercaturae operam esse daturum: sin autem in sententia litteris studendi perstarem, Hamburgi mihi, ut latinam discerem linguam, fore manendum; jam optionem penes me esse.

„His sollicitationibus juvenilis animus non restitit: deliberatione habita, quae poposcerat promisi. Itaque vere Anni 1803, quum ego decimum sextum ingressus eram annum Hamburgo una cum parentibus profectus sum. Batavia primum visa, e Gallia in Angliam trajecimus: postquam Londoni sesquimensem commorati eramus, parentes in interiorem Angliam Scotiamque iter continuaverunt, ego autem apud ecclesiasticum quendam prope Londinum habitantem relictus sum, ut Anglicam linguam perdiscerem, quod probe feci, tribus ibi peractus mensibus. Postea reversis Londinum parentibus iterum me adjunxi et altero sesquimense ibi consumto denuo in Bataviam transmisimus, unde per Belgium Lutetiam Parisiorum nos contulimus, ubi hiemis maximam partem commorati sumus: tum etiam Portum Gratiae equidem revisi. Deinde Burdegalam, Montem Pessulanum, Nemausum, Massiliam, Telonem Martium, Stoechadesque insulas visum ivimus, tum etiam Lugduno viso, Helvetiam intravimus, qua tota peragrata, Vindobonam adivimus, unde Dresdam, Berolinum denique Gedanum usque perreximus: etiam antiqua igitur patria revisa, primis Anni 1805 diebus, post duorum fere annorum absentiam, Hamburgum reduces sumus facti.

„Manifestum quidem est mihi, per illam tam diuturnam peregrinationem, duos juventutis annos, qui alias disciplinis linguisque veterum addiscendis impendi solent, hac utilitate plane vacuos praeterlapsos esse: attamen etiamnunc dubito, annos ex illa peregrinatione fructus aliquis in me redundaverit amissam illam utilitatem plene compensans quin imo superans. Illis enim primae pubertatis annis quibus humanus animus tum omnimodis impressionibus vel maxime patet, tum rerum percipiendarum atque intelligendarum maxime cupidus et curiosus est, mens mea non, uti fieri solet, verbis atque historiis de rebus quarum omnino nullam veram adaequatamque cognitionem adhuc habere posset, implebatur neque hoc pacto prima mentis acies obtundebatur defatigabaturque; sed in vicem istorum animus meus obtutu rerum nutriebatur vereque erudiebatur et proinde quae qualesque res essent prius didicit quam de conversionibus rationibusque earum inter se traditiones acciperet: ad summam equidem gaudeo, me, illâ viâ progressum, mature adsuevisse, in vocabulis minime acquiescere sed visionem inspectionemque rerum et cognitionem quae intuitu generatur longe anteferre sonantibus verbis: quo pacto mihi cautum fuit ne unquam postea verba pro rebus mihi esse possent.

Quamobrem istius peregrinationis jam nullo modo me poenitet: at multo perniciosior vereque deploranda tum me manebat clades. Hamburgum enim mihi reduci promissis standum fuit et sine tergiversatione mercaturae opera impendenda. Celeberrimo igitur negotiatori, eidemque reipublicae Senatori in disciplinam traditus sum. Verum enim vero me pejor nullus unquam inventus est mercatorius scriba. Toto pectore istam rem aversabar, semper aliis rebus intentus officia negligebam, neque alii rei quotidie studebam, nisi quomodo temporis aliquid lucrarer quod domi librorum lectioni impenderem aut quo saltem cogitationibus imaginationibusque meis animum pascere possem: quin etiam in conclavi scriptioni destinato semper equidem occultos habebam libros, quibus simulac incustoditus essem me delectarem. Quumque celeberrimus ille Metoposcopus et craniologiae magister Gallius Hamburgi scholas haberet, ego horis illis quotidie negotiatorem per fraudes et dolos frustratus iis semper interfui. Insuper me contumacem, aliisque molestum reddebat profunda animi tristitia, partim ex eo nata, quod in vicem continuarum animi delectationum, quibus diuturna peregrinatio me adsueverat, jam odiosa mihi occupatio et pessima cesserat servitus, partim ex eo, quod magis magisque intelligebam me vitam deviam esse secutum, quem autem errorem adhuc corrigi posse ego plane desperabam.

„Quibus malis meis mox supervenit adhuc funestissimus casus: pater optimus subito, fortuito, cruento mortis genere repente abreptus est. Ex hoc luctu moestitia mea jam adeo crevit, ut a vera melancholia parum abesset. Quamvis jam quasi mei juris essem, neque mater ulla in re mihi obstaret: tamen officio apud negotiatorem fungi perrexi, partim quod nimia tristitia vigorem animi infregerat, partim quod religioni habebam post patris mortem statim decreta ejus rescindere, postremo quod jam aetate provectiorem me esse existimabam, quam ut veterum linguas addiscere adhuc possem. Parum enim ego suspicabar Fortunam tum ita mecum agere, ut quondam cum Tarquinio Sibylla. Duos ferme annos apud negotiatorem illum consumsi quos absque ullo fructu plane perdidi. Tandem sub hujus temporis finem, quum ego, intolerabili animi aegritudine cruciatus, in epistolis ad matrem Vinariae jam degentem, lamentabiles effunderem querelas de amisso totius aevi fructu, de irreparabili damno virium et juventutis futili negotio in cassum impensarum denique de adultiore jam aetate quam ut novam rationem, relicta priori, adhuc inire possem; factum est ut celeb: Fernowius magni sane ingenii vir idemque matri tum familiarissimus, istas epistolas introspiceret, iisque moveretur ut mihi, quamvis ceterum sibi ignoto litteras scriberet, quibus mihi planum fecit, temporis quam hucusque feceram jacturam reparabilem adhuc esse eamque rem probavit propositis et sui ipsius et aliorum eorundemque maximorum in litteris virorum exemplis, qui admodum sero ad litterarum studia accessissent, denique auctor mihi exstitit, ut relictis rebus omnibus ad veterum linguarum studia me conferrem. Qua epistola perlecta ego vim profudi lacrimarum, illicoque mihi, licet alias ad quascunque electiones tardissimo, stetit sententia. Nuntio igitur negotiatori remisso, statim Vinariam profectus sum, quod quidem fuit initio Anni 1807, quum aetatis annum duodevicesimum modo explevissem.

„Inde sine mora, Fernowio auctore, Gotham me contuli, Gymnasiique celeberrimi ibi florentis discipulus sum factus. Nullis ego tamen nisi iis scholis quae in vernacula habebantur interesse poteram, ob absolutam veterum linguarum ignorantiam. Cel: autem Doeringius, Gymnasii Director, duas quotidie mecum habebat scholas privatissimas, quibus Latinae linguae rudimenta me docebat: tanta enim mea erat hujus linguae ignorantia, ut etiam verborum et nominum declinationes addiscendae mihi essent. Incredibilibus autem profectibus meis factum est, ut Doeringius optima quaeque etiam gloriosissima in futurum mihi vaticinaretur, quare equidem ex illa tristitia et desponsione paulatim emersus animum errexi in spem laetiorem et summa alacritate viriumque intentione fini mihi proposito allaboravi.

„Sed ecce nova clades! Nondum ego didiceram periculosis abstinere salibus: quae res ibi me pessum dedit. Schultzius quidam, Gymnasii illius professor, quem ego ne me videre quidem unquam memini, in diurnis publicis dicta quaedam acerbiora jactaverat in selectam Gymnasii classem, cui etiam ego adscriptus eram: istius igitur publice dicta equidem inter coenam facetiis quibusdam insectatus sum: quae autem temeritas ei perlata eum effectum habuit, ut Doeringius privatissimas scholas mihi renuntiaret, simul tamen affirmans se in me docendo singularem percepisse delectationem, sed fidem quam dederat servandam sibi esse, etiam me invitavit ut, alius cujuspiam privatissimis scholis usus, in Gymnasio permanerem. Quod tamen nolui: relicto igitur, post semestre spatium, Gymnasio Gothano, Vinariam me contuli, ubi celeb: Passowius, jam Academiae Vratislaviensis Professor, privatissimas mihi impertiebat scholas de Latina mox etiam de Graeca lingua: deinde autem solas Graecas scholas mecum habendas sibi reservavit, Latinum autem sermonem privatissimis scholis me docebat cel: Lentzius, Gymnasii Vinariensis Director, vir cui latine loquendo vix ullus potest esse superior. Utrisque viris optime de me meritis maximas gratias habeo. Ego autem, siti quadam discendi instinctus, indefatigabili assiduitate, summoque studio et labore enixe, etiam anxie allaboravi, ut praeteriti aevi damna resarcirem et tot annorum amissum fructum sera diligentia compensarem. Minime pecuniae ad quaelibet subsidia comparanda, sed otii mire parcus, adeo sedulus quotidie per omnes diei horas ad mediam usque noctem libris chartisque incumbebam, tanquam qui pro victu quotidiano aegre comparando desudaret. Neque in matris aedibus habitabam sed in eadem cum Passowio domo, ita ut magistrum semper ad manum haberem. Studiorum pars longe praecipua veterum erant linguae: insuper sola librorum ope etiam Mathesin et Historiam excolebam, quarum elementis jam antea imbutus fueram. His studiis occupatus duos annos Vinariae degi, quibus elapsis, magistri affirmaverunt me jam Academiae maturum esse, vereque ego profiteri possum, licet alicui mirum videatur, me tum intra duos annos et dimidium omnia ex priori negligentia damna plene reparavisse. Cujus rei laetissimum mihi documentum postea ex eo sumsi quod quum in Academiis versarer, oblatis occasionibus, saepius comperi me in veterum linguarum cognitione aliis litterarum studiosis non modo parem esse, sed longe plurimis, etiam iis nonnunquam qui philologiae operam dabant, antecellere: quaequidem res ex parte saltem inde repetenda est, quod ego maxima ex parte αυτοδιδακτος multa plura veterum scriptorum perlegeram quam illi potuerant qui in Gymnasiis eruditi fuerant, quippe ubi omnes una gregatim et pedetentim progrediuntur. Assiduam autem illam Graecorum et Latinorum scriptorum lectionem equidem etiam postea per omnes quos in Academiis egi annos, religiose continuavi, duabus quotidie horis ei rei dicatis. Qua ex re haec imprimis commoda mihi exorta sunt: primum magis magisque initiabar antiquitati ejusque praestantiam et indolem paulatim intellexi, quae quidem tum demum maxime mihi se aperuit quum hoc praesenti anno in Italia mihi contigerit sanctissima et pulcherrima antiquitatis monumenta spectare; deinde jugi illa veterum scriptorum imprimis philosophorum Graecorum lectione etiam compositio mea Germanica, sive stilus, magnopere adjutus emendatus correctus est; denique constans illa lectio prohibuit, ne illa tam celeriter mihi acquisita veterum linguarum cognitio pari quoque celeritate mihi elaberetur: quinimo tam altas egit radices in animo, ut ne nunc quidem obsoleverit, postquam tam multa et varia studia intercesserunt, etiam nuper diuturnus Italicae linguae usus, quo nihil potest locutioni scriptionique Latinae esse perniciosius, mihi nocuit: in cujus rei fidem omni asseveratione affirmo, me jam haec omnia absque ullius mortalis ope conscribere, neque ea oculis alicujus subjecturum quidem esse antequam Berolinum mittantur, quoniam, licet sciam, etiam me loquendo labi posse hoc tamen, si forte accidisset soli infirmitati humanae et oscitationi non meae ignorantiae adscribendum foret. Totius autem hujus commemorationis venia detur homini, qui quum undevicesimum annum ageret vocem «mensa» declinare didicit: alias enim haec ventosissima esset in re pusilla quidem venditatio.

„Sub finem igitur Anni 1809, quum legitimam aetatem implevissem, mater patrimonium mihi tradidit i. e. bonorum a patre relictorum, quantum adhuc supererat, tertiam partem, qua quidem pecunia versuram faciendo ad commode semper vivendum satis habebam. Tum Gottingam petii, ubi medicinae nomen dedi. Sed postquam mei ipsius simulque philosophiae levem dumtaxat, aliquam tamen cognitionem nactus eram, consilium mutavi et secundo studiorum semestri, relicta medicina, soli jam philosophiae operam dedi. Necque medicinae studium in temporis jacturam mihi cesserat, quoniam nullis adhuc praelectionibus interfueram nisi iis quae et philosopho utilia imo necessaria sunt. Per duos igitur, quos Gottingae degi, annos, eadem cui jam adsuetus eram assiduitate in litterarum studia incubui, a quibus aliorum Studiosorum commercium me abstrahere minime valebat, quoniam maturior aetas, uberior experientia et diversissima indoles semper me segregabat et solitudine sepiebat, quo factum est, ut, licet scholis diligenter interessem, multum tamen temporis ad librorum lectionem adhuc supererat, quo quidem praesertim Platoni et Kantio vacabam. Per illud biennium igitur interfui praelectionibus G. E. Schulzii Logicis Metaphysicis et Psychologicis, Thibautium audivi Mathesin puram docentem, Heerenum Historiam tum antiquam

tum recentiorem, tum expeditionum cruciatarum nec non Ethno-
graphiam tradentem, Luedero in Historia imperii Germanici adsedi,
a Blumenbachio Historiam naturalem, Mineralogiam, Physiologiam
et Anatomen comparatam accepi, corporis humani Anatomen ab
Hempelo, Chymicam a Strohmeiero, Physicen et Astronomiam physicam a Tobia Maiero, Botanicen a Schradero. Ex quorum prae-
stantissimorum virorum institutionibus maximum fructum me percepisse grato animo profiteor. Jam Auctumno anni 1811 Berolinum
migravi et ibi quoque Academicorum civium numero adscriptus, cla-
rissimorum virorum quibus illa litterarum Universitas affluit, institutione ingenium animumque plenius excolere pro virili parte
enixus sum. Audidi igitur Wolfium tum Graecos Latinosque illu-
strantem poëtas, tum antiquitates Graecas, tum Historiam Lit-
teraturae Graecorum tradentem, Schleiermachero Historiam philosophiae acceptam refero, Ermannum de Magnetismo et Electricitate
publice disserentem maxima cum animi voluptate audivi, Lichten-
steinii diversis de Zoologia recitationibus omnibus per sesquiennium
interfui, a Klaprothio Chymicam experimentalem iterum accepi,
item Physicam a Fischero, Astronomiam a Bodio, Geognosin a
Weissio, Physiologiam generalem ab Horkelo, Anatomen cerebri
humani a Rosenthalio, quorum celeberrimorum virorum omnium
insignia in me merita gratissimo animo semper recordabor. Etiam
Fichtium, philosophiam tradentem suam, diligentissime auscultavi,
ut postea justius de eadem judicium ferre possem: nec non ali-
quando, in colloquio, quod cum auditoribus ille habebat, diu cum
eo disputavi, quam quidem disceptationem, qui praesentes fuere,
fortasse adhuc meminerunt. Etiam Berolini biennium commoratus
fuissem, nisi ultimo hujus temporis semestri, vere nimirum anni
1813, bellici me fugassent tumultus, quae res eo magis deploranda mihi fuit, quod tum maxime ad summos in philosophia honores ab amplissimo philosophorum Ordine Universitatis Berolinensis rite petendos me accingebam, quem quidem in finem, postquam celeberrimus mihique semper benevolentissimus Lichtensteinius,
quae illius rei conditiones requisitaque ad eam specimina essent,

me edocuerat, dissertationem de principii rationis sufficientis quadruplici fundamento conscribere inceperam, et Germanice quidem, ex instituto amplissimi Ordinis.

„Quum autem ex dubio proelii ad Luetzen pugnati eventu urbi Berolino ipsi periculum impendere videretur, omnesque, quibus licitum erat, aufugerent, Francofurthum plurimi aut Vratislaviam; ego autem, optimum ratus, hostibus obviam ire, Dresdam iter direxi quo per varios casus et discrimina rerum duodecimo tandem die perveni. Permanere ibi, jam tum in animo mihi erat: quum autem futura huic urbi pericula animo praesagirem, Vinaniam usque processi. Ibi vero matris domo pro deversorio utendum erat ubi domestica quaedam tam vehementa mihi displicebant, ut aliud perfugium quaerens Rudolphipolin secederem ubi in deversorio publico, quippe quod tumultuosis temporibus illis homini omni patriâ carenti aptissimum et plane proprium videbatur. domicilium, reliquum anni transegi. Ceterum temporibus istis maxima aegritudo et tristitia meum iterum invaserant animum, praecipue ex eo ortae quod videbam vitam meam in ejusmodi tempora incidisse, quae plane alias virtutes requirerent quam quarum. semina mihi inesse sentiebam. In secessu autem meo Rudolphipoli me delectabant ineffabiles regionem istarum amoenitates, a re militari naturâ alienissimus gaudebam me in illa valle, saltibus undique septa, per omnem illam tam bellicosam aestatem, ne unum quidem militem videre, neque tympana audire; in summa denique solitudine, nulla re distractus aut sevocatus abstrusissimis studiis et meditationibus sine interruptione vacabam. Libros suppeditabat Bibliotheca Vinariensis.

„Ibi igitur perfeci dissertationem de principii rat. suff. quadruplici fundamento, ea semper spe, ut rursus copia mihi fieret revertendi Berolinum ubi ad Doctoris gradum adspirarem. Quum autem hoc minus contingeret, viis neque per indutias factas, neque per novum eas subsecutum bellum reclusis, Doctoris autem titulus tum maxime ex usu mihi esset; amplissimum Ordinem Philosophorum Academiae Jenensis, proxime tum mihi sitae, missa cum litteris dissertatione illa, precibus adivi ut ad summos in philosophia honores me eveheret: quod quidem pro benignitate sua fecit.

„Ingruente autem hieme, quae in agresti illo et solitario perfugio meo, tum etiam militibus occupato, admodum tristis mihi videbatur, Vinariam reversus sum, ubi totam hiemem degi. Tunc autem in tantarum aegritudinum mearum solatium, res mihi contigit, quam inter laetissimos felicissimosque vitae meae eventus imprimis numero. Ingens nimirum illud seculi nostri Germanicaeque gentis decus, summus Goethius, cujus nomen tempora nulla silebunt, amicitia sua et familiaritate me dignatus est. Hucusque enim vultu tantum notus ei eram neque me alloqui solebat: quum autem dissertationem illam meam evolvisset, sponte sua ad me accessit, rogavitque ut Doctrinae suae de coloribus operam dare vellem, omnibus subsidiis interpretationibusque se subventurum mihi pollicitus, ut per eam hiemem res ista crebris colloquiis inter nos materiam suppeditare posset, sive suffragaturus sive refragaturus forem decretis suis. Paucis post diebus suum ipsius apparatum et instrumenta ad colorum phaenomena evocanda mihi misit, etiam ipse postea difficiliora experimenta mihi exhibuit, magnopere gavisus, animum meum, nullis praejudicatis opinionibus obcaecatum, veritatem doctrinae ejus agnoscere, cui quidem etiamnunc assensus et debitum suffragium derogantur, propter causas quas heic referre non attinet. Quum deinde Goethius frequenter me arcesseret, non intra colorum disquisitiones se continuerunt colloquia sed de quibuslibet rebus philosophicis sermones contulimus eosque in multas saepe horas protraximus: qua ex familiaritate ingentem equidem incredibilemque percepi fructum.

„Primo autem vere anni 1814, pacatis omnibus, Dresdam me contuli, studia mea ulterius prosecuturus praesertim autem systema philosophiae, quod jam tum meditabar, conditurus. Maxima in eam rem subsidia mihi praebuerunt inprimis egregia illa Bibliotheca regia, tum laudatissima pinacotheca etiam collectiones signorum antiquorum tum genuinorum tum gypso expressorum, rerum denique ad historiam naturalem spectantium praestantissimi apparatus.

In illa igitur amoenissima urbe quatuor annos et dimidium placidissime degi, multifariis litterarum studiis unice intentus, inprimis autem occupatus lectione omnium quotquot unquam fuere philosophorum, eorum scilicet, qui suas ipsorum meditationes protulerint, non perinde eorum, qui aliena tantum cogitata illustraverint vel recoxerint.

„Haec inter studia A⁰. 1815 novam colorum theoriam excogitavi. Nimirum intellexeram Goethium nihil aliud invenisse, nisi rationem, qua colores quos *physicos* nominamus, existant orianturque, minime autem eum generalem colorum theoriam dedisse, quam quidem neque physicam neque chymicam sed mere physiologicam esse debere, manifestum mihi erat. De mea autem colorum theoria, quam tum temporis litteris mandatam Goethio misi, per totum annum epistolis ultro citroque missis cum eo disputavi: assensum autem ei praebere summus ille vir semper recusavit, licet ne unam quidem in contrariam partem ratiunculam unquam mihi objecisset; sed ideo tantum, quia theoria mea sicuti Neutonianae in omnibus, ita Goethio quoque in nonnullis repugnat. Illum igitur de coloribus tractatum A⁰. 1816 publici juris feci, certoque certius scio theoriam ibi explicatam veram esse, solamque veram, etiam agnitum iri, quam mox, non admodum laboro, in hoc nimirum acquiescens, quod neque silentium malignitas neque infitiantium pertinacia ad convellendam aut obruendam veritatem unquam valuerit. Nam, ut Livii verbis utar, «veritatem laborare nimis saepe, ajunt, exstingui nunquam».

„Anno 1818 denique systema meum philosophicum cui elaborando per quinque annos assiduam operam navaveram ad umbilicum adduxi. Tunc autem post undecim annorum continua litterarum studia, animum peregrinatione recreare statui: Vindebonam igitur me contuli, unde Italiam ingressus Venetias vidi, tum Bononiam, Florentiam denique Romam perveni, ubi quatuor fere menses commoratus, monumentorum antiquitatis, recentioris item artis operum contemplatione animum pavi. Neapolin etiam visitavi; Pompejos, Herculanum, Puteolos et Bajas admiratus Paestum usque processi, ubi Poseidoniae urbis antiquissima, pulcherrima et viginti-quinque seculorum serie inconcussa templa oculis usurpavi, sancto quodam animi horrore reputans me jam in eo pavimento gradum figere quod forsitan ipsissimi Platonis solo tritum fuerat. Postea Florentiae quoque unum fere mensem degi, Venetias iterum adii, tunc Patavium, Vicentiam, Veronam, Mediolanum visum ivi, deni-que per St. Gotthardi montem in Helvetiam transcendi. Undecim mensibus in illa peregrinatione consumtis Augusto hujus anni mense Dresdam sum redux factus. Jam autem animum, qui hucus-que discendi tantum cupiditate flagraverat, docendi etiam occupavit desiderium. Cui ut satisfacere liceat, precibus adidi amplissimum Philosophorum ordinem Academiae Berolinensis."

("Hochverehrter Herr Decan! hochangesehene Herren Räthe und Beisitzer der Philosophischen Facultät! Hiermit richte ich an Sie die ergebenste Bitte mir die Berechtigung und Erlaubniss ertheilen zu wollen, auf Ihrer Universität in der Philosophie und deren sämmtlichen Zweigen Lehrvorträge zu halten. Damit Sie in Be-rathung und Erwägung ziehen können, ob ich zu diesem Berufe befähigt und solcher Ehre würdig sei, lege ich Ihnen die bis jetzt von mir veröffentlichten Schriften vor, nämlich die Dissertation über die Vierfache Wurzel des Satzes vom zureichenden Grunde, die Abhandlung über das Sehen und die Farben und die [vier] Bücher über die Welt oder das System der Philosophie. Ebenso füge ich das Diplom über den mir von der hochansehnlichen philo-sophischen Facultät der Universität Jena ertheilten Doctorgrad diesem Schreiben bei. Um Ihnen auch einen Einblick in meine Lebensführung zu geben, lasse ich den üblichen Abriss meiner Laufbahn folgen, der wegen meines schon mehr vorgerückten Alters und der mannichfaltigen Windungen meines Lebenswegs weitläufiger als gewöhnlich ausfallen musste.

„Wenn Sie mich der erbetenen Befugniss und Ehre würdig finden sollten, werden Sie mich damit zu ewigem Danke verpflich-ten. Wollten Sie zudem Ihre Gewogenheit mir durch eine beson-dere Vergünstigung bezeigen, so würden Sie mir zugleich gütigst gestatten, dass die im bevorstehenden Sommerhalbjahre von mir zu haltenden Vorlesungen in dem demnächst erscheinenden Lectionskatalog eingerückt werden, da ich, durch unabweisliche Umstände hier zurückgehalten, nicht vor März nach Berlin kommen und dann erst die übrigen mir von Ihnen noch aufzugebenden Leistungen werde erfüllen können. In der festen Zuversicht, dass ich im Stande sei, diesen Auflagen Genüge zu leisten, ersuche ich Sie dringend, Ihrem Wohlwollen und Ihrer Güte gemäss mir auch in diesem Betreff willfahren zu wollen.

„Ihrem Wohlwollen, hochverehrter Herr Decan, sowie der Gewogenheit Einer hochansehnlichen philosophischen Facultät mich angelegentlich empfehlend, bitte ich den Allmächtigen, Sie im bevorstehenden und vielen folgenden Jahren gesund und wohl zu erhalten und Sie mit allen Glücksgütern segnen zu wollen. Ew. Hochwohlgeboren ganz ergebenster *Arthur Schopenhauer.*"

———

„Die Aufgabe, über meinen Lebenslauf zu berichten, bringt mir Vieles mehr, dessen zu erwähnen ist, vor die Erinnerung, als bei der gleichen Arbeit Anderer wohl der Fall zu sein pflegt. Es rührt dies daher, dass mir den Beruf, dem ich folge, die gelehrte Thätigkeit, der ich mich hingegeben habe, nicht wie den Meisten der Zufall entgegengebracht noch die berechnende Fürsorge Anderer angewiesen, sondern die eigene freie Wahl allein zugetheilt hat, und dass der Weg, auf welchem ich dahin, wo ich bin, gelangte, nicht allein nicht gebahnt und geebnet, sondern behindert und versperrt gewesen, ja dass ich anfangs nicht einmal von demselben Kenntniss hatte.

„Ich stamme aus Danzig, wo ich am 22. Februar 1788 das Licht erblickte. Mein Vater war Heinrich Floris Schopenhauer, meine noch lebende, durch eine Reihe von Schriften sattsam bekannte Mutter ist eine geborene Johanna Henriette Trosiener. Wenig aber fehlte, so wäre ich Engländer geworden; denn erst da ihre Niederkunft schon nahe bevorstand verliess meine Mutter

England, um in die Heimath zurückzukehren. Mein vortrefflicher Vater war ein wohlhabender Kaufmann und Königlich polnischer Hofrath, obwohl er nie gestattete dass man ihn so nannte. Er war ein strenger heftiger Mann, aber von tadelloser Unbescholtenheit, Rechtlichkeit und unverbrüchlicher Treue, dabei in Handelsgeschäften mit vorzüglicher Einsicht begabt. Wie viel ich ihm verdanke, vermag ich kaum in Worten auszudrücken: denn wenn auch die Laufbahn, die er mir zu eröffnen beschlossen hatte, in seinen Augen freilich die beste, meinem Geiste nicht angemessen war; dass ich frühzeitig in nützliche Kenntnisse eingeweiht wurde, dass mir dann die Freiheit, die Musse und alle Hülfsmittel zur Verfolgung des Ziels, für das allein ich geboren war, zur Gelehrten-Ausbildung nicht fehlten, dass mir endlich auch später, in reiferen Jahren, ohne mein Zuthun Vortheile zu Theil wurden, deren die Wenigsten meiner Art und Anlage sich zu erfreuen gehabt haben, nämlich freie Zeit und eine vollkommen sorgenlose Existenz, kraft deren es mir gestattet war, eine Reihe von Jahren hindurch Studien, die in Hinsicht auf Gelderwerb die unfruchtbarsten sind, Untersuchungen und Meditationen der allerschwierigsten Gattung ausschliesslich nachzuhängen und zuletzt, was ich erforscht und durchdacht, durch nichts abgezogen oder gestört, niederzuschreiben — das Alles danke ich einzig jenem Manne:
Denn kein Kaiser hat uns diese Musse bereitet.

„Deshalb werde ich, so lange ich lebe, diese unaussprechlichen Verdienste und Wohlthaten meines besten Vaters immer im Herzen bewahren und dessen Gedächtniss heilig halten.

„Als im Jahre 1793 der König von Preussen, des wohlregierenden allerhöchster Vater, die Stadt Danzig seiner Herrschaft unterwarf, ertrug mein Vater, dessen Herz nicht weniger warm für die Freiheit als für die Vaterstadt schlug, den Anblick des Untergangs der alten Republik nicht; wenige Stunden vor der Besetzung der Stadt durch die preussischen Truppen verliess er deshalb dieselbe mit Weib und Kind, blieb die Nacht über in seinem Landhause und reiste am folgenden Tage in Eiltouren nach

Hamburg ab. Aber nicht ohne grosse Vermögenseinbusse kaufte
er sich allein mit den Seinigen von dem Geschicke Danzigs los;
denn abgesehen von dem für den Kaufmann höchst nachtheiligen
Ortswechsel und der in so ungünstigem Zeitpunkt nicht ohne
Schaden zu bewerkstelligenden Veräusserungen musste er auch
noch den zehnten Theil seiner gesammten Habe dem Fiscus abgeben, wogegen er dann von jeder Verbindlichkeit gegen die Stadt
frei und entbunden erklärt wurde. So ward ich schon in zarter
Kindheit [ich stand damals im fünften Jahre] heimathlos; auch
habe ich seitdem eine neue Heimath niemals erworben. Denn
wennschon mein Vater von jener Zeit an bis zu seinem Ende
seinen Wohnsitz in Hamburg hatte und daselbst eine Handlung
betrieb, so wollte er doch nie unter die Zahl der Bürger aufgenommen werden, sondern wohnte dort nach dem daselbst gültigen
Rechte der Ausländer als Beisasse.

„Ueber mich aber, seinen einzigen Sohn und damals alleinigen
Erben [eine Schwester von mir ist zehn Jahre nach mir geboren]
hatte er beschlossen, dass ich ein vorzüglicher Kaufmann und zugleich ein Mann von Welt und feinen Sitten werden sollte. Zu
diesem Zweck hielt er vor allem nöthig, dass ich vollkommen
französisch lernte. Als er daher 1797 eine Vergnügungsreise nach
Frankreich und England antrat, nahm er mich, der ich damals
im zehnten Jahre stand und bis dahin in einem Privatinstitut in
den üblichen Fächern Unterricht genossen hatte, mit sich. Nachdem wir Paris gesehen, führte er mich nach Havre, wo er mich,
damit aus mir wo möglich ein ganzer Franzose werde, bei einem
Geschäftsfreunde zurückliess. Dieser, ein lieber guter sanfter
Mann, hielt mich ganz wie seinen zweiten Sohn und liess mich
mit seinem eignen mir gleichalterigen Sohne gemeinsam erziehen.
So wurden wir von zu uns kommenden Privatlehrern in allen,
jenem zarten Lebensalter angemessenen Kenntnissen und Fertig-
keiten unterrichtet, so dass ich neben der französischen Sprache
vieles Andere dort lernte, auch einige Anfangsgründe im Lateinischen, diese jedoch mehr, damit davon die Rede sein könne,

und nur in der Absicht, damit ich, wenn mir einmal ein lateinisches Wort aufstiesse, nicht ganz befremdet sei. In jener freundlichen an der Seinemündung und der Meeresküste gelegenen Stadt verlebte ich so den weitaus frohesten Theil meiner Kindheit.

„Nach einem mehr als zweijährigen Aufenthalt, vor Vollendung meines zwölften Jahres fuhr ich allein zu Schiff nach Hamburg zurück. Unbändig freute sich mein guter Vater, als er mich plaudern hörte wie wenn ich ein Franzose wäre: die Muttersprache dagegen hatte ich dermaassen verlernt, dass man sich mir in derselben nur mit grösster Schwierigkeit verständlich machen konnte. In Hamburg nun kam ich in eine von den Söhnen der höherstehenden und vermögenderen Hamburger besuchte Privat - Erziehungsanstalt, deren Vorsteher Dr. phil. Runge, auch Verfasser einer pädagogischen Schrift, war. Unter der Leitung dieses vortrefflichen Mannes sowie der anderen in dessen Anstalt thätigen Lehrer lernte ich Alles gründlich was einem Kaufmanne von Nutzen ist und dem Gebildeten wohl ansteht. Dem Lateinischen aber wurde, nur des Scheins halber und obenhin, eine einzige Stunde in der Woche gewidmet. Diesen Unterricht genoss ich fast vier Jahre lang. Lange vor Ablauf dieser Zeit jedoch erfasste mich eine starke Neigung zur Gelehrtenlaufbahn, und ich ging meinen Vater mit inständigen Bitten an, mir in dieser Beziehung den Willen zu thun und mich nicht Kaufmann werden zu lassen. Dieser aber hegte hiergegen den grössten Widerwillen und liess sich, da er, nach seinem Dafürhalten einzig meinen Vortheil im Auge hatte, nicht erweichen. Da ich jedoch, durch keine Fehlbitte abgeschreckt noch ermüdet, ihm stets mit dem nämlichen Anliegen in den Ohren lag, und auch Dr. Runge mir das Zeugniss gab, dass ich andere und höhere Geistesfähigkeiten besitze, als welche der Kaufmann braucht, so wurde endlich der überaus feste Sinn meines Vaters soweit gebrochen, oder doch wankend gemacht, dass er sich, obwohl widerstrebend, einzuwilligen geneigt zeigte und davon sprach, mich dem Gymnasium zu übergeben. Da seiner väterlichen Liebe mein Wohl vor allem am Herzen lag

und in seiner Ideenverbindung die Begriffe Gelehrtenthum und
Armuth unzertrennlich verknüpft waren, so glaubte er vor Allem
dafür sorgen zu müssen, dass dieser drohenden Gefahr bei Zeiten
vorgebeugt werde. Er beschloss deshalb, mich zum hamburger
Canonicus zu machen und begann sich mit den dazu erforderten
Bedingungen zu beschäftigen. Indem er jedoch über die, in der
That hohe, Einkaufssumme nicht sofort einig wurde, verzögerte
dies die ganze bezüglich der Veränderung meines Lebensplans zu
treffende Entscheidung. Aus diesem Aufschube schöpfte mein
Vater neue Hoffnung mich von meinem Gedanken abzubringen.
Dass er dies nicht mit Gewalt durchsetzte, davon hielt ihn die ihm
angeborene Achtung vor der Freiheit jedes Menschen zurück.
Aber mich mit List anzugreifen nahm er keinen Anstand. Er
wusste dass ich sehr begierig war die Welt zu sehen sowie dass
ich mich lebhaft sehnte, wieder einmal nach Havre und zu meinen
theuren Freunden dort zu kommen. Deshalb eröffnete er mir,
dass er im nächsten Frühjahre mit seiner Frau eine länger andauernde Vergnügungsreise durch einen grossen Theil von Europa
unternehmen werde und dass ich diese herrliche Tour, auf der
ich Gelegenheit haben würde, auch Havre wiederzusehen, mitmachen
könne, wenn ich ihm nur versprechen wolle, mich nachher ganz
dem Kaufmannsstande zu widmen; wolle ich dagegen auf dem Vorhaben der Gelehrten-Laufbahn bestehen, so müsse ich, um Lateinisch zu lernen, in Hamburg bleiben. Die Wahl stehe bei mir.

„Einer solchen Versuchung widerstand das jugendliche Herz
nicht: nachdem ich mir, seinem Verlangen gemäss, die Sache überlegt hatte, leistete ich das Versprechen. So verliess ich im Frühling des Jahres 1803, nachdem ich das sechzehnte Jahr angetreten
hatte, mit den Eltern Hamburg. Wir sahen zuerst Holland und
fuhren dann von Frankreich nach England hinüber. Nachdem wir
in London einen Aufenthalt von anderthalb Monaten gemacht
hatten, setzten meine Eltern die Reise in das Innere von England
und nach Schottland fort, während ich bei einem in der Nähe
Londons wohnenden Geistlichen zurückgelassen wurde, damit ich

die englische Sprache gründlich erlerne, was ich in den drei daselbst verlebten Monaten gut zu Wege brachte. Nach der Rückkehr meiner Eltern nach London schloss ich mich denselben wieder
an und nachdem wir nochmals anderthalb Monate daselbst zugebracht hatten, fuhren wir wieder nach Holland, von wo wir uns
durch Belgien nach Paris begaben, um daselbst den grössten Theil
des Winters zu verweilen. Von dort besuchte ich auch Havre
wieder. Darauf sahen wir Bordeaux, Montpellier, Nimes, Mar-
seille, Toulon und die Hièrischen Inseln, und nachdem wir auch
Lyon besucht hatten, traten wir in die Schweiz ein. Als diese
ganz durchreist war, gingen wir nach Wien, von dort nach Dresden und Berlin, endlich nach Danzig. Nachdem wir so auch die
alte Heimath wiedergesehn, kehrten wir in den ersten Tagen des
Jahres 1805 nach fast zweijähriger Abwesenheit nach Hamburg
zurück.

„Es leuchtet ein dass mir durch diese lang andauernde Reise
zwei Jugendjahre, welche sonst zur Erlernung der klassischen Lehr-
fächer und Sprachen verwendet zu werden pflegen, in dieser Hinsicht gänzlich nutzlos verstrichen, und dennoch zweifle ich heute
noch, ob nicht eine Frucht jener Reise mir zu gut gekommen ist,
die jenen verlorenen Vortheil vollständig ausgleicht, ja überwiegt.
Denn gerade in den Jahren der erwachenden Mannbarkeit, in
welchen die menschliche Seele sowohl Eindrücken jeder Art am
meisten offen steht, als nach der Aufnahme und Erkenntniss der
Dinge am stärksten verlangt und neugierig ist, wurde mein Geist,
nicht, wie gewöhnlich geschieht, mit leeren Worten und Berichten
von Dingen, von denen er noch keine richtige und sachgemässe
Kenntniss haben konnte, angefüllt und auf diese Weise die ursprüngliche Schärfe des Verstandes abgestumpft und ermüdet; sondern statt dessen wurde mein Geist durch die Anschauung der
Dinge genährt und wahrhaft unterrichtet und lernte daher, was
und wie die Dinge seien, früher als er die über ihre Beschaffenheit und Veränderung fortgepflanzten Meinungen in sich aufgenommen hatte. Besonders erfreue ich mich dessen, dass mich dieser

Bildungsgang frühzeitig daran gewöhnt hat, mich nicht mit den blossen Namen von Dingen zufrieden zu geben, sondern die Betrachtung und Untersuchung der Dinge selbst und ihre aus der Anschauung erwachsende Erkenntniss dem Wortschalle entschieden vorzuziehen, weshalb ich später nie Gefahr lief, Worte für Dinge zu nehmen.

„Somit lasse ich mir diese Reise mit nichten leid sein. Es blieb mir danach jedoch ein viel schlimmerer, in Wahrheit zu beklagender Nachtheil. Denn, nach Hamburg zurückgekehrt musste ich Wort halten und mich ohne Ausflüchte dem kaufmännischen Beruf widmen. Ich kam deshalb zu einem angesehenen hamburger Kaufmanne und Senator in die Lehre. Nie aber hat es einen schlechteren Handlungsdiener gegeben als mich. Meine ganze Natur widerstrebte diesen Geschäften; immer auf Anderes gerichtet, vernachlässigte ich meine Obliegenheiten und war Tag für Tag nur darauf bedacht, Zeit zu gewinnen, die ich zu Hause den Büchern widmen oder in der ich mich wenigstens an Gedanken und Phantasien weiden könne. Auch hatte ich auf dem Comptoir immer Bücher versteckt, an denen ich mich, sobald ich unbewacht war, ergötzte. Als der berühmte Stirnschauer und Urheber der Schädellehre, Gall, in Hamburg Vorlesungen hielt, war ich, meinen Lehrherrn täglich mit listigen Täuschungen hintergehend, in allen Stunden anwesend. Eine tiefe Niedergeschlagenheit machte mich zudem unfügsam und für Andere beschwerlich, theils weil an die Stelle der fortwährenden Zerstreuungen, an welche mich die lange Reise gewöhnt hatte, nunmehr eine verhasste Beschäftigung und die schlimmste Knechtschaft getreten war, theils weil ich mehr und mehr zur Einsicht kam, dass ich einen verkehrten Lebensweg eingeschlagen habe — ein Fehler, den wieder gut machen zu können ich gänzlich verzweifelte.

„Zu diesem meinem Unglück kam bald ein schrecklicher Schicksalsschlag: mein bester Vater wurde mir durch einen jähen, von Ungefähr eingetretenen blutigen Tod plötzlich entrissen. Infolge dieses Trauerfalls steigerte sich die Verdüsterung meines

Gemüths so sehr dass sie von wahrer Melancholie wenig mehr entfernt war. Obwohl ich sozusagen schon mein eigner Herr war, und meine Mutter mir in nichts im Wege stand, fuhr ich fort, meine Stelle bei dem Kaufherrn zu versehen, theils weil der übergrosse Schmerz die Energie meines Geistes gebrochen hatte, theils weil ich mir ein Gewissen daraus machte, die Beschlüsse des Vaters alsbald nach seinem Tode wieder aufzuheben, endlich weil ich bereits in einem zu weit vorgeschrittenen Alter zu stehen glaubte um die alten Sprachen noch erlernen zu können. Dass das Schicksal mit mir, wie einst die Sibylle mit dem Tarquinius verfahre, ahndete ich nicht. Fast zwei Jahre verbrachte ich bei jenem Kaufmanne, die mir ohne irgend welchen Nutzen gänzlich verloren gingen. Endlich gegen das Ende dieser Zeit, als ich, von unerträglichen Gemüthsleiden gequält, in den Briefen an meine bereits in Weimar wohnende Mutter mich in jämmerlichen Klagen ergoss über den vereitelten Lebenszweck, über den unersetzlichen Verlust der auf nichtige Arbeit vergebens verwendeten Kräfte und Jugend, endlich über mein vorgeschrittenes Lebensalter, das mir nicht mehr verstatte, die gewählte Laufbahn zu verlassen und eine neue zu beginnen — da geschah es dass der berühmte Fernow, ein Mann von wirklich ausgezeichneten Geistesgaben und meiner Mutter damals eng befreundet, Einsicht von diesen Briefen nahm und dadurch, obwohl ich ihm übrigens unbekannt war, bewogen ward, sich mir gegenüber schriftlich zu äussern, indem er mir klar machte, dass die bis dahin verlorene Zeit noch ersetzbar sei, dies durch sein eignes Beispiel sowie dasjenige Anderer, selbst der bedeutendsten Gelehrten, welche erst spät die gelehrte Laufbahn angetreten hätten, bewies, und mir rieth, Alles im Stich zu lassen, um mich auf die Erlernung der alten Sprachen zu werfen. Als ich diesen Brief gelesen, brach ich in heftiges Weinen aus und auf der Stelle stand in mir, dem sonst jede Wahl Qual machte, der Entschluss fest. Nachdem ich meinem Lehrherrn gekündigt, reiste ich sogleich nach Weimar. Es war dies zu Anfang des Jahres 1807, als ich eben das achtzehnte Jahr zurückgelegt hatte.

„Nach Fernow's Rath begab ich mich sodann ohne Verzug nach Gotha, wo ich in dem daselbst blühenden berühmten Gymnasium als Schüler Aufnahme fand. Jedoch konnte ich wegen meiner gänzlichen Unkenntniss der alten Sprachen nur an denjenigen Unterrichtsstunden theilnehmen, die in meiner Muttersprache gegeben wurden. Der rühmlichst bekannte Director des Gymnasiums, Döring, aber gab mir täglich zwei Privatstunden, in welchen er mich die Anfangsgründe des Lateinischen lehrte; denn so gross war meine Unwissenheit in dieser Sprache, dass ich erst decliniren und conjugiren lernen musste. Meiner unglaublich raschen Fortschritte halber jedoch prophezeite mir Döring für die Zukunft das Beste und Rühmlichste, infolge dessen ich aus jener Niedergeschlagenheit und Muthlosigkeit nach und nach wieder emporgerichtet neue Hoffnung fasste und das mir vorgesteckte Ziel mit grosser Frische und Spannkraft verfolgte.

„Aber, o neues Missgeschick! noch hatte ich nicht gelernt, mich gefährlicher Scherze zu enthalten, was mich zu Fall brachte. Ein Gymnasialprofessor Namens Schultze, der mich meines Erinnerns nie gesehen, hatte sich in einem Tagesblatt nachtheilig über die Selecta, der auch ich angehörte, ausgesprochen, und diese in die Oeffentlichkeit getretene Aeusserung zog ich bei Tische mit etlichen Witzen durch. Meine Verwegenheit wurde ihm hinterbracht und hatte zur Folge, dass mir Döring den Privatunterricht aufsagte. Zugleich jedoch gab er mir die Versicherung, dass es ihm zu besonderem Genusse gereicht habe, mich zu unterrichten, dass er aber sein gegebenes Wort halten müsse; auch sprach er den Wunsch aus, ich solle im Gymnasium bleiben und bei jemand Anderem Privatstunden nehmen, was ich jedoch nicht wollte. Mit Ablauf des Semesters verliess ich deshalb Gotha und begab mich nach Weimar wo der rühmlichst bekannte Passow, jetzt Professor an der Universität zu Breslau, mir im Lateinischen und bald auch im Griechischen Privatunterricht ertheilte. Später beschränkte sich derselbe aufs Griechische, während ich bei dem ausgezeichneten, in der lateinischen Redekunst wohl unübertrefflichen

Weimarer Gymnasialdirector Lenz lateinische Conversationsstunden
hatte. Beiden vortrefflichen, um mich hochverdienten Männern
bleibe ich zum grössten Dank verpflichtet. Von Wissensdurst getrieben war ich meinestheils nun angestrengt ja ängstlich bestrebt
mit unermüdlicher Emsigkeit, höchstem Eifer und unverdrossener
Arbeit die Schäden der vergangenen Lebenszeit zu ersetzen und
durch späten Fleiss die verlorene Frucht so vieler Jahre auszu-
gleichen. Nicht mit dem Gelde zur Anschaffung von Hülfsmitteln
jeder Art, aber mit der Musse geizend sass ich einen Tag wie
den andern bis in die Mitternacht so emsig hinter meinen Büchern
und Papieren, als hätte ich mich für des Leibes tägliche Nahrung
und Nothdurft abzuquälen. Auch wohnte ich nicht bei meiner
Mutter sondern mit Passow in demselben Hause, so dass ich den
Lehrer stets bei der Hand hatte. Weitaus am meisten beschäftigten mich die alten Sprachen; ausserdem trieb ich, nur mit Hülfe
von Büchern, Mathematik und Geschichte, in deren Elemente ich
schon früher eingeweiht worden war. So verbrachte ich zwei
Jahre in Weimar, nach deren Ablauf meine Lehrer mich für die
Universität reif erklärten, und der Wahrheit gemäss darf ich, obwohl es Wunder nehmen mag, bekennen, dass ich damals in dritt-
halb Jahren allen aus der früheren Versäumniss erwachsenen
Schaden wieder gutgemacht habe. Den erfreulichen Beweis davon
habe ich später daraus entnommen, dass ich auf der Universität
bei dargebotenen Gelegenheiten öfters in Erfahrung brachte, wie
ich in der Kenntniss der alten Sprachen den anderen Studirenden
nicht allein gleichstand, sondern die allermeisten und zuweilen sogar die Philologen übertraf. Es ist dies wenigstens theilweise
daraus herzuleiten, dass ich, zum grössten Theil Autodidakt, weit
mehrere alte Klassiker gelesen hatte, als es die in Gymnasien Aufgewachsenen vermochten, wo alle nur zusammen in der Heerde
und schrittweise vorwärtskommen. Dieses unablässige Lesen der
griechischen und römischen Klassiker habe ich auch später während meiner ganzen Universitätszeit gewissenhaft fortgesetzt, indem
ich demselben täglich zwei Stunden widmete. Hieraus sind mir

besonders die folgenden Vortheile erwachsen: zunächst wurde ich mehr und mehr in das Alterthum eingeweiht und gewann allmählich die Einsicht in dessen Vorzüglichkeit und Eigenart, die sich mir freilich am meisten erst offenbarte, als ich im laufenden Jahre das Glück hatte, in Italien die ehrwürdigen und herrlichen Denkmäler des Alterthums zu sehen; sodann wurde durch dieses andauernde Lesen der alten Autoren, besonders der griechischen Philosophen meine deutsche Schreibart, mein Stil wesentlich gefördert, verbessert und gereinigt; endlich verhinderte dieses beharrliche Lesen, dass mir die so schnell erworbene Kenntniss der alten Sprachen nicht ebenso schnell wieder verloren gegangen, vielmehr so tief in mir Wurzel geschlagen hat, dass sie bis heute, nachdem doch so viele und verschiedenartige Studien dazwischengetreten, nicht geschwunden ist und jüngst selbst das anhaltende Italienisch-Sprechen, obwohl nichts für die Fähigkeit des Latein-Sprechens und Schreibens Nachtheiligeres gedacht werden kann, mir nicht geschadet hat. Zur Beglaubigung dessen versichere ich in allem Ernste, dass ich dies Alles hier ohne irgend eines Sterblichen Beihülfe niederschreibe und, ehe ich es nach Berlin sende, Niemanden zeigen werde: indem, obwohl ich weiss, dass auch ich der Rede fehlen kann, dies, wenn es vorkäme, doch nur menschlicher Schwäche und Unvollkommenheit, nicht meiner Unwissenheit zuzuschreiben wäre. Dass ich aber solches Alles vorbringe, möge einem Menschen verziehen werden, der in seinem neunzehnten Jahre das Wort «*mensa*» dekliniren lernte; denn sonst wäre dies die eitelste Grosssprecherei und zwar in unbedeutender Sache.

„Gegen Ende des Jahres 1809 also, mit erreichter Volljährigkeit, erhielt ich von der Mutter mein Erbe d. h. den dritten Theil des vom Vater hinterlassenen Vermögens, soviel davon noch übrig war, womit ich für immer ein bequemes Auskommen hatte. Darauf bezog ich die Universität Göttingen, wo ich mich als Mediciner einschreiben liess. Nachdem ich aber mich selbst und zugleich die Philosophie, wenn auch nur oberflächlich so doch einigermassen kennen gelernt hatte, änderte ich meinen Vorsatz und widmete mich, die Medicin aufgebend, ausschliesslich der Philosophie. Die Zeit, welche ich auf das Studium der ersteren verwendet, war jedoch keineswegs hinausgeworfen, weil ich nur erst solche Vorlesungen gehört hatte, die auch dem Philosophen nützlich ja nothwendig sind. Während zweier in Göttingen verlebter Jahre lag ich mit dem anhaltenden Fleisse, an welchen ich bereits gewohnt war, den wissenschaftlichen Studien ob, von denen mich der Umgang mit den anderen Studenten durchaus nicht abzuhalten vermochte, indem mein reiferes Alter, meine reichere Erfahrung und mein grundverschiedenes Naturell mich jederzeit zur Absonderung und Einsamkeit führten. Infolge dessen blieb mir, obgleich ich den Vorlesungen regelmässig beiwohnte, doch noch viele Zeit zum Bücherlesen übrig, die ich vorzugsweise Platon und Kant widmete. Im Laufe dieser zwei Jahre besuchte ich G. E. Schulze's Vorlesungen über Logik, Metaphysik und Psychologie, hörte bei Thibaut reine Mathematik, bei Heeren alte und neuere Geschichte sowie die Geschichte der Kreuzzüge und Ethnographie, bei Lüder deutsche Reichsgeschichte, bei Blumenbach Naturgeschichte, Mineralogie, Physiologie und vergleichende Anatomie, bei Hempel Anatomie des menschlichen Körpers, bei Strohmeier Chemie, bei Tobias Maier Physik und physicalische Astronomie, bei Schrader Botanik. Dankbar bekenne ich den mir aus dem Unterrichte dieser ausgezeichneten Männer erwachsenen grossen Gewinn. Im Herbst des Jahres 1811 zog ich nach Berlin, wurde auch dort in die Zahl der Studirenden aufgenommen und war nach Kräften bemüht in der Schule der berühmten Lehrer, an welchen diese Universität so reich ist, Geist und Gemüth höher auszubilden. So hörte ich Wolf's Vorlesungen über griechische und römische Dichter, griechische Alterthümer und griechische Literaturgeschichte; Schleiermacher's Geschichte der Philosophie und, mit hohem Genuss, Ermán's öffentliche Vorträge über Magnetismus und Elektricität; ferner durch alle Semester hindurch Lichtenstein's sämmtliche zoologischen Collegien, zum zweitenmal Chemie, bei Klaproth, ebenso

17 *

Physik bei Fischer, Astronomie bei Bode, Geognosie bei Weiss, allgemeine Physiologie bei Horkel, Anatomie des menschlichen Gehirns bei Rosenthal. Der grossen Verdienste dieser ausgezeichneten Männer um mich werde ich stets dankbaren Sinnes eingedenk bleiben. Auch Fichten, der seine Philosophie vortrug, folgte ich, um nachher dieselbe um so gerechter beurtheilen zu können, aufmerksam; einmal stritt ich in der von ihm seinen Zuhörern gegebenen Sprechstunde lange mit ihm — eine Verhandlung, deren sich die dabei zugegen Gewesenen vielleicht noch erinnern werden. Auch in Berlin würde ich zwei Jahre lang geblieben sein, wenn mich nicht während des letzten Halbjahres, 1813, die Kriegsunruhen vertrieben hätten, was ich umsomehr zu beklagen hatte, als ich mich gerade damals rüstete, bei der hochansehnlichen philosophischen Facultät der berliner Universität den Doctorgrad im verordneten Wege zu erlangen. Zu diesem Zweck hatte ich, nachdem ich von dem ausgezeichneten, mir stets besonders wohlwollenden Lichtenstein über die Bedingungen und Erfordernisse dazu belehrt worden war, die Abhandlung über die vierfache Wurzel des Satzes vom zureichenden Grunde zu schreiben begonnen und zwar den Statuten hochlöblicher Facultät gemäss in deutscher Sprache.

„Da jedoch infolge des ungewissen Ausgangs des Treffens bei Lützen die Stadt Berlin bedroht schien und Alle, denen es frei stand, flohen, die meisten nach Frankfurt oder Breslau, ich meines Theils aber es für das Beste hielt, dem Feind entgegenzugehen, so richtete ich meinen Weg nach Dresden, wo ich nach mancherlei Zwischenfällen und Gefährden endlich am zwölften Tage ankam. Ich hatte im Sinn gehabt dort zu bleiben; da mich jedoch von den dieser Stadt bevorstehenden Gefahren eine Ahndung überkam, ging ich weiter nach Weimar. Hier aber, wo ich in der Wohnung meiner Mutter abgestiegen war, missfielen mir gewisse häusliche Verhältnisse so sehr, dass ich, einen anderen Zufluchtsort suchend, mich nach Rudolstadt zurückzog, wo ich im Gasthause, als dem in jenen unruhvollen Zeiten für einen heimathlosen Menschen passendsten und eigens angemessenen Aufenthaltsort, den übrigen Theil des Jahres verlebte. Uebrigens war ich damals gemüthlich wiederum tief leidend und niedergeschlagen, hauptsächlich weil ich mein Leben in eine Zeit gefallen sah, die ganz andere Gaben erforderte, als zu welchen ich das Zeug in mir fühlte. In meiner Rudolstädter Zurückgezogenheit indessen genoss ich die unaussprechlichen Reize der dortigen Gegend. Meiner ganzen Natur nach dem Militairwesen abhold, war ich glücklich, in dem nach allen Seiten hin von bewaldeten Bergen umhegten Thale jenen ganzen kriegerischen Sommer hindurch keinen Soldaten zu sehen und keine Trommel zu hören, und lag in tiefster Einsamkeit, durch nichts zerstreut oder abgezogen, ununterbrochen den abgelegensten Problemen und Untersuchungen ob. Mit Büchern ging mir die Weimarische Bibliothek an die Hand.

„So vollendete ich dort meine Dissertation über die vierfache Wurzel des Satzes vom zureichenden Grunde, immer in der Hoffnung nach Berlin zurückkehren zu können, wo ich promoviren wollte. Da es aber nicht dazu kam, indem die Wege weder während des Waffenstillstandes noch während des darauf gefolgten Krieges frei wurden, der Doctortitel mir aber damals von grossem Nutzen war, so richtete ich an die verehrliche philosophische Facultät der Universität Jena, die mir die nächste war, unter Einsendung der Dissertation mit Sendschreiben die Bitte: mir den philosophischen Doctorgrad zu ertheilen, was mir deren Güte auch gewährte.

„Mit hereinbrechendem Winter, der mir in meinem ländlich abgesonderten Zufluchtsort, welcher zudem damals Militair hatte, gar zu traurig erschien, wandte ich mich wieder nach Weimar, wo ich den ganzen Winter zubrachte. Damals aber, zum Troste in solchen Leiden, ward mir zu Theil, was ich zu den erfreulichsten und glücklichsten Ereignissen meines Lebens zähle: denn jener in Wahrheit hohe Schmuck unseres Jahrhunderts und der deutschen Nation, der grosse Goethe, dessen Namen alle Zeiten im Munde führen werden, würdigte mich seiner Freundschaft und seines vertrauten Umgangs. Bis dahin nämlich war ich ihm bloss von Ansehen bekannt und pflegte er mich nicht anzureden; nachdem er aber in meiner Abhandlung geblättert hatte, kam er aus eignem Antriebe mir entgegen und fragte ob ich seine Farbenlehre studiren wolle, indem er versprach, mir mit allen Hülfsmitteln und Erläuterungen Beistand zu leisten, so dass dieser Gegenstand den Winter über unseren öfteren Unterhaltungen zum Stoff dienen könne, möge ich nun seinen Sätzen Zustimmung geben oder opponiren. Wenige Tage darauf schickte er mir seinen eigenen Apparat und die zur Herstellung der Farbenerscheinungen nöthigen Instrumente und später zeigte er mir selbst die schwierigeren Experimente, hocherfreut dass mein von keinerlei vorgefassten Meinungen geblendeter Sinn die Wahrheit seiner Lehre anerkannte, welcher freilich bis auf den heutigen Tag, aus Ursachen, deren Erörterung nicht hierher gehört, Zustimmung und schuldige Anerkennung versagt werden. Als Goethe sodann mich häufiger kommen liess, blieb die Unterhaltung nicht auf Fragen, welche die Farbenlehre betrafen, beschränkt, sondern unsere Gespräche wurden auf alle möglichen philosophischen Gegenstände gelenkt und spannen sich viele Stunden lang fort. Aus diesem vertrauten Umgange habe ich überaus grossen, unglaublichen Nutzen gezogen.

„Mit Beginn des Frühjahrs 1814, nachdem die allgemeine Ruhe hergestellt war, begab ich mich nach Dresden zur weiteren Fortsetzung meiner Studien, besonders aber zur Begründung des Systems der Philosophie, das mir damals bereits im Kopfe lag. Es gewährten mir hierzu dort vor allem die vorzügliche königliche Bibliothek, sodann die berühmte Gemäldegallerie und die Sammlungen antiker Siegel, in Originalen und Gypsabgüssen, endlich die vorzüglichen naturwissenschaftlichen Apparate die reichsten Hülfsmittel. In jener so freundlichen Stadt lebte ich ungestört fünfthalb Jahre, ausschliesslich mit vielfältigen wissenschaftlichen Forschungen beschäftigt, hauptsächlich aber mit der Lesung aller je dagewesenen Philosophen d. h. derjenigen, die ihre eignen

Gedanken vorgetragen, nicht derjenigen, die nur, was Andere gedacht, erläutert und wieder aufgekocht haben.

„Zwischen diesen Studien sann ich im Jahre 1815 eine neue
Farbentheorie aus. Als zweifellos hatte ich erkannt, dass Goethe
nur das Wesen und die Entstehung der sogenannten physischen
Farben gefunden, dagegen keineswegs eine allgemeine Farbentheorie
gegeben habe, die nach meiner Ansicht offenbar weder eine physicalische noch chemische, sondern eine rein physiologische sein
musste. Ueber diese meine Farbentheorie nun, die ich damals
Goethe im Manuscript zusandte, verhandelte ich mit ihm, Briefe
wechselnd, ein ganzes Jahr lang; derselben Beifall zu schenken
versagte der grosse Mann jedoch beharrlich, obwohl er mir nie
auch nur den geringsten Grund dagegen eingewendet hat; nur deshalb, weil meine Theorie, wie sie der Neuton'schen in allen
Stücken widerstreitet, so in einigen Punkten auch mit der Goethe'-
schen nicht im Einklange steht. Die Abhandlung über die Farben gab ich im Jahre 1816 in die Oeffentlichkeit, und ich bin
fest überzeugt, dass die darin entwickelte Theorie die richtige, die
allein richtige sei, auch ist mir nicht bange, dass sie nicht in
Bälde Anerkennung finden werde, indem ich meine Beruhigung
mit Sicherheit darin finde, dass weder böswilliges Verschweigen
noch hartnäckiges Ableugnen die Wahrheit zu verdrehen oder zu
unterdrücken vermag. Denn um mich der Worte des Livius zu
bedienen, die Wahrheit, sagt man, hat oft einen harten Stand;
vernichtet werden aber kann sie nie.

„Im Jahre 1818 endlich brachte ich mein philosophisches System, an dem ich fünf Jahre lang anhaltend gearbeitet hatte, zum
Abschlusse. Dann aber, nach elfjähriger fortgesetzter wissenschaftlicher Thätigkeit, beschloss ich mich durch Reisen zu erholen.
Ich begab mich über Wien nach Italien, sah Venedig, Bologna,
Florenz und kam endlich nach Rom, wo ich fast vier Monate
verweilte und mich an der Betrachtung der Denkmäler des Alterthums wie der neueren Kunstwerke weidete. Ich sah Neapel
zollte Pompeji, Herculanum, Puteoli und Bajä meine Bewunderung

und kam bis Pästum, wo ich im Angesicht des uralten herrlichen, im Laufe von fünfundzwanzig Jahrhunderten nicht erschütterten Tempels der Poseidonsstadt mit Ehrfurchtsschauer daran dachte, dass ich auf dem Estrich stehe, den vielleicht Platons Fusssohle betreten. Darauf verweilte ich wieder fast einen Monat in Florenz, besuchte zum zweiten mal Venedig, ging dann Padua, Vicenza, Verona und Mailand zu sehen und trat endlich über den St.-Gotthardberg in die Schweiz ein. Nachdem ich so elf Monate auf Reisen zugebracht, kehrte ich im August dieses Jahres nach Dresden zurück. Nun aber ergriff mich, den bis dahin nur die Begierde zu lernen getrieben hatte, auch das Verlangen zu lehren. Dasselbe befriedigen zu dürfen, darum habe ich die hochansehnliche Philosophische Facultät der Universität Berlin angegangen.")

VIII.

1820 — 1825.

Aber war dies der Mann, der auf dem philosophischen Katheder einer deutschen Universität seiner Zeit Erfolg erwarten durfte? Er selbst rühmte von sich, wie wir gehört haben, dass der mündliche Lehrvortrag seine starke Seite sei, und wir haben keinen Grund dies zu bezweifeln: denn seine Rede floss noch im Greisenalter lebendig, klar und gefällig, auch hatte er den wahren Begriff des akademischen Lehrers und brachte wirklichen innern Beruf dazu mit — nannte er sich doch noch in seinem letzten Lebensjahre den *doyen* der deutschen Philosophenfacultäten, in demselben Athem, der die „Philosophieprofessoren" mit der schärfsten Lauge seines Spottes übergoss! Aber schon, wenn wir den Inhalt seiner Lehre betrachten, müssen wir sagen, dass er so wenig öffentlich lehren konnte wie Spinoza. Dazu kam der bei Beginn seines Lehramts merklich gesunkene philosophische Wärmegrad und die für den Anfänger so überaus missliche Concurrenz Hegel's und Schleiermacher's, welche beide, von entgegengesetzten Enden ausgegangen, bereits das ganze Terrain der höhern wissenschaftlichen Interessen ihrer Tage erobert hatten. Nebenher ging die zähe Mittelmässigkeit genieloser Zunftgenossen, die ihn nicht allein ignorirten, sondern auch instinctmässig anfeindeten und bei Gelegenheit mit gefährlichen Seitenhieben zu treffen suchten.

Gleich bei der unter Boeckh's Vorsitz stattgehabten *disputatio pro venia legendi* stiess er Hegel vor den Kopf. Dr. Bähr theilt darüber aus Schopenhauer's Munde Folgendes mit. Das, wie es scheint von diesem selbst gewählte Thema waren die drei Arten von Causalität: Ursachen (mechanische, physikalische, chemische), Reize, Motive. Hegel stellte, wie Schopenhauer meinte, um ihn in Verlegenheit zu setzen, die Frage: wenn ein Pferd sich auf der Strasse hinlege, was da Motiv sei. Schopenhauer antwortete: der Boden, den es unter sich finde, im Zusammentreffen mit seiner Müdigkeit, einer Gemüthsbeschaffenheit des Pferdes. Stünde das Pferd an einem Abgrunde, so würde es sich nicht niederlegen. Hegel warf ein: „Sie rechnen die animalischen Functionen gleichfalls zu den Motiven?" also der Schlag des Herzens, der Blutumlauf u. s. w. erfolgen auf Anlass von Motiven? In dieser Frage offenbarte der *summus philosophus* seinen Mangel an naturwissenschaftlichen Kenntnissen: Schopenhauer musste ihn belehren, dass man nicht diese Erscheinungen, sondern die bewussten Bewegungen des thierischen Leibes animalische Functionen nenne. Er berief sich dabei auf Haller's Physiologie. Doch Hegel war keck genug, ihm gegenüber recht behalten zu wollen. Da stand unter den anwesenden Professoren ein Mediciner von Fach auf und unterbrach Hegel mit den Worten: Sie verzeihen, Herr College, wenn ich mich hier ins Mittel lege und dem Herrn Dr. Schopenhauer in diesem Falle recht geben muss: unsere Wissenschaft bezeichnet allerdings die in Rede stehenden Functionen als die animalischen. Hiermit wurde die Disputation geschlossen. Wie es bei solchen Gelegenheiten zu geschehen pflegt, hatte er seinen auf eine volle Stunde berechneten Vortrag nicht bis zu Ende gehalten.

In der, den Werth und die Bedeutung der Philosophie behandelnden Probevorlesung nahm er keinen Anstand, nachdem er der ausserordentlichen Verdienste Kant's gedacht hatte, zu sagen: das durch diesen für die Philosophie erweckte heilige Feuer sei von denen wieder erstickt worden, welche berufen gewesen wären, es zu nähren. Sophisten seien aufgetreten, welche *invita Minerva*, durch unentwirrbare Wortgeflechte, mit Geräusch und Gezänke zuerst die Aufmerksamkeit ihrer Zeit ermüdet, dann von dem Studium der Philosophie abgeschreckt und diese in Misscredit gebracht hätten. Es sei indessen nicht zu befürchten, dass nicht wiederum ein Rächer erstehe, der mit besserer Kraft ausgerüstet, die Philosophie in alle ihre Ehren restituire. Die Zeit dieses seines Rächeramts war indessen noch lange nicht gekommen; vielmehr folgte zu Ende der zwanziger Jahre und nach Hegel's Tode erst die eigentliche Blütezeit unserer modernen Sophistik, in welcher diese zur preussischen Staats- und Nationalangelegenheit heranwuchs und damit für jene Philippiken reif wurde, die Schopenhauer in seinen spätern Schriften, besonders 1840 in der Vorrede zu den „Grundproblemen der Ethik", dann 1850 in den „Parergen", im Kapitel über die „Universitätsphilosophie", endlich in der Vorrede zur zweiten Auflage der Schrift „Ueber den Willen in der Natur" wider sie geschleudert.

Die Zeit, in der „Die Welt als Wille und Vorstellung" Aufmerksamkeit in seinem Vaterlande erregt haben konnte, war, als er den öffentlichen Lehrstuhl bestieg, bereits um; wenigstens hatte er bei seiner Heimkehr aus Italien die alte Erfahrung Cicero's gemacht, als dieser nach Ablauf seiner Quästur aus Sicilien zurückkam und ganz Rom, das er ein Jahr lang durch Getreidesendungen vor Hungersnoth bewahrt, von seinen Verdiensten erfüllt zu finden hoffte: bei Puteoli ans Land steigend und einigen vornehmen Römern begegnend, wurde dieser nach dem Neuesten aus Rom gefragt: sie wussten also noch nicht einmal, dass er in der Provinz gewesen war. — Dass sein Werk damals ganz ohne Anerkennung geblieben sei, kann man nicht sagen. Vier namhafte deutsche Schriftsteller zollten sie ihm, jeder in seiner Weise. Im dritten Stück des „Hermes" war Herbart's eingehende, trotz des diametralen Gegensatzes seiner eigenen Lehre und des daraus fliessenden schneidigen Widerspruchs, für die Eminenz der Leistung keineswegs blinde Kritik erschienen. Wie wir gesehen, verdankte Schopenhauer dieselbe der Fürsorge seines Verlegers, dem er in seiner Ungeduld und seinem Misstrauen so unglimpflich begegnet war.

Aber gleich die Einleitung der Recension war nicht geeignet, Schopenhauer's gerechte Ansprüche zu befriedigen; denn wenn Herbart ihn sehr hoch zu stellen glaubte, indem er ihm in der Nachfolge eines Lessing oder Lichtenberg den Beruf zuerkannte, dem Bedürfnisse nach geistreicher philosophischer Unterhaltung zu genügen, ohne darum zur Seichtigkeit der sogenannten Lebensphilosophen herabzusinken, so fragt man billig nach der Berechtigung des Recensenten, alles was nicht in sein System passt, aus dem Bereiche der Wissenschaft engern Sinnes hinauszuweisen. Er sagte, Schopenhauer gehöre in die Klasse Derer, welche von der Kant'schen Philosophie ausgehend, sich bemühen, dieselbe nach ihrem eigenen Geiste zu verbessern, während sie von den Lehrsätzen derselben sich weit entfernen. Unter diesen sei Reinhold der erste, Fichte der tiefsinnigste, Schelling der umfassendste, aber Schopenhauer der klarste, gewandteste und geselligste.* Wer sich durch Fichte's und Schelling's Dunkelheiten durchgearbeit und sie überwunden habe, werde das Bild, dessen Züge er sich zuvor mühsam zusammensetzen musste, in Schopenhauer's klarem Spiegel vereinigt und von der Individualität jener befreit sehen — wäre es auch nur, um sich vollends zu überzeugen, dass diese idealistisch-spinozistische Philosophie in allen Wendungen und Darstellungen immer gleich irrig sei und bleibe.

Da Herbart's Urtheil über „Die Welt als Wille und Vorstellung" wenig bekannt und von allen gegnerischen** noch bis heute das bedeutendste ist, so mag hier ein kurzes Eingehen darauf gestattet sein.

Zum ersten Theil des Werks bemerkt Herbart, dass der Satz „die Welt ist meine Vorstellung" d. h. „Ich denke die Welt"

---

* Mit diesen drei Beiwörtern bezeichnet er die intellectuellen Eigenthümlichkeiten Schopenhauer's: die Gemeinverständlichkeit und eindringende Lebendigkeit der Gedankenmittheilung.

** Einschliesslich der R. Haym'schen Schmähkritik, deren durchgängige Flachheit sich scheints Vielen aus dem Grunde verbirgt, weil der Verfasser — „fast wie ein Franzos" spricht.

keine absolute und ursprüngliche Wahrheit, sondern „ein psycho-
logisches Ereigniss" bilde, welches „einer Erklärung aus viel tiefer
liegenden Gründen ebenso bedürftig als fähig" sei; denn alle Relation, also auch die zwischen Object und Subject, sei dem wahrhaft Realen fremd und zufällig. Obwol hier die bekannte, im
Mechanischen befangene Herbart'sche Auffassung des Realen zu
Tag tritt, nach welcher Einheit und Mannichfaltigkeit (Convergenz
eines Vielen, Mannichfaltigen zu Einem: *extrinsecus monas, in-
trinsecus myrias*, und Divergenz der Einheit zur Vielheit, des
Centrums zur Peripherie) in Einem Seienden nicht zusammengedacht
werden könnten, während doch die Einheit als Totalität eines
Realen weder abstracte Zahleinheit noch leere Einerleiheit ist: so
hat doch Herbart darin recht, dass jene idealistische Grundwahr-
heit bei Schopenhauer über ihre psychologische Bedeutung hinaus
festgehalten wird. Das Zusammensein und Füreinandersein von
Object und Subject in allem Vorstellen ist eine Thatsache, die um
dess willen, dass sie die unerlassliche Bedingung desselben bildet,
noch nicht, wie der einseitige subjective Idealismus will, jeder
weitern Erklärung spottet. Als Thatsache *(factum)* selbst schon
deutet jenes „Ich denke" auf ein hinter ihm liegendes *facere*
d. h. wir sind uns bewusst, zwar mit allem unserm Denken nicht
aus uns herauskommen zu können; aber weit entfernt, damit einen
absolut selbständigen Anfang zu machen, aus welchem ein nicht
weiter abzuleitendes Urphänomen demonstrirt werden könnte, sind
wir uns vielmehr zugleich bewusst, dass dieses unser Vorstellen
seinen Grund hinter sich hat, insofern es, wie Schopenhauer selbst
auf das Schönste entwickelt, nur eine secundäre Thätigkeit (des
Gehirns) ist, deren Zusammenhang mit einer ihre Voraussetzung
bildenden primären eben das Problem der Philosophie ausmacht.
Bei der Frage nach dem Grunde jener Relativität unsers Erkennens,
wie diese in dem Satze „die Welt ist meine Vorstellung" ausgedrückt ist, fängt deshalb, wie Herbart richtig bemerkt, die Aufgabe der Philosophie erst an und zwar in weiterm Sinne als bei
Schopenhauer, sodass allerdings schon von hier aus die Wege

auseinandergehen. Wenn aber Herbart die transscendentale Wahrheit des Satzes selbst bestreitet, indem er den von Schopenhauer adoptirten Hauptresultaten der „Kritik der reinen Vernunft" widerspricht, so gehört dies nicht mehr zu unserm speciellen Thema. Uebrigens erkennt er an, dass Schopenhauer's Kritik der Kant'-schen Philosophie „an scharf treffenden oder doch scharf stechenden Bemerkungen ausserordentlich reich" sei und niemand, der sich für oder wider Kant interessire, sie ungelesen lassen dürfe.

Wir kommen zum zweiten Theil: „die Welt ist mein Wille". Dass der Leib nur Erscheinung des Willens sei, soll bereits Fichte gelehrt haben. „Ich, als Princip einer Wirksamkeit in der Körperwelt angeschaut, bin ein artikulirter Leib. Die Unterscheidung des Willens vom Leibe ist nur eine Ansicht von zwei Seiten, der subjectiven und der objectiven („Sittenlehre", S. xvi fg.). Somit ist das Ich die Einheit des realen Selbstbestimmens und Bestimmtwerdens. Was ist da noch, fragt Herbart, der Unterschied zwischen Fichte und Schopenhauer? Er meint: der ältere Denker verhalte sich zum jüngern „nicht anders als wie eine alte Sprache zu der daraus durch Corruption und Abkürzung entstandenen neuern", da Schopenhauer „mit absoluten Sprüngen" zum Ziel komme, wo Fichte „mit einem in der That undankbaren, doch aber achtungswerthen Fleisse den langsamen Gang eines nothwendigen Denkens wenigstens gesucht" habe.

Diese Behauptung ist nach beiden Seiten hin falsch. Der „Wille" Schopenhauer's ist die Naturkraft κατ᾽ εξοχην, das blinde, jeder Erscheinung (*eminenter* deren Höhepunkt, dem Intellect) zu Grund liegende Wesen; bei Fichte ist jene Identität von Wille und Leib nur ein im Laufe der einleitenden Argumentation zur „Sittenlehre" hingestellter, durch offenbare Schlussfehler erschlichener Satz, dessen Bedeutung und Anwendung mit Schopenhauer's System so wenig gemein hat, das nach der nämlichen „Sittenlehre" der Wille der Naturkraft absolut entgegengesetzt und „das erste und höchste im Menschen, der Urstoff seines ganzen geistigen Lebens" die Erkenntniss sein soll („Sittenlehre", S. 207. 465). Der

„absolute Sprung" Schopenhauer's soll in der Behauptung bestehen, dass die Identität des Willens und Leibes nur nachgewiesen nicht bewiesen werden könne, weil sie unmittelbar sei. Herbart glaubt mit demselben Recht das directe Gegentheil, „die vollkommene Ungleichartigkeit und bloss zufällige, keineswegs constante und wesentliche Verknüpfung zwischen Leib und Wille als eine unmittelbar gewisse, des Beweises nicht bedürftige Wahrheit" aufstellen zu können. Man sieht, der eine versteht unter Wille etwas anderes als der andere. Wenn aber Herbart den Satz Schopenhauer's: jeder wirkliche Willensact sei zugleich Bewegung des Leibes, eine monströse Behauptung nennt und dabei „nur an das Betrügen wollen" erinnert, wobei gerade das Gegentheil des wahren Willens sich äusserlich zeige und „an das Denken- oder Rechnenwollen, wo gar keine entsprechende leibliche Bewegung nachgewiesen werden" könne, so wird man „in der That an seinem Scharfsinn irre"*; denn jede organische Function involvirt ja eine Bewegung des Leibes, und wenn man mit Schopenhauer unter dem Willen das reale Substrat der ganzen Erscheinung versteht, so kann auch kein Willensact, als Gehirnfunction, ohne solche

---

* Mit diesen Worten nämlich gibt Herbart seiner Verwunderung über die schon im „Satz vom Grunde" aufgestellte Behauptung Schopenhauer's Ausdruck, dass der Leib unmittelbares Object sei. Herbart's Polemik hiergegen war aber müssig, da Schopenhauer sich bereits in der ersten Auflage der „Welt als Wille und Vorstellung" über den Sinn dieses Satzes deutlich ausgelassen hatte. „Durch diese unmittelbare Erkenntniss des Leibes, welche der Anwendung des Verstandes vorhergeht und blosse sinnliche Empfindung ist, steht der Leib nicht eigentlich als Object da, sondern erst die auf ihn einwirkenden Körper, weil jede Erkenntniss eines eigentlichen Objectes d. h. einer im Raum anschaulichen Vorstellung, nur durch und für den Verstand ist, also nicht vor, sondern erst nach dessen Anwendung. Daher wird der Leib als eigentliches Object, eben wie alle andern Objecte, erst mittelbar durch Anwendung des Gesetzes der Causalität auf die Einwirkung eines seiner Theile auf den andern erkannt, also indem das Auge den Leib sieht, die Hand ihn betastet." (Welt als Wille und Vorstellung, 3. Aufl., I, 23 fg.)

Bewegung gedacht werden, wie dies den Ergebnissen der physiologischen Psychologie entspricht. Freilich lehrt Schopenhauer, nur im wirklichen Handeln sei der Wille selbst (d. h. unmittelbar) thätig, also nur in der Irritabilität (a. a. O., II, 281), indem er eben, zur Rechtfertigung seines Grundgedankens, bemüht ist, die relative Unabhängigkeit der Gehirnthätigkeit nachzuweisen; allein wenn Herbart gegen Schopenhauer darin im Recht ist, dass auch „blosse Willensbeschlüsse" als wirkliche Willensacte betrachtet werden müssen, so fragt man billig, was das heissen soll, es lasse sich bei solchen Acten (die noch nicht direct auf eine äussere Handlung gerichtet sind) keine „entsprechende" leibliche Bewegung nachweisen. Auch nach Schopenhauer entspricht äusserlich keine Bewegung dem Willen als solchem, sonst könnte er nicht die „gänzliche Diversität" desselben von der „Vorstellung", welcher die Bewegung als blosse räumliche Veränderung, wie sie hier gedacht wird, ganz und gar angehört, lehren. Ob aber diejenige Molecularbewegung, welche die organische Function des blossen „Willensbeschlusses" ausmacht, diesen Willensbeschluss ebenso „abbildet", wie dies Schopenhauer in Bezug auf den durch die äussere That verwirklichten Willensact von der Muskelaction behauptet, kann doch wol bei dem dermaligen Stande der Wissenschaft, geschweige denn zur Zeit Herbart's, so wenig geleugnet als versichert werden.

Die Hauptfrage bleibt vielmehr, ob in der That, wie Schopenhauer lehrt, zwischen Willensact und Leibesaction keine Causalverbindung sondern unmittelbare „Identität" ist, indem, wie schon Fichte behauptet hatte, die scheinbare Verschiedenheit beider allein daraus entsteht, „dass hier das Eine und Selbe in zwei verschiedenen Erkenntnissweisen, der innern und der äussern wahrgenommen wird".

Wie wird uns der Wille als solcher bekannt? Schopenhauer sagt: wir werden dessen, was Wille ist, unmittelbar inne. Wohlverstanden, nicht dessen was jeweilig gewollt wird. Für Herbart, obwol er bewusste und unbewusste Motive unterscheidet, hat diese

Frage keinen Sinn, weil er einen für sich bestehenden Willen nicht kennt. Was heisst aber bei Schopenhauer: „Was Wille ist, ist mir intim bekannt, ich werde dessen unmittelbar inne"? Es heisst einfach: der Wille ist ein vom Individuum als höchst eigene, innerste Action E r l e b t e s, also kein blosses x in der Formel, wie das Kant'sche Ding an sich, geschweige denn blosse Negation, auch keine l e e r e Form und kein Vexirbecher, der nur gefüllt wird um wieder auszulaufen, wie jenes „Unbewusste"; sondern etwas seinem W e s e n nach Erfahrenes — aber, wohlverstanden, bloss in der Zeit, also doch nur *formaliter*. „Daher wird im Selbstbewusstsein der Wille nicht als das bleibende Substrat seiner Regungen wahrgenommen, mithin nicht als beharrende Substanz angeschaut; sondern bloss seine einzelnen Acte, Bewegungen und Zustände, dergleichen die Entschliessungen, Wünsche und Affekte sind, werden successiv und während der Zeit ihrer Dauer, unmittelbar jedoch nicht anschaulich erkannt" (a. a. O., S. 280). Unmittelbar, der sich stets gleichbleibenden wesenhaften F o r m nach, nicht dem wechselnden I n h a l t e seiner einzelnen Acte nach. Denn dieser I n h a l t wird nach Schopenhauer nur durch Vermittelung des Intellects erkannt: vgl. S. 158 oben.

Was nämlich auf diese Weise im unmittelbaren Innewerden seiner successiven Regungen als Wille erfasst wird, dasselbe stellt sich nach Schopenhauer äusserlich in den Formen von Raum, Zeit und Causalität als organischer Leib dar, dessen einzelne Bewegungen die vorübergehenden Acte, dessen Theile und Formen die bleibenden Bestrebungen, den Grundcharakter des individuell gegebenen Willens veranschaulichen. Ob ihm die N a c h w e i s u n g dieses nach seiner eigenen Erklärung nicht zu b e w e i s e n d e n Satzes gelungen sei, ob insbesondere die Irritabilität, die durch den Reiz der Nerven nicht erklärt wird, da ja auch galvanische, chemische, ja mechanische Reize dieselben Bewegungen zur Folge haben, nur durch das Selbstbewusstsein sich als Wille entschleiere — ist hier nicht auszumachen. Aber Herbart behauptet, Schopenhauer ver-

wickele sich „in den handgreiflichsten aller Widersprüche", indem
er den Willen als Ding an sich, „das als solches nimmermehr
Object ist", erkannt haben wolle und doch zugleich als „die
deutlichste, am meisten entfaltete, vom Erkennen unmittelbar beleuchtete seiner Erscheinungen" bezeichne. Und dieser Vorwurf
hat, wenn man das leidige *Ding an sich* beim Wort nimmt, seinen
guten Grund; aber Schopenhauer verwahrt sich ja ausdrücklich
dagegen, eine positive Lösung des Räthsels der Welt geben zu
wollen: er will nur die Welt als das Ganze der Erscheinungen
beleuchten und — „welche Fackel wir auch anzünden und welchen
Raum sie auch erleuchten mag, stets wird unser Horizont von
tiefer Nacht umgrenzt bleiben" (a. a. O., S. 206). Die Welt als
Wille und Vorstellung ist die Manifestation des Dings an sich,
ihre Deutung weist auf ein sich Manifestirendes; was dies aber
an sich sei, können wir nach Schopenhauer nicht wissen, nur sofern sein Wesen seiner Manifestation entspricht, ist es Wille. Nur
in seinem für uns unauflöslichen Verhältnisse zur Erscheinung,
kann das Ding an sich erfasst werden. Die Einheit desselben gehört nach Schopenhauer schon zu einer Erkenntniss, welche nicht
auf den Functionen unsers Intellects beruht und daher „mit diesen
nicht eigentlich zu erfassen" ist.

Insofern die Forderung dieser Einheit gleichwol unabweisbar
ist, muss sie nach Schopenhauer aus der blossen Analogie geschlossen, muss die Vielheit der Erscheinungen so verstanden werden, dass sie das hinter diesen Erscheinungen verborgene Wesen
als ein in seinem letzten Grunde mit sich einiges offenbart. Die
Unabweisbarkeit dieser Forderung aber folgt bei Schopenhauer
nicht, wie bei den meisten Idealisten vor ihm und neben ihm, aus
der sogenannten Einheit des Selbstbewustseins, aus der Vorstellung,
aus dem Denkgesetz, aus dem Satz vom Grunde, sondern aus der
Erkenntniss des Willens selbst. Dies ist auch der eigentliche
Sinn seiner wichtigen Lehre vom Primat des Willens im Selbstbewusstsein, deren Tiefe und Klarheit man am besten einsieht,
wenn man sie im Verhältnisse zur Philosophie Fichte's betrachtet,

welcher gleichfalls bei Kant ansetzt und der Intention nach auf dasselbe Ziel hinarbeitet, ohne es zu erreichen.

Von den wunderbaren Eigenschaften, mit welchen Schopenhauer den Willen begabt, däucht Herbart die merkwürdigste, „die gewiss niemand in der innern Wahrnehmung seines eigenen Wollens zu entdecken vermocht hätte und die man mit der Transsubstantiation zum mindesten in gleichen Rang stellen" müsse, dass dieser Wille sich in Stufen objectivirt, deren jede ihren Ausdruck in zahllosen Individuen findet. Dass für diesen Willen die Z a h l der Individuen, in welchen irgendeine Stufe seiner Objectivität ausgedrückt sei, sie mögen nach- oder nebeneinander da sein, völlig gleichgültig sein, dass ihre unendliche Z a h l ihn nimmer erschöpfen soll und dass e i n e Erscheinung in Hinsicht auf seine Sichtbarwerdung s o v i e l a l s t a u s e n d e leisten soll — dies ist dem grossen Rechenmeister das Aergste! Seine Vorstellung von dem Wesen der Kraft ist ebenso eine zu enge, wie die Schopenhauer's von unserer Willenskraft eine zu ausgedehnte. Herbart weiss überhaupt nichts von einer „Magie des Willens", deshalb ist sein Spott wohlfeil; Schopenhauer weiss von keinem stärkern und bessern Willen als dem menschlichen, deshalb muthet und traut er diesem zu viel zu.

Der dritte Theil der „Welt als Wille und Vorstellung", „die Platonische Idee: das Object der Kunst" konnte hiernach von Herbart „als ein, Schelling nachgeahmtes Gemenge des Platonismus mit der Fichte'schen und Spinozistischen Lehre ganz überschlagen" werden. In Wahrheit aber ist Schopenhauer's Ideenlehre nicht sowol Spinoza, Fichte und Schelling entlehnt, als vielmehr derjenigen des Platon, Plotin, Thomas von Aquino und Meister Eckhart verwandt, wofür Herbart alles Verständniss fehlt.

Im vierten Theil findet er „die eigentliche Kehrseite des ganzen Buchs", da der Wille hier „sich selbst widerspricht". Dabei ist ihm „aus der Seele geschrieben, was Schopenhauer gegen das Schelling'sche Absolute und dessen Geschichte sagt"; aber er meint: *mutato nomine de te narratur fabula!* Auch bei Schopenhauer finde sich ein „Urgrund oder Ungrund sammt dem dazu gehörigen Werden, dem Anfang und dem Ziel". „Was ist denn sein Wille? ein unaufhaltsamer Drang, und dieser Drang wäre kein Princip des Werdens? es wäre keine Richtung, keine Geschwindigkeit, keine κινησις, kein ἕτερον dabei gedacht? es würde hier keine Geschichte erzählt, stehe nichts vorn, nichts hinten und man könnte so gut von dem Individuum ausgehen und von ihm auf den Einen, einzigen Grundwillen kommen, als umgekehrt? Und wenn dies alles ihn nicht zur Einsicht bringen sollte, so wird er doch begreifen, „dass ein Wille, der sich erhebt bis zu jener gepriesenen Selbstverneinung, etwas anderes ist als ein ursprüngliches Nichtwollen und Nichtswollen".

Man sieht, was alles in der Schule Herbart's dem Absoluten verboten ist. Von einem lebendigen „Realen" kann da freilich nicht mehr die Rede sein; denn, wie schon Aristoteles sagt, ὁ βιος εν τη κινησει εστι. So versteht Herbart den Protest Schopenhauer's gegen die Verfälschung der Philosophie durch Fabel und Geschichte, so aber auch bestraft sich bei Schopenhauer die ungründliche Bearbeitung der Begriffe von Leben, Gliederung und Entwickelung.

Herbart weist darauf hin, dass „die Kant'sche Freiheitslehre bei Schopenhauer eine grosse Rolle spielt und zu den Grundgedanken gehört, von denen er ausgegangen ist". Kant's kategorischer Imperativ nämlich ist in seinem letzten Grunde nichts anderes als die geforderte höchste Einheit, vermöge deren die transscendentale Freiheit mit der empirischen Nothwendigkeit zusammenbesteht. Im Wesen des Willens liegt es, dass er in letzter Instanz nur Eines wollen kann und die Unbedingtheit dieser Forderung, als Selbsterkenntniss des Willens, nennt Kant eben das moralische Gesetz in uns, den kategorischen Imperativ. Schopenhauer verwarf denselben, weil ein Wollen-Sollen der Aseität des Willens widerstreite und ein hölzernes Eisen sei. Dagegen folgte er Kant in dessen Lehre vom intelligibeln Charakter, nach welcher die Freiheit des Willens transscendental, der Welt der Erscheinungen fremd ist. „Die strengste, redlich und mit starrer Consequenz durchgeführte Nothwendigkeit und die vollste, bis zur Allmacht gesteigerte Freiheit", sagt er von dieser Lehre, „mussten zugleich und zusammen in die Philosophie eintreten: ohne die Wahrheit zu verletzen, konnte dies aber nur dadurch geschehen, dass die ganze Nothwendigkeit in das Wirken und Thun *(operari)*, die ganze Freiheit hingegen in das Sein und Wesen *(esse)* verlegt wurde. Dadurch löst sich ein Räthsel, welches nur deshalb so alt ist wie die Welt, weil man bisher es immer gerade umgekehrt gehalten hat und schlechterdings die Freiheit im Thun, die Nothwendigkeit im Sein suchte" (a. a. O., II, 365).

Herbart behauptet nun, diese Lehre stehe und falle mit der vom kategorischen Imperativ, aus welchem von Kant die Freiheit, als diejenige Beschaffenheit des Willens, die allein jener Unbedingtheit des Sittengesetzes entspreche, abgeleitet werde. Ich meine: umgekehrt, durch Beseitigung desselben, wird sie erst ins rechte Licht gesetzt; denn das absolute Soll steht ausser und über dem Willen des Einzelwesens, sobald dagegen die Freiheit als unser wahres Wesen, als unser eigenstes Sein erkannt wird, schwindet das Hinderniss der Motivation und damit die letzte Ausflucht des Determinismus. Ja erst dadurch, dass die Aseität des individuellen Willens auf die Grundlosigkeit des Urwillens zurückgeführt wird, ist die Möglichkeit einer widerspruchslosen Erklärung des Bösen gegeben, wenn auch in völlig anderm Sinne als bei Schopenhauer. Denn bei diesem, wie Herbart treffend hervorhebt, verliert die individuelle Selbstbestimmung des intelligibeln Charakters ihre wahre Bedeutung, indem die Individuation ihm nur Schein ist und in dem Einen untheilbaren Wesen des Willens begraben wird. Sie ist das, wovon jeder durch sein Leben zurückgebracht werden soll. Bei Kant, sagt Herbart, gab es eine Menge freier Wesen, deren jedes sich seinen intelligibeln Charakter selbst bestimmte; bei Schopenhauer dagegen ist nur der Eine Urwille frei, die ethische Zurechnung fällt ganz und untheilbar in ihn hinein, das Wollen der Individuen ist sein ausschliessliches Werk. Die transscendentale Freiheit kann nicht allein möglich sein, sie muss wirklich

werden. Wie geschieht dies? So, dass sie, welche sonst, als nur
dem Ding an sich zukommend, nie in der Erscheinung sich zeigen
kann, „in solchem Falle auch in dieser hervortritt und, indem sie
das innere Wesen der Erscheinung aufhebt, während diese selbst
in der Zeit noch fortdauert, einen Widerspruch der Erscheinung
mit sich selbst hervorbringt und gerade dadurch die Phänomene
der grössten Heiligkeit und Selbstverleugnung darstellt." Es ist
dies die Lehre von der „Verneinung des Willens zum Leben", in
welcher eine grosse, durch die Geschichte der Menschheit laufende
Thatsache des Bewusstseins zum ersten mal nicht mystisch noch
mythisch, nicht historisch noch theologisch, sondern rein philosophisch demonstrirt wird.

Aber Herbart hat wol recht, es unlogisch zu finden, dass das
innere Wesen der Erscheinung soll aufgehoben sein und gleichwol diese in der Zeit fortdauern. Vielmehr werden wir sagen
müssen: das Wesen kann nicht aufgehoben sein, wenn seine Erscheinung nicht aufhört; es muss ein Kern restiren, den jene Verneinung nicht trifft, und sehen wir von der individuellen Erscheinung als einer blossen Täuschung (des Intellects) ab, so führt
uns die Verneinung des Einen untheilbaren Willens, der in jedem
Individuum ganz gegeben ist, zur Aufhebung der Erscheinung im
Ganzen und das Individuum löst durch seine That die Aufgabe
der Welt für alle. Dieser Einwand kehrt, wie wir sehen werden,
zu verschiedenen Zeiten seines Lebens wieder, und er begegnete
demselben mit scharfsinnigen Gründen, deren hauptsächlichster
war: dass bei diesem Schlusse wegen der Amphibolie des Begriffs
Wille, welcher einmal, als individueller, an die Erscheinung gebunden, das andere mal, als Ding an sich, frei, gedacht werde,
die Anwendung des Causalitätsgesetzes schon eine missbräuchliche
sei. Indem er für den in der Verneinung begriffenen Willen die
durch die Erfahrung constatirte negative Folge nachweist, glaubt
er die äusserste Grenze, zu welcher unsere Fassungskraft reiche,
berührt zu haben; was darüber liege, sei in der Erfahrung nicht
mehr nachzuweisen. Für unsere Fassungskraft sei die Folge der

Verneinung des Willens eben gleich nichts. Allein eben diesem Nichts widerstreitet ja die Erfahrung, indem die vollkommene Negation nach der Verneinung des Willens nicht allein nicht eintritt, sondern sogar eine neue Position, die „vollendete Heiligkeit der Gesinnung", welche als solche in der erscheinenden Welt fortwirkt, wennschon in einer von der „Bejahung des Willens zum Leben" grundverschiedenen Weise. Wie der sich „bejahende" Wille in seinen „Objectivationen" sein Wesen zeigt, so auch der sich „verneinende" in seiner Selbstverleugnung; ja besser, denn an die Stelle des Scheines der Maja, tritt nunmehr sein wahres Wesen: der Eingang in seinen tiefern Grund und der Aufgang (nicht *adnihilatio*, sondern *in deminutione adlevatio*) zu einer höhern Existenz — gleichwie die Wurzel abstirbt, wann der Same reift und dieser verwesen muss, wenn er keimen soll, welches aber ohne *sublevatio* von Licht und Wärme, Luft und Wasser nicht möglich ist.

Wir können uns, um in so ernster Sache trivial aber drastisch zu reden, nicht am eigenen Schopf aus dem Wasser ziehen; dazu bedarfs eines Halts ausser und über uns! Schopenhauer zeigt dem modernen Bewusstsein den Eingang zum Heiligthum deutlicher als irgendeiner; hineinführen aber kann er nicht. Mit bewunderungswürdigem Tiefblick weiss er den Schleier, der die „Natur" als Bejahung des Willens zum Leben verhüllt, zu lüften und den Mangel des Ethos in ihr schonungslos aufzudecken. Der Stand des Abfalls *(status corruptionis)* dieser Welt und die Diabolie der „Natur"* zu dessen Beschönigung und Vertuschung — beide das Hauptthema der Mythologie und Religion aller Völker und Zeiten — tritt uns in der „Welt als Wille und Vorstellung" zum ersten mal frei von jeder dogmatischen Färbung als nüchterne klare Vernunfterkenntniss entgegen. Aber den Grund des Uebels sucht er schlechthin im Wesen des Willens, dem der Selbstwider-

---

* In Wahrheit des hinter und unter dieser materiellen Natur Fassung suchenden Bösen.

spruch eingeboren sei, anstatt ihn im Missbrauche der zur Erreichung des Zwecks alles Lebens nothwendigen Selbständigkeit zu suchen.

Fester noch als dem gewöhnlichen Sterblichen scheint dem Genie seine Grenze gesteckt zu sein. Die Energie seines Denkens geht bis zu einem gewissen Punkte, und es ist sich dessen bewusst. Die Individualität, lehrt Schopenhauer, inhärire zwar zunächst dem Intellect, der, die Erscheinung abspiegelnd, der Erscheinung angehöre, welche das *principium individuationis* zur Form habe; aber sie inhärire auch dem Willen; nur in seiner Bejahung, nicht in seiner Verneinung: („Welt als Wille", II, 698). In dieser Bejahung liege die metaphysische freie That, welche den intelligibeln Charakter begründe. Die Individualität sei also „nicht durch und durch blosse Erscheinung", sondern sie wurzele im Ding an sich, im Willen des Einzelnen: sein in der Zeit erkannter intelligibler Charakter selbst sei individuell. Wie tief aber hier ihre Wurzeln gehen, gehöre zu den Fragen, deren Beantwortung er nicht unternehme („Parerga", Bd. 2, §. 116). „Ich habe den Unterschied des guten und bösen Charakters darin gefunden, dass dieser im andern nur « Nicht-Ich », jener « Ich noch einmal » erkennt. Dies alles ist aber nur das Phänomen, wenn auch an der Wurzel gefasst. Aber daran knüpft sich das schwerste aller Probleme: woher, bei der Identität und metaphysischen Einheit des Willens als Ding an sich, die himmelweite Verschiedenheit der Charaktere?.. woher eine eben solche Verschiedenheit bei der Thierspecies, ja in den höhern Geschlechtern bei den thierischen Individuen? offenbar ist das Princip der Bosheit im Thiere dasselbe wie im Menschen. Vielleicht wird nach mir Einer diesen Abgrund beleuchten und erhellen" (Aus dem handschriftlichen Nachlass, S. 397 fg.).

Für die ethischen Tiefen der „Welt als Wille und Vorstellung" fehlte Herbart der Blick: ist doch in seiner Hand aus der Ethik eine moralische Aesthetik geworden! In Schopenhauer's Abscheu vor der optimistischen Weltanschauung sieht er nur die Unfähigkeit,

„die Stange neben die Bohne zu stecken"! Die physischen Leiden
der Menschen findet er „sehr erträglich"; das eigentliche Unglück
liege „in den geselligen Verhältnissen". Es sei „leicht zu bemerken,
wie wenig im Grunde dazu gehört, einen Haufen von Menschen so
zu leiten, dass bei ihm die Fröhlichkeit neben der Gesundheit ein-
heimisch sei". — Dass er abstirbt, schadet diesem Menschenhaufen
wol auch nichts! Mit solchen Plattheiten schliesst die an scharfsinnigen Urtheilen reiche Recension.

Noch vor derselben hatte „Die Welt als Wille und Vorstellung"
eine besondere Gegenschrift gezeitigt, die unter dem Titel: „Was
der Wille des Menschen in moralischen und göttlichen Dingen
aus eigener Kraft vermag und was er nicht vermag", 1819 in
Leipzig erschien. Der Verfasser war der Gymnasiallehrer *Joh.
Gottlieb Rätze* in Zittau, welcher schon 1794 mit Betrachtungen
über Kant's „Religion innerhalb der Grenzen der blossen Vernunft" debütirt und neuestens eine „Blumenlese aus Jakob Böhme's
Schriften" herausgegeben hatte, dem deshalb Schopenhauer's Werk
doppelt nahe lag. Denn „die Idee von einem solchen Willen
als Weltschöpfer", sagt er in der Vorrede, habe schon Böhme
„interessant genug dargestellt". Rätze selbst aber verhielt sich
zu dieser Idee skeptisch. Er fand es auffallend, „dass ein so
tiefdenkender und mit den Wissenschaften vertrauter Mann als
sich Schopenhauer in seiner Schrift beurkundet, die Welt und den
Menschen in einem solchen alles entstellenden Lichte erblicken
konnte. Sein einfaches, natürliches, die Welt durch und durch
erklärendes *(sic)* System, erfordert keineswegs solche die Welt entstellende und entehrende Ansichten; denn es lässt sich offenbar
nachweisen, dass die Ideen der Freiheit, des absolut Guten, des
Moralgesetzes, der Tugend, der Heiligkeit und der Welterlösung,
mithin auch der Wille, der dies alles objectivirt, sich unserm ver-
nünftigen Bewusstsein in einer ganz andern und erfreulichern Gestalt offenbaren, als sie sich in Schopenhauer's Schrift darstellen.
Hätte er dem Willen die m o r a l i s c h e n und r e l i g i ö s e n O b-
j e c t i v a t i o n e n und den göttlichen Frieden und die himmlischen

Hoffnungen, die uns aus denselben zufliessen, nicht theils entstellt, theils abgeleugnet, so würde seine Theorie vom Willen, als dem Urheber der Vorstellungen und der Erscheinungswelt, eine philosophische Hypothese sein, die sich zwar denken, aber deren objective Wahrheit sich niemals darthun lässt." Die Schrift Rätze's wendet sich demnach gegen das vierte Buch der „Welt als Wille und Vorstellung", gegen die Freiheitslehre und die Lehre von der Verneinung oder „Selbstertödtung" des Willens. Uebrigens ist Rätze nicht blind für die Vorzüge des Werks, dessen Widerlegung er ein eigenes Buch widmet. „Unser Zeitalter", sagt er, „ist zur Schwärmerei geneigt, aber noch ist wol nirgends eine phantastische Heiligkeit so blendend, scharfsinnig und philosophisch dargestellt worden, als in der «Welt als Wille und Vorstellung» ... Das menschliche Elend und die Nichtigkeit alles Irdischen ist wahrscheinlich noch in keiner philosophischen Schrift so bündig und überzeugend erwiesen worden, als in dieser. Schopenhauer's Elendssystem ist auch vollkommen der Wahrheit gemäss, wenn man sich Menschen denkt, die bloss der Sinnlichkeit fröhnen und ihre Glückseligkeit bloss durch Erwerbung und durch Genuss irdischer Güter zu gründen suchen." Ein solches System aber passe nicht für die edlern, moralischen und religiösen Menschen. Schopenhauer's Selbsterkenntniss des Willens begreife nur „ein Erkenntniss der Einheit desselben, nicht aber des Inhalts und Selbstzwecks des Wollens, in sich". Schopenhauer's Lehre von der Willensfreiheit bestreitet er mit denselben Gründen, die uns bei Herbart aufgestossen sind. Ueberhaupt enthält das Buch manches wahre Wort; im ganzen jedoch war dasselbe zu unkritisch und schlecht geschrieben, um irgendeine, insbesondere aber die Wirkung zu äussern, dem Werke Schopenhauer's, von dem Rätze sagt, es sei sehr zu wünschen, dass es von allen wissenschaftlich Gebildeten studirt werden möge, Bahn zu brechen.

Schwerer als diese umfänglichen Besprechungen seines Werks, wogen in Schopenhauer's Augen die wenigen Zeilen, mit welchen — freilich erst lang danach — *Jean Paul* in seiner 1824 erschienenen

„Kleinen Nachschule zur ästhetischen Vorschule" „Die Welt als Wille und Vorstellung" als eine nicht nach Verdienst gewürdigte literarische Erscheinung hervorhob, indem er in dem Kapitel „Litteraturzeitung ohne Gründe" mit ein paar Meisterstrichen das Werk ebenso treffend als schön kennzeichnete:

„Schopenhauer's Welt als Vorstellung und Wille, ein genial-philosophisches, kühnes, vielseitiges Werk, voll Scharfsinn und Tiefsinn; aber mit einer oft trost- und bodenlosen Tiefe — vergleichbar dem melancholischen See in Norwegen, auf dem man in seiner finstern Ringmauer von steilen Felsen nie die Sonne, sondern — in der Tiefe nur den gestirnten Taghimmel erblickt, und über welchen kein Vogel und keine Woge zieht.* Zum Glück kann ich das Buch nur loben, nicht unterschreiben."

Unter den Wenigen, welche die Vorlesungen Schopenhauer's im Sommer 1820 gehört haben, sass als Hospitant, wenn auch kein Platon, so doch ein wirklicher Philosoph, dem es gleich Schopenhauer nur nach mannichfachem Missgeschick und erst spät gelingen sollte, einen Schülerkreis um sich zu sammeln und in der Geschichte deutscher Speculation einen hervorragenden Platz zu erobern. Es war dies der zehn Jahre jüngere, mit Schopenhauer fast gleichzeitig als Privatdocent der Philosophie in Berlin aufgetretene *Friedrich Eduard Beneke*, aus dessen Feder die „Jenaische Litteraturzeitung" im December 1820 (Nr. 226—29) eine längere Recension der „Welt als Wille und Vorstellung" brachte. Dieselbe enthielt eine Reihe von Stellen, die durch Anführungszeichen als Worte Schopenhauer's bezeichnet, in Wahrheit aber, nach der eigenen spätern Erklärung Beneke's theils aus Stellen des Werks frei combinirt, theils durch blosses „Versehen des Setzers" mit Gänsefüsschen versehen worden sein sollten.

---

* Der Obstrynsee im Stifte Bergen. Jean Paul merkt dazu an: „Die letzten Zeilen werden Leser des originellen Buchs bildlich-treffend finden, da dessen Resultate sich oft in unbeweglichen Fohismus und Quietismus verlieren.

Diese im heimischen Recensententhum bekanntlich hergebrachte Manier empörte den derselben ungewohnten, des Werths seiner Worte und Perioden vollbewussten Autor dermaassen, dass er zunächst von der Redaction den Widerruf jener gefälschten Citate verlangte. Als er nach drei Wochen noch keine definitive Antwort hatte, liess er an den Geheimen Hofrath Eichstädt in Jena folgendes unfrankirte Schreiben abgehen:

„Ew. Wohlgeboren haben auf meinen Brief vom 6. dieses nur mit einem Interimsschreiben geantwortet. Längst könnte Ihr entschiedenes Ja oder Nein daseyn. Aber Sie wollen erst von hier abwarten, ob Ihr nobler Recensenten-Junge sich verantworten kann oder nicht. — Die Ausflucht mit dem Unterstreichen gilt nicht; denn wozu hätten so lange Stellen unterstrichen werden sollen, wenn nicht um meine Worte vorzustellen? — Sodann sind in diesen mit Gänsefüssen bezeichneten Stellen wirklich unterstrichene Stellen. Sie werden wohl thun, sich nicht zum *complice* des Falsarius zu machen.

Berlin 27. Jan. 1821. *Arthur Schopenhauer.*"

Der „Literaturzeitungen-Regent, grossmächtigste Eichstädt", wie er im Hexameter apostrophirt wurde, nahm diese Complicirung natürlich übel auf, und Schopenhauer erhielt seinen Mahnbrief zurück. Nun liess er auf seine Kosten im „Intelligenzblatt der Jenaischen Litteraturzeitung" (Februar 1821, Nr. 10) unter der, von der Redaction ein für allemal beliebten Rubrik „Antikritiken" folgende „Nothwendige Rüge erlogener Citate" einrücken:

„Sprüche Salom. 30, 6.* Wenn die Herren, welche das edle und tapfere Gewerbe treiben, nicht anonym herausgegebene Bücher öffentlich anonym anzugreifen, meine Schriften mit dem vollen Maass ihres Tadels überschütten, sie herabsetzen, verdammen, sie für schlecht, unwahr, verkehrt, sich selber widersprechend und fast an Wahnsinn grenzend erklären; so habe ich dagegen nicht

---

* „Thue nichts hinzu zu seinen Worten, damit er dich nicht strafe und du zum Lügner werdest."

das Mindeste einzuwenden, finde es vielmehr ganz in der Ordnung, den Gesetzen der Natur gemäss, welche bestimmte, dass Jegliches durch das ihm ganz Heterogene zum Widerstreben und Hass erregt werde, finde es meinen Erwartungen vollkommen entsprechend. Ja, ich kann aufrichtig sagen, dass ich dergleichen mit einer gewissen Befriedigung wahrnehme. Daher ist gewiss, dass so etwas, wie eine Antikritik, niemals von mir ausgehen kann!

„Hingegen sind Lügen und Verläumdungen es allein, welche nicht stillschweigend über sich ergehen zu lassen Jeder sich selber schuldig ist, weil Schweigen hiebey meistens so viel gilt als Unterschreiben. So zwingen nun auch mich Lügen und Verläumdungen zu dem, wozu mich sonst nichts in der Welt hätte bringen können, nämlich redend in einer Litteratur-Zeitung aufzutreten.

„Wenn nämlich so ein anonymer Herr, indem meine Schriften sein Thema sind, am Anfange oder am Ende eines kürzern oder längern Satzes dieses Zeichen — „ — macht, und dadurch (wie Jeder aus der Leseschule weiss) anzeigt, das jetzt Folgende, oder das eben Vorhergegangene seyen meine Worte, nicht seine; dann aber es doch nicht meine Worte sind, sondern entweder ein sehr heterogenes Gemisch meiner Worte und Perioden mit seinen Worten und Perioden; — oder aber eine verkrüppelnde Zusammenziehung meiner Periode, bewerkstelligt durch Auslassung der Zwischensätze, welche eben den wahren Sinn der ganzen Periode bestimmten; — oder nun endlich gar ein Monstrum von einer Periode, gebildet durch Zusammenfügung einzelner Phrasen, die zwar ursprünglich mir angehören, aber in meinem Buch weit auseinander auf mehreren verschiedenen Blatt-Seiten zerstreut stehn und jede an ihrem Platz und in der Verbindung darin sie vorkommt allein einen richtigen Sinn ausdrückt und ihre wahre Bedeutung hat; wenn nun vollends so einer monstrosen Periode noch eine Menge Sätze und Gedanken eingeflochten sind, die ich gar nie und nirgends ausgesprochen habe, und nun dieses ganze abscheuliche Machwerk durch das ihm angehängte Zeichen — „ —

als meine authentischen Worte abgedruckt dasteht: — wenn, sage
ich, so ein anonymer Herr sich solche empörende Verfälschungen
erlaubt: so bezüchtige ich, öffentlich und nicht anonym, ihn anonymer verläumderischer Lüge. Nun sage ich, dass alles dieses
geschehn ist in der Jenaischen Litteratur-Zeitung, in jenem Machwerk, welches im Jahrgang 1820 die Nummern 226 bis 229 und
die Seiten 377 bis 403 einnimmt. Ich will nunmehr die einzelnen
Stellen nachweisen, welche dort also lügenhaftermaassen durch das
Zeichen — „ — als meine authentischen Worte angeführt stehn."
Hier folgt die Anführung von zehn Stellen. Dann heisst es
weiter:

„Dieses schändliche Verfahren nun erkläre ich für verläum-
derisches Lügen. Gesetzt, diese meine Anschuldigung wäre
nicht gegründet: so ist, da sie kein Urtheil, sondern eine blosse
quaestio facti betrifft, ihre Widerlegung die leichteste Sache von
der Welt. Der anonyme Herr, der übrigens mit Namen *J. E. Beneke*
heisst, circa 22 Jahr alt ist und noch im letzten Sommer als
Student meinen Vorlesungen beygewohnt hat, darf nur Seite und
Zeile aus meinem Buche anführen, wo die oben von mir citirten
Sätze stehn, welche er als unmittelbar meine Worte citirt hat:
von der Richtigkeit seiner Angabe kann sodann sich Jeder, durch
Aufschlagen meines Buches, sogleich überzeugen. Kann er dieses
leisten: so will ich diese meine Anschuldigungen als höchst ungerecht ihm öffentlich abbitten. Kann er aber das nicht: so helfen
hier keine Ausflüchte: jede andere Ausrede, er mag sie wenden
wie er will, wird, ebensowohl als sein Stillschweigen, als Bekenntniss seiner verläumderischen Lüge anzusehen seyn. Dann
hat er, durch diese seine Ausarbeitung über mein Werk, nicht
bloss ein Probestück seiner Urtheilskraft abgelegt, sondern auch
eines seiner Redlichkeit.

„Solche lügenhafte Angaben dürfen umsoweniger ungerügt
bleiben, als heut zu Tage jeder Vernünftige wenn er eine Litera-
tur-Zeitung zur Hand nimmt, allenfalls nach den angeführten
Worten des Verfassers sich einen Begriff vom Buche zu machen

sucht, und nicht nach dem Urtheil des anonymen Herrn, da dieses heut zu Tage bei jedem Gebildeten auf seinen wahren Werth gesetzt steht, nämlich auf den der Meinung eines Individuums, welches des Mantels der Anonymität bedarf, hauptsächlich zur Vermummung seiner Obscurität und äussersten Unbedeutsamkeit: wie dies mein Fall wieder aufs deutlichste ausweist.

„Ich will Niemanden wehren, durch Beschreibung und Bestreitung meines Werkes sich seinen Unterhalt zu verdienen, und Keiner, er mag über und gegen mich sagen, was er will, hat dabey irgend eine Gegenwirkung von mir zu besorgen. Allein, wenn, bei solchen Ausarbeitungen, das Zeichen — „ — gemacht wird, so dass nun ich der Redende seyn soll, da muss schlechterdings jedes folgende Wort von mir herrühren, und zwar genau in der Verbindung und Stellung, in der man es abdrucken lässt. Will man hingegen bloss meine Gedanken referiren, wie man sie aufgefasst hat, so muss dies natürlich ohne das Zeichen — „ — geschehen; dann bin ich nicht compromittirt: es liegt dann offen, dass hier der anonyme Herr spricht und nicht ich, und da versteht sich ja von selbst, dass nicht Alles, was er sagt, darum auch wahr ist.

Berlin den 6. Januar 1821.

Arthur Schopenhauer.“

Der Inhalt der „Antwort des Recensenten“, welche das Motto „Sprüche Salom. 30, 32“* trägt, ist bereits angedeutet. Zum Belege seiner Behauptung, dass es „in allen Recensionen Sitte“ sei, „selbst wo man eines Verfassers Gedanken mit ganz andern Worten anführe“, diese Anführung durch Gänsefüsschen zu bezeichnen, und dass Schopenhauer, wenn er seine irrige Ansicht von diesem Schriftzeichen nicht ablege, noch viel Aerger haben werde, erwähnt er, dass ihm „eben heute Nachmittag“, wo er Schopenhauer's „Rüge“ empfangen habe, „die Recension derselben Schrift

---

* „Warst du thöricht im Uebermuth und sannest Böses, so lege die Hand auf den Mund.“

des Verfassers" in den letzten Blättern der „Leipziger Literaturzeitung"* in die Hände gefallen sei, in welcher „ebenso starke
Zusammenziehungen", mit Anführungszeichen versehen, vorkommen.
Schopenhauer scheine also zu solchem Trübsal prädestinirt und
könne nur gleich eine Abschrift seiner „Rüge" an die dortige
Redaction senden. Er, Beneke, habe, um dem literarischen Publikum die Unterhaltung mit Gänsefüsschen und Herrn Schopenhauer
den Anschein der Lächerlichkeit oder des sich selbst verstocken-
den Missverstehens, der durch seine Rüge nothwendig auf ihn
fallen müsse, zu ersparen, die Sache „bei einem Besuche mündlich
beilegen" wollen, Schopenhauer habe sich aber „nicht sprechen
lassen". Dass die Recension nicht „um den Unterhalt zu verdienen" geschrieben sei, sondern „durch gründliche Widerlegung
der von Schopenhauer aufgestellten Behauptungen von einem
höhern Standpunkte aus die Philosophie für immer (sic) von phan-
tastischen und gefährlichen Irrthümern frei zu machen suche,
werde jeder unparteiische Leser auf den ersten Anblick erkennen
und müsse Schopenhauer selbst, trotz seiner Selbstgenügsamkeit,
eine unabweisbare innere Stimme sagen. Ueber den Ton
der «Rüge» wolle er kein Wort verlieren: dieser spreche sich
selbst das Urtheil".

Die Recension begegnet sich mit dem Urtheil Rätze's, dessen

---

* Jahrgang 1821, Nr. 21 und 22. Vermuthlich von dem Mitheraus-
geber Professor *Wilh. Traug. Krug.* Die Recension enthält — ausser
einer mit dem System Krug's zusammenhängenden feinen Bemerkung
über das Ding an sich als „absolut unergründliches Princip der Richtung des Sinnes, bei der Betrachtung der Objectenwelt, und als absolut
unerreichbares Princip der Richtung des Triebes, bei der Betrachtung
der ethischen Natur des Subjects" — nichts Bemerkenswerthes. Sie
schliesst damit, dem „nirgends wörtlich und bestimmt ausgedrückten
Hauptgedanken", der Welt als Wille und Vorstellung folgende Fassung
zu geben: „Die Welt ist absolute Tendenz zur Erscheinung, und die
Philosophie arbeitet dahin, dass der Mensch, welcher diese Tendenz
theils selbst absolut hat, theils sich in ihr absolut ergriffen findet, ihr
handelnd und leidend mit anspruchsloser Hingebung folge."

Schrift gleichzeitig von Beneke besprochen wurde, über den „offenbar vorzüglichsten, einen grossen Reichthum tiefer und geistreicher Bemerkungen über einzelne Gegenstände der Kunstlehre enthaltenden dritten Theil" der „Welt als Wille und Vorstellung"; erklärt jedoch dessen „Grundgerüst", dessen „systematischen Charakter für ebenso verfehlt, als den des zweiten Theils". Was diesen betrifft, so will sie „den Brennpunkt des ganzen Werks", die behauptete Identität des Willensactes mit der Action des Leibes, die Behauptung, dass der Wille das Ding an sich oder die Erkenntniss *a priori* des Leibes sei, „genau beleuchten". Das Resultat ist: das Wahre, dessen Schein Schopenhauer irregeführt habe, sei „der einfache Satz, dass jede menschliche Thätigkeit zugleich auch ihre eigene Vorstellung genannt werden" könne. „Jede menschliche Thätigkeit nämlich denken wir, indem wir sie" (in der Phantasie) „reproduciren; um sie v o r z u s t e l l e n w i r d die Thätigkeit wieder, und sie wird nicht eher wahr v o r g e s t e l l t, bis sie wieder i s t; Vorgestelltwerden und Seyn fallen also zusammen, und wir haben eine Vorstellung, die zugleich Ding an sich ist. Aber nicht die Anschauung der" (Leibesbewegung z. B. der) „Armbewegung ist zugleich Vorstellung des Wollens von ihr und dieses Wollen selbst, sondern die Vorstellung des Wollens würde das reproducirte Wollen sein, indem wir z. B. über dasselbe das Urtheil fällen, dass es ein Wollen sei, das Wollen selbst also als Vorstellung mit dem abstracten Begriffe des Wollens vergleichen, wozu wir doch einer Vorstellung bedürfen, das Wollen selbst also für dieses Urtheil Vorstellung ist." Darnach gibt Beneke zu, dass wir durch jenen „einfachen Satz" allerdings „ein Schema für das Seyn an sich erlangen", aber nur für das menschliche; in der Anwendung, welche Schopenhauer von diesem „An sich" der menschlichen Thätigkeit macht, findet er die ungeheuersten Sprünge und die stärksten Widersprüche gegen die im Ganzen von ihm für richtig erkannten Grundsätze des ersten Buchs.

Uebrigens erkannte Beneke die literarische Bedeutung des Werks vollkommen an. Er lobte den Stil — welcher freilich von dem seinigen gewaltig absticht: Schopenhauer's Feuer und Lebendigkeit verbérge sich selten der bezeichnendste Ausdruck, und anschauliche Bilder gäben ihm zuweilen dichterischen Schwung. Ja, er schickte seiner scharfen Kritik die Worte voran: „Das vorliegende Buch zeigt einen so grossen philosophischen Scharfblick, einen solchen Reichthum geistvoller Gedanken, eine so seltene Gabe deutlicher und anschaulicher Darstellung; es enthält in der Widerlegung fremder und in der Aufstellung eigener Ansichten so viele helle und erhellende Bemerkungen über alle Theile der Philosophie, dass (Recensent muss auch diesen Panegyricus elegisch schliessen) wir die fast grenzenlosen, fast an Wahnsinn streifenden Verirrungen, zu welchen den Verfasser die folgerechte Durchführung weniger falschen Sätze geführt hat, nicht genug beklagen können."

Zum Verständnisse der Erbitterung und ganz besondern Schroffheit Schopenhauer's muss man in Rechnung nehmen, dass er, argwöhnisch wie er immer war, in der festen Ueberzeugung stand: Beneke, der sich kurz vor dem Erscheinen der Recension neben ihm in der Philosophie habilitirt, habe, mit schwarzen Gedanken gegen das akademische Fortkommen seines Rivalen erfüllt, die Hand an sein Lebenswerk gelegt. So sagt er noch in einem Briefe an Dr. Frauenstädt vom 26. März 1854, Beneke habe ihn durch diese Recension, die „ein boshaftes Machwerk, eine Entstellung und Parodie" seiner Philosophie sei, „unterminiren" wollen. Auch lässt sich nicht verkennen, dass Beneke's Versuch, einer persönlichen „Verständigung" im Bewusstsein der uncollegialischen, taktlosen Stellung, die er durch seine mit den Anfangsbuchstaben seines Namens unterzeichnete öffentliche Verurtheilung Schopenhauer's eingenommen, erfolgt war.

So unerfreulich hiernach schon bald nach dem Beginn seiner Docentenlaufbahn das Verhältniss zum jüngsten Collegen sich gestaltete, so wenig sympathisch standen ihm die beiden ältern, auf dem Höhepunkt ihrer Wirksamkeit angelangten Lehrer der Philosophie in Berlin, Schleiermacher und Hegel gegenüber. Was er von letzterm zu erwarten hatte, besagten die bei seiner Habilitirung überreichten Specimina; auch wenn man nicht wüsste, wie schlecht sich Hegel selbst mit dem in der Kunst des Umgangs virtuosen ältern Rivalen vertrug, und dass er den jungen Beneke, wie dieser wenigstens wissen wollte, mit Hülfe Altenstein's bereits 1822 von seinem Lehrstuhle vertrieb. Schopenhauer gegenüber bedurfte er solcher Mittel nicht: schon nach dem ersten Anlauf zog sich dieser so weit aus der Arena zurück, dass kein College bequemer sein konnte. Hegel begnügte sich damit, die Bemerkungen über Goethe's Farbenlehre aus Schopenhauer's *curriculum vitae* zum Zwecke der Verwendung bei Goethe zu excerpiren, ohne weitere Notiz von dem Autor der „Welt als Wille und Vorstellung" zu nehmen. Hierzu vergegenwärtige man sich den Eindruck, den dieser von Hegel's Vorlesungen über Logik im selben Sommer 1820, wenn auch persönlich nicht anwesend, so doch jedenfalls durch die *fama* empfing, nach welcher Hegel mit den Worten begonnen hatte: „Ich möchte mit Christus sagen: ich lehre die Wahrheit und bin die Wahrheit." Vom Erhabenen zum Lächerlichen war da kein Schritt mehr zu thun. In dieses Holz trieb deshalb Schopenhauer nachmals die derbsten Keile.

Wie sehr es ihm aber anfangs Ernst mit seinem Lehramte gewesen, beweisen die ausgearbeiteten Entwürfe seiner Vorlesungen über die Grundzüge der gesammten Philosophie, insbesondere die Erkenntnisslehre und Dialektik. In der Einleitung zu diesen, die Entwickelung und Erläuterung seines Systems bezweckenden Vorträgen, stellte er das Studium der Philosophie, einfacher und klarer als Schelling in seinen, achtzehn Jahre zuvor in Jena gehaltenen berühmten Vorlesungen, als die nothwendige Grundlage aller andern Wissenschaften dar. Er bezeichnet sie als ihren Grundbass, der den Ton, Charakter und Gang derselben von Periode zu Periode bestimme, zu dessen Verständniss jedoch ein gewisser Grad von Klarheit des Bewusstseins gehöre, mit dem jeder sein eigenes Dasein und das der ihn umgebenden Welt auffasse. „Je klärer und heller in einem Menschen das Bewusstsein, die Anschauung der Welt ist, desto mehr wird sich ihm das Räthselhafte des Daseins aufdringen, desto stärker wird das Bedürfniss gefühlt werden, irgendeinen Aufschluss, eine Rechenschaft vom Leben und Dasein überhaupt zu erhalten . . . Die Klarheit des Bewusstseins, auf welcher das Bedürfniss und die Anlage zur Philosophie beruht, zeigt sich daher zuerst durch ein Verwundern über die Welt und sein eigenes Daseyn, welches den Geist beunruhigt und es ihm unmöglich macht, dahin zu leben, ohne eben über das Leben selbst zu denken." Vor allem ist es das Wunderbare und Räthselhafte der Zeit, wodurch Einer zur Philosophie getrieben wird, die Verwunderung über die Form unsers Daseins, vermöge deren Vergangenheit und Zukunft nichts sind und dieses Schicksal jeden Moment trifft, in dem wir uns eben befinden. „Um sagen zu können, wie viel Anlage Einer zur Philosophie hat, müsste ich wissen, wie in seinen Augen Vergangenheit, Gegenwart und Zukunft sich darstellen, ob als sehr verschiedene Dinge, oder fast Eines wie das Andere; ob sein Bewusstsein in diesem Strom der Zeit so tief eingetaucht ist, dass es selbst sich mit ihm fortbewegt, oder ob es den Strom der Zeit an sich vorüberfliessen sieht und ihn als etwas Fremdes mit Verwunderung beobachtet." Denselben tiefen Gedanken findet man bei den deutschen Mystikern und neuestens bei Baader, welcher nachweist, dass das wahrhaft Reale nur in einer wahrhaften Gegenwart, in welcher der ruhelose Strom der Zeit seinen Ein- und Ausgang findet, gedacht werden kann.

Indem Schopenhauer so die platonische Ansicht vom Ursprung und Wesen der Philosophie aufnimmt, betont er die Nothwendigkeit einer geschichtlichen Entwickelung dieser Wissenschaft in der Reihenfolge der Systeme. Die Geschichte der Philosophie sei zu dem, was er vorzutragen habe, die beste Einleitung. Sie sei eine Geschichte von Irrthümern, aber diese seien überall mit Wahrheiten vermischt, und diese Wahrheiten lerne man vollständiger und gründlicher kennen, nachdem man sich daran geübt habe, sie herauszusondern und abzuscheiden.

Sein Vorhaben, das gesammte Gebiet der Philosophie in Einem

Cursus vorzutragen, rechtfertigte er mit der Natur dieser Wissenschaft; denn in Gemässheit der Resultate, zu denen ihn seine Forschungen geführt, habe die Philosophie eine Einheit und einen innern Zusammenhang, wie durchaus keine andere Wissenschaft. „Alle ihre Theile gehören so zueinander wie die eines organischen Leibes und sind daher, eben wie diese, nicht von dem Ganzen zu trennen, ohne ihre Bedeutung und ihre Selbständigkeit einzubüssen ... Sie ist eine Erkenntniss vom eigentlichen Wesen dieser Welt, in der wir sind und die in uns ist, nachher auch alles Einzelne, das jedem im Leben vorkommen mag, beleuchtet und ihm dessen innere Bedeutung aufschliesst. Diese Erkenntniss lässt sich daher nicht zerstückeln und theilweise geben und empfangen." Er ermahnt deshalb seine Zuhörer dringend, seine Lehre in ihrem organischen Zusammenhang zu fassen und nicht etwa blosse Bruchstücke daraus zu nehmen; erst beim Schlusse des gesammten Vortrags würden sie dessen Anfang vollständig verstehen können, weshalb er ihre Aufmerksamkeit, ihre Geduld und ihr Gedächtniss um so mehr in Anspruch nehmen müsse, als die der Verständlichkeit des Ganzen förderliche Ordnung es nothwendig mache, von dem trockensten Theil des ganzen Cursus, der Untersuchung des Erkenntnissvermögens auszugehen.*

Ueber diesen Theil sollte er nicht hinauskommen; denn er las im Sommer 1820 nicht zu Ende und nach diesem nie wieder, obwol das Colleg, mit Ausnahme der drei Jahre seiner Abwesenheit vom Mai 1822 bis dahin 1825, noch bis zum Wintersemester 1831 auf 1832 regelmässig im Lectionskatalog figurirt und zwar im lateinischen in der Fassung: *A. Schopenhauer D. Privatim philosophiam s. theoriam cognitionis in genere, comprehensa logice, docebit dieb. Lun. Jov. Ven. h. XII—I"*, und im deutschen: „Die Grundlegung der Philosophie oder die Theorie der gesammten Erkenntniss Herr Dr. Schopenhauer dreimal wöchentlich von 12 bis 1 Uhr." Zwölf Jahre hindurch blieb er also bei seinem

---

* Frauenstädt, Memorab., S. 747. 756.

ursprünglichen Plane unverrückt stehen, indem er nicht allein
immer nur dies Eine und selbe Colleg anzeigte, sondern auch
beharrlich die Stunde dafür ansetzte, in welcher Hegel unter dem
Zulauf aller Facultäten seine Hauptvorlesung hielt. Der gänzliche
Misserfolg bewog ihn nicht, sein Lehrsystem zu ändern. Auch
versuchte er, aus guten Gründen, nicht, öffentlich oder *gratis* zu
lesen. Er suchte die Schuld nicht auf seiner Seite, sondern ganz
allein bei seinen Zeitgenossen und tröstete sich Hegel's Erfolgen
gegenüber mit der Moral zur Fabel Gellert's von den beiden
Hunden:

> Dass oft die allerbesten Gaben
> Die wenigsten Bewundrer haben,
> Und dass der grösste Theil der Welt
> Das Schlechte für das Gute hält,
> Dies Uebel sieht man alle Tage.
> Allein wie wehrt man dieser Pest?
> Ich zweifle, dass sich diese Plage
> Aus unsrer Welt verdrängen lässt.
> Ein einzig Mittel ist auf Erden,
> Allein es ist unendlich schwer:
> Die Narren müssen weise werden,
> Und seht, sie werdens nimmermehr.

Unter seinen Papieren haben sich zwei Anmeldebogen gefunden.
Nach dem einen, auf dem das Semester unausgefüllt ist, hatten
die *Philosophia prima* nur drei Mediciner belegt, nämlich Joh.
Gottfried Müller aus Thüringen, E. Franz Hartmann vom Rhein
und Otto Albrecht aus Ostpreussen. Das andere Verzeichniss ist
vom Winterhalbjahr 1828 auf 1829 und enthält eine wahre berliner Musterkarte von „Subjecten des Erkennens". Ausser Dorow
ist kein bekannter Name dabei; dagegen ein Stallmeister Schur,
ein Wechselmakler Ehrhard, ein Zahnarzt Hess und ein Haupt-
mann von Versen. Kein Wunder, dass das Colleg nicht zu
Stande gekommen!

So gingen zwei Jahre vorüber, ohne dass seinem geistigen
Leben die verhofften neuen Antriebe zuwuchsen. Er arbeitete

zwar fort und war insbesondere unablässig bemüht, seine naturwissenschaftlichen Kenntnisse mehr und mehr abzuklären, zu erweitern und zu vertiefen. Wie er bereits in Dresden sich jahrelang mit physikalischen Experimenten beschäftigt hatte, so widmete
er 1821 Erman's Vorlesungen über Elektromagnetismus wiederholt
die schärfste Aufmerksamkeit, und 1822 veranlasste ihn Flourens'
Entdeckung der Functionen des grossen und kleinen Gehirns, zum
erneuten Studium der Physiologie.

Aber, im kräftigsten Mannesalter stehend, verzehrte er, aus
Mangel jeder praktischen Bethätigung, die Ueberfülle seiner Lebenskraft nicht zum Vortheil seines innern Menschen. Wollte er nicht
an sich selbst und seinem Beruf irre werden, so musste er sich
endlich herausreissen aus einer Atmosphäre, die ihn zu ersticken
drohte. Mit dem Eintritt der guten Jahreszeit daher, anfangs
Mai 1822, schafft er sich schwere Alpenschuhe an, legt sein
Testament auf dem Hausvogteigericht nieder und reist in die
Schweiz ab.

Nachdem er den herrlichen Sommer jenes Jahres in den Alpen
genossen hatte, stieg er im August nach Italien hinab und verweilte zunächst in Mailand und Venedig. Dann begab er sich
nach Florenz, wo er den Winter über, wie es scheint ohne Unter-
brechungen, geblieben ist. Von dort schrieb er an *Fr. Osann*
nach Jena, wohin dieser inzwischen berufen worden.

Osann antwortete ihm am 8. März 1823: „Werthester Freund!
Um nicht mit einer Klage über mich und meine Saumseligkeit
diese Zeilen zu beginnen und dadurch gleich anfangs ein böses
Omen zu geben, übergehe ich die Gründe oder Ungründe, die es
bis itzt möglich gemacht haben, dass ich auf Ihr Evangelium,
von Florenz aus an mich datirt, so lange geschwiegen habe. Wenn
Sie mir gegrollt haben, so haben Sie recht gethan; aber wenn
Sie es noch weiter thun, nach Empfang dieses Blattes, dann ist
an mir die Reihe zu glauben, dass Sie nicht derjenige alte Freund
mir noch wären, als welchen Sie sich mir nun seit einer Reihe
von Jahren erprobt.

„Zuerst späten, aber nicht minder herzlichen Dank für den Italischen Himmel, der mir aus Ihrem Briefe entgegenblinkt. Ich hätte das Blatt küssen mögen, das mich mit einer Luft anweht, die mich so befriedigend einst beglückt hat. Was ich mir immer gedacht, haben Sie mir bestätigt, dass die zweite Reise nach Italien noch genussreicher als die erste ist. Glücklich, wen sein Genius so leitet, wie Sie, dem ich nur in meiner Phantasie folgen darf. Aber glauben Sie mir, dass ich Sie oft in giardino Boboli und von da wieder über die alte Brücke zurück nach dem Palazzo vecchio begleitet habe. Jedoch genug davon: Sie wünschen von Deutschland, nicht von Florenz Neuigkeiten zu hören. Ich fange mit meiner nächsten Umgebung an. Fries darf noch immer nicht wieder lesen und es ist auch sonst keine Aussicht da, ihn wieder auf dem Katheder zu sehen. Dies sieht man endlich in Weimar ein und ist eifrig bedacht, einen neuen Philosophen für Jena zu gewinnen. Zu diesem Ende hat das Ministerium sich von der philosophischen Fakultät über mehrere vorgeschlagene Docenten Gutachten erbeten, und ich weiss gewiss, dass Sie auch mit unter denselben gewesen. Wie dasselbe ausgefallen, weiss ich nicht: nur so viel kann ich mit Gewissheit versichern, dass Bachmann, der doch die Hauptstimme dabei hat, Ihrem philosophischen Scharfsinn, Originalität der Gedanken und Genie alle Gerechtigkeit widerfahren lässt, ohne darum die Totalität Ihrer Ansichten zu billigen und Ihrem System zu folgen. Ferner weiss ich, dass auch Fichte, selbst Beneke mit zur Sprache gekommen: ja, denken Sie, letzterer hat sogar an mich, Ihren bekannten Genossen, geschrieben, um sich durch mich einen Weg nach Jena zu bahnen, da der wirklich zu beklagende Doctor in Berlin längst nicht mehr lesen darf, wie Sie aus Zeitungen gelesen haben werden. Auch habe ich weiter erfahren, dass die Möglichkeit wirklich vorhanden, Beneke hierher zu rufen — wahrscheinlich weil man diesen um ein Spottgeld haben kann. Ob etwas bis itzt entschieden, weiss ich nicht.

„Von dem philosophischen Berlin hört man nicht viel Gutes. Hegels Beifall soll etwas nachlassen. Sein Naturrecht ist in einigen Litt. Zeitungen garstig nach Hause geleuchtet worden. Sein Trabant Hennings hat zu optischen Versuchen über Farben 800 Thlr. erhalten: die Früchte davon bestehen in einer 3—4 Bogen starken Broschüre, die, Kundigen zufolge, unter aller Kritik sein soll. Z. B. soll die Aeusserung darin vorkommen: zur Optik brauche man gerade nur so viel Mathematik, als sie sich bei jedem Schuster und Schneider vorfände. Jedoch ist Hegel immer noch der grosse Gott, der heilbringende allen denen, die ihn anbeten. So hat durch ihn ein gewisser Hinrichs, früher in Heidelberg, eine Professur in Breslau erhalten. Vorher hatte derselbe ein Naturrecht herausgegeben, welches Hegel durch eine Vorrede in die Welt eingeführt. Vorrede und Buch, Pathe und Taufkind sollen der Unverstand selbst sein.

„Gern schriebe ich Ihnen etwas von Jhnen aus Deutschland: aber leider ist zu meiner Kenntniss wenigstens nichts gekommen, was Sie anginge. Jedoch soll sich, wie mir ein Freund erzählt, Herbart in einer gelegentlichen Recension (ich glaube in der Jenaischen L. Z.) mit grossem Lobe beiläufig auf Sie bezogen haben. Aber weder er noch ich haben können das Blatt wieder auffinden.“

Hier folgen Nachrichten über seinen jüngern Bruder, der als Professor der Chemie nach Dorpat berufen war, über Goethe's und Johanna Schopenhauer's gefährliche Krankheit und anderes mehr. Dann schliesst der Brief: „Wenn Sie Vino d' Ischia oder Delle Grotte, Siracuso etc. trinken, denken Sie mein, libiren Sie dem fernen Entsagenden und schmerzlich Vermissenden, und bleiben Sie unter jedem Himmel, blauen oder grauen, der alte offene Freund Ihrem herzlichst ergebenen *Friedrich Osann.*“

Diesen Brief scheint Schopenhauer erst später erhalten zu haben. Er reiste im Frühjahr 1823 weiter nach Süden. Anfangs Mai trat er dann von Rom aus die Heimreise an und begab sich über Venedig durch Tirol nach München, wo er vom Juni 1823 fast ein Jahr lang verweilte. Das Jahr in Italien hatte er hauptsächlich wieder in der Gesellschaft reisender Engländer verlebt;

in München aber scheint er den Verkehr mit den Menschen eingestellt zu haben, auch war er vom November 1823 bis zu seiner
Abreise von München im Frühjahr 1824 krank. Aus einem dorthin gerichteten Briefe Fr. Osann's, vom 25. Januar 1824, erhellt,
dass man seit langer Zeit keine Kunde von ihm hatte.

„Aus Ihrem ewigen Schweigen, mein theurer Freund", schrieb
Osann, „schliesse ich mit Wehmuth, dass Sie mein Brief nicht getroffen hat, welchen ich Ihnen nach Italien, als Antwort auf den
Ihrigen aus Florenz, nachgeschickt habe. In vieler Hinsicht thut
mir dieser Umstand leid, vorzüglich aber desswegen, weil Sie in
meine Freundschaft Zweifel setzen und auch an mir den vatica-
nischen Spruch πλεῖστοι ἄνθρωποι κακοί* erprobt erfinden könnten. Ausserdem war meinem Briefe auch eine Inlage an einen
römischen Abbate beigefügt, die Sie mir gewiss gern bestellt haben
würden. So muss ich denn die Sache nehmen wie sie ist, itzt
erst für das Stückchen Italischen Himmels danken, das Sie mir
von fern gezeigt, und endlich Sie an unsere gemeinschaftlichen
Erinnerungen mahnen, um Sie von der Unwandelbarkeit meiner
Gesinnung zu überzeugen. Diese Zeilen finden Sie hoffentlich in
München: dort wenigstens sollen Sie sich befinden nach einer
Aussage Günthers, des Schwagers von Thiersch, wie ich vor ein
Paar Wochen aus dem Munde Ihrer Schwester hörte. Und so
wahr auch gleich mein Entschluss gefasst, Sie dort aufzusuchen
und Sie zu nöthigen Ihrem Freunde ein Oelblatt zu schicken,
wornach er sich wirklich sehnt.

„Da Sie seit geraumer Zeit selbst wieder in Deutschland sind,
brauche ich Ihnen von deutschen Angelegenheiten, die für Sie Interesse haben könnten, nichts zu erzählen. Also nur etwas von
meinem nächsten Saalthale aus. Nach Florenz hatte ich Ihnen
geschrieben, dass man einen neuen Philosophen hieher berufen
wolle und auch darüber mit Beneke in Unterhandlung gestanden
habe, welche aber längst wieder abgebrochen worden. Nach

---

* Der Wahlspruch des Bias: Die meisten Menschen sind schlecht.

einigen Fehlgriffen ist man auf Ritter, einen ihrer ehemaligen Collegen in Berlin, den Verfasser der Geschichte der Ionischen Philosophie gefallen, und dieser hatte auch den Antrag angenommen, bis eine ihm in Berlin angetragene Professur auch diesen Unterhandlungen mit viel Skandal ein Ende machte, und er nun in Berlin geblieben ist. So ist man wiederum, wie ich höre, auf Beneke (welcher jetzt in Göttingen leben soll) gefallen und unterhandelt mit diesem aufs Neue *si fabula vera est:* denn ich verbürge nichts. An Sie hat man auch mehrmals bei Besetzung dieser Stelle gedacht: doch es ist zu keinem Resultat gekommen, ich weiss nicht warum. Fries, sagt man, wird als Physiker an der Stelle des vor Kurzem verstorbenen alten Geheimen Hofraths Voigt wieder in Thätigkeit kommen. Auch haben wir itzt keinen ordentlichen Professor der Mathematik, dessen Stelle durch den Tod unsers Posselt, eines sehr vorzüglichen Mannes erledigt ist.

„Soviel von Jena. Lassen Sie mich ein Wort von Weimar und Ihrer Familie hinzufügen. Sie wissen, dass sich zwischen Adelen und mich ein Dämon gedrängt hatte, der uns voneinander schied. Dieser ist seit einiger Zeit besiegt worden und, ich kann sagen, durch Sie. Das Bedürfniss an Sie zu denken, über Sie zu sprechen, von Ihnen etwas zu hören hat die Schranken gebrochen, die uns bisher geschieden hielten. Ich habe Ihre Schwester seitdem mehrmals besucht und in ihr ein Weib kennen lernen, welches bei einigen natürlichen Fehlern ihres Geschlechts alle Tugenden und Eigenschaften vereinigt, die der Mann an einem weiblichen Wesen mit wahrem Vergnügen und Achtung bemerkt. Was sie mir aber lieb und werth vor allem machte, war die schwesterliche Gesinnung, die sie bei allen Trennungen und Missverhältnissen Ihnen bewahrte. Sie fühlt nur zu sehr, und dieses mit den Schmerzen einer liebenden Schwester, dass Sie in ihrem Verhältnisse zu 'Ihnen der kränkende und schuldige Theil gewesen, — als Grund Ihrer beiderseitigen Verstimmung gab sie mir die Danziger Vermögensangelegenheiten und ihr leichtsinniges Schweigen auf einen ihrer Briefe an Sie an — hat Ihnen aber um so mehr in ihrer einsamen Sehnsucht ihre Liebe bewahrt. als sie immer mehr einsieht, wie nöthig Sie ihrem Leben sind. Fast hat sie itzt darauf Verzicht geleistet, Ihre Hand wieder zu sehen, die sie unbeschreiblich glücklich machen würde: sie wagt Ihnen nicht zu schreiben, weil sie fürchtet, die lange Scheidung möchte Sie ihr noch mehr entfremdet haben, und so beschränkt sich ihre Hoffnung nur darauf, durch mich zu erfahren, dass es Ihnen wohl gehe, so sehr dieser Mittelweg sie auch schmerzt, wie sie mir selbst gestanden hat. Wollen Sie mir demnach ein Lebenszeichen bald geben, — und Adele hofft um so sehnlicher darauf, als sie erfahren hat, dass Sie in München sehr krank gewesen — so erfüllen Sie die Bitten einer liebenden Schwester und eines wahrhaften Freundes, die ihren gemeinschaftlichen Wunsch für Ihr Glück und Wohl vereinigen. Wollten Sie mich versichern, dass Adele an Sie schreiben dürfte, so würden Sie ihrem Leben einen Haltungspunkt wieder geben, den sie verloren zu haben glaubt. Endlich füge ich aus meinem Glaubensbekenntniss den Artikel hinzu, dass einem Weibe ein Mann nie etwas zu vergeben haben könne.

„Verkennen Sie, Theurer, meinen Eifer nicht, der mich bewogen hat, eine lange verstummte Saite in Ihrem Herzen wieder erklingen zu lassen. Wenn ich ein Recht an Ihrer Freundschaft habe, so besitze ich auch einen Theil an Ihrem Herzen, den ich geltend machen darf, und wenn Sie in mir einen Parteigänger argwöhnen sollten, so würde ich nur beklagen so wenig von Ihnen gekannt zu sein: aber auch Sie würde ich beklagen, den Glauben an eine edlere Menschheit ganz verloren zu haben. Dann — Vergeben und Schweigen.

„Auch Ihre Mutter habe ich gesehen und besucht, seitdem ich der Tochter wieder näher getreten bin. Ich hatte Ihnen geschrieben, dass sie einen schlagartigen Anfall gehabt, der ihr eine Zeit lang den Gebrauch der Füsse gelähmt. Sie hat sich aus diesem Zustand zwar wieder erholt, jedoch nicht so, dass sie den ganz freien Gebrauch ihres Körpers wieder erhalten hätte. Sie ist immer noch etwas leidend und schwächlich.

„Ueber mich habe ich nichts hinzuzusetzen was Ihnen Freude machen könnte. Meine äussere Lage hier ist immer noch so schlecht als sie immer war. In dem gewöhnlichen Geleise meiner Arbeiten bewege ich mich fort, ohne eigentlich vorwärts zu kommen. Die einzige Freude, die mir hier wird, ist das beruhigende Bewusstsein, nicht ohne Nutzen für Andere zu arbeiten. Das ist viel und gross, werden Sie sagen: so denke auch ich. Allein niemand als ich weiss, dass ich mehr sein und leisten könnte als bisher, wenn nicht die elende Scholle dem Sterblichen, an der er ewig klebt, verböte sich in die Höhe zu schwingen. Wir sind und bleiben Erde, kennen keine andere Richtung der Bewegung, als die uns hinab, aber nicht hinauf. führt. Es ist nur die Erde, die uns Freuden gibt und nimmt. Wenn wir zu steigen meinen, eilen wir nur unserm Fall entgegen. — Darum bleibt uns nichts übrig als uns der Natur und dem Leben zu überlassen, eben wie es ist. *Naturae convenienter vivere*; mehr oder was Besseres kann kein Mensch thun: glücklich, wer im ganzen Sinn dieses Worts leben kann. Sie können es mehr als Andere; und so hoffe ich nun sicherer bald ein Zeichen Ihres Wohlseins und -Befindens zu vernehmen. Bis dahin unveränderlich der Ihrige *Osann*.

„Noch eins! Habe ich recht gehört, so verlässt Ihre Familie in diesem Sommer Weimar und bleibt den Winter über in Mannheim: so sagte mir, glaub' ich, Adele. Grüssen Sie Thiersch bestens."

Was ihm der Freund als das glücklichste Los des Sterblichen preist, dass er seiner Natur gemäss leben könne, gereichte Schopenhauer damals je länger desto weniger zur Befriedigung. Der einzige Lichtblick in der Dunkelheit seines münchener Aufenthalts war die Auszeichnung, welche ihm von seiten der dortigen Akademie der Wissenschaften dadurch zutheil wurde, dass in der kurzen Darstellung, die dieselbe 1824 über die Fortschritte der Physiologie in diesem Jahrhundert herausgab, bei den Fortschritten in der Theorie der Sinneswerkzeuge neben Purkinje nur seiner Erwähnung geschah. Gleich nach Empfang des Briefes von Osann ward er von neuem und schwerer auf das Krankenlager geworfen, von dem er sich erst gegen Ende Mai wieder so weit erholt hatte, um nach Gastein reisen zu können. Aber sein rechtes Ohr war beinah völlig taub geworden.

Welche Gemüthsstimmung ihn nach überstandener Lebensgefahr beherrschte, zeigt eine Reflexion, die er damals über „die oberste Regel aller Lebensweisheit", nicht dem Vergnügen, sondern der Schmerzlosigkeit nachzugehen*, in seine Brieftasche geschrieben: „In Arkadien geboren, wie Schiller sagt, sind wir freilich Alle: d. h. wir treten in die Welt voll Ansprüche auf Glück und Genuss, und hegen die thörichte Hoffnung, solche durchzusetzen. In der Regel jedoch kommt bald das Schicksal, packt uns unsanft an und belehrt uns, dass nichts unser ist, sondern Alles sein, indem es ein unbestrittenes Recht hat, nicht nur auf allen unsern Besitz und Erwerb und auf Weib und Kind, sondern sogar auf Arm und Bein, Auge und Ohr, ja auf die Nase mitten im Gesicht. Jedenfalls aber kommt, nach einiger Zeit, die Erfahrung und bringt die Einsicht, dass Glück und Genuss eine Fata Morgana sind, welche nur aus der Ferne sichtbar, verschwindet, wenn man herangekommen ist; dass hingegen Leiden und Schmerz Realität haben, sich selbst unmittelbar vertreten und keiner Illusion, noch Erwartung bedürfen. Fruchtet nun die Lehre, so hören wir auf, nach Glück und Genuss zu jagen, und sind vielmehr darauf bedacht, dem Schmerz und Leiden möglichst den Zugang zu versperren. Wir erkennen alsdann, dass das Beste, was die Welt zu bieten hat, eine schmerzlose, ruhige, erträgliche Existenz ist und beschränken unsere Ansprüche auf diese, um sie desto sicherer durchzusetzen. Denn, um nicht sehr unglücklich zu werden, ist das sicherste Mittel, dass man nicht verlange sehr glücklich zu sein" („Parerga", I, 434).

Nach gebrauchter Badecur begab er sich nach Mannheim, wo er jedoch mit Mutter und Schwester nicht zusammengetroffen. Im

---

* Aristoteles, Ethica ad Nicomachum, VII, 12.

August suchte er alsdann wieder Dresden auf, dessen Lage und Lebensart ihm immer sehr gefallen hatten. Aber die dortigen Verhältnisse waren für ihn sehr verändert. Die frühern guten Bekannten und die Hauptsache, das frühere grosse Tagewerk mit dem Blick in eine grosse Zukunft fehlten jetzt. So kam die Zeit, in der die Hoffnung, seiner Philosophie auf indirectem Wege Eingang zu verschaffen, ihn auf Plane führte, durch Uebertragung der Werke seiner damals gleich ihm selbst hintangesetzten berühmten Vorgänger die gebildete Welt dem Verständnisse seiner eigenen Lehre näher zu bringen. So beschäftigte ihn in Dresden das Project einer deutschen Uebersetzung der popular-philosophischen Schriften David Hume's, eines Schriftstellers, bei dem nach Schopenhauer „aus Einer Seite mehr zu lernen, als aus Hegel's, Herbart's und Schleiermacher's sämmtlichen Werken zusammengenommen". Auch schrieb er eine Vorrede dazu, welche Frauenstädt (Memorab., S. 386) mitgetheilt hat. Aber es blieb bei dem blossen Plane; zum Uebersetzer ins Deutsche hielt er sich denn doch für zu gut; während er schwierigere Arbeiten dieser Art, wie wir sehen werden, gern übernommen hätte.

IX.

1825—1828.

Fast wider Willen kehrte er im Mai 1825 nach Berlin zurück: es war der Ort, wo er, ausser Frankfurt, die meiste Zeit zugebracht, aber sich nie behaglich gefühlt hat. Noch 1852 schreibt er an Dr. Frauenstädt: „Sie fesselt wohl gar das miserable Berlin, das mir stets ein verhasster Aufenthalt gewesen ist." Die Lage, das Klima, die Umgebung, die socialen Verhältnisse, die Lebensweise, die ganze Physiognomie der Stadt waren ihm gleich zuwider. Man lebe dort wie auf einem Schiff: alles sei rar, theuer, schwer zu haben, die Comestibeln ausgetrocknet und dürr; die Spitzbübereien und Betrügereien jeder Art dagegen ärger als im Land wo die Citronen blühen: sie legen nicht nur uns selber die lästigste Behutsamkeit auf, sondern bewirken oft, dass, die uns nicht kennen, einen Verdacht gegen uns hegen, den wir uns nicht träumen lassen, und uns eigentlich als *filous* behandeln, bis es zur fatalen Explosion komme. Schon während seines ersten dortigen Aufenthalts 1811 war er wiederholt bestohlen worden, einmal um eine grössere Summe: er, der es an exorbitanten Vorsichtsmaassregeln nie hatte fehlen lassen — vielleicht gerade mit aus diesem Grunde!

Warum er nicht wegblieb? Zunächst erheischte eine Privatangelegenheit seine Rückkehr. Während seiner Abwesenheit nämlich war ein Feuer, das zur Zeit seiner Abreise nach der Schweiz schon gelöscht schien, mit verstärkter Gewalt von neuem ausgebrochen. Zur selben Zeit, als es ihm eben gelungen war, mit seinem Hauptschuldner fertig zu werden, im Sommer 1821, hatte sich in seinem Vorzimmer ein, an sich geringfügiger Vorfall zugetragen, der nach jahrelangem Wechsel und Verdruss zu einer Niederlage für ihn ausschlagen sollte, die um so empfindlicher für ihn war, je mehr er sich dabei in seinem Rechte fühlte.

Am 13. August 1821 war eine Bekannte seiner Hauswirthin, die mit ihm in demselben Stockwerke wohnende 47 Jahr alte ledige Näherin Karoline Luise Marquet wegen wörtlicher und thätlicher Beleidigung klagend gegen ihn aufgetreten. Der Inhalt der Klage ergibt sich aus der von Schopenhauer selbst verfassten Beantwortung derselben.

„Die gegen mich erhobene Klage ist eine monströse Verdrehung und Entstellung eines sehr unbedeutenden Vorfalls, der sich am 12. August zugetragen; ebenso sind auch die dabei obwaltenden Umstände ganz falsch angegeben. Nachstehendes ist der wahre Bestand der Umstände und der Thatsachen.

„Zuvörderst sind die Lokalumstände völlig falsch angegeben. · Klägerin spricht von einer Entrée, die sich vor der Stube der Wittwe Becker befinde, dergleichen gar nicht vorhanden ist: sondern vor meiner Stube ist die Entrée und die Lokalität ist folgende.

„Ich bewohne seit 16 Monaten ein möblirtes Logis bei der Wittwe Becker *, bestehend aus meinem Studirzimmer nach vorne und meinem Schlafzimmer nach hinten. An dieses Schlafzimmer stösst ein kleines Kämmerchen, das in den ersten zehn Monaten von mir benutzt, dann aber der Wirthin wieder abgetreten worden ist und nunmehr seit fünf Monaten von der Klägerin bewohnt wird; selbiges ist das einzige Local, darauf sie ein Recht hat: der Eingang zu diesem Kämmerchen ist auf der Flur hart an der Treppe und hat durchaus keine Verbindung noch Angränzung mit meiner Entrée, die nach vorne liegt. Diese Entrée nämlich macht den Eingang zu meinen Zimmern und in selbige öffnet ausserdem nur

---

* Es war auf der Niederlagstrasse Nr. 4.

noch die Stubenthüre eines Herren, der ein anderes möblirtes Zimmer nach vorne, meiner Studierstube ähnlich, bewohnt. Ganz allein für diesen Herren und für mich dient die besagte Entrée, und ausser uns beiden und denen, die zu uns wollen, hat Niemand etwas darin zu suchen. Auch hat diese Entrée, seit ich hier wohne, nie irgend Jemanden zum Aufenthalt gedient und nie ist die Klägerin früher daselbst von mir gesehn worden. Mein ganz besonderes Recht aber, dort niemanden zu leiden, geht aus Folgendem hervor. Etwa 14 Tage vor dem 12. August fand ich, zu Hause kommend, in der Entrée drei mir fremde Frauenzimmer: da dieses mir aus vielen Gründen verdriesslich sein musste und seit 15 Monaten, die ich da wohnte, nie vorgekommen war, liess ich sogleich die Wirthin kommen, beschwerte mich und äusserte die Vermuthung, dass die Nähterin, die mein ehemaliges Garderobenkämmerchen bewohnt, darunter gewesen; denn bis zum 12. August kannte ich Klägerin weder von Person noch wusste ich ihren Namen. Die Wirthin sagte mir, dass besagte Person nicht darunter gewesen, sondern dass es ein fremdes Frauenzimmer, die wieder abreiste, mit ihren Freundinnen gewesen sei, versprach mir aber, dass dergleichen nie wieder geschehen solle. Weil ich nun darüber völlig beruhigt sein wollte, so fragte ich noch ausdrücklich, ob etwa die nunmehrige Klägerin sich jemals einfallen lassen könnte in meine Entrée zu kommen. Die Wirthin versprach mir bestimmt, dass es nicht geschehen solle und versicherte mich, besagte Person halte sich bloss in ihrem Kämmerchen auf, dessen einziger Eingang an der Treppe sei, und habe in meiner Entrée durchaus nichts zu suchen. Ich verlange dass die Wittwe Becker ernstlich befragt werde, ob sich nicht dieses Alles genau so verhält. Sollte sie als genaue Freundin der Klägerin etwas davon ableugnen, so verlange ich, dass sie ihre Aussage beschwöre. Denn eben hieraus geht hervor nicht nur dass bloss ich und mein Nachbar ein Recht haben, die Entrée als Durchgang zu benutzen, sondern auch dass mir kraft ausdrücklicher Uebereinkunft mit meiner Wirthin das Recht zusteht, Jeden hinauszuweisen, der weder bei mir noch bei dem anderen Herrn etwas zu suchen hat, und noch ganz namentlich die Klägerin, in Betreff deren es mir von der Wirthin besonders zugesichert worden war, dass sie nicht in die Entrée kommen dürfe.

„Dass auch die Klägerin dieses wohl wusste, davon zeugt der Umstand, dass sie an besagtem 12. August sich in die Entrée setzte, zu der Zeit als meine Wirthin ausgegangen und nicht eher als bis sie mich hatte ausgehn sehen, wobei sie nicht vermuthete, dass ich nach einer Viertelstunde wiederkommen würde, wie geschah.

„So viel vom Recht; jetzt das Faktum. Als ich besagtermaassen wieder zu Hause kommend die drei Frauenzimmer in der Entrée sah, war mein Erstes, dass ich unser Dienstmädchen, die sich darunter befand, nach der Wirthin fragte, indem ich durch diese wollte die Frauenzimmer aus der Entrée wegweisen lassen. Da ich nun vernahm, die Wirthin sei nicht zu Hause, kündigte ich den Frauenzimmern selbst an, dass ihnen hier kein Aufenthalt gestattet sei, indem die Wirthin mir die ausdrückliche Zusicherung gegeben, dass Niemand sich hier aufhalten dürfe. Ich forderte sie demnach auf, sich sogleich weg zu begeben. Die beiden Mädchen machten keine Schwierigkeiten zu gehn: bloss die Klägerin verweigerte es, aus dem Grund «dass sie eine honette Person sei». Ich wiederholte nachdrücklich meine Aufforderung und ging in mein Zimmer mit dem Bedeuten, dass ich sie nicht wieder finden wolle, wenn ich herauskäme. Nach einer kleinen Weile kam ich wieder heraus. Hier muss ich die malitiöse Insinuation der Klägerin rügen, dass ich mit einem Stock herausgekommen. Es war mein Spazierstock, den ich in der Hand hielt, sowohl vorher als ich in mein Zimmer ging als nachher, da ich herauskam, indem ich sogleich wieder auszugehn gedachte, wie ich denn auch gethan habe: ebenso hatte ich beide Male den Hut auf dem Kopf. Ich forderte nun abermals die Klägerin auf zu gehen und bot ihr meinen Arm, um sie herauszuführen, wie die Zeugen bestätigen werden. Sie beharrte darauf, bleiben zu wollen. Endlich drohte ich, sie herauszuwerfen, und da sie mir Trotz bot, geschah dieses, jedoch nicht so, dass ich sie mit beiden Händen an den Hals gefasst, was

sich nicht einmal denken lässt, sondern ich fasste sie, wie es zweckmässig war, um den ganzen Leib und schleppte sie hinaus, obgleich sie sich aus Leibeskräften wehrte. Draussen schrie sie, dass
sie mich verklagen wolle und schrie auch nach ihren Sachen, die
ich ihr dann schleunigst nachwarf: aber da ein Stückchen Zeug
liegen geblieben, das ich nicht gesehn, so musste dieses als Vorwand dienen, dass sie die Verwegenheit hatte, schnell wieder abermals in die Entrée zu kommen: nun warf ich sie nochmals hinaus
obgleich sie sich auf das Heftigste wehrte und aus allen Kräften
kreischte, um wo möglich das ganze Haus in Allarm zu bringen.
Wie ich sie also zum zweiten Male aus der Thüre warf, fiel sie
hin, wie ich glaube absichtlich. Denn es ist die Art solcher Leute,
dass wenn sie sehen, dass sie mit dem aktiven Widerstand nicht
durchkommen, sie sich nun auf die passive Seite werfen, um so
viel als möglich zu leiden und nun recht viel zu klagen zu haben,
und ihr schon vorher erhobenes Geschrei, sie wolle mich verklagen,
deutet ganz dahin.

„Nun aber erkläre ich für gänzlich falsch und erlogen die
Angaben, dass ich der Klägerin die Haube abgerissen, dass sie
ohnmächtig geworden und vollends dass ich sie mit Füssen getreten und mit der Faust geschlagen. Davon ist kein Wort wahr
und wer mich nur in Etwas kennt, wird a priori einsehn, dass
eine solche brutale Rohheit bei meinem Karakter, Stande und Erziehung sich gar nicht denken lässt. Ich bin bereit, die Falschheit dieser Angaben eidlich zu versichern. Ich bitte die Zeugen
darüber eidlich zu vernehmen. Die Wahrheit ist, dass sobald ich
die Klägerin zur Thür hinaus hatte, ich sie durchaus nicht weiter
angerührt habe. Sie fiel, wie gesagt, nieder und beim Fallen mag
ihr die Haube abgefallen sein, obwohl ich es nicht gesehen habe.
Sie war nicht ohnmächtig, sondern stand auf, setzte sich auf einen
Stuhl und versicherte wiederholt, mich verklagen zu wollen. Jetzt
erst und nicht vorhin habe ich in der Unbesonnenheit des Zorns
sie geschimpft. Wäre sie ohnmächtig gewesen, so würde sie es
nicht haben hören können. Auch habe ich sie nicht «Luder» und

«altes Mensch» geschimpft, sondern nur ein Mal, in Subjekt und Prädikat, «altes Luder». Hieran bekenne ich nun völlig Unrecht gehabt zu haben und straffällig zu sein, im Uebrigen aber ganz und gar nicht. Denn ich habe bloss mein Hausrecht gebraucht. Ich bin nicht verbunden zu dulden, dass fremde Leute, die dort nichts zu suchen haben, meine Entrée besetzt und meine Thüre umlagert halten: Klägerin hatte keinen Schatten eines Rechtes sich dort aufzuhalten und ich hatte ein vollkommnes Recht nicht nur selbst dort zu seyn, sondern auch sie gehen zu heissen: wie oben ausführlich bewiesen worden. Auch habe ich sie durchaus nicht weiter berührt und angefasst als nothwendig war, um sie, bei ihrem sehr heftigen Widerstande, zwei Mal hinauszuschaffen. Wenn sie zufolge dem ärztlichen Testimonio am andern Tage eine losgerissene Warze und ein Paar blaue Flecken aufgewiesen hat, so gebe ich deshalb nicht zu, dass sie solche bei jenem Vorfall bekommen: gesetzt aber auch, es wäre der Fall gewesen, so hätte sie es sich selbst zuzuschreiben als Folge ihrer heftigen Gegenwehr und der Anstrengung, zu der sie mich dadurch nöthigte: solchen kleinen Verletzungen setzt man sich natürlich aus, wenn man da, wo man nichts zu suchen hat, sich unnütz macht und fremder Herren Thüren umlagert hält mit solcher Hartnäckigkeit, dass man mit Gewalt weggeschoben werden muss und dann noch dieser rechtmässigen Gewalt eine unrechtmässige entgegensetzt.

„Ihr angebliches inneres Uebelbefinden am folgenden Tage kann nicht bedeutend gewesen sein, da sie an demselben ausgegangen ist: auch giebt das ärztliche Testimonium darüber bloss an, worüber sie klagte, nicht was wirklich gewesen: und sagt bloss, dass es Folge des besagten Unfalls gewesen seyn kann, nicht dass es wirklich gewesen sei. Der beschleunigte Puls mag eine Folge des Aergers bei gekränkter weiblicher Eitelkeit gewesen sein: aber in keinem Fall ist erweisbar, dass ihr Uebelbefinden den Vorfall des vorigen Tags zur Ursache gehabt habe und nicht ganz zufällig gewesen sei. Da bekanntlich das weibliche Geschlecht gar häufig in kränklichem Zustande ist und ganz besonders, wenn es will.

„Ich habe nun den Thatbestand gewissenhaft und strenge nach der Wahrheit angegeben ohne etwas zu verschweigen oder zu beschönigen, welches ich als ehrlicher Mann versichere. Ich füge noch hinzu dass niemals weder hier noch anderswo eine Injurienklage gegen mich erhoben worden.

„Da, wenn nicht zufällig eine Verbalinjurie vorgefallen wäre, gar kein Anlass zur Klage sein würde, so trage ich darauf an, dass Klägerin wegen ihrer vielen falschen Beschuldigungen gegen mich und der Entstellung der Sache $\frac{3}{4}$ der Prozesskosten trage, indem es nicht recht seyn kann, dass ich Termine bezahle, welche bloss dienen, die Falschheit ihrer Anschuldigungen auszumitteln."

Nachdem die Zeugen vernommen waren, stellte Schopenhauer * folgenden Zwischenantrag: „Indem ich den Hergang dieses Verhörs überlege, finde ich, dass Wittwe Becker sich partheiisch erwiesen hat und dadurch ihr Zeugniss verfälscht ist. Die Nähterin Marquet ist ihre sehr genaue und werthe Freundin, wie sie selbst sagt, die nicht nur bei ihr wohnt, sondern auch mit ihr an einem Tische isst und trinkt u. s. w. Ich dagegen bin ausgezogen und ihr jetzt ganz fremd: sie nimmt sich den Verdruss ihrer Freundin zu Herzen und thut was sie kann, um ihr Revanche zu verschaffen.

„Ich versichere nochmals und bin bereit es zu beschwören, dass die Wittwe Becker an jenem Abend, wo ich mich über Anwesenheit fremder Frauenzimmer in der Entrée beschwerte, mir zugesagt hat, dass Niemanden dort ein Aufenthalt gestattet seyn solle und als ich namentlich nach der bewussten Nähterin fragte, mich versicherte, dass diese gar nichts in der Entrée zu suchen habe und niemals hineinkomme.

„Jetzt im Verhör gab sie zwar zwei Mal zu, dies so gesagt zu haben, dann aber setzte sie wieder hinzu, das sei nur Spass gewesen: wodurch dann natürlich der Herr Referendar abgehalten wurde, es zu Protokoll zu nehmen. — Ist so etwas erlaubt? —

---

* Die hier mitgetheilten Schriftsätze sind von ihm selbst wörtlich niedergeschrieben.

Sie sagte dann, sie habe mir solche Versicherung gar nicht geben
dürfen, weil sie der Marquet den Gebrauch einer in dieser Entrée
stehenden Kommode zugestanden. Erstlich implicirt die Benutzung
einer Kommode nicht das Recht, mit zwei Dienstmädchen sich dort
breit hinzusetzen um zu nähen. Zweitens habe ich davon nie gewusst, und es ist sehr unrecht gewesen, dass sie mir es verschwieg,
als sie mir auf meine Klage über Anwesenheit fremder Personen
in der Entrée die obenangeführte Zusage gab. Alsdann hat die
Wittwe Becker damals (um es mit einem guten Miether nicht zu
verderben) mir mehr zugesagt als sie eigentlich sollte, wenn sie
nämlich zugleich ihrer Freundin ohne mein Wissen erlaubte, dort
eine Kommode zu benutzen, was unter den angegebenen Verhältnissen gegen mich schon an sich Unrecht war, eine doppelte,
sich selbst unmöglich machende Zusage, um beide Theile zu befriedigen.

„Inzwischen musste ich bei dem nachherigen beklagten Vorfall
nach dem handeln was mir bewusst war: ich fusste daher auf
meinem Rechte dort Niemanden zu leiden und konnte nicht anders
denken als dass ich so weit ein Hausrecht hatte. *Ignorantia facti
juvat.* Man kann nicht verantwortlich seyn in Hinsicht auf Umstände, die man nicht kennt: Jeder handelt nach dem was er weiss.
Jetzt windet sich die Wittwe Becker durch allerlei Ausflüchte von
dem entschiedenen Geständnisse los, durch welches ihre Doppel-
züngigkeit an den Tag käme und ihre Freundin benachtheiligt
würde. So werden wir von diesen Leuten, die zusammenhangen
und zusammenhalten, verleitet und sollen es nachher mit schwerem
Gelde büssen, wenn wir einmal die Geduld verloren haben.

„Demgemäss ist nun mein Verlangen, dass das schwankende
Zeugniss der Wittwe Becker entweder nicht gegen mich benutzt
werde oder dass sie zuvor beschwöre mir nicht die Zusage gegeben zu haben, die ich oben angeführt.“

Wer mit dem Gange von Injurienprocessen bekannt ist, weiss,
von welchem Unwerth in solchen die Zeugnisse von Personen aus
den untern Ständen, welche der einen Partei näher stehen als

der andern, geschweige denn irgendeine persönliche Beziehung zu der Sache haben, in der Regel sind. Nun hatte Schopenhauer das Missgeschick, dass seine Gegnerin ausser mit der bereits charakterisirten, ohne Zweifel auch durch die Kündigung Schopenhauer's erbosten Vermietherin mit zwei weitern Zeuginnen, darunter ein damals funfzehnjähriges Mädchen, dessen spätere Aussagen den Stempel der Unrichtigkeit tragen, ins Feld rücken konnte, die nicht allein ihre guten Freundinnen waren, sondern auch von Schopenhauer bei dem kritischen Vorfalle mit hinausgewiesen worden. Diese bemühten sich natürlich die Geschichte grass darzustellen. Nichtsdestoweniger waren ihre Aussagen so gestaltet, dass der praktische Decernent erster Instanz, welcher vermuthlich das Zeugenverhör selbst geleitet, über den Ungrund der Klage so wenig Zweifel hatte, dass er Schopenhauer, der im Begriff stand seine Reise anzutreten, die Versicherung gab, es sei an der Bestätigung des die Klägerin abweisenden Urtheils nicht im mindesten zu zweifeln.

Am 1. März 1822 nämlich, also nach mehr als sechs Monaten, hatte das Hausvogteigericht für Recht erkannt: „dass Klägerin mit ihrer Injurienklage lediglich abzuweisen und die Processkosten allein zu tragen gehalten" sei, und zwar aus folgenden Gründen: „Nach der letzten Aussage der Wittwe Becker vom 7. December pr. und da dem Verklagten der Entrée zum Gebrauch angewiesen war, unterliegt es keinem Zweifel, dass der Verklagte berechtigt war, die Klägerin aus dem Entrée, worauf dieselbe in keiner Beziehung ein Recht hatte, hinauszuweisen. Verklagter war aber auch befugt, die Klägerin thätlich herauszuweisen, da sie seinen mündlichen Aufforderungen nach Angabe der Zeugen Elke und Mendel nicht Folge leistete. Es frägt sich daher nur, ob Verklagter bei thätlicher Herausweisung der Klägerin aus dem Entrée seine Befugnisse überschritten hat. Daraus, dass Klägerin bei dem Vorfall einige blaue Flecken bekommen hat und ihr eine Warze am Halse abgerissen worden, kann noch keinesweges auf einen Excess bei jenem Herausweisen geschlossen werden. Denn da Klägerin, wie aus den Zeugenaussagen sich ergibt, sich gegen das

Herausführen sträubte, so kann man es dem Verklagten nicht füglich zurechnen, wenn er zu Durchsetzung seines Willens die Klägerin hart anfasste, und hat sich letztere die nachtheiligen Folgen ihres unrechtmässigen Eindringens in fremde Behältnisse nur selbst zuzuschreiben."

Die Klägerin appellirte, worauf Schopenhauer folgende Gegenausführung einreichte:

„Die Grundlosigkeit sämmtlicher Behauptungen, aus denen diese Appellation besteht, geht aus den Akten so hinlänglich hervor, dass ich mich vielleicht überheben könnte sie darzuthun. Inzwischen will ich die Punkte der Appellation der Reihe nach durchgehen.

„1) Gleich oben heisst es «es stehe fest und sei theils von mir eingestanden, theils durch Zeugen erwiesen, dass ich Klägerin auf das gröblichste gemisshandelt». Dies ist eine Unwahrheit, die wahrlich nicht blöde auftritt, nachdem die beeidigten Zeugen, die noch dazu der Klägerin Freundinnen sind und von mir damals mit vertrieben wurden, ganz rein ausgesagt, dass von alle den Misshandlungen, die mir die Klage aufbürdet, keine einzige verübt worden sei, sondern ich die Klägerin bloss zur Thüre hinausgeworfen habe, wie ich solches auch allein eingestanden habe: dieses aber, da es durch die Umstände gerechtfertigt worden, darf gar nicht Misshandlung genannt werden.

„2) Sodann wird mein Hausrecht zu jenem Akt bestritten. Erstlich wird vorgegeben, es wäre eine blosse Gefälligkeit der Wittwe Becker gewesen, dass sie mir versprochen, es solle Niemand sich in der Entrée aufhalten. Dies ist eine Verdrehung der Sache. Ich stand nicht mit der Wittwe Becker in dem Verhältniss, dass ich von ihr um Gefälligkeiten zu bitten brauchte; sondern als ein Miether, der seit zehn Monaten 13 Thaler monatlich pünktlich bezahlte, liess ich sie, nachdem ich das erste Mal Frauenzimmer in der Entrée bemerkt hatte, kommen, beschwerte mich ernstlich, gab zu verstehn, dass ich nicht wohnen bleiben würde, wenn dergleichen Statt hätte und liess mich nicht eher beruhigen, als bis sie mir versprochen, dass es nie wieder geschehn solle. Das ist nicht eine aus Gnade zugesagte Gefälligkeit, sondern eine zum mündlichen Miethskontrakt hinzugefügte mündliche Uebereinkunft. Ich hatte also allerdings zwar die Entrée nicht mit gemiethet um darin zu wohnen, aber wohl hatte ich hiemit das Freiseyn der Entrée von fremdem Aufenthalt mitgemiethet d. h. es zur Bedingung der fortgesetzten Miethe meiner Zimmer gemacht: dabei blieb selbige als blosser Durchgang frei. Dies ist gerade so wie wenn Jemand das Recht hat, dass im Flusse, soweit er vor seiner Besitzung fliesst, Niemand fischen oder Flachs zubereiten darf, so gehört zwar das Stück Fluss nicht ihm, sondern bleibt zur Durchfahrt für Jedermann ganz frei, jedoch hat er ein volles Recht jene Dinge daselbst zu verwehren. Durch jene meine Uebereinkunft hatte die Wittwe Becker ihr Hausrecht in diesem Punkt auf mich übertragen. Bei ihrer Anwesenheit hätte ich es nur durch ihre Vermittlung gebraucht, aber ihre Abwesenheit nöthigte mich, es unmittelbar in Wirksamkeit zu setzen. — Was die Anführung der Kommode betrifft, so habe ich selbige schon entkräftet in meiner «Eingabe wegen des am 10. November gehaltenen Zeugenverhörs», darauf ich mich berufe. — Aber sogar abgesehn von jener Uebereinkunft mit der Vermietherin, so hat doch wohl das Hausrecht eines Jeden, wie seine Person und wie jedes Ding, eine gewisse Atmosphäre und erstreckt sich wohl nicht buchstäblich bloss nur bis auf die Schwelle: es braucht z. B. Keiner zu leiden, dass man ihm ins Fenster gucke oder sich dicht an seine Thüre hinsetze um zu hören was drinnen geredet wird: und dies letztere war eben der Fall zwischen mir und der Klägerin, die sich in der engen Entrée dicht an meine Thüre gesetzt hatte: eben dies Besetzthalten meines Eingangs wollte ich nicht leiden.

„3) will die Appellation das Zeugniss der Wittwe Becker verdächtig machen durch drei Argumente. a) «Es sollen zwei Zeugen nöthig seyn»: in vielen Fällen wird jedoch ein vollgültiger Zeuge angenommen, überdies aber ist hier nicht von einer That die Rede, die der Zeugen bedürfte, sondern von einem *Pactum* oder Vertrag, und wenn dann beide Contrahenten sich zu dem Vertrag bekennen, so bedarf es keiner anderen Zeugen. Sonst könnte mit diesem Argument mir auch das Recht auf meine Zimmer abgeschnitten werden, da ich für die Miethung derselben kein anderes Zeugniss habe, als eben mein und der Vermietherin eignes Bekenntniss. b) «wird die Wittwe Becker für geistesschwach erklärt». Ich weiss nicht ob so ein Vorgeben erlaubt ist, nachdem die Wittwe Becker vom K. Hausvogteigericht zum Eide gelassen worden, was zuverlässig nicht geschehn wäre, wenn sie irgend Zeichen von Geistesschwäche hätte blicken lassen: aber in jedem Falle wird sich bei Prüfung der Wittwe Becker finden, dass sie eine sehr lebhafte und dabei vollkommen besonnene ja kluge Frau ist. Es wäre schlimm, wenn alle Leute von 65 Jahren bloss darum für geistesschwach und unmündig erklärt werden dürften. c) wird insinuirt, ich hätte beim Verhör der Wittwe Becker diese durch Fragen und Vorhaltungen genöthigt mehr zu sagen, als sie eigentlich beabsichtigt. Allerdings hat es mich Mühe gekostet, sie zum Bekenntniss der Wahrheit zu bringen, weil sie (laut ihrer eignen Aussage im ersten Verhör) eine höchst genaue Freundin der Klägerin ist und deren Interesse begünstigt, mit mir hingegen, da ich von ihr weggezogen, völlig entzweit ist. Durch diesen Umstand wird aber eben ihre Aussage zu meinen Gunsten um so gewichtiger und muss umsomehr für mich gedeutet werden: es ist keine leichte Sache von einer Freundin der Gegenparthei ein dieser ungünstiges Zeugniss zu erlangen. Eben als Freundin der Klägerin suchte sie beim Verhör durch allerlei Wendungen sich dem Bekenntniss der Wahrheit zu entziehn und dieses endlich in so leichten und zweideutigen Ausdrücken als nur möglich abzulegen um eine Ausflucht für ihre Freundin offen zu lassen: sie schwankte beständig hin und her zwischen dem Wunsch ihrer Freundin zu helfen und der Furcht in so hohem Alter einen Meineid zu begehen. Dies war so sichtlich, dass der Herr Ref. B. es gewissenhaft bezeugen kann: daher eben kam es, dass sie beim ersten Verhör zweimal geradezu eingestand, sie habe mir zugesagt, es

solle Niemand und namentlich die Klägerin nicht in der Entrée
sich aufhalten, und beide Mal wollte sie gleichdarauf diese ihr
entschlüpfte Wahrheit dadurch entkräftigen, dass sie erklärte, es
sei nur Spass gewesen. Weit entfernt mich zu begünstigen, hat
sie zu der Aussage, die sie zur Beruhigung ihres Gewissens noth-
gedrungen ablegte, die mir ungünstigsten Ausdrücke gewählt, die
sie nur finden konnte.

„4) Der mit 2 bezeichnete Absatz enthält lauter Unwahrheiten,
die mit bewundrungswürdiger Kühnheit auftreten, da von ihnen
allen das gerade Gegentheil in den Akten zu lesen ist. a) Klägerin
will «sich nicht direkt geweigert haben, die Entrée zu verlassen».
Die geschwornen Zeugen, ihre Freundinnen haben ausgesagt, dass
sie bestimmt erklärt habe, sie wolle nicht gehn, und ich habe die
Drohung sie hinauszuwerfen zweimal wiederholt und bin dazwischen
in mein Zimmer gegangen, um ihr Bedenkzeit zu lassen. b) sie
will Contusionen über den ganzen Körper gehabt haben, während
ihr so klug eingeholtes ärztliches Zeugniss bloss von ein Paar
blauen Flecken am Arme spricht. c) sie will ohnmächtig hin-
gefallen seyn, während die Zeugen erklärt haben es sei nicht wahr.
d) werden noch vorgebliche Folgen aus diesem vor acht Monaten
geschehenen Vorfall abgeleitet, deren Behauptung so lächerlich ist,
dass sie keiner Antwort bedarf: in keinem Fall darf sie über ihren
Gesundheitszustand mehr behaupten, als das ärztliche Zeugniss
aussagt, das sie sich Tags darauf holen ging.

„Was endlich die Conclusion der Appellation betrifft, dass der
Richter erster Instanz von einem falschen Gesichtspunkt ausgegangen
sei, so hat selbiger vielmehr den ganz richtigen Gesichtspunkt gefasst, welcher dieser ist, dass hier in Berlin die Leute vom Stande
der Klägerin keinen Anstand nehmen uns Andern, deren Beschäftigungen viel wichtiger sind als sie ermessen können, bei jeder
Gelegenheit mit grösster Keckheit sich in den Weg zu stellen und
wenn wir endlich einmal sie thätlich bei Seite schieben, nun glauben
nur mit Injurienklagen zu den Gerichten laufen zu dürfen um diese
als Werkzeuge ihrer Rache und Stützen ihrer Hartnäckigkeit ge-

brauchen zu können, dass es aber sehr weise ist ihnen bei guter
Gelegenheit das Gegentheil zu zeigen.

„Da also die Einwendungen der Klägerin sämmtlich so offenbar
grundlose, bleibe ich mit vollkommner Zuversicht der Bestätigung
des Urtheils erster Instanz gewärtig."

Im April richtete er sodann nachstehendes Beförderungsgesuch
an das Hausvogteigericht: „Nachdem die Nähterin Marquet, welche
mich seit acht Monaten gerichtlich verfolgt, weil ich durch ihre
Zudringlichkeit bewogen, sie einmal zur Thür hinausgeworfen habe,
von einem hochverehrlichen Hausvogteigericht nach ausführlichster
Untersuchung der Klage wohlverdientermaassen mit selbiger gänzlich abgewiesen worden, geht sie nunmehr so weit, noch gegen
diese völlig gerechte Entscheidung zu appelliren. Nun aber trifft
es sich dass ich in den ersten Tagen des Mai-Monats eine Reise
nach der Schweiz und Norditalien anzutreten habe, von welcher
ich erst zum Winter zurückkehre. Es würde mir daher sehr unangenehm sein, irgend eine unabgemachte Sache zurückzulassen,
und es wäre für mich hart, wenn ich wegen dieses so höchst unbedeutenden Vorfalls, nachdem mir solcher schon sehr viel mehr
Störung und Mühe verursacht hat als er irgendwie werth sein kann,
durch die Hartnäckigkeit jener Klägerin genöthigt würde, jetzt
noch neun Monate nachher einen Mandatarius zu ernennen, Vollmacht auszustellen, ja vielleicht noch gar Caution stellen zu müssen,
um nur ungehindert abreisen zu können. Dieserhalb bin ich genöthigt, an ein hochverehrliches Hausvogteigericht die ergebenste
und dringendste Bitte zu richten, dass selbiges, in Berücksichtigung
obiger Umstände, die hochverehrliche zweite Instanz des Kammergerichts dahin vermögen wolle, die Revision dieser Sache in dem
Maasse zu beschleunigen, dass mir deren definitiver Bescheid
längstens bis zum ersten Mai notificirt werde, damit ich ungehindert meine Reise ins Werk richten könne."

Dass diesem Gesuch keine Folge gegeben werden konnte, hatte
der Laie im Process nicht bedacht. In der festen Zuversicht, es
werde bei der gefällten Sentenz bleiben, reiste er ab. Schon am

25. Mai jedoch erkannte das Kammergericht abändernd wegen „geringer, ohne merkliche Beschädigung abgelaufener Realinjurien" auf eine Geldbusse von 20 Thalern gegen ihn. Das Urtheil wurde ihm wegen seiner Abwesenheit erst nach drei Jahren zugestellt, aus welchem Umstande ihm später noch ein Revisionsgrund erwachsen sollte.

Durch den Erfolg ermuthigt pfropfte nun aber die Marquet auf diese Verurtheilung ihres Gegners eine neue, mit einem Arrestgesuch verbundene Klage auf Schadenersatz, in der sie, den Umstand, dass sich inzwischen die Folgen eines katarrhalischen Fiebers bei ihr zeigten, benutzend, die Behauptung aufstellte, sie sei seit jenem Vorfalle „an der ganzen rechten Seite gelähmt und könne den Arm nur wenige Zeit mühevoll gebrauchen". Jene „thätliche Behandlung" im August 1821 habe sie auch „aller Geisteskräfte beraubt" und dies sei die Ursache, dass sie früher „manches ihr wesentlich Nützliche übergangen" habe. Auch die Zeugen wüssten noch mehr als sie ausgesagt hätten. Später kamen noch andere Folgen zum Vorschein: ihr ganzes Genitalsystem sollte dadurch zerrüttet worden sein, dass sie bei jenem Vorfalle wider die Kommode gedrückt worden sei, wovon sie früher kein Wort gesagt hatte! Hierüber erforderte das Kammergericht trotz ihrer lebhaften Weigerung sogar ein Gutachten des berühmten Siebold, welcher nach genauer Untersuchung die völlige Grundlosigkeit, ja Undenkbarkeit der Beschuldigung constatirte.

Zunächst also verlangte sie ausser dem Ersatze verschiedener Auslagen, monatliche Alimente im Betrage von fünf Thalern. Im Laufe des Instructionsverfahrens erhöhte sie diese Forderung auf sieben Thaler und zuletzt auf acht Thaler acht Groschen für jeden Monat.

Das Kammergericht gab dem Arrestgesuche statt und Schopenhauer wurde darauf im November 1822 in Florenz mit der Nachricht von der Festlegung seines ganzen, dem Bankhause Mendelssohn & Fränckel zur Aufbewahrung übergebenen Vermögens überrascht. Dieses Haus legte die Vertretung der Sache in die Hände des

Justizcommissarius Kunowski, eines wie es scheint vielbeschäftigten und deshalb nicht genügend vigilanten Rechtsbeistandes; wenigstens war derselbe gerade im wichtigsten Stadium des Processes, bei der Vernehmung der von der Klägerin und deren geriebenem Advocaten in Scene gesetzten Zeugensippschaft mehrmals nicht anwesend.

Schopenhauer sandte ihm eine ausführliche Instruction, in welcher er seinem Unwillen über die „höchst verschmitzte und boshafte Person“ Luft machte und auszuführen suchte, dass die neue Klage sammt dem Arrestgesuch schon um desswillen unstatthaft sei, weil sie eine bereits entschiedene Sache (*lis dijudicata*) betreffe. Er übersah dabei, dass die erste Klage nur auf Bestrafung, die zweite dagegen auf Entschädigung für die durch die strafbare Handlung angeblich zugefügten Nachtheile gerichtet war. Nach dem Schlusse einer erneuten umfänglichen Beweisaufnahme, welche auf den im Injurienprocesse festgestellten Thatbestand, obwol das darin ergangene rechtskräftige Urtheil eine Grundlage des Entschädigungsprocesses bildete, nicht beschränkt war, verurtheilte der „Instructionssenat“ des Kammergerichts am 4. October 1824 Schopenhauer für den Fall der Leistung eines der Klägerin gestatteten Erfüllungseides, im wesentlichen der Klagbitte entsprechend, auf Ersatz von 41 Thaler 6 Silbergroschen Auslagen, 15 Thaler vierteljährlich vorauszubezahlender Alimente und fünf Sechstel der Processkosten.

Als Schopenhauer im darauffolgenden Frühjahr wieder nach Berlin kam, schwebte der Process glücklich in zweiter Instanz, und er beeilte sich die Beschwerdeschrift seines Anwalts durch folgenden Nachtrag zu ergänzen:

„Von einer dreijährigen Reise zurückgekehrt finde ich die Akten eines Prozesses der noch immer darüber geführt wird, dass ich vor vier Jahren einmal die Nähterin Marquet zur Thür hinausgeworfen, während welcher Zeit auch mein ganzes, bei den Herren Mendelssohn & Fränckel niedergelegtes Vermögen unter Arrest gelegen hat.

„Da jetzt die zweite Instanz zu sprechen im Begriff ist, nehme ich mir die Freiheit, dem Richter in derselben, unabhängig von den von meinem Anwalt angebrachten gewiss höchst kräftigen und gewichtigen eigentlichen Rechtsgründen, folgende bloss aus der gesunden Vernunft geschöpften und nur an eben diese sich wendenden Gründe vorzulegen.

„1) Der ganze Prozess ist, meiner sicheren Ueberzeugung nach, ein blosser Versuch der Klägerin den Anlass einer Thätlichkeit, die wenigstens von erster Instanz für gerechtfertigt gehalten wurde und daher doch so gar schlimm nicht seyn konnte, zu benutzen um sich zu Gelde, ja zu einer lebenslänglichen Versorgung zu verhelfen. Auf diesen Versuch würde sie niemals gefallen sein, wenn sie nicht in Erfahrung gebracht hätte, dass ich einiges eignes Vermögen besitze. Auch scheint ihr der Gedanke erst vier Tage nach jener Thätlichkeit gekommen zu sein, da sie erst alsdann sich krank erklärte, bis dahin aber ausgegangen war. Bei der sehr erklecklichen Absicht der Klägerin ist nicht zu verwundern, wenn sie alle ersinnlichen Mittel ergreift, um solche zu erreichen: daher die Prüfung ihrer Beweise die grösste Vorsicht und Strenge heischt, ja sie schon durch die angegebene Lage der Sache einen Verdacht gegen sich hat.

„2) Dieser Verdacht wird aber bestätigt dadurch dass sie offenbar *mala fide* verfährt. Denn a) bei der ersten Klage gibt sie an, geschlagen und mit Füssen getreten zu sein, und ihre eignen Zeugen beschwören das Gegentheil und bezeugen bloss was ich selbst zugegeben. b) bei der zweiten Klage gibt sie (*actum* den 18. Juni 1823) an: ich hätte sie über eine Kommode gebogen und dadurch an den Genitalien beschädigt. Die Thatsache ist von ihr selbst bei der ersten Klage nicht erwähnt, ihre Zeugin bestätigt davon nichts und ich versichere gewissenhaft dass sie ganz unwahr ist. Als Folge davon gibt sie eine Krankheit besagter Theile an, verweigert jedoch hartnäckig die Untersuchung derselben, bis sie endlich gezwungen untersucht wird von Dr. von Siebold, welcher bescheinigt dass ihr im Genitalsystem auch nicht das mindeste verletzt sei. Hierdurch ist nun bewiesen, dass Klägerin Uebel angiebt, die sie gar nicht hat. Zu diesen ganz offenbaren Zügen von *mala fides* liessen sich aus den Akten noch mehrere finden und gegentheils wird man in meinen Aussagen durchgängig aufrichtiges Verfahren erkennen. Und wenn der Advocat der Klägerin in einer sehr lächerlichen Deklamation sagt, dass selbige ein Opfer des Uebermuths geworden, so sage ich dagegen, dass die Absicht der Klägerin ist, mich zum Opfer einer beispiellosen Schikane zu machen, und dass ich dies mit Recht sage, lehren die Akten.

„3) Grosse Berücksichtigung verdient doch wohl der Umstand, dass Klägerin am Tage nach jener Thätlichkeit ausgegangen ist, nämlich zum Hausvogteigericht, zum Advocaten und zum Dr. Kluge: ein Beweis dass die unmittelbare Verletzung nicht bedeutend sein konnte. Sie mag noch mehrere Gänge gemacht haben und kann, da sie ausging, sich Verletzungen, Erkältungen, Beschädigungen aller Art zugezogen haben, die ebenso gut der Grund ihrer nachherigen Krankheit seyn können als jener unbedeutende Vorfall. Mir kann doch eigentlich nur das zugerechnet werden, was Dr. Kluge am 13. August 1821 attestirt hat und bei den Akten des ersten Prozesses liegt.

„4) Ueberhaupt sind in Hinsicht dessen, was ihr widerfahren, die Akten des ersten Prozesses weit mehr zu berücksichtigen als die des zweiten, weil jene auf frischer That abgefasst sind, diese aber nachdem die Erinnerung geschwächt und determinirte Absicht eingetreten war. Ich bitte daher den Richter jene Akten genau zu lesen. Er wird z. B. finden, dass die Zeugin Elke * beschwört, Klägerin habe nach jenem Vorfalle keine Ohnmacht gehabt, während in den Akten des zweiten Prozesses dies doch wieder behauptet wird. Ebenfalls beschwört die Elke, dass Klägerin, nachdem sie gefallen, nicht eine merkliche Zeit liegen geblieben, und doch findet sich dieses in Kluge's Aussage wieder angegeben: so werden die schon widerlegten Anführungen immer wieder eingeschwärzt.

---

* Jenes zur Zeit des Vorfalles erst 15 Jahre alte Dienstmädchen.

„Die Doktoren Kluge und Horn sagen beide, dass des Chirurgen Beer Angaben als blosse Reminiscenzen aus einer lang verflossenen Zeit zu unsicher sind als dass sie einer richterlichen Entscheidung zum Grunde gelegt werden könnten. Eine Bestätigung dieser Unsicherheit ist, dass Beer in seinem Gutachten (1. August 1823) zuerst angibt, er sei 36 Stunden nach der Verletzung zur Klägerin gerufen; nachher aber dass es erst vier Tage darauf geschehen.

„6) Nach dem Urtheil erster Instanz soll Klägerin schwören, ich habe sie beim Halse gefasst und so geschleppt, dass der untere Körper auf der Erde fortgeschleppt wurde; denn so ist ihre Angabe und folglich muss der Eid *in extenso* so lauten. — Ich bin nicht nur bereit das Gegentheil zu beschwören, sondern behaupte auch, dass es physisch unmöglich ist eine lebende und wache Person diesergestalt zu schleppen, indem solche ganz instinktartig und mechanisch sich immer auf die Beine stellen und nöthigenfalls folgen wird, nicht aber sich mit nachschleppenden Beinen fortziehen lassen wird: sie kann es nicht, selbst wenn sie wollte, wie Jeder augenblicklich sieht, der sich die Sache anschaulich vorstellt. Also implicirt der ihr zuerkannte Eid eine Unmöglichkeit: *a non posse ad non esse valet consequentia.*

„7) Ich bitte doch ja zu bemerken, dass die Forderung der Klägerin auf Alimentation sich auf ein Zittern des Arms gründet, welches laut Aussage des Dr. Horn vom 6. April 1824 ihrer eignen ihm gemachten und wiederholten Angabe nach erst etwa im März 1823 eingetreten ist: und dies soll eine Folge davon sein, dass ich sie zwei Jahre früher, nämlich den 12. August 1821 zur Thüre hinausgeworfen. *Quae! qualis! quanta!* —"

Am 16. Juni 1825 erging hierauf ein in der Hauptsache zu Schopenhauer's Gunsten lautendes Appellationserkenntniss, durch welches die Alimentenforderung als unbegründet zurückgewiesen und die Verpflichtung zum Ersatze der Kurkosten von der Ableistung eines „auf den ganzen Complex der angeblichen Thätlichkeiten" ausgedehnten Eides der Klägerin abhängig gemacht war. In diesem Urtheil heisst es unter anderm: „Jedenfalls aber hat sich der Verklagte nur ein geringes Versehen bei Ueberschreitung seines Hausrechts zu Schulden kommen lassen. Dass es in seiner Absicht gelegen habe, die Klägerin auf diese Weise zu beschädigen, ist nicht behauptet und durch alle Umstände ausgeschlossen. Er konnte auch diese Folgen, angenommen, die behauptete Connexität finde statt, mit gewöhnlicher Vorsicht nicht voraussehen, da selbst die Sachverständigen den Zusammenhang derselben mit den Misshandlungen (*sic*) nicht bestimmt auszusprechen vermögen. Der Verklagte ist aber, wenn er die Klägerin aus geringem Versehen beschädigt, nach §. 118 Thl. I, Tit. VI (des Allg. Landrechts) nur zu der § 111 ibid. bestimmten Schadloshaltung verbunden und diese besteht nach der angeführten Gesetzesstelle im Ersatz der Kur- und Heilungskosten. Die vollständige Genugthuung, zu der die Alimentation der Klägerin gehören würde, soll nach § 10 l. c. nur dem obliegen, der einen Andern aus Vorsatz oder grobem Versehen beschädigt hat. Beides ist hier aber nicht der Fall und der Verklagte also nur in die Erstattung der von der Klägerin liquidirten Kurkosten zu verurtheilen gewesen, gegen deren Quantum nicht gravaminirt ist."

Nunmehr betrat Klägerin die Revisionsinstanz und mit dem besten Erfolg. Das Obertribunal nämlich stellte, unter Bestätigung des von dem Richter zweiter Instanz dessen reformatorischem Spruch zu Grunde gelegten Ergänzungseides, die Verurtheilung des Beklagten nach dem Erkenntnisse erster Instanz wieder her. Da diesem Urtheil Entscheidungsgründe nicht beigegeben waren, so entwarf Schopenhauer im Februar 1826 nachstehendes Gesuch an den Justizminister:

„Ew. Excellenz hohe Berufsgeschäfte zu unterbrechen, um Ihre Aufmerksamkeit, wenn auch nur auf wenige Minuten, für eine Privatsache in Anspruch zu nehmen, ist ein Unterfangen, dessen ich mich nicht erdreisten würde, wenn ich nicht wüsste, dass mein Fall wirklich zu den ausserordentlichen gehört, bei denen daher eine ausserordentliche Bewilligung, welche nur von Ew. Excellenz ausgehen kann, kein unziemliches Begehren ist.

„Um Ew. Excellenz nicht in Erwartung zu halten, spreche ich
mein Gesuch sogleich in der Kürze aus: ich bitte unterthänigst
um die Mittheilung der Gründe eines vor 10 Tagen publicirten
Erkenntnisses des Geh. Obertribunals, welche demselben nicht beigefügt sind, weil es eines der zwei vorhergegangenen Erkenntnisse
bestätigt. Um, meiner Schuldigkeit gemäss, diesen Anspruch auf
eine besondere Gnade von Ew. Excellenz zu motiviren habe ich
keinen anderen Weg als dass ich Ihnen meinen Rechtshandel selbst
möglichst kurz vortrage." Hier folgt die Processgeschichte bis zum
Urtheil zweiter Instanz im Injurienprocesse. Dann heisst es weiter:

„Ein an sich sehr unbedeutender Fall. Nun aber basirte
während meiner Abwesenheit Klägerin auf jenes Erkenntniss des
Injurienprozesses eine Civilklage auf Entschädigung. Sie gab nämlich an, seit jenem Vorfall kränklich und unfähig zur Arbeit gewesen zu sein: weshalb sie Kurkosten und Alimentation bis zur
Genesung von mir verlangte, welche Genesung noch immer nicht
erfolgt sein soll, indem die angebliche Kränklichkeit hauptsächlich
im Zittern des Armes besteht, welches Zittern jedoch nach ihrer
eigenen, von Dr. Horn in den Akten bezeugten Aussage erst zwei
Jahre nach dem Vorfall eingetreten ist und leicht für immer
bleiben kann da die Person in den fünfziger Jahren steht ...

„So unerhört es nun auch ist, dass weil man eine Person zur
Stubenthür hinausgeworfen, ohne dass sie eine sichtliche oder nachweisbare Beschädigung erhalten, man sie nun als dadurch invalid
Zeit Lebens beköstigen solle, weil zwei Jahre darauf ihr der Arm
zu zittern angefangen, so that doch die erste Instanz am 4. Octbr.
1824 den mir unbegreiflichen Ausspruch, die Klägerin solle beschwören, dass ich sie mit den Umständen, die sie allein angibt,
nicht aber die Zeugen bestätigen, zur Thüre hinausgeworfen: dann
solle sie 42 Thlr. Kurkosten und bis zu der Zeit wo sie erweis-
lich wieder im Stande sein würde ihren Unterhalt zu erwerben
5 Thlr. monatliche Alimentation von mir erhalten.

„Von den Gründen zu diesem Urtheil, die vierzehn Seiten einnehmen, weil kein einziger genugthuend ist, setze ich nur die

Hauptstelle her. Sie lautet wörtlich so: «Aus diesen beiden Sätzen, in Verbindung damit dass von einer andern Ursache oder auch nur Veranlassung ihres späteren krankhaften Zustandes nichts konstire, schliesst nun Klägerin, dass die Thätlichkeiten des Verklagten am 12. August 1821 alleinige Ursache desselben sei. Wenn auch dieser Schluss nicht unzweifelhaft ist, so folgt doch aus obigen beiden Thatsachen, in Verbindung mit den ärztlichen Gutachten, dass der krankhafte Zustand der Klägerin wenn auch nicht durch die Thätlichkeiten des Verklagten doch wenigstens bei Gelegenheit derselben entstanden ist. Dies ist genügend» u. s. w. Vorher lautet eine andere Stelle so: «schwört sie nicht, so fehlt es ihrem Anspruche an allem Fundament, da nicht konstirt dass ihr Krankheitszustand eine Folge der vom Appellationsrichter in der Injuriensache für unschädlich erachteten Thätlichkeiten sei».

„Mein Anwalt appellirte sogleich gegen dieses paradoxe Urtheil. Und als ich letzten Sommer eben von meiner Reise zurückgekehrt war, erfolgte am 16. Juni 1825 das mir günstige Urtheil des Appellationssenats: jener Eid solle noch mehrere Umstände umfassen und falls Klägerin ihn leiste, solle sie 42 Thaler Kurkosten jedoch weiter nichts erhalten. Die Klägerin verlangte Revision und so eben hat der Revisionssenat jenes Urtheil der ersten Instanz bestätigt und bloss die erweiterte Eidesformel der zweiten Instanz beibehalten. Demzufolge soll ich jetzt, falls die Klägerin beschwört was nur zur Hälfte wahr ist, selbiger über 300 Thaler für Kurkosten und rückständige Alimentation und fernerhin eine Leibrente von 60 Thlr. jährlich bezahlen, höchst wahrscheinlich bis zum Ende ihrer Tage, da sie wohl so klug sein wird, das Zittern des Arms nicht einzustellen. Und dieses alles bloss, weil ich die Person vor fast fünf Jahren zur Stubenthür hinausgeworfen, ohne dass sie irgend eine sichtbare oder nachweisbare Beschädigung erhalten: dazu noch, nachdem Dr. Siebold ihre Hauptklage über Beschwerden im Genitalsystem für völlig grundlos und erdichtet erklärt und überhaupt ihre *mala fides* aus vielen falschen Angaben am Tage liegt, bloss weil ihr zwei Jahre darauf der Arm zu zittern angefangen. Welches Alles aktenmässig konstirt.

„Ein Erkenntniss des Geh. Obertribunals ist unabänderlich; so schwer die mir aufgelegte Bürde mir wird, muss ich sie tragen. Allein zu meiner eignen Befriedigung wünschte ich doch wenigstens in die Gründe einer für mich so verhängnissvollen Entscheidung Einsicht zu erhalten: und ich hoffe dass das eklatant Unglückliche, ja Unerhörte meines Falls die Theilnahme Ew. Excellenz so weit erregen wird, dass Sie, da solches so leicht in Ihrer Macht steht, mir diesen kleinen Trost huldreichst vergönnen werden. Der ich in tiefster Ehrfurcht" etc.

Ursprünglich hatte dieses Gesuch die weitergehende Tendenz: die im gewöhnlichen Wege Rechtens für unzulässig gehaltene nachträgliche Revision des im Injurienprocesse ergangenen Urtheils zweiter Instanz vom 25. Mai 1822 durch Ministerialverfügung zu ermöglichen. Hierüber enthielt der Entwurf des Gesuchs folgende Ausführung:

„Eine Entscheidung des Revisionssenats ist unumstösslich. Demnach ist die einzige Aussicht zu meiner Rettung aus diesem enormen Falle die Gewährung meines Gesuchs an Ew. Excellenz, dass jener Injurienprozess, welcher die Voraussetzung und das einzige Fundament dieses ganzen Civilprozesses ist, noch jetzt in die höhere Instanz gelange, wo ich hoffe, dass der höhere Richter das Erkenntniss der ersten Instanz herstellen wird, da es ganz der Sache angemessen war. Geschähe nun dies, so würde der entschiedene Civilprozess offenbar aller Grundlage entbehren, er würde auf eine falsche Thatsache gebaut sein: denn die höhere Instanz des Injurienprozesses kann meine Freisprechung nur darauf bauen, dass ich mich wie der erste Richter angenommen hatte, in gerechtem Gebrauch meines Hausrechts, also nicht in einer unerlaubten Handlung befunden habe. Ew. Excellenz können unmöglich gestatten, dass mir, nachdem erst neuerdings die hohe Bedeutung der Annahme des Richters des Injurienprozesses an den Tag gekommen ist, die Mittel entzogen werden, jene Annahme als grundlos darzulegen . . . Hinsichtlich der von mir bezahlten Strafe würde das zweite Erkenntniss im Injurienprozesse doch rechtskräftig bleiben, weil solcher an und für sich nicht revisionsfähig war und die Revision bloss insofern die Entscheidung betreffen sollte, als sie Grund zu einer revisionsfähigen Civilklage geworden ist . . .

„Von der Gerechtigkeit und Milde Ew. Excellenz hoffe ich, dass Sie den einzigen Weg zur Rettung aus einem unerhörten Falle mir nicht verschlossen lassen werden, dass die Nichtrevisionsfähigkeit eines kleinen Injurienprozesses eine Ausnahme erleiden darf, wenn selbiger die Basis einer schweren Civilforderung geworden ist. Wenn Ew. Excellenz, wie ich zuversichtlich hoffe, mir diese Bitte gewähren, so bringt die Sache mit sich, dass das Kammergericht von Ihnen veranlasst würde, die Vereidigung der Klägerin oder wenigstens das dadurch motivirte Zahlungsmandat an mich, aufzuschieben bis der Injurienprozess gleichfalls revidirt worden.“

Zu dieser Revision kam es denn auch wirklich: aber ohne den Minister, bloss infolge der jetzt erst nachträglich in rechtlicher Form bewirkten Publication * jenes Urtheils vom 25. Mai 1822 und der darauf hin erkannten Zulässigkeit des nach beinahe vier Jahren eingelegten Rechtsmittels. Den Revisionslibell seines Anwaltes ergänzte Schopenhauer zum Zwecke der Widerlegung des angefochtenen Urtheils wie folgt:

„Mein Miethcontrakt gibt mir immer ein Recht auf die Gemächer und nicht auf die Person oder die Leistungen der Vermietherin. Es ist daher eine ganz beliebige Annahme, dass mein Miethcontrakt hinsichtlich der Zimmer direkt und hinsichtlich der Entrée nur indirekt gelten solle. Die Vermietherin hatte mir ihr Recht auf eines und auf das andre abgetreten, auf die Zimmer zum Bewohnen und auf die Entrée zum Durchgehen und ausdrücklich zum Freihaben derselben vom Aufenthalt fremder Personen und namentlich von der Marquet, welches letztere hinsichtlich der

---

* Die Strafe war ohne sein Wissen für ihn bezahlt worden.

Entrée ein eben so wesentliches Stück ist als das Bewohnen hinsichtlich der Zimmer. Das mir von ihr abgetretene Recht war
jetzt meines geworden und konnte ich es ausüben so gut wie sie
selbst. Nach den Gründen des Urtheils zweiter Instanz war die
Wirthin befugt die in die Entrée Eingedrungenen herauszuweisen
und ich war berechtigt sie anzuhalten dies zu thun: das heisst
aber eben, sie hatte ihr Recht die Entrée freizuerhalten an mich
übertragen. Wäre dem anders, so hätte sie mir nicht das Freibleiben der Entrée schlechthin, sondern dasselbe Freibleiben bloss
conditionaliter nämlich für den Fall, dass sie selbst zu Hause
wäre und die etwa Eindringenden herausweisen könnte, zugesagt,
welches der im Urtheil selbst feststehenden Annahme, dass ich ein
Recht hatte, das Freibleiben der Entrée schlechthi. von ihr zu
fordern, widerspricht. Da nun aber zur Zeit jenes Vorfalles die
Wirthin nicht zu Hause war, so hätte ich denn von der Klägerin
Unrecht leiden müssen. Gegen dieses Unrecht war ich im Fall
der Selbsthülfe, und solche stand mir nach obigem zu. Und es
traf sich, dass gerade in dem Zeitpunkt, wo Klägerin sich mit
zwei Mägden in der Entrée breit niedergesetzt hatte, mir an dem
Freibleiben derselben dringend gelegen war. * Es ist nicht ein-
zusehn, warum mein Recht auf das Freibleiben der Entrée cessiren
sollte, sobald die Wirthin ausgegangen war. Dann würde ihr
Vertrag mit mir ein blosser Spassvertrag gewesen sein; denn sie
durfte nur ausgehen, um ihn aufzuheben. Wenn Jemand die
Pflaumen eines Baums, der im Freien steht, gepachtet hat, so
kann er die, welche auf den Baum klettern, selbst herunterjagen
und braucht nicht etwa den Eigner erst zu holen. — Dass Klägerin
den Gebrauch einer Commode, die in der Entrée stand, hatte und
dadurch veranlasst werden konnte auf einige Augenblicke die
Entrée zu betreten, hat nichts damit zu thun, dass sie sich in
Begleitung zweier Mägde darin festsetzte."

---

* Er erwartete nämlich, wie sich der einsichtige Leser bereits gesagt haben wird, Besuch.

Weiter fügte Schopenhauer dem sogenannten Appellationsbericht seines Mandatarius einen „berichtigenden Nachtrag" bei: „Am Schlusse dieses Berichts, dessen Abschrift mir erst so eben zu Händen gekommen, steht die Bitte um Beschleunigung der Sache durch den Grund unterstützt, dass ich Berlin binnen wenigen Wochen verlassen wollte. Diese Angabe ist aber völlig irrig: ich habe keinen Gedanken daran, Berlin zu verlassen, vielmehr habe ich erst kürzlich bei der Universität die Vorlesungen angezeigt, die ich kommenden Winter zu halten denke. Da mir nun eine solche zumal aktenmässige irrige Nachricht in meinen anderweitigen Lebensverhältnissen zu besonderem Nachtheil gereichen könnte, so habe ich nicht unterlassen wollen, ihr ausdrücklich zu widersprechen. Aus anderweitigen Gründen jedoch wünsche ich gar sehr die Beschleunigung der Entscheidung dieser fünf Jahre alten Sache und bitte das hochpreissliche Kammergericht inständigst hierum."

Der „Oberappellationssenat" liess sich nicht übereilen; erst am 4. Mai des folgenden Jahres erging die das Kunstwerk dieses Doppelprocesses krönende Sentenz: „Dass das am 7. Junius 1822 publicirte Erkenntniss der Civildeputation des Königlichen Kammergerichts lediglich zu bestätigen auch der Revident schuldig sei die Kosten dieser Instanz allein zu tragen und zu erstatten."

Die Entscheidungsgründe füllen kaum eine Seite und enthalten, was die allein noch in Betracht kommenden Realinjurien betrifft, statt einer rechtlichen Deduction nur die Behauptungen, die Entrée habe nicht zur Wohnung Schopenhauer's gehört, derselbe sei auch nicht vor seiner Wohnung turbirt worden und habe jedenfalls, indem er die Klägerin wie geschehen vor die Thüre gesetzt, sein Hausrecht überschritten.

Da das Verfahren in dem Entschädigungsprocesse nicht sistirt worden war, so schwor Jungfrau Marquet den ihr auferlegten Eid bereits im März 1826 πὺξ καὶ λάξ wie der Grieche sagt, d. h. mit Hand und Fuss, und erhob von da an die ihr zuerkannten Alimente mit zitterndem Arm regelmässig bis an ihr zwanzig

Jahre nach dem glücklichen Fall erfolgtes seliges Ende. Schopenhauer aber schrieb auf ihren Todtenschein: „*Obit anus abit onus*". —

Die Kränkung und Enttäuschung über den Ausgang dieses verwünschten Rechtshandels trafen ihn schwerer als der materielle Nachtheil. Kaum in das Lebensalter der vorherrschenden Irritabilität eingetreten, hatte er die bittern Erfahrungen desselben, obwohl er weder Geld noch Freundschaften noch Ehren, also nichts von dem gesucht, was in diesem Alter begehrt zu werden pflegt *, bereits gemacht und die leidige Ueberzeugung davongetragen, dass für ihn, den zur Bethätigung überschiessender Kräfte im praktischen Leben Unfähigen, die schlimmste Zeit erst im Anzuge sei. Schon ohne solche Bethätigung, durch die blosse Berührung seiner Person mit der anders organisirten Gesellschaft hatte er mehr Stösse empfangen und ausgetheilt als Andere im Gedränge ihrer auf Erwerb gerichteten, geschweige denn mit Nahrungssorgen kämpfenden Berufsarbeit. Was half es ihm, dass er längst gewohnt war, über seine Collisionen mit der Welt sich fleissig Rechenschaft abzulegen, um deutlicher übersehen zu können, wie er jeweilig mit ihr stehe und in Augenblicken ausserordentlicher Anforderung sich auf seine Willenskraft sicherer verlassen zu dürfen, solang ihn das Bedürfniss einer Wirksamkeit nach aussen quälte, zu der ihm nicht nur der Wirkungskreis, sondern auch das Geschick fehlte?

Diese ganze Zeit scheint für ihn auch eine innerlich unproductive gewesen zu sein; denn mit wehmüthigen Reflexionen richtet er den Blick bereits in die Vergangenheit. An seinem achtunddreissigsten Geburtstag — wenn man, wie richtig, den Tag der Geburt nicht als solchen bezeichnet — also eben in jenen Tagen, da er den Process verloren hatte, schrieb er die zum Theil in die

---

* Vgl. Horaz, De arte poetica, Vers 168 —169:
Conversis studiis, aetas animusque virilis
Quaerit opes et amicitias, inservit honori.

„Parerga" aufgenommene Betrachtung nieder: „Die Objecte sind für den Geist nur das was für das Plektron die Lyra. Zu der Zeit, wo mein Geist in seinem Kulminationspunkt stand, wann dann durch begünstigende Umstände die Stunde herbeigeführt wurde, wo das Gehirn die höchste Spannung hatte, so mochte mein Auge treffen auf welchen Gegenstand es wollte — er redete Offenbarungen zu mir. Jetzt, da ich alt bin, *che và mancando l' entusiasmo celeste*, kann es geschehn, dass ich vor Raphaels Madonna stehe, und sie sagt mir nichts!" (Frauenstädt, Memorab., S. 294). Die Früchte, die sein Geist noch zeitigen sollte, erforderten, wie dies bei der Weisheit des höhern Lebensalters stets der Fall ist, ein längeres Brachliegen, währenddessen alle Jahreszeiten ihre Kraft an dem ruhenden Acker versuchen.

Insbesondere ward ihm das Missverhältniss in das ihm seine Junggesellenwirthschaft mit der angestrebten Würde des akademischen Lehrers brachte, je älter er wurde, desto fühlbarer: bildet doch die Injuriengeschichte nur eine Episode derselben. Der Gedanke sich zu verheirathen, zum öftern zurückgewiesen, kam ihm deshalb mit verstärkter Macht wieder. Von den innern Kämpfen, die er gegen denselben nach seiner Abreise aus Venedig 1819, sodann vor seiner zweiten italienischen Reise in Berlin und zum letzten mal in den Jahren nach seiner Rückkehr zu bestehen hatte, geben Ueberlegungen Zeugniss, die er in englischer Sprache Zetteln anvertraute, deren Inhalt jedoch im ganzen sich nicht zur Mittheilung eignet.

Bald nach seiner Habilitirung scheint ihm die Versuchung zur Ehe sehr nahe getreten zu sein: schon damals suchte er sich einzureden, da die eigentliche Zeit der genialen Conception für ihn vorbei und sein Leben von nun an zum Lehrberuf am tauglichsten sei, müsse dasselbe vor aller Augen offen liegen und einen Halt in der Gesellschaft haben, den er als Junggeselle nicht gewinnen könne. Später, als er bereits den Gedanken an eine Professur aufgegeben, verband er mit dem Wunsche, ein Weib zu besitzen, das ihm ganz angehöre, den Plan in eine Landstadt zu ziehen, wo er keine Gelegenheit habe, Bücher zu kaufen — ein Bedürfniss, von dessen Befriedigung seine Oekonomie in Berlin für den Fall der Verheirathung bedroht zu sein schien. Indessen, diese und andere Selbsttäuschungen wurden von ihm selbst wieder entlarvt, unter steter Befolgung von Nestor's Rath an Antilochos:

'Αλλ' ἄγε δὴ σύ, φίλος, μῆτιν ἐμβάλλεο ϑυμῷ
παντοίην — — φρονεὼν πεφυλαγμένος εἶναι — *

worüber er in den „Paränesen und Maximen" sagt: „Was die Leute gemeiniglich das Schicksal nennen, sind meistens nur ihre eigenen dummen Streiche: denn wenn auch die schlechten Streiche erst in jener Welt gebüsst werden, so doch die dummen schon in dieser."

Und je älter er ward, desto leichter fiel ihm die Entscheidung, desto reichlicher flossen ihm die Gründe gegen jede Art der Verheirathung zu. Wie hätte dies auch anders sein können, nachdem er sich gewöhnt hatte, die Geschlechtsliebe nur von ihrer unfreien Seite zu betrachten und unfähig geworden war, hinter dem von ihm mit ausgezeichnetem Scharfsinne durchschauten blinden irdischen Eros den sehenden himmlischen zu erkennen? Da blieben zuletzt zu Gunsten der Ehe nur noch die Pflege in Alter und Krankheit und ein eigener Herd. Aber auch diese Vortheile schienen ihm trügerisch: er fragte sich, ob etwa seine Mutter seinen Vater gepflegt habe, da derselbe krank gewesen sei; ob einem nicht der herzlichste Willkomm im Gasthause zutheil werde und ob nicht dies ganze Leben ein *diversorium*, eine blosse Herberge sei. Wenn es ihm auch zweifelhaft zu sein schien, ob die zurückgezogene Lebensweise, deren Menschen, wie er, bedürfen, leichter in der Ehe oder im Junggesellenstand möglich sei, so sah er doch wohl ein, dass für ihn der letztere schon umdess-

---

* Homer, Ilias XXIII, Vers 313. 343: „Kluge Ueberlegung in Allem präge dir ins Herz, mein Freund! gehe vorsichtig und besonnen zu Werke." Vgl. Parerga, I, 505.

willen geboten sei, weil er, bei gewissenhafter Selbstprüfung weder
den Muth noch die Fähigkeit noch den Beruf in sich fühlte, die
Lasten der Ehe auf sich zu nehmen. Sensibilität und Intellectualität waren in ihm alle Zeit vorherrschend, weshalb er alle
Zeit für die Uebel und Unbilden des Lebens die intensivste Empfänglichkeit hatte, von den Freuden und Genüssen desselben dagegen verhältnissmässig weniger bewegt wurde. Deshalb lagen von
Jugend auf seinen Träumen von Glück immer Scenen der Zurückgezogenheit, der Stille, der Einsamkeit und des Selbstgenusses zu
Grund. Wenn sein reales Leben, meinte er, die Hauptsache seiner
Existenz und die Quelle seiner Genüsse gewesen wäre, hätte er
wohlgethan, zu heirathen; da sein Leben im Gegentheil ein ideales,
intellectuelles gewesen sei, habe er es nicht thun dürfen: denn
eines müsse dem andern zum Opfer gebracht werden.

Ein Mensch, der, aus welchem Grund immer, den natürlichen
Lebensweg verlassen habe, dürfe nie heirathen. Wer ohne Erwerb sei, habe keine festen Wurzeln auf Erden, ein Sturm könne
ihn umwerfen, er müsse deshalb allein stehen. Das Wagniss mit
einem kleinen Vermögen ohne Arbeit zu leben, könne nur im
Cölibat durchgeführt werden. Der Verlust der freien Verfügung
über seine eigene Person sei ein weit grösseres Uebel als der
Vortheil, der ihm aus dem Gewinn einer andern erwachsen könne.
Auch sei es schlechterdings unmöglich, dass er mit einem Weibe
glücklich wäre, welches nicht glücklich mit ihm sei: da er nun
hauptsächlich in seiner Gedankenwelt lebe, Gesellschaft und Lust-
barkeiten nicht liebe, überdies nicht immer in guter Laune sei, so
sei wenig Hoffnung vorhanden, dass sich ein Weib mit ihm glücklich fühlen werde.

„ Weil er den eigentlichen Zweck seines Lebens jenseit der
Grenzen seiner persönlichen Existenz, die ihm nur das Mittel dazu
war, liegen sah, so schien ihm das Wichtigste und Ungemeinste
dem Gemeinen zum Opfer gebracht zu werden, sobald seine Person
und sein Eigenthum nicht ganz zu seiner Verfügung ständen, sondern jemand daran theilhätte. Diesen freien und unbeschränkten

Besitz seiner selbst sich zu sichern, verzichtete er auf den Besitz jeder andern Person. Denn wenn sie ihm gehören solle, müsse er ihr gehören.

Dazu kam seine Furcht vor Mangel im Alter. Er betrachtete so sein Erbtheil als einen geweihten Schatz, der ihm nur anvertraut sei, um die ihm von der Natur gestellte Aufgabe zu lösen, um für sich und die Menschheit das sein zu können, wozu sie ihn bestimmt habe, als einen Freibrief, ohne welchen er für die Menschheit nutzlos sein und vielleicht die elendeste Existenz haben würde, die jemals ein Mensch seiner Art gehabt habe. Deshalb hielt er es für den undankbarsten und unwürdigsten Missbrauch eines so seltenen Schicksals, wenn er in der so oft getäuschten Erwartung eines genussreichern Lebens, vielleicht die Hälfte seines Einkommens an Modehändler, Schneider und Putzmacherinnen ausgeben wollte.

Er bekannte sich zu der Meinung, dass einer, je verständiger und weiser er sei, desto schlimmer in der Verbindung mit der unverständigen Hälfte der Menschheit fahre, und mit Recht, da diese Verbindung von seiner Seite eine grössere Thorheit gewesen sei. Vollends wer vierzig Jahre alt geworden sei, ohne sich mit Frau und Kindern belastet zu haben, müsse wenig gelernt haben, wenn er es nachher noch thun wolle. Es komme ihm dies vor, als wenn einer drei Viertel der Poststation zu Fuss zurückgelegt habe und noch ein Passagierbillet für die ganze Fahrt lösen wolle. Gleiche Maximen bei berühmten Vorgängern zu finden, gereichte ihm zur Genugthuung. So berief er sich gern auf Bacon von Verulam, „Essay of marriage and single life", wo es heisst: „He that hath wife and children, hath given hostages to Fortune, for they are impediments to great enterprises, either of virtue or mischief. Certainly the best works and of greatest merit for the public have proceeded from the unmarried or childless men, which both in affection and means have married and endowed the public." (Wer Weib und Kinder hat, hat dem Schicksal Geisseln gegeben; denn sie sind Hindernisse grosser Unternehmungen, sowol guter

als unheilbringender. Gewiss die besten und für die menschliche
Gesellschaft verdienstvollsten Werke sind von ledigen oder kinder-
losen Männern hervorgebracht worden, die Neigung und Mittel
dem gemeinen Besten zugewendet haben.)

Die meisten Männer, sagte er, lassen sich durch ein schönes
Gesicht verlocken; denn die Natur inducirt sie dazu, Weiber zu
nehmen, indem sie diese auf Einmal ihre volle Glanzseite zeigen
oder, wie er in den „Parerga" sagt, einen „Knalleffekt" machen
lässt; die vielen Uebel dagegen, die sie im Gefolge haben, verbirgt: als da sind endlose Ausgaben, Kindersorgen, Widerspenstig-
keit, Eigensinn, Alt- und Garstigwerden nach wenigen Jahren, Betrügen, Hörneraufsetzen, Grillen, hysterische Anfälle, Liebhaber
und Hölle und Teufel. Deshalb nannte er die Heirath eine Schuld,
die in der Jugend contrahirt und im Alter bezahlt werde und berief sich auf Balthasar Gracian, der einen Vierziger blos um desswillen, weil er Weib und Kinder habe, ein Kameel heisse; denn
das gewöhnliche Ziel der sogenannten Carrière junger Männer sei
doch nur, dass sie das Lastthier eines Weibes würden. Neben den
bessern unter ihnen gehe die Frau in der Regel wie eine Jugend-
sünde. Die freie Musse, welche sie ihren Weibern zu erarbeiten
den Tag hinbrächten, brauche der Philosoph selbst. Der Verheirathete trage die volle Last des Lebens, der Unverheirathete
nur die halbe: wer sich den Musen weihe, müsse zu der letztern
Klasse gehören. Daher werde man finden, dass fast alle echten
Philosophen ledig geblieben seien: so Cartesius, Leibniz, Malebranche, Spinoza und Kant. Die Alten könne man nicht rechnen,
da bei ihnen die Weiber eine untergeordnete Stellung eingenommen
hätten; übrigens sei des Sokrates Leiden bekannt und Aristoteles
sei ein Hofmann gewesen. Die grossen Dichter dagegen seien alle
verheirathet gewesen und zwar alle unglücklich. Shakspeare habe
sogar doppelte Hörner getragen. Auch nannte er die Ehemänner
umgekehrte Papagenos: denn wie diesem sich mit bewunderns-
werther Schnelligkeit eine Alte in eine Junge verwandele, so ihnen
eine Junge in eine Alte. Auf Englisch lautete seine Maxime über

den Ehestand: *matrimony — war and want!* gleichwie sogar der gekrönte Sänger der Liebe sagt: *Quisquis requiem quaeris, foeminam cave, perpetuam officinam litium ac laborum.* „De vita solit.", II, Sect. III c. 3. (Der du Ruhe suchst, meide das Weib, die ständige Werkstätte der Streitigkeiten und Arbeiten).

In dem Kapitel über die Weiber in den „Parergen" macht er die Bemerkung: „Weil im Grunde die Weiber ganz allein zur Propagation des Geschlechts da sind und ihre Bestimmung hierin aufgeht, so leben sie durchweg mehr in der Gattung als in den Individuen, nehmen es in ihrem Herzen ernstlicher mit den Angelegenheiten der Gattung als mit den individuellen. Dies giebt ihrem ganzen Wesen und Treiben einen gewissen Leichtsinn und überhaupt eine von der des Mannes von Grund aus verschiedene Richtung, aus welcher die so häufige und fast normale Uneinigkeit in der Ehe erwächst." So war er denn auch überzeugt, es sei nicht möglich die Weiber in den Schranken der Vernunft zu halten anders als durch Furcht; in der Ehe aber sei es nöthig sie in Schranken zu halten, weil man sein Bestes mit ihnen zu theilen habe, und so verliere man am Glück der Liebe, was man an Autorität gewinne. Daher komme es denn, dass z. B. die Hälfte aller Kapitalverbrechen in England zwischen Ehegatten begangen werden.

Manches dieser Urtheile ist, vom Standpunkt der verständigen Reflexion, treffend und unwiderleglich, und hierin liegt auch der relative, für das praktische Leben nicht zu verkennende allgemeine Werth derselben; allein eine Stimme in uns, die sich nicht zum Schweigen bringen lässt, sagt uns eben, dass wir vor den höchsten Aufgaben des natürlichen Lebens unsern Verstand gefangen geben und ein Joch auf uns nehmen müssen, dessen Ertragung den Erwerb überzeitlicher Güter bedingt. Wenn sich daher Schopenhauer auf Montaigne beruft, der sage, dass wir nicht für uns, sondern für Andere heirathen, so hätte ihn sein eigenes ethisches Princip daran erinnern können, dass wir unser wahres Wohl nicht besser fördern, als indem wir für Andere leben. —

Es verflossen nun mehrere Jahre, in denen ihn keine grössere Arbeit beschäftigte. Sein männlicher Umgang erstreckte sich dabei kaum über die Wirthstafel im Russischen Hof hinaus. Nur mit einem nachmals in Schöneberg ansässigen Baron *Heinrich von Lotzow* verkehrte er vertraulicher, sodass beide nach Schopenhauer's Wegzug von Berlin noch etwa zehn Jahre lang miteinander in Briefwechsel standen. Dieser betraf indessen keine wissenschaftlichen Fragen, sondern meist nur die beiderseitigen Privatangelegenheiten. Von Lotzow starb im September 1855 und nachdem Schopenhauer dies durch Dr. Lindner erfahren hatte, schrieb er letzterm: „Ihre Nachricht vom Tode des Barons hat mich sehr erschüttert. Er war der treueste, aufrichtigste, beste Freund, den ich je gehabt habe, und überhaupt ein sehr guter Mensch. Freilich hat er mir, aber in bester Absicht, grosses Unglück verursacht, indem er 1826 mich zu einer Kapitalanlage überredete, die gleich darauf schlecht wurde, wodurch ich einen bedeutenden Theil meines Einkommens einbüsste und bis auf den heutigen Tag daran leide, unter periodischem Aerger und Verdruss, wiewohl jetzt das Uebel chronisch geworden ist." Diese Kapitalanlage bestand in dem Ankauf mexicanischer Schuldverschreibungen, wodurch er fast die Hälfte des aus dem danziger Schiffbruch geretteten Vermögens wieder verlor. Es scheint fast, als wäre es des Schicksals Wille gewesen, dass das einmal leichtsinnig angelegte, nur auf „forcirtem" Wege wieder erlangte Kapital nicht mehr gut bei ihm thun sollte.

Das Lesezimmer der königlichen Bibliothek (in dem er nach einer brieflichen Mittheilung an Dr. Frauenstädt „nebst dem alten General Schlabbrendorf meistens allein war"), die Concerte der Singakademie und das französische Theater besuchte er regelmässig. Auch sein Flötenspiel setzte er fleissig fort; die Guitarre dagegen hing nach vieljährigen Anstrengungen glücklich am Nagel.

X

1828—1831.

Bereits Anfangs 1828 trug Schopenhauer sich mit dem Gedanken Berlin für immer den Rücken zu wenden und richtete seine
Blicke wiederholt nach dem akademischen Süden. Auf den Rath
seines Jugendfreundes E. A. Lewald in Heidelberg wandte er sich
an *Friedrich Creuzer*, den Dekan der dortigen philosophischen
Facultät, der ihm im März 1828 folgende für die damaligen Uni-
versitätsverhältnisse charakteristische Antwort gab:

„Dass ein Mann in Ihrer Lage den Aufenthalt in Süddeutschland wählt, finde ich sehr natürlich und für uns wünschenswerth,
und es ist gut dass dieser Entschluss bei Ihnen nicht von peku-
niären Interessen abhängig ist. Denn in dieser Hinsicht ist hier
nichts zu erwarten. Stirbt das Interesse für Philosophie gegenwärtig in Deutschland immer mehr ab, so muss dies in doppeltem
Sinne von Süddeutschland gelten. Dies bewog schon Hegel von
hier wegzugehen; und damals war die Stimmung doch noch besser.
Brodstudien sind das allgemeine Losungswort und die Zahl derer,
die dahier über Philosophie hören, ist äusserst gering. Da nun
in ganz umgekehrtem Verhältniss in den letzten Jahren die Habi-
litationen der Privatdocenten dahier sich ausserordentlich vermehrt
haben, so hat sich unsere Regierung veranlasst gesehen, in dieser
Hinsicht ungern Schranken zu ziehen. Dies melde ich bloss um
Ihnen zu zeigen, dass ich unter diesen Umständen nicht im Stande

und auch nicht geneigt war, Schritte bei unserer Regierung in Ihrer Angelegenheit zu thun — Schritte, die bei einem Mitglied einer Fakultät, seinen Collegen gegenüber (!), gegen diese selbst ohnehin (!!) etwas Unfreundliches haben. — Wenn sie einmal hier sind, so können Sie ja selbst nach Zeit und Umständen dahin gehörige Einleitungen treffen."

Nach dieser entmuthigenden Auskunft gab er den Gedanken auf. Im folgenden Jahre warf er sich aufs Spanische, wozu ihm Balthasar Gracian und Cervantes den Anstoss gegeben. Daneben fasste er, veranlasst durch eine Abhandlung Tourtual's in *Justus Radius' „Scriptores ophthalmologici minores"* den Plan, seine Schrift über das Sehen und die Farben dem Auslande zugänglich zu machen, und wandte sich deshalb im März 1829 an den Herausgeber der genannten Sammlung mit folgendem Schreiben:

„Ew. Wohlgeboren nehme ich mir die Freiheit einen Antrag zu machen, zu welchem mir Ihre schätzbare und verdienstliche Sammlung der *scriptores ophth: min:* den Anlass giebt. Ihnen wird vielleicht meine Abhandlung über das Sehn und die Farben Lpzg. bei Hartknoch 1816. 88 S. 8⁰ bekannt seyn. Obgleich die Münchener Akademie in ihrer Darstellung der Fortschritte der Physik seit Haller 1824 wegen selbiger mich unter den Beförderern der Physik der Sinne genannt hat, und Ficin, anerkennend dass meine Theorie der Farbe die einzig wahre ist, sie in seinem Artikel «Farbe» in Pierers Reallexikon der Physiologie zum Grunde gelegt hat, so ist sie doch im Ganzen zu wenig berücksichtigt worden, ist nicht durchgedrungen, und ich kann sagen, dass mir keine Gerechtigkeit widerfahren ist. Da ich von der Wahrheit und Wichtigkeit der in jener Abhandlung dargelegten physiologischen Farbentheorie auch jetzt, nach einer Bedenkzeit von 13 Jahren, noch auf das Vollkommenste und Festeste überzeugt bin, wäre mir eine Gelegenheit, sie dem Auslande zugänglich zu machen, und in Hoffnung dort gerechtere Würdigung zu finden und in jedem Fall sie durch Einverleibung in eine grössere Sammlung vor dem Untergange sicher zu stellen, höchst willkommen.

Deshalb erbiete ich mich jene Abhandlung ins Lateinische zu übersetzen, wobei ich sie zugleich wesentlich verbessern, einiges minder
Nothwendige weglassen und dafür Wichtigeres einschalten würde;
wenn nämlich Ew. Wohlgeboren mir versprechen wollen solche
Uebersetzung im nächsten oder folgenden Band Ihrer Sammlung
aufzunehmen, wo sie wohl nicht mehr als fünfzig Seiten füllen
würde. Dabei hoffe ich, dass Ew. Wohlgeboren mir für die Arbeit
des Uebersetzens das dieser angemessene Honorar zugestehn werden.
Sollten Sie eine bedeutende Abkürzung der Abhandlung verlangen,
so würde ich, wenn gleich ungern, mich auch dazu verstehn: es
müsste alsdann von der Einleitung und dem ersten Kapitel der
grössere Theil wegfallen: da die Hauptsache durchaus im zweiten
Kapitel liegt. Inzwischen giebt gerade das erste Kapitel eine sehr
nöthige Ergänzung zu Tourtuals Abhandlung in Ihrer Sammlung,
da dieser, indem er doch *de mentis in visu efficacia* schreibt, seltsamer Weise mit den Grundlehren des grössten Philosophen seiner
Zeit und Nation, also Kants, völlig unbekannt ist und noch ganz
naiv von Locke's und Condillac's Schule ausgeht, ein Standpunkt,
der in der Philosophie des Intellekts sich zu dem, auf welchen
Kant uns gestellt hat, verhält wie die vier Species zur Analysis.
Dabei wird er jedoch aus Unwissenheit originell: nämlich nachdem er § 20—27 sehr gut gezeigt hat, dass die Anschauung nicht
sensuell seyn kann, wie sie nach Locke und Condillac müsste, weil
nämlich weder in der Empfindung des Tastens noch in der der
vom Licht afficirten Retina der Stoff zu einer Anschauung des
Raums und der Objekte in ihm irgend zu finden sei, geräth er
§ 28 ganz aus eignen Mitteln auf die Vermuthung, dass die Anschauung des Raums und der Objekte in ihm auf einer besonderen
angeborenen Fähigkeit des Geistes beruhe: das ist eben Kants
Lehre von den im Geiste *a priori* vorhandenen Formen der Anschauung: Zeit und Raum, und der Kausalität. Diese Lehre nicht
kennend compensirt er nun sehr brav seine Unwissenheit durch
Scharfsinn und giebt durch seine Darstellung einen apagogischen

und negativen Beweis der Wahrheit der Kantschen Lehre von der
Idealität des Raumes.

„Die wahre Anwendung dieser Lehre wie auch der vom Verstande auf das Sehn enthält das erste Kapitel meiner Abhandlung,
wodurch also diese eine sehr nöthige Ergänzung der Tourtualschen
giebt.

„Vielleicht sind Ew. Wohlgeboren ein Gegner der Goethe'schen
Farbenlehre: doch hoffe ich, dass Ihnen als Herausgeber das *audia-
tur et altera pars* heilig seyn wird. Eine Protestation für Ihre
Person bleibt Ihnen ja unverwehrt. In jedem Fall bitte ich, ehe
Sie sich entscheiden, meiner Abhandlung jetzt von Neuem Ihre
Aufmerksamkeit zu schenken und sehe dann Ihrer geneigten Ant-
wort entgegen.“

In wie weit Radius auf den Vorschlag eingegangen, erhellt aus
dem weiteren Briefe Schopenhauers vom 31. März 1829:

„Ew. Wohlgeboren danke ich für die günstige und freundliche
Aufnahme meines Antrags und hoffe, dass unsere Sache zu Stande
kommen wird, da Ihre Aeusserung, dass der Absatz fast ausschliesslich ins Ausland geht, mich noch mehr darin bestärkt,
Ihre Sammlung als einen Weg zur Mittheilung meiner Farbentheorie an ein grösseres Publikum zu betrachten, daher ich gern
jedes Opfer bringe, um solchen benutzen zu dürfen. Da es sich
bei mir darum handelt, mir den Ruhm einer wahren und wichtigen
Entdeckung zu vindiciren, so erscheint die Rücksicht auf Honorar als
etwas sehr untergeordnetes und gebe ich, nach der von Ihnen gemachten Darstellung der Verhältnisse jeden Anspruch darauf willig auf.

„Anlangend die Veränderung der Form meiner Abhandlung,
so ist, was ich nach Durchsicht derselben für thunlich und angemessen erachte, Folgendes. Das Ganze soll kürzer werden und
alles minder wesentliche ausfallen, um die Geduld und Aufmerksamkeit ungetheilter für die Hauptsache zu erhalten. Daher fällt
zuvörderst die Einleitung weg; aber eine ganz andere, dem jetzigen
Zeitpunkt und obwaltenden Umständen angemessene, jedoch kürzere

kommt an ihre Stelle. Sodann fällt vom ersten Kapitel sehr vieles aus und einiges Neue wird eingeschoben. Vom zweiten Kapitel müssen zwar die Hauptparagraphen, die eben das Wesentliche enthalten, im Ganzen unverändert übersetzt werden; denn ich müsste, wollte ich hier ändern, bloss um zu ändern, nothwendig eine schlechtere Darstellung an die Stelle der besseren setzen. Doch wird im Uebrigen vieles, sogar ganze Paragraphen ausfallen und werden dafür einige Zusätze von nicht geringer Bedeutung eingeschaltet werden. Auch soll der Titel anders lauten, nämlich *Theoria colorum physiologica*. Jedoch werde ich in der Einleitung sagen, dass die vor dreizehn Jahren deutsch vorgetragene Theorie hier mit einigen Aenderungen nochmals erscheine und warum.

„Ich hoffe dass Ew. Wohlgeboren diese Aenderungen in der Darstellung genügend finden werden, da das Ganze keineswegs eine simple Uebersetzung sondern eine stark veränderte und zugleich zusammengezogene lateinische Bearbeitung zu nennen sein wird. Ich glaube auch nicht, dass der Verleger der deutschen Abhandlung sich dadurch im mindesten beeinträchtigt sehen wird, zumal nach 13 Jahren. Sollte es Ihnen anders scheinen, so bitte ich es mir mitzutheilen.

„Nun aber hoffe ich, dass Ew. Wohlgeboren, berücksichtigend wie ich Alles thue, um mich Ihren Ansichten zu fügen, von Ihrer Seite soviel nachgeben werden, dass Sie meiner Abhandlung eine Stelle in Ihrem nächsten Bande vergönnen, zumal da das Erscheinen des vierten ungewiss ist. Ich glaube durchaus nicht, dass meine Abhandlung mehr als vier Ihrer Bogen füllen wird, vielleicht noch weniger; in keinem Fall ganze fünf: und da kann es ja nöthigenfalls Ihnen und dem Verleger nicht sehr darauf ankommen ob der Band vier Bogen mehr oder weniger hat. Ich hoffe daher von Ihnen nunmehr die Zusicherung der Aufnahme in den nächsten Band zu erhalten, welche ich mir jedoch fest und bestimmt erbitte, damit ich sicher bin nicht vergeblich eine zeitfressende Arbeit zu unternehmen. Alsdann bitte ich mir zugleich zu melden, wann Sie auf das Späteste das Manuscript haben müssen, da ich es gern *con amore* abfassen möchte und ihm doch nur einen Theil meiner Zeit widmen kann. Dass in Hinsicht auf die Qualität sowohl des lateinischen Vortrags als der Einschaltungen und Verbesserungen das Mögliche geschehen wird, verbürgt Ihnen der Umstand, dass es einzig und allein *pro gloria* geschieht. Denn wie Jean Paul sagt: «erst wann die Bücher nicht mehr bezahlt werden, werden wir welche erhalten, die gar nicht zu bezahlen sind.» Auch werde ich mit dem was ich von den Aenderungen gesagt, treulich und genau Wort halten, ja wahrscheinlich bei der Bearbeitung Anlass zu mehreren Aenderungen finden als ich jetzt voraussehe. Ihrer gütigen Antwort baldigst entgegensehend" etc.

Die Abhandlung wurde, diesem Plane entsprechend, dem im folgenden Jahre erschienenen dritten Bande der Sammlung und zwar als die erste desselben, einverleibt. Da Schopenhauer grossen Werth darauf legte in England bekannt zu werden, so sandte er Exemplare derselben an Sir Everard Home, an Professor Jameson in Edinburg und an Dr. Michael Ryan in London, wie es scheint ohne allen Erfolg. —

Im Juli 1829 erschien in der „*Foreign Review and Continental Miscellany*" (London, Black Young & Young) ein Aufsatz über Damiron's Geschichte der Philosophie in Frankreich, in welchem das Verlangen nach einer englischen Uebersetzung der Hauptwerke Kant's ausgesprochen war. Dies gab Schopenhauer Veranlassung auf eine Lebensaufgabe zurückzukommen, deren Lösung ihm sehr am Herzen lag. Er hatte sich ihretwegen schon früher an einen englischen Verleger gewendet, ohne Entgegenkommen zu finden, und, dadurch abgeschreckt, die Sache liegen lassen. Jetzt richtete er, durch Vermittelung der Herausgeber der genannten Review, an den ungenannten Verfasser jenes Aufsatzes am 21. December 1829 folgendes Schreiben:

„Sir,

Though perfectly a stranger to you, not even being acquainted with your name, I take the liberty to address you, hoping to be

excused on consideration of its being a concern of a merely literary nature, that makes be so bold. What prompts me to do so
is a passage in your very sensible analysis of Damirons «Histoire
de la philosophie en France» in the foreign review and continental miscellany of July 1829, where speaking of Kant's critic of
pure reason you say «We are sensible of the difficulties which
the original presents and of the singularity of its terminology,
and we should hail as a fortunate circumstance, particulary at
the present moment, the translation of this and other of Kant's
more important works.»

„I am glad to see that you desire the introduction of Kant's
works into England, as I myself nourish the thought of it this
many a year. Kant's sublime works were certainly not made for
one century nor for one country alone: they will once spread
over all Europe. But it is especially in England that I hope
they will thrive well and even perhaps bear better fruit than they
did in their own country, where their fate has been a thorough
neglect for the first years after appearing, to which succeeded
universal admiration, which however was soon turned off from
them to a most unworthy object, the nonsensical philosophy of
Fichte, who even now is generally held a philosopher and by
some even put on a level with Kant, merely upon traditional
authority, as nobody reads his philosophical works, which were
never reprinted. He was soon overset by Schelling whose many
extravagancies and absurdities are however redeemed by some
merit. But neither is he yet read any more, as the edition of
his collected works never went beyond the first volume, that
appeared 1809. I will not mention the numberless monstrous and
mad compositions which were called forth by Kant's works as «the
sun, being a god, breeds maggots kissing carrion» — but so much
did by and by degenerate our German philosophy that we now
see a mere swaggerer and charlatan, whitout a shadow of merit,
I mean Hegel, with a compound of bombastical nonsense and positions bordering on madness, humbug about a part of German

public, though but the more silly and untaught part, to be sure, yet by personal means and connexions he contrived to get a philosopher's name and fame. The more enlightened part of the learned public certainly takes him for what he is, while this also holds no other philosopher in esteem but Kant, who alone therefore is universally read even now, a proof of which is the 7th edition of the critic having appeared last year, 48 years after the first, while all his successors in public favour after a short glare perished for ever.

„The course of my experience has convinced me of the truth of Lord Bacon's opinion, that in warm climates people are generally more sensible and intelligent than in cold ones, but that the eminent geniuses of cold countries surpass by far even the most distinguished of warm regions. * Germany has in the last century brought forth two of the very first rate talents, Kant and Goethe, yet the generality of the nation is extremely dull and their want of judgement is but the more set off by their learning. It is therefore very wrong to judge of nations by the great men born among them, i. e. of the rule by the exceptions. Without intending any flattery I sincerely believe the English nation to be the most intelligent in Europe and accordingly we find the climate of England knowing neither our chilling cold nor our scorching heat, but being truly temperate.

„I therefore am of opinion that the introduction of Kant's works into England will prove highly beneficial for Kant's glory and for the improvement of the English: most certainly it will exercise a deep influence, first on the learned alone, but by their medium, in the course of time, on the whole nation. Very often have I ventured to affirm that if Kant had written in English or in Latin, never would Parliament have been disputing 4 years

---

* De augm. scient., VI, 3: „*Climata calidiora generaliter producunt ingenia acutiora; at in frigidioribus ingenia illa quae eminent, etiam acutissimis calidarum regionum praestant.*“

about the emancipation of the Catholics and the mob in Ireland would not have fought about it.

„Taking it for granted that in your abovementioned passage you expressed your true sentiment and therefore share my wish of transplanting Kant's Works to England, I come to make you a proposal for carrying it into effect, desiring that you on the other hand, will lend me your aid for procuring the means viz: a publisher. For it is myself whom I am going to offer as a translator, believing (as I am going to state more at large) that, all things well poised, there will hardly be found a man more proper for the task than myself. But as I have no literary acquaintance whatever in England, I hope that you, Sir, will not shun some trouble, in order to forward an enterprise for which you expressed your anxious wishes.

„To this end it is necessary that I aquaint you a little with myself, for I cannot suppose my literary character to have reached you. But as you have no reason whatever to lend an implicit faith to my statements concerning myself, I must contrive as much as possible to bring forth only such as may be verified by evidence accessible even to you.

„I am a German and since 10 years a teacher of Logic and Metaphysics in the university of this capital, as you may satisfy yourself by our Catalogus lectionum inserted every Easter and Michaelmas (semester) in each of the German critical Journals in 4⁰. I am 42 now and have spent all my life in metaphysical studies: after having read the chief philosophers, all in their original languages, I attached myself particularly to Kant to whom I certainly give the preference over any other. I grafted on his my own system, which appeared 1819 bearing the title «Die Welt als Wille und Vorstellung» — to this belongs a long appendix containing «a Critic of the Kantian philosophy», which you may find quoted in all the more modern books on Kantian or German philosophy in general, as for instance in the last editions of Tennemann's Epitome of the hist. of Metaphysics 1830, Reinhold hist.

of Metaphysics Vol. 2. 1830 and the like. A respectable theo-
logical writer, *Baumgarten Crusius* in his recent work on Christian
morals (Lehrbuch der christl. Sittenlehre 1826 p. 119) where he
gives a short sketch of the Kantian philosophy, among all the
writings on Kant's philosophy (which you will be aware fall not
much short of a thousand) selects but two for recommendation
to his readers viz: *Reinhold's* letters on the Kantian philosophy
of 1790 and my aforesaid critic of 1819.

„My system itself has not attracted the general attention in
the degree I expected and still I think it will one day do so;
and as I see you ready to believe that there is nobody to share
this opinion of mine, I am compelled to mention that our highly
celebrated humoristical writer *Jean Paul* in the very last of his
works «Kleine Bücherschau», 1825, mentioning a few books that
in the course of the last twenty years did not meet with the
general applause they deserved especially speaks of mine (Vol.
2, p. 203 of the original edition, or in the collection of his works
completed 1830 Vol. 5 p. 72), and I must even get the better of
my modesty so far as to translate that he calls it «a work of
philosophical genius, bold, universal, full of penetration and pro-
foundness». As all German books are to be had in London, you
may verify these quotations or have them verified by another. In
my opinion the praise of one man of genius fully makes good
the neglect of a thoughtless multitude. Finally if you should
choose to make my direct acquaintance even if it vere in Latin,
there is a treatise of mine «Theoria colorum physiologica eademque
primaria», inserted in «*Script. ophthal. min. ed. Just. Radius*
Vol. 3. 1830».

„As to my knowledge of the English language I owe it chiefly
to having received part of my education in England — where I
was even for a while a parlour boarder at the Rev[d] Mr. Lan-
casters in Wimbledon in 1803 — further to a good deal of
English reading ever since, and lastly to having lived very much
in English company on the continent. My English accent is such

as to my having been frequently mistaken by Englishmen for their countryman at first acquaintance, though I confess that usually in the course of half an hour they would be undeceived.

„English books, no doubt, ought to be written by Englishmen. But our case is of a particular nature: it is the reverse of all ordinary cases, in this, that the greater difficulty lies in the understanding of the text, not in the rendering of its purport. Now, though there are a few Englishmen, that know German very well indeed, still I entertain very great doubts whether any one of them knows it in so eminent a degree as to understand perfectly and without any mistake even merely the verbal sense of Kant's writings: yet granting even this to be the case still it would be very far from enabling such a one to be Kant's translator. A merely verbal translator would very often be excessively incorrect and write things either without any sense at all or with quite a false one of his own making. In order to translate Kant it is absolutely required to have penetrated his meaning to the very bottom nay even to be deeply imbued with his doctrine, and this is impossible without having made a profound study of his philosophy during many years: for it is universally allowed that even few Germans truly understand Kant and no one ever penetrated his meaning at first reading: it is only by and by that the student gets into the train of his ideas and is grasping the genuine sense of his positions, as his meditations are the profoundest that ever entered into man's mind: and if his style is obscure, it is chiefly so by the immense depth of his thoughts. But in compensation of this, whoever got into the right understanding of Kant's discoveries, finds his mind quite altered, he now views all things in another light, he smiles on your disputes about spirit and matter, knowing that there is no such thing as spirit, but no such thing as matter neither; they are erroneous notions; likewise on your queries about a future state or the beginning of the world, knowing time to be ideal, not real, and so on. *Locke's, Hume's* and *Reid's* disquisitions on the human mind (not to mention the most shallow *Dugald Steward* or the equally shallow French Ideologists) bear to Kant's the proportion of juvenile prolusions, or that of elementary Geometry to the analysis infinitorum.

„If however any Englishman, that has made during life metaphysics his only pursuit, knows German so perfectly as to have been enabled to make a proper and continued study of Kant's works and can give public evidence of his having truly understood their import, such a one no doubt, will be fittest to translate them and most willingly do I resign the task to him. But if it should happen, that such a man were not to be met with, then I am apt to think that I alone am the proper man: because I doubt very much that any of our german metaphysicians knows English so well as I do: moreover very few or perhaps none of those yet alive have so firmly and strictly adhered to Kant as I did and have made like me his works the main point of their erudition.

„These are the reasons why I feel in myself the vocation to be his apostle in England and dare to claim the honour of it.

„I do not doubt but that my English writing be deficient in several respects, that it may sometimes have a foreign taint, that even some faults against grammar or against orthography may occur; the latter of which must be accounted for by my having had a hundred times more occasion to read or speak English than to write it, and a part of my deficiencies would quite disappear if I were to dictate instead of writing myself. Yet for all that I know well enough the exact meaning and import of every English term or phrase and have a pretty store of them at command: moreover my just mentionned deficiencies may be very well supplied by any philosophically learned Englishman (yourself, Sir, for instance) who would take upon himself the task of correcting my manuscript, clearing it from all grammatical faults or improprieties of speech and improving the style and elegance of expression. He ought however to confine himself entirely to the linguistical and stylistical part of the business, carefully avoiding whatever alterations might in the least affect the sense: nor would I for my own sake ever venture to see my English printed without its having previously undergone such a purification. * Still I am very well aware that even so the work will hardly attain that degree of elegance and pleasing conciseness which it might acquire if originally penned by an Englishman. But there is nothing perfect under the Sun, and by the above stated view of the case you conceive, that every individual qualified in one respect for being Kant's English translator will always be found deficient in another: but then, what is, in a work of this nature, a little deficiency in point of elegance and style compared to one in point of correctness and accuracy? I would accordingly venture to say, that my deficiency seems very inconsiderable if compared to that of an English translator who without having previously penetrated Kant's opinions in general, now sits staring at a passage he does not know what to make of, till he gets rid of it by putting in its stead some commonplace — thought of his own store, though expressed in very choice English. On the whole therefore I believe that the way I propose is the only one to bring forth to light a creditable English translation of Kant: nay I might even presume to say that the possibility of it is a rare chance not to be foregone, as, for all I know, a century may pass ere than shall again meet in the same head so much Kantian philosophy with so much English as happen to dwell together in this

---

* Die hier mitgetheilten, von Schopenhauer zur Veröffentlichung natürlich nicht bestimmten Briefe sind hiernach nur als biographische Reliquien, nicht als Proben seiner Kunst Englisch zu schreiben, anzusehen. Sie enthalten Einschachtelungen in Satz- und Begriffsverbindung, von welchen Schopenhauer wohl wusste, dass sie kein coulantes Englisch seien; er hatte hier nur die Sache im Auge, und die Masse dessen, was er sagen wollte, häufte sich etwas schwerfällig an. Man vergleiche aber damit die folgende Uebersetzung aus Kant und den weiter unten mitgetheilten Brief an Thomas Campbell, wo er offenbar mehr Rücksicht auf den Stil genommen hat.

grey one of mine: wherefore I consider myself in a manner as in duty bound to offer my service to the English public, verily more for the advancement of knowledge and truth than for my own emolument: if my proffer be rejected, neither the fault nor the greater loss shall be mine.

„In translating I would adhere as closely as possible to Kant's words, yet a thoroughly verbal translation would not be to the purpose, as our language has a far greater grammatical perfection and richer store of words than the English, of which advantages Kant availed himself to the utmost extent, being pleased moreover to deliver his abstruse cogitations in intricate and perplexedly twisted periods of an immense length: all the which would never agree with the English Idiom: therefore his periods must be resolved in shorter one's and the style generally simplified. I hope to effect this to my own satisfaction and by pursuing this plan to render Kant even more intelligible in English than he is in German: for I am naturally fond of clearness and precision, and Kant by the bye was not. Moreover I have a great subsidy in this that bearing always the whole of his doctrine in mind, I can explain what he says in one place by what he said in many others. I therefore would add an introductory preface and some short explanatory notes, wherever any particular obscurity occurs or reference to his other writings is made — but chiefly elucidating terms that might be used in some rather uncommon signification: for never will there be a Kant without some cant. It's odd enough that Sterne made a prophetical pun saying in Tristram Shandy «of all the cants which are canted in this canting world the cant of criticism» (the common name in Germany for Kant's philosophy) «is the most tormenting». I observe that Kant changed the original C of his name in a K.

„Just to make the experiment I have translated a short passage which I shall annex to this letter as a specimen. It is taken from the «Prolegomena to all future Metaphysics» and of a nature to be in some measure understood evne out of context, giving moreover a hint at the proportion his philosophy bears to Locke's and the like.

„The whole substance of Kant's philosophy is contained in 3 works viz:

1) The Critic of pure reason, 1781, in the 5th edit.: 882 pages 8. (the 7th appeared 1829);

2) Prolegomena to every future system of Metaphysics, that shall be able to come forth as a science, 1783, 222 pages 8.;

3) The Critic of Judgement, 1790, 482 p. 8.

All his other writings are of less importance, though with much difference: the next in rank to the mentioned are the metaphysical principles of natural philosophy 1786, 182 pag. and the Critic of practical reason 1788, 292 p. Some of his latest works are very weak.

„As the Critic of pure reason after its appearance experienced a total neglect from the public, Kant, in order to rouse the attention towards it and understanding that neglect to be partly owing to the bulk and the obscurity of the critic, wrote the Prolegomena in which he exhibits again the chief tenets of his philosophy, but in another arrangement, simplified and rendered more intelligible, in order to conquer the fastidiousness of the public: saying himself in it, that here he teaches briefly by the analytical method, what he had expounded more at large by the synthetical method in the Critic.

„Hence there is not the least doubt that the translation of the Prolegomena must precede that of the Critic, being as it were the Epitome thereof and made on purpose to allure the attention of the public. Moreover it will serve to try the liking of the English public for Kant's compositions, giving them a foretaste thereof. It also puts the publisher into little expence, being very short.

„However great be the interest I take in the propagation of my great master's doctrine, I cannot be expected to undertake so laborious a task and to make so considerable a sacrifice of time without any pecuniary retribution. I therefore must also settle this point. As I cannot know what size of print and paper the publisher may choose, I will take the German original for my standard, giving my explanatory notes into the bargain. My demand then is for the translation of every printed German sheet (or 16 pages) of the ancient original edition in 8vo: 15 Prussian dollars, payable here, at delivery of the M.S. This, at the average exchange of 7 dollars for £ 1, amounts nearly to £ 2. 3s. — a sheet giving about £ 30 for the whole Prolegomena. Moreover it should be settled in the contract that I am to receive half this price anew at every following edition.

„I think the terms moderate, considering the difficulty of the task and my quite particular qualification for it: at least I would never do it for any thing less, nor for so much neither, were it not for the sake of truth and Kant. But if you can get me a better bargain I shall be very thankful to you.

„After all I said I need not protest that I would work *con amore* and use every possible exertion for the glory of Kant's name and the credit of my own; therefore I would wish to work leisurely at the rate of only 4 sheets a month: I can translate the Prolegomena in 3 months; for the Critic I want a year.

„If these main points should be agreed to, I would subjoin the more particular stipulations and beg of you to have the contract drawn up in a legal form and signed by the publisher.

„It is, Sir, from your zeal for the propagation of truth and knowledge that I hope you will take upon you the trouble of finding a publisher for Kant's works in English, provided that I have succeeded in satisfying you that I am particularly fit to be his translator. At any rate I hope for your indulgence as to the liberty I have taken and beg you will believe me to be your most h^{ble} and obed^t serv^t."

Prolegomena, p. 63: „Whatsoever is to be manifested to us as an object, must be manifested to our perception. But all our perceptions are effected by the means of our senses: for the under-standing does not perceive intuitively, it only reflects. Now as by what has been hitherto proved, the senses never nor even in any respect whatever, manifest to our cognizance the things as they are in themselves, but merely their appearances, which are no more than the ideas of our sensitive faculty, it follows « that we must deem all the bodies, along with the space wherein they subsist, to be nothing more than mere ideas in our minds and that consequently they exist nowhere else but only in our thoughts». Now is not this clear idealism?

„Idealism consists in maintaining that there exist no other but thinking beings and that all things besides, which we deem to perceive are merely the ideas of those thinking beings without any really outward object corresponding to them. Now on the contrary what I say is this: things subsisting extrinsically of us are manifested to us as objects of our senses; but nothing do we know of what they may be in themselves, our knowledge of them extending no further than to their appearances i. e. to the ideas, which they produce in us by affecting our senses. Accordingly I certainly allow bodies extrinsical of us to exist i. e. things which, though entirely unknown to us as to what they may be in themselves, yet come into our notice by means of the ideas, which we acquire from their influence on our sensitive faculty: to these things we apply the name of bodies, meaning by this term merely the appearance of an object unknown to us indeed, but not the less real. May this be called Idealism? Why, it is the very reverse of it.

„That we may, without detracting from the real existence of outward things, assert that a good many of their qualities do not belong to those things in themselves, but only to their appearance and accordingly have no existence of their own and independent of our ideas of them, this is a truth that has been generally re-ceived and allowed long before Locke's time; but more especially since it. Of this kind are warmth, colour, taste &c. Now not the slightest argument can be alleged to shew it as inadmissible, that I, upon weighty reasons, reckon to the mere appearance besides the above mentioned also all the remaining qualities of bodies, those, I say, which are called primary ones, as extension, place and space in general with all its dependencies, such as impenetrability or materiality, form and the like. As little, therefore, as he may be styled an Idealist, who maintains the colours to be no qualities adhering to the objects themselves, but only to our organ of sight as modifications thereof; as little is my doctrine liable to be called idealistical, merely because I find, that still more, *nay all the qualities constituting the perception of a body* appertain merely to its appearance. For by this I do not, as real Idealism does, evert the existence of the appearing things, but only shew that we can never through the medium of senses know them so, as they are in themselves.

„I should be glad to know, how my positions ought to be constituted in order to contain no Idealism. No doubt I ought to say that the idea of space is not only perfectly congruous to the relation in which our senses stand to the objects (for that is what I have said) but also that it is perfectly resembling those objects; a position to which I cannot attach any sense, no more than to this that the sensation of red in my eye bears a resemblance to the quality of the Cinnober that occasions it.“

(„Mein Herr! Obwohl Ihnen so völlig fremd, dass mir nicht einmal Ihr Name bekannt ist, nehme ich mir die Freiheit an Sie zu schreiben, in der Hoffnung damit entschuldigt zu sein, dass es ein rein literarisches Interesse ist, welches mich so kühn macht. Die Veranlassung dazu gibt mir eine Stelle in Ihrem durchdachten Aufsatze über die Geschichte der Philosophie in Frankreich von Damiron in der *Foreign Review & Continental Miscellany* vom Juli 1829, wo Sie, von Kants Kritik der reinen Vernunft sprechend, sagen: «Wir fühlen die Schwierigkeiten, die das Original und die Eigenthümlichkeit seiner Terminologie darbieten und würden die Uebersetzung desselben sowie der übrigen wichtigeren Werke Kants besonders im gegenwärtigen Zeitpunkt, als ein glückliches Ereigniss begrüssen.»

„Es freut mich zu sehen, dass Ihnen die Verpflanzung der Schriften Kants nach England so wünschenswerth erscheint, da ich selbst den Gedanken daran schon manches Jahr nähre. Kants erhabene Werke sind sicherlich nicht für Ein Jahrhundert noch für Ein Land allein geschaffen; sie werden dereinst über ganz Europa verbreitet sein. Aber ich lebe der Hoffnung, dass sie ganz besonders in England gut anschlagen und vielleicht sogar bessere Früchte bringen werden, als in ihrer Heimath, wo ihr Schicksal gewesen ist, in den ersten Jahren nach ihrem Erscheinen gänzlich vernachlässigt zu werden. Dann folgte allgemeine Bewunderung; aber sie wurde bald abgelenkt auf ein höchst unwürdiges Objekt, die sinnlose Philosophie Fichte's, der noch jetzt insgemein für einen Philosophen gilt und von Einigen sogar mit Kant auf Eine Linie gestellt wird, lediglich auf überliefertes Ansehen hin, da seine philosophischen Werke, welche keine zweite Auflage erlebt haben, von Niemand gelesen werden. Er wurde bald von Schelling ausgestochen, dessen zahlreiche Extravaganzen und Absurditäten indessen durch einiges Verdienst aufgewogen werden; aber auch er wird nicht mehr gelesen, da die Ausgabe seiner gesammelten Schriften über den 1809 erschienenen ersten Band nicht hinausgekommen ist. Ich will der zahllosen seltsamen und tollen Produktionen nicht erwähnen, die durch Kant's Schriften hervorgerufen worden — wie selbst «die göttliche Sonne Maden zeugt, wenn sie auf Aas fällt» (Hamlet Act 2 Sc. 2. Schopenhauer folgt nämlich der Lesart Warburtons); aber so sehr entartete allmälich unsere deutsche Philosophie, dass wir jetzt einen blossen Windbeutel und Charlatan, einen Menschen ohne das geringste Verdienst, ich meine Hegel, mit einem Gemisch von bombastischem Unsinn und an Verrücktheit grenzenden Sätzen einen Theil des deutschen Publikums, freilich nur den einfältigeren und unwissenderen, an der Nase herumführen sehen; und es ist ihm durch persönliche Mittel und Verbindungen gelungen, Namen und Ruf

eines Philosophen zu erlangen. Gewiss nimmt ihn der einsichts-
vollere Theil des Publikums für das was er ist, und bei diesem
steht auch kein anderer Philosoph in Ansehn als Kant, welcher
deshalb selbst jetzt allein noch allgemein gelesen wird, wie die
im letzten Jahre, 48 Jahre nach der ersten, erschienene siebente
Auflage der Kritik der reinen Vernunft beweist; während alle seine
Nachfolger in der öffentlichen Gunst nach kurzem Glanz für immer
untergegangen sind.

„Meine Erfahrung hat mich von der Wahrheit der Ansicht
Lord Bacons überzeugt, dass wärmere Climata im allgemeinen auf-
gewecktere Köpfe erzeugen; dass aber die hervorragenden Geister
der kälteren auch die ausgezeichnetsten der warmen Länder über-
treffen. Deutschland hat im letzten Jahrhundert zwei Genies aller-
ersten Rangs hervorgebracht: Kant und Goethe; aber das Volk
im Ganzen ist ausserordentlich stumpf und sein Mangel an Urtheilskraft wird durch seine Gelehrsamkeit nur noch mehr ins Licht
gestellt. Es ist deshalb ganz falsch, eine Nation nach den in ihr
erzeugten grossen Männern d. h. die Regel nach den Ausnahmen
zu beurtheilen. Ohne irgend eine Schmeichelei zu beabsichtigen
halte ich, aufrichtig gesagt, die englische Nation für die intelligenteste in Europa. Demgemäss finden wir das Klima Englands frei
von unserer eisigen Kälte wie von unserer versengenden Hitze,
wahrhaft gemässigt.

„Ich bin deswegen der Meinung, dass die Verpflanzung der
Werke Kants nach England dem Ruhme Kants und dem Fortschritt des brittischen Volkes höchst förderlich sein werde. Ganz
gewiss wird dieselbe einen tiefen Einfluss üben, zunächst nur auf
die Gelehrten, dann aber, durch deren Vermittelung im Lauf der
Zeit auf die ganze Nation. Schon oft habe ich zu behaupten gewagt, dass wenn Kant englisch oder lateinisch geschrieben hätte,
unmöglich das Parlament vier Jahre lang über die Emancipation
der Katholiken disputirt und der Pöbel Irlands dafür gekämpft
haben würde.

„Ueberzeugt dass Sie in vorerwähnter Stelle Ihre wahre Meinung

ausgesprochen haben und also meinen Wunsch, Kants Werke nach
England zu verpflanzen, theilen, will ich Ihnen jetzt einen Plan
zur Erfüllung dieses Wunsches vorlegen, indem ich wünsche dass
Sie von Ihrer Seite mir zur Beschaffung der Mittel dazu, nämlich
eines Verlegers, Ihren Beistand leihen. Denn ich selbst bin es,
der sich als Uebersetzer anbietet, in der gleich näher darzulegen-
den Ueberzeugung, dass, Alles wohlerwogen, schwerlich ein Mensch
zu finden sein dürfte, der zur Lösung dieser Aufgabe geeigneter
wäre als ich. Da ich aber keine literarischen Beziehungen in
England habe, so hoffe ich dass Sie, geehrter Herr, einige Mühe
nicht scheuen werden, ein Unternehmen zu fördern, das Ihnen
ausgesprochenermaassen so sehr am Herzen liegt.

„Zu diesem Zwecke muss ich Sie ein wenig mit meiner Person
bekannt machen; denn ich darf nicht voraussetzen, dass mein
literarischer Ruf bis zu Ihnen gedrungen sei. Da Sie jedoch
durchaus keinen Grund haben, dem was ich über mich sage ohne
Weiteres Glauben zu schenken, so muss ich mich, soweit es möglich ist, auf Zeugnisse berufen, die Ihnen zugänglich sind.

„Ich bin Deutscher und seit 10 Jahren Lehrer der Logik und
Metaphysik an der hiesigen Universität, wie Sie sich durch unseren
Lectionskatalog überzeugen können, welcher halbjährlich zur Oster-
und Michaelismesse in den Deutschen Literaturzeitungen veröffentlicht wird. Ich bin jetzt 42 Jahre alt und habe mein ganzes
Leben metaphysischen Studien gewidmet. Nachdem ich die Haupt-
philosophen und zwar alle im Original gelesen, schloss ich mich
besonders an Kant an, dem ich unbedenklich den Vorzug vor
jedem anderen gebe. An seine Philosophie knüpfte ich mein
eigenes System, welches 1819 unter dem Titel « Die Welt als
Wille und Vorstellung» erschienen ist. Dasselbe hat einen längeren
Anhang, der die «Kritik der Kantschen Philosophie» enthält, die
Sie in allen neueren Büchern über Kant oder deutsche Philosophie
im allgemeinen angeführt finden, z. B. in den neuesten Ausgaben
von Tennemanns Grundriss der Geschichte der Philosophie 1830,
in Reinholds Geschichte der Philosophie Bd. 2. 1830 u. a. Ein

achtbarer theologischer Schriftsteller, Baumgarten-Crusius gibt in seinem neuesten Werke über christliche Moral (Lehrbuch der christlichen Sittenlehre 1826 S. 119) eine kurze Skizze der Kantischen Philosophie und wählt unter sämmtlichen Schriften über Kant (deren es, beachten Sie wohl, nicht viel weniger als tausend geben mag) nur zwei zur Empfehlung für seine Leser aus, nämlich Reinholds Briefe über die Kantische Philosophie von 1790 und meine ebengedachte Kritik von 1819.

„Mein System selbst hat die allgemeine Beachtung nicht in dem Grade auf sich gezogen, wie ich erwartet und noch hoffe, dass sie einst sich ihm zuwenden werde; und da Sie, wie ich voraussetze, geneigt sein werden, zu glauben, dass diese meine Meinung von Niemand getheilt werde, so bin ich genöthigt zu erwähnen, dass unser hochgefeierter humoristischer Schriftsteller Jean Paul in dem letzten seiner Werke «Kleine Bücherschau» 1825, indem er etliche wenige Bücher namhaft macht, welche in den letzten zwanzig Jahren nicht dem allgemeinen Lobe begegnet seien, das sie verdient hätten, insbesondre von dem meinigen spricht (Bd. 2 S. 203 der Orig. Ausg. oder in der Gesammtausgabe seiner Werke 1830 Bd. 5 S. 72), und ich muss sogar meine Bescheidenheit so weit verläugnen zu erwähnen, dass er es «ein genial philosophisches, kühnes, vielseitiges Werk, voll Scharfsinn und Tiefsinn» nennt. Da alle deutschen Bücher in London zu haben sind, können Sie diese Citate nachsehen oder von Jemand nachsehen lassen. Nach meiner Meinung hält der Beifall Eines Genie's für die Vernachlässigung einer gedankenlosen Menge vollständig schadlos. Endlich, wenn Sie wünschen sollten meine direkte Bekanntschaft, wär's auch nur im Lateinischen zu machen, so finden Sie in den *Scriptores oph. min. ed. J. Radius*, Bd. 3. 1830, von mir eine Abhandlung: *Theoria colorum physiologica eademque primaria*.

„Was meine Kenntniss der englischen Sprache betrifft, so verdanke ich sie zunächst dem Umstande, dass ich meine Erziehung zum Theil in England empfangen, wo ich 1803 eine Zeit lang als Pensionär des Rev^d. Lancaster in Wimbledon Unterricht genoss, sodann einer umfänglichen seitdem beständig fortgesetzten englischen Lectüre und endlich dem Umstande, dass ich sehr viel in Gesellschaft mit Engländern auf dem Continent gelebt habe. Meine Aussprache des Englischen ist so, dass ich sehr oft bei erster Bekanntschaft von Engländern für einen Landsmann gehalten worden bin, obwohl ich bekenne, dass sie gewöhnlich nach Verlauf einer halben Stunde den Irrthum erkannten.

„Englische Bücher sollten ohne Zweifel von Engländern geschrieben werden. Aber unser Fall hat seine besondere Natur: er ist das Gegentheil aller gewöhnlichen Fälle, darin nämlich, dass hier weitaus die grössere Schwierigkeit im Verständnisse des Textes, nicht in der Wiedergabe seines Wortlautes liegt. Obwohl es nun einige wenige Engländer gibt, die des Deutschen wirklich mächtig sind, so hege ich doch sehr grosse Zweifel, ob Einer darunter es in dem Grade kennt, um auch nur den wörtlichen Sinn der Schriften Kants vollkommen und ohne irgend einen Fehler zu verstehen: aber angenommen es wäre der Fall, so würde dies einen solchen noch bei weitem nicht zum Uebersetzer Kants befähigen. Ein Uebersetzer nach dem blossen Wortlaute würde sehr oft in hohem Grade incorrekt sein und entweder Dinge schreiben ohne irgend einen Sinn oder mit einem ganz falschen, den er sich selbst zurecht gemacht hätte. Um Kant übersetzen zu können, ist unbedingt erforderlich, dass man seiner Meinung bis auf den Grund gekommen sei, ja sogar seine Lehre tief in sich eingesogen habe, und dies ist unmöglich ohne ein jahrelanges eindringendes Studium seiner Philosophie. Denn allgemein anerkannt ist, dass selbst in Deutschland Wenige Kant wirklich verstehen und Keiner je seine Meinung beim ersten Lesen durchschaut hat: nur nach und nach dringt der Studirende in seinen Ideengang ein und erfasst den wahren Sinn seiner Sätze, da seine Meditationen die tiefsinnigsten sind, die je in eines Menschen Kopf Eingang gefunden; und wenn sein Stil dunkel ist, so ist er es hauptsächlich wegen der unermesslichen Tiefe seiner Gedanken. Diese Mühe aber wird dadurch ausgeglichen, dass derjenige, welcher zum richtigen Verständnisse der Kantischen Offenbarungen durchgedrungen ist, seinen Verstand von Grund aus verändert findet: er sieht nun Alles in anderem Licht, er belächelt euere Dispute über Geist und Materie, da er weiss dass weder so ein Ding wie Geist noch so ein Ding wie Stoff existirt, dass es unrichtige Begriffe sind; ebenso eure Streitfragen über ein künftiges Leben oder den Anfang der Welt, da er weiss, dass die Zeit ideal nicht real ist u. s. w. Locke's, Hume's und Reid's Untersuchungen über den menschlichen Verstand (des flachen Dugald Stuart oder der gleich flachen französischen Ideologen nicht zu gedenken) stehen zu denen Kants im Verhältnisse jugendlicher Vorübungen oder der Elementargeometrie zur Analysis des Unendlichen.

„Sollte freilich ein Engländer, der sein Leben lang sich ausschliesslich mit spekulativer Philosophie beschäftigt, so vollkommen deutsch verstehen, um im Stande gewesen zu sein, Kants Werke eigens und im Zusammenhang zu studiren, und öffentlich den Beweis des wirklichen Verständnisses ihrer Bedeutung liefern können — ein solcher würde ohne Zweifel zur Uebersetzung derselben der Tüchtigste sein und bereitwillig würde ich ihm die Arbeit abtreten. Aber wenn es sich fände, dass ein solcher nicht aufzutreiben wäre, dann bin ich geneigt zu denken, dass ich allein der geeignete Mann dazu sei: weil ich sehr zweifle, dass irgend einer unserer deutschen Philosophen so gut englisch versteht wie ich, dass ausserdem sehr wenige und vielleicht keiner der noch lebenden sich so fest und streng an Kant angeschlossen wie ich und dessen Werke gleich mir zum Hauptgegenstand seiner Belehrung gemacht hat.

„Das sind die Gründe, aus welchen ich den Beruf in mir fühle sein Apostel in England zu werden und die Ehre dieses Berufs in Anspruch zu nehmen.

„Ohne Zweifel ist mein Englisch-Schreiben in mehr als einer Hinsicht mangelhaft, es mag zuweilen eine fremde Färbung haben, es mögen sogar einige Fehler gegen Grammatik und Orthographie mit unterlaufen — was sich daraus erklärt, dass ich hundertmal mehr Gelegenheit gehabt habe Englisch zu lesen oder zu sprechen, als zu schreiben: ein grosser Theil meiner Mängel würde ganz verschwinden, wenn ich statt selbst zu schreiben dictiren könnte; — aber bei alle dem kenne ich genau den Sinn und die Bedeutung jedes englischen Worts und jeder Redensart und habe einen stattlichen Vorrath davon zur Verfügung. Ueberdies können die erwähnten Unvollkommenheiten sehr wohl ausgeglichen werden durch einen philosophisch gebildeten Engländer (wie z. B. Sie, mein Herr), der die Arbeit übernehmen wollte, mein Manuscript zu corrigiren, es von allen grammatischen Fehlern oder ungebräuchlichen Redewendungen zu reinigen sowie den Styl und die Eleganz des Ausdrucks zu verbessern. Derselbe müsste sich aber ganz auf den sprachlichen und stylistischen Theil der Arbeit beschränken, alle Aenderungen sorgfältig vermeidend, welche irgendwie den Sinn afficiren könnten; wogegen ich es um meiner selbst willen nicht wagen würde mein Englisch gedruckt zu sehen, ohne es zuvor einer solchen Reinigung unterworfen zu haben. Uebrigens verhehle ich mir keineswegs, dass selbst so das Werk kaum jenen Grad von Eleganz und gefälliger Abrundung erreichen wird, den es erlangen könnte, wenn es aus der Feder eines Engländers flösse. Aber nichts ist vollkommen unter der Sonne und bei der oben constatirten Lage des Falls werden Sie begreifen, dass Jeder, der sich in Einer Hinsicht zum Uebersetzer Kants ins Englische eignet, in einer andern immer mangelhaft erfunden werden wird; indessen was bedeutet bei einem Werke solcher Art eine kleine Unvollkommenheit in der Glätte des Styls im Vergleich mit einer solchen in der Richtigkeit und Genauigkeit des Sinnes? Demnach möchte ich die Behauptung wagen, dass meine Mängel unerheblich erscheinen im Vergleich mit denen eines englischen Uebersetzers, der ohne zuvor in Kants Gedankenzusammenhang eingedrungen zu sein, nun starr vor einer Stelle sitzt, aus der er nichts zu machen weiss, bis er sich ihrer dadurch entledigt, dass er an ihrer Statt irgend einen aus eignen Mitteln genommenen in gewähltem Englisch ausgedrückten Gemeinplatz setzt. Dem allem nach glaube ich, dass der Weg, den ich vorschlage, der einzige ist, eine exakte und zuverlässige englische Uebersetzung Kants ans Licht zu fördern; ja ich möchte mich sogar zu der Behauptung versteigen, dass die Möglichkeit derselben eine seltene, nicht zu versäumende Gelegenheit bildet, da, nach allem was ich davon verstehe, eher ein Jahrhundert vergehen wird, bevor wieder in Einem und demselben Kopfe so viel Kantische Philosophie mit soviel Englisch zusammentrifft, wie, durch einen glücklichen Zufall in diesem meinem grauen beieinanderwohnen. Deswegen betrachte ich mich gewissermaassen für verpflichtet, dem englischen Publicum meine Dienste anzubieten, wahrhaftig mehr um Wissen und Wahrheit zu fördern als meines Vortheils halber. Wird mein Anerbieten zurückgewiesen, so wird weder der Fehler noch der grössere Schaden auf meiner Seite liegen.

„Bei der Uebersetzung würde ich mich so eng wie möglich an Kants Worte halten; jedoch wäre eine durchgängige wörtliche Uebersetzung nicht zur Sache dienlich, da unsere Sprache eine viel grössere grammatische Vollendung und einen reicheren Wortschatz besitzt als die englische; welche Vortheile sich Kant in der weitesten Ausdehnung zu Nutzen gemacht, indem er überdies beliebt hat seine schwerverständlichen Gedanken in undurchsichtigen und verzweifelt verwickelten Perioden von endloser Länge niederzulegen, was alles mit der englischen Ausdrucksweise unverträglich wäre. Seine Perioden müssen deshalb in kürzere aufgelöst und der Styl muss überhaupt vereinfacht werden. Ich hoffe dies zu meiner eigenen Befriedigung fertig zu bringen und durch Befolgung dieses Plans Kant sogar im Englischen verständlicher wiederzugeben als er im Deutschen ist. Denn ich bin ein geborener Freund der Klarheit und Bestimmtheit, was Kant beiläufig bemerkt nicht war. Ferner unterstützt mich wesentlich der Umstand, dass ich das Ganze seiner Lehre allezeit im Kopf habe und deshalb, was er an einer Stelle sagt, mit dem was an anderen Orten steht auslegen kann. Deshalb würde ich eine einleitende Vorrede beifügen und kurze erläuternde Anmerkungen bei besonders dunkeln Stellen oder Verweisungen auf andere seiner Schriften; hauptsächlich aber würde ich Aufklärung über diejenigen Begriffe geben, die in ungewöhnlicher Bedeutung gebraucht sind — denn kein Kant ohne etwas *cant* (Kauderwelsch)! Seltsam genug, dass Sterne ein prophetisches Wortspiel gemacht, indem er in Tristram Shandy sagt: «von allem Kauderwelsch, das in dieser kauderwelschen Welt gewelscht wird ist das kritische (*criticism*, in Deutschland der landläufige Name für Kant's Philosophie) das quälendste». Ich bemerke dass Kant das ursprüngliche C in seinem Namen mit einem K vertauscht hat.

„Nur um den Versuch zu machen, habe ich eine kurze Stelle übersetzt, die ich als Probe diesen Zeilen anfüge. Sie ist den «Prolegomena zu jeder künftigen Metaphysik» entnommen und von der Art, dass sie einigermaassen ausser dem Zusammenhang verstanden werden kann. Sie gibt zugleich einen Wink über das Verhältniss seiner Philosophie zu der Locke's u. a. m.

„Alles Wesentliche der Philosophie Kants ist in drei Werken enthalten, nämlich 1) Kritik der reinen Vernunft 1781. In der 5. Auflage 882 Seiten in 8°; die 7te erschien 1829. 2) Prolegomena zu einer jeden künftigen Metaphysik, die als Wissenschaft wird auftreten können. 1783, 222 S. 8°. 3) Kritik der Urtheilskraft 1790. 482 S. 8°. Alle seine anderen Schriften sind von geringerem Belang, obwohl mit grossem Unterschied. Den erwähnten am nächsten im Rang stehen die metaphysischen Anfangsgründe der Naturwissenschaft, 1786, 182 S. und die Kritik der praktischen Vernunft. 1788, 292 S. Einige seiner späteren Werke sind sehr schwach.

„Da die Kritik der reinen Vernunft nach ihrem Erscheinen von Seiten des Publicums gänzlich unbeachtet blieb, schrieb Kant in der Absicht, die Aufmerksamkeit darauf zu lenken und weil er einsah, dass die Nichtbeachtung zum Theil durch den grossen Umfang und die Schwerverständlichkeit der Kritik verschuldet war, die Prolegomena, in welchen er die Hauptpunkte seiner Philosophie, nur in einer anderen Anordnung, nochmals darstellte, vereinfacht und verständlicher gemacht, um die Unempfänglichkeit des Publicums zu überwinden. Er sagt darin, dass er hier in der Kürze auf analytischem Wege lehre, was er in der Kritik ausführlicher mittelst der synthetischen Methode auseinandergesetzt habe.

„Um desswillen leidet es nicht den geringsten Zweifel, dass die Uebersetzung der Prolegomena derjenigen der Kritik vorhergehen muss, da sie gleichsam ein kurzer Abriss der letzteren und in der Absicht geschrieben sind, die Aufmerksamkeit der Leser anzulocken. Ausserdem können sie dazu dienen die Neigung des englischen Publicums zu Kants Schriften auf die Probe zu stellen, indem man ihm einen Vorschmack davon gibt. Auch verursachen sie, da sie sehr kurz sind, dem Verleger geringe Kosten. —

„Wie gross auch das Interesse ist, das ich an der Verbreitung der Lehre meines grossen Lehrers nehme, so kann man doch nicht von mir erwarten, dass ich eine so mühevolle Arbeit unternehmen und ein so bedeutendes Opfer an Zeit bringen werde ohne irgend · welche pekuniäre Entschädigung. Ich muss deshalb auch diesen . Punkt erörtern. Da ich nicht weiss, welchen Satz und welches Format der Verleger wählen wird, so will ich das deutsche Original zum Maassstab nehmen und einschliesslich meiner erläuternden Anmerkungen meine Forderung für die Uebersetzung jedes Druckbogens oder 16 Seiten der älteren deutschen Originalausgabe in Octav auf 15 preussische Thaler, zahlbar dahier, bei Lieferung des Manuscripts, stellen. Zum Durchschnittscourse von 7 Thlr. das Pfund Sterling gerechnet beträgt dies nahezu £ 2. 3s. für den Bogen also ungefähr £ 30 für die ganzen Prolegomena. Ferner wäre im Vertrage festzusetzen, dass ich bei jeder folgenden Auflage die Hälfte dieses Honorars erhalte.

„In Anbetracht der Schwierigkeit der Aufgabe und meiner ganz besonderen Qualification dazu halte ich diese Bedingungen für billig; wenigstens würde ich nichts davon nachlassen, noch es überhaupt dafür thun, geschähe es nicht der Wahrheit und Kant zu Liebe. Können Sie mir bessere Bedingungen verschaffen, so werde ich Ihnen sehr dankbar sein.

„Nach allem Gesagten brauche ich nicht zu versichern, dass ich *con amore* arbeiten und Kants Namen zu Ehren sowie meinem eigenen Rufe zulieb Alles aufbieten würde. Deshalb wünschte ich mit Musse zu arbeiten, nicht mehr als 4 Bogen im Monat, und könnte hiernach die Prolegomena in 3 Monaten übersetzen. Für die Kritik brauche ich ein Jahr.

„Falls diese Hauptpunkte genehmigt werden sollten, würde ich die mehr ins Einzelne gehenden Vertragsbestimmungen folgen lassen und Sie bitten, den Contrakt in gesetzlicher Form errichten und vom Verleger unterschreiben zu lassen.

„Ihr Eifer zur Verbreitung der Wahrheit und des Wissens, mein Herr, lässt mich hoffen, dass Sie die Mühe einen Verleger für Kants Werke in englischer Sprache zu finden auf sich nehmen werden, vorausgesetzt, dass es mir gelungen ist, Sie hinlänglich zu überzeugen, dass ich zum Uebersetzer Kants besonders geeignet bin. Jedenfalls hoffe ich wegen der Freiheit, die ich mir genommen, auf Ihre Nachsicht und bitte Sie etc.").

Den Anhang bildet die Uebersetzung der zweiten Anmerkung zum ersten Theil der Prolegomena, in welcher Kant sich gegen die Imputation des Idealismus wehrt (Kants Werke von Hartenstein, I, 206).

Die Antwort, welche Schopenhauer erhielt, lautete:

Liverpool 18 January 1830.

„Dear Sir,

„The Publishers of the Foreign Review have forwarded the letter to me, which you were so obliging as to write to the author of the article on Damiron. I am the writer of the article in question, and as such reply to your letter. It would give me very sincere pleasure to have the means of introducing Kant to the knowledge of English readers. The Latin translation has always seemed to me insufficient for this, and some time ago, I myself began a translation of the Critik der reinen Vernunft. The difficulty of the task and the necessity of attending to other matters prevented me from making great progress, but I should have still continued the undertaking, had I not been given to understand, that Sacchi in Pavia was about to publish an Italian translation of the same work, and I have always thought that were there either a French or Italian translation of Kant, it would nearly supersede the necessity of an English one. Your letter has made me again think upon the subject. Conjointly with yourself perhaps I might have courage to appear before the world as Kant's translator. My own knowledge of German is limited, but still from having some information upon the doctrines of Kant, I might be better enabled to translate his works than those who have a better knowledge of the language but a less knowledge of the author. Now what I would propose to you is this, that we should jointly undertake the translation of the Critik der reinen Vernunft, that I should send you chapters or books as they were translated, that you should correct them and return them to me, that we should have the work printed by some first rate publisher, either selling him the work or retaining it in our own hands, you not being called upon for one penny advance, in case we printed it ourselves, but my paying all charges and dividing with you half the profits, or if this would not be agreeable to you, I would take all the arrangements upon myself, send you the translation for correction and approval and pay you so much for the same, it being understood that whether I published anonymously, or in my own name, I should state that the work appeared under your sanction, the proofs having all been corrected and examined by yourself.

„You will let me know which of these plans suits you best, or whether there is any other mode by which the matter can be rendered agreeable to you. All the expence of postage &c. you will please charge to me in this business.

„I translated, and added a preface and notes to Bretschneider's reply to H. J. Rose last year, which I will send you by the first opportunity that I can. Believe me to remain yours very sincerely *Francis Haywood*.“

(„Geehrter Herr! Die Verleger der *Foreign Review* haben mir
den Brief zugestellt, den Sie an den Verfasser des Artikels über
Damiron zu richten die Güte hatten. Ich bin der Schreiber desselben und als solcher erwiedere ich Ihren Brief. Es würde mir
grosses Vergnügen machen, in den Stand gesetzt zu sein Kant zur
Kenntniss der englischen Lesewelt zu bringen. Die lateinische Uebersetzung hat mir immer dazu unzureichend geschienen und vor
einiger Zeit habe ich selbst eine Uebersetzung der Kritik der reinen
Vernunft angefangen. Die Schwierigkeit der Arbeit und die Nothwendigkeit mich mit anderen Gegenständen zu befassen, verhinder-
ten mich grosse Fortschritte zu machen; dennoch würde ich das
Unternehmen fortgesetzt haben, wenn ich nicht in Erfahrung gebracht hätte, dass Sacchi in Pavia im Begriff stehe eine italienische
Uebersetzung desselben Werks zu veröffentlichen; denn ich habe
immer gedacht, wenn wir eine französische oder italienische Uebersetzung Kants hätten, diese eine englische fast überflüssig machen
würde. Ihr Brief hat mich veranlasst, von neuem über die Sache
nachzudenken. Gemeinschaftlich mit Ihnen hätte ich vielleicht den
Muth vor der Welt als Kants Uebersetzer zu erscheinen. Meine
eigene Kenntniss des Deutschen ist beschränkt; da ich jedoch in
den Lehren Kants einigermaassen bewandert bin, so dürfte ich zur
Uebersetzung seiner Werke besser befähigt sein als Solche, welche
zwar eine bessere Kenntniss der Sprache aber eine geringere Kenntniss des Autors besitzen. Was ich Ihnen nun vorschlagen wollte,
ist dies: dass wir gemeinsam die Uebersetzung der Kritik d. r. V.
übernehmen, dass ich die einzelnen Kapitel oder Bücher, nachdem
sie übersetzt sind, Ihnen schicke, dass Sie dieselben corrigiren
und mir zurückschicken, dass wir das Werk bei einem Verleger
ersten Rangs drucken lassen, indem wir dasselbe entweder an ihn
verkaufen oder es in der Hand behalten, so zwar dass Sie dabei
keinen Pfennig Vorschuss zu leisten haben, falls es für unsere
Rechnung gedruckt wird, dass ich vielmehr alle Kosten bezahle
und den Gewinn mit Ihnen zu gleichen Theilen theile, oder, wenn
Ihnen dies nicht genehm sein sollte, dass ich das Geschäftliche

ganz allein übernehme, Ihnen die Uebersetzung zur Correctur und Billigung sende und dafür so und so viel bezahle. Es versteht sich hierbei, dass, sollte ich nun das Werk anonym oder unter meinem Namen herausgeben, ich constatiren würde, dass dasselbe unter Ihrer Sanction, nachdem sämmtliche Probebogen von Ihnen corrigirt und geprüft worden, erscheine.

„Sie wollen mich wissen lassen, welcher von diesen Plänen Ihnen am meisten zusagt, oder ob die Sache auf irgend welche andere Weise Ihren Wünschen gemäss erledigt werden kann. Alle Auslagen in dieser Angelegenheit für Porto u. s. w. wollen Sie gefälligst mir zur Last bringen.

„Ich habe im letzten Jahre Bretschneiders Antwort an H. J. Rose unter Hinzufügung von Vorrede und Anmerkungen übersetzt, welche Uebersetzung ich Ihnen mit nächster Gelegenheit zusenden werde. Genehmigen Sie etc.")

Aus diesem Schreiben musste Schopenhauer zu seinem Verdrusse ersehen, dass er seine Worte an einen Literaten vergeudet hatte, der ihn frischweg als bequemes Werkzeug zu gebrauchen dachte, seine eigene Sache zu fördern. Allem Anscheine nach glaubte Herr Haywood einen deutschen Gelehrten gewöhnlichen Schlags vor sich zu haben, den er nur abzulohnen brauchte um ihn nach Bedarf auszunutzen. Solcher Schlauheit begegnete Schopenhauer mit dem Versuche, die Verleger der „Foreign Review" direct für sein Unternehmen zu gewinnen. Er wandte sich deshalb an die Herren *Black*, *Young & Young* in London mit folgender Zuschrift:

„You have had the kindness of forwarding to Mr. Fr. Haywood in Liverpool the letter directed to the author of Damiron's analysis which I took the liberty to send you 21 Dec. for which I beg you will accept my thanks. Perhaps you will remember that I intimated to you at the same time that the letter concerned a literary undertaking likely to fall under your own department. And in fact I did not think otherwise but that Mr. Haywood would communicate my plan and my letter to you. But by his answer I understand that this has not been the case and also that Mr. H. is not altogether the man I had been led to imagine by his aforesaid analysis. To remedy the mistake I made in all this, the simplest means offering itself to me is to send you a copy of my letter to Mr. H., upon the perusal of which you may deliberate and resolve whether you will lend your aid to the proposed enterprise. This is no other but an English translation of Kant's Works to be made by me, a German philosopher. As you, gentlemen, are of the commercial profession I cannot expect that you should have very distinct and correct notions of Kant, his philosophy, its high worth and importance and the quite peculiar difficulty attending its translation. This is the reason why I preferred to apply first to some man of science, who might expound the case to you. But then you certainly will not be wanting some learned friend to whom you may communicate my plan and my letter and who will be an able judge of the matter. I even would for this purpose recommend the very sensible and clever gentleman who wrote the analysis of Novalis and that of Jean Paul's Works in your Review, if only I was sure that not he too, like Mr. H., will have more in view his private advantage than the good of literature and the genuine perfection of the work in contemplation. On this account I even think it proper to subjoin Mr. H.'s answer to my letter, chiefly that you may satisfy yourself of his neither questioning the utility of my plan nor my ability for its execution. I think I may fairly do so, without derogating from the laws of equity or goodfaith as the letter contains nothing like a secret or that might in any way prejudice Mr. H. However I beg that you will never mention to him or any body else my having communicated also his answer to you, and I trust that you will not betray my confidence in this point.

„I have been *utterly* astonished at Mr. H.'s offering himself for a translator, as by what he says on Kant in his analysis of Damiron I plainly see that he has but a very incorrect and mere hear-say knowledge of the Kantian philosophy, for all he may say to the contrary in his letter: and as to his knowledge of German I wonder he has not given me a specimen of it by answering me in my own language. A very satisfactory reason might be found to his taking no notice whatever of what I, who should know best, had said about the necessary precedence of the translation of Kant's Prolegomena to that of his Crit. of p. r., but intending on the contrary to begin by the latter: to wit, that there is a Latin (though by no means commendable) translation of this Critic, upon which an English shamtranslation might easily be made and sent me, in order to receive, as a return, a genuine and correct one, understood to be the improved copy of the first.

„Though this be but a surmise, yet at any rate Mr. H. belongs precisely to that sort of translators from which I might preserve Kant, being fully convinced that he can never be translated, like any other author, by a man merely, though ever so well, understanding German, but only by a man quite versed in his philosophy, thoroughly imbibed with it, in short a man whose hair is grown gray in that study like myself. Now for all I know a century may pass ere there shall again meet in the same head so much Kantian philosophy with so much English as happen to dwell together in mine. I therefore offer my service to the English public verily more for the advancement of knowledge and truth than for my own advantage: if my proffer is rejected neither the fault nor the greater loss will be mine.

„As to Mr. H. I think I may save myself the trouble and postage of answering his letter, as he may understand by himself that my views and his are far from agreeing. He indeed might object that he only desired my help as I did his; but then his want bears to mine the proportion of a house quite defective in the foundations to one wanting a little finishing in the ornaments of the top.

„If you should approve of my plan but by any particular and outward circumstance be prevented from undertaking the business,

I would of course be obliged to you if you would recommend
and give it over to some other respectable publisher.

„I therefore now lay the matter entirely in your hands and
have the honour to be etc."

(„Sie hatten die Güte, dem Herrn Fr. Haywood in Liverpool
den an den Verfasser der Abhandlung über Damiron gerichteten
Brief zuzustellen, welchen ich am 21. Dezember Ihnen zu schicken
mir erlaubt, wofür ich Ihnen verbindlichsten Dank sage. Vielleicht
erinnern Sie sich, dass ich Ihnen gleichzeitig andeutete, der Brief
betreffe ein vermuthlich in Ihren eignen Geschäftskreis fallendes
Unternehmen, und in der That dachte ich nicht anders als dass
Herr Haywood Ihnen meinen Plan sammt Brief mittheilen würde.
Aus seiner Antwort jedoch ersehe ich, dass dies nicht geschehen sowie dass Herr Haywood nicht ganz der Mann ist, den
ich nach der erwähnten Abhandlung in ihm suchen zu dürfen
glaubte. Um den mit alle dem geschehenen Fehlgriff wieder gut
zu machen, bietet sich mir als einfachstes Mittel der Ausweg, dass
ich Ihnen eine Abschrift meines Briefs an Herrn Haywood sende,
nach deren Durchsicht Sie in Erwägung ziehen und entscheiden
können, ob Sie dem von mir vorgeschlagenen Unternehmen Ihre
Beihülfe angedeihen lassen wollen. Es ist dies kein anderes als
die von mir, einem deutschen Philosophen, auszuführende Uebersetzung der Werke Kants. Bei Ihnen, meine Herren, als Geschäfts-
leuten darf ich eine genauere, durchaus zutreffende Kenntniss von
Kant, von seiner Philosophie, von dem hohen Werth und der Bedeutung derselben, sowie von der ganz besonderen Schwierigkeit
ihrer Uebertragung nicht voraussetzen. Dies ist der Grund, weshalb ich vorgezogen mich zuerst an einen Gelehrten zu wenden,
der Ihnen den Fall darlegen könnte. Indessen wird es Ihnen gewiss nicht an einem gelehrten Freunde fehlen, dem Sie meinen
Plan und Brief mittheilen können und der befähigt ist, in der
Sache zu urtheilen. Ich wäre sogar geneigt Ihnen dazu den sehr
verständigen und tüchtigen Verfasser der Artikel Ihrer Zeitschrift
über Novalis und über Jean Pauls Werke zu empfehlen, wenn ich

nur sicher wäre, dass derselbe nicht gleich Herrn Haywood dabei mehr sein eignes Interesse als die Förderung der Literatur und die rechte Vollkommenheit des Werks ins Auge fassen könnte. In dieser Rücksicht halte ich es auch für zweckmässig, die Antwort des Herrn Haywood auf meinen Brief beizufügen, namentlich damit Sie Sich überzeugen können, dass er weder die Zweckmässigkeit meines Plans noch meine Fähigkeit zu dessen Ausführung in Frage stellt. Ich denke, ich darf dies offen thun, ohne den Forderungen der Unparteilichkeit und des guten Glaubens Abbruch zu thun, da der Brief nichts enthält, was den Charakter eines Geheimnisses hätte, oder Herrn Haywood irgend wie zum Nachtheil gereichen könnte. Indessen ersuche ich Sie, weder bei ihm noch sonst Jemanden zu erwähnen, dass ich Ihnen auch seine Antwort mitgetheilt habe, und verlasse mich darauf, dass Sie mein Vertrauen in diesem Punkt nicht täuschen werden.

„Ich war aufs höchste erstaunt, dass Herr Haywood sich zum Uebersetzer anbietet, da ich aus dem was er in seinem Artikel über Damiron sagt, deutlich sehe, dass er nur eine sehr unrichtige und vom blossen Hören-Sagen erlangte Kenntniss von der Kantischen Philosophie hat, was er auch in seinem Briefe Gegentheiliges sagen mag. Und was seine Kenntniss des Deutschen betrifft, so wundere ich mich, dass er mir nicht eine Probe davon mittelst einer Antwort in meiner Muttersprache gegeben hat. Ein genügender Grund dafür, dass er durchaus keine Notiz davon genommen was ich, der es am besten wissen muss, über die Nothwendigkeit gesagt habe, der Uebersetzung der Prolegomena Kants vor derjenigen der Kritik der r. V. den Vortritt zu lassen, sondern dass er im Gegentheil mit der letzteren beginnen will — dürfte darin zu finden sein, dass von dieser Kritik eine, obgleich in keiner Weise empfehlenswerthe lateinische Uebersetzung existirt, von der sich leicht eine englische Scheinübersetzung machen und mir zuschicken liesse, um dagegen unter den Namen einer verbesserten Copie der erstern eine echte und correkte Uebersetzung zu erhalten.

„Mag indessen diese Annahme auch keinen Grund haben, so gehört doch Herr Haywood auf alle Fälle zu jener Sorte von Uebersetzern, vor denen ich Kant bewahren möchte, da ich innig überzeugt bin, dass Kant, nicht wie ein anderer Schriftsteller, von Einem, der bloss, wenn auch noch so gut, Deutsch versteht, übersetzt werden kann; sondern nur von Einem, der in Kant's Philosophie ganz zu Hause ist, dem sie ins Blut übergegangen, kurz Einer, dessen Haar bei dem Studium Kants grau geworden, wie ich. Denn so viel ich urtheilen kann, mag ein Jahrhundert vorübergehn, ehe wieder in einem und demselben Kopfe soviel Kant'sche Philosophie mit soviel Englisch zusammentrifft, wie durch einen glücklichen Zufall in meinem Kopfe beisammenwohnen. Deshalb biete ich meine Dienste dem englischen Publicum an; wahrlich mehr um Wissen und Wahrheit zu fördern als meines eignen Vortheils wegen. Wird mein Anerbieten zurückgewiesen, so wird weder der Fehler noch der grössere Schaden auf meiner Seite liegen.

„Was Herrn Haywood betrifft, so glaube ich mir die Mühe und das Porto einer Antwort auf seinen Brief sparen zu können, da er sich selbst sagen kann, dass meine Absichten und seine weit auseinandergehen. Er könnte freilich einwenden, dass er lediglich meine Beihülfe verlangt habe wie ich die seinige; allein was ihm fehlt steht zu meinem Mangel in dem Verhältnisse eines Gebäudes, dem es ganz und gar an soliden Fundamenten gebricht zu einem solchen, dem nichts weiter abgeht als eine kleine Nachhülfe an den Ornamenten des Giebels.

„Sollten Sie meinen Plan gutheissen und nur aus irgend welcher besonderen, äusseren Rücksicht von der Uebernahme des Geschäfts abgehalten sein, so würde ich Ihnen natürlich verbunden sein, wenn Sie dasselbe einem anderen angesehenen Verleger empfehlen und überlassen wollten.

„Hiernach lege ich die Sache ganz in Ihre Hände und habe die Ehre zu verharren etc.")

Die Herren, Black Young & Young aber fanden für gut, in

ihrem Antwortschreiben, welchem ein Einvernehmen mit Haywood vorausgegangen zu sein scheint, sich auf die Behauptung zu beschränken, Schopenhauer habe Herrn Haywood gänzlich „missverstanden", indem es demselben gar nicht in den Sinn gekommen sei, „die Ehre der Uebersetzung Kant's mit Schopenhauer theilen, vielweniger dieselbe für sich allein in Anspruch nehmen zu wollen"; seine einzige Absicht sei vielmehr nur die gewesen, unter Schopenhauer's Leitung seine frühere Arbeit wieder aufzunehmen. Schopenhauer möge deshalb die Unterhandlung mit Haywood fortsetzen: erst wenn er mit diesem befriedigend ins Reine gekommen sein werde, könnten sie auf die Erörterung der übrigen Punkte eingehen. Da Schopenhauer dies nach Lage der Sache natürlich nicht wollte, so blieb es bei dem mitgetheilten Briefwechsel.

Im folgenden Jahre wagte er einen nochmaligen Versuch sein grosses Anliegen durchzusetzen. Als sich nämlich in London ein Verein zur Erleichterung des Stapellaufs verdienstlicher literarischer Werke gebildet hatte, richtete er an *Thomas Campbell* als einen der Gründer der Gesellschaft folgendes Sendschreiben:

„Sir,

Having understood by the public papers that an association for the encouragement of Literature has been formed in London which has its object to purchase the copyrights of meritorious works lacking a publisher and that you, Sir, are one of the chief promoters and Directors of this laudable institute, I take the liberty of laying before you a case that seems to fall within the aforesaid category.

„It concerns an English translation of Kant's principal works, which I have been contemplating these many years, but could not effectuate for want of a publisher or literary acquaintance in England. A year ago I made my proposal to an eminent English bookseller, but was refused.

„Whatever may be your own notions about German philosophy, you certainly will allow that merely to judge by the deep and lasting influence which Kant's writings are exercising these 50 years on German literature and German opinions in general, as well as by the wide spread and unaltered fame of that philosopher, he must have been a most extraordinary genius, and that consequently his writings are well worth a nearer acquaintance than by vague reports and second-hand information. I for my part, who have spent all my life in metaphysical studies believe him to be the greatest philosopher that ever lived and think him and Goethe the only first rate geniuses that Germany ever produced. Moreover as his philosophy sprung forth from Locke's and Hume's speculations, or at least sets out from them, it is quite apt to fix the attention of English readers: as also, in another respect, because it throws a light upon some tenets of the Hindoo and Buddhaistic faith, now generally known in England. And generally on account of its intrinsic value I do not doubt that being transplanted to England it would by and by exercise a deep influence on the literature and the opinions in general of that nation, so that the transfer of Kantian philosophy to England might even by time come to be considered as an event of historical importance. In this view I have been confirmed by several passages in your foreign reviews, expressing a longing for an able translation of Kant's works, together with a sense of the immense difficulty of the task.

„All this, I suppose, you will easily admit. But another question is, how I, being a German, should venture to offer myself for making an English translation, a proposal that at first sight may seem strange, yet I verily believe, that, all things well poised, there hardly can be found a man more proper for that task than myself. To make you understand why this should be the case I am in the necessity of acquainting you a little with myself."

Hier liess er die Erörterungen über seine Person und die Bedingungen des Unternehmens wie in dem Briefe an Haywood folgen. Dann schloss er mit den Worten:

„I beg, Sir, you will excuse the liberty I took and the length of this letter. If you are pleased to honour me with an answer, it will reach me by post without any nearer direction.

„I am, Sir, with the peculiar esteem due to your genius and merits, your most humble and obedient servant."

(„Mein Herr! Da ich aus den Zeitungen ersehen habe, dass sich in London eine Gesellschaft zur Unterstützung der Literatur gebildet hat, die sich zum Zweck gesetzt, die Verlagsrechte an verdienstvollen Werken, welche keinen Verleger gefunden, anzukaufen und dass Sie, mein Herr, einer der Hauptförderer und Leiter dieses löblichen Instituts sind, so nehme ich mir die Freiheit Ihnen einen Fall vorzulegen, der in diese Kategorie gehören dürfte. Derselbe betrifft eine englische Uebersetzung der Hauptwerke Kants, die ich seit Jahren beabsichtige, aber nicht ausführen konnte aus Mangel eines Verlegers sowie aus Mangel an literarischer Bekanntschaft in England. Vor einem Jahr machte ich mein Anerbieten einem angesehenen englischen Buchhändler, es wurde jedoch nicht angenommen. Was immer Ihre Meinung von deutscher Philosophie sein möge, Sie werden gewiss zugeben, dass, schon allein nach dem tiefen und dauernden Einfluss, den Kants Schriften seit 50 Jahren auf die Literatur und ganze Denkart der Deutschen ausüben sowie nach dem weitverbreiteten und unvergänglichen Ruhme dieses Philosophen zu urtheilen, derselbe ein ganz aussergewöhnliches Genie gewesen sein muss und dass folgeweise seine Schriften wohl einer näheren Bekanntschaft werth sein müssen als durch vage Gerüchte und Unterrichtung aus zweiter Hand erlangt wird. Ich für meinen Theil, der ich mein ganzes Leben zu philosophischen Studien verwendet, halte ihn für den grössten Philosophen, der je gelebt, und bin der Ansicht, dass er und Goethe die einzigen Genies ersten Ranges sind, welche Deutschland je hervorgebracht hat. Da ferner seine Philosophie aus Locke's und Hume's Philosophemen hervorgegangen oder doch von denselben ausgegangen ist, so ist sie ganz geeignet die Aufmerksamkeit der englischen Lesewelt zu fesseln; sie ist dies in anderer Hinsicht auch um desswillen, weil sie Licht auf mehrere jetzt in England allgemein bekannte Glaubenslehren der Hindu's und Buddhisten wirft. Ueberhaupt zweifele ich im Hinblick auf ihren inneren Werth nicht daran, dass sie, einmal nach England verpflanzt, nach und nach einen tiefen Einfluss auf die Literatur und ganze Denkweise dieser Nation üben werde. In dieser Ansicht bin ich durch verschiedene Aeusserungen in Ihren das Ausland behandelnden Zeitschriften bestärkt worden, in welchen das Verlangen nach einer tauglichen Uebersetzung der Werke Kants zugleich mit einem Gefühl von der aussergewöhnlichen Schwierigkeit der Aufgabe zum Ausdrucke kommt.

„Alles dies werden Sie, wie ich vermuthe, leicht zugeben; aber eine andere Frage ist, wie ich, als Deutscher, es wagen könne, mich zur Anfertigung einer englischen Uebersetzung anzubieten, ein Vorschlag, der auf den ersten Blick befremdend erscheinen mag; und doch glaube ich in Wahrheit dass, Alles wohlerwogen, schwerlich Jemand gefunden werden kann, der zur Lösung dieser Aufgabe geeigneter wäre als ich. Um Ihnen verständlich zu machen, wie dies der Fall sein könne, bin ich genöthigt Ihnen einige Nachrichten von meiner Person zu geben . . .

„Sie wollen, mein Herr, die Freiheit, die ich mir genommen, und die Länge dieses Briefs gütigst entschuldigen. Sollten Sie die Gefälligkeit haben, mich mit einer Antwort zu beehren, so wird dieselbe mir durch die Post, ohne genauere Adresse, zukommen.

„Mit der Ihrem Genie und Verdienst schuldigen vorzüglichen Hochachtung bin ich etc.")

Der Brief wurde durch einen Bekannten Schopenhauer's, Mr. Capes, überbracht, der die Herrschaft desselben über die englische Sprache noch besonders bezeugen sollte, da er den berühmten Poeten persönlich kannte. Ueber den weitern Verlauf der Sache schweigt die Geschichte. —

Ist es nach alledem Schopenhauer nicht vergönnt gewesen, seinen mit so warmem Eifer verfolgten Plan auszuführen, so sollte er doch mehrere von Engländern besorgte Uebersetzungen der

„Kritik der reinen Vernunft"* erleben, welche den Erwartungen, die er von derartigen Unternehmungen hegte, entsprochen zu haben scheinen. Denn Kant's Geist ist heute noch ebenso wenig nach England verpflanzt als damals. Es ist ohne Zweifel tief zu bedauern, dass er kein Verständniss und Entgegenkommen gefunden; denn obwol nun bald ein Jahrhundert dahingegangen und zwar ein solches, in dem das geistige Leben der Menschheit vielleicht grössere Umwälzungen erfahren hat, als in irgendeinem vorausgegangenem, steht Kant's Kritik noch immer in unverringertem Werthe und die Geschichte der Wissenschaften seit der Zeit, da Schopenhauer die mitgetheilten Briefe schrieb, hat dessen damals fast alleinstehendes Urtheil über die unvergleichliche Bedeutung der Werke Kant's glänzend bestätigt. Jetzt zumal, da dieser „wieder Modephilosoph geworden" weiss jeder, dass seine Kritik „wie Lessing's «Laokoon» zu jenen ewigen Werken gehört, zu welchen man immer wieder zurückkehrt, nicht um, hundert Jahre nach ihrem Erscheinen, sich ihnen willenlos gefangen zu geben, sondern weil man in ihnen die grundlegenden Erstlinge ihrer Wissenschaften erkannt hat".**

Das unbefriedigte Verlangen, sich an einem seiner würdigen Gegenstand als Uebersetzer zu bethätigen, scheint Schopenhauer damals sogar zu einer Nebenarbeit verleitet zu haben, denn in seinem Rechnungsbuche findet sich, vom März 1830, ein Honorar von 22 Thlr. 12 Sgr. *„for translating the prophet of St. Pauls"* verzeichnet.

Die nicht lange danach von ihm ausgearbeitete Uebersetzung ***

---

* Von Hayward (London, Pickering 1841). Von Meiklejohn (London 1856).

** Augsb. Allg. Zeitung vom 9. Aug. 1876, Beil. Nr. 222.

*** Sie wurde nach seinem Tode von Frauenstädt herausgegeben unter dem Titel: „Balthazar Gracian's Hand-Orakel und Kunst der Weltklugheit. Aus dessen Werken gezogen von Don Vincencio Juan de Lastanosa, und aus dem spanischen Original treu und sorgfältig überder von Lastanosa aus Balthasar Gracian's Werken unter dem Titel „*Oraculo manual y arte de Prudencia*" zusammengestellten dreihundert Regeln der Lebensklugheit beabsichtigte er unter dem Pseudonym Felix Treumund zu veröffentlichen und wandte sich deshalb an den ihm befreundeten Herausgeber des Calderon, Professor *H. G. Keil* in Leipzig, der ihm am 16. Mai 1832 unter anderm schrieb:

„Verehrtester Herr und Freund!

„Nein, das hätte ich nimmermehr geglaubt, dass jemals der alte Balthasar Veranlassung werden könnte, unseren schon seit so langer Zeit ins Stocken gerathenen Briefwechsel wieder in Gang zu bringen! Seyn Sie willkommen unter Spaniens Sternen und Blumen! Mit vieler Freude übernehme ich es Ihnen, wenn es irgend möglich ist, einen Verleger zu dem Buche zu verschaffen. Noch habe ich nicht daran kommen können, einen Vergleich mit dem Originale anzustellen, doch weiss ich im Voraus wie er ausfallen wird, da ich weiss, wie Sie alles, was Sie unternehmen,

---

setzt von Arthur Schopenhauer" (Leipzig 1862, 3. Aufl. 1877). Ausser der von Schopenhauer im Vorwort erwähnten *Müller'schen* Uebersetzung von 1717 sind in Deutschland erschienen: (*K. H. Heydenreich*) Die Kunst zu leben; vortreffliche Regeln eines alten Weltmannes fürs menschliche Leben (nach Balth. Gracian, Leipzig 1786). Derselbe: Der Mann von Welt, eingeweiht in die Geheimnisse der Lebensklugheit, ein nach Balth. Gracian freibearbeitetes vollständig hinterlassenes Manuscript (herausgegeben von *K. G. Schelle*, Leipzig 1803). Balth. Gracians Männerschule. Aus dem Spanischen übersetzt von *F. Kölle* (Stuttgart 1838). Schon die Titel zeigen, dass diese Arbeiten keine wortgetreuen Uebertragungen des berühmten spanischen Textes sind, weshalb Schopenhauer 1831 die seinige mit Recht als die erste deutsche Uebersetzung bezeichnen konnte. — *Balth. Gracian* war gegen Ende des 16. Jahrhunderts geboren und Rector des Jesuitencollegs zu Tarragona. Er führte den *estilo culto* in die spanische Prosa ein. Seine Schriften erschienen gesammelt zuerst im Jahre 1664 zu Madrid in zwei Quartbänden. *Lastanosa*, ein berühmter Numismatiker, war sein Zeitgenosse und Verehrer.

anfassen. Den Erfolg meiner Bemühungen sollen Sie bald erfahren . . .

„So weit war ich schon in voriger Woche mit diesem Briefe gekommen, als ich unterbrochen wurde. Ich habe seitdem Ihre Uebersetzung mit dem Originale verglichen und die Treue und Präcision bewundert, mit der Sie den alten schwer zu übersetzenden Herrn im Deutschen wiedergegeben haben" u. s. w.

Keil's Verleger, Ernst Fleischer, fand sich zum Verlage bereit; Schopenhauer gab jedoch seinen Entschluss wieder auf. Die Verhandlung mit dem Buchhändler hatten ihm die damalige Herabwürdigung der Uebersetzungskunst durch zahllose Lohnarbeiter zum Bewusstsein gebracht und die Sache verleidet. Von dem Werthe seiner Arbeit dachte er um deswillen niemals geringer; denn der Charakter des Werkchens bringt es mit sich, dass es nur im Original oder in einer Uebersetzung gelesen werden kann, die, wie Schopenhauer in der von ihm für den Verleger geschriebenen literarischen Notiz sagt: nicht blos den Sinn des Originals sondern auch den Geist und den gedrungenen, sentenziösen, wortkargen Stil desselben vollkommen wiedergibt. Auch der Werth des Originals selbst scheint mir von Schopenhauer nicht überschätzt worden zu sein: es bietet uns die Blüte der Umgangskunst, wie sie „die feinste aller Nationen" in ihrer bessern Zeit hervorgebracht. Die deutsche Literatur besitzt nichts dieser Art — der Sammelsurien modernster Phrasenmacher nicht zu gedenken. Die Regeln, sagt man, seien jesuitisch! Als ob nicht, wie alle Klugheit so auch die Weltklugheit, dem gegebenen Falle, der nächstliegenden Aufgabe dienend, um dieses ihr besonderes Talent entfalten und ihren Zweck erreichen zu können, unter der Obhut der Weisheit jener Freiheit geniessen müsste, die wir am „Mann von Welt" suchen und schätzen. Lautet etwa der Titel auf einen Moralcodex? Wer für sein Handeln die höchste Richtschnur sucht, lege das· Büchlein beiseite — obwol damit nicht gesagt sein soll, es liesse sich nicht auch eine feine Perlenschnur echt ethischer Urtheile daraus fassen; wer es aber für das nimmt,

wofür es sich gibt, wird sogar grössern Nutzen und Genuss davon
haben, als von den Maximen der berühmten französischen Moralisten, weil diese Lebensregeln des ältern spanischen Autors einem
ernstern Zusammenhange entnommen sind und auf einem tiefern
Grunde ruhen.

Gleich die erste Regel präludirt mit tiefem Humor: „Alles
hat heutzutage seinen Gipfel erreicht, aber die Kunst sich
geltend zu machen, den höchsten. Mehr gehört jetzt zu Einem
Weisen als in alten Zeiten zu sieben; und mehr ist erfordert, um
in diesen Zeiten mit einem einzigen Menschen fertig zu werden
als in vorigen mit einem ganzen Volke." Klingt das nicht ganz
als ob es im letzten Viertel des neunzehnten Jahrhunderts geschrieben wäre? So stellt sich jede echte, aus der menschlichen
Natur, aus den unwandelbaren Gesetzen unsers Lebens geschöpfte
Regel als ewig wahr und ewig neu dar. Derselbe feine und doch
weitausblickende Sinn geht durch das Ganze bis zur letzten Regel,
welche alles harmonisch abschliesst: „Mit Einem Wort ein
Heiliger sein und damit ist Alles auf Einmal gesagt. — Die
Tugend ist das gemeinsame Band aller Vollkommenheiten und
der Mittelpunkt aller Glückseligkeit. Sie macht einen Mann vernünftig, umsichtig, klug, verständig, weise, tapfer, überlegt, redlich, glücklich, beifällig, wahrhaft und zu einem Helden in jedem
Betracht. Drei Dinge, welche im Spanischen mit einem S anfangen — *santidad, sanidad, sapiencia* — Heiligkeit, Gesundheit
und Weisheit machen glücklich. Die Tugend ist die Sonne des
Mikrokosmos und ihre Hemisphäre ist das gute Gewissen. Nichts
ist liebenswürdig als nur die Tugend und nichts verabscheuungs-
werth als nur das Laster. Die Tugend allein ist Sache des
Ernstes, alles andere ist Scherz. Die Fähigkeit und die Grösse
soll man nach der Tugend messen und nicht nach Umständen des
Glücks. Sie allein ist sich selbst genug: sie macht den Menschen
im Leben liebenswürdig und im Tode denkwürdig." —

In dieser letzten Zeit seines berliner Aufenthaltes machte Schopenhauer auch die persönliche Bekanntschaft Chamisso's. Mit

Alexander von Humboldt hatte er bereits 1826 in geschäftlicher Angelegenheit „viel verhandelt". Er fand in ihm, dem er sich anfangs, wie Fichten, mit Verehrung genähert, nur ein grosses Talent, wo er Genie vermuthet, nur *scientia* wo er *sapientia* gesucht hatte. Der schonungslose Angriff gegen die *doctrina recepta* in der Optik konnte ihm die Gunst des Newtonianers nicht erwerben, übrigens verfolgte er dessen wissenschaftliche Thätigkeit mit grosser Aufmerksamkeit, bis er ihn zuletzt den „Götzen der Zeit" nannte, aus dem er nie etwas Grosses habe machen können.

XI

1831 — 1835.

Den äussern Anstoss, dessen es bedurfte, ihn für immer von
Berlin zu scheiden, gab endlich die Cholera, welche im Sommer
1831 ihren Schreckenszug dorthin lenkte und am **14.** November
seinen grossen Antagonisten Hegel hinraffte. Im September 1853
schreibt er aus Frankfurt an Frauenstädt: „Sie haben einen
Choleraanfall gehabt! und wenn es auch nur Cholerine gewesen
ist, so ist es doch in meinen Augen eine erschreckliche Begebenheit; da ich ein Choleraphobe von Profession bin und bloss als
solcher seit 1831 hier wohne, in diesem cholerafesten Ort." Zunächst entfloh er also nur der Epidemie; erst später beschloss er,
sich im südlichen Deutschland als Privatgelehrter niederzulassen
und wählte Frankfurt, gegen den Rath seiner Mutter, der diese
Stadt „für eine grosse zu klein, für eine kleine zu gross und im
ganzen ein Klatschnest" zu sein schien, einzig und allein seiner
gesunden Lage und Comforts wegen. Er fand Alexander von Humboldt's Bemerkung sehr treffend, dass sich Frankfurts Klima zu
dem Berlins verhalte, wie das Mailands zu dem Frankfurts. Seiner Constitution entsprach letzteres je länger desto besser, sodass
er im April 1854 an Frauenstädt schreiben konnte: „Viel Selbstmord in Berlin? Glaub's; ist physisch und moralisch ein ver-
maledeites Nest, und ich bin der Cholera sehr dankbar, dass sie

mich vor 23 Jahren daraus vertrieben hat und hieher, ins mildere Klima und sanftere Leben. Guter Ort für eine Eremitage."

Gleichwol erkrankte er nicht lange nach seinem Ueberzuge und verfiel in die düsterste Stimmung, sodass er wochenlang keinen Menschen sprach. Kein Wunder, nach dem Verluste der Subsidien und Zerstreuungen, deren sein intellectuelles und geselliges Leben bis dahin genossen hatte. Dazu die nicht mehr zweifelhafte gänzliche Verdunkelung des Werks, mit dem er die Zeitgenossen vergebens beschenkt hatte, und die verfehlte akademische Laufbahn! In dieser Verlassenheit knüpft er im October 1831 die Verbindung mit der ihm räumlich jetzt nähergerückten Schwester wieder an.

Adele antwortet ihm am 12. October von Bonn: „Dein Brief, lieber Arthur, hat mich überrascht und erfreut; dass du nach Frankfurt geflüchtet, wusste ich durch Briefe, aber sonst ist mir seit Jahren keine Nachricht gekommen ... Lieber Arthur, du willst von der Vergangenheit schweigen, du magst nichts über dich sagen, und so gern ich viel früge, begreife ich dein Gefühl viel zu gut, um dich irgend zu quälen. Dass wir uns einander so nahe sind, hat etwas sehr wohlthuendes für mich, es scheint mir möglich, dich zu sehen, und glaube mir, wenige Stunden Gesprächs würden bei Menschen unserer Art mehr thun als hundert Briefe ... Dies Blatt soll nur als Vorläufer eines zweiten dir sagen, dass ich unverändert und fest gehofft habe, dass wir uns einander nähern würden, und dir deinen Brief herzlich danke, obschon mir dein Schweigen früher sehr weh that. Lass das vergessen seyn. Jetzt dir ausführlichere Mittheilungen zu machen ist, das begreifst du, unmöglich; mir lag aber am meisten daran, jedes Misstrauen zu beseitigen und ein längeres Schweigen hätte dich verletzt.

„Ob du in Frankfurt den Winter über ruhig bleiben kannst, wird man bald wissen können; im Frost haben wir kein rasches Fortschreiten der Krankheit zu scheuen, jedenfalls kömmst du mir näher. Hast du irgend einen Wunsch in Hinsicht auf Bücher,

Kunstsammlungen oder dergl. so schreibe mir, ich habe sehr liebe Freunde dort*, die mir überall gern gefällig sind. Wie gern ich dein einsames Leben wenigstens mit freundlichen Minuten schmückte, wirst du, will's der Himmel, einmal einsehen lernen. Guter Arthur, lebe wohl und möglichst froh, schreibe bald deiner treuen Schwester *Adele*."

Am 27. October schreibt sie weiter: „Dir nach einem so langen Schweigen ein deutliches Bild der inneren und äusseren Gestaltung meines Lebens zu geben wird schwer sein, lieber Arthur. Dennoch muss ich es versuchen; denn es ist die einzige Art, wie wir Geschwister uns einander nähern können, was nach meiner Ueberzeugung gut für uns alle beide und gewiss doch ganz naturgemäss ist. Wenn ich irgendwo schroff erscheine, so rechne es, bitte, nicht auf meine Stellung zu dir, es ist nur so manches in der Vergangenheit was mich fest aber auch hart machte, und doch bin ich zu weiblich, um den Schmerz dieser Härte wegen weniger zu fühlen!

„Wenige sind wohl so glücklich gewesen als ich im Leben: das plötzliche Aufhören des Glücks und die Verachtung, die dieses

---

* Es waren dies vornehmlich die Familien Brentano und Willemer. Im Herbst 1822 verweilte sie zum ersten mal in Frankfurt. Damals schrieb Marianne von Willemer an Goethe, der die gegenseitige Annäherung der beiden, freilich grundverschiedenen Lieblinge wünschte: „Wie glücklich ist Frln. Adele, ihr Talent und ihren Verstand, durch Ihre Nähe belebt, für Sie und zu Ihrer Zufriedenheit zu verwenden; ich kann Ihnen nicht beschreiben, welche eigne Empfindung mich in der Anwesenheit dieses achtungswerthen Mädchens erfüllte, ein Gemisch von Demuth, Verlegenheit, und fast möchte ich sagen von Schelmerei machte die wunderbarste Person aus mir, und ich kann und muss es gestehen, die beiden male als ich sie sah, habe ich mich selbst nicht erkannt. Sie werden dies wohl begreifen, wenn es schon mir nicht ganz klar ist: die Demuth weiss ich mir zu erklären, aber den Uebermuth, der sich zu gleicher Zeit meiner bemeisterte, an dem sind Sie wohl schuld — an der Demuth gewiss." Später traten sie sich näher. (Th. Creizenach, Briefwechsel zwischen Goethe und Marianne von Willemer, Stuttgart 1877).

Aufhören mir gegen die liebsten Menschen aufzwang, brachte mich in die Mitte zwischen Wahnsinn und Tod. Ich suchte mir zu helfen und fand Mittel aus, das Leben zu ertragen, ohne Freude, aber doch ohne Klagen, und mein Körper blieb länger krank als meine Seele. Ich fand eine Frau hier am Rhein, die mich sehr lieb gewann.* Sie that viel für mich und hat mich ohne Zweifel gerettet. Wir sind jedoch nicht ihretwegen hergezogen; der Aufwand in Weimar war zu gross gewesen, es fanden sich Schulden, die mit sehr grossen Opfern meinerseits gedeckt wurden, und es war nöthig von einem anderen Anfangspunkte aus zu leben, neue Verhältnisse zu haben, aus ökonomischen Gründen. Dazu kam das Klima, welches in Weimar die Mutter zu jährlichen Badereisen nöthigte, die hier unnütz wurden, was eine Ersparniss war. Endlich lasteten die Erinnerungen bleischwer auf mir. Ich ging gern. Die herzogliche Familie starb, vieler Freunde Schicksal änderte sich, sie zogen weg und Weimar konnte uns nicht mehr fesseln, obschon es uns unvergesslich lieb bleibt.

„Hier nun leben wir ruhig. Ich wache etwas mehr über die Ausgaben und habe dennoch oft schwere Sorgen, mit denen ich dich jedoch total verschone. Wir bewohnen 6 Monate ein kleines reizendes Landhaus in Unkel und haben zwei Winter hier als Fremde gelebt. Der öftere Umzug wird mir jedoch fast allzu schwer: er sollte mir dies Jahr erspart werden, wir wollten den Winter in Jena, Eisenach und Weimar verleben; aber die Cholera kam dazwischen, wie ich dir bereits geschrieben habe.

„So bin ich denn mit dem grössten Theil unserer Möbeln hierher gekommen: wir werden hier bleiben und ich bin ganz unbeschreiblich gelassen dabei, nicht froh, nicht trübe; nicht heiter, nicht ernst; aber ruhig. Der erste Arzt hier ist mein recht herzlicher Freund, also wird alles geschehen was zu unserer Pflege nöthig. Unsere Einrichtungen sind vernünftig gemacht, so dass ich ohne drückende Sorge durchzukommen hoffe, da die Mutter

---

* Sibylle Mertens-Schaaffhausen.

fleissig arbeitet an der Herausgabe der sämmtlichen Werke. Keine einzige leidenschaftliche Empfindung bewegt mich, keine Hoffnung, kein Plan — kaum ein Wunsch; denn meine Wünsche streifen an das Unmögliche: so habe ich ihrem Flug und Zug nachsehen lernen, wie dem der Vögel in der blauen Luft. Ich lebe ungern, scheue das A l t e r , scheue die mir gewiss bestimmte L e b e n s - e i n s a m k e i t . Ich mag nicht heirathen, weil ich schwerlich einen Mann fände, der zu mir passte. Ich weiss nur Einen, den ich heirathen könnte ohne Widerwillen und der ist verheirathet. Ich bin stark genug um diese Oede zu ertragen; aber ich wäre der Cholera herzlich dankbar, wenn sie mich ohne heftige Schmerzen der ganzen Historie enthöbe. Daher ist mir deine A n g s t , da auch du dich unglücklich fühlst und oft dem Leben entspringen wolltest durch irgend einen Gewaltschritt — seltsam. Ich meine: nun man kann es abwarten. Ich kann recht gut leben und bin oft sehr heiter; aber trifft es mich — *eh bien!* einmal endigt es, mir gleichviel wann. Vorigen Winter war ich sehr trübe, ich litt sehr, es hat mich so zurückgebracht, dass ich zu sterben glaubte. Zuletzt hätte ich fast den unvernünftigen Streich gemacht eine Vernunftheirath zu schliessen; zum grossen Glück kam Einiges dazwischen, und mir war mit einem male wieder sonnenklar dass, da nun hoffentlich Leidenschaft und Liebe hinter mir liegen, ich zwar heirathen kann, aber nur einen Mann, den ich ganz beson- ders und durchaus a c h t e und geistig über oder neben mich stelle, wo er dann als Mann doch über mir stünde. Nur so könnte ichs mit klarem Gewissen — nun sieh selbst, wo findet sich das leicht? Der Mann würde sich finden; aber auch zu mir finden? Mich kennt fast Niemand, denn meine Seele hat ein Ge- sellschaftskleid wie die Venezianischen Schleier und Masken; von mir selbst sieht man nicht viel. Warum die Leute langweilen? Sie wollen wenigstens bloss oberflächliche Worte, und wenn ich denn in Gesellschaft muss, gebe ich diese . . .

„Sieh, lieber Arthur, das wäre, etwa das Aeussere der Per- son abgerechnet, Alles was von mir zu sagen wäre. Diese ungemein freie unbefangene Stellung hatte ich nie zu dir, konnte sie nicht haben: Jugend und was dazu gehört, äussere Einwirkungen, Hoffnungen und Erinnerungen zerrten an mir, ich hatte Rücksichten, Ansichten. Jetzt ist vieles anders: die Zeit hat dich gelehrt, dass mich mein freier Wille, keine Art Noth, keine Hilflosigkeit zu dir treibt. Ich bin überzeugt, dass unsere Charaktere im Guten und Schlimmen viel Aehnliches haben, wir wollen, denke ich, nun einmal sehen, wo wir zusammenpassen. Du magst die Menschen im allgemeinen nicht, ich achte sehr wenige und lebe gern allein oder mit sehr wenigen, doch bin ich nicht menschenscheu. Du glaubst die menschliche Natur zu kennen, ich manchmal auch, manchmal bescheide ich mich und glaube, dass ich anfange mich zu kennen. Lass mich dich womöglich sehen: wenn ich irgend einen Menschen zu kennen wünsche, bist du es.

„Ich glaube, du wirst den Winter in Frankfurt bleiben können; aufs Frühjahr wirst du wohl dem Süden zu d. h. nach der französischen Schweiz fliehen; gieb mir in der Nähe ein Rendezvous von ein Paar Tagen, aber wo möglich in einem kleinen unbemerkten Orte und wohin ich von hier aus leicht ganz allein reisen kann. Bis dahin schreibe mir was du willst, über dich, über Andre, über Bücher, Städte, Musik, kurz was du willst: ich werde dich herauslesen lernen, aus dem was du schreibst. Fürchte kein Spioniren; was du von deinen Verhältnissen verschweigst, werde ich nie zu errathen suchen, aus Rechtlichkeit und Faulheit. Ich glaube, es wäre gut wenn die Mutter gar nicht ahndete, dass wir uns schreiben, bin aber auch bereit es zu sagen, wenn du es willst" ...

Letzteres geschah und im folgenden Jahre richtete auch die Mutter wieder Briefe an ihn; eine Zusammenkunft der Geschwister aber fand damals nicht statt, weil Schopenhauer erkrankte. Anfangs 1832 dachte er an die Rückkehr nach Berlin; denn am 6. Februar 1832 schreibt ihm die Mutter, er möge bald in seine Heimat zurückkehren, da man jetzt am Rhein „der Ankunft der asiatischen Hyäne" entgegensehe. Am 24. Februar schreibt sie ihm weiter: „Dass du sehr krank gewesen bist und so lange, habe ich mir nicht vorgestellt." Und am 10. März: „Deine Krankheit macht mir Sorge. Ich bitte dich doch ja dich zu schonen. Worin besteht denn eigentlich dein Uebel? Graues Haar! ein langer Bart! ich kann mir dich gar nicht so denken. Auch ist es mit dem ersten wohl nicht so arg und dem zweiten ist leicht abzuhelfen. Zwei Monate auf der Stube und keinen Menschen gesehen, das ist nicht gut, mein Sohn, und betrübt mich. Der Mensch darf und soll sich nicht auf diese Weise isoliren, er kann es nie ohne geistig und auch körperlich dabei zu verlieren, und du sagst noch vollends Gottlob dazu!" Endlich am 20. März: „Was du über deine Gesundheit, deine Menschenscheu, deine düstere Stimmung mir schreibst, betrübt mich mehr als ich dir sagen kann und darf. Du weisst warum. Gott helfe dir und sende dir Licht und Muth und Vertrauen in dein umdüstertes Gemüth!"

Dazu regten ihn widerwärtige Vermögensangelegenheiten auf. Der Verwalter der Ohra'schen Güter bei Danzig, auf den seine Familie grosses Vertrauen gesetzt hatte, war mit Hinterlassung eines Kassenrückstandes gestorben. Die Mutter schreibt ihm deshalb: „Sehr zu beklagen ist, dass dieses in deiner Erbitterung gegen die Menschen, zu denen du doch auch gehörst, dich bestärken und dich düsterer und argwöhnischer machen wird als du ohnehin es schon bist."

Er hatte inzwischen den Entschluss gefasst, den Sommer über in Frankfurt zu bleiben. Mitte Juli aber siedelte er versuchsweise nach Manheim über, wohin er sich im November seine Bücher nachschicken liess. Dort indessen brachte er es noch weniger zu der verhofften innern Ruhe. Anfangs zwar schien es, als wenn die für einen Fremden weit angenehmern geselligen Verhältnisse Manheims geeignet wären, ihn Frankfurt schnell vergessen zu lassen; als Mitglied der dortigen Harmoniegesellschaft, trat er in einen Kreis freidenkender und hochgebildeter Männer, wie sie eine so kleine Stadt selten beisammen gesehen. Ich nenne nur die Namen von Itzstein, von Jagemann, Bassermann, Artaria,

Eisenlohr, Fetzer, Autenrieth, von Göler, von Roggenbach, Dr. Wedekind. Das war ganz der Ort, sein Licht leuchten zu lassen; bald jedoch musste er hören, dass er zwar um seinen Kopf, aber nicht um sein Herz beneidet werde. Dazu kamen im Frühjahr die übeln Folgen der stehenden Wasser in der Umgebung der Stadt. Wenn er dagegen die Vortheile Frankfurts in die Wagschale warf, konnte er nicht zweifelhaft sein; gleichwol fiel ihm, wie so oft in seinem Leben, die endgültige Wahl schwer. Auf dem Deckel seines Rechnungsbuchs aus jener Zeit findet sich folgende Gegenüberstellung, wobei die Parenthesen spätere Zusätze enthalten.

Frankfort:	*Manheim:*
Healthy climate	*Fine weather (intolerable heat)*
Fine country	*Silence and no throng (throng at*
Comforts of large cities	*the play and dinner)*
Changes of large cities	*More consideration*
Better reading room	*Better foreign bookseller*
The Nat. Museum	*The Harmony and its library*
Better plays, operas, concerts	*The Heidelberg library*
More Englishmen	*A truly sociable establishment*
Better coffeehouses	*Better baths in summer*
No bad water	*Spares much in books*
The Senkenberg library	*Less danger of thieves*
No inundations	*In later years a servant to keep*
Less noticed	*Nothing is* περιμάχητον *(the play)*
The gaiety of the place and all	*A nicer table in later years*
about it	*A very good supper-place.*
You are more at large and not	
so beset with company given	
by chance, not by choise and	
more at liberty to cut and to	
shun whom you dislike	
An able dentist and less bad phy-	
sicians	
Not such intolerable heat in	
summer	
*The physical Museum.**	

Im Juni 1833 endlich kehrte er nach Frankfurt zurück, um es — kleine Ausflüge abgerechnet — nicht mehr zu verlassen. So viel ich weiss, war die weiteste Reise, die er seitdem noch unternahm, ein viertägiger Ausflug an den Rhein, bis Koblenz, im August 1835.

Fast ein Menschenalter lebt er nun unter den Shopkeepers und Moneymakers, was sage ich, unter den Doctoren dieser Stadt — ungestört und unerkannt. Das „*less noticed*" geniesst er im reichsten Maasse und alle Ansprüche auf „*consideration*" müssen auf Jahrzehnde hinaus beiseite gesetzt werden. Er ist soweit gekommen, dies gern zu thun, ja zu Zeiten als Wohlthat zu empfinden, wenn er auch keine Befriedigung dabei findet. Denn er

---

Annehmlichkeiten grosser Städte
Abwechslung grosser Städte
Besseres Lesezimmer
Das Naturhistorische Museum
Besseres Schauspiel, Oper und Concerte
Mehr Engländer
Bessere Kaffeehäuser
Kein schlechtes Wasser
Die Senkenbergische Bibliothek
Keine Ueberschwemmungen .
Weniger beobachtet
Die Freundlichkeit des Platzes und seiner ganzen Umgebung
Du bist uneingeschränkter und weniger mit Gesellschaft behelligt, die der Zufall, nicht deine Wahl dir gibt, und hast die Freiheit, dir missliebigen Umgang abzuschneiden und zu meiden
Ein geschickter Zahnarzt und weniger schlechte Aerzte
Keine so unerträgliche Hitze im Sommer
Das Physikalische Kabinet.

Stille und kein Gedräng (Gedräng im Theater und bei Tisch)
Mehr respectirt
Besserer Buchhändler für ausländische Literatur
Die Harmonie und ihre Bibliothek
Die Heidelberger Bibliothek
Ein wahrhaft geselliger Verein.
Bessere Bäder im Sommer
Grosse Ersparniss an Büchern
Weniger Diebsgefahr
In späteren Jahren ein Diener zu halten
Nichts ist vielbegehrt (das Theater)
Ein besserer Tisch für spätere Jahre
Ein sehr gutes Local zum Abendessen.

ist zu stolz sich zu verbergen. Bald
Versinkt er in sich selbst, als wäre ganz
Die Welt in seinem Busen, er sich ganz
In seiner Welt genug, und alles rings
Umher verschwindet ihm. Er lässt es gehn,
Lässt's fallen, stösst's hinweg und ruht in sich —
Auf einmal wie ein unbemerkter Funke
Die Mine zündet, sei es Freude, Leid,
Zorn oder Grille, heftig bricht es aus — —

Er war nicht „der Demokrit dieses Abdera", wie er sich, nach erlangtem Ruhme, scherzend nennen mochte: er hatte keine Aemter in Frankfurt bekleidet, noch sich mit den Frankfurtern entzweit — er lebte für diese incognito; dass er „ein Sohn der berühmten Johanna Schopenhauer" war und sein Pudel war alles was sie von ihm wussten. Nur wenn ihn am Wirthstische das Bedürfniss der Unterhaltung fortriss, staunte ihn wol ein müssiger Diplomat oder ein beschaulich gewordener Bankier oder ein durchreisender Engländer an, hob auch wol die Brocken auf, die er fallen liess; sobald er sich aber in den Philosophenmantel hüllte, zogen sie sich degoutirt zurück und suchten auf gute Art loszukommen: denn es begann leicht ein unciviles summarisches Verfahren, dessen Ergebniss in seinen Mienen deutlich zu lesen stand. Konnte er sich nämlich eines Menschen, dessen er überdrüssig war, nicht anders entledigen, so benutzte er die erste beste Kleinigkeit, sich mit ihm zu überwerfen; denn er dachte, es sei besser, sich dem Vorwurf der Grobheit auszusetzen, als „am Ende noch die Zeche bezahlen zu müssen".

Heraklit sagt in einem von Stobäus* aufbewahrten Fragment: noch kein Weiser habe es dahin gebracht, ganz einsam zu leben; dies vermöge nur ein Gott oder ein Thier. Auch Schopenhauer musste seine Isolirfähigkeit mit schwerem Lehrgelde bezahlen;

---

* Florileg. (ed. Gaisf.), III, 48. — Bei Bacon lautet der Satz: „*Quicunque solitudine delectatur aut fera aut deus est*", und bei Gracian, Regel 133: „Um allein zu leben, muss man sehr einem Gotte oder einem Thier ähnlich sein."

aber den dem Sanguiniker möglichen höchsten Grad der Absonderung erreichte er nicht, wie andere, als Greis, sondern im sogenannten besten Mannesalter, das auf der altdeutschen Lebenstreppe mit „wohlgethan" bezeichnet ist, in der ersten Hälfte seines frankfurter Aufenthalts. Das dritte Lustrum seit dem Erscheinen der „Welt als Wille und Vorstellung" war verflossen, und er musste die Hoffnung aufgeben, bei dem Geschlechte, mit dem er lebte, Anerkennung zu finden. Die Zeit, in der er auf diese gewartet hatte, war ihm unter den mannichfachen Eindrücken seiner Reisen und seit der Rückkehr nach Berlin, im Strudel des grossstädtischen Lebens verhältnissmässig rasch verstrichen. Nun aber, während Hegel's Stern nach dem Tode desselben immer höher stieg, und Schelling und Schleiermacher den Rest der von diesem nicht absorbirten Interessen beherrschten, sah er sich hier, im Südwesten Deutschlands, in einer ihm völlig fremden und heterogenen Umgebung ganz auf sich selbst, ja auf einen blossen Bruchtheil seines Selbst, den intellectuellen, zurückgedrängt, und wie oft er sich auch Goethe's Worte vor die Seele rief:

> Und wenn du ganz dich zu verlieren scheinst,
> Vergleiche dich! Erkenne was du bist!

oder:

> Höchstes Glück der Erdenkinder
> Ist nur die Persönlichkeit,

und Cicero's Satz: *Nemo potest non beatissimus esse qui est totus aptus ex sese quique in se uno ponit omnia* — zur Befriedigung gelangte er bei solchem Selbstvertrauen nicht; denn um nur auf sich selbst rechnen zu können, um sich selber Alles in Allem zu sein, dazu bedürfte es mehr als blos intellectueller Genialität.

Dies erfährt jeder; aber kein einziger vielleicht von den seltenen Menschen, denen wir Genie zusprechen dürfen, hat die Vortheile und Nachtheile jener absoluten Eigenartigkeit, vermöge deren Ariost's berühmtes Gleichniss Anwendung findet: *natura lo fece e poi ruppe lo stampo* („Parerga", II, 89) sich so frühzeitig, so beharrlich und allseitig zum Bewusstsein gebracht und sich dadurch mehr in derselben bestärkt als Schopenhauer. In der That würde die Betrachtung seines Charakters den Eindruck der Erhabenheit nicht verfehlen können, wäre es wahr, was gelegentlich der Charakteristik des Moralphilosophen *Friedrich Buchholz* gesagt worden*: wie der Vorzug des Menschen sich darin erhärte, dass er mehr ein selbständiges und geschlossenes Wesen als jedes einer andern Gattung ausmache, so bestehe gewiss der höhere Vorzug der Menschen untereinander, in je höherm Grade einer vor dem andern dies in sich selbst geschlossene selbständige Wesen bilde: ein Mensch also, der in seinen Ansichten, Handlungen, seiner Gestaltung und Productivität oder in allen Berührungspunkten seines Daseins mit den Wesen seiner Gattung sich gleichsam selbst umkreise und von der Sphäre seinesgleichen durch sein abgerundetes Wesen sozusagen in dem Grade abstreife, dass nur ein kleiner Punkt der Assimilation, eine Tangente zwischen ihm und der Menschengattung sich bilde — einen solchen Menschen könne man schlechthin zu den Vorzüglichsten und Grössten zählen.

Aber die blosse Abrundung und Selbständigkeit einer Creatur gegenüber ihresgleichen kann derselben einen nur relativen Vorzug geben; absoluten Werth verleiht ihr allein ihr rechtes Verhältniss zu dem (ihr höheren) Lebensgrunde. Dass trotz dieser Geschlossenheit und Selbständigkeit geniale Menschen weit seltener im Leben glücklich werden als die gewöhnlichen, ist eine alte Erfahrung. Die sittliche Gerechtigkeit des derselben zu Grund liegenden Gesetzes, fällt allerdings nicht so leicht in die Augen. Christus fand das Eingehen eines Reichen ins Himmelreich sehr schwer**, und wie gerade das Grosse in uns Geist und Talent, wenn es am Grössten gebricht, an dem Einen was noththut, nur zum glänzendern Beweis unserer Kleinheit und Nichtigkeit dienen

---

* Kabinet Berlinischer Karaktere (ohne Ort, 1808), S. 6.

** Nicht undenkbar freilich; denn das „Nadelöhr", durch welches das Kameel mit langgestrecktem Halse und niedergebeugtem Kopfe hindurchkriecht, ist das in das Hauptthor eingesetzte Seitenthürchen des orientalischen Gehöftes.

muss und in seiner Erniedrigung des Teufels Antheil an dieser
Welt allererst gross werden lässt, lehrt uns der Dichter des „Faust".

Die Melancholie des Genies, von welcher Schopenhauer überall mit der Ueberzeugungskraft der innern Erfahrung redet, hat
einen tiefern Grund, als den intellectuellen der Erkenntniss der
Welt und deren Unfähigkeit, ihm Befriedigung zu gewähren: es
ist die kaum überwindliche Schwierigkeit seiner eigenen ethischen
Lebensaufgabe. Grosse Gedanken und schöne Werke, die ihm
die Natur verliehen, und die er der Welt wieder leiht, führen
seinen Namen durch offene Hallen in den Tempel des Ruhms,
aber sein Herz geht nur blutend durch die enge Pforte der Selbstverleugnung in das ewige Friedensreich. Nie vergesse ich meinen
Freund, als er einst bei mir das Bild Rancé's, des Abts von La
Trappe sah und mit einer schmerzlichen Geberde sich wegwendend
sagte: Das ist Sache der Gnade! Er prätendirte nie mehr zu
sein als ein gelehrter Einsiedler, kein Ascet, geschweige denn ein
Heiliger. Wer aber Lehre und Leben, Erkennen und Thun in
keiner Weise trennen will, dem wird es nicht schwer fallen, in
der Philosophie Schopenhauer's die Mängel zu entdecken, die seinem Charakter anhaften. Bedeutsam und lehrreich sind um desswillen beide erst recht. Es kommt nur darauf an, die rechte
Seite zu sehen. „Wie der schönste Menschenkörper in seinem
Innern Koth und mephitischen Dunst verschliesst", schreibt Schopenhauer in Dresden 1815, „so hat der edelste Charakter einzelne
böse Züge und das grösste Genie Spuren von Beschränktheit und
Wahnsinn."

Dies drängt sich gleich bei der Betrachtung seiner Lebensöde
auf. Man hat sich gewundert, wie ich überhaupt von Schopenhauer's Einsamkeit habe sprechen können, indem man sich den
äusseren Menschen, wie er an der Wirthstafel, im Theater und
Concert zu sehen war, vergegenwärtigte; aber ich sage: Nie hat
ein Mensch, obgleich mitten in der Gesellschaft stehend und vertraut mit allem was sie trägt, sich einsamer gefühlt als Schopenhauer. Der indische Anachoret ist ein geselliges Wesen im Ver-

gleiche mit ihm; denn bei jenem beruht die Absonderung nur auf praktischen Motiven, bei ihm war sie zugleich Resultat der Erkenntniss. Daher erreichte dieses Gefühl in seinem Bewusstsein eine intensive Stärke, die es mit der blossen Abgeschiedenheit von aussen nicht vergleichen lässt.

Wenn Pascal, dessen Geist er nicht mit dessen Gläubigkeit zu vereinigen wusste*, sagt: „L'homme qui n'aime pas que soi, ne hait rien tant que d'être seul avec soi. Il ne recherche rien que pour soi et ne fuit rien tant que soi; parce que quand il se voit, il ne se voit pas tel qu'il se désire et qu'il trouve en soi même un amas de misères inévitables et un vide de biens réels et solides qu'il est incapable de remplir" — so bemerkt Schopenhauer hierzu: „L'amour ou la haine de la solitude ne dépendent pas de la bonté ou méchanceté du cœur mais de la richesse ou pauvreté naturelle de l'esprit." Er war also weit entfernt, seiner Fähigkeit zur Absonderung von den Menschen, sich in moralischer Hinsicht zur Ehre zu rechnen. Aber täuschte er sich nicht über das Glück, das er in seiner Isolirung finden wollte, insofern diese für ihn doch nur ein geringeres Uebel war als die Gesellschaft, mit der es ihm schwerer ward auszukommen, als mit ihm selbst? Wie ihm alles Glück negativer Art zu sein schien, so war auch dieser negative Werth der Einsamkeit für ihn so gross, dass er nach der Maxime des Aristoteles: ἡ ευδαιμονια των αυταρκων εστι, den Genuss derselben in das sich selbst Genügen setzen konnte, während damit in Wahrheit nur die Unzuverlässigkeit aller äussern Quellen des Wohlseins, nicht aber auch das behauptet werden kann, dass wir die in unserm Innern fliessenden ganz aus eigenen Mitteln herzuleiten vermöchten.

Wir finden in dem Leben des Genies den scheinbaren Widerspruch, dass es ungewöhnlich frühe reif wird und doch ebenso

---

* Er macht zu den „Pensées" die Bemerkung: „*Quoi de plus étonnant, que de voir un homme d'esprit comme Pascal avoir la lâcheté de subjuguer cet esprit aux dogmes d'une religion positive!*"

ungewöhnlich lange Kind bleibt. Zur Beleuchtung dieser Erfahrung, dient die Lehre Schopenhauer's vortrefflich. Die Welt als Vorstellung nämlich, umfasst der von der Herrschaft des Willens relativ freigegebene Intellect des Genies leichter und schneller als der gewöhnliche Mensch, und wenn es gleich, seiner ursprünglichen Anlage gemäss, für die Erkenntniss des Einzelnen, für dieses oder jenes besondere Gebiet der Erfahrung zuweilen weniger Sinn hat, das Unterscheidende innerhalb dieser Gebiete schwerer erfasst, als selbst das gemeine Talent, so beherrscht es doch das Ganze der Erscheinungen, vermöge seiner grössern Objectivität, freier und findet die Uebergänge aus einer Sphäre der Welt in die andere sicherer heraus. Dagegen auf dem Boden des unmittelbaren Seins, im untheilbaren Leben des Willens steht das Genie, kraft seines von dessen Dienst freigegebenen Intellects, der Welt selbständiger und deshalb fremder gegenüber. Die Aneignung geht hier nur langsam und unter heftigen Krisen von statten. Die geniale Individualität löst — wenn ich, bei Schopenhauer's Anschauung bleibend, so sagen darf — ihren ausserzeitlichen Rapport in der Erscheinung später und niemals bis zum mittlern Grade, setzt ihrer Entfaltung in diesem Leben den zähesten Widerstand entgegen, indem sie nur scheu und ungelenk jedes neue Verhältniss, dessen tiefern Eingriff instinctiv scheuend, anknüpft und sich so länger die ursprüngliche Form des Gemüths bewahrt, die uns aus den Augen der Kindheit entgegenlacht.

Daher sieht sich dem „den sichern Schatz im Herzen" tragenden Genius das Spiel des Lebens **nur in der Vorstellung** leichter an, im Willen aber schwerer, und der wehmüthige Blick, den er, je weiter er im Leben fortschreitet, desto sehnsüchtiger nach der entschwindenden Kindheit zurückwirft, ist der Ausdruck des Gefühls dieser unüberwindlichen „Schwere des Daseins". Das Urbild oder Ideal seines Lebens, das jedem Menschen, weit vollkommener und inniger aber dem Genie eingeboren ist, und das es mit der ganzen ursprünglichen Fülle seiner Kraft gestalten will, zeigt sich ihm in der Kindheit nur erst **ästhetisch**, in wunderbaren Farben und Formen; je mehr es heranwächst und den Widerstand der Welt, nicht allein ausser ihm, sondern auch in ihm, in der Nachtseite seines urkräftigen Willens, der Leidenschaft, gewahr wird, desto mehr enthüllt sich ihm die Unmöglichkeit, es zur lebendigen Wahrheit zu bringen: das Bild der Glückseligkeit *(le rêve de bonheur)* erbleicht hinter der ernsten Pflicht es e t h i s c h darzustellen, d. h. es im Glauben zu bewahren und in der Liebe zu wollen, ohne die Hoffnung irgendwelcher zeitlichen Befriedigung.

Dieser rein sittlichen Aufgabe, deren Lösung über Glück oder Unglück seines Lebens entscheidet, ist die Vollkommenheit und Innigkeit des ihm einwohnenden Urbildes nicht fördernd, sondern geradezu hindernd und störend: weil dessen grosser Abstand vom wirklichen Leben die Anknüpfung an die erniedrigenden Bedingungen desselben, die demüthigende Rücksicht auf die „Forderung des Tags" jeden Schritt im Handeln erschwert und der falsch bemessene Anlauf die Kraft immer neu beirrt und entmuthigt. Dem Künstler freilich gelingt es eher, sich zurechtzusetzen mit der Welt, die des Schönen so viel hat, und wenn er je verzagen wollte, strömt er sein Herzblut in Bild und Gedicht aus, deren Schein die fehlende Wirklichkeit des Ideals zwar nie ersetzt, aber doch für Augenblicke vergessen lässt. Dagegen der arme einsame Denker, dem kein Gott gab, zu sagen, was er leidet — denn die Wissenschaft trägt keine Gefühle hinaus, sie hat nur Vorstellungen und Gedanken — zieht sich scheu zurück aus dem regen Handel dieser Welt: er eilt vom lauten Marktplatze des Lebens wie ein geschlagenes Kind, aus Furcht sein Alles zu verlieren, sich selbst abtrünnig werden zu müssen, wenn er sich fügte.

Diese Nachtheile des Genies also, die er im 31. Kapitel des 2. Bandes der „Welt als Wille und Vorstellung" mit der schlagenden Wahrheit eigenen Erlebnisses schildert, sind vielleicht nie mit so klarem Bewusstsein empfunden worden wie von Schopenhauer. Bei ihm hatte die Natur ein übriges gethan, sein Herz zu isoliren, indem sie es mit Argwohn, Reizbarkeit, Heftigkeit und Stolz in einem mit der *mens aequa* des Philosophen fast unvereinbaren,

Maasse bedachte. Vom Vater angeerbt, war ihm jene von ihm selbst verwünschte und zeitlebens mit dem ganzen Aufwande seiner Willenskraft bekämpfte, an Manie grenzende Angst, die ihn zuweilen bei den geringfügigsten Anlässen mit solcher Gewalt überfiel, das er blos mögliches, ja kaum denkbares Unglück leibhaftig vor sich sah. Eine fruchtbare Phantasie steigerte diese Anlage manchmal ins Unglaubliche. Schon als sechsjähriges Kind fanden ihn die vom Spaziergange heimkehrenden Aeltern eines Abends in der vollsten Verzweiflung, weil er sich plötzlich von ihnen für immer verlassen wähnte. Als Jüngling quälten ihn eingebildete Krankheiten und Streithändel. Während er in Berlin studirte, hielt er sich eine Zeit lang für auszehrend. Beim Ausbruch des Kriegs bildete er sich ein, zum Kriegsdienste gepresst zu werden. Aus Neapel vertrieb ihn die Angst vor den Blattern, aus Berlin die Cholera. In Verona ergriff ihn die fixe Idee, vergifteten Schnupftaback genommen zu haben. Als er 1833 im Begriffe war Manheim zu verlassen, überkam ihm ohne alle äussere Veranlassung ein unsägliches Angstgefühl. Jahrelang verfolgte ihn die Furcht vor einem Criminalprocesse, vor dem Verluste seines Vermögens und vor der Anfechtung der Erbtheilung seiner eigenen Mutter gegenüber. Entstand in der Nacht Lärm, so fuhr er vom Bette auf und griff nach Degen und Pistolen, die er beständig geladen hatte. Auch wenn keine besondere Erregung eintrat, trug er eine fortwährende innere Sorglichkeit in sich, die ihn Gefahren sehen und suchen liess, wo keine waren. Sie vergrösserte ihm die kleinste Widerwärtigkeit ins Unendliche und erschwerte ihm vollends den Verkehr mit den Menschen.

Wie sich selbst, so quälte er die, welche mit ihm umgingen, durch seinen Argwohn. Selbst seinem stets bewährten Freunde von Lotzow gegenüber, dem er vor seiner Flucht aus Berlin 1832 seine Manuscripte anvertraut hatte, trieb er es damit so weit, dass dieser ihm einmal schrieb: „Ich ängstige mich und leide nicht, wenn von Ihren Papieren gesprochen wird, damit nicht Jemand Staatspapiere darunter suche: wahrhaftig, ich bin Johann der arme Seifensieder, der einen Schatz bewachen muss — zuletzt überrede ich mich sogar, dass ich Dank verdiene und würde den wohl eher erhalten als — Vertrauen."

Seine Werthsachen hielt er dergestalt versteckt, dass trotz der lateinischen Anweisung, die sein Testament dazu gab, Einzelnes nur mit Mühe aufzufinden war. Seit seiner zweiten italienischen Reise führte er sein Rechnungsbuch englisch und bediente sich bei wichtigen Geschäftsnotizen des Lateinischen und Griechischen. Um sich vor Dieben zu schützen, wählte er täuschende Aufschriften, verwahrte seine Werthpapiere als *Arcana medica*, die Zinsabschnitte besonders, in alten Briefen und Notenheften und schwere Goldstücke als Nothpfennige unter dem Tintenfasse im Schreibpult. Nie vertraute er sich dem Scheermesser eines Barbiers an; auch führte er stets ein ledernes Becherchen bei sich, um beim Wassertrinken in öffentlichen Localen keiner Ansteckung preisgegeben zu sein. Die Spitzen und Köpfe seiner Tabakspfeifen nahm er nach jedesmaligem Gebrauche unter Verschluss.* Aus Furcht vor dem Scheintode verordnete er, dass seine Leiche über die gewöhnliche Zeit hinaus offen beigesetzt werden solle. Nach den betrübten Erfahrungen, die er in seiner Aeltern sowie in seinen eigenen Vermögensangelegenheiten gemacht hatte, kann es unter solchen Umständen noch weniger wundernehmen, dass er später in allen Vertragsverhältnissen stets fürchtete betrogen zu werden. Bacon's Satz, dass aller Argwohn auf Unwissenheit beruhe, verwarf er und dachte mit Chamfort: der Weisheit Anfang sei die Furcht vor den Menschen. Demosthenes habe recht, wenn er sage: Wälle und Mauern seien eine gute Schutzwehr, die beste aber sei die απιστια, das Misstrauen. Nach dem Wahlspruche des Bias: οἱ πλειστοι ανϑρωποι κακοι, die meisten Menschen sind schlecht, nach den Maximen Leopardi's: „*l' impostura è anima*

---

* Aehnliche Eigenheiten der unglaublichsten Art kommen übrigens bekanntlich im Leben vieler grossen Männer, insbesondere bei Kant vor. *Il n'y a si grande folie que de sage homme.*

della vita sociale" und „*il mondo è una lega di birbanti contro gli uomini da bene, e di vili contro i generosi*" (der Betrug ist die Seele des socialen Lebens, die Welt ist ein Bund der Schelme gegen die Guten und der Niedriggesinnten gegen die Edelmüthigen), dachte und handelte er nicht allein, sondern er lieh denselben gelegentlich auch ungescheut Worte. Dass er damit häufig Anstoss erregte, das Ehrgefühl manches ehrlichen Menschen, mit dem er in Berührung kam, empfindlich verletzte und sich stets von neuem Gegenstösse unsanfter Art zuzog, vermochte ihn nicht zu bekehren. Vergebens hatte ihn Chamisso in Berlin einst gewarnt, den Teufel nicht zu schwarz zu malen, ein gutes Grau sei ausreichend; die Wurzeln des Misstrauens reichten zu tief in sein unveräusserliches Wesen, seinen Willen hinab, zusammenhängend mit jenem exorbitanten Fremdlingsgefühl, dem unsäglichen Heimweh, das er in diese Welt mitgebracht und das ihm von Jahr zu Jahr die Brust mehr beklemmte. Ja, er hielt die Misanthropie zuletzt für die nothwendige Mitgift jedes besser angelegten Menschen, nach jenem von Chamfort oft wiederholten Satze, dass wer mit vierzig Jahren kein Misanthrop sei, die Menschen nie geliebt habe.

Derselbe Mann, der als obersten Satz der Moral lehrte: *Tattwam asi*, d. i. der beste Mensch sein, heisst zwischen sich und den andern den wenigsten Unterschied machen, der schlechteste, den meisten — hatte das Schicksal die tiefe unerschütterliche Ueberzeugung durch sein Leben zu tragen, dass ihn Sternenweiten von denen trennten, mit denen er leben, die er lieben sollte. Dieses wunderbare Heimweh des Genius, welchem vor unserm Philosophen zwei deutsche Dichter, Schiller und Hölderlin, in unnachahmlichen Weisen, besonders aber in „Ideal und Leben" und in dem ergreifenden „Schicksalslied Hyperion's" Sprache verliehen, findet sich hier, bei dem deutschen Denker theoretisch begründet und praktisch dargestellt. Es ist der Angelpunkt seiner Lehre wie seines Lebens, und gleichwie die erstere keine ausgeführte Heilsordnung, kein neues Testament hat, so fehlt auch dem letztern

die Positive, die „siegreiche Vollendung". In der Negative aber steht
er als Denker und Dulder zu erhaben über dem *vulgus profanum*
unserer optimistischen Kleinhändler, als dass es diesen jemals gelingen könnte, seinen Werth in ihren eigenen Staub hinabzuziehen.
Mit dem Vertrauen auf die Welt und die Menschen hatte er
allerdings auch den unbefangenen Blick auf dieselben verloren und
seine Hülflosigkeit, sich mit den .Erscheinungen zurecht zu setzen,
wuchs in dem Maasse, in dem all sein Sinnen und Denken sich
auf das Wesen derselben zu spannen bemüht war. Aber wahrlich, er konnte mit Goethe von sich sagen:

> Ohne diese Verrücktheit
> Wär' ich nicht so weit gekommen,

weshalb auch jenes Wort des Martial auf ihn bezogen werden
darf, welches schon Helvetius im gleichen Sinne verwendet, *si
non errasset, fecerat minus!* Hätte sein Geist nicht die Schwächen
und Mängel gehabt, die er hatte, so würde er auch ohne Zweifel
in seiner Stärke nicht so excellirt haben, wie er gethan. Dies
ist nun einmal das Los unvollkommener, im Irrthum strebender
und im Streben irrender Geister, dass ihre Kraft nach der einen
Seite nothwendig Abbruch leidet, wenn sie nach der andern über
das mittlere Maass hinaus wächst. Daher scheint alle menschliche Genialität durch einen unvermeidlichen Excess bedingt, der
sie für das Leben in dieser Welt so wenig geschickt macht, dass
die grossen Dichter fast immer unglücklich und die grossen Denker fast immer menschenscheu gewesen sind.

Schopenhauer hatte dessen vor sich selbst kein Hehl. Nicht
selten klagte er, dass er so viele und schöne Gelegenheit, sein
Leben zu fördern, habe unbenutzt liegen lassen und dass er doch
nicht anders gekonnt hätte. Wenige Zeit vor seinem Tode erzählte er mir lächelnd, dass .er jemand auf dem Bahnkörper
der städtischen Verbindungsbahn habe gehen sehen, wo er auch
gern gegangen wäre, wenn ihn nicht eine Warnungstafel zurückgeschreckt hätte, die es verbot, und als er den Fremden gefragt,

wie dieser es wagen könne, derselbe ihm erwidert habe: „wenn ich so ängstlich wäre, wie Sie, hätte mich längst der Teufel geholt." Und mich, wenn ich nicht so wäre! versetzte er ohne Bedenken.

Wie der Knabe in dies Leben hineinsah, mit dem erstaunten Blick auf das durch Hunger und Geschlechtslust erhaltene Getriebe dieser Welt*; wie der Jüngling ihr scheu entgegentrat, seine eigene innere Welt verbergend; wie der Mann ihr fremd und feindlich gegenüber stand — *a vulgo longe longeque remotus, solutus omni foenore*; wie der Greis endlich sie tief unter sich erblickte und sein feuriges klares Auge in stolzer Resignation erkaltete — dies müsste man darstellen können, die trübselige Einsamkeit, die grenzenlose Oede seines Daseins, die unsägliche Menschenverachtung, die Härte des Stolzes, mit dem er sein Herz wie mit einem Panzer umgab, der es selbst zu verhärten drohte, ethisch verständlich zu machen und dem Charakter des Mannes vor der Welt den Platz zu wahren, der ihm gebührt.

In seinem Sinne lag es, zum Maassstab seines moralischen Werths den Grundsatz Richard Price's anzunehmen: „*The intellectual nature is its own law*"; wollen wir ihm aber wahrhaft gerecht werden, so müssen wir sagen, dass das Gesetz, das er der Welt gab, grösser war als sein Leben, und sein tiefsinniger Blick in die Verworfenheit, in den Abfall und Verfall des irdischen Daseins zugleich mit den Schwächen und Härten seines Eigenwillens versöhnt: „*Chacun a les defauts de ses vertus!*" Wir schauen die göttlichen Ideen wol, aber sie blenden unser sterbliches Auge, dass die Schritte unsicher werden und das Nächstliegende uns täuscht und beirrt, ohne doch das erhabene Bewusstsein des gestörten Urbildes aus der Seele verwischen zu können.

Dem Knabenalter kaum entwachsen, hatte er seine Stellung in dieser Welt und zu derselben bereits deutlich genug erkannt, um auf seine Lebensführung jenes Wort Chamfort's anzuwenden: „*Il*

---

* Vgl. Schiller's Gedicht „Die Weltweisen".

y a une prudence superieure à celle qu'on qualifie ordinairement de ce nom, elle consiste à suivre hardiment son charactère, en acceptant avec courage les désavantages et les inconvénients qu'il faut produire." Derselbe energische Instinct, mit dem sein forschender Geist, unbekümmert um alles, was sich ihm entgegenstemmte, um die zähe Stumpfheit des gemeinen Menschenverstandes wie um den Gegenstrom der Modephilosophie seiner Zeit, ja mehr noch um den Zeitgeist selbst, den Punkt traf und festhielt, von dem aus das Räthsel des Daseins ihm begreiflich und die archimedeïsche Kunst, die Welt zu bewegen, ohne Selbstbetrug möglich wurde — derselbe Instinct war es, der seine Handlungen leitete. Wegen der moralischen Dignität derselben war ihm dabei nicht bange; denn mit Polonius, dessen Reisesegen an Laërtes ihm auf seiner Lebensreise als Talisman diente, dachte er: *This above all: to thine own self be true!* (Dies über Alles: sei wahr gegen dich selbst). Als einst seine Mutter bei einem Freunde bitter über ihn klagte, musste sie doch gleich bekennen: „Wahrheitsliebe ist seine grösste Tugend*: nie habe ich eine Lüge aus seinem Munde gehen hören." Bei Gott, ein schönes Zeugniss für den Philosophen! Dieses stets wache Gefühl für Wahrheit und Recht, bewahrte er sich in herzgewinnender Frische und Reinheit durchs ganze Leben. Die hochgeborene Naivetät, mit welcher der Jüngling dieses Gefühl einer Welt voll Eigennutz und Gemeinheit entgegentrug, diesen Adel seiner Natur konnte auch der zum Menschenverächter gewordene Mann, in der grössten Verödung seines Gemüths, zu keiner Zeit verleugnen: unwillkürlich brach es, wie die Sonne im Winter, durch seine tiefe Menschenscheu hindurch und bewies,

---

* Es war auch die einzige, die er sich selbst zugute hielt. In einem Briefe *von Lotzow's* heisst es: „Sie haben schon öfter mündlich und schriftlich alle Tugenden ausser der Aufrichtigkeit verschmäht und man muss sich bei Ihnen schon begnügen, wenn Sie im Vergleich mit der Stärke der Erkenntniss auf Ihren Charakter wenig Werth legen — wie Napoleon's Leibarzt ihn nicht von einer veralteten Krätze heilen wollte, um nicht der Energie seines Charakters zu schaden."

seiner Lehre vom Willen zum Trotz, dass nicht sein Kopf allein, sondern auch sein Herz sich eines höhern Daseins bewusst war.

Obwol, wie es in jenem Reisesegen weiter heisst, so gewiss wie die Nacht dem Tage folgt, dass der, welcher gegen sich selbst wahr ist, nicht falsch gegen irgendwen sein kann, so förderte ihn diese seine Offenherzigkeit im Verkehr mit den Menschen doch so schlecht, dass er bald den Grundsatz annahm: „*It's safer trusting fear than faith*" und sich ermahnte, immer eingedenk zu sein, dass er sich nicht in seiner Heimat, nicht unter Wesen seinesgleichen befinde; sondern durch ein hartes, sonderbares und nur durch Erkenntniss zu erleichterndes Schicksal unter denen leben müsse, die ihm fremder seien als dem Europäer die Chinesen, unter den Vögeln, den *bipedes*, den *hombres che no lo son*. Die Erkenntniss des Plautischen *homo homini lupus*, Andern zufällig, beruhte bei ihm auf einem nothwendigen Instinct. Und wie man gefährliche Bestien wol fürchtet, aber nicht hasst, so hielt er es mit den Menschen. Nicht μισανθρωπος (Menschenhasser), sondern καταφρονανθρωπος (Menschenverächter) wollte er sein. Um die, welche es verdienen, d. h. fünf Sechstel der Menschheit nach Verdienst verachten zu können, sei die erste Bedingung, dass man sie nicht hasse, also müsse man keinen Hass in sich aufkommen lassen; denn was man hasse verachte man nicht ganz. Das sicherste Mittel hinwiederum gegen den Menschenhass sei eben die Menschenverachtung; aber eine recht gründliche, das Resultat einer ganz deutlichen und klaren Einsicht in die unglaubliche Kleinlichkeit ihrer Gesinnung, die enorme Beschränktheit ihres Verstandes und den grenzenlosen Egoismus ihres Herzens, daraus schreiende Ungerechtigkeit, blasser Neid und Bosheit, bisweilen bis zur Grausamkeit hervorgehen: das alles mit reichlichen Belegen aus dem Leben, der Geschichte und Literatur.

Schon mit dreissig Jahren war er es herzlich müde, Wesen für seinesgleichen ansehen zu müssen, die es wahrhaftig nicht seien. Solange die Katze jung sei, spiele sie mit Papierkügelchen, weil sie solche für lebendig, für etwas ihr selber ähnliches halte;

aber wenn sie älter geworden, wisse sie was es sei und lasse es liegen. So sei es ihm mit den Menschen gegangen. *Similis simili gaudet*: um von den Menschen geliebt zu sein, müsste man ihnen ähnlich sein; das aber hole der Teufel! Was sie zusammenbringe und zusammenhalte, sei ihre Gemeinheit, Kleinheit, Plattheit, Geistesschwäche und Erbärmlichkeit. Daher sei sein Gruss an alle Zweifüsser: *pax vobiscum, nihil amplius!* Der Mensch edlerer Art glaube in seiner Jugend, die wesentlichen und entscheidenden Verhältnisse und daraus entstehenden Verbindungen zwischen Menschen seien die ideellen, die auf Aehnlichkeit der Gesinnung, der Denkungsart, des Geschmacks, der Geisteskräfte beruhenden; allein er werde später inne, dass es die reellen sind, d. h. die, welche sich auf irgendein materielles Interesse stützen. Diese liegen fast allen Verbindungen zum Grunde: sogar habe die Mehrzahl der Menschen keinen Begriff von andern Verhältnissen.

Die meisten verglich er den Rosskastanien, die das Aussehen der echten haben, aber durchaus ungeniessbar seien. In der ersten Zeit seines frankfurter Aufenthalts ging er deshalb damit um, sich eine Dose machen zu lassen, auf deren Deckel in Mosaik zwei schön glänzende Kastanien abgebildet wären mit einem Blatte, das sofort verrathen sollte, dass es wilde seien. So sollte ihm die Maxime bei jeder Prise, die er während der Unterhaltung nahm, ins Gedächtniss gerufen werden (wobei er den Neugierigen mit einer Ausrede dienen konnte, da das Schnupfen von Rosskastanienpulver den Kopf aufhellen soll!). Ganz in Uebereinstimmung mit diesem Symbol fand er nachmals im „Kural" des Tiruvalluver die Sentenz: „das gemeine Volk sieht wie Menschen aus; ich habe nie etwas dem Menschen so Aehnliches gesehen."* Sehr

---

* Nach der Version des italienischen Jesuiten Beschi, eines ausserordentlichen Kenners der tamulischen Sprache und Literatur, der selbst tamulisch schrieb. Nach der Commentation des Parimêla l'akar dagegen, welchem C. Graul (Bibl. Tamul., III, 140) folgt, lautet die Stelle: „Etwas diesem Gleiches hab' ich nie gesehen."

viele seien ein Amalgam von Schlechtigkeit und Dummheit, die daher in ihnen schwer zu unterscheiden seien. Der englische Ausdruck „*a dull scoundrel*" bezeichne sie am besten. Goethe, sagte er, schrieb mir ganz seinem Charakter gemäss ins Stammbuch:

> Willst du dich deines Lebens freuen,
> So musst der Welt du Werth verleihen;

ich aber dachte lieber mit Chamfort: „*Il vaut mieux laisser les hommes pour ce qu'ils sont, que les prendre pour ce qu'ils ne sont pas.*" Und französisch weiter denkend fügte er hinzu: „*Rien de si riche qu'un grand soi même!*" Fast jeden Contact mit Menschen hielt er in seinem reifern Alter für eine *condamination*, ein *defilement*. Sie seien so beschaffen, dass wer im Laufe seines ganzen Lebens am wenigsten mit ihnen sich zu thun gemacht habe, der Weiseste gewesen sei. Goethe habe das Gegentheil deplorirt, bei Eckermann. Man müsse durchdrungen sein von der Ueberzeugung und sie stets gegenwärtig haben, dass man heruntergekommen sei in eine Welt, die von moralisch und intellectuell erbärmlichen Wesen bevölkert sei, zu denen man nicht gehöre, deren Gemeinschaft man daher auf alle Weise zu meiden habe: man solle sich ansehen und benehmen wie ein Brahmine unter Sudras und Parias. Die wenigen Bessern solle man, je nachdem sie es seien, schätzen und ehren. Zur Belehrung der Uebrigen, nicht zur Gemeinschaft mit ihnen sei man geboren. Man müsse sich gewöhnen, sie als eine uns fremde Species anzusehen, die nur der Stoff unsers Wirkens sei. Ueber ihre moralisch und intellectuell elende Beschaffenheit solle man täglich meditiren, und sich vorhalten, dass man ihrer nicht bedürfe und ihnen fern bleiben könne. Da der Schlechteste und Geringste doch noch in vielen Stücken, nämlich physischen und moralischen, unsersgleichen sei, werde er immer suchen, diese in den Vordergrund zu bringen und das, wodurch wir besser seien, zur Nebensache zu machen; wie schon Shenstone bemerkt: „Der grosse Haufen hat einen feinen Spürsinn für deine Fehler, denn du hast sie mit ihm gemein:

aber was dich auszeichnet und worauf er keine Ansprüche, hat,
kommt ihm nicht in den Sinn." Und da sie nur Macht und Gewalt achten, müsse man sie entweder unschädlich machen, oder
meiden können. Wegen des Neides der menschlichen Natur, sei
es nicht anders möglich, als dass die, welche geistlos und stumpf
seien, einen geheimen Widerwillen hegen gegen die geistig Hochgestellten, die Schlechten und Verworfenen gegen die Rechtschaffenen
und Edeln, wenn sie auch bisweilen Vortheil und Kurzweil von
diesen Gegenständen ihres geheimen Grolls einernteten und solche
deshalb temporär suchten. Ebenso müssten die, welche den Edel-
muth der Gesinnung oder den Grad der Klarheit der Intelligenz,
die sie selbst besitzen, stets vergeblich suchten, nothwendig endlich anfangen, sie im Stillen zu verachten. Darauf beruhe die
zwiefache Isolation jedes Vortrefflichen, dessen Ueberlegenheit der
bipes, wenn er sie bemerkt habe, so instinctmässig dissimulire,
wie ein Insekt sich todt stelle, denn er dissimulire sie sich selber.

Merck's „Lindor" war ihm ein „*libellus vere aureus*": hier
sah er sich im Spiegel. Stellen wie diese: — „Sein Witz und
Humor machten ihn zum angenehmen Gesellschafter, und obgleich
sein edles Herz ihm überall Freunde hätte erwerben sollen, so
fand er doch wenige. Da er sich durch seine Perspicacität immer
zum beständigen Urtheil über Menschen und Dinge hinreissen liess,
so wurden oft seine Entscheidungen hart und scharf; und wenn
er einem Thoren, der vor tausend Jahren gelebt hatte, das Facit
machte, so war oft der Zuhörer, und wenn es auch *tête-à-tête* geschah, unschlüssig, ob es nicht eine Anspielung sei, die ihm
gelte" — mutheten ihn an wie Scenen aus seinem Leben. Auch
kann man Schopenhauer's Charakter nicht besser zeichnen als
Merck mit den Schlussworten Lindor's: „jeder eminente Mensch
sei wie ein Grosshändler, der nicht den Sinn für die Vortheile
habe, die der Krämer durch Ersparen, Betrug und Geschmeidig-
keit und die öftere Wiederkehr dieser kleinen Vortheile ziehe."

Es war ihm aus der Seele geschrieben, was er in einem Briefe
des jungen Goethe an Frau von Stein fand: „Die eisernen Reifen,

mit denen mein Herz eingefasst ist, treiben sich täglich fester an, sodass endlich gar nichts mehr durchrinnen wird. So viel kann ich sagen: je grösser die Welt, desto grossartiger die Farce, und ich schwöre, keine Zote und Eselei der Hanswurstiaden ist so ekelhaft als das Wesen der Grossen, Mittlern und Kleinen durcheinander. Ich habe die Götter gebeten, dass sie mir meinen Muth und Gradsinn erhalten wollen bis ans Ende und lieber das Ende mögen verrücken, als mich den letzten Theil des Zieles lausig hinkriechen lassen. Ich bete die Götter an und fühle doch Muth genug, ihnen ewigen Hass zu schwören, wenn sie sich gegen uns betragen wollen wie die Menschen."* Schopenhauer sah in diesem mehr ästhetischen Widerwillen sogar seinen Vortheil: denn wenn man die äusserlichen Widerlichkeiten der Menschen in Physiognomien und Manieren beim ersten Anblick recht lebhaft empfinde, so werde man von der nähern Bekanntschaft abgehalten, was in den meisten Fällen reiner Gewinn sei. Die Menschen seien wie sie aussehen: und etwas viel Schlimmeres könne man von ihnen nicht sagen. Man möge nur die Gesichter betrachten, an die man noch nicht gewöhnt sei, und man werde sich oft schämen ein Mensch zu sein. Es sei immer verwirrend und oft gefährlich, wenn Erscheinung und Wirklichkeit weit voneinander abständen: deshalb liebe er es, wenn die Welt seinem Auge so öde erscheine, wie sie es seiner Vernunft sei.

Sehen wir aber, wie seine Lehre ihm selbst vorhält, dass einerseits der Wille als „die Wurzel unsers Wesens", als „der gemeinsame Stoff aller Wesen, das durchgängige Element der Dinge" („Parerga", Bd. 2, §. 348) dem Individuum sowenig einen Vorzug geben kann, dass dasselbe vielmehr ganz davon zurückgebracht werden soll, ja dass gerade um desswillen die Erkenntniss allein dem individuellen Leben Frieden und unsterblichen Ruhm verleihen soll, und doch hinwiederum andererseits den „moralischen Eigenschaften", dem „Charakter" ausschliesslich die

---

* Brief aus Berlin 1778, I, 169.

höchste Werthschätzung vorbehalten bleibt, dass „die Güte des
Herzens" als eine transcendente Eigenschaft einer über dieses
Leben hinausreichenden Ordnung der Dinge angehört und, mit
jeder andern Vollkommenheit incommensurabel, allein die echte,
in der Demuth wurzelnde Selbstzufriedenheit erzeugt; wogegen
„der Grundbass intellectueller Ueberlegenheit" gerade wie der des
Stolzes auf körperliche Vorzüge jener Ausspruch des Hobbes ist:
„*omnis animi voluptas omnisque alacritas in eo sita est quod quis
habeat, quibuscum conferens se, possit magnifice sentire de se
ipso*" („Welt als Wille und Vorstellung", II, 263); dass wir erkennen müssen, der Intellect sei die blosse Function des Gehirns,
der Wille hingegen, das, dessen Function der ganze Mensch seinem Sein und Wesen nach ist, und „der Sinn und Zweck des
Lebens sei kein intellectueller sondern ein moralischer", wie denn
schliesslich dem zur blossen Naturkraft herabgesetzten Willen die
übernatürliche Aufgabe der Selbstverleugnung zufällt — sehen
wir dies Alles, sage ich, so sind wir hier bestimmter als irgendwo auf die Nothwendigkeit der Vermittelung eines Gegensatzes
hingewiesen, der durch Schopenhauer's Denken und Thun hindurch-
geht. Der ganze Mensch soll eine Function des Willens sein und
doch soll das, was ihn zum wahren Menschen macht, mit dem Willen
nichts gemein haben. Den Verband von Wille und Vorstellung
im Subject nennt er das unlösbare Räthsel κατ εξοχην: sollte derselbe nicht vielmehr das eigentliche Problem der Philosophie sein,
welches Schopenhauer, zufrieden die beiden Pole des Geistes gefunden zu haben, liegen liess?

So wenig als möglich zu wollen und so viel als möglich zu
erkennen, sei die leitende Maxime seines Lebenslaufs gewesen;
denn der Wille sei das durchweg Gemeine und Schlechte in uns:
man solle ihn verbergen wie die Genitalien („Parerga", Bd. 2,
§. 348). Für ihn, obgleich er vorzugsweise zur objectiven Lebensart geschaffen war, musste dies eine um so schwerere Aufgabe
sein, als er mit einem der Energie seines Intellects entsprechen-
den Temperament geplagt war; denn es galt ja von ihm im vollsten

Maasse, was unter andern Shenstone sagt: „Menschen von wirklichem Genie haben starke Leidenschaften." Deshalb nannte er sein Leben ein heroisches, das nicht mit dem Philistermaass oder der Krämerelle zu messen sei, noch überhaupt nach dem Maassstab, welcher für das der gewöhnlichen Menschen gehöre, die kein anderes Dasein haben, als das des auf die kurze Spanne Zeit beschränkten Individuums. Er dürfe sich also nicht dadurch betrüben, dass er bedenke, wie ihm abgehe, was zu einem regelmässigen Lebenslaufe des Individuums gehöre: Amt, Haus, Hof, Weib und Kind. Ihr Dasein gehe in dergleichen auf; sein Leben aber sei ein intellectuelles, dessen ungehinderten Fortgang und ungestörte Wirksamkeit in den wenigen Jahren der vollen Geisteskraft und ihrer freien Anwendung Früchte tragen müsse, Jahrhunderte der Menschheit zu bereichern. Für dieses intellectuelle Leben sei sein persönliches blos die Basis, die *conditio sine qua non*, also etwas ganz Untergeordnetes. Je schmaler diese Basis, desto sicherer: wenn sie leiste, was sie in Bezug auf sein intellectuelles Leben sollte, so sei ihr Zweck erreicht. Der Instinct, welcher dem beigegeben sei, dessen Dasein intellectuelle Zwecke habe, sei auch ihm ein sicherer Führer gewesen, sodass er die persönlichen Zwecke ausser Acht gelassen und alles auf sein geistiges Dasein bezogen habe. Darum könne es ihn auch nicht wundern, wenn sein persönlicher Lebenslauf unzusammenhängend und in sich planlos aussehe: er gleiche der Ripienstimme in der Harmonie, die in sich auch keinen Zusammenhang haben könne, weil sie nur zur Unterlage der Hauptstimme diene, in welcher der Zusammenhang liege. Was seinem persönlichen Leben nothwendig abgehen müsse, werde ihm auf andere Weise ersetzt, durch den vollen Genuss seines Geistes und Strebens nach der angeborenen Richtung sein ganzes Leben hindurch; ja wenn er es besässe, würde es ihm ungeniessbar und hinderlich sein. Einen Geist, der von selbst gebe und leiste, und zwar das, was kein anderer so geben und leisten könne und was eben darum bestehen und bleiben werde — einen solchen zwingen zu wollen zu andern Dingen,

überhaupt ihm Zwangsdienste aufzulegen und dadurch ihn von
seinen freiwilligen Gaben abzuhalten, wäre grausam und thöricht
zugleich.

Der mächtige Unterschied zwischen Seinesgleichen und den Andern beruhe grösstentheils darauf, dass erstere ein dringendes
Bedürfniss haben, welches die andern nicht kennen, ja dessen
Befriedigung ihnen verderblich sein würde: das Bedürfniss der
freien Musse zum Denken und Studiren, welches sogar den moralischen Maassstab zur Beurtheilung von Menschen seinesgleichen
ändere; wennschon der sterbende Perikles recht habe, dass zuletzt
kein Verdienst in die Wagschale falle gegen ein böses Gewissen.
Mit den Alten, mit Sokrates und Aristoteles*, hielt er daher die
Musse für das höchste Erdengut. Wie Goethe sagt: die Zeit sei
„nur eigentlich höher organisirten Naturen kostbar" (Briefwechsel
mit Schiller, II, 286), so Schopenhauer: Wenn ein Mensch so wie
er geboren sei, bleibe von Aussen nur dies Eine zu wünschen,
dass er so viel als möglich seine ganze Lebenszeit hindurch, und
jeden Tag und jede Stunde er selbst sein und seinem Geiste
leben könne.

Aber schwer sei die Erfüllung dieser Forderung in einer Welt,
wo des Menschen Los und Bestimmung ganz andere seien, wo
zwischen Armuth, die uns alle freie Musse nehme, und Reichthum,
der auf jede Weise sie zu verderben und uns abzuziehen trachte,
wie zwischen Scylla und Charybdis müsse durchgesteuert werden.
Von der Natur bestimmt sei des Menschen Los: Tages Arbeit,
Nachts Ruhe und wenig Musse, und des Menschen Glück: Weib
und Kind, die sein Trost seien im Leben und Sterben. Wo aber
eine abnorme Beschaffenheit grosse geistige Bedürfnisse und mit
diesen die Möglichkeit grosser geistiger Genüsse herbeiführe, da
werde freie Musse zur Hauptbedingung des Glücks, für welche sodann dem normalen Menschenglück durch Weib und Kind willig

---

* Diogenes Laërt., II, 31. Aristoteles, Ethica ad Nicomachum,
X, 7, p. 1177, b, 4.

entsagt werde. Das Individuum dieser Art gehöre einer andern Sphäre an. Allein zur Befriedigung dieser veränderten Forderung seien äussere Umstände der Art, wie sie schon sehr selten eintreten, die Bedingung. Hier müsse ein günstiges Schicksal walten, um einer ausserordentlichen Natur ausserordentliche Umstände zu bereiten. Da trete denn ein, was der neunzigjährige Knebel in Erfahrung gebracht habe: dass in dem Leben der meisten Menschen sich ein gewisser Plan findet, der durch die eigene Natur sowol als durch die Umstände, die sie führen, ihnen gleichsam vorgezeichnet ist; die Zustände ihres Lebens mögen noch so abwechselnd und veränderlich sein, es zeigt sich doch am Ende ein Ganzes, das unter sich eine gewisse Uebereinstimmung bemerken lässt. Die Hand eines bestimmten Schicksals, so verborgen sie auch wirken mag, zeigt sich: sie mag nun durch äussere Wirkung oder innere Regung bewegt sein; ja, widersprechende Gründe bewegen sich oft in ihrer Richtung.* Eine solche höhere Leitung kennzeichnet das Leben Schopenhauer's in prägnanter Weise.

Schon in früher Jugend hatte er an sich bemerkt, dass während er alle Andern nach äussern Gütern streben sah, er sich nicht darauf zu richten hätte, weil er einen Schatz in sich trüge, der unendlich mehr Werth hätte als alle äussern Güter und dass es nur darauf ankäme, diesen Schatz zu heben, wozu geistige Ausbildung und volle Musse, mithin Unabhängigkeit die ersten Bedingungen wären. Das Bewusstsein hiervon, im Anfang dunkel und stumpf, wurde ihm mit jedem Jahre deutlicher, und war alle Zeit hinreichend, ihn vorsichtig und ökonomisch zu machen, nämlich seine Sorgfalt auf die Erhaltung seiner selbst und seiner Freiheit zu richten, nicht auf irgendein äusseres Gut. Der Natur und dem Rechte des Menschen entgegen, habe er seine Kräfte dem Dienste seiner Person und der Förderung seines Wohlseins entziehen müssen, um sie dem Dienste der Menschheit zu schenken. Sein Intellect habe nicht ihm, sondern der Welt angehört. Die

---

* Knebel, Literarischer Nachlass, III, 452.

Empfindung dieses Ausnahmezustandes und der durch ihn herbei-
geführten schweren Aufgabe, zu leben ohne seine Kräfte für
sich selbst zu verwenden, habe ihm stets gedrückt und noch
besorglicher und ängstlicher gemacht, als er schon von Natur gewesen sei; aber er habe es durchgeführt, die Aufgabe gelöst,
seine Mission vollbracht. Aus diesem Grunde sei er auch berechtigt
gewesen, sorgfältig darauf zu wachen, dass ihm die Stütze seines
väterlichen Erbtheils, die ihn so lange habe tragen müssen und
ohne welche die Welt nichts von ihm gehabt hätte, auch im Alter
bleibe. Kein Amt in der Welt, keine Minister- oder Gouverneur-
stelle hätte ihn entschädigen können für seine freie Musse, wie
sie ihm von Haus aus octroyirt worden sei.

Die Wichtigkeit des intellectuellen unsterblichen Menschen in ihm
sei so unendlich gross gewesen gegen die des Individuums, dass
er, wenn auch noch so viele persönliche Sorgen auf ihm gelastet,
sie sogleich habe fahren und verschwinden lassen, sobald ein philosophischer Gedanke sich geregt habe: denn ein solcher sei ihm
immer voller Ernst gewesen und alles andere dagegen Spass. Das
sei der Adels- und Freibrief der Natur. Das Glück der gewöhnlichen Menschen bestehe in der Abwechselung zwischen Arbeit
und Genuss; bei ihm dagegen seien beide Eins. Deshalb sei das
Leben von Menschen seiner Art nothwendig ein Monodrama. Mis-
sionarien der Wahrheit an das Menschengeschlecht, wie er, werden, nachdem sie sich begriffen, mit den Menschen sich ausser
ihrer Mission so wenig gemein machen, als die Missionare in
China mit den Chinesen fraternisiren. Einem Menschen wie ihm
sei, besonders solange er jung sei, in allen Lebensverhältnissen
beständig zu Muthe wie einem, der in Kleidern stecke, die ihm
nicht passen.

Was seine Ansprüche betreffe, so würden sie die, welche im
Stande seien, das worauf sie sich gründen, zu fühlen, gelten lassen,
weil sie ihr Interesse nicht angingen und das Fühlen und Gelten-
lassen ihnen intellectuell und moralisch Ehre mache: jedoch würden sie bei alledem sie blos unter der Bedingung gelten lassen,

dass er es als ein Geschenk nehme, etwa so wie man unter Quittungen „zu Dank empfangen" setze, obgleich es verfluchte Schuldigkeit war, oder wie ein bittendes *Plaudite* am Ende der Stücke des Plautus stehe. Er dürfe also nie mehr Prätensionen machen als jeder andere: denn die Leute fussen darauf, dass kein äusserer Zwang sie gegen ihn verpflichte, und würden ihm dieses zeigen, sobald er nicht ihnen zeige, dass er es wisse. Ihnen sei die Scheu vor Herabsetzung *(despectio)* natürlich, und jeder sehe darauf, dass ihn die übrigen nicht für geringer als sich selbst achten. Sie halten fest daran: *par sum unicuique et moriatur qui me contemnit!* Von dieser Sorge sei er frei, und von der Natur so angelegt, dass alle, die nicht den Besten zugezählt sein wollten, ihn nothwendig mit Misstrauen *(suspectio)* betrachten müssten. Er halte fest daran: *Contemnite me, si potestis, vestro periculo, non meo!* So forderte er die Welt heraus und sie nahm die Herausforderung an, ihm die Wahrheit des Helvetius einschärfend: „*Il n'y a pas de dette plus fidèlement acquitée que le mépris.*"

Diesem einsamen Selbstgenügen mehr und mehr innere Ueberzeugungskraft zu verleihen, war sein Geist unermüdlich thätig. Er betrachtete sein Leben und dasjenige verwandter Geister, wie Giordano Bruno's, Petrarca's, Machiavell's, Labruyère's, Helvetius', Rochefoucauld's, Rousseau's, Chamfort's, Lord Byron's, Leopardi's u. a. stets wiederholt und von allen Seiten, um in unzähligen Wendungen immer wieder auf denselben Schluss zurückzukommen.

Sobald er zu denken angefangen, habe er sich mit der Welt entzweit gefunden. Im Jünglingsalter sei ihm dabei oft bange geworden; denn er habe gemuthmasst, dass das Recht bei der Majorität sein werde. Helvetius habe ihn zuerst aufgerichtet. Dann, nach jedem neuen Conflict, habe die Welt mehr verloren und er mehr gewonnen. Schon nach zurückgelegtem vierzigsten Jahre habe es ihm geschienen, dass er den Process in letzter Instanz gewonnen habe, und er habe sich höher gestellt gefunden, als er je zu muthmassen gewagt: aber die Welt sei ihm leer und öde geworden. Sein ganzes Leben hindurch habe er sich schrecklich einsam gefühlt und stets aus tiefer Brust geseufzt: „Jetzt gib mir einen Menschen!" Vergebens. Er sei einsam geblieben. Aber er könne aufrichtig sagen, es habe nicht an ihm gelegen: er habe keinen von sich gestossen, keinen geflohen, der an Geist und Herz ein Mensch gewesen wäre: nichts als elende Wichte, von beschränktem Kopf, schlechtem Herzen, niedrigem Sinn habe er gefunden; Goethe, Fernow*, F. A. Wolf und wenige andere ausgenommen, die sämmtlich fünfundzwanzig Jahre älter als er gewesen seien. Demnach habe allmählich der Unwille über Einzelne der ruhigen Verachtung des Ganzen Platz machen müssen. Früh sei ihm der Unterschied zwischen ihm und den Menschen bewusst geworden; aber er habe gedacht: lerne nur erst hundert kennen und du wirst deinen Mann schon finden; dann: aber unter tausend wirst du es; dann: zuletzt muss er doch kommen, wenn auch nur unter vielen Tausenden. Endlich sei er zu der Einsicht gelangt, die Natur sei noch unendlich karger, und er müsse die *„solitude of Kings"* (Byron) mit Würde und Geduld tragen.

Ja, als noch die Jugend seiner Phantasie die Welt mit Wesen seinesgleichen bevölkert, habe er einige Anlage zur Geselligkeit gehabt, und als er, nach mehrjähriger Abwesenheit, nach seiner zweiten italienischen Reise, nach Dresden und Berlin zurückgekommen sei, habe ihn alle Welt wunderbar verändert gefunden, so gross sei vorher seine Melancholie gewesen, als noch der natürliche Trieb zur Geselligkeit, die Lust sich mitzutheilen und das gefühlte Bedürfniss zu erlangender Erfahrung dem Ekel an den Menschen das Gleichgewicht gehalten. Mit dem Uebergang ins Mannesalter habe die erlangte Erfahrung diese abtreibende Kraft verstärkt und jene geschwächt. Von da ab habe er allmählich ein „Einsamkeit blickendes Auge" bekommen, sei systematisch ungesellig geworden und habe sich vorgenommen, den Rest des flüchtigen Lebens ganz sich selbst zu widmen — *mihi vivam quod*

---

* Auf diesen Bauernsohn wandte er Juvenal's Wort an: „*Haud facile emergunt, quorum virtutibus obstat res angusta domi.*"

superest aevi (Horat.) — und sowenig wie möglich davon mit jenen Geschöpfen zu verlieren, denen der Umstand, dass sie auf zwei Beinen gehen, das Recht gebe, uns für ihresgleichen zu halten, oder wenn sie auch, wie meistens, merkten, dass wir es nicht seien, dies klüglich zu ignoriren und uns als ihresgleichen zu behandeln: während wir, zu der alten Betrübniss, dass sie es nicht seien, noch den Schmerz des Unrechtleidens empfinden müssten.

Von da an schrieb er sich, um sie stets bei der Hand zu haben, mehrere Maximen, die solche „abtreibende Kraft" für ihn hatten, in jede neue Brieftasche, so das Horazische „*Coetusque vulgares et udam spernit humum fugiente penna*"; das spanische Sprichwort: „*Asno sea quien a asno bozea*" (Ein Esel sei wer als Esel wiehert) und die Ermahnung des Prudenzio am Schlusse des letzten Dialogs der „*Cene de le Ceneri*" von Giordano Bruno: „Ti scongiuro, Nolano, per il divino tuo genio che ti difende et in cui ti fidi, che vogli guardarti di vili, ignobili, barbare et indegne conversazioni; a fin che non contraggi per sorte tal rabbia e tanta ritrosía, che divenghi forse come un satirico Momo tra li dei, e come un misantropo Timon tra gli uomini" (Ich beschwöre dich, Nolano, bei deinem göttlichen Genius, der dich beschützt und auf den du vertrauest, dich vor schlechten, unedeln, barbarischen und unwürdigen Unterhaltungen zu hüten, damit du nicht hierdurch dir solchen Ingrimm und· Starrsinn angewöhnest, dass du bei den Göttern schier zum satyrischen Momus und bei den Menschen zum Misanthropen Timon wirst).

In einer Welt, wo wenigstens fünf Sechstel* Schurken oder

---

* Worauf diese Schätzung beruhe, sagte er nicht. Der edle Seume gibt nur ein Fünfhundertstel zu: „Je mehr ich die Menschengesichter beantlitze, desto weniger habe ich Hoffnung für Vernunft und Freiheit und Gerechtigkeit; denn auf den meisten sitzt irgendeine hässliche schmuzige Leidenschaft; und die übrigen sagen doch so gar nichts. Trifft man unter Fünfhunderten einmal auf etwas echten Stempel: was soll das unter so viele?" (Apogryphen. Werke, IV, 198). Shakspeare gar lässt Hamlet sagen: „Ehrlich sein heisst in dieser Welt

Narren und Dummköpfe seien, müsse für jeden des übrigen Sechstels, und zwar um so mehr, je weiter er von den andern abstehe, die Basis seines Lebenssystems Zurückgezogenheit sein, je weiter desto besser. Die Ueberzeugung, dass die Welt eine Einöde sei, in der man nicht auf Gesellschaft zu rechnen habe, müsse zur Empfindung und habituell werden. Wie die Wände den Blick einengen, der sich wieder ausdehne, wenn er nur Feld und Flur vor sich habe, so enge die Gesellschaft seinen Geist ein und die Einsamkeit dehne ihn wieder aus. Giordano Bruno sage von dem, der die Wahrheit suche und erreiche, er werde aus einem vulgären, gewöhnlichen, civilen und populären Menschen ein Wilder, gleich einem Hirsche oder Wüstenbewohner, und alle, die hienieden ein höheres Leben hätten geniessen wollen, sprächen mit Einer Stimme: *Ecce elongavi fugiens et mansi in solitudine.* Denn die Beschäftigung mit göttlichen Dingen machte sie todt für die Menge.* Ebenso habe Kleist gesagt und Schiller belobt:

> Ein wahrer Mensch muss fern von Menschen sein.

In einer so durchweg gemeinen Welt werde nothwendig jedes Ungemeine sich isoliren und habe es auch gethan. Je mehr man sich der Gesellschaft der Menschen entschlagen könne, desto besser befinde man sich. Wie der Hungrige ein unessbares oder gar giftiges Kraut stehen lasse, so müsse es, wer das Bedürfniss der Gesellschaft fühle, mit den Menschen, wie sie seien, machen. Ein seltenes und grosses Glück sei es daher, an sich selber so viel zu besitzen, dass man nicht durch Ueberdruss seiner selbst und durch Langeweile getrieben werde, die Gesellschaft der Menschen zu suchen, von denen selbst der edle sanfte Petrarca sage: „*Non enim vile tantummodo foedumque, sed (quod invitus dico, quodque*

---

ein Auserwählter unter Zehntausend sein." Nach S i r a c h ist unter Tausend nicht Ein Guter; J u v e n a l aber schätzt die Zahl der Biedermänner seiner Zeit kaum so hoch, als die Zahl der Thore Thebens oder der Mündungen des Nils (Satyren, XIII, Vers 26).

* Opere, da A. Wagner, II, 408.

utinam non tam late notum experientia fecisset, assidueque fa-
ceret,) perniciosum quoque, varium et infidum et anceps et ferox
et cruentum animal est homo." (De vita solitaria, *praefatio:* Denn
der Mensch ist nicht allein ein niedriges hässliches sondern — ich
sag' es ungern, hätt' es nur nicht die Erfahrung weit und breit
kundgemacht und machte sie es nicht fortwährend kund — auch
ein schädliches, wankelmüthiges, treuloses, unzuverlässiges, wildes
und grausames Thier).

Bei Anwandlungen von Unzufriedenheit bedenke er stets, was
es heisse, dass ein Mensch, wie er, sein ganzes Leben der Ausbildung seiner Anlagen und seinem angeborenen Berufe leben
könne und wie viele Tausend gegen Eins waren, dass das nicht
anging und er sehr unglücklich geworden wäre. Wenn er zu Zeiten sich unglücklich gefühlt, so sei dies mehr nur vermöge einer
méprise, eines Irrthums in der Person geschehen, er habe sich
dann für einen andern gehalten, als er sei, und nun dessen Jammer
beklagt: z. B. für einen Privatdocenten, der nicht Professor wird
und keine Zuhörer hat, oder für einen, von dem dieser Philister
schlecht redet und jene Kaffeeschwester klatscht, oder für den
Beklagten in jenem Injurienprocesse, oder für den Liebhaber, den
jenes Mädchen, auf das er capricirt ist, nicht erhören will, oder
für den Patienten, den seine Krankheit zu Hause hält, oder für
andere ähnliche Personen, die an ähnlichen Misèren laboriren:
das alles sei er nicht gewesen, das alles sei fremder Stoff, aus
dem höchstens der Rock gemacht gewesen sei, den er eine Weile
getragen und dann gegen einen andern abgelegt habe. Wer aber
sei er denn? Der, welcher die „Welt als Wille und Vorstellung"
geschrieben und vom grossen Problem des Daseins eine Lösung
gegeben, welche vielleicht die bisherigen antiquiren, jedenfalls aber
die Denker der kommenden Jahrhunderte beschäftigen werde. Der
sei er, und was könnte den anfechten in den Jahren, die er noch
zu athmen habe?

Was dieser seiner Person von Aussendingen am nächsten liege,
so wie das Hemd dem Leibe, sei seine Unabhängigkeit, die nicht

zulasse, dass er gezwungen werde zu vergessen wer er sei und die Rolle eines andern zu spielen, z. B. die eines Brotschreibers oder Professors, dem sein Wissen und Denken das sei, was dem Krämer die Waare, die er zur Schau auslegt, oder die eines vortragenden Raths, oder die eines Hofmeisters.

Zu allen Zeiten habe es bei den gebildeten Nationen eine Art natürlicher Mönche gegeben, Leute, die im Bewusstsein überwiegender Geisteskräfte, die Ausbildung und Uebung derselben jedem andern Gut vorzögen und daher ein contemplatives, geistig thätiges Leben führten, dessen Früchte nachmals der Menschheit zugute kämen. Sie entsagten demgemäss dem Reichthum, dem Erwerb, dem irdischen Ansehen, dem Besitz eigener Familie: so bringe es das Compensationsgesetz mit sich. Dem Range nach die vornehmste Klasse der Menschheit, durch deren Anerkennung sich jeder selbst ehre, entsagten sie der gemeinen Vornehmigkeit mit einer gewissen äussern Demuth, welche der der Mönche analog sei. Die Welt sei ihr Kloster, ihre Einsiedelei. — Was einer dem andern sein könne, habe seine sehr engen Grenzen: am Ende sei und bleibe doch jeder allein. Und nun komme es darauf an; wer allein sei. Wenn er ein König wäre, so würde seiner selbst wegen kein Befehl so oft und so nachdrücklich gegeben werden als: Lasst mich allein! Seinesgleichen sollten unter der Illusion leben, auf einem verödeten Planeten der einzige Mensch zu sein, der nun aus der Noth eine Tugend machte. Die Meisten merkten auch bei der ersten Bekanntschaft mit ihm, dass sie ihm und er ihnen nichts sein könne. Im Besitz eines höhern Grads von Bewusstsein, also eines höhern Daseins, sei, sich den Genuss desselben rein und unverkümmert zu erhalten, und zu diesem Zwecke nichts darüber hinaus zu prätendiren, seine Lebensweisheit. Man habe sonach viel gewonnen, wenn man durch Alter und Erfahrung endlich eine *rue nette* von der gänzlichen moralischen und intellectuellen Erbärmlichkeit der Menschen im allgemeinen erhalten habe, weil man nun nicht mehr versucht werde, sich mit ihnen weiter als nöthig einzulassen, nicht mehr beständig in einem Kampf

lebe, welcher dem zwischen dem Durst und einer widerlichen Tisane
gleiche, nicht mehr sich verleiten lasse, sich selbst Illusion zu
machen und die Menschen sich zu denken, wie man sie wünschte,
sondern stets vor Augen behalte, wie sie seien. Er habe sich gewöhnt von den Menschen viel zu ertragen, weil er früh eingesehen,
dass er es müsste, wenn er irgend mit ihnen umgehen wollte.
Aber diese Maxime stamme aus der des Umgangs bedürftigen
Jugend; Erfahrung und Reife machten diesen entbehrlich, und es
wäre thöricht, ihn dann noch mit grenzenloser Geduld zu er-
kaufen; vielmehr solle man dann, wie Goethe sage, all das Volk
Gott und sich selbst und dem Teufel überlassen. Wenn man nicht
ein Spiel in der Hand jedes Buben und der Spott jedes Narren
sein wolle, so sei die erste Regel: Zugeknöpft! Was ein Mensch
seinesgleichen denke und fühle, habe keine Aehnlichkeit mit dem,
was jene dächten und fühlten. Darum zieme es ihm unbedingt,
verschlossen zu bleiben.

Weil mit zunehmender Vertraulichkeit der Respect sich ab-
schwäche, indem gemeine Naturen alles zu missachten pflegen,
dessen Erreichung ihnen nicht schwer gemacht wird, so müsse man
sich, dem natürlichen Hange zur Leutseligkeit entgegen, der grössten Sparsamkeit mit der letztern befleissigen. Deshalb gefiel ihm
die 177. Regel Gracian's: „den vertraulichen Fuss im Umgang ablehnen" besonders, und was Shenstone („*Essays on
men and manners*", p. 41. 163) sagt: „geistige Vorzüge verlieren,
wie Essenzen, aus Freie gesetzt ihren Duft; sie schrumpfen zusammen und welken, wie sensitive Pflanzen, bei zu naher Berührung." Und da die Reserve oder, wie er sie spanisch zu nennen
liebte, *el recato*, auch bei ihm in beständigem Conflict mit dem
natürlichen Trieb zur Geselligkeit stand, so war er zeitig auf eine
Methode bedacht, sich künstlich darin zu befestigen, indem er die
Regel aufstellte, der rechte Ton den Leuten gegenüber sei
Ironie; aber eine völlig unaffectirte, gelassene, sich gar nicht ver-
rathende. Sie dürfe nie direct gegen den gerichtet sein, mit dem
man rede. Nicht aus ihr herausgekommen zu sein, betrachte er

jedesmal als seinen Sieg. Man müsse sich gewöhnen durchaus alles, auch das Rasendste ganz gelassen anzuhören, dabei die Bedeutungslosigkeit des Redenden und seiner Meinung erwägen und sich jedes Streits enthalten.

Stets solle man sich den Blick auf das Ganze bewahren: bleibe man beim Einzelnen stehen, so werde man leicht irre und gewinne nur eine falsche Ansicht von den Dingen. Aus dieser oder jener Krümmung eines Flusses könne man dessen Lauf nie beurtheilen. Den Erfolg oder Nichterfolg des Augenblicks und den Eindruck, den sie machen, dürfe man nicht beachten. Aus dem Benehmen Anderer gegen uns sollten wir nicht etwa erst lernen und abnehmen, wer wir seien, sondern wer sie seien. Im letztern Sinne könnten wir es kalt beobachten, im erstern nicht. Wenn Zwei miteinander reden, treibe gewöhnlich jeder mit dem andern heimlich einen gewissen Spott. In jedem Augenblicke kalter Vernunft werde man daher an jeden Augenblick Ironie mit Selbstzufriedenheit an jede Herzensergiessung mit Beschämung zurückdenken. Der Lust zu sprechen, blos um zu sprechen, sei nie nachzugeben, da die Redseligkeit zur Offenherzigkeit werde. Man solle doch nur beobachten, wie verschieden das Gesicht sei, das einer mache, indem er uns anhöre, von dem, mit welchem er zu uns rede. Früh hatte er an sich erfahren, was Johnson sagt: „Durch nichts bringt einer die Leute mehr gegen sich auf, als indem er ihnen seine Ueberlegenheit im Gespräch zeigt: sie scheinen momentan Gefallen daran zu finden; aber ihr Neid verwünscht ihn im Herzen." Und Goethe's Wort:

> Der schlimmste Neidhart in dieser Welt —
> Der jeden für seinesgleichen hält.

Ebenso Klinger's Bemerkung: „An nichts tragen die Menschen schwerer, als an der Achtung, der Verehrung, die sie für die guten Eigenschaften und Tugenden anderer fühlen oder fühlen müssen. Wer nicht will, dass ihm die Last vor die Füsse geworfen werde, oder den so Belasteten nach und nach von den Schultern falle,

der muss immer etwas zu dem Gewichte zu legen haben: er muss
sie darunter erdrücken. Aber ich steh' ihm nicht für die Folgen
der Verzweiflung der so Leidenden."

Alle recht frappanten und eclatanten Beispiele von Schlechtigkeit, Bosheit, Verrath, Niederträchtigkeit, Neid, Dummheit und
Verkehrtheit, die man habe erleben und erdulden müssen, solle
man keineswegs in den Wind schlagen, vielmehr als *alimenta
misanthropiae* benutzen, sie sich stets von neuem zurückrufen und
vergegenwärtigen, um danach die reelle Beschaffenheit der Menschen stets vor Augen zu haben und sich nicht mit ihnen irgendwie zu compromittiren. Denn man werde finden, dass die, von
denen man dergleichen erfuhr, oft schon jahrelang mit uns umgingen, ohne dass wir ihnen solche Dinge zutrauten, daher es blos
die Gelegenheit gewesen sei, welche ihnen die Auszeichnung verschafft habe. Wenn man anfange sich mit einem Menschen zu
familiarisiren, solle man immer bedenken, dass man ihn bei näherer
Bekanntschaft wahrscheinlich würde verachten oder hassen müssen.

Unerfahrenheit und Weltklugheit sah er besonders darin einander entgegengesetzt, dass jene in ihrem Bewusstsein und bei
ihrem Handeln und Reden es im ganzen nur mit einem allgemeinen und unbestimmten Du zu thun habe, daher ihr Betragen nicht
sehr abändere nach Ansehn der Person, mit der sie es vorhabe;
sondern ihr Vertrauen so ziemlich in gleichem Maasse schenke,
in welcher Gestalt auch das Du vor sie hintrete; ferner ihre Behutsamkeit im Verfehlen und Bedecken ihrer eigenen Schwächen
und Fehler ebenso in gleichem Maasse anwende, ohne zu bedenken, ob das Du, dem zu Gefallen sie sich Gewalt anthut und
ihre Natur zwingt, die fremdeste flüchtigste Gestalt oder ein bleibender theilnehmender Wächter sei. Weltklugheit dagegen sehe
überall auf die Person: die eine sei ihr unbedingten Vertrauens
werth, die andere habe nicht einen Groschen Credit: wegen des
einen Beobachters lege sie sich jahrelangen Zwang auf und unter-
drücke die leiseste Regung des zu Bedeckenden; dem andern tische
sie ihre wahre Natur mit grenzenloser Frechheit auf und genire

sich keinen Augenblick. Mit diesen und ähnlichen Worten zeichnete er treffend das Bild der meisten Menschen! Je gemeiner diese Klugheit in der menschlichen Gesellschaft ist, desto mehr fällt der Mangel daran auf. Begegnet uns aber jene Unerfahrenheit vollends im reifern Lebensalter, so sind wir geneigt, auf einen hohen Grad von Geistesbeschränktheit zu schliessen, oder aber auf — Genialität. Schopenhauer redet in der That von sich selbst, wenn er sagt: „Dass Leute edlerer Art und höherer Begabung so oft, zumal in der Jugend, auffallenden Mangel an Menschenkenntniss und Weltklugheit verrathen, daher leicht betrogen oder sonst irregeführt werden, während die niedrigen Naturen sich viel schneller und besser in die Welt zu finden wissen, liegt daran, dass man, beim Mangel der Erfahrung, *a priori* zu urtheilen hat, und das überhaupt keine Erfahrung es dem *a priori* gleichthut. Dies *a priori* nämlich gibt denen vom gewöhnlichen Schlage das eigene Selbst an die Hand, den Edeln und Vorzüglichen aber nicht: denn eben als solche sind sie von den Andern weit verschieden. Indem sie daher deren Denken und Thun nach dem ihrigen berechnen, trifft die Rechnung nicht zu." (Vgl. „Parerga", Bd. 1, Paränese 29). Er gibt hier, wie auch an andern Stellen, den philosophischen Commentar zu den Worten Hölderlin's: „Die Blindesten aber sind Göttersöhne." — Schon als Jüngling macht er die Bemerkung: „Wie das Thier zu dem ihm möglichen Grade von irdischem Wohlsein durch den Instinct viel sicherer geleitet wird als der Mensch durch die Vernunft: so leitet wieder der gemeine Verstand viel sicherer in irdischen Dingen als das Genie." Was ihm im wirklichen Leben stets und überall im Wege gestanden habe, sei, dass er bis in spätern Jahren nicht im Stande gewesen, sich einen ausreichenden Begriff von der Kleinlichkeit und Erbärmlichkeit der Menschen zu machen. Eben die Erfahrung dieses Missverhältnisses seines moralischen und intellectuellen Maassstabes zur Taxirung der Einzelnen führte ihn allmählich zu der pessimistischen Ansicht von der Gesellschaft im Ganzen.

Da ihm die Menschen, mit denen er lebte, nichts sein konnten,

so waren die Denkmäler, die zurückgelassenen Gedanken der ihm
ähnlichen Wesen, die einst wie er unter jenen sich herumgestossen,
sein grösster Genuss im Leben. Ihr todter Buchstabe rede verständlicher zu ihm, als das lebendige Dasein der Zweifüsser. Sei
doch dem Ausgewanderten ein Brief aus der Heimat mehr, als das
Gespräch der ihn umgebenden Fremden! Spreche doch den Reisenden auf menschenleeren Inseln die Spur der früher dagewesenen
vertrauter an, als alle Affen und Kakadus auf den Bäumen! Dieses
Trostes an den hinterlassenen Geisteswerken verwandter Wesen
ist er in keiner Stunde seines Lebens überdrüssig geworden; er
hat ihn ausgenossen wie vielleicht kein anderer vor ihm. Was
ihm den Umgang mit den Todten besonders versüsste, war der
felsenfeste Glaube an seine eigene höhere Bestimmung, das unerschütterliche Bewusstsein, dass er selbst, durch seine Schriften,
verwandten Geisteserben den gleichen Dienst leisten werde. Er
war dessen gewiss, nicht vergessen zu werden, und wahrhaft prophetisch schrieb er gerade in der Zeit, als er völlig vergessen zu
sein schien: er dürfe hoffen, „dass die Morgensonne seines Ruhmes
mit ihren ersten Strahlen den Abend seines Lebens vergolden und
ihm die Düsterkeit benehmen werde."

Uebrigens wurzelte, wie wir gesehen haben, der Trieb zur
Resignation tiefer in seiner Natur, als dass derselbe durch besondere Erfahrungen erst gestärkt zu werden, brauchte. Als angehender Student schon schreibt er: „Was wir auch thun, der
Antheil am Irdischen ist nicht zu vertilgen; nicht zu tödten die
Sorge und die Hoffnung auf dies, auf jenes, sie regen sich immer
von neuem. Nur das muss man erzwingen, dass man keiner
Sache sich ganz hingibt, dass keine unsere Gedanken so ganz ein-
nehme, dass wir alles darauf beziehen. Man muss sich nicht
zu gemein mit den Sorgen, den Hoffnungen, den Betrübnissen und
den Freuden machen; es gilt von ihnen was Martial von den
Freunden sagt.* Und da wir von dem Antheil an unserm persön-

---

* „*Nulli te facias nimis sodalem, Gaudebis minus et minus dolebis.*"

lichen Ich uns nie ganz befreien können, zugleich aber wissen, dass wir nie wahre Freuden aus ihm erhalten können, wol aber Störung der wahren Freude, so müssen wir suchen, es sowenig wie möglich in die Händel der Welt zu mischen, sowenig wie möglich äusseres Leben führen, nicht die Genüsse vermehren, sondern die Bedürfnisse verringern zu wollen, nicht Schauspieler sondern Zuschauer zu sein." Schon damals hatte er als einen Cardinalpunkt der Lebenskunst das aristotelische „ου το ἡδυ διωκει ὁ φρονιμος αλλα το αλυπον" (nicht das Angenehme erstrebt der Weise, sondern Schmerzlosigkeit) für sich herausgefunden, während sonst die genussfähige Jugend in Theorie und Praxis nur das Gegentheil im Auge hat. —

Dieser seiner Selbstbeschränkung im Handeln, welche mit den Jahren immer mächtiger wurde, stand eine gleich ungewöhnliche Leitung seines Erkenntnisstriebes zur Seite. Alles, was dem Bildungsgange seines Geistes homogen war, ergriff er mit jenem Herzensantheil, der die Lektüre seiner eigenen Schriften so lehrreich und genussvoll macht; alles Andere dagegen liess er liegen. Daher die Einheit, aber auch die Einseitigkeit seines Denkens. Der Seneca'sche Wahlspruch des echten Gelehrten „*Non multa!*", den er für die Gesammtausgabe seiner Werke bestimmt hatte, charakterisirt auch seine gelehrte Thätigkeit vortrefflich. Er las viel und wusste viel, aber nicht Vieles. Weder seine Belesenheit noch sein Wissen war von dem ausserordentlichen äussern Umfange, den das ungelehrte *gros de l'armée* seiner Leser, wie auch einseitige Fachgelehrte in seinen Schriften zu finden glauben. Fast alle seine Recensenten rühmen seine „staunenswerthe Belesenheit"; aber Herbart hebt dabei treffend hervor, dass die seltene Auszeichnung hier in der mannichfaltigen und glücklichen Benutzung einer reichen Lektüre zur lichtvollen Darstellung speculativer Gegenstände liege. Diese seine Virtuosität in der Ausbeutung des ihm zugänglichen gelehrten Materials darf uns nicht über dessen Bestand täuschen. Mit der feinsten Spürkraft wusste er auf den unabsehbaren Feldern der Literatur die

Stoffe aufzufinden, die er sich assimiliren konnte, mit gleich scharfem Instincte aber auch alles ihm Fremdartige von sich abzuhalten. Dadurch erhielt sich sein wissenschaftlicher Charakter in jener ungebrochenen vollen Kraft und Eigenheit, die in gleichem Grade kaum ein moderner Schriftsteller mit ihm gemein hat.

Von Jugend auf hatte sich sein eigentliches Studium auf einzelne Capitalwerke beschränkt. Es ist bekannt, dass er die gleichzeitige philosophische Literatur in ihren Verzweigungen fast gar nicht verfolgte, und ich wage zu behaupten, dass er im allgemeinen gut daran gethan. Aber was er las, las er genau, und er beherrschte den Stoff alsdann vollständig. Schon der Umstand, dass er langsam las, spricht dagegen, dass er sehr vieles gelesen hätte. Er rechtfertigte sich damit, dass er beständig selbst producire, während er lese; allein es ist nicht zu verkennen, dass seine Auffassung und Bearbeitung fremder Gedanken nicht immer gleich gewandt und beweglich gewesen ist; vielmehr pflegte sein Urtheil mit einer gewissen spröden Härte in die Tiefe zu bohren, wo es eben stand. Auch er hatte schon in früher Jugend an sich wahrgenommen, dass er nicht das Talent des inductiven Forschers besass, mehreres auf einmal ins Auge zu fassen, und man wird immer finden, dass dies mehr Sache des Talents als des Genies ist. So behauptete Schopenhauer, bezeichnend genug für ihn selbst, ein echtes Genie werde nie reden und schreiben zugleich, oder eine Versammlung gut präsidiren, oder gut Karten spielen, überhaupt sich mit jener Gewandtheit bewegen, die der grosse Haufen bewundere. Dazu sei seine Rüstung zu schwer.

Während des Lesens strich er die entscheidenden Stellen an, fügte seine Randglossen bei und fand alsdann den eigentlichen Lesegenuss darin, die Quintessenz eines Buchs bei der cursorischen zweiten Durchsicht für sich abziehen zu können. Des Lesens schlechter Bücher enthielt er sich auf strengste, weil sie das kostbarste Gut, die Zeit stählen; ja er dehnte dieses Verdict fast mehr noch auf die grosse Masse der mittelmässigen aus, im Sinne der Weisheit des Brahmanen:

Schlecht ist das Schlechte nicht, denn das verkennt man selten;
Das Mittelmäss'ge ist's, das leicht für gut kann gelten.

Er las mehr in fremden Sprachen als im Deutschen; vor allem
waren die griechischen und römischen Classiker zeitlebens sein
vertrauter Umgang. Schon beim Lernen der alten Sprachen hatte
er die meisten Autoren durchgelesen, die fehlenden war er bemüht allmählich nachzuholen; zu den wichtigsten aber, wie Platon
und Aristoteles, kehrte er immer von neuem zurück. Den Aristoteles las er noch in den letzten Jahren seines Lebens wiederholt
vollständig durch. Seine lateinischen Lieblingsautoren waren Horaz
und Seneca. Von der präcisen und durchsichtigen Prosa des letztern
nahm, wie Philologen ihm versicherten, sein eigenes Latein die
Farbe an. Die Manier dieses Philosophen verglich er der in
Brustbonbons verhüllten Ipecacuanha; während er die gemeine und
leichte Gattung witziger Einfälle, die Zoten, den Diavolini di Na-
poli gleichstellte. Von Jugend auf hielt er sich A. W. Schlegel's
Rath vor Augen:

Leset fleissig die Alten, die wahren eigentlich alten:
Was die Neuen davon sagen, bedeutet nicht viel.*

Ueberhaupt mied er gänzlich jene grosse Klasse moderner Bücher,
die nur von Büchern handeln, die ganze sogenannte Literaturgeschichte und was dem ähnlich nur aus abgeleiteten Quellen
schöpfen lässt. Nicht ernst genug glaubte er die heutzutage selbst
in Gelehrtenkreisen immer mehr einreissende Unsitte sein Wissen
nur aus zweiter Hand zu nehmen, wo die Quelle offensteht, rügen
zu müssen; insbesondere galt ihm das Studium der Geschichte der
Philosophie aus den Compendien moderner Zunftphilosophen für
eitle Zeitvergeudung. Nur die ältern, unbefangenen Geschichtschreiber der Philosophie, deren schlichter Bericht mit wörtlichen
Auszügen und gewissenhaften Citaten das oft mühsame Studium

---

* Zuerst im Musenalmanach für 1802 von Schlegel und Tieck,
S. 62.

eines minder wichtigen Autors ersetzen kann, einen Brucker, Tiedemann und ähnliche benutzte er zuweilen, ohne sich deshalb bei erheblichen Fragen irgendeines Quellenstudiums und wäre es das der Scholastiker gewesen, überhoben zu erachten. Da ihm alles Phrasenwerk und Scheinwesen in der Literatur wie im Leben verhasst war, so widerte ihn vor allem die deutsche philosophische Schriftstellerei der letzten Jahrzehnde an, während er zu derjenigen unserer classischen Epoche, selbst wenn es einen Schriftsteller zweiten und dritten Ranges galt, gern zurückkehrte. Es solle sich nur jeder unbefangen prüfen, ob er aus den anspruchslosen und veralteten Schriften eines Reimarus, Garve, Sulzer, Platner, Feder, Meiners, ja selbst eines Krug nicht noch heutigentags mehr zu lernen vermöge, als aus denen der drei berühmten nachkantischen Sophisten, geschweige denn aus den unerträglichen Schreibereien ihrer Aseelen und Epigonen. Dort begegne man, selbst bei geringem Talente, überall jener in der reinen Liebe zur Wahrheit wurzelnden Keuschheit des philosophischen Denkens und der daraus fliessenden Klarheit; hier dagegen leere, dunkle, pretentiöse, in Hyperbeln und Contradictionen schwelgende Wortgewebe, welche der deutschen Philosophie unsers Jahrhunderts die allgemeine Verachtung, zuerst des Auslandes, dann auch des Inlandes, mit vollstem Recht zugezogen hätten. Dass solche Philosophen in Deutschland ihr Publikum und ihre Zeit fänden, könne um so weniger wundernehmen, als schon Lucrez zu klagen gehabt:

> Omnia enim stolidi magis admirantur amantque
> Inversis quae sub verbis latitantia cernunt.*

Die erwähnte Scheu, sein Wissen aus zweiter Hand zu nehmen, hielt ihn auch vom Gebrauch aller Uebersetzungen zurück. Er stellte an jeden Gelehrten die Anforderung, dass derselbe die Haupt-

---

* De rerum natura, I, Vers 642. „Die Einfältigen lieben und bewundern am meisten, was sie hinter verschrobenen Worten verborgen sehen."

Literatursprachen verstehe. Des Lateinischen Unkundige zählte er geradezu zum *vulgus*. Sonst dachte er, wie wir wissen, von der Uebersetzungskunst keineswegs gering und beschäftigte sich in müssigen Stunden gern mit der Uebertragung Goethe'scher Verse ins Englische. Sein englischer Favorit war David Hume, sein französischer Helvetius. Dr. Frauenstädt und mir selbst sagte er gelegentlich: „Dass Sie Helvetius lesen, wird Ihnen der liebe Gott vergelten: er liest selbst oft den Helvetius."

Ein Buch, das er ausnahmsweise gern in der Uebersetzung las, war das Alte Testament in der griechischen Septuaginta; denn in ihr glaubte er noch den natürlichen Charakter jener Schriften zu erkennen, der in den neuern Uebertragungen unter den Tendenzen der Kirche gelitten habe.

Besonders aufmerksam verfolgte er die Fortschritte in der Kenntniss des Orients, soweit dieser dem des Sanskrit Unkundigen irgend zugänglich war. Ueberhaupt beschäftigte ihn die ascetische und mystische Literatur bis zum Ende seines Lebens. Die deutschen Mystiker lernte er übrigens nur unvollständig kennen. Sehr hoch stand ihm Meister Eckhart, bei dem er nur bedauerte, dass derselbe infolge seiner Erziehung zu sehr in dem christlichen Dogmenkreise befangen gewesen sei, um seine überkühnen, wunderbar tiefen Intuitionen rein hervortreten zu lassen. „Buddha, Eckhart und ich", heisst es in einem seiner nachgelassenen Fragmente, „lehren im wesentlichen dasselbe: Eckhart in den Fesseln seiner christlichen Mythologie; im Buddhismus liegen dieselben Gedanken unverkümmert durch solche Mythologie, daher einfach und klar, soweit eine Religion klar sein kann; bei mir erst ist volle Klarheit." Allein, wie er die wahre Bedeutung der christlichen Ascese verkannte, indem er behauptete, dieselbe habe kein anderes Motiv, als die Nachahmung Christi, der gar keine eigentliche Ascese geübt habe; während das „eigentliche, klare, deutliche und unmittelbare" Motiv derselben das Erlösungsbedürfniss des Christen ist: so ging auch sein Studium der einheimischen Mystik bei weitem nicht auf den Grund, weshalb er aus Meister

Eckart's und Jakob Böhme's Lehren sich nur herausnahm, was mit seinen eigenen Philosophemen im Einklange stand und alles andere als unverdaulich liegen liess.

Auch Angelus Silesius und mehr noch der Verfasser der deutschen Theologie waren seine Lieblinge. Von letzterm sagte er: wann er von seinem Fenster am Mainquai das deutsche Herrenhaus gegenüber sehe, so freue er sich, dem Ordensbruder, der dort gewohnt, über ein halbes Jahrtausend hinweg die Hand zu reichen: so weit voneinander ständen in der Geschichte Leute wie sie. Auch war er der Meinung, neben Goethe verdiene in Frankfurt „der Franckforter" allein noch ein Denkmal. Jede dem Buddhismus verwandte Erscheinung auf europäischem Boden nahm sein besonderes Interesse in Anspruch. So die Trappisten, die er die ehrwürdigsten Mönche nannte. Fast täglich verwandte er einige Augenblicke auf den paränetischen, charakterbildenden Theil seiner Lektüre. Schriftstücke, an denen er sich immer von neuem erbaute, waren die 105. Epistel des Seneca, der Anfang von Hobbes' „De cive", Machiavell's „Principe", die Rede des Polonius an Laertes im „Hamlet", die Maximen Gracian's, der französischen Moralisten, Shenstone's und Klinger's.

Für die grossen Dichter aller Jahrhunderte bewahrte er sich zeitlebens einen wachen Sinn: am meisten las er Shakspeare und Goethe, in zweiter Linie Calderon und Lord Byron, dessen pessimistischer „Kain" ihn natürlich am meisten entzückte. Unter den Lyrikern hielt er, neben Petrarca, Burns und Bürger in hohen Ehren. Den letztern war er geneigt wegen seiner Unmittelbarkeit und hohen Kraft im lyrischen Ausdruck den nächsten Platz neben Goethe zuzugestehen, obwol er Schiller keineswegs gering achtete, wie dies unter den romantischen Starkgeistern seiner Jugendzeit Mode geworden war. Doch sah er in den Uebertreibungen des Schillerfestes „eine starke Versuchung zur Ungerechtigkeit" gegen den grossen Dichter. Poeten zweiten und dritten Ranges las er gar nicht: sie verlohnten nicht der Mühe. Oft schärfte er die vielgebrauchte Sentenz des Horaz ein:

mediocribus esse poetis
non di non homines non concedere columnae.

Gleichwie die Italiener von ihren vier Dichtern, sprach er gern
von vier Romanen: Don Quixote, Tristam Shandy, Heloise und
Wilhelm Meister, sodass er jeder Nation einen gutschrieb, mit
Ausnahme der Italiener; denn Boccaccio erzähle nur Scandal-
geschichten.

Den „Wilhelm Meister" nannte er einen „intellectuellen Roman,
der ebendadurch höherer Art sei als alle übrigen, welche sämmtlich nur ethisch seien d. h. die menschliche Natur bloss von der
Willenssphäre auffassten" („Parerga", I, 439). Diese Gegenüberstellung des Intellectuellen und Ethischen dürfte jedoch in einem
Kunstgebiete, wo die Menschen handelnd dargestellt werden sollen,
nicht zu billigen sein; vielmehr müsste man unter dem Ethischen
das im Willen (als Naturkraft) sich offenbarende Natürliche, also
das directe Gegentheil des Sittlichen (ἠϑος) verstehen, wenn die
Bezeichnung „intellectueller Roman" den Sinn haben sollte, den
ihr Schopenhauer gibt. Der Gedanke, der nach Schopenhauer
„als Grundbass" im „Wilhelm Meister" durchgeht, soll nämlich
darin bestehen, dass es uns im Leben wie dem Wanderer ergehe,
„vor welchem, indem er vorwärtsschreitet, die Gegenstände andere
Gestalten annehmen, als die sie von ferne zeigten, und sich gleichsam verwandeln, indem er sich nähert, dass wir etwas ganz Anderes,
ja Besseres finden, als wir suchten: statt Genuss, Glück, Freude
— Belehrung, Einsicht, Erkenntniss, ein bleibendes wahrhaftes Gut,
statt eines vergänglichen und scheinbaren". Allein davon abgesehen,
dass die Ausführung dieser Idee Goethen im letzten Buche seines
Romans (geschweige denn in der Fortsetzung desselben in den
„Wanderjahren") so wenig gelungen ist, wie die der Faust-Idee im
zweiten Theile des „Faust", so kann es dabei doch gewiss weniger
auf die Belehrung und Erkenntniss als solche abgesehen sein, als
auf die Wirkung derselben auf „die Willensseite der menschlichen
Natur", mag diese Wirkung auch, wie bei Schopenhauer, nur auf
deren Abtödtung hinauslaufen; denn das Resultat soll ja ein „Gut",

also etwas den Willen Angehendes sein. Wir sehen also auch hier wieder jenen Zwiespalt zwischen Wille und Erkenntniss in der Theorie Schopenhauer's, da er auch das höchste Leben nicht anders sich vollenden lässt wie das der Pflanzen, deren Wurzel absterben muss, wann die Frucht reifen soll. — Ein Zweig der Literatur, dessen Bekanntschaft er in allen Sprachen kultivirte und in dessen Nutzanwendung es ihm vielleicht keiner gleichzuthun verstand, war das Sprichwort. Er war geneigt, den Geist einer Nation nach deren Sprichwörtern zu beurtheilen und nannte deshalb die spanische die feinste aller Nationen. Nächst den spanischen schätzte er die italienischen und arabischen Parömien. In seinem Kopfe war das Ausgesuchteste solcher geflügelten Worte wie in einem Taubenschlage beisammen, der sich nur öffnete, um das eben passende fliegen zu lassen. Zu einer Zeit, als unsere literarischen Pfadfinder in dem Urwalde Goethe'scher Poesie noch nicht so zu Hause waren wie heutzutage, entdeckte er, was darin aus fremdem Boden stammte, namentlich aber die mannichfache Verwendung italienischer und spanischer Proverbien, auch ausserhalb des Büchleins „Sprichwörtlich", in welchem Goethe selbst verblümt darauf hinweist und welchem allein Schopenhauer sechzehn fast wörtliche Uebersetzungen aus dem Italienischen beischreiben konnte.

Goethe's Gedichte las er überhaupt sehr fleissig und versah die verschiedenen Ausgaben mit zahlreichen Randglossen, ja kurzen Commentaren, wie z. B. zur „Braut von Corinth": „Das Leben und seine Genüsse, die Lebenslust und ihre Befriedigung wurden unter Göttergestalten von den Griechen unbefangen verehrt und öffentlich als das Wesen, der Gehalt und das Ziel des Lebens ausgesprochen. Das Christenthum trat ein, verlangte Entsagung, Dämpfung der Begierden, Büssungen. Aber der Geist der Erde, die Lebenslust liess sich nicht so verbannen: öffentlich ausgetrieben, kommt sie heimlich zurück, schleicht nächtlich heran; was sie nicht mehr ohne Scheu offen vollbringen darf, vollbringt sie im Verborgenen und als Sünde. Als Götterchor verbannt, stellt sie als nächtliches Gespenst sich wieder ein, vergiftet unsere Ruhe, vergiftet unser Blut, und nur der Tod gibt den Gequälten Frieden."

Seine Studien wurden durch ein überaus starkes und treues Gedächtniss, durch einen eminenten Orts- und Gegenstandssinn unterstützt. Wer seine Schriften auch nur oberflächlich kennt, wird einen grossen Unterschied wahrnehmen zwischen denjenigen, welche mit der ersten Ausgabe des Hauptwerks vor das Jahr 1819 und denjenigen, welche später fallen. In jenen ist die ursprüngliche Conception eine zusammenhängende, sie sind entstanden aus einem lediglich im Kopfe des Autors vorhandenen und diesem unmittelbar entnommenen Gedankenfonds; die spätern dagegen nehmen ihren Stoff aus seinen Studienbüchern und zeigen, mit Ausnahme der zwei Gelegenheitsschriften über die Grundprobleme der Ethik, mehr den Charakter blosser Collectaneen, wie es dem in die Breite gehenden Wissen des reifern Alters entspricht. Darauf deuten schon die Titel der hinterlassenen, nur in diese zweite Hälfte seines Lebens fallenden Manuscriptbücher: „Cogitata", „Pandectae", „Spicilegia" u. s. w.; noch mehr aber deren Inhalt selbst, welcher aus den verschiedenartigsten vereinzelten Gedanken besteht, die er, wie sie ihm kamen, aneinander reihte. Durch ein Sachregister, in dem er alle wichtigen Begriffe, über die er gedacht, alphabetisch zusammenstellte und nach den Manuscriptstellen, wo sie niedergelegt waren, citirte, beherrschte er den aufgewachsenen Gedankenvorrath, trotz der grossen Zerstreuung desselben, vollkommen. Fremde Dicta und Data aber, die er gebrauchen wollte, notirte er sich kurz auf Zetteln, die er in einer Mappe aufbewahrte, jedoch nicht länger als unbedingt nöthig war, sondern sobald als möglich in den Context seiner eigenen Gedanken aufnahm. Diese Methode Schopenhauer's ist jedem Gelehrten, der wesentlich Eigenes und in eigener Form zu bieten hat, und nicht vielmehr, was freilich das Geschäft der meisten sein muss, nur empfangene, aus der Erfahrung aufgenommene wissenschaftliche Data und Facta geordnet zusammenstellt, überhaupt jedem, der mehr auf *sapientia* als auf *scientia* hinarbeitet, weit mehr zu

empfehlen, als die vielgerühmten Locke'schen Register und die
für statistische Zwecke vortrefflichen Zettelkasten des Polygra-
phen Johann Jacob Moser, welche für einen gelehrten Schriftsteller der erstgenannten Art im Verhältnisse zu dem erforderten
Zeitaufwand wenig förderlich erscheinen.

Aber nicht aus Büchern allein sammelte er sein Wissen, vielmehr von Kindheit an darauf hingewiesen und daran gewöhnt
die Welt und in die Welt zu sehen, hörte er nie auf, das todte
Meer der Begriffe mit lebendigen Anschauungen zu befruchten,
und, obwol unendlich einsam, lebte er doch in seiner Beschaulich-
keit mit den Menschen fort und scheute keine Mühe, seinen geistigen Gesichtskreis zu erweitern, indem er auch im Kleinsten und
Fernsten die Eine untheilbare Wahrheit suchte. So verfolgte er
aufmerksam jedes neue Phänomen am Himmel wie auf der Erde,
aber in der Regel im Widerstreit mit der gemeinen Meinung, indem ihn das meiste von dem, was diese anzieht und was sie für
wichtig hält, kalt liess, und ihm hinwiederum gar manches hoch-
ernst war, was andere nicht beachten oder verlachen.

So z. B. freute er sich, als die Welt wiederhallte von der
Entdeckung Leverrier's, zwar über diesen neuen Triumph menschlicher Wissenschaft, protestirte aber sogleich lebhaft gegen die
Ueberschätzung des persönlichen Verdienstes eines blossen Rech-
nungsexempels, welches an sich nicht mehr leiste, als die Zunge
jenes Weinkenners, der das Lederriemchen eines in das Fass ge-
fallenen Schlüssels witterte.* Er beeilte sich damals für die
passende Benennung des neuen Planeten Sorge zu tragen, indem
er ein Sendschreiben an Encke erliess, worin er nachwies, dass
der Planet nur allein den Namen des Göttervaters, des Eros führen
dürfe. Die Gedankenlosigkeit aber, wie er sagte, taufte ihn
Neptun.

---

* Vgl. Don Quixote, Bd. II, Kap. 11.

XII.

1835 — 1841.

Der rapide Fortschritt der Naturwissenschaften, mit welchem seit dem Anfange der vierziger Jahre unser Zeitalter seinen Charakter immer offener entfaltete, nahm Schopenhauer's Forscherfleiss um so stärker in Anspruch, als er neben der inländischen Literatur auch die englische und französische verfolgte. Dabei benutzte er die Sammlungen der (1817 gegründeten) Senckenberg'-schen Naturforschenden Gesellschaft und den (1824 gegründeten) physikalischen Verein, um die neuerworbenen Kenntnisse durch Anschauung und Experiment zu beleben und zu controliren. Es ist daher nicht zufällig, dass er den seit siebzehn Jahren verlorenen Faden seiner literarischen Production 1836 mit dem Schriftchen „Ueber den Willen in der Natur" wieder anknüpfte; denn wenn irgendetwas im Stande war, dem Zeitgeist ein Licht über seine Philosophie anzuzünden, so musste es die allmählich zur Alleinherrschaft emporwachsende Induction sein. Nichts konnte ihm deshalb näher liegen, als „eine Erörterung der Bestätigungen, welche diese Philosophie seit ihrem Auftreten durch die empirischen Wissenschaften erhalten" hatte.

Das Werkchen, an dem er zeitlebens sein besonderes Wohlgefallen hatte, weil es seine Weltanschauung auf einem neuen Wege *in nuce* reproducirt, ja, wie er in dem für Professor Erdmann geschriebenen Lebensabrisse sagt: „Den Kern seiner

Metaphysik, den eigentlichen *nervus probandi* der Sache gründlicher darlegt, als irgendeine andere seiner Schriften", wurde bereits im Jahre 1835 geschrieben, und um den darin angeschlagenen scharfen Ton neben der hohen Zuversicht zu würdigen, muss man sich erinnern, dass er damals in der dunkelsten Periode seines Lebens stand. Im Mai 1835 hatte er sich bei dem Verleger seines Hauptwerks nach dessen Absatz erkundigt und die trostlose Antwort erhalten: es sei „in neuerer Zeit leider gar keine Nachfrage" nach demselben gewesen. „Ich bedauere", schrieb Brockhaus, „Ihnen nicht verhehlen zu können, dass ich mich bewogen gefunden habe, die Vorräthe des Buchs, um wenigstens einigen Nutzen daraus zu ziehen, grosstentheils zu Makulatur zu machen und nur noch eine kleine Anzahl zurückzubehalten."

Mit dem gefesselten Prometheus klagte er deshalb auf dem Titelblatt seiner neuen Schrift die Zeitgenossen an:

> Τοιαῦτ' ἐμοῦ λόγοισιν ἐξηγουμένου,
> Οὐκ ἠξίωσαν οὐδὲ προςβλέψαι τὸ πᾶν·
> Ἀλλ' ἐκδιδάσκει πάνθ' ὁ γηράσκων χρόνος.*

Ebenso gab er in der Einleitung zum ersten mal seinem Ingrimm gegen den gefeierten Dialektiker seiner Zeit Ausdruck, indem er dessen als „unergründlich tiefe Weisheit" in Umlauf gebrachtes System die „Philosophie des absoluten Unsinns, davon drei Viertel baar und ein Viertel in corrupten Einfällen" nannte, zum Motto der Hegel'schen Schriften Shakspeare's Worte vorschlug: *Such stuff as madmen tongue and brain not* („Cymbeline", Act 5, Scene 4) und zum Vignettenemblem derselben einen Tintenfisch, der „eine Wolke von Finsterniss um sich schafft, damit man nicht sehe, was es sei". Weil aber nur Der das Gute erkenne, der das Schlechte erkenne, so habe er auch keine Ursache gefunden, sich entmuthigen zu lassen durch das Ausbleiben der auf einen — Hegel gerich-

---

* Aesch. Prometh. Vinct., Vers 214 fg. 981: „Als ich sie zu belehren suchte, hielten sie mich nicht einmal des Aufmerkens werth; aber gründlich lehrt alles endlich die Zeit."

teten Theilnahme seiner Zeitgenossen. Die Wahrheit könne warten und habe ein langes Leben vor sich.

Der Schwerpunkt der kleinen Schrift liegt in dem Kapitel „Physische Astronomie", wo er an eine Stelle in Herschel's 1833 erschienenem „*Treatise on Astronomy*" anknüpfend, den Satz entwickelt: Es gibt nur ein einziges, einförmiges, durchgängiges und ausnahmloses Princip aller Bewegung: ihre innere Bedingung ist Wille, ihr äusserer Anlass Ursach. Daher können nicht allein, sondern müssen sogar „Wille und Causalität in einem und demselben Vorgang zugleich und zusammen bestehen. Alles dasjenige an den Dingen was nur empirisch, nur *a posteriori* erkannt wird, ist an sich Wille; hingegen soweit die Dinge *a priori* bestimmbar sind, gehören sie allein der Vorstellung an, der blossen Erscheinung. Daher nimmt die Verständlichkeit der Naturerscheinungen in dem Maasse ab, als in ihnen der Wille (das Ding an sich, das Freie, das Grundlose) sich immer deutlicher manifestirt, d. h. als sie immer höher auf der Wesenleiter stehen: hingegen ist ihre Verständlichkeit um so grösser, je geringer ihr empirischer Gehalt ist, weil sie um so mehr auf dem Gebiet der blossen Vorstellung bleiben, deren uns *a priori* bewusste Formen das Princip der Verständlichkeit sind."

Die doppelte, auf zwei völlig heterogene Weisen gegebene Erkenntniss, die wir vom Wesen und Wirken unseres eigenen Leibes haben, gebraucht er als Schlüssel zum Wesen jeder Erscheinung in der Natur, beurtheilt alle Objecte, die nicht auf doppelte Weise, sondern allein als Vorstellungen unserem Bewusstsein gegeben sind, nach Analogie dieses Leibes, und nimmt daher an, dass sie ihrem inneren Wesen nach dasselbe seien, was wir, für uns und in uns, „Wille" nennen. „So erkennen wir, trotz aller accidentellen Verschiedenheiten, zwei Identitäten, nämlich die der Causalität mit sich selbst auf allen Stufen, und die des zuerst unbekannten x (der Naturkräfte und Lebenserscheinungen) mit dem Willen in uns. Wir erkennen das identische Wesen der Causalität in den verschiedenen Gestalten, die es auf verschiedenen

Stufen annehmen muss, ob es nun sich zeigen mag als mechanische, chemische, physikalische Ursache, als Reiz, als anschauliches Motiv, als abstractes gedachtes Motiv: wir erkennen es als Eins und dasselbe, sowohl da, wo der stossende Körper so viel Bewegung verliert als er mittheilt, als da wo Gedanken mit Gedanken kämpfen und der siegende Gedanke, als stärkstes Motiv, den Menschen in Bewegung setzt, welche Bewegung nun mit nicht geringerer Nothwendigkeit erfolgt, als die der gestossenen Kugel. Statt da, wo wir selbst das Bewegte sind und daher das Innere des Vorgangs uns intim und durchaus bekannt ist, von diesem inneren Licht geblendet und verwirrt zu werden und dadurch uns dem sonstigen, in der ganzen Natur uns vorliegenden Causalzusammenhang zu entfremden und die Einsicht in ihn uns auf immer zu verschliessen, bringen wir die neue, von Innen erhaltene Erkenntniss, zur äusseren hinzu, als ihren Schlüssel, und erkennen die zweite Identität, die Identität unseres Willens mit jenem uns bis dahin unbekannten x, das in aller Causalerklärung übrigbleibt. Demzufolge sagen wir alsdann: auch dort, wo die palpabelste Ursache die Wirkung herbeiführt, ist jenes dabei noch vorhandene Geheimnissvolle, jenes x, oder das eigentlich Innere des Vorgangs, das wahre Agens, das Ansich dieser Erscheinung — welche uns am Ende doch nur als Vorstellung und nach den Formen und Gesetzen der Vorstellung gegeben ist — wesentlich dasselbe mit dem, was bei den Actionen unsers ebenso als Anschauung und Vorstellung uns gegebenen Leibes uns intim und unmittelbar bekannt ist als Wille." Die tiefe Ueberzeugung von der Wahrheit dieses seines Grunddogmas, lässt ihn an dieser Stelle in die Apostrophe ausbrechen: „Dies ist, geberdet euch wie ihr wollt! das Fundament der wahren Philosophie: und wenn es dieses Jahrhundert nicht einsieht, so werden es viele folgende. *Tempo è galant-uomo! se nessun' altro.*"*

---

* Ueber den Willen in der Natur (2. Aufl., S. 85 fg.); in sein Handexemplar der ersten Auflage der „Welt als Wille und Vorstellung" schrieb er die Worte Gracian's: „*Y si esto no es su siglo, muchos otros lo seran*", wovon also das Obige die Version ist.

Die *gratis* in Verlag gegebene, in nur 500 Exemplaren gedruckte Schrift blieb jahrelang ohne nennenswerthe Beachtung und musste später, nach Schopenhauer's Ausdruck, „wie ein Raphael in der Bedientenstube" entdeckt werden. —

Zu jener Zeit wurde der Briefwechsel mit seinem ältesten Jugendfreunde *Anthime Gregoire de Blésimare* aus Havre, der mit grosser Innigkeit an ihm hing, wieder angeknüpft. Beide hatten im Jahre 1804 fast gleichzeitig ihren Vater verloren, und als Arthur zwei Jahre später in der kaufmännischen Lehre seufzte, hatte er die Freude, mit Anthime auf längere Zeit wieder zusammenzukommen, da dieser, um deutsch zu lernen, ein halbes Jahr lang bei einem Landgeistlichen in Allerhöhe bei Hamburg in Pension gegeben wurde. Bis 1817 waren dann noch Briefe gewechselt worden, seitdem aber hatte Anthime vergeblich auf Nachrichten von Schopenhauer gewartet und ihn todt geglaubt, als er in einer Zeitung den Roman Johanna Schopenhauer's „Die Tante", angezeigt fand, den er sich nur um des ihm so theuren Namens willen bestellte und las. Darauf richtete er einen Klagebrief an Schopenhauer's Schwester, die er für die Verfasserin des Romans hielt, und bat um Nachricht über die Schicksale des „theuren Bruders".

Schopenhauer schrieb ihm infolge dessen, und empfing bald eine ausführliche Erwiderung, in der es unter anderm heisst: „Je lis et relis ta lettre et j'y trouve, je t'assure, un plaisir infini. Non certainement je n'ai pas oublié notre course à Trittau ni nos conversations, tout est aussi présent à ma mémoire qu'à la tienne. J'aurais voulu que tu n'eusses à me raconter que des évènemens heureux, j'aurais bien mieux aimé me réjouir de ta gloire que de laisser ce soin à la postérité; mais tu a eu, mon pauvre ami, ta grande part des tribulations de ce monde, que tu aurais evitées si au lieu d'être un homme de génie, tu avais été comme moi un pauvre diable des plus ordinaires; mais tu en aurais eu d'autres, car cela ne t'aurait pas empêché d'avoir un cœur, et le mien a été mis à de rudes épreuves" — —.

Er lebte in grossen Verhältnissen — denn er schreibt dem Freunde 1817, dass es ihm an dem was man gewöhnlich Lebensgenüsse nenne, Pferden, Wagen, Bedienten nicht fehle — und war glücklich verheirathet gewesen, hatte aber Frau und Tochter früh durch den Tod verloren. Nachdem er ihm dieses Missgeschick, sowie seine spätere Wiederverheirathung und seine damalige Lebensweise auf seinem Landsitze, Schloss Juziers bei Meulan, erzählt, fährt er fort: „La vie matérielle nous ne suffirait pas; nous prenons suivant la force de notre intelligence notre part de la vie intellectuelle. Je dirais presque et moi aussi je suis philosophe, si je ne craignais pas de te paraitre blasphémateur, car j'aime en vérité beaucoup la sagesse, mais vous autres philosophes, vous vous donnez beaucoup de peine pour établir des systèmes, et moi j'en trouve un tout établi dans le Christianisme, le plus beau, le plus pur de tous ceux que je connaisse. Je m'y rattache de toutes mes forces avec l'espoir d'y puiser des consolations pour ma vieillesse si j'y parviens. Tu crois que le Christianisme tombe en ruine et moi j'ai besoin d'espérer qu'il se relèvera triomphant, tant je suis convaincu que rien ne peut le remplacer pour le bonheur des hommes. Cette différence d'opinions ne peut nuire en rien à notre amitié, donc tu ne me refuteras pas plus la continuation parce que je suis chrétien que ta manière à voir ne diminuera la mienne. Je suis excessivement tolérant, mais je veux seulement paraitre avec tout le monde et surtout avec mes amis ce que je suis réellement, ni meilleur ni pire."

Zum Schlusse ladet er ihn dringend auf seinen Landsitz ein: „Notre vie simple, le calme de la campagne te procureraient un repos dont tu dois avoir besoin après tant d'orages. Cela fait d'ailleurs tant de bien d'être aimé que je voudrais te persuader d'essayer de ce genre de jouissance, cela t'aiderait à supporter l'injustice des hommes."

Dass Arthur, der Knabe, zu lieben verstand und geliebt zu werden, mag aus dieser innigen Anhänglichkeit seines Jugendfreundes zur Genüge erhellen:

Aber wer heilet die Schmerzen
Des, dem Balsam zu Gift ward?
Der sich Menschenhass
Aus der Fülle der Liebe trank?
Erst verachtet, nun ein Verächter,
Zehrt er heimlich auf
Seinen eignen Werth
In ungenügender Selbstsucht.

Er hatte den Entschluss gefasst, sich mit einem bedeutenden
Theil seines Vermögens bei der *Compagnie générale d'assurances
sur la vie* in Paris als Leibrentner einzukaufen und nahm in dieser für ihn so wichtigen Angelegenheit den Rath des Freundes in
Anspruch. Als ihm Grégoire hierauf, in der Meinung, dass er sein
ganzes Vermögen in dieser Weise wegzugeben gedenke, unter
Einsendung der ihm von einem hochgestellten pariser Freunde
gewordenen Auskunft dringend davon abrieth und sich, da ein
Gelehrter für Geschäftssachen nichts tauge, schliesslich dazu er-
bot, einen Theil von Schopenhauer's Vermögen selbst in Verwaltung oder auf Leibrente zu nehmen, argwöhnte dieser sogleich
eigennützige Absichten; denn er schrieb auf die Rückseite des
Briefs: *Entrar con la agena para salir con la suya* (mit der
fremden Angelegenheit auftreten, um mit seiner eigenen abzuziehen.
Gracian, Regel 144, vgl. 13. 215). Fast sieben Jahre später
klagt der Freund, seitdem nichts von ihm gehört zu haben, theilt
ihm mit, dass er vor einiger Zeit das Unglück gehabt, auch seine
zweite Frau zu verlieren und, um sich zu zerstreuen, mit seiner
Tochter eine Reise machen wolle. Es ziehe ihn an den Rhein,
damit er, bevor er sterbe, den Freund seiner Kindheit noch einmal sehe. Im Juli 1845 kam er in der That mit seinem sechzehnjährigen Töchterchen nach Frankfurt und Schopenhauer war bemüht, das Wiedersehen so gemüthlich zu machen, als es seine
Junggesellenwirthschaft irgend erlaubte. Uebrigens fand er den
Jugendfreund nicht mehr nach seinem Geschmack und äusserte
sich nachmals über diese Zusammenkunft einem jüngern Freunde,

Dr. Karl Bähr gegenüber: „Man divergirt immer mehr, je älter man wird, zuletzt steht man ganz allein." —

Im April 1837 wandte sich Schopenhauer an *Poggendorff* in Berlin mit dem Vorschlage „einer kurzen aber schlagenden Vindication der Goethe'schen Farbenlehre". Poggendorff nahm das Anerbieten bereitwillig an, erklärte aber zugleich, dass er selbst zu den Widersachern Goethe's gehöre und sehr begierig sei, zu sehen, auf welche Weise ihn Schopenhauer zu rechtfertigen gedenke. Der Vorsatz war jedoch, wie es scheint, nur einer vorübergehenden Entrüstung über die in Poggendorff's „Annalen" von den Physikern fort und fort einstimmig gelehrte „Siebenlichtertheorie" entsprungen und kam nicht zur Ausführung. —

Bei der am 28. August 1819 in Goethe's Vaterstadt begangenen Feier des siebzigsten Geburtstags des Dichters, war die Idee zur Errichtung eines Denkmals für denselben zum ersten mal in Anregung gekommen. Der Ausführung des Plans traten manche Hindernisse, zunächst der entschiedene Wunsch Goethe's* entgegen; als sich fünf Jahre nach dessen Tod 1837 ein neues Comité gebildet hatte, um zur Abtragung der Nationalschuld zu schreiten, gab Schopenhauer seine Meinung über die Angelegenheit in einer Zuschrift ab, welcher Folgendes entnommen ist:

Gutachten über das Goethe'sche Monument.

I. Apologie des Verfassers.

„Ich möchte mich wohl bescheiden und bei dem Zutrauen beruhigen, dass die, welche den Willen und das Geld haben ein Monument zu errichten, auch zur zweckmässigsten Ausführung

---

* Dass es dessen bedurfte, mag wundernehmen, da das natürliche Gefühl sich dagegen zu sträuben scheint, einem Lebenden sein Standbild öffentlich gegenüberzustellen; aber seitdem wir erlebt, dass Lebende dies mit ihrem eigenen Bilde zu thun nicht verschmähten, wird es der Denkmalssucht oder Servilität allgemein nachgesehen.

dieses edlen Vorsatzes wohlberathen sein werden. Allein dieses Zutrauen wankt, wenn ich z. B. die Inschrift sehe, welche das kostspielige, schöne und durch seinen Zweck ehrwürdige Bibliotheks-gebäude verunziert: *Studiis libertati reddita civitas*, die in vier Worten drei Fehler hat und fast Küchenlatein heissen könnte, wenigstens dem Cicero wohl unverständlich sein würde. Im ächten Latein müsste sie lauten: *Litteris recuperata libertate civitas*, und in der That wäre es wünschenswerth, dass an einem schönen Morgen in aller Stille diese Inschrift an die Stelle der jetzigen* geschoben würde, damit nicht ferner jedem Gelehrten, der die Bibliothek betritt, an ihrer Schwelle ein Lächeln oder Achsel-zucken abgenöthigt würde. Drei Tage würde die Stadt von der Veränderung klatschen, aber Jahrhunderte würden eine würdige Inschrift lesen.

„Nicht minder wankt jenes Zutrauen, wenn ich in der durch so grosse Summen zu Stande gebrachten Städel'schen Sammlung die vortrefflichsten Gypsabgüsse in zwei Sälen, deren einer rothe, der andere sogar gelbrothe Wände hat, aufgestellt sehe: das ist nicht bloss geschmacklos sondern barbarisch, dem zeichnenden Schüler ein Augenverderb, jedem fühlenden Menschen eine Marter, und dies in der Vaterstadt Goethe's, der sich über das Gelbrothe deutlich ausgesprochen hat: Farbenlehre §. 776.

„Ich vernehme dass die Composition des Monuments Thorwald-sen übertragen sei, von welchem trefflichen Künstler gewiss das Beste zu erwarten steht; allein die dem Zweck, Geist und Gegen-stand gemässe Anordnung eines Denkmals und Erfindung seiner Inschrift ist doch nicht eigentlich Bildhauerarbeit; das Monument aber, einmal ausgeführt, wird für immer unverändert dastehn und im Laufe der Jahrhunderte die Kritik vieler Tausende erleiden, unter denen einige Gescheute sein werden.

---

* Sie rührt meines Wissens von dem bekannten Bibelübersetzer Joh. Fr. von Meyer her, prangt heute noch ungestört an dem Fron-tispice der Stadtbibliothek und nimmt sich nunmehr, in der preus-sischen Provinzialstadt, doppelt lächerlich aus.

„Diese Betrachtungen, verbunden mit der Bemerkung, dass von eigentlichen Gelehrten im engeren Sinn des Worts nicht viele in Frankfurt leben (daher auch mancher Mann wohl gar in Gefahr kommen könnte, die nach einem Localausdruck sogenannten Literaten mit solchen zu verwechseln), veranlassen mich zu glauben dass trotz Geld und Thorwaldsen ein auf Gründe gestützter Rath in dieser Sache vielleicht doch nicht überflüssig sein möchte; daher ich einen solchen, nicht im Interesse Frankfurts (denn das geht seine Bürger allein an und ist dem Fremden eine gänzlich fremde Sache) sondern im Interesse Goethes und des guten Geschmacks dem verehrlichen Comité vorzulegen mir erlaube, wiewohl mit vollkommenster Resignation darin ergeben, dass er unberücksichtigt bleiben werde, wie dies dem Weltlauf gemäss und in der Ordnung ist. Inzwischen ertheile ich diesen Rath nicht *coram populo* in öffentlichen Blättern, um dadurch wo möglich seine Befolgung zu erzwingen, sondern, wie es dem Wohlmeinenden ziemt, mich an die Berathenen direkt und allein wendend, ohne fremde Zeugen.

II. Leitende Grundsätze.

„1) Bei Werken dieser Art kann Mangel an Einsicht und Geschmack nicht compensirt werden durch die Grösse des gemachten Aufwandes, wohl aber umgekehrt.

„2) Das Denkmal eines grossen Mannes soll einen erhabenen Eindruck machen. Das Erhabene ist stets einfach.

„3) *Statuae equestres et pedestres*, also ganze Figuren, Standbilder sind, wohlerwogen, nur solchen Männern angemessen, welche mit ihrer ganzen Persönlichkeit, mit Herz und Kopf, ja oft wohl auch noch mit Arm und Bein für die Menschheit thätig gewesen, also Helden, Heerführern, Herrschern, Staatsmännern, Volksrednern, Religionsstiftern, Heiligen, Reformatoren u. s. f. Hingegen Männern von Genie, also Dichtern, Philosophen, Künstlern, Gelehrten, als welche eigentlich nur mit dem Kopfe der Menschheit gedient haben, gebührt bloss eine Büste, die Darstellung des Kopfes. Diesen Grundsatz scheinen die feinfühlenden Alten befolgt zu haben:

wir finden unzählige Statuen von Helden und Volksrednern, hingegen von Dichtern und Philosophen in der Regel blosse Büsten,
und diese gleichfalls in grosser Anzahl. Als Ausnahmen dieser
Regel erinnere ich mich allein der beiden sitzenden ganzen Figuren
des Menander und Philemon im Vatikan, die schwerlich öffentliche Monumente gewesen sein mögen, und der angeblich den
Aristoteles darstellenden sitzenden Statue im Pallast Spada zu Rom,
deren Gegenstand jedoch zweifelhaft und vielleicht irgend ein Staats-
mann ist. Pausanias, im zweiten Buche der Eliaka, zählt eine
grosse Menge dort aufgestellter Statuen olympischer Sieger auf,
die sämmtlich Athleten waren, bis auf einen, den Historiker Ana-
ximenes, der nur ein Brustbild (εἰκών nicht ἀνδριάς) gehabt zu
haben scheint.

„Die Neueren sind überhaupt von keiner Autorität in Sachen
der Architektur und Skulptur, die Engländer aber die letzten;
daher man auf den stehenden Shakespeare in der Westminster-
abtey sich nicht berufen darf. Auch sind dagegen in Italien die
Denkmäler von Künstlern und Gelehrten sowohl im Pantheon zu
Rom als auch in der deshalb weltberühmten Chiesa della Stᵃ.
Croce zu Florenz, blosse Büsten, und die Italiener haben in
Sachen des Geschmacks unter den Neueren bei weitem den Vor-
zug. In Mantua, Virgils Geburtsort, hat die Stadt in neueren
Zeiten diesem ein Monument gesetzt: es ist eine Büste mitten auf
einem runden mit Maulbeerbäumen bepflanzten Platz am Wall.
Dem J. J. Rousseau hatte seine Geburtsstadt Genf, die ihn bei
Lebzeiten verbannt und verfolgt hatte, ein Monument gesetzt: seine
Büste an einem stillen, mit Bäumen bepflanzten Ort; in einer
bigotten Periode in diesem Jahrhundert wurde sie weggenommen,
ist seitdem aber durch ein neues Monument ersetzt, welches am
See steht und, wenn ich nicht irre, wiederum nur seine Büste ist.*

„Durchaus nicht hat man darauf zu achten, dass, bei der all-

---

* Es ist das im Jahr 1834 errichtete Standbild in Erz von Pradier
auf der kleinen Insel.

gemein herrschenden Monumentensucht, es jetzt in Deutschland Mode ist, auch Männern von Genie Standbilder zu setzen. Die Grille eines Quinquenniums ist nichts gegen die leitenden Maximen der hochgebildeten Völker viele Jahrhunderte hindurch; die Ausführung solcher Grillen aber bleibt zum Spott der Nachwelt, welche lächelnd erfährt, dass das Standbild, das einen Imperator darzustellen schien, einem Poeten gilt.

„Nehmen wir den umgekehrten Fall. Auf den Plätzen Berlins stehen die Monumente von acht Generälen: sämmtlich ganze Figuren. Büsten würden hier eine beinahe lächerliche Wirkung thun: aber nicht besser wäre es, wenn die Stadt Königsberg den Kant als Statue in seiner kleinen mageren Figur hinstellte*, obgleich Kant ein grösserer Mann ist als alle acht Generale zusammengenommen.

III. Plan des Denkmals.

„Auf obigen Gründen beruht meine Meinung dass Goethes Denkmal eine blosse Büste aus Marmor oder Bronze auf einem Postament von angemessener Grösse sein müsse, beides aber sei so kolossal als die Mittel es erlauben, und sollte sie den Maassstab der Statue des St. Carlo bei Arona am Lago maggiore erreichen. Von ähnlicher Grösse wird der in London bald aufzustellende Shakespeare, der vielleicht zugleich ein Denkmal englischer Geschmacklosigkeit sein würde. Auf dem Postament stehe diese Inschrift: «Dem Dichter der Deutschen seine Vaterstadt 1838.» Aber auch schlechterdings keine Sylbe mehr! Dadurch dass diese Inschrift Goethes Namen nicht nennt, sondern voraussetzt, ist sie zu seinem Ruhme unendlich beredter als das wortreichste Encomium sein könnte: denn sie besagt, dass er der Einzige, der Unvergleichliche ist, der, den Jeder kennen muss, den keine Zeit vergessen, kein Nachfolger je verdunkeln kann. Und somit ist sie, in ihrer lakonischen Kürze, erhaben, im Beschauer

---

* Die 1864 errichtete Bronzestatue von Rauch steht wenigstens nicht frei.

Ehrfurcht erweckend, und ihre Einfachheit entspricht der ernsten
Einfachheit des Monuments selbst, das aus einer blossen Büste
bestehend, nicht durch Arme und Beine und deren Positur an
Goethes menschliche Person, sondern nur durch sein erhabenes
Antlitz an seinen unvergänglich gewordenen Geist erinnert. Da
vielleicht noch nie ein Monument den Namen des dadurch Gefeierten verschwiegen hat, so ehrt man eben dadurch den einzigen Mann auf eine einzige Weise. Ich getraue mir zu behaupten, dass jede andere Inschrift, wie sie auch laute, mit dieser verglichen schwach, flach und trivial erscheinen wird. Aber
setzt man seinen Namen hinzu, so ist Alles verdorben: da denkt
Jeder «ihr seht einen Mann wie andere mehr.»

IV. Die Ausführung.

„Die Büste darf schlechterdings nicht Goethen, wie er in den
letzten Jahren war, im Greisenalter darstellen, wo die Gewalt der
Zeit seine schönen Züge verunstaltet hatte und der Verfall sich
bis auf die flächer gewordene Stirn erstreckte. Aus seinen besten
Jahren, wo das Gesicht bereits den vollen Charakter angenommen
hatte, besitzen wir glücklicherweise zwei sehr gute Büsten: die
eine von Tieck, die andere von Weisser. Letztere ist nach einem
Gypsabdruck von Goethes Gesicht, welchen er 1805 dem Dr. Gall
zu Gefallen nehmen liess, gearbeitet, folglich vollkommen ähnlich,
aber nicht ideal und mit kurzem Haar. Die erstere ist idealischer
gehalten mit wallenden Locken, Jupiterartig. Nach welcher von
beiden oder ob nach beiden zugleich, auf dem Wege der Vermittlung, die Denkmalsbüste zu machen sei, bleibe Thorwaldsen überlassen. Ich wäre für die Weisser'sche, weil sie Goethe's Gesichtszüge getreu der Nachwelt überliefern würde. Ein Lorbeerkranz
auf dem Haupte wäre sehr passend, fast unerlässlich, doch müsste
er nicht die Stirn bedecken oder beschatten. Wenn die Büste
von Marmor ist, könnte er vielleicht von Bronze sein. Jedenfalls
wird man Sorge tragen das Gesicht nicht nach Norden zu wenden,
welcher Fehler bei der Statue des Königs Augusts von Polen in

der Dresdener Neustadt begangen ist, dessen Gesicht deshalb nie recht gesehen werden kann.

„Die Seiten des Postaments etwa mit Scenen aus Goethe's Werken zu verzieren und vielleicht auf einer Seite das Klärchen, auf der andern das Gretchen und in der Mitte den Teufel, der auf dem Blocksberg tanzt, anzubringen, wäre in meinen Augen kindisch und läppisch. Die Embleme der Dichtkunst im Allgemeinen, nach antiken Mustern mit Geschmack ausgeführt, sind allein passend und würdig.

„Bei grossen Dimensionen würde das Postament aus polirtem Granit, nach Art des Geländers der Brücke zwischen Schloss und Opernplatz in Berlin, und die Verzierung darauf aus Bronze von edler und prächtiger Wirkung sein. Ein Tempelchen, Säulendach oder dergl. zum Schutz der Büste wird immer sich kleinlich ausnehmen und an ein Heiligenkapellchen oder an einen Sommerpavillon erinnern. Bronze ist bei unserem Klima viel zweckmässiger als Marmor: wollte man jedoch diesen nehmen, so müsste die Büste im Winter mit einem Holzkasten überbaut werden, wie es in Dresden mit den schönen Marmorgruppen vor dem Palais des grossen Gartens geschieht.

„Nicht als Motiv sondern bloss beiläufig füge ich hinzu, dass ein Monument nach meinem Vorschlag nicht nur aus den angeführten Gründen dem Zweck und Gegenstand sondern zugleich auch den Mitteln angemessener sein wird, welche aufzubringen ganz allein der gebildeten und wohlhabenden Klasse einer einzigen Stadt mässigen Umfangs aufgelegt ist. Denn ohne Zweifel würde ein Standbild sehr viel theurer ausfallen und, wenn obige Grundsätze nicht falsch sind, doch nur ein brillanter Fehlgriff sein. Hier erinnere ich an den ersten Grundsatz. Auch ist eine Büste sehr viel leichter zu giessen als eine Statue: daher um so eher der Guss hier geschehen könnte.

„Wahrscheinlich wird Thorwaldsen ohne Schwierigkeit und Bedenklichkeit auf den Antrag zu einer ganzen Figur eingehn, zwar nicht aus persönlichem Interesse für sich oder seine Freunde, aber aus Interesse für die Kunst: für diese ist eine Statue ein Denkmal höherer Art als eine Büste und gibt viel mehr Spielraum Talent und Geschicklichkeit zu zeigen. Der Künstler hat immer das Kunstinteresse im Auge. Mein Argument hingegen ist das Wesentliche der Sache selbst, der vorliegende Anlass und das in diesem Sinne Schickliche und Rechte, wie es nicht sowohl die Enthusiasten der Gegenwart sondern in kommenden Jahrhunderten den Verstand der Verständigen zu befriedigen hat.

„Mit Einem Mittel zwei Zwecke erreichen wollen, ist verderblich. Will man die Stadt mit Skulpturen verzieren, so ist mannichfache Gelegenheit: man kann das Fronton der Bibliothek mit Reliefs, ihre Nischen mit Statuen füllen, man kann die Brunnen mit Tritonen und Neptunen versehen u. dgl. Aber man wolle nicht aus Goethes geweihter Person eine Zierpuppe der Stadt machen: man setze ihn nicht in die Allee* auf einen Lehnstuhl in antikem Pudermantel, eine Rolle in der Hand, als wolle er gemüthlich sich frisiren lassen und die Zeitung dazu lesen; oder lasse ihn in pensiver Stellung dastehn, als könne er den Reim nicht finden. Helden kann man eine heroische Stellung geben, aber dem Poeten nicht: daraus entspringt die Verlegenheit. Wie man nur sich wenden mag, man stellt dem Spotte eine Zielscheibe auf, statt eines ernsten, würdigen, erhabenen Denkmals mit immerhin kühner aber unwiderleglicher Inschrift, wie es nach meinem Vorschlag werden könnte.

„Als Stelle des Denkmals würde ich die Insel oder die Promenade oder, wenn es in der Stadt sein soll, den viereckigen Platz in der grossen Mainzerstrasse, wo die Galgengasse ausläuft, der aber von schönen hohen Baumgruppen beschattet werden müsste, dem geräuschvollen Theil der Stadt vorziehn.

Dixi et animam salvavi.

„*P. S.* Noch wollte ich bei dieser Gelegenheit vorschlagen, Goethes Haus mit einer Marmortafel zu bezeichnen, auf welcher

---

* Der jetzige Goetheplatz.

stände: «Hier ist Goethe geboren», ganz so ist in Florenz das Haus des Amerigo Vespucci und das der italienischen Dichterin Corinna bezeichnet. Haben die Italiener Unrecht, so etwas zu thun oder die Deutschen davor zu erschrecken?" —

Das von Franz Kugler „fast als ein Nationalunglück" bezeichnete Denkmal wurde, nach mannichfachen Verzögerungen, in jeder Hinsicht gegen Schopenhauer's Gutachten ausgeführt*; denn, im Comité dominirten Leute, die das alles weit besser verstanden. Die erforderlichen Mittel waren in der reichen Stadt schnell zusammengebracht worden; aber der mit der Vorlage eines Entwurfs zu einem Standbilde in Erz betraute Thorwaldsen sandte erst nach Jahren die Modelskizzen einer stehenden und sitzenden Figur, und zögerte sodann mit der Ausführung der gewählten erstern solange, bis das Comité sich endlich im Jahre 1841 an Schwanthaler zu wenden beschloss. Im October 1844 war die von diesem modellirte, von Stiglmayer und Miller in München gegossene Statue, mit den auf Goethe's Werke bezüglichen Basreliefs am Sockel, vollendet und wurde nach vielfachem Schwanken in der sogenannten Stadtallee aufgestellt.

Mag das wegwerfende Urtheil Kugler's gegen dieses vom Künstler mit grosser Liebe und Uneigennützigkeit ausgeführte Werk ungerecht sein, so viel beweist dasselbe meines Erachtens überzeugend, dass die Bedenken Schopenhauer's gegen eine ganze Figur vollkommen begründet gewesen sind. Es ist hier nicht der Ort, dies näher darzulegen; nur das sei gesagt, dass Kugler's Ausstellungen ** nicht den Kopf der Statue, der doch die Haupt-

---

* Die Errichtung der — schon im Verhältniss zu ihrem geringen Gehalt viel zu anspruchsvollen — Kolossalstatue Schiller's auf dem Hauptplatze der Stadt, erlebte Schopenhauer nicht; wol aber den in seinem letzten Lebensjahre bei Gelegenheit der Säcularfeier Schiller's gefassten Beschluss, der Verewigung eines zu vorübergehendem Festzwecke componirten Standbildes, welcher ihm in Goethe's Vaterstadt nur als ein doppelter Missgriff erscheinen konnte.

** Kleine Schriften und Studien zur Kunstgeschichte. Vgl. Kunst

sache ist, sondern die Figur treffen, welche in der Modetracht jener Zeit zur monumentalen Darstellung des Dichters sowenig geeignet ist, wie andere derselben Art, die Gruppe in Weimar nicht ausgenommen. Erwägt man, dass Schopenhauer in ästhetischer Hinsicht nur laienmässig ausgebildet war und für das Technische in der Kunst keinen besonders scharfen Blick hatte, so ist das Treffende seines Urtheils in diesem Falle ganz auf Rechnung seines angeborenen Gefühls für das Einfach-Wahre und Sachgemässe zu setzen. —

Im nämlichen Jahre trat Schopenhauer mit *Karl Rosenkranz* wegen der von diesem und Fr. W. Schubert unternommenen neuen Ausgabe der Werke Kant's in Verbindung. In seiner Vorrede zum zweiten Theile derselben gibt Rosenkranz einen Auszug aus dem von Schopenhauer am 24. August 1837 an ihn gerichteten Sendschreiben, in welchem dieser seine „feste, aus wiederholtem Studium der «Kritik der reinen Vernunft» erwachsene und auf sichere Gründe gestützte Ueberzeugung" näher darlegte, „dass Kant durch die in der zweiten Ausgabe seines berühmten Werks vorgenommenen Veränderungen dasselbe verstümmelt und verunstaltet" habe. Durch diese, wenigstens was die Weglassungen betrifft, bereits von Fr. G. Jacobi ausgesprochene, von Schopenhauer aber zuerst begründete Ansicht, wurde Rosenkranz in dem Entschlusse bestärkt, den Text nach der ersten Ausgabe zu geben, wobei ihm Schopenhauer's Variantenverzeichniss „die Arbeit ausserordentlich erleichterte".

Es war dies ein nicht zu unterschätzendes Verdienst Schopenhauer's; denn je mehr die Vernunftkritik als das Fundament der neuesten Speculation anerkannt wird, desto wichtiger ist es, das Verhältniss ihrer ursprünglichen Gestalt zur spätern festzustellen. Zwar haben Hartenstein und Ueberweg den Nachweis versucht,

---

und Künstler in Frankfurt a. M. vom 13. Jahrhundert bis zur Eröffnung des Städtischen Kunstinstituts. Von Ph. Fr. Gwinner (Frankfurt 1862, S. 419 fg.).

dass Kant in der zweiten Ausgabe nur „die realistische Seite seines Lehrbegriffs stärker hervorgehoben" habe; allein, wenn dies auch Michelet's hegelianisirenden Umdeutungen dieses Lehrbegriffs gegenüber gelten mag, Schopenhauer's Beweise der Verstümmelung des Werks durch die spätere Bearbeitung scheinen mir im ganzen nicht widerlegt zu sein. Jedenfalls ist es mehr „Heuchelei" als Wahrheitsliebe, wenn man dem aller Heuchelei fremden, grundehrlichen Liebhaber der Wahrheit ein Verbrechen daraus machen will, dass er Kant beschuldige, die wesentliche Veränderung seines Werks verleugnet zu haben; denn Schopenhauer sagt weiter nichts, als dass Kant, was ja in sonstigen Zügen aus seinem Leben und der Geschichte seiner Schriftstellerei genugsam Bestätigung findet, nach Friedrich's des Grossen Tod Grund hatte, ängstlich zu sein und in der Besorgniss vor Verfolgungen „mit dem Leichtsinne, der dem spätern Alter so gut als die Furchtsamkeit eigen ist", sein Werk abgeschwächt und in Widersprüche verwickelt habe, ohne es eingestehen zu wollen. Wäre es anders, so müsste man sagen können, Schopenhauer habe die transcendentale Dialektik und die Kritik der rationalen Psychologie, ja das ganze Werk missverstanden, während ihm in Wahrheit — was gewiss die Richtigkeit seines Urtheils über beide Ausgaben am besten beweist — gerade die durch die Weglassungen und Zusätze der zweiten Auflage entstandenen Ungleichheiten und Widersprüche schon zu einer Zeit, als solche besonders aufgefallen waren, da er, mit den Differenzen beider Ausgaben noch unbekannt, das Werk nach der zweiten Auflage kritisirte.

Und müssen nicht auch Schopenhauer's Gegner zugeben, dass die Veränderungen der zweiten Ausgabe Flickwerk sind, welches der genialen Conception der Kritik in ihrer ersten Gestalt nicht genützt, sondern geschadet hat? Müssen sie nicht anerkennen, dass die Geschichte der Philosophie auf alle Fälle Schopenhauer es zu verdanken hat, wenn man über die Differenzen der beiden Ausgaben nicht mehr so leicht hinwegsehen kann? Die Schärfe des Urtheils aber muss man, abgesehen von dem auch hier sich nicht verleugnenden Charakter Schopenhauer's, dem ausserordentlichen Gewichte zugutehalten, das er auf die Reinheit des durch Kant begründeten kritischen (transcendentalen) Idealismus legte. Und wäre er im Irrthum was will dieses, sozusagen aus Parteileidenschaft für den grossen Kant an dem klein gewordenen begangene Unrecht sagen gegen das Verdienst, welches sich Schopenhauer um die Lehre und den Namen seines Vorgängers erworben hat, dessen Fahne er zu einer Zeit hochgehalten, da man längst über Kant und seine Kritiken hinausgeschritten zu sein wähnte? —

Im folgenden Jahre (1838) unternahm Schopenhauer die Beantwortung der von der Königlich Norwegischen Societät der Wissenschaften zu Drontheim aufgestellten Preisfrage: „*Num liberum hominum arbitrium e sui ipsius conscientia demonstrari potest*" (Lässt sich die Freiheit des menschlichen Willens aus dem Selbstbewusstsein beweisen?). Es war dies nur dem äussern Anlasse nach eine Gelegenheitsarbeit; der innere Anlass lag in der Nothwendigkeit der Ergänzung seines Hauptwerks durch eine ausführlichere Behandlung der sogenannten praktischen Philosophie. Merkwürdigerweise sollten ihm zur Ausfüllung dieser Lücke seines Systems zwei fast gleichzeitig gestellte Preisfragen ausländischer Akademien die Anregung geben.

Nachdem er die Abhandlung „Ueber die Freiheit des Willens" mit versiegeltem lateinischen Begleitschreiben nach Drontheim gesandt hatte, kam ihm von dort im Februar 1839 in gleicher Sprache die Antwort, dass die Arbeit mit dem Preise gekrönt und der Verfasser zum Mitgliede der Gesellschaft ernannt worden sei. Im Juni erhielt er mit der Nachricht von der Absendung des Preises, des Diploms und der Statuten der Gesellschaft ein Schreiben derselben in deutscher Sprache, in welchem es heisst: „Sowie die Direction sich nur Glück wünschen kann, zu der Aufnahme eines Mitglieds, das schon längst in der literarischen Welt rühmlichst bekannt ist, so erlaubt sie sich auch hierdurch, den Wunsch und die Hoffnung auszusprechen, dass Ew. Wohlgeboren durch Verwendung eines Theils Ihrer tiefen Kenntnisse und Ihres seltenen Scharfsinnes im Interesse der Königlichen Gesellschaft auch fernerhin die Theilnahme beweisen mögen, mit welcher Sie die wichtigen Zwecke derselben umfassen."

Schopenhauer schrieb darauf am 28. September 1839 folgenden Danksagebrief.

„Socii clarissimi! collegae humanissimi!

„Ignoscere mihi velitis, quod tam diu distuli ad duas, quibus me honorastis, Epistolas respondere: in animo enim erat simul de praemiorum mihi destinatorum acceptione in responso meo certiores vos reddere, eaque propediem ventura esse quotidie ratus, de die in diem exspectavi donec tandem his ultimis diebus mihi per-venerunt. Jam igitur, socii clarissimi, ex animo gratias vobis ago: licet enim probe sciam, vos nil nisi mentis judicium et animi justi-tiam secutos palmam mihi detulisse, grato tamen animo agnosco, justos eosdemque acutos judices me habuisse, tales demum apud quos nocere non mihi poterat, quod sententia mea vulgi opinioni-bus et sacerdotum quorundam placitis refragabatur, sed qui, ut veros Academicos decet, plus veritati quam hominum etiam recep-tissimis commentis tribuerent. Eoque magis glorior laetorque, me in Consortium vestrum adscriptum esse et pro virili parte enitar, ut tanto honore dignum semper me praestem. Nec non de aliqua symbola in posterum vobis mittenda, ubi aliquid in eum finem ido-neum menti meae sese offeret vel occassione suscitabitur, serio cogi-tabo. Interim libenter duorum scriptorum meorum exempla, quae mihi adhuc suppetunt ut etiam eorum quae in posterum editurus sum vobis mittere vellem, ut pro modulo meo saltim § 24^{ae} legum societatis satisfacerem: sed de via qua hoc sine dispendio fieri possit, incertus haereo, camque libenter a vobis discere velim.

„Quod Disputationis meae typis expressae triginta exempla, tan-tum numerum, mihi donare constituistis, gratissimo animo agnosco, eaque propediem exspecto, quum secundum litteras die Junii 15mo a vobis datas illud opusculum e prelis vestris jam exiisse non dubitandum sit.

„Celsissimi Regis effigies in nummo honorario pulcherrime expressa me amicosque magnopere delectavit, eumque nummum equidem semper conservabo in memoriam collati in me honoris cui ex ipsa regionum immensa longinquitate non parum splendoris accedit: ergo κειμήλιον ἔστω.

„Sed etiam post accepta praemia et honores non possum quin precibus vos adeam nimirum de re quae magnopere mihi cordi est. Concedatis mihi, quaeso, ut anno proximo disputationis meae editionem heic repetere mihi liceat *, ne ejus legendi copia popularibus meis diutius desit et nolite fructus ex ejus lectione percipiendos genti nostrae invidere sed, finis ultimi Academiis omnibus propositi memores, sinite doctrinae lucem quam latissime diffundi.

„Commentationum vestrarum enim perpauca exempla usque in Germaniam perveniunt, et in regionibus vestris disputatio mea utpote lingua peregrina conscripta, non nisi cultioribus iisdemque paucioribus hominibus patet, sed in Germania tandem condignum lectorum numerum invenire poterit: quamobrem deplorandum foret libellum utilem ab ea gente legi non posse, in cujus lingua conscriptus est. Neque fugere vos potuit disputationem illam summa cura, summo studio et re vera quod dicunt «con amore» elaboratam esse eaque continere quae in hunc durent et plures in annos. Multas profecto cogitationes in ea emisi, quas duitissime mecum volveram et in adversariis meis reconditas servabam: quamobrem opusculum istud quam pluribus innotescere valde cupio. Sciatis insuper me jam quinquagesimum secundum agere annum neque adhuc eam celebritatem adeptum esse qua, quod ingenue fateor, me dignum credo: pauci igitur ad eam consequendam mihi adhuc supersunt anni et jam Petrarcae voce mihi utendum est: «si quis toto die currens pervenit ad vesperam satis est».

„Nolite ergo postulare ut editionem istam diutius quam in annum proximum differam. Neque vobis vel minimum afficere poterit quod dissertatio ista postquam in Commentariis vestris publi-

---

* Nach § 21 der Statuten stand nämlich das ausschliessliche Recht der Veröffentlichung der gekrönten Preisschriften der Gesellschaft zu.

cata fuerit, in regione remotissima denuo lucem videat, quinimo hoc nonnisi in celebritatem honoremque vestrum redundare poterit: nam editionem meam meram prioris a vobis factae repetitionem e commentariis vestris seorsum repressam esse profitebor, nec profecto officio deero, quin in praefatione debitis laudibus extollam humanitatem liberalitatemque vestram, qua hoc mihi permiseritis. Denique, si veniam, quam postulo, mihi negaveritis, nihilominus Dissertatio illa etiam absque opera mea mox in Germania denuo publici juris fiet, quod neque vos neque ego ullo modo impedire possumus: nulla enim lege cautum est, ne quaevis scripta extra Germaniae fines edita in Germania denuo prelo subjiciantur, quod quidem quotidie fieri videmus. Neque profecto deerit qui hoc de libello meo facere properet bibliopola: nam compertum habent, scripta mea certum emtorum numerum semper invenire, eoque majorem quo breviora sunt, et insuper sciunt ea quae ad mores spectant a pluribus, inprimis a theologis, legi solere. Quid quod ante hos septem menses, cum nuntium gloriolae meae apud vos adeptae modo acceptum paucis cum familiaribus communicavissem, ecce statim viam suam invenit in Diurna politica hujus civitatis, ubi Hercle inter cetera publica notitia digna enarratus est, adjectâ querelâ quod lucubrationes meae tam raro publici juris fierent nec non spe fore ut hujus opusculi etiam popularibus copia fieret. Hoc autem non me auctore vel instigatore vel subornatore factum esse Deos Deasque omnes obsecro: sed bibliopolarum officiosa sedulitas in eo mihi subolet.

„Inde vero quod disputatio mea a vobis typis expressa ab editionibus spuriis tuta praestari nequeat, etiam manifestum est, me e venia quam a vobis peto lucrum quaerere nullo modo posse, quia nullum mihi erit jus quod bibliopolae vendere possim et quo ab editionibus spuriis vindicaretur. Solum igitur hoc interest, utrum libellus meus, cum concessione vestra, me curante et providente, libertatis vestrae mentione adjecta, anno proximo honorifice proditurus sit, an solis bibliopolae auspiciis in lucem repturus. Quamobrem animum inducere non possum ut credam vos mihi veniam quam peto denegaturos esse: sed, utut sit, obnixe vos rogo, ut pro liberalitate et benignitate vestra eam mihi concedere et hujus rei quam primum per rem veredariam certiorem me facere velitis ut omnem hac de re sollicitudinem ex animo ejicere possim, mirum in modum doliturus si praeter spem repulsam tulero.

„Grato igitur ob beneficia accepta animo et optima de futuris spe, socii clarissimi, semper ero" etc.

(„Hochverehrliche Societät! hochgeehrte Collegen! Verzeihen Sie, dass ich so lange gezögert habe, die beiden Briefe, mit welchen Sie mich beehrt, zu beantworten: ich hatte die Absicht Ihnen zu gleicher Zeit den Empfang der mir zugedachten Ehrengaben anzuzeigen und da ich täglich auf das Eintreffen derselben hoffte, so habe ich von Tag zu Tag gewartet, bis sie mir endlich in diesen letzten Tagen zugekommen sind. Nunmehr also, hochverehrliche Societät, statte ich Ihnen meinen herzlichen Dank ab; denn obschon ich wohl weiss, dass Sie, einzig und allein Ihrem verständigen Urtheil und Gerechtigkeitsgefühl folgend, mir den Preis zuerkannt haben, so erkenne ich doch dankbar an, so gerechte und scharfsinnige sowie solche Richter gefunden zu haben, in deren Augen es mir nicht schaden konnte, dass meine Ansicht den Meinungen der Menge und den Lehren etlicher Priester zuwiderläuft; sondern die, wie es wahren Akademikern geziemt, die Wahrheit höher schätzen als die, wenn auch noch so sehr anerkannten Erfindungen der Menschen. Desto mehr ehrt und erfreut es mich in Ihre Genossenschaft aufgenommen zu sein, und ich werde für meinen Theil bemüht sein, mich einer solchen Ehre stets würdig zu erweisen. Auch werde ich ernstlich darauf bedacht sein, Ihnen künftighin Beiträge zu liefern, wenn etwas zu diesem Zwecke Geeignetes sich mir darbieten oder mit Gelegenheit hervorgebracht werden sollte. Inzwischen möchte ich Ihnen gern die mir noch zur Verfügung stehenden Exemplare zweier meiner Schriften sowie solche meiner künftigen Arbeiten zusenden, um wenigstens nach meinen Kräften dem § 24 der Gesellschaftsstatuten Genüge zu leisten; bin jedoch über den Weg, auf dem dies ohne grosse Kosten geschehen kann, im Unklaren und wünschte denselben gern durch Sie zu erfahren.

„Dass Sie beschlossen haben mir die grosse Anzahl von dreissig Abdrücken meiner Abhandlung zum Geschenke zu machen erkenne ich mit verbindlichstem Dank an; ich erwarte dieselben nächstens, da ich nach Ihrem Schreiben vom 15. Juni nicht zweifeln kann, dass das Werkchen die Presse dort bereits verlassen hat.

„Das auf der Denkmünze vortrefflich ausgeprägte allerhöchste Bildniss hat mich und meine Bekannten sehr entzückt: ich werde die Medaille stets bewahren zur Erinnerung an die mir gewordene Ehrenbezeugung, deren Werth allein schon durch die aussergewöhnlich grosse Entfernung zwischen uns nicht wenig erhöht wird: also «ein Kleinod soll sie mir sein» (Ilias, Gesang 23, Vers 618).

„Aber — nachdem ich Preis und Ehre davongetragen, muss ich Sie noch mit einer mir sehr am Herzen liegenden Bitte angehen. Ich ersuche Sie nämlich, damit meinen Landsleuten die Gelegenheit meine Abhandlung zu lesen, nicht länger vorenthalten bleibe, mir zu gestatten, dieselbe im nächsten Jahre auch hier im Druck erscheinen zu lassen, indem Sie den daraus zu ziehenden Nutzen unserem Volke nicht missgönnen; vielmehr, eingedenk des Endzwecks aller Akademieen, das Licht der Wissenschaft so weit als möglich verbreiten lassen.

„Denn nur sehr wenige Exemplare Ihrer Abhandlungen gelangen bis nach Deutschland herüber, und in Ihrem Lande ist meine in einer dort fremden Sprache geschriebene Preisschrift nur den Gebildeteren und unter diesen einer Minderheit zugänglich; in Deutschland dagegen wird dieselbe einen angemessenen Leserkreis finden können. Es würde deshalb zu beklagen sein, wenn ein nützliches Werkchen von dem Volke, in dessen Sprache es geschrieben ist, nicht gelesen werden könnte. Auch kann es Ihnen nicht entgangen sein, dass die Abhandlung mit grösster Sorgfalt, mit grösstem Fleiss und wirklich, wie man sagt, *con amore* ausgearbeitet und ihr Inhalt für diese und alle Zeit ist. In der That habe ich darin viele Gedanken hinausgeschickt, die ich lange mit

mir herumgetragen und in meinen Studienbüchern gesammelt aufbewahrte. Aus diesem Grunde ist es mir ein grosses Anliegen,
dass das Werkchen so viel als möglich bekannt werde. Sie wollen
überdies bemerken, dass ich schon im 52. Lebensjahre stehe und
noch nicht die Anerkennung gefunden habe, deren ich mich, aufrichtig gestanden, für würdig achte. Sie zu erlangen bleiben mir
also noch wenige Jahre übrig und bereits muss ich Petrarcas Wort
auf mich anwenden: «Wenn Einer den ganzen Tag über laufend,
Abends ankommt, so ists genug».

„Sie wollen deshalb nicht verlangen, dass ich die Herausgabe
länger als bis zum nächsten Jahre verschiebe. Auch kann es Ihr
Interesse nicht im mindesten berühren, wenn die bereits unter
Ihren Abhandlungen veröffentlichte Arbeit an weit entferntem Orte
wiederum ans Licht tritt; vielmehr wird dies Ihnen nur zu Ruhm
und Ehre gereichen können: denn ich werde meine Ausgabe als
einen blossen Wiederabdruck der in Ihren Abhandlungen enthaltenen
früheren bezeichnen und der Verpflichtung gewiss nicht ermangeln,
in der Vorrede die Freundlichkeit und Grossmuth, womit Sie mir
dies gestattet, gebührend zu rühmen. Endlich, wenn Sie mir die
erbetene Erlaubniss versagen wollten, so würde die Abhandlung
auch ohne mein Zuthun bald von neuem in Deutschland veröffentlicht werden, was weder Sie noch ich hindern können; denn kein
Gesetz verbietet, dass im Ausland erschienene Schriften jeder Art
in Deutschland nachgedruckt werden, wie wir dies täglich geschehen
sehen. Auch dürfte es nicht an einem Buchhändler fehlen, der
sich beeilen würde, dies mit meiner kleinen Schrift zu thun; es
ist ihnen bekannt, dass meine Schriften eine Anzahl Käufer immer
finden und dass diese desto grösser ist, je kürzer sie sind. Ueberdies wissen sie, dass Schriften, die das sittliche Verhalten betreffen,
von den Meisten, namentlich von Theologen gelesen zu werden
pflegen. So hatte ich, als ich vor sieben Monaten eben erst die
Nachricht von dem bei Ihnen erzielten Erfolg empfangen, kaum
bei wenigen Bekannten etwas davon verlauten lassen, als dieselbe
sogleich den Weg in die hier erscheinenden politischen Zeitungen

fand, wo sie wahrhaftig unter Anderem der allgemeinen Aufmerksamkeit Werthen mitgetheilt und dabei das Bedauern ausgesprochen wurde, dass so selten Arbeiten von mir herauskämen, zugleich aber die Hoffnung, dass diese Preisschrift auch den Landesgenossen zugänglich gemacht werden möge. Dass dies aber nicht etwa durch mich oder auf meine Anstiftung oder Veranlassung geschehen sei, dafür rufe ich alle Götter und Göttinnen zu Zeugen an. Vielmehr dürfte die dienstfertige Betriebsamkeit der Buchhändler dahinterstecken.

„Da hiernach meine Abhandlung, nachdem sie von Ihnen veröffentlicht ist, gegen Nachdruck nicht sicher gestellt erscheint, so ist klar dass ich mit der von Ihnen erbetenen Erlaubniss auf keine Weise einen Gewinn beabsichtigen kann, weil ich kein Recht besitze, welches ich dem Verleger verkaufen könnte und kraft dessen den Nachdrücken gegenüber Eigenthumsansprüche geltend zu machen wären. Der Unterschied beschränkt sich also darauf: ob meine kleine Schrift, mit Ihrer Bewilligung, unter meiner Leitung und Fürsorge, und indem zugleich Ihrer Liberalität Erwähnung geschieht, ehrenvoll hervortreten, oder lediglich vermöge der Willkür eines Buchhändlers sich ans Licht schleichen soll. Ich kann mir deshalb nicht denken, dass Sie mir die nachgesuchte Erlaubniss verweigern sollten; jedoch dem sei wie ihm wolle, ich bitte Sie dringend, mir dieselbe, um Ihrer Grossmuth und Güte willen, zu gewähren und mich sobald als möglich durch die Post darüber ausser Zweifel zu setzen, damit ich mich der Sorge darum entledigen könne. Sehr schmerzlich würde es mich berühren, wenn ich, wider Verhoffen, eine Fehlbitte thun sollte.

„Mit Dank für die empfangenen Gunstbezeugungen und mit bester Hoffnung wegen der zu gewärtigenden verharre ich, hochverehrliche Societät" u. s. w.).

Sein Wunsch wurde gewährt; jedoch, wie aus nachstehender Antwort erhellt, unter Bedenken, welche wol zum Theil erst durch seine Ueberredungskünste hervorgerufen worden zu sein scheinen. Das merkwürdige Schreiben lautet:

A. Schopenhauer, philosophiae Doctori,
viro celeberrimo
S. P. D.

„Quod nostrum ad ea, quae a. d. V. Cal. Octobr. nobis scrip-
sisti, responsum justo diutius Tibi fuit exspectandum, id inde factum
est, quod aliquantum inter nos exortum est dissensionis, utrum eam,
quam in litteris Tuis enixe petiisti, dissertationis Tuae in Germania
editionem recte Tibi permitteremus, nec ne. Namque ut, quod et
a Te cum magno quodam studio exoptari et ipsum per se satis
aequum reique ipsius rationi consentaneum esse videtur, id petenti
Tibi nonnisi valde gravabundi abnegare posse nobis videbamur:
ita erant inter nos, qui ad ea, quae ante a nobis hac in re jam
facta erant, spectantes, haud satis salvâ constantiâ fieri posse
censerent, si nunc eam, quam petiisti, dissertationis divulgationem
concederemus. Etenim quum in eo esset illa, ut prelo subjiceretur
typis excudenda, orta est inter nos quaestio utrum in nostram linguam vernaculam prius vertenda esset, an, quâ scripta esset linguâ,
eâdem apud nos in vulgus edenda. Inter complures rationes, quas
secuti linguam, qua abs Te composita esset, retinendam esse cen-
suimus, haec quoque erat (quamvis non omnium gravissima illa
quidem) quod tum singula loca in Tua dissertatione deprehendisse
nobis videbamur, quae a vulgi captu remotiora, ideoque vel plane
non, vel prave intellecta, incultiorum hominum animos aequo gra-
vius commovere sollicitareque et quodammodo perturbare posse
viderentur; tum vero etiam in universum satius duximus rudi et
indoctae multitudini aditum ad scriptionem non patefacere, quae
ut in summa ad quam pervenitur, speciem prae se fert cujusdam
et cum hominum sui ipsorum conscientia et cum sanctissimae
nostrae religionis principiis repugnantiae, ita eam habet et leniter
fluentis orationis jucunditatem et totius ratiocinationis vim atque
constantiam, et subtilioris denique doctrinis silvam, quam mirum
in modum legentium animos capere, atque quamvis reluctantes, huc
illuc flectere artissimis persuasionis vinculis ita constringere opor-
teat, ut sententiae in ea propositae sponte quodammodo in mentes

influere videantur. Itaque, quo magis has dissertationis Tuae virtutes spectantes, dignissimam inter omnes eam habuimus, quae proposito praemio ornaretur, eo magis rursus agendum nobis putavimus, ut quantum in nobis esset, nonnisi hominibus maturo quodam et idoneo ad veritatem enucleandam judicio praeditis ejus legendae copiam faceremus. Quare, quum inter complures rationes hanc quoque secuti, haud vernacula nostra inter nos divulgandam eam esse semel decrevissemus, erant, uti supra diximus, qui, fore ut parum nobis constare videremur, si idem, quod in patria fieri noluissemus, nunc in peregrina terra permitteremus, rati, minime quidem prorsus abnegandum Tibi esse, quod petiisti, sed ita permittendum censerent, ut in linguam latinam translata in Germania ederetur.

„Verum enim vero, quoniam, re accuratius perpensa et deinde suffragiis permissa, major pars in eam jam discessit sententiam, et justo latius cosmopoliticum istum, quem vocant, sensum extendi, si in illa sententia perstaretur, nec eandem plane esse rei ipsius in Germania atque apud nos rationem, hisce litteris Tibi significare voluimus, nullam in societate nostra moram jam esse, quo minus quando Tibi ipsi visum fuerit, dissertationem Tuam in Germania cures edendam.

„Persuasum habeas pergratum nobis facturum Te esse, si, quando oblata fuerit occasio, ad juvandum id, quod sibi proposuit societas nostra — quae Tua est et ingenii subtilitas et doctrinae ubertas — aliquid contuleris, gratissimisque nos animis semper accepturos esse, si aut mittenda scriptione aliqua nondum typis excusa aut alia quacunque ratione, Tuum erga illam studium et benevolentiam probaveris.

„Quae operum Tuorum exempla societati nostrae dono missurum Te esse liberaliter promisisti, quaeque in posterum dare volueris, et certissima via et sine ullo Tuo sumptu ad nos pervenient, si, nomine praesidis nostrae societatis (Bugge) inscripto, per bibliopolëum aliquod Francofurtense, viris ornatissimis Perthes Besser & Mauke, bibliopolis Hamburgensibus, missa fuerint, et commendata; qui quidem viri, pro eo, quod inter ipsos et nos est commercium, nullo negotio protinus huc ea curabunt portanda.

„Dabamus Nidarosiae a. d. XII Cal. Decembr. MDCCCXXXIX.
Fredr. Bugge. Fredr. Storm. E. Horneman. Th. Broch.
M. T. Holtermann."

(„Dem Herrn Dr. phil. Arthur Schopenhauer, Hochwohlgeboren, unseren Gruss zuvor! Unsere Antwort auf Ihr Schreiben vom 28. September hat länger auf sich warten lassen als recht ist, weil unter uns einige Meinungsverschiedenheit darüber entstand, ob wir die von Ihnen dringend erbetene Herausgabe Ihrer Abhandlung in Deutschland genehmigen sollten oder nicht. Denn wenn einerseits der Gegenstand Ihres so lebhaften Verlangens an sich nur der Billigkeit und der Natur der Sache zu entsprechen scheint und wir Sie deshalb nicht, ohne Ihnen grosse Ursache zur Beschwerde zu geben, abschlägig bescheiden zu können glaubten: so waren andererseits Einige unter uns mit Rücksicht auf das zuvor von uns in dieser Sache bereits Geschehene der Ansicht, dass wir nicht ohne Folgewidrigkeit die von Ihnen gewünschte Veröffentlichung der Abhandlung zugeben könnten. Als nämlich dieselbe gedruckt werden sollte, warf sich unter uns die Frage auf, ob sie zuvor in unsere einheimische Sprache übersetzt werden oder ob sie in derselben Sprache, in der sie geschrieben ist, bei uns erscheinen solle. Unter den Gründen, welche uns bestimmten, die Sprache, in der sie von Ihnen verfasst worden, beizubehalten, war auch der, obwohl nicht der gewichtigste, dass wir sowohl einzelne Stellen in Ihrer Abhandlung gefunden zu haben glaubten, die dem gemeinen Verständnisse ferner liegen und deshalb, sei's gar nicht, sei's unrichtig verstanden, ungebildetere Geister stärker als gut ist erregen und beunruhigen, ja gewissermassen in Verwirrung bringen könnten, als auch dass wir es überhaupt für besser gehalten haben, der rohen und unwissenden Menge den Zugang zu einer Schrift nicht zu eröffnen, welche einerseits in der Hauptsache, auf die sie hinauskommt, das Ansehen hat, als stehe sie mit dem menschlichen Selbstbewusstsein sowie mit unserem heiligen Glauben in Widerspruch, andererseits in ihrem fliessenden Styl einen solchen Reiz, in ihrer ganzen Beweisführung eine solche Stärke und Folgerichtigkeit, endlich einen Reichthum gründlichen Wissens besitzt, der nicht verfehlen kann, den Geist des Lesers in hohem Grade einzunehmen, ihn, selbst wider seinen Willen, hierhin und dorthin zu lenken und in die engsten Fesseln der Ueberredung zu schlagen, sodass die darin entwickelten Gedanken sich gewissermassen von selbst dem Geiste einzuschmeicheln scheinen. Je mehr wir deshalb, diese Vorzüge Ihrer Abhandlung ins Auge fassend, dieselbe unter Allen für die des ausgesetzten Preises würdigste erachtet, desto mehr glaubten wir hingegen darauf bedacht sein zu sollen, nur Solchen, die eine gewisse Reife des Urtheils besitzen, welches die Wahrheit herauszuschälen vermag, die Gelegenheit seiner Bekanntschaft zu bieten. Als wir deshalb unter mehreren Gründen auch den erwogen, dass wir einmal beschlossen hätten, die Schrift nicht in unserer Muttersprache zur Verbreitung zu bringen, waren Etliche, wie oben erwähnt, der Meinung, dass wir wohl nicht mit uns selbst übereinstimmen würden, wenn wir das, was wir in der Heimath nicht geschehen lassen wollten, nunmehr im Auslande gestatteten. Sie wollten jedoch keineswegs Ihre Bitte überhaupt versagen, vielmehr derselben nur insoweit stattgeben, dass Ihnen die Herausgabe in lateinischer Uebersetzung freigegeben werden sollte.

„Indessen, da nach reiflicher Ueberlegung und erfolgter Abstimmung die Mehrheit der Ansicht beigetreten ist, dass es die sog. kosmopolitische Gesinnung weiter als recht ist ausdehnen heisse, wenn man bei jener Meinung beharrte, und dass die Sache in Deutschland anders als bei uns liege: so setzen wir Sie durch dieses Schreiben davon in Kenntniss, dass Ihnen von unserer Gesellschaft aus Nichts mehr im Wege steht, Ihre Dissertation, sobald es Ihnen beliebt, in Deutschland zum Druck zu befördern.

„Seien Sie versichert, dass Sie uns den grössten Gefallen erzeigen werden, wenn Sie mit Ihrem Scharfsinne und reichen Wissen, bei sich darbietender Gelegenheit, etwas zur Förderung der Zwecke unserer Gesellschaft beitragen wollen, und dass wir es jederzeit aufs dankbarste entgegennehmen werden, wenn Sie durch Zusendung einer noch nicht gedruckten Schrift oder sonst wie Ihre rege Theilnahme und Ihr Wohlwollen gegen unsere Gesellschaft bethätigen wollen.

„Die Exemplare Ihrer Werke, die Sie freigebigerweise unserer Gesellschaft zum Geschenke versprechen, sowie die für die Zukunft in Aussicht gestellten erhalten wir auf dem sichersten Wege und ohne dass Sie irgend welche Kosten dabei aufzuwenden haben, wenn Sie dieselben unter der Adresse des Präsidenten unserer Societät (Bugge) durch irgend eine frankfurter Buchhandlung an die angesehene Hamburger Verlagsfirma Perthes, Besser & Mauke einsenden, welche in Geschäftsverkehr mit uns steht und die Weiterbeförderung bis hieher ohne Schwierigkeit bewerkstelligen wird.

„Gegeben zu Drontheim den 20. November 1839" u. s. w.).

Als Schopenhauer für die Veröffentlichung der Schrift gerade „das nächste Jahr" bestimmte, hatte er bereits eine zweite Preisschrift „Ueber das Fundament der Moral" vollendet, über welche bald nachdem er das vorstehende Schreiben aus Drontheim empfangen die Königlich Dänische Societät der Wissenschaften in Kopenhagen zu Gericht sass. An diese hatte er in dem der Abhandlung beigelegten, seine Adresse enthaltenden, nur nach gefälltem günstigem Spruch zu eröffnenden Briefe wie folgt geschrieben.

„Socii illustrissimi!

„Reportatae victoriae ut statim per rem veredariam certiorem me facere velitis rogo. Praemium autem mihi adjudicatum spero vos viâ diplomaticâ mihi transmissuros esse, quum habeamus heic Regium Danicum Legatum.

„Haecce Dissertatio affinis est illi De libero arbitrio quam Nidavosiae Die Januarii 26, hujus anni, summo praemio ornavit Regia Norvegica scientiarum Societas quippe quae ñon solum nummum majorem mihi adjudicavit, sed quod multo majoris aestimo etiam in consortium suum me adsciscere dignata est. Utrasque igitur Dissertationes anno proximo una et sub communi titulo «*Die beiden Grundprobleme der Ethik gelöst in zwei gekrönten Preisschriften*» publici juris faciam, licet ea de lib. arb. jam in Commentariis Reg. Norv. Societatis evulgata sit: horum enim Commentariorum perpauca exempla in Germaniam perveniunt; ambae autem illae Dissertationes mutuam lucem sibi affundunt et conjunctae Corpus quoddam Essentialium Ethices constituent, quod quidem munificentiae Academiarum Scandinaviae acceptum referendum erit.

„Grato igitur erga vos animo semper ero
nominum vestrorum splendidissimorum
cultor deditissimus.“

(„Hochverehrliche Societät! Von dem errungenen Siege bitte ich mich alsbald durch die Post benachrichtigen zu wollen. Den mir zuerkannten Preis aber hoffe ich, da wir hier einen Königlich Dänischen Gesandten haben, auf diplomatischem Wege von Ihnen zugeschickt zu erhalten. Diese Abhandlung hier ist derjenigen Ueber die Freiheit des Willens verwandt, welche am 26. Jan. d. J. in Drontheim von der Königl. Norwegischen Societät der Wissenschaften mit dem ersten Preise gekrönt worden ist. Diese Societät hat mir nicht nur die grosse Medaille zuerkannt, sondern, was ich weit höher schätze, mich auch gewürdigt, mich zu ihrem Mitgliede zu ernennen. Diese beiden Dissertationen also gedenke ich im nächsten Jahre unter dem Titel «Die beiden Grundprobleme der Ethik, gelöst in zwei gekrönten Preisschriften» zu veröffentlichen, obwohl die über die Freiheit des Willens schon in den Abhandlungen der K. Norw. Societät erschienen ist; denn von diesen Abhandlungen kommen nur sehr wenige Abdrücke nach Deutschland, beide Dissertationen aber beleuchten sich gegenseitig und werden miteinander gewissermassen einen vollständigen Grundriss der Ethik bilden, den man der Munificenz der Akademien Scandinaviens wird zu danken haben.

„Mit dankbarem Herzen stets verharrend,
hochzuverehrende Herren,   Ihr
ergebenster Diener“).

Bald sollte ein anderer Ton von ihm angeschlagen werden. Je höher er sich durch den Erfolg in Drontheim gehoben gefühlt hatte, desto verletzender schnitt das schroffe Urtheil der dänischen Akademie * in sein Ehrgefühl ein. Die Geschichte dieser beiden Preisschriften, insbesondere der nach zwanzig Jahren noch nicht erkaltete Aerger Schopenhauer's, wie er in den drastischen Vorreden vom September 1840 und August 1860 auf die Nachwelt gebracht ist, erinnert freilich an das Horazische

> Sic leve, sic parvum est animum quod laudis avarum
> Subruit ac reficit —

„So Geringfügiges, so Kleines ist's, was ein Herz, das nach Lob geizt, niederwirft und erhebt" — allein es war nicht blos seiner Person, sondern mit dieser zugleich der Sache, die er vertrat, übel mitgespielt, und jeder spricht von der Messe, wie es ihm darauf ergangen ist.

---

* Es lautet auf Deutsch: „Die im Jahre 1837 gestellte Preisfrage, ob die Quelle und Grundlage der Moral in einer unmittelbar im Bewusstsein liegenden Idee der Moralität und in der Analyse der übrigen aus dieser entspringenden moralischen Grundbegriffe, oder aber in einem anderen Erkenntnissgrunde zu suchen sei, hat nur Ein Autor zu beantworten unternommen, dessen in deutscher Sprache geschriebene, mit dem Motto «Moral predigen ist leicht, Moral begründen ist (*sic*) schwer» bezeichnete Abhandlung wir des Preises nicht für würdig haben erachten können. Denn beiseite lassend, was hauptsächlich gefragt war, ging er von der Meinung aus, es solle ein Princip der Ethik begründet werden, und machte deshalb denjenigen Theil seiner Abhandlung, in welchem er den Zusammenhang zwischen dem von ihm aufgestellten Princip der Ethik und seiner Metaphysik entwickelt, zum blossen Anhang, mit dem er mehr als verlangt sei gebe, während doch das Thema an erster Stelle die Untersuchung des Zusammenhangs der Metaphysik und Ethik forderte. Wenn übrigens der Verfasser versucht hat, im Mitleid das Fundament der Moral nachzuweisen, so hat uns weder die Form des Vortrags genügt, noch konnten wir in der That dies Fundament selbst für ausreichend erachten; ja er selbst musste gestehen, dass es dies nicht sei. Auch darf nicht verschwiegen werden, dass mehrere der hervorragendsten neueren Philosophen auf so unziemliche Art erwähnt sind, dass es gerechten und schweren Anstoss erregt."

Er hatte vor allem ganz ausser Acht gelassen, dass in Kopenhagen Akademiker aus der Schule seiner berühmten Rivalen sassen, Theologen wie Martensen, die sich selbst für Philosophen hielten, alles, bis auf die „*forma disserendi*", weit besser verstanden als er, und ihre Preisfrage nur gestellt zu haben schienen, um ihre eigenen Mittel ins Licht setzen zu können. Verballhornten sie doch aus diesen ihren Mitteln sogar das Motto des Tractats! Er hätte bedenken sollen, dass nicht alle Akademien geneigt seien, so fein zu unterscheiden, und so trefflich verständen „die Wahrheit herauszuschälen" wie die guten Herren in Drontheim. Und freilich, wenn man dies zu thun nicht willens oder im Stande ist, so verliert der ganze Schopenhauer seinen wahren Werth.

Es ist bei Gott kein Ehrendenkstein, welchen die *Regia Danica scientiarum Societas* mit ihrem *Judicium* sich gesetzt hat! Denn, wäre selbst jedes Wort in diesem Verwerfungsurtheil wahr, so würde dieses um nichts weniger ungerecht sein, da es nur das *Contra* in die Wagschale wirft, nicht auch das *Pro*. Eine Schrift, deren Inhalt so bedeutend ist, dass sie unzweifelhaft in der Geschichte der Ethik dauernd Platz finden muss, schickt man nicht mit eitlem Tadel heim, zumal wenn man nichts hat, das man über sie stellen könnte. Am allerwenigsten aber vermisst man sich, einen Schriftsteller, wie Schopenhauer, wegen seines Vortrags tadeln zu wollen. Blos um desswillen, weil er mit seiner ganzen Denkart den Herren heterogen war, durfte er nicht als „unter Mittelgut" behandelt werden; das verträgt sich schlechterdings nicht mit dem geringsten Grad richterlicher Unbefangenheit und Einsicht. Wenn man nun einmal für das Geniale, Ursprüngliche in der Erkenntniss kein Organ hat, wenn man das Gold nur im pforzheimer Fabrikat, nicht in der Mine sieht, d. h. wenn man sich nicht auf grosse, wennschon mit grossen Fehlern behaftete Leistungen, wie die Schopenhauer's versteht, so soll man eben keine Preisfragen stellen.

Oder besser gesagt, wer kein courantes Kaufmannsgut auf den gelehrten Markt zu bringen hat, soll bei solchen Aufgaben von und für Mittelmässigkeiten nicht concurriren. Schon in Berlin hatte Schopenhauer auf das Mitgliederverzeichniss der Akademie der Wissenschaften geschrieben: „Spottet ihrer nicht! Ihre Geistesfähigkeiten seien nun welche sie mögen, so sind ja sie doch die Stützen und Säulen, welche die aufgehäufte Last des menschlichen Wissens für diese Zeit tragen. Das Genie gehört nicht zu den Stützen sondern zur Last: deshalb widersetzen sie sich ihm und solange sie können, erkennen sie es nicht an." Die Akademiker, meinte er, hätten, obwol sie wenig mit eigenem Kapital arbeiten, den Stolz der Grosshändler und glichen diesen, sofern sie mit überkommenem Wissen Handel treiben und jeden ausstossen, von dem sie fürchten, dass er ihnen den Markt verderben könne. Ein solches *enfant terrible* war auch er; es konnte ihm deshalb nichts helfen, dass er am Eingange seiner Arbeit sich selbst und seine Richter mit den Worten erhob: „Wer hier Hand ans Werk legt" — an ein so schweres Problem wie das aufgestellte — „muss zu seiner Ermuthigung sich allezeit gegenwärtig erhalten, dass vom Thun und Treiben der Menschen wie vom Gewühl und Lärm des Marktes nichts weiter abliegt, als das in tiefe Stille zurückgezogene Heiligthum der Akademie, wohin kein Laut von aussen dringen darf und wo keine anderen Götter ein Standbild haben als ganz allein die hehre nackte Wahrheit." Mit dieser, erklärte er, es einmal wagen zu wollen, denn: „ihre Macht ist gross und endlich trägt sie den Sieg davon" (I. Buch Esra, 4, 41 in *LXX*). Zugleich aber erklärte er offen, dass er „nicht ohne Besorgniss ja mit Resignation" an die Aufgabe gehe, da „der schöne Spruch Den, der gelebt und geleistet hat, nicht sehr mehr ermuthigt", und da er „schon längst dem Ritter von Zimmermann beistimme, wenn dieser sage, „denke im Herzen bis in den Tod nichts sei in der Welt so selten, wie ein guter Richter!'"

Ja er sah „schon im Geiste seine Darstellung so arm und kleinlaut dastehen wie vor dem König Lear die Kordelia mit der wortkargen Versicherung ihrer pflichtmässigen Gesinnung neben den überschwänglichen Betheurungen ihrer beredteren Schwestern".

Erwägen wir einerseits, wie sich das Scheinwissen in der Philosophie zu allen Zeiten, am meisten aber zur Blütezeit Fichte's, Schelling's und Hegel's in den Schriften der „Philosophieprofessoren" aufgeblasen hat, und sehen nun andererseits die einfache, offene, unbefangene und ungeschminkte Wahrheitsliebe, mit welcher Schopenhauer an jene tiefen Probleme herantritt: so können wir nicht umhin, seinen Vergleich treffend zu finden.

Die Abhandlung über „die Freiheit des Willens" würde bei der Kopenhagener Akademie ebenso wenig Eindruck gemacht haben wie die andere; denn vermuthlich würde, selbst wenn sein Nachweis der strengen Necessitation der Willensacte und die Auflösung des Selbstbewusstseins in letztere dort Beifall zu finden Hoffnung gehabt hätten, und irgendwelche Empfänglichkeit für die in solchen Dingen fast beispiellose Klarheit und Folgerichtigkeit der Deduction vorhanden gewesen wäre — die von Schopenhauer nur zum Schlusse angedeutete „höhere Ansicht" als das eigentliche Beweisthema vindicirt worden sein, welches er, kaum berührt, im Stich gelassen habe. Anstatt in der Abhandlung über das Fundament der Moral vor allem den scharfsinnigen und lehrreichen kritischen Theil zu würdigen; sodann aber in dem positiven Theile ein „geniales Exercitium", wie Herbart von Fichte's „Wissenschaftslehre" sagte, zu erkennen, verlangten sie, scheint es, Brief und Siegel über die Herkunft ihrer „Idee der Sittlichkeit", in welcher zweifelhaften Persönlichkeit Schopenhauer mit Recht weiter nichts als den „Grundgedanken eines moralischen Gesetzes" zu finden vermochte.

Danach warfen sie ihm vor, dass er das eigentliche Thema nur anhangsweise behandelt habe, nämlich den „Nexus zwischen Ethik und Metaphysik", wahrscheinlich ihrer eigenen oder der Hegel'schen Metaphysik; während, wie Schopenhauer unwiderleglich dargethan, in der Preisfrage kein Wort davon zu finden ist. Schopenhauer hat aber in der That diesen Nexus sattsam bezeichnet, nämlich den Nexus seiner Metaphysik mit seinem Fundament der Moral, das ihnen freilich höchst paradox vorgekommen zu sein scheint, obwol doch wenigstens Herr Martensen bei seiner

Kenntniss Meister Eckhart's, dessen Bedeutung zu würdigen in der Lage gewesen wäre.

Ueberhaupt sollte Schopenhauer nach dem drontheimer Siege wenig Freude mehr an seinen Abhandlungen zur „Ethik" erleben. Zur Zeit der noch andauernden Hochflut der „Hegelei", im September 1840 herausgekommen, wurden sie keineswegs der Wichtigkeit des Gegenstandes und ihrem Werthe gemäss beachtet. In einem Briefe an Brockhaus vom März 1844 sagt er: seine Schrift „über den Willen in der Natur" und seine „Grundprobleme der Ethik", „Werke, die man noch nach Jahrhunderten lesen wird", seien in keiner einzigen Literaturzeitung erwähnt worden, „als allein in Ihrem Leipziger Repertorium, welches *ex professo* alles anzeigt, und die Ethik auch in Ihren Literarischen Unterhaltungsblättern". Mit der letztern Recension sei er ganz wohl zufrieden gewesen; „hingegen will ich lieber von wüthenden Hegelianern zerrissen als, wie beide Male im Repertorium (wahrscheinlich von Hartenstein) eine solche heimtückische Billigung finden, die es verschmitzter Weise nur darauf abgesehen hat, das Bedeutende als unbedeutend darzustellen und die Aufmerksamkeit davon abzulenken".

Ausser diesen beiden Anzeigen war indessen noch eine dritte erschienen, deren Schopenhauer in diesem Briefe nicht gedenkt. Hierüber schreibt er am 27. August 1854 an August Becker in Mainz: „Ihre Kritik der Rosenkranzischen Ergiessung * ist sehr gut und richtig. Sie hat mir meine eigene Empfindung dabei erläutert und mir viel Vergnügen gewährt. Was er (weil Sie danach fragen) eine gründliche und witzige Kritik von Spiritus Asper nennt, ist ein infames Pasquill, voll Lügen und *falsa* in den Hallischen Jahrbüchern von 1841 oder 1842 unter Form einer Recension meines Willens in der Natur und meiner Ethik. Ich besitze es nicht. Erst jetzt nach dem Tode des Verfassers ist es

---

* „Zur Charakteristik Schopenhauers" in der „Deutschen Wochenschrift" von Karl Gödeke. Heft 22 (1854).

dem Dr. Emden, der sich früher viel Mühe deshalb gegeben hatte, gelungen, denselben herauszubringen. Es ist der langweilige Vielschreiber *Carové*, der damals in freundschaftlichem Umgang mit mir stand und mit mir sehr unbefangen davon gesprochen hat. Blosser Neid bewog diese Canaille." *

So verbanden sich Feind und Freund, ihm das Fortkommen schwer zu machen, und als nach zwanzig Jahren die neue Auflage der beiden „Grundprobleme der Ethik" unter glänzenden Auspicien die Presse verlassen hatte und die Post ihm die ersten Exemplare ins Haus brachte, war er eben in den Sarg gelegt worden.

In demselben Jahre, in welchem die „Grundprobleme der Ethik" erschienen, hatte der englische Maler *Charles Eastlake* ** in London Goethe's Farbenlehre ins Englische übersetzt. Dies veranlasste Schopenhauer demselben über den Stand der Sache zu schreiben und die Uebersetzung des Schriftchens „Ueber das Sehn und die Farben" anzuempfehlen. Den englischen Brief Schopenhauer's hat Dr. Lindner 1862 in der Vossischen Zeitung nebst Uebersetzung veröffentlicht, auch in dem mit Dr. Frauenstädt herausgegebenen Buche „Arthur Schopenhauer. Von ihm. Ueber ihn" u. s. w. (Berlin bei A. W. Hain, 1863) wieder abdrucken lassen. Es stellte sich heraus, dass Eastlake ein alter Bekannter von ihm war; denn derselbe schrieb ihm im April 1841 unter anderm: „Sie sagen, Sie seien früher in Berlin gewesen, und ich vermuthe wegen Ihrer vollkommenen Kenntniss des Englischen, dass wir schon vor etwa 20 Jahren einander begegnet sind. An der Wirthstafel des Gasthofs nämlich, in dem ich ab-

---

* *F. W. Carové*, ein Compilator von vielem Wissen und vielseitiger Empfänglichkeit; aber ohne bestimmten Charakter, an Allem herumtastend. Beim Wartburgfeste im October 1817 trat er zuerst als Redner auf; Riemann fiel ihm mit dem Witze ins Wort: er solle schweigen, sein Name endige mit einem ominösen O weh.

** Später auch als Kunsthistoriker durch seine „Materials for a history of Oil Painting" (2 Bde., London 1857 fg.) und andere Schriften bekannt geworden.

gestiegen war, traf ich täglich mit einem Herrn Ihres Namens zusammen, der perfect englisch sprach. Er war speculativer Philosoph und, wie er mir sagte, der Verfasser eines Werks, betitelt
«Die Welt als Wille und Vorstellung». So sind wir möglicherweise einander nicht fremd. Ich nannte Ihnen damals meinen
Namen und sagte Ihnen, dass ich Maler sei."

Auf die Sache einzugehen stellte er in ungewisse Aussicht.
Schopenhauer musste also hier abermals in Erfahrung bringen,
dass seine eingehende und lebendige, von dem reinen Interesse
für die Wissenschaft eingegebene Mittheilung in fremder Sprache
nicht die verdiente Beachtung fand, sondern ebenso leichthin aufgenommen wurde, wie jene an Haywood und Consorten gerichteten.
Wie würde man in Deutschland über einen einheimischen Fach-
gelehrten urtheilen, welcher solche Briefe von der Hand eines
englischen Gelehrten deutsch geschrieben, nicht besser aufzunehmen
und die seltene Gelegenheit, sich über seine Wissenschaft mit
einem Ausländer in mehr als oberflächlichen Verkehr zu setzen,
so schlecht zu nutzen wüsste? Der rein theoretische Feuereifer
Schopenhauer's im Dienste der Wahrheit oder dessen, was er auf
Grund redlicher Forschung für das Wahre erkannt hatte, steht
mit der unentzündlichen Nüchternheit und unüberwindlichen Zähigkeit jenes nur dem Vortheil fröhnenden menschlichen Mittelschlags,
dessen kalte Masse den Flug der Edleren von jeher niedergedrückt hat, im grellsten Widerspruch.

XIII.

1841 — 1846.

Die tiefe Stille, in der sein Leben während der folgenden Jahre dahinfloss, benutzte Schopenhauer zum Ausbau seines Systems. Ueber den Vorarbeiten zu demselben hatte er unvermerkt „die Schwelle des Alters erreicht"; denn gleich seinem steten Vorbilde, Kant, stand er bereits im 56. Lebensjahr als er mit dem zweiten Bande der „Welt als Wille und Vorstellung", wie es in einem Briefe an seinen Verleger vom Mai 1843 heisst: „die Frucht eines ganzen, unter stetem Studium und Nachdenken zugebrachten Lebens, der vollen Reife des Alters, die Concentration aller während 24 Jahren concipirten Gedanken und ganz entschieden das Beste" was er geschrieben hinausgab.

Nachdem die Verlagshandlung sich im Juni 1843 entschlossen hatte, das ganze ihr zu diesem Zwecke *gratis* überlassene Werk, Schopenhauer's Wunsch entsprechend in neuer Ausgabe erscheinen zu lassen, wurde der Druck so eifrig gefördert, dass Schopenhauer schon im Februar des folgenden Jahres mit der Vorrede den Schluss machen konnte. Der erste Band war mit Ausnahme des die Kritik der Kantischen Philosophie enthaltenden Anhangs, welcher „bedeutende Berichtigungen und ausführliche Zusätze" erhalten, im wesentlichen unverändert geblieben, und es gereichte dem Werke zu nicht geringer Empfehlung, dass sein Urheber, obgleich die „Ergänzungen" den vollen Beweis lieferten, dass sich in dem Vierteljahrhundert seit der Hinausgabe des Systems der Umkreis seines Wissens gewaltig erweitert, wenn auch nicht vertieft hatte, im ganzen nichts zurückzunehmen fand.

Denn dass trotz dieser allseitigen Ausdehnung des Gesichtsfeldes der alte Rahmen noch passte, bewies an und für sich schon dessen relative Tüchtigkeit. Wäre das System nichts als ein geniales Phantasiegemälde, wie z. B. die „Naturphilosophie", gewesen, so würde es wie diese rasch veraltet sein. Fichte und Schelling mussten wiederholt andere Fundamente legen, um ihre Philosopheme mit der fortgeschrittenen Einsicht im Gleichgewicht zu erhalten; Schopenhauer baute nur weiter.

Im März 1844 schrieb er an Brockhaus: „Im Vertrauen gesagt*, ich bin mit dem zweiten Bande, in welchem Alles neu ist, jetzt, da ich es im Druck allererst deutlich übersehe, so ganz zufrieden, dass ich wirklich hoffe, jetzt endlich «den Widerstand der stumpfen Welt zu besiegen» — in welchem Falle Sie diese Auflage in wenigen Jahren werden ausverkauft haben. Wollen Sie nun dafür, dass ich Ihnen ein Werk von grossem und dauerndem Werthe umsonst gegeben habe, mir einen kleinen, ganz leichten Gefallen erzeigen, so würde er darin bestehen, dass Sie mir jährlich nach der Ostermesse berichteten, wie viele Exemplare Sie abgesetzt haben, damit ich mich freuen kann, wenn es gut damit geht, oder betrüben, wenn schlecht."

Es sollte aber so über alle Erwartung schlecht gehen, dass Brockhaus gänzlich zu schweigen vorzog. Am 14. August 1846 erhält er die Auskunft: „Was Ihre Anfrage über den Absatz Ihrer Schrift betrifft, so kann ich Ihnen zu meinem Bedauern nur sagen, dass ich damit ein schlechtes Geschäft gemacht habe, und die nähere Auseinandersetzung darüber erlassen Sie mir wohl."

---

* Nach der vorausgegangenen, leider nicht im Zusammenhang und allzu bald nach Schopenhauer's Tode erfolgten Veröffentlichung ungleich stärkerer Aeusserungen desselben, würde jetzt, da das Bedürfniss einer erschöpfenden Darstellung seines Lebens vorhanden ist, die Zurückhaltung des hier „im Vertrauen" Gesagten nicht mehr am Platze sein.

Um zum wenigsten einen Theil der Druckkosten zu decken und mit der kleinen Auflage* aufzuräumen, entschloss sich die Verlagshandlung vier Jahre später, den Preis bedeutend herabzusetzen, was zwar für sie selbst längere Zeit keinen nennenswerthen Erfolg hatte, indessen für das Bekanntwerden Schopenhauer's doch von Wichtigkeit sein sollte. Schopenhauer war von Anfang wegen des hohen Preises besorgt gewesen, indem er wie die meisten in Geschäftsangelegenheiten unerfahrenen Gelehrten meinte, seinem Werke durch dessen Wohlfeilheit Absatz verschaffen zu können. Allerdings waren damals die Mittel der Leser wissenschaftlicher Werke in Deutschland noch weit beschränkter als jetzt, wo wenigstens ein Theil dieses Leserkreises ein besseres Auskommen hat. Er gab sich deshalb grosse Mühe, die Verlagshandlung zu bestimmen, den Preis nicht zu hoch anzusetzen. „Wie viel Einfluss", schrieb er unter anderm im März 1844, „der Preis auf den Absatz hat, selbst wo der berühmteste Name diesen begünstigt, bezeugt eine Stelle in Riemers Mittheilungen über Goethe, Thl. 1, S. 386: «Bei der Farbenlehre scheint der Verleger sogar sich gegen den Autor verschworen zu haben, indem er gleich einen so hohen Preis stellte, dass schon desswegen das Buch kein Publikum finden konnte». Mein Buch aber hat seine Bahn sich selbst zu brechen, da es nicht auf die mindeste Unterstützung von aussen, in Literaturzeitungen und Schriften rechnen darf, vielmehr auf eine vollzählige Verschwörung der Philosophie-Professoren gegen dasselbe, da ich, nachdem ich auf Gerechtigkeit von diesen 25 Jahre vergebens gewartet, endlich von den Elenden geredet habe, wie sie es verdienen, obwohl noch zu glimpflich. Also muss mein Buch sich selber Leser werben: Sie begreifen, wie sehr ein niedriger Preis dies begünstigt."

Ja, wenn Autor und Buch bereits Geltung erlangt haben! — So stand die Sache im Jahre 1852. Die populären „Parerga"

---

* Der erste Band war in 500, der zweite in 750 Exemplaren gedruckt worden.

Schopenhauer's waren zu einem verhältnissmässig sehr billigen Preise erschienen und hatten einige Verbreitung gefunden: jetzt fing man an, auch nach dem Hauptwerke zu fragen, das ja den Schlüssel zu denselben enthielt. Wenigstens hatte vorher selbst das Auftreten seiner ersten „activen Apostel", Dorguth's seit 1843 und Frauenstädt's 1848 nichts gefruchtet. Bis zu Anfang der fünfziger Jahre war Schopenhauer selbst bei den meisten der damaligen Fachgenossen so gut wie unbekannt geblieben, wennschon von einigen derselben gelten mochte, was er 1848 launig an Dr. Frauenstädt schreibt, der ihm mitgetheilt hatte, dass Prof. Gabler geäussert habe, Schopenhauer's Werke seien gar nicht so unbekannt: „Der Gross-Hegelianer hat ganz recht, dass meine Schriften so unbekannt nicht seien: nämlich bei den Philosophie-Professoren, als welche sie zu Hause haben und anseln wie das Galgenmännlein im Fläschchen oder wie der Magus das Teufelchen Asmodäus, und sagen: ich weiss, kommst du heraus, so holst du mich."

Die fünfzig Kapitel des zweiten Bandes der „Welt als Wille und Vorstellung" bilden — von ihrem speculativen Gehalt ganz abgesehen — eine so glänzende Reihe der geistvollsten, durch Stil und Themata gleich anziehenden Essays, dass die völlige Nichtbeachtung des Werks in einer Zeit, welcher bei den abstrusesten und tädiösesten Producten der Hegelianer die Geduld nicht ausgegangen, nur durch eine dem literarischen Leben der Deutschen vorzugsweise anhaftenden Befangenheit in der jeweiligen Geistesrichtung zu erklären ist. Die tiefsinnigsten, aber in der Form unvollkommenen, dem gemeinen Verständnisse nur mit Ueberwindung grosser Schwierigkeiten zugänglichen Schriften haben bei allen Nationen gleich wenig augenblicklichen Erfolg aufzuweisen; bei einem Schriftsteller wie Schopenhauer aber kann man sich den beharrlichen Misserfolg sowol, wie den späteren ausserordentlichen Erfolg nur an der Hand des Zeitgeistes begreiflich machen.

Als er in der Schrift über den Willen in der Natur seiner tiefen Verstimmung über „die Unredlichkeit" unsers Schriftthums unter Anführung einer merkwürdigen Aeusserung Goethe's bei

Besprechung des Buchs der Staël über das ehrliche Deutschland, zum ersten mal öffentlichen Ausdruck gab, glaubte er den Grund dieser Erscheinung neben der unleugbaren Unfähigkeit der meisten professionsmässigen „Denker", das höchste Wissen durch ihre Thätigkeit zu fördern, hauptsächlich in dem zu finden, was er mit einem dem Englischen *(time-server)* nachgebildeten Wort „Zeitdienerei" nannte. Und in der That scheint es unter uns erlaubt, dem literarischen Publikum in jeder Gattung **Alles** zu bieten, wenn es nur zeitgemäss ist, d. h. dem Wahne des Tags schmeichelt. Das Emporwuchern des literarischen Buchwaizens findet ohne Zweifel hierin seine ausreichende Erklärung. Dagegen dünkt mich, die Schwierigkeit des Aufkommens und Durchdringens wirklich grosser Verdienste in der deutschen Gelehrtenrepublik habe neben dem Umstande, dass denselben ihr Charakter nicht erlaubt an den Vortheilen des literarischen Cliquenwesens und der Carrièremacherei theilzunehmen*, ihre Ursache darin: dass wir Deutsche die Freiheit, die uns seit alters im Felde der Theorien und Einfälle vergönnt ist, zur Ueberfruchtung desselben dergestalt missbrauchen, dass Urtheilskraft und Geschmack des lesenden Theils der Nation durch die plan- und zuchtlose Ausgeburt unausgetragener Ideen abgestumpft und desorientirt werden. Selbst die Autorität unserer grössten Denker muss auf diese Weise einer Menge von Querköpfen, Schwätzern und Schwarmgeistern nur zur Ausführung ihrer Grillen dienen. Niemand ist da, der mit einem energischen *Quos ego* auf dem Tummelplatz unserer Literatur Richtung und Ziel gäbe; sondern ein jeder treibt es wie er will und so gut oder schlecht er es vermag. In England und Frankreich ist dies anders: dort weis jeder genau, was er seinem Publikum bieten darf, und das Publikum weiss ebenso genau, was es von jedem erwarten kann. Es

---

* So gab Schopenhauer, um nur dies Eine zu erwähnen, nie zu, dass die Anzeigen seiner Verleger irgendeinen empfehlenden Zusatz, geschweige denn Lobhudeleien enthielten, wozu seine schöne französische Maxime passte: *„Quoi de plus sot que de se montrer petit, voulant paraître grand."* (Handschriftlicher Nachlass, S. 464.)

existirt dort ein mittlerer Maasstab für Form und Inhalt jeder literarischen Production, welcher von den Producenten und Consumenten gleichmässig angewendet und respectirt wird. Daher finden wir, dass Engländer und Franzosen im allgemeinen bei weitem weniger schlechthin perverse, unnütze Bücher haben und bei weitem weniger Zeit durch absolut unfruchtbare und verwirrende Studien verlieren als der bildungsstolze Deutsche.

Schopenhauer sah in dem Schweigen der Fachgenossen über ein Werk, das er die ἀποκάλυψις μυστηρίου χρόνοις αἰωνίοις σεσιγημένου (Röm. 16, 25) nannte, nur Absicht und bösen Willen; ich erblicke darin mehr die eben beleuchtete Schwierigkeit, das Wahre, Bleibende, Grosse aus dem Wuste des Falschen, Vergänglichen und Kleinen herauszufinden. Dieser in Deutschland künstlich gesteigerte Mangel an Unterscheidungsfähigkeit ist allerdings *juris gentium*; ihr Gegentheil, die Urtheilskraft in höhern Dingen immer nur Sache Weniger, ja man kann sagen, eben nur Derjenigen, welche selbst fähig sind, eigene ursprüngliche Gedanken über solche Dinge zu haben; während die grosse Masse der Nachahmer stets damit beschäftigt ist, ihre innere Leerheit und äussere Unbedeutendheit auf Kosten des Inhaltvollen und Bedeutenden herauszuputzen. So schreiben sie fort und fort, besprechen ihresgleichen mit dem Ansehen der grössten Wichtigkeit, nennen sich wechselseitig „berühmte" oder, wo dies absolut nicht angeht, „rühmlich bekannte Verfasser", auch wohl „stimmberechtigte Denker der Gegenwart" u. s. w., und zerraufen auf der andern Seite die Gaben des Genius mit solchem Geschick, dass diese bald nicht mehr von ihrem eigenen Gemächte zu unterscheiden sind. Dann freilich ist ihr Ziel erreicht und sie können ihre Waare ein Zeit lang ungestört an den Mann bringen — bis endlich wieder ein Gottgesandter den Tempel der Wissenschaft durch sein blosses Auftreten von den Verkäufern reinigt. Kaum aber ist derselbe todt, so wird das Geschäft nutzbringender als zuvor wieder aufgenommen, indem man der abgeschreckten Kundschaft nunmehr die reine

Lehre dessen, der zuletzt die Geisel schwang, anbietet und unter
diesem Schild den alten Kram wieder aufrichtet.

Seiner damals im Goethe'schen Hause zu Weimar weilenden
Schwester, welche um dieselbe Zeit mit ihren „Haus-, Wald- und
Feldmärchen" hervorgetreten war, sandte Schopenhauer sein Werk
kurz vor der Abreise Adelens nach Italien und sie schrieb ihm
darüber am 16. August 1844 unter anderm: „Dein sehr geistreiches
Buch hat erstlich durch Styl, Schreibart und Darstellung mich sehr
erfreut. Dein System kannte ich. Vielleicht theilte ich deinen
Glauben an die Seelenwanderung, wäre ich nicht von Kindheit auf
mit Menschen umgeben gewesen, die ihn hatten! Es erhob sich
ein innerer Widerspruch, scharf und fest dachte ich weiter. Meine
Ansicht scheidet sich auf mehreren Punkten von der deinen, aber
sie ist ihr nicht fremd. — Ueberraschend war mir der Gedanke der
Möglichkeit, die endlose Reihe aufgedrungener Existenzen los zu
werden, aber wo liegt ein Beweis? Im Buch überhaupt nichts
davon, und du selbst stellst diese Idee bloss als Möglichkeit auf.
Da ich nicht gern lebte, nie, so wäre mir das sehr tröstlich;
aber ich glaube nicht, dass diese Kette zu brechen ist.

„Die Einzelheiten sind sehr schön und besonnen gearbeitet.
Ich hätte deine Beobachtungen noch ergänzen helfen, hätte ich
sie geahnt. Z. B. über körperliche und intellectuelle geerbte
Aehnlichkeit. Die Kreuzungen von Grossonkel und Grosstante zu
Grossneffe und Grossnichte. Dann der Sprung und die Modification der Geisteskräfte im Talent und wissenschaftlichem Streben;
von Grossvater zu Enkel, mit vielen hundert Beispielen — ich
habe 5 bis 6 Jahre durch die letzten zwei Jahrhunderte und dann
in der lebenden Generation sie gesammelt, jetzt habe ich diese
Beobachtungen alle nicht mehr; ich that es einem Arzt zu liebe,
mit dem ich befreundet. Mich freute, dir auf dem von mir durch-
furchten Felde zu begegnen ... Ich danke sehr herzlich. Vieles
was ich darüber denke, kann ich nicht schreiben, noch Anderes
nicht sagen, weil ich dich zu wenig kenne. — Einen so schrecklichen Eindruck macht' es nicht, wenn ich davon erzählte, z. B.

dem Erbgrossherzog g a r nicht; es interessirte ihn sehr. Die letzten zehn Jahre haben die Menschen gewöhnt dergleichen zu hören; es beunruhigt sie nicht, besonders nicht in wissenschaftlicher Form. Es ergreift sie aber auch nicht, denn sie hören es wie jedes andere philosophische System: als einen Beweis, der mit ihnen persönlich nichts gemein hat! Dergleichen Erscheinungen sind eigentlich sehr drollig ..."

Und doch stand sie selbst noch mit beiden Füssen in jener nunmehr längst verschwundenen gemüthlichen Zeit rein ästhetischer Interessen, die mit Anfang des vierten Jahrzehnds unseres Jahrhunderts zur Neige ging und in welcher ein Verständniss des *ethischen* Grundgedankens der „Welt als Wille und Vorstellung" nicht erwartet werden konnte. —

In den Tagen, da Schopenhauer seufzte:

> Full many a flower is born to blush unseen
> And waste its sweetness on the desert air*,

empfing er ein Schreiben des Advocaten *August Becker*, damals in Alzei (jetzt Oberappellationsgerichtsrath in Darmstadt), welches den Anfang eines Gedankenaustausches bildete, von dem Schopenhauer später sagte, dass er das Beste enthalte, was von ihm selbst und Andern über seine Philosophie i n B r i e f e n niedergelegt sei. Zugleich ward dieser erste Briefwechsel die Grundlage einer Freundschaft, die, in der aufrichtigsten gegenseitigen Hochachtung wurzelnd, bis zum Tode Schopenhauer's sich gleich geblieben ist. Nachdem Becker 1850 als Kreisrichter nach Mainz versetzt worden, sahen sie sich öfter und ein Besuch Becker's war dann für Schopenhauer jederzeit ein freudiges Ereigniss. Von Becker's Urtheilskraft hatte er eine hohe Meinung. So schreibt er an ihn am 5. Mai 1852:

„Sie sind doch unter allen meinen Aposteln derjenige, der mich stets am richtigsten versteht. Ohne alle Schmeichelei gesagt.

---

* Gray. „Gar manche Blume ist geboren, ungesehn zu blühen und ihre Süssigkeit an die öde Luft zu verschwenden."

Aber leider haben Sie eine hartnäckige Buchdruckerschwärze-Scheu! Daher kommt es, dass ich unter vier Aposteln nur zwei Evangelisten habe und diese sind wie sie Gott gegeben hat." Ferner am 20. Mai 1854: „Ihr letzter Brief hat in mir von neuem die Ueberzeugung befestigt, dass Sie unter allen Lebenden der gründlichste Kenner meiner Philosophie sind, solche verstehen wie ich selbst und noch dazu die Paragraphen innehaben wie die Ihres *Corpus juris*, so dass Sie bei Allem gleich die entscheidende Stelle beibringen können. Alles was Sie über Weigelts Buch* sagen, ist so überaus treffend, dass ich mich nicht habe entbrechen können, ihm den Brief zu seiner Belehrung zu überschicken." Und am 9. April desselben Jahres schreibt er an Frauenstädt, indem er demselben einen „werthvollen" Brief Becker's, welcher die „Briefe über die Schopenhauer'sche Philosophie" kritisirt, mittheilt: „Wie bewunderungswürdig, für mich zugleich erhebend ist es, dass dieser mit Geschäften überladene Kreisrichter noch immer so gänzlich in den Einzelheiten und feinsten Subtilitäten meiner Philosophie zu Hause ist."

Auch aus Becker's juristischem Rath zog er zum öftern Vortheil und rühmte die musterhaft klaren und fasslichen Gutachten desselben.

Jener erste Briefwechsel verdient in der Darstellung des Lebens unseres Philosophen eine Stelle. Er betrifft dasselbe Grundproblem, das einst den angehenden Mediciner für immer in die Arme der Philosophie geworfen: die Bedeutung des Lebens. Schon damals stellt er sich die Frage: „Ob wohl dieses Leben nur für dieses Leben Weisheit erwecken könne d. h. ob die Aenderungen, die mein Wille durch die παίδευσις (Erziehung) des Lebens in seinem innersten Grunde, gleichviel ob zum Bösen oder zum Guten erleidet, meinen Willen doch nur bestimmen, insofern diese Sinnenwelt seine Sphäre ist; oder ob jene Aenderungen mein ganzes

---

* Geschichte der neueren Philosophie in populären Vorlesungen (Hamburg 1854).

unendliches Dasein mitempfindet, und folglich die Endlichkeit causal wird für die Unendlichkeit, wie umgekehrt bei jeder tugendhaften Handlung die Unendlichkeit causal wird für die Endlichkeit? Nehmen wir es nicht an, so frägt sich: wozu das Possenspiel der Welt?"

Das nämliche Thema werden wir ihn, als Finale, kurz vor seinem Tode nochmals behandeln sehen, und es leidet, wie bereits erörtert, durchaus keinen Zweifel, dass eben diese praktische Seite seines Systems demselben zuerst in weiteren Kreisen Eingang und sodann ungewöhnlich rasche Verbreitung verschafft hat; wie es denn auch eine Albernheit genannt werden muss, ein Anhänger der Philosophie Schopenhauer's sein zu wollen, aber unter Verwerfung seines „Pessimismus". Die auf Kant's kritischem Idealismus fussende theoretische Seite seiner Philosophie, welche dieselbe nachher auch bei Fachgenossen und Naturforschern Anklang finden liess, lag dem damaligen Standpunkte der speculativen wie der inductiven Forschung noch fern; dagegen die mehr und mehr zu Tage tretende Unwahrheit des religiösen und socialen Zustandes der nun heimgegangenen Generation und der Bankrott der „nachkantischen" praktischen Philosophie trieb das heranwachsende Geschlecht von selbst in die Arme des Naturalismus und Pessimismus, welche beide es, mit Recht oder Unrecht, bei Schopenhauer vereinigt zu finden glaubt. Nur dadurch, dass derselbe einem höheren praktischen Bedürfnisse seiner Zeit entgegenkam, erklärt sich die grosse Theilnahme der Laien an seiner Philosophie; die Verwalter der göttlichen Geheimnisse aber sollten darin keine Beschönigung für sich suchen, indem sie sich darauf berufen, dass nur die Urtheilslosen oder doch Sachunkundigen Schopenhauer's Fahne gefolgt seien; sondern vielmehr die tiefste Beschämung, da sie „die Zeichen der Zeit" nicht verstanden haben, und statt Führer ihrer Zeit zu sein, ohnmächtig hinterher gelaufen sind. Sie haben kein Recht, über Schopenhauer zu Gericht zu sitzen. Die das Schiff auf den Sand fahren liessen, spotten des Versuchs, es wieder flott zu machen mit Unrecht, und wäre dieser

von Grund aus verfehlt: die richtige Tendenz hat er jedenfalls
vor ihnen voraus. Denn wie Prof. Baumann* vollkommen zu-
treffend bemerkt: „Schopenhauer's Bedeutung besteht darin, dass
er von der intellectuellen, ästhetischen und technischen Cultur-
ansicht seiner unmittelbaren philosophischen Vorgänger sich zurück
zu der Lehre wandte, dass der Mensch wesentlich praktisch sei."
Praktisch, nicht im gemeinen Sinne — denn niemand war weiter
davon entfernt als Schopenhauer, den Werth des Lebens mit dem
modernen Culturphilister und Volksbeglücker in „die heilige Arbeit"
oder in das Thun als solches, in die „reine Thätigkeit um der
Thätigkeit willen", wie sie schon bei Fichte präludirt, setzen zu
wollen, eine Thätigkeit, die er vielmehr gleich Locke** nur verspottet — sondern praktisch im wahren und höchsten, den letzten
Zweck des Lebens treffenden *moralischen* Sinne.

1. Becker an Schopenhauer.

P. P.

„Ich nehme mir die Freiheit Ihnen unbekannter Weise eine
Bitte vorzutragen, auf die Gefahr hin, dass Sie dieselbe als eine
unbescheidene keiner Berücksichtigung würdigen.

„Ich bin seit einiger Zeit gewissermassen Ihr Schüler und Ihnen
zu vielem Danke verpflichtet.

„Ich hatte mich früher mit Kant beschäftigt, war aber später
an meinem Berufe zum Philosophiren überhaupt völlig irre geworden, als ich versuchen wollte, mich auch mit der Weisheit
bekannt zu machen, welcher die nach ihm aufgetretenen «*summi
philosophi*» zu Markte brachten, und als ich da fand, dass ich
hier fast alles was ich von Kant gelernt zu haben glaubte, nicht
brauchen konnte, dagegen aber die Auffassung der neuen Lehre

---

* In der Abhandlung „Ueber die Hauptansichten vom Werthe des
Lebens". Sechs Vorträge aus dem Gebiet der praktischen Philosophie
(Leipzig 1874), S. 135.

** „*Labour for labour's sake is against nature*" (Arbeit um der
Arbeit willen ist gegen die Natur).

ein geistiges Organ voraussetze, ganz anders beschaffen, als die von Kant kritisirten Vermögen, und von welchem ich zu meinem Leidwesen in meinem Innern nichts gewahr werden konnte. — Ich hatte daher demüthiglich resignirend seit geraumer Zeit in *philosophicis* «meine Sach' auf Nichts gestellt» — als mir rein zufällig Ihre «Grundprobleme der Ethik» — in die Hände fielen.

„Dieser Bekanntschaft verdanke ich vor allem ein wieder erwachtes Vertrauen zu der Totalität meiner Geisteskräfte, da ich hier eine Behandlung philosophischer Fragen fand, der ich, zwar nicht ohne Anstrengung aber doch ohne einen «sechsten Sinn der Fledermäuse» zu folgen vermochte. Vorher war mir höchstens dann und wann und undeutlich ein Bedenken aufgestossen, ob nicht die lauten Verehrer der Idenditätsphilosophie etc., die mir doch in andern Beziehungen nicht wie besondere Genies vorkamen, sich in ähnlicher Lage befunden haben mögen, wie die Hofleute vor Tyll Eulenspiegels Vexirbild, das nach seiner Versicherung nur Ehrlichgebohrne sollten sehn können.

„Ich wurde nunmehr begierig, Ihre ganze Weltanschauung kennen zu lernen, und habe einstweilen Ihren «Satz vom Grunde», Ihre «Welt als Wille» in der ersten Auflage, sodann den jüngst erschienenen 2ten Band durchgelesen.

„Schon jetzt hat mir diese Lectüre vielfachen Genuss gewährt, wenn ich mich auch nur an dem wunderbaren Reichthum der einzelnen Partien ergötzt habe, und noch nicht zum Verständnisse des Ganzen durchgedrungen bin. — Dieses Verständniss wünschte ich mir nun durch ein reiflicheres Studium zu erwerben, und die Bitte, welche ich Ihnen vorzutragen habe, betrifft einige Beihilfe von Ihrer Seite zu diesem Zwecke. ˙

„Gerade der Mittelpunkt der «hundertthorigen Stadt»: die Lehre von der Bejahung und Verneinung des Willens ist es nämlich, deren Zusammenhang mit den Lehren des ersten und zweiten Buchs ich mir noch nicht klar machen konnte. Ich bin hier auf Widersprüche gestossen, die wie mir eine Art Instinkt sagt, gewiss nur scheinbar sind, die ich mir aber im Augenblicke nicht zu lösen vermag.

„Meine Bitte wäre nun die: dass Sie mir erlauben möchten, Ihnen diese meine *dubia* vorzutragen, und dass Sie, wenn es Ihre Zeit erlaubt, durch einige Fingerzeige mich aufmerksam machen möchten, welchen Theil Ihrer Lehre ich missverstanden habe, damit ich bei meinem zweiten Studium auf ihn meine hauptsächliche Aufmerksamkeit verwende.

„Die Bitte ist freilich etwas unbescheiden und sieht so ziemlich der um ein Almosen von Seiten eines völlig Unbekannten ähnlich. Denn für die Belehrung, welche ich zu empfangen wünsche, vermag ich meinerseits nichts zu bieten; ich wäre bei einem solchen Verkehre der allein gewinnende Theil, und Sie hätten davon nichts, als etwa eine Notiz darüber, auf welche Weise Sie von gewöhnlichen Menschenkindern, die Ihnen nachzureden versuchen, missverstanden werden, eine Erfahrung die Ihnen wohl nichts Neues seyn wird.

„Zur Unterstützung meiner Bitte weiss ich daher in der That nichts weiter vorzubringen, als die Versicherung, dass Ihr Almosen wirklich zur Befriedigung eines «metaphysischen Bedürfnisses» dienen werde, und nicht von vorn herein als weggeworfen zu betrachten sey, indem Sie bei mir nur den ernsten Wunsch nach Wahrheit ohne alle Nebenzwecke finden, und keinerlei Vorurtheil, welches dem gesuchten x schon im Voraus seinen Werth bestimmt hätte, und darum jeden *Calcul* zu verwerfen geneigt wäre, der ein anders Resultat geben sollte.

„Ob nun das hinreiche, um als Motiv zu wirken, das wird mir Ihre kurze Antwort, oder Ihr Schweigen, welches auch eine Antwort wäre, beweisen.

„Mit der ausgezeichnetsten Hochachtung Ihr ergebenster

Wiesbaden, 31. Juli 1844.

Becker, Advokat.“

2. Schopenhauer an Becker.

„Geehrter Herr!

„Ihre Theilnahme an meiner Philosophie ist mir durchaus erfreulich und sehr schätzbar. An der Wirkung auf Einzelne und wirklich Unbefangene hat man einen Maassstab der künftigen Wirkung auf einen weiten Kreis, welche so gar vieler Zeit bedarf, dass man sie nicht immer erlebt, — aus Gründen, die ich in der Vorrede zur 2ten Auflage ausgesprochen habe. Ich werde mich daher gern herbeilassen, Ihre Skrupel, so weit es geht, zu lösen. Nur wollen Sie erwägen, dass briefliche Erörterungen, in Dingen dieser Art, nur von beschränktem Umfang seyn können, daher man, von beiden Seiten, sich der Präcision und Koncision zu befleissigen hat. Demnach wünsche ich, dass Sie zuvor versuchten, ob nicht bei genauerem Studium des 2ten Bandes Ihre Skrupel von selbst verschwänden: jedenfalls werden solche dabei sich deutlicher gestalten und eben dadurch leichter zu lösen seyn. Zu diesem Zweck bin ich so frei Ihnen ein Exemplar meiner Schrift «über den Willen in der Natur» beizulegen, welches ich Sie bitte als ein Zeichen meiner Freude über Ihre Theilnahme anzunehmen. In dieser kleinen Schrift ist der eigentliche Kern meiner Metaphysik deutlicher, als irgendwo, dargelegt, und sie ist besonders geeignet, die so nöthige Ueberzeugung hervorzubringen, dass das innere Wesen aller Dinge, mithin das allein Reale in der Welt, also das Ding an sich, eben jenes uns so Vertraute und doch so Geheimnissvolle ist, was wir in unserm Selbstbewustsein als den Willen finden und welches vom Intellekt gänzlich verschieden ist, wie ich besonders Kap. 19 des 2ten Bandes gezeigt habe. Diese Ueberzeugung, nebst der von der völligen Idealität der Körperwelt, als welche, (wie auch *Kant* in der allein ächten ersten Ausg. der Kr. d. rein. V. ebenso entschieden wie ich ausspricht) bloss in unserer Vorstellung existirt, sind die Grundlagen meiner

Lehre, von welchen ausgehend man das Uebrige leicht fassen und die Kraft der Wahrheit in sich spüren wird. Inzwischen zu praktikabler Nachhülfe gern bereit, bin ich hochachtungsvoll

Ihr ergebener Diener

Frankfurt d. 3ten August 1844.

Arthur Schopenhauer."

3. Becker an Schopenhauer.

„Hochgeehrter Herr Doctor!

„Vor allem meinen wärmsten Dank für Ihre freundliche Zuschrift vom 3ten d. und das damit verbundene, so unerwartete als schätzbare Geschenk. — Sie haben mir damit auch praktisch bewiesen, dass Ihre Quelle des ethischen Handelns reichlicher fliesst, als Kants kategorischer Imperativ, der (nach seiner Tugendlehre, wenn ich nicht irre) nur eigne Vollkommenheit u. fremdes Wohl als Zweck gelten lässt, nicht aber fremde Vollkommenheit, als für welche jeder selbst zu sorgen habe.

„Zugleich bin ich so frei, von Ihrer eventuellen Erlaubniss Gebrauch zu machen, und Ihnen einen meiner hauptsächlichsten Skrupel — so kurz als es eben gehen wollte, vorzulegen, mit dem Wunsche, dass Sie mir gelegentlich die gütig versprochne practicable Nachhilfe zu Theil werden lassen — wenn auch nur mit einigen Andeutungen und Verweisungen auf die einschlägigen Stellen Ihrer Werke.

„Wenn ich hiebei etwas voreilig verfahren und Ihren sehr guten Rath, vorerst die Resultate gründlicheren Studiums abzuwarten, ausser Augen gelassen habe, so geschah das freilich aus etwas egoistischen Gründen: — Gerade mein hiesiger Aufenthalt gibt mir die Musse zu solchen Meditationen und später würden meine Berufsgeschäfte mannichfache Stöhrungen mit sich bringen. Ich wollte daher diese Zeit benutzen, was freilich die Inconvenienz mit sich führt, dass ich hier auch in Hinsicht auf geistige Beschäftigung eine gewisse Diät beobachten muss. Indess der verzeihliche Wunsch, eine so interessante Bekanntschaft nicht gleich wieder abzubrechen und ihre Ausbeute nicht auf längere Zeit hinauszuschieben, so wie die Hoffnung auf Ihre gütige Nachsicht haben als Motiv das abstracte Gegenmotiv überwogen, welches mir anrieth, Ihnen nicht mit unreifen Gedanken zur Last zu fallen.

„Da ich nun einmal in eine zudringliche Melodie gerathen bin, so wage ich, da es in einem hingeht, noch die weitere Bitte, um einige Notitzen über Ihre Stellung in dieser Erscheinungswelt. — Ich habe zu meinem Erstaunen Ihren Namen weder im alten Conversationslexicon noch in dem der Gegenwart, obgleich *Brockhaus* Ihr Verleger ist, gefunden, und es ist mir von Ihren Verhältnissen gar nichts bekannt; selbst Ihren Aufenthaltsort habe ich nur aus dem Datum Ihrer letzten Vorrede entnommen, und darauf hin auf gut Glück meine Epistel gewagt. Es wäre mir aber natürlich sehr interessant etwas näheres zu erfahren über einen Mann, der mir wahre Hochachtung und Verehrung abgenöthigt hat durch seine Denkkraft und sein Wissen und die in unsrer Zeit der Rücksichten fast beispiellose Offenheit, mit welcher er die Resultate seiner Forschungen redlich darlegt. Dass *Jean Paul* Sie beurtheilt hat, habe ich aus Ihrem zweiten Theile ersehen, und werde das sobald ich nach Hause komme nachlesen.

„Mit ausgezeichneter Hochachtung
Ihr dankbar ergebenster
Wiesbaden 12. August 1844.   *Becker.*"

Dubia.

„«Die Freiheit des Willens kann bei dem individuellen Menschen auch in der Erscheinung eintreten (I, p. 413. 567)*, unmittelbar in der Erscheinung sichtbar werden (I, p. 577), in sie eingreifen (I, p. 578); jedoch nur in einem einzigen Ausnahmefalle (durch Negation alles Wollens)».

„Ist dieser Satz vereinbarlich mit der Lehre von der Unver-

---

* Den ersten Band citire ich nach der ersten Ausgabe.

änderlichkeit der Karaktere? Die Frage ist p. 577 aufgeworfen; die Antwort scheint mir aber nicht genügend, vielmehr scheinen mir 1) die Gründe für die Möglichkeit eines völligen Aufhebens des Karakters auch für die Möglichkeit einer Modification desselben — u. umgekehrt 2) die Gründe für die Unmöglichkeit einer Aenderung des Karakters auch für die Unmöglichkeit einer Aufhebung desselben zu sprechen. —

„ad I. Ist ein neuer allgemeiner Willensakt inmitten der Erscheinung des ursprünglichen darum möglich, weil die Erkenntnissweise des Individuums sich geändert hat (I, p. 578), warum sollte ein solcher neuer Willensact nicht ebensogut bei theilweiser — als bei gänzlich veränderter Erkenntnissweise möglich seyn?

„Wenn der Wille in seiner Erscheinung der Macht der Motive ganz entzogen werden kann, dadurch dass der Schleier der Maja im höchsten Grade durchsichtig geworden, warum sollte er dieser Macht nicht auch theilweise entzogen werden können dadurch dass dieser Schleier in minderem Grade durchsichtig geworden, dass seine Erkenntniss dem Satz vom Grunde nicht mehr schlechthin nachgeht, sondern anfängt das *principium individuationis* zu durchschauen, nicht mehr gänzlich in ihm befangen ist? Kann er, nach erlangter Erkenntniss, eine neue Maxime frei ergreifen (I, p. 443), warum sollte er diese neue Maxime nicht nach jedesmaliger Veränderung seiner Erkenntnissweise und der jedesmaligen Beschaffenheit derselben gemäss wählen können?

„Wenn der Wille als Ding an sich in einem und dem nämlichen Individuum die beiden Extreme seiner Richtung *(esse* und *non esse)* kund geben kann, warum sollte er nicht auch seine ursprüngliche Freiheit ebenso durch Modification des *esse* kund geben können (womit immer noch keine Freiheit des *operari* gesetzt wäre, sondern nur eine neue allgemeine nicht einzelne Willensäusserung, wie sie p. 443 als denkbar angeführt wird, sofern sie als Aufheben alles Wollens erscheint).

„Warum soll der Wille, wenn er im einzelnen Individuum «davon fliegen» kann, nicht auch in ihm «die Flügel schlagen» können

(II, p. 603) oder (ohne Bild) warum soll aus einem bösen Menschen zwar unmittelbar ein Heiliger aber nicht ein Gerechter oder Edler werden können? Dass das letzte nicht möglich sey, wurde „ad II wesentlich daraus deducirt, dass der Mensch — wie jede andere Erscheinung (= Vorstellung I, p. 165) dem Satz vom Grunde unterworfen ist, dass der Individualkarakter als ein· untheilbarer ausserzeitlicher Willensact zu betrachten (I, p. 166. 167. 410. 412. 415. II, p. 319). Wo wäre nun aber in der zeitlich auseinandergezogenen Erscheinung dieser Einheit die Lücke, in die irgend ein neuer Willensact «eingreifen» könnte? Wenn die Handlungsweise, welche Negation des Willens genannt wird, doch immer Erscheinung, Phänomen, bleibt (I, p. 433. 559. 572) also Vorstellung für ein Subject — wie ist auch nur eine einzige Ausnahme von den Formen alles Vorstellungseyns denkbar?

„Ist nicht die veränderte Erkenntnissweise, der die veränderte Handlungsweise folgt *a*) Wirkung einer Ursache u. *b*) selbst Ursache dieses neuen Phänomens mit aller Nothwendigkeit des Causalnexus? Es wird das I, p. 567 geläugnet; allein wie mir scheint aus einem Grunde *in abstracto,* der für den concreten Fall nichts bedeutet:

«es lässt sich immer ein an Heftigkeit überlegener Wille denken.»

Das sagt wohl nicht mehr, als dass das nämliche Leiden nicht jeden Willen bezwinge; daraus scheint aber nicht zu folgen, dass der concrete Wille, welcher wirklich bezwungen wurde, nicht mit Nothwendigkeit bezwungen wurde, so wenig als geschlossen werden kann, die Motive wirkten nicht nothwendig, weil nicht das nämliche Motiv auf jeden Karakter wirkt.

„Schon die Ausdrücke: den Willen bezwingen (567), brechen (564) verbrennen, in den Hafen der Resignation treiben (II, 625), Reaction auf den Willen (I, 608) etc. deuten auf eine Nothwendigkeit hin.

„Wäre demnach nicht zu sagen: dass das Quietiv — ebensogut

eine Ursache i. w. S. sey wie das Motiv — das Motiv die Gelegenheitsursache für das Hervortreten des positiven, das Quietiv Gelegenheitsursache für das Hervortreten des negativen Willens? und wäre der Wille, welcher umkehrt, nachdem er sich die Hörner abgelaufen — nicht etwa zu vergleichen der Billardkugel, welche senkrecht ans Band schlagend die entgegengesetzte Richtung ergreift?

„Dann könnte aber nicht gesagt werden, «dass nicht bloss der Wille an sich sondern auch der Mensch frei sey», zu bejahen oder zu verneinen (I, p. 413).

4. Schopenhauer an Becker.

„Werthester Herr Becker!

„Empfangen Sie meine Erwiderung auf Ihre sehr scharfsinnigen Einwendungen, bei welcher ich voraussetze, dass Sie solche selbst im Koncept vor sich haben.

„Sie haben Ihre Skepsis auf einen sehr hohen und zugleich dunkeln Gegenstand gerichtet, auf das Formelle und Theoretische des Vorgangs, den die Kirche unter dem Namen der Wiedergeburt durch Gnadenwirkung kennt, und welcher selbst, als das Verhältniss des Reiches der Natur zum Reiche der Gnade, das Thema vieler theologischer Kontroversen gewesen ist.

„Ihre Argumentation gegen meine Theorie der Sache geht dahin, dass Veränderlichkeit des Charakters eines individuellen Willens unzertrennlich sei von der Möglichkeit der gänzlichen Aufhebung (Verneinung) eines solchen Willens, und ebenfalls die Unmöglichkeit jener von der Unmöglichkeit dieser, so dass beide mit einander stehn und fallen. Dies Argument hat nun zunächst nicht die Analogie der anschaulichen oder Körper-Welt (welche doch das Schema ist, woran wir unsre Vorstellungen und Gedanken prüfen) für sich: vielmehr finden wir in dieser die Möglichkeit der Aufhebung und die der Veränderlichkeit einer Sache als verschieden und trennbar. Denken Sie sich z. B. ein durch Uhrwerk getriebenes mechanisches

Theater, auf welchem mancherlei Figuren successiv auftreten und agiren, so hat dies Schauspiel seinen unabänderlichen Verlauf: hemmen Sie jedoch das *primum mobile,* so stockt es und hört ganz auf. Im Allgemeinen aber: 'dass Etwas seyn oder auch nicht seyn könne, schliesst nicht nothwendig ein, dass es auch sein Wesen verändern und fortan als ein Anderes daseyn könne: sondern in vielen Fällen steht es so: entweder es ist, oder es ist nicht; ist es aber, so ist es wie es ist und nicht anders. Die *Existentia* eines Wesens lässt sich aufheben, und mit ihr fällt dann auch seine *Essentia* weg: aber daraus folgt nicht dass wir ihm die *Existentia* lassen, jedoch seine *Essentia* verändern können. Sondern, soll die *Essentia* nicht mehr seyn wie sie ist, so muss sie mit der *Existentia* aufgehoben werden. Eben so nun also: bejaht sich der Wille zum Leben in einem Individuo, dann hat und behält es seinen individuellen Charakter weil jener Wille sich in diesem Charakter und als dieses Individuum bejaht; oder aber er verneint sich, und dann hört er ganz auf zu wollen, wodurch der ganze Charakter des Individuums aufgehoben ist.

„Sie wissen aus K a n t s von mir so oft angezogener Darstellung, dass der e m p i r i s c h e Charakter eines gegebenen Menschen bloss die in der Form der Zeit auseinandergezogene Erscheinung seines intelligiblen Charakters ist: dieser letztere als Ding an sich hat nicht die Form der Zeit an sich und liegt daher ausserhalb der Möglichkeit aller Veränderung, hat demnach die Einheit eines einzigen Willensakts. Woher sollte denn nun in jenen e m p i r i s c h e n Charakter die theilweise Veränderung hineinkommen? Wohl aber kann der ganze Willensakt, welcher der i n t e l l i g i b e l e Charakter ist, wie er an sich und ausserzeitlich w i l l, auch 'eben so n i c h t- w o l l e n — statt eines *Velle,* auch ein *Nolle* seyn — wodurch dann auf Ein Mal die Erscheinung in der Zeit — der empi- rische Charakter — das Gegentheil der bisherigen wird, d. h. Alles, was er bisher wollte, nicht mehr will; weil die ganze Po- sition sich in Negation verkehrt hat.

„Sie meinen aber, durch das Mehr oder Minder der Durchschauung des *principii individuationis* könne, so gut wie eine totale Unwirksamkeit, auch eine veränderte oder verminderte Wirksamkeit der Motive entstehn. Allein diese Durchschauung, sei sie in stärkerem oder schwächerem Grade vorhanden, leistet zunächst und an sich selbst bloss dies, dass sie den Menschen für die Motive des Mitleids empfänglich macht, nach Maasgabe seines Charakters, als welcher bald mehr, bald minder bestrebt ist, diese Erkenntniss nicht aufkommen zu lassen. Durch solche Durchschauung wird nun zwar die Verneinung des Willens vorbereitet, aber nicht herbeigeführt, also auch nicht gradweise. Sondern erst nachdem jene Durchschauung den höchsten Grad erreicht hat (der dem Siedepunkt des Wassers verglichen werden mag), kann, als ein ganz neues Phänomen, die Verneinung des Willens eintreten, indem der Mensch, mit Einem Male, das Leiden der ganzen Welt als sein eigenes — oder aber, beim δεύτερος πλοῦς, sein eigenes als das der ganzen Welt — auffasst. Hiedurch entsteht, in seltenen Fällen, bei ihm jene plötzliche u. totale Veränderung, welche seinem Wesen so fremd ist, dass man sie einem von diesem verschiedenen (dem heiligen Geist) zugeschrieben und daher Gnadenwirkung und Wiedergeburt genannt hat, unter dem Bilde, dass jetzt der alte Adam in ihm abgestorben sei und er selbst einen neuen Menschen angezogen habe, in Christo wiedergeboren sei, nachdem er der Welt abgestorben. Darum also kann aus einem bösen Menschen unmittelbar ein Heiliger, nicht aber ein Gerechter und Guter werden. Diese Theorie wird durch die Erfahrung bestätigt: sehen Sie nur z. B. Bd. II, p. 626 die erste Galgenpredigt. Dieser ruchlose Mörder ist ganz gleichgültig gegen sein eigenes bevorstehendes Schicksal, welches die Andern zitternd ansehn: sein ganzer Antheil ist der am Seelenheil der Andern. — Das ist tausend Mal dagewesen, und ist keine Komödie.

„So viel als Antwort auf Ihr ad I; jetzt zum ad II.

„Hier stellen Sie 3 Fragen, worauf ich jetzt 3 Antworten, sub a. b. c. gebe.

„a) Der neue Willensakt greift nicht in eine Lücke ein, sondern reisst den ganzen Faden ab: daher sieht, von Dem an, der Mensch auf seinen frühern Lebenslauf zurück wie auf ein Fremdes. Der ganze ausserzeitliche und daher untheilbare Willensakt, der sich als sein Charakter darstellte, ist aufgehoben: er will daher gar nichts mehr. Sehn Sie z. B. die Worte der Guion, von mir angeführt 1. Aufl., p. 561.

„b) Auch findet eine solche Ausnahme nicht Statt; sondern es ist das Erscheinende selbst, was sich geändert hat, sofern es, statt ein *Velle*, jetzt ein *Nolle* ist, demgemäss auch das Phänomen in der Zeit ein umgekehrtes geworden ist. Dies noch zu erläutern: Könnte z. B. die chemische Qualität eines gegebenen Körpers, von innen aus, sich gänzlich ändern, also etwa Blei sich in Gold verwandeln, so würden von dem Augenblick an die Wirkungen desselben ganz andere seyn, ohne dass hiebei das Gesetz der Kausalität eine Ausnahme erlitten hätte: sondern das Wirkende, die Grundlage aller Wirkungen, hätte sich geändert, indem jetzt Gold als Gold wirkte, wie vorher Blei als Blei. Eine solche innere Umwandelung ist bei keinem Wesen, als nur beim Menschen, möglich; weil in ihm allein der Wille zum vollen Selbstbewusstseyn gelangt und hierauf wieder kraft seiner ursprünglichen Freiheit sich entscheidet, entweder zum abermaligen, jetzt bewussten Wollen des bis dahin bewusstlos Gewollten; oder aber umgekehrt. Daher also kann hier möglicherweise die ursprüngliche Freiheit des Willens die Erscheinung plötzlich umkehren. Diesem Hergang entspricht es, dass die Kirche eine solche Aenderung als nicht auf natürlichem, sondern auf übernatürlichem Wege — durch Gnadenwirkung — geschehend ansieht. Allerdings ist der Vorgang eigentlich ein übernatürlicher und dem Wunder zu Kanaan zu vergleichen. Man muss bei demselben sich auf die darüber vorhandene Erfahrung berufen und solche richtig auslegen.

„c) Hier ist Ihre Argumentation am stärksten und schwer zu widerlegen. Indessen ist dagegen Folgendes geltend zu machen.

„Ihr Argument erhält seine Stärke daher, dass das Gesetz der

Gwinner, Schopenhauer's Leben.

Kausalität die Form unseres Verstandes ist, weshalb wir nicht
umhin können, jede Veränderung als Wirkung einer Ursache aufzufassen. Darum ist die Freiheit ein Gedanke, den wir wohl an-
deuten und ihm seine Stelle anweisen, nicht aber ihn
deutlich denken können. Allein hier ist nun an Das zu erinnern,
was ich an vielen Stellen (z. B. 1ste Aufl. p. 189, 190, 204; —
Bd. 2, p. 16, 48, 301, 302) dargethan habe, dass nämlich das
Gesetz der Kausalität, wo es in der Natur auftritt, nicht eine
voraussetzungslose Gültigkeit habe, sondern seine Voraussetzung die Naturkräfte sind, welche jeder Ursache die Kausalität ertheilen und höher hinauf als Lebenskraft, endlich als bewusstes Wollen sich darstellen; dass also die Kausalität bloss der
Leitfaden ist, an dem die Erscheinungen jener Kräfte ihre Stellen
in der Zeit einnehmen. Alle diese Kräfte aber erkennen wir an
sich selbst identisch mit dem Willen in unserem Selbstbewusstseyn: daher sind sämmtliche Wirkungen in der Natur
eigentlich Aeusserungen des Willens, auf den verschiedenen Stufen
seiner Objektivation. Folglich ist der Wille, im Process seiner Bejahung, auf allen Stufen, die Voraussetzung der
Gültigkeit des Kausalitätsgesetzes. Hingegen da, wo die Aufhebung,
die Verneinung dieses Willens eintritt, hört auch die Gültigkeit auf; daher dasselbe hier nicht mehr Anwendung findet.

„Ausserdem ist noch zu sagen, dass Ihr Einwand eigentlich
bloss beim δεύτερος πλοῦς geltend gemacht werden kann, als wo
wirklich die innere Veränderung in Folge einer äussern (grosses
Unglück) eintritt. Hingegen bei der Wendung und Verneinung des
Willens in Folge blosser, immer klärer werdender Erkenntniss
und nachdem diese den höchsten Grad erreicht, hat sich in der
objektiven Aussenwelt nichts geändert, sondern bloss die
richtige und klare Erkenntniss ihres Wesens ist plötzlich aufgegangen.

„Jetzt aber gesetzt, diese Argumente reichten nicht aus, und
Sie behielten in Ihrem letzten Artikel und dadurch mittelbar in
den vorhergegangenen Recht, so würde dadurch freilich der grosse,

terminale Vorgang, um den unser Kontrovers sich dreht, mit an
die alles Andere umschliessende Kette der Nothwendigkeit gelegt
seyn. Allein hiedurch würde mein System doch noch nicht eigentlich fatalistisch werden, ja in der Hauptsache würde nicht eine
Grundveränderung herbeigeführt seyn, weil nämlich die ganze
Welt der Vorstellung doch nur die Objektivation des Willens
ist, zu dieser aber auch ihre Formen und was ihnen anhängt, also
der Satz vom Grunde, welcher allein alle Nothwendigkeit einführt,
gehört: was immer daher an diesem Leitfaden eintreten mag, gehört in letzter Instanz doch zur Objektivation des Willens, ist
also von diesem ausgegangen. Folglich würde der entstehende
Unterschied, bei Ihrem oder meinem Rechtbehalten, bloss dieser
seyn, ob jene finale Katastrophe des Willens durch die Formen seiner Objektivation und den dadurch entstehenden regelmässigen und unausbleiblichen Verlauf herbeigeführt würden oder
aber durch einen ausserordentlichen, ursprünglichen, alle Formen
beseitigenden Akt, dem wir deshalb eigentliche Freiheit beilegten.
Im ersten Fall wäre die Welt ein mit Nothwendigkeit sich vollziehender Läuterungsprocess des Willens.

„Es soll mich freuen, wenn ich Ihnen genug gethan habe:
jedenfalls werden Sie erkennen, dass ich Ihrer Skepsis die Aufmerksamkeit gewidmet habe, welche der Scharfsinn derselben und
Ihr gründliches Studium meines Systems verdient. Mit wahrer
Hochachtung

Ihr ergebener Diener

Frankfurt d. 23. Aug. 1844.

Arthur Schopenhauer.“

5. Becker an Schopenhauer.

„Hochgeehrtester Herr Doctor!

„Ich habe Ihnen noch den Empfang Ihres Werthen vom 23ten
v. M. anzuzeigen und meinen Dank zu sagen für die freundliche
Beachtung, welche Sie meinen skeptischen Einfällen haben zu Theil
werden lassen.

32 *

„Ich würde diese Schuld schon früher abgetragen haben, allein ich wollte doch die Mühe, welche Sie sich gegeben haben, nicht bloss mit einem leeren Compliment vergelten, sondern auch etwas darüber sagen, ob und in wie fern ich mit Ihren Ausführungen einverstanden bin. Dazu fehlte es mir aber bisher an Zeit, da ich, nach meinem Abzuge von Wiesbaden, noch eine kleine Reise machte, und dann hier mancherlei zerstreuende Geschäfte vorfand.

„Was nun das Thema unserer bisherigen Unterhaltung betrifft, so waren mir Ihre Bemerkungen ad I grösstentheils einleuchtend, nicht aber die Bemerkungen ad II, die vielmehr wieder neue Zweifel in mir rege machten, namentlich Ihr Satz: «dass der Wille im Prozess seiner Bejahung die Voraussetzung der Giltigkeit des Causalgesetzes sey.» Dieser Satz führt nach meinem Gedankengange zu einem dem Ihrigen geradezu entgegengesetzten Resultate.

„I. Um zu sehen, ob dieser mein Gedankengang ein unrichtiger sey, habe ich damit eine von Kant (Krit. d. r. V. p. 636. 2. Aufl.) empfohlene Probe angestellt, nämlich ihn auf einen schulgerechten Syllogismus zurückzuführen gesucht, allein bis jetzt den Sitz des Fehlers nicht auffinden können. Ohne Zweifel wird Ihnen das besser gelingen. Ich theile desshalb meinen Schluss *in barbara* mit;

„*Major:* Wer *A* setzt, setzt damit auch die Voraussetzung dieses *A*.

„*Minor:* Unser Verstand setzt seiner Natur nach bei jeder Veränderung die er wahrnimmt, die Giltigkeit des Causalitäts-Gesetzes voraus, und diese Giltigkeit des Causalitätsgesetzes hat den Willen im Prozesse seiner Bejahung zur Voraussetzung.

„*Conclusio:* Unser Verstand muss also auch voraussetzen, dass bei jeder Veränderung, die er wahrnimmt, der Wille im Prozess seiner Bejahung erscheine.

„Folglich wäre Alles was da erscheint (Phänomen ist) Phänomen des das Leben bejahenden Willens; wir wären nicht berechtigt, dem metaphysischen *Nolle* irgend eine Stelle in der Reihe der Phänomene anzuweisen, irgend eine Veränderung als Erschei-

nung dieses *Nolle* anzusprechen — also auch nicht eine Galgenpredigt oder das Buch eines Quietisten; das *Nolle* könnte nimmermehr Gegenstand einer Erfahrung seyn und Alles was sich dafür
ausgibt müsste von Uns demnach als die Wirkung irgend eines
unbekannten Motivs angesehen werden.

„Zwar wer selbst ein Heiliger wäre, der könnte durch Induction und Vergleichung mit früheren Vorgängen merken, dass in
seinem Innern sich das Ding nicht mehr rege, welches früher durch
Motive sollicitirt wurde, allein wir andern Heiden und Weltkinder
müssten ihm das aufs Wort glauben, und seine Erklärungen über
eine vorgebliche Negation des Willens wären so wenig Philosophie
als die Offenbarungen eines Mystikers über das Positive seiner
Verzückungen und intellectuellen Anschauungen, die Sie doch selbst
nicht dafür wollen gelten lassen. —

„II. Gesetzt nun ich hätte Recht, — so scheint es mir nicht
klar, dass dann darum Ihr System doch nicht eigentlich fatalistisch werde und die Welt immer noch als ein (mit Nothwendigkeit sich vollziehender) Läuterungsprozess des Willens erscheine.

„Mir scheint es, dass, es in dieser Voraussetzung, keine befriedigende Antwort gebe auf die Frage:

> Gibts denn gar kein Weg,
> gibts denn gar kein Steg
> aus dieser Welt?

dass der Möglichkeit einer Erlösung von der Welt nicht so leicht
ihre Stelle anzudeuten sey. Nämlich: Einen ausserzeitlichen
Willensact kann ich mir zwar, wenn auch nicht anschaulich machen,
doch (undeutlich) denken. Allein einen «neuen, abermaligen»
Willensact, ein *Nolle*, das den aus dem *Velle* gesponnenen «Faden
abrisse» und dessen Stelle einnähme? — Ich meine, dass sich
das gar nicht denken lasse, weil es eine *contradictio in adjecto*
enthält.

„«Neuer — abermaliger — erster, zweiter — bis dahin —
Anfang — Ende» — das sind doch offenbar Zeitbegriffe. Wir

hätten demnach einen zweiten also **zeitlichen** Willensact, der zugleich **ausserzeitlich** seyn soll: $a - a = o$.

„Ist aber ein zweiter ausserzeitlicher Willensact nicht denkbar, so ist es auch nicht denkbar, dass der Wille als Ding an sich, **nachdem** er (bewusstlos) das Leben bejaht, es **nachher** (mit Bewusstsein) wieder verneine — und somit wäre der Wille als Ding an sich, der sich dem Leben zugewendet, diesem Leben ohne Möglichkeit einer Erlösung verfallen für endlose Zeit, da nur in dieser Form die Erscheinungen des Dings an sich von unserm Intellect aufgefasst werden können."

„Wenn Sie einmal eine müssige Stunde haben, in der Sie nichts besseres zu thun finden, so sind Sie vielleicht so gütig, mir den Faden der Ariadne aus diesem Labyrinth, in das ich mich verirrt habe, zu reichen. Ich kann ehrlich versichern, dass meine Skepsis wie Sie es nennen, keine absichtliche und chikanöse ist, dass es nicht an meinem Willen, sondern nur an der Beschaffenheit meines Intellectes liegt, wenn ich mich nicht zurecht finden kann, und dass Niemand geneigter ist als ich, sich eines bessern belehren zu lassen.

Mit bekannter Hochachtung Ihr ergebenster

Alzey, 10. Sptbr. 1844. *Becker.*"

6. Schopenhauer an Becker.

„Mein werther Herr *Becker!*

„Ihren sehr durchdachten, scharfsinnigen und überaus deutlich vorgetragenen abermaligen Einwendungen suche ich durch Folgendes zu begegnen:

Ad argumentum I.

„Ihr Syllogismus ist ganz richtig und die Konklusion wahr: Allerdings setzt unser Verstand bei jeder wahrgenommenen Veränderung den Willen in seiner Bejahung, als letzte Grundlage, voraus. Auch wird diese Voraussetzung jedesmal bestätigt; nur in Einem Falle nicht, wo denn auch sogleich die Anwendung des Kausalitätsgesetzes schwankt und stockt: und das ist der in Rede stehende Fall. Nicht, dass der Verstand dabei auf eine Wirkung ohne Ursache stiesse: wohl aber bleiben hier Ursachen ohne ihre Wirkung; weil der Kausalität ihr letztes Substrat, ihre Voraussetzung, die sich an ihrem Leitfaden äussernde Naturkraft, entzogen ist. Nämlich Motive, die bis dahin auf den gegebenen Charakter sicher und nothwendig gewirkt haben, wirken nicht mehr. Das Angenehme, das Reizende erweckt nicht mehr seine Lust; die Beleidigung nicht mehr seinen Zorn; der Tod, der schrecklichste der Schrecken, ist willkommen, ist erwünscht, wird freudig entgegengenommen. — Eben dieses Verhältnisses der Sache wegen ist auch Ihr Verstand genöthigt, sich zunächst nach unbekannten Gegenmotiven umzusehn. Ich aber sage, dass es einen Punkt giebt, wo die Erkenntniss des Ganzen des Lebens die Wirkung der Erkenntniss der einzelnen Dinge, welche sonst Motive abgäbe, aufhebt. Der Wille hört auf, das Ganze des Lebens zu wollen: daher will er, vorkommenden Falls, das Einzelne nicht mehr. Der Vorgang ist ganz dem analog, dass, auf einer niedrigen Stufe, ein Körper seine chemischen Eigenschaften plötzlich verloren hätte, daher die Reagenzien jetzt ohne Wirkung blieben, dieser Verlust jedoch nicht Folge äusserer Einwirkung wäre, sondern sich von innen aus eingestellt hätte. Das ist freilich auf solcher Stufe unmöglich; weil es nur geschehn kann auf der höchsten, wo die deutlichste Erkenntniss den Willen beleuchtet und *eventualiter* zur Besinnung bringt. Aber weil der Verstand nur Veränderungen von aussen versteht, hier aber eine von innen eingetreten ist, so erscheint auch in diesem Fall, vom Standpunkte der Natur aus, die Sache allerdings als eine Art Wunder: daher hat man sie als Wiedergeburt durch Gnadenwirkung bezeichnet und für ein Mysterium erklärt; wobei man das Reich der Natur dem Reiche der Gnade entgegensetzte. Ich aber, der ich keinen gnädigen Herrn kenne, habe in letzterem das einzige faktische Hervortreten der Freiheit des Willens, die ihm als dem Dinge an sich zusteht, erkannt (erste Aufl. S. 579) und Malebranche hat gesagt: *la liberté est un mystère*. In diesem Mysterio der theologischen Gnade oder philosophischen Freiheit liegt die Lösung des Weltknotens. Hier ist der Weg und der Steg, die Thüre, die aus der Welt führt: ich aber kann sie nur zeigen, nicht Ihnen öffnen, noch auch sagen, was dahinter ist oder vorgeht und wie etwan was in der Zeit sich als Veränderung darstellt ausser der Zeit und an sich beschaffen sei. Dies ist der Gegenstand Ihres

II. *Argumentes.*

„Dass der intelligible Charakter eines Menschen ein ausserzeitlicher Willensakt sei, habe ich nicht als objektive Wahrheit, oder als adäquaten Begriff des Verhältnisses zwischen Ding an sich und Erscheinung dargestellt; vielmehr bloss als Bild und Gleichniss, als figürlichen Ausdruck der Sache, indem ich sagte, man könne, um sich die Sache fasslich zu machen, sie so denken. Wir bedürfen nämlich, für alle unsre Erkenntnisse, so abstrakt sie auch seyn mögen, der Grundlage eines anschaulichen Schema's: ein solches aber hat stets Raum und Zeit zur Form. Hingegen wirklich Vorgänge im Dinge an sich zu beschreiben, wäre transcendent: ich aber bleibe überall immanent. So nehme ich denn auch die Verneinung des Willens zum Leben, wie sie sich in den Bekehrten und Asketen darstellt, als eine empirische Thatsache, einen objektiven Vorgang: als solche war die Sache von jeher bekannt, und bloss mein Ausdruck derselben, „Verneinung des Willens zum Leben" ist neu; weil ich die Sache scharf bezeichnen musste, um den Vorgang zu analysiren und dann mit den übrigen Erscheinungen der Welt zu kombiniren; wie dies durchgängig meine Methode ist. Dass in einem solchen Menschen der Wille sich verneint, das Wollen aufhört, ist, sage ich, Thatsache, und habe ich es S. 1 dieses Briefes erläutert. Aber im ganzen Bereich der Natur ist kein analoger Vorgang zu finden: überall sehen wir, den problematischen Fall der Magie ausgenommen, *v. g. imaginibus cereis* u. dgl. die Veränderungen allein nach

Maassgabe der äussern Einwirkung entstehen, das Innere der Körper jeder Art aber stets ihrem Charakter gemäss reagiren. Hier hingegen hat das Innere selbst sich umgekehrt und sein bisheriges Wesen aufgehoben. Diese Veränderung selbst fällt noch in das Gebiet der Erfahrung, mithin der Erscheinung und der Zeit. Wenn ich nun sage: in diesem Menschen erscheint der Wille nur noch in der Fortführung des organischen Getriebes seines Leibes: stirbt er, so ist der erscheinende Wille hiermit aufgehoben und für ihn hat dann die Welt ein Ende; so ist dies nichts mehr als ein Schluss aus meiner ganzen Lehre, dass das Ganze der Welt und jedes Einzelnen in ihr die Erscheinung, Objektivation des Willens zum Leben sei: es ist die durch eine negative Prämisse herbeigeführte negative Konklusion. Ich habe nie die Geschichte des Dinges an sich, wie es ausser der Zeit seyn mag, geschrieben; sondern nur die des in der Zeit sich objektivirenden Dinges an sich, wo es als Wille zum Leben auftritt. Ich habe das Phänomen der Bejahung und der (in der Zeit eintretenden) Verneinung desselben nachgewiesen. Ich habe gezeigt, dass das Daseyn der Welt die Erscheinung seiner Bejahung sei; also ist es nicht die seiner Verneinung. «Kein Wille, keine Vorstellung, keine Welt — für uns Nichts.»

„Weiter als diese negative Wahrheit bin ich nicht gegangen: sonst hätte ich transcendent werden müssen. Daher habe ich nur die Erscheinung ausgelegt und sie in Beziehung auf das Erscheinende, das Ding an sich, gesetzt. Hingegen Vorgänge im Ding an sich zu konstruiren habe ich mich nie vermessen: das eben unterscheidet mich von den drei berühmten Sophisten, deren ganze Philosophie ein Konstruiren des sogenannten Absolutums ist. Lesen Sie gefälligst von Kap. 50 des 2. Bdes. den ersten Absatz. Wollen Sie nun aber behaupten, die Verneinung des Willens sei Täuschung, es lägen unbekannte Motive zum Grunde; so ist das eine Hypothese, die Sie zu beweisen haben, welches aber schwer halten wird, indem in der wirklichen Welt objektive Motive gewiss nicht da sind, Sie also zu imaginären Motiven Ihre Zuflucht nehmen

müssen, welches unter diesen Umständen, nicht ohne die Annahme
einer gewissen Verrücktheit angeht, worüber ich mich berufe auf
Bd. 2, S. 612.

„Unsre Korrespondenz erinnert mich an die des Spinoza mit
dem Oldenburg und dem Blyenbergh. Es kommt immer Alles
wieder. Ihnen könnte sie den grossen Vorzug des schriftlichen
Kontroverses (also auch des gerichtlichen) vor dem mündlichen
exemplificiren.

„Mit den besten Wünschen für die Nachwirkung der Badekur
Sie freundlichst grüssend

Frankfurt a. M. den 21. Sept. 1844.

Arthur Schopenhauer.“

7. Becker an Schopenhauer.

„Werthester Herr Doctor!

> Mögen Ihre Begriffe wahr sein, so
> darf ich ihnen doch nicht beistimmen, so
> lange noch einige Gründe zum Zweifel in
> mir vorhanden sind; wenn diese Zweifel
> auch nicht aus den aufgestellten Sätzen,
> sondern aus der Unvollkommenheit meiner
> Erkenntniss entstehen. Sie dürfen also nicht
> übel nehmen, wenn ich wieder einige Ein-
> wendungen mache.
>
> **Van Blyenbergh an Spinoza.**

„Ihr letztes Schreiben vom 21. Sept., wofür ich meinen schönsten Dank sage, war mir in hohem Grade belehrend, und hat
mich namentlich wieder auf den von Ihnen so deutlich aufgesteck-
ten Gränzpfahl zwischen immanenter Philosophie und transcendenten *contes bleus* aufmerksam gemacht, den ich im Eifer etwas
aus den Augen verloren hatte. Es liesse sich zwar darüber noch
streiten, ob Sie Recht haben, wenn Sie meine Einwürfe gegen
Ihre Erklärung eines mysteriösen Vorgangs als eine mir eigne
Hypothese bezeichnen, bezüglich welcher mir die Beweislast ob-
liege. Ich weiss nicht ob es bloss ein mir von meiner Juristerei

her anklebendes Vorurtheil ist, wenn ich meine, dass nicht der beweisen müsse, welcher die Regel für sich hat, sondern d e r, welcher eine A u s n a h m e behauptet; dass ich also im Fragefalle nicht verbunden sey, objektive oder imaginäre Motive nachzuweisen, sondern der Regel zufolge die Existenz von Motiven — kann ich sie auch, wie das ja auch sonst vorkommt, nicht mit Gewissheit behaupten — doch s u p p o n i r e n dürfe, solange mir nicht wenigstens die U n m ö g l i c h k e i t nachgewiesen ist, dass auch hier, wie sonst immer, Motive wirksam sind.

„Indess hoffe ich, dass wir uns auch hierüber besser verständigen werden, wenn ich einmal wieder das Vergnügen habe, Sie persönlich zu sehen. Auch will ich vorerst noch einige hier einschlägige Capitel Ihres Hauptwerkes nachlesen, das ich grade nicht bei der Hand habe, indem ich es einem Bekannten geliehen.

„Wir können also die Acten ü b e r d i e s e s T h e m a als geschlossen ansehen, und will ich, wenn Ihnen nicht überhaupt meine Correspondenz lästig fällt, zur Abwechslung ein andres aufs Tapet bringen.

„Ich habe dieser Tage Ihr «Fundament der Moral» wiederholt durchgangen, und es ist mir dabei Folgendes aufgefallen:

„Sie rügen an Kant, dass er seinen Imperativ «unbesehens und stillschweigend» der theologischen Moral entlehnt und in philosophische Gesellschaft eingeführt habe, ohne ihm eine andre Legitimation mitzugeben, als ein völlig unberechtigtes «Daher».

„Es kommt mir nun vor, als ob Sie Ihrerseits einen, gleichfalls in der theologischen Moral wohl beglaubigten, allein darum in der Philosophie nicht ohne weiteres zutrittsfähigen Gast auf ganz ähnliche Weise in Ihrer Ethik eingeführt hätten, wo er sich denn, wie jener Imperativ, keineswegs sehr bescheiden, sondern ziemlich anspruchsvoll aufführt: ich meine den Begriff von «Handlungen, die einen m o r a l i s c h e n Werth haben.»
Ethik, S. 198. 207. 209. 211. u. a. O.

„Ich will nun keineswegs behaupten, dass dieser Begriff so wenig legitim sey wie jener Kant'sche Imperativ, sondern nur bemerken, dass er sich bis jetzt nicht genügend ausgewiesen habe, sogar etwas verdächtig und wie ein verkappter Theologe aussehe, mithin in der Freimaurerloge vorerst strenge nach Wort und Zeichen ins Verhör genommen werden müsse, ehe er passiren darf. Sie aber, als Ceremonienmeister, haben, wie mir scheint, keinen genügenden Bericht über dieses Verhör erstattet, sondern ihn nur beglaubigt S. 207 mit einem «also» das vielleicht so wenig an richtiger Stelle steht, als das Kantische «Daher» — und S. 264 mit einem «unleugbar» — was kein philosophisches Passwort ist.

„Den Grund, aus welchem ich diesen Gesellen für verdächtig halte, schöpfe ich aus Ihrer Ethik, S. 163. 169, wo Sie den Begriff Werth analysiren und finden, dass darin eine doppelte Relation steckt. Ich frage nach dieser Ihrer Anleitung:

„1) Für Wen hat die Triebfeder, welche Sie «allein moralisch» nennen, einen besondern Werth?

„Die Theologie wird um die Antwort nicht verlegen seyn: «gut» und «gottgefällig» sind ihre Wechselbegriffe. Aber was sagt die Philosophie?

„2) Was ist der eigenthümliche Maassstab, der hier zur Comparation dienen soll?

„Der Theologe und Kantianer vergleicht was geschieht mit dem was (angeblich) geschehen soll, und wenn er von moralischem Werthe spricht, so heisst das: «es entspricht mehr oder weniger diesem Soll».

„Was aber heisst moralischer Werth bei einer Weltanschauung, die weder einen anthropomorphistischen Gott noch ein Soll kennt?

„a) Mit dem Pantheismus alter und neuer Schule — so viel ich ihn kenne scheint mir (und meines Wissens sind Sie gleicher Ansicht) die Frage nach einem moralischen Werthe nicht zu vereinbaren. Ist die Welt eine Theophanie, so ist das Urtheil, dass der Gerechte vollkommener sey als der Egoist, nicht specifisch verschieden von dem Urtheile, dass «der Sehende vollkommener sey als der Blinde»; beide Urtheile sind vielmehr gleicher Art, und sagen nicht mehr, als dass der Mensch, welcher von seinem beschränkten Standpunkte aus Dinge oder Zustände vergleicht, in dem Einen mehr Realität finde als in dem Andern — und in dem *dictum* «für einen Bucklichen bist du grade genug gewachsen» — würde für Spinoza nichts lächerliches enthalten seyn.

„b) Die einfache Annahme eines ἓν καὶ πᾶν (ohne das Prädicat θεός) und die Ableitung der moralischen Triebfeder aus demselben gibt ebenfalls noch keinen Grund, moralische Handlungen für werthvoller (lobenswerther) zu erklären, als die egoistischen.

„Beruht die moralische Triebfeder (das Mitleid) auf der Einsicht, dass der Andere eigentlich mein «Ich noch einmal» ist, so ist zuletzt mein Interesse für den Andern eben auch ein Interesse für das Ich, also wieder Egoismus und folglich dem letzten Grunde nach doch nicht specifisch verschieden.

„Wollte man aber — *in parenthesi* bemerkt — den specifischen Vorzug etwa darin finden, dass dort mein physisches, hier mein metaphysisches Ich — wenn auch wieder in physischer Form — ins Auge gefasst wird, so müsste, nach meiner Meinung, die Gränzlinie zwischen Handlungen, die moralischen Werth haben, und solchen, die ihn nicht haben, an einer andern Stelle gezogen werden, als da wo Sie ihn ziehen, zwischen der Maxime des Egoismus und der der Gerechtigkeit, und das Gebiet der moralischen Handlungen wäre weiter als Sie annehmen. Ich kann auch mein eignes Ich aus einem doppelten Gesichtspunkt betrachten, als φαινόμενον oder als νούμενον, als Ding, das der Welt der Vorstellung angehört, oder als Ding, in welchem das ἓν καὶ πᾶν erscheint, und es sind wohl Motive denkbar, die mich bestimmen zu handeln oder zu unterlassen — nicht im Interesse meines physischen vergänglichen Ichs, aber auch nicht im Interesse andrer vergänglichen Individuen, sondern gewissermassen im Interesse des ganzen Willens zum Leben, oder im Interesse der (platonischen) Idee, deren Reflex ich in mir wie in den andern Individuen erkenne, und das wäre denn, wenn das *Credo* an eine Metaphysik den Ausschlag geben soll über den Werth menschlichen Thuns, ebenfalls eine Handlung von moralischem Werthe. Sie selbst führen im ersten Band Ihres Hauptwerkes (das ich nicht zur Hand habe) eine Handlung an, die mir hieher zu gehören scheint — Rache an einem Ungerechten mit Aufopferung des eignen Lebens — aber auch die, der Niederträchtigkeit, Kriecherei und Speichelleckerei entgegengesetzte Handlungsweise möchte hieher zu rechnen seyn, und nicht zu den egoistischen Handlungen, die Sie (S. 210 der Ethik) aufzählen, als motivirt durch die eigne hohe Meinung des Handelnden von sich selbst, seinem Werthe oder seiner Würde. Die hohe Meinung von der eignen vergänglichen Person möchte doch wohl nicht in eine Kategorie zu setzen seyn, mit der Achtung vor der Würde *(sit venia verbo)* der Gattung. *Item* in Ihrer «Metaphysik der Geschlechtsliebe» scheinen mir Ansichten vorzukommen, an die sich hier anknüpfen liesse. Wahl einer Gattin mit Rücksicht auf mein persönliches Interesse — Aussteuer etc. wäre eine Maxime, die moralisch niedriger steht, als eine Wahl bei der nur der Genius der Gattung mich leitet u. dgl. Ich schliesse hier die Parenthesis und fahre im Context weiter:

„c) Ihre gesammte Weltanschauung wird dagegen in der That einen Maassstab zu moralischer Schätzung abgeben. Ist alles *Velle* Wahn und Irrthum, und nur im *Nolle* die Wahrheit, — und ist das nicht egoistische Wollen mit diesem *Nolle* verwandt, eine theilweise und momentane Rückkehr zu demselben, so habe ich in der That etwas eigenthümliches, womit ich messen und vergleichen kann. Allein damit wäre meine Behauptung noch nicht beseitigt, dass auch bei Ihnen der Begriff vom moralischen Werthe als *petitio principii* auftrete.

„Denn dieser Begriff beschränkt sich bei Ihnen nicht auf die bescheidne Stelle eines *Corrolarium's* aus Ihren Sätzen, sondern er macht eine viel vornehmere Miene und will sich gleichsam als Protector geriren. Sie pochen in Ihrem zweiten Bande sehr auf dieses Resultat und wollen damit ihr System *a posteriori* beglaubigen, dem Spinozismus aber grade darum den Stab brechen, weil er ein solches Resultat nicht liefern könne. Folglich muss, wenn man nicht einen *circulus* annehmen will, dieser Begriff, der einen Prüfstein für die Aechtheit der verschiedenen philosophischen Systeme abgeben soll — auch noch auf eine andre von Ihrem System unabhängige und zwar leichter begreifliche Weise beglaubigt werden. Welches ist aber diese Legitimation, wenn ich von der Theologie und andern Vorurtheilen abstrahire?

Mit bekannter Hochachtung Ihr ergebenster

Alzey 20. Novbr. 1844.   *Becker.*"

8. Schopenhauer an Becker.

„Mein werther Herr *Becker!*

„Es freut mich, dass hinsichtlich unsrer bisherigen Kontroverse meine letzten Argumente Ihnen doch im Wesentlichen genugthuend gewesen sind: denn es würde zu bedauern seyn, wenn Sie, im Eifer Recht zu behalten, eine Wahrheit aufgegeben hätten, die am bewölkten Himmel unsers Daseyns und seines Spiegels, meiner Philosophie, der einzige lichte Fleck ist; daher man, ohne die entschiedensten Gegengründe, sich der Erkenntniss derselben nicht verschliessen sollte. Uebrigens haben Sie Recht in Dem, was Sie, hinsichtlich der zu präsumirenden Motivation, über Regel und Ausnahme erinnern: nur will ich andrerseits über diesen Punkt nachträglich beibringen, dass hinsichtlich der asketischen Handlungen eben Das gilt, was ich von den moralischen (Ethik S. 205) über Irrthum hinsichtlich der eigenen Motive, gesagt habe.

„Ihre nunmehr aufgeworfenen Bedenken sind viel leichter zu beseitigen, als die früheren. Allerdings haben sie einige Scheinbarkeit: allein beim Lichte betrachtet tasten sie bloss das Formelle, nicht das Materielle meiner Darstellung an. Es ist freilich wahr, dass in meiner Ethik der Begriff der «Handlungen vom moralischem Werth» als eine Voraussetzung auftritt. Jedoch ist diese eine blosse Spielmarke, mit der ich einstweilen antrete, um sie nachher einzulösen. Mit dem kateg. Imperativ ist solche durchaus nicht zu vergleichen, da sie keineswegs, wie dieser, ein *Deus ex machina* ist und auch nicht von ferne die Prätension macht, selbst ein Letztes und ein Erklärungsgrund zu seyn. Es verhält sich damit nämlich so: Von irgend etwas muss man ausgehn, an etwas anknüpfen, sein Gewebe anzetteln: denn aus nichts wird nichts. Wenn ich einen Kranz flechte, steht ein Stengel heraus, bis ich herumgekommen bin. Diesen Anknüpfungspunkt gab mir schon die Preisfrage an die Hand, indem sie sagte: «es giebt eine Moralwissenschaft, es giebt eine Beurtheilung der eigenen und der fremden Handlungen in moralischer Hinsicht: Was bedeutet das alles und worauf beruht es?» — Da nahm ich nun den Begriff vom moralischen Werth überhaupt vorläufig als ein Gegebenes, und die allgemeine Geltung, in der er steht, so vielerlei Auslegungen er auch erhalten hat, als das erste Symptom der Existenz des Stoffes der Moral, welcher dieser auch immer seyn möge. Darauf frage ich, welche Handlungen es denn sind, denen man einen moralischen Werth beilegt? — Da findet sich dass es die Handlungen der Gerechtigkeit und der Menschenliebe sind; sodann dass das Kriterium ihrer Aechtheit die Uneigennützigkeit derselben ist; ferner dass ihr Kennzeichen die eigne Zufriedenheit mit sich und der Beifall der unbetheiligten Zeugen ist (S. 207 fg.). Das heisst nicht eine *petitio principii* machen, sondern den vorhandenen Thatbestand, der den Stoff zur Moral enthält, analysiren, um nachzuweisen, dass er Dasjenige ist, was unter den Begriffen gedacht wird, deren Zeichen die in der Frage gebrauchten Worte sind. Nun ist überall meine Methode, vom thatsächlich, innerlich oder äusserlich Gegebenen auszugehn, um es sodann auszulegen durch Zurückführung auf seinen Zusammenhang mit andern Phänomenen, oder auf ein relatives Letztes. Dieser Methode gemäss wird hierauf der gemeinsamen Quelle aller solcher Handlungen nachgespürt, und nachgewiesen, dass diese das Mitleid sei. Endlich wird dieses wieder zum Problem gemacht und auf seinen Ursprung, der sich als ein metaphysischer ergiebt, zurückgeführt; wobei, dass es ein solcher seyn müsse, vorläufig erhärtet wird durch ein sich täglich an Sterbenden bestätigendes thatsächliches

Phänomen, welches daher mit Recht S. 264 ein unleugbares genaunt und durch ein Paar Beispiele, zu welchen Jedem die eigene Erfahrung ähnliche an die Hand giebt, erläutert und befestigt wird. Warum ein Philosoph nicht thatsächliche Dinge unleugbar nennen sollte, sehe ich nicht ab.

„Diesen ganzen Gedankengang hätte ich nun auch darlegen können, ohne von dem Begriff «Moralischer Werth» Gebrauch zu machen. Dann hätte ich aber, statt analytisch, synthetisch verfahren müssen und zwar so, dass ich ausgegangen wäre von den drei Grundtriebfedern aller Handlungen (S. 213 fg.); dann gezeigt hätte, dass aus der letzten derselben allein Handlungen der freien Gerechtigkeit und ächten Menschenliebe entspringen, und nun endlich hinzugefügt hätte, dass diese zwei Eigenschaften es sind, die man unter dem Namen der moralischen Tugenden begreift und worauf die der Preisfrage zum Grunde gelegten Phänomene sich beziehn.

„Sie fragen: 1) für wen die moralischen Handlungen Werth haben? Für Den, der sie vollbringt. Daher seine S. 207 erwähnte Zufriedenheit mit sich und der Beifall der unbetheiligten Zeugen, der sogar von einem gewissen Neide, der hier die Form der Beschämung annimmt, begleitet seyn kann; — und 2) im Vergleich womit? Mit allen seinen übrigen Handlungen, als welche aus den zwei ersten Triebfedern entspringen.

„Worauf nun aber im letzten Grunde dieser Werth der moralischen Handlungen beruhe, dies anzugeben, wird in der Ethik (S. 277) ausdrücklich verweigert, nachdem schon in der Einleitung (S. 107) gesagt worden war, dass und warum hier kein absolut letzter Abschluss der Sache zu geben möglich sei; sodann auch in der Vorrede S. vi, dass diese Ethik als Ergänzung zum vierten Buch meines Hauptwerks zu betrachten sei. In diesem allein also sind die letzten Aufschlüsse zu suchen: und daselbst wird überdies, Bd. 2, S. 461, eingeschärft, dass, um mich zu verstehn, man jede Zeile von mir zu lesen habe. Ich handle bloss *en gros*, nicht *en detail*. Aus meinem vierten Buche also ist zu erseln, dass der Werth, den jene Handlungen für den Vollbringer selbst haben, ein transcendenter sei, indem er darin liegt, dass sie ihn auf den alleinigen Weg des Heils, d. i. der Erlösung aus dieser Welt des Geborenwerdens, Leidens und Sterbens, hinführen. Wie sie nun, näher, Dies leisten, also die specielle Nachweisung des nothwendigen Uebergangs von der vollendeten moralischen Tugend zur Verneinung des Willens zum Leben, das eigentliche Bindeglied zwischen Moral und gänzlicher Resignation — dieser höchst wichtige Punkt ist zwei Mal klar und nachdrücklich dargelegt, nämlich zuerst vom theoretischen Standpunkt aus, Bd. 1, S. 428 fg., welche sehr wichtige Stelle den letzten Aufschluss giebt über den Werth moralischen Handelns und Wandelns; und dann wieder Bd. 2, S. 603 fg. mehr vom praktischen Standpunkt aus, aber ganz im selben Sinn. Hierin also ist der eigentlich letzte Aufschluss über den Werth der Moralität enthalten, die demnach nicht selbst ein absolut Letztes ist, sondern eine Stufe zu diesem.

„Nun aber könnten Sie sogar gegen alles Dieses noch Ihr aufgestelltes Argument geltend machen wollen, dass auch das Mitleid, nebst allen aus ihm fliessenden Tugenden, egoistisch sei, *scil.* weil es auf dem Erkennen meines eigenen Wesens im Andern beruhe. Dies Argument beruht aber nur darauf, dass Sie den Ausdruck «Ich noch ein Mal» buchstäblich nehmen wollen, während er eigentlich doch nur eine tropische Wendung ist. Denn mit Ich wird im eigentlichen Sinn stets nur das Individuum bezeichnet, nicht aber das metaphysische Ding an sich, welches, direkt unkennbar, in den Individuen erscheint, also über diese hinaus liegt, hinsichtlich auf welches daher die Ichheit aufhört; und unter Egoismus versteht man den exklusiven Antheil am eigenen Individuo, als in welchem allein der Wille z. L. sich zunächst und unmittelbar erkennt. Dieserhalb also ist unter dem Begriff des Egoismus weder das Wiedererkennen des eigenen Grundwesens an sich, auch in den fremden, in der Erscheinung sich darstellenden Individuen, noch auch das Verfolgen und Ergreifen des eigenen ewigen Heils, da es in der Verneinung des Willens

z. L. und eben damit im Aufgeben der eigenen Individualität besteht, zu subsumiren, und der Werth, den die moralischen Handlungen in dieser Hinsicht für ihren Vollbringer haben, macht sie
nicht zu egoistischen. Ein Gefühl hievon verräth auch Ihre Pa-
renthese. Diese ergeht sich übrigens in Unbestimmtheiten, auf die
ich nur sagen kann: probiren sie einmal jene Gränzlinie anders
zu ziehn: da werden wir sehn. Ich bleibe inzwischen bei meinen
drei Grundtriebfedern (Ethik, S. 213 fg.), neben der vierten —
esoterischen (Bd. 2, S. 604 Anmerk.), und dem Satz, dass nur die
von der dritten ausgehenden Handlungen moralischen Werth haben.
Die von der vierten haben asketischen.

„Was Sie von Handlungen im Interesse der Idee der Menschheit u. s. f. sagen, beruht denn doch wohl nur auf der Stelle
Bd. 1, S. 404, wo es seine Erledigung erhalten hat. Eigentlichen
moralischen Werth kann man solchen Handlungen uneigennütziger
Rache nicht zuschreiben: ihnen liegt, wie dort gezeigt, ein Miss-
verstand zum Grunde. Aber gross kann man sie nennen, nach
Bd. 2, S. 385. —

„«Handlungen, die der Niederträchtigkeit u. s. w. entgegengesetzt wären», ist eine bloss negative Bezeichnung; es lässt sich also
nichts darüber sagen, als allenfalls Dies: Handlungen der Niederträchtigkeit u. s. w. sind es einzig und allein dadurch, dass sie
ein egoistisches Motiv haben. Ohne ein solches wären sie
Handlungen der Demuth, einer mehr als moralischen, einer asketischen Tugend, welcher daher, wie der Buddhaismus, so auch das
Christenthum einen hohen Werth zuerkennt. Diesen bezeugen z. B.
die zwei Anekdoten von S. Filippo Neri, die Goethe erzählt: als
die in den Ruf der Heiligkeit kommende Nonne es unter ihrer
Würde fand, dem eben vom Pferde gestiegenen S. Filippo die
kothigen Stiefel abzuziehn, sass er gleich wieder auf, dem Papst
zu berichten, mit der Heiligkeit wäre es nichts. Ebenso, als der
junge vornehme Römer, der unter die Auserwählten Frommen
aufgenommen werden wollte, unter seiner Würde fand, was S.
Filippo ihm zumuthete, mit einem Fuchsschwanz am Hintern durch

33*

ganz Rom zu spaziercn. — Fast fange ich an, in Ihnen einen stillen Anhänger der «Würde des Menschen» zu wittern! — Calderon's auf dem Misthaufen sterbender standhafter Prinz, dem sein treuer Grande das letzte erbettelte Brod bringt, und dabei klagt, er sei dafür von den Mauren geprügelt worden, antwortet: «schon Recht! *esa es la herencia de Adan!* Das ist die Verlassenschaft vom Adam! das verdienen wir Alle.» — Freilich sind das keine optimistische, protestantische Pastoren-Grundsätze von der Würde des Menschen. Hingegen Papst und Kaiser waschen den Armen die Füsse: protestantische Fürsten nicht. Und auch der «Siegreich-Vollendete» hat in 500 menschlichen Geburten, die er durchleben musste, ehe er zur Buddha-Würde gelangte, vielfache Proben der tiefsten Demuth abgelegt, wovon Jeder, der sich fleissig in *Dsang-Lün* erbaut, die Nachrichten kennt, die so authentisch sind, wie die Evangelien.

„Heirathen nach der *passion*, gegen die *raison*, habe ich keinen moralischen Werth beigelegt. Finden sie einen solchen in der Mariage des Prinzen von Capua? oder in der der beiden letzten Herrscher vom Kurhessischen Hause? Vielmehr könnte man alle morganatischen Ehen regierender Herren unmoralisch nennen; da sie den Keim zu möglichen Bürgerkriegen enthalten. Grösser freilich ist schon wer sich mehr in der Gattung als im Individuo erkennt. — Sie können sich das Uebrige hievon selbst zurechtlegen.

„Ueberhaupt, hinsichtlich aller dieser und ähnlicher kasuistischen Fälle, wo wir das Thun der Menschen tadeln oder loben, ohne sie jedoch in ganz eigentlich moralischen oder unmoralischen Handlungen begriffen zu sehn, ist zu sagen: dergleichen kommt in Betracht als bedeutsame Charakterzüge, aus welchen die eigentliche Moralität dieser Leute, welche in den eigentlich moralischen Fällen hervortreten wird, sich prägnosticiren lässt. Demnach haben sehr viele Handlungen zwar nicht geradezu moralischen Werth oder Unwerth, jedoch indirekte moralische Bedeutsamkeit.

„Es verdriesst mich, dass ein so gründlicher Kenner meiner Schriften, wie Sie, den ersten Band bloss in der alten Ausgabe haben sollte; wiewohl es ganz natürlich ist, dass Sie denselben nicht noch ein Mal haben anschaffen wollen. Daher bitte ich Sie, als ein zwar keineswegs brillantes, aber wohlgemeintes Geschenk die beifolgenden Aushängebogen desselben anzunehmen. Planirt und gebunden werden sie ein Exemplar wie ein anderes geben.

„Mit den besten Wünschen zum neuen Jahr

Ihr ergebener Diener

Frankfurt d. 10. Dec. 1844.

Arthur Schopenhauer."

XIV.

1846 — 1850.

Schon 1843 hatte ein anderer Priester der Themis, der Geheime Justizrath *F. Dorguth* zu Magdeburg in seiner Schrift „Die falsche Wurzel des Idealrealismus, ein Sendschreiben an Karl Rosenkranz" Schopenhauer als den „ersten realen systematischen Denker in der ganzen Literaturgeschichte" promulgirt. Wie dieses Enkomium und die Bezeichnung Schopenhauer's als des „Kaspar Hauser der Philosophie-Professoren" eine ins vage gehende Phantasie verrathen, so konnten auch die mancherlei *Opuscula* * dieses „aktiven Apostels" Schopenhauer nur als Beweise treuer Anhängerschaft von Werth sein. Scherzend sprach er deshalb von Dorguth's Trompete im Gegensatz zur Posaune *Frauenstädt's*.

Dieser „Erzevangelist" hatte bereits 1840 in seinen „Studien und Kritiken zur Theologie und Philosophie" sodann wiederholt

---

* „Schopenhauer in seiner Wahrheit, mit einem Anhange über das praktische Recht und die Dialektik des ethischen und des Rechtsbegriffs" (Magdeburg 1845). „Die Welt als Einheit, ein philosophisches Lehrgedicht mit Rückblick auf Alexander von Humboldt's Kosmos" (Magdeburg 1848). (In diesem „Lehrgedicht" figurirt der Wille als „Wesen des kosmischen Eins".) „Vermischte Bemerkungen über die Philosophie Schopenhauers" (Magdeburg 1852). „Das Licht der wahrhaften kosmischen dem Irrlichte der Hegel'schen Dialektik gegenüber" (Magdeburg 1854).

in den „Hallischen Jahrbüchern" von Ruge und Echtermeyer die
Aufmerksamkeit auf Schopenhauer zu lenken versucht und in einem
Artikel „Zur Kenntniss und Kritik der Krause'schen Philosophie"
(1841) den Ton angeschlagen, der dem Ohr des Meisters wohlthat, indem er sagte: „Ja, dies ist das Loos der stillen, uneigennützigen Wahrheitsforscher, die rein in die Sache vertieft, sich
nicht an die niedrigen Bedürfnisse des Publikums kehren; sie
werden von der Mitwelt ignorirt. Ist es nicht ebenso dem genialen,
tiefsinnigen Schopenhauer ergangen, dessen Philosophie so manchem
Katrederphilosophen ein Licht anzünden könnte, vor dem sein
ganzes bisheriges Wissen erbleichen müsste?"

Im Juli 1846 als Hauslehrer mit der Familie des Fürsten zu
Sayn-Wittgenstein-Berleburg durch Frankfurt reisend, machte Dr.
Julius Frauenstädt die persönliche Bekanntschaft Schopenhauer's und
genoss später, da die fürstliche Familie längere Zeit in Frankfurt
lebte, im Winter 1846 auf 1847 und im September 1847 dessen ·
Umgang, worüber er in seinen „Memorabilien" ausführlich berichtet hat.

Schopenhauer gab damals seine Abhandlung über den Satz
vom Grunde in „sehr verbesserter und beträchtlich vermehrter
Auflage" heraus. Sie fehlte seit mehrern Jahren im Buchhandel,
weil der Rest der ersten Auflage im Concurse des Rudolstadter
Commissionärs als Makulatur verschwunden war. Wie schon erwähnt, benutzte Schopenhauer diese Gelegenheit, seine wichtigen
Lehren von der Apriorität des Kausalitätsbegriffs und von der In-
tellektualität der empirischen Anschauung * nochmals ausführlich
vorzutragen. Dies sollte für ihn um so fruchtbringender werden,
als er damit zuerst seiner Philosophie eine Gasse in die naturwissenschaftlichen Kreise gebahnt und dem Zeitgeiste gegenüber,
neben dem praktischen einen rein theoretischen Anknüpfungspunkt

---

* Ich weiss wol, dass er diese Berkeley und Kant verdankt; aber
im vollen Lichte erscheint sie erst bei ihm und in diesem Sinne darf
sie die seinige genannt werden.

gefunden hat. Im März 1855 schreibt er prophetisch an Dr. Frauenstädt: „Sie haben Recht, es kommt der Streit zwischen Physik und Metaphysik: der kann sehr in *gloriam meam* ausschlagen; denn hier ist offenbar die Metaphysik im Recht, nur muss es auch die rechte sein." Durch Schopenhauer ist man seitdem auf Kant zurückgeführt worden; aber dieser Erfolg sollte noch Jahre lang auf sich warten lassen. Vorerst musste er sich mit vereinzelten warmen Verehrern begnügen.

Im December 1849 schreibt er an Dr. Frauenstädt, welcher damals mit seinem Artikel „Stimmen über Arthur Schopenhauer" in den „Blättern für literarische Unterhaltung" (No. 277—281) einen kräftigen Posaunenstoss für ihn hatte erschallen lassen: „Den Philosophieprofessoren muss es zum grossen Aerger gereichen. Sie gleichen jetzt Leuten, die in einem finstern Winkel des Saals unablässig genasenstübert worden sind, jedoch nicht geschrien, sondern still gehalten haben, damit man nur nichts davon merke; und da kommen nun Sie mit einem Lichte, die Scene zu beleuchten! Von meiner Vierfachen Wurzel zweiter Auflage haben sie nicht ein Mal den Titel in irgend einer ihrer litterarischen Zeitungen angezeigt, was doch sonst bei zweiten Auflagen geschieht. Sondern husch, husch: nicht ein Wort! schweigen, sekretiren. Aber *Dies irae* kommt: bald wird «Himmel und Erde uns Esel bohren: Wir sind unwiederbringlich verloren»."

In demselben Briefe schreibt er über den Besuch des Rechtspraktikanten *Adam von Doss* *, seines nachmaligen „Apostels Jo-

---

* Er starb 1873 als pensionirter Bezirksgerichtsrath in München. Die Briefe Schopenhauer's an ihn sind kurz vor seinem Tode in der „Wiener Deutschen Zeitung" (Jahrgang 1872, Nr. 348—387) durch Dr. Karl Freiherr du Prel veröffentlicht worden. Die Einleitung dazu enthält jedoch Unrichtigkeiten. So wird die alte französische Geschichte von dem für eine goldene Tabatière veräusserten Urheberrecht an einer Anekdote, die der Erwerber nicht zu erzählen verstand, als ein Ereigniss aus Schopenhauer's Leben aufgetischt. Manches dieser Art ist auf Schopenhauer's Namen in Umlauf gebracht worden, blos weil er gelegentlich die Unterhaltung damit würzte.

hannes" (also des dritten Juristen): „An genauer Kenntniss aller
meiner Schriften und Ueberzeugung von meiner Wahrheit kommt
er Ihnen wenigstens gleich, wenn er Sie nicht übertrifft. Sein
Eifer ist unbeschreiblich und hat mir viel Freude gemacht. Er
blieb vierzehn Tage, bloss um mich jeden zweiten Tag zu besuchen.
Leider gibt er noch nichts zur Presse, er ist erst 26 Jahr. Aber
er ist ein schreibender Apostel, schreibt Briefe an Leute, die er
nicht kennt, ihnen zu sagen, dass sie mich lesen sollen.* Sogar
die Schriften Dorguths sind ihm alle ganz geläufig, auch der Rätze
und überhaupt jede Zeile, die je von mir geredet hat. Ausser sich
gerieth er, als ich sprach von einer Recension *de anno* 1821,
die er noch nicht kannte: er spürt ihr nach. Er studirt den
Buddhaismus und hat sich J. J. Schmidt's Abhandlungen der
Kaiserlichen Akademie abgeschrieben. Ich sage Ihnen ein Fana-
ticus!"

Von Doss war es im edeln Sinn: eine von Jugend auf mit heisser
Sehnsucht nach dem Unvergänglichen ausblickende Seele, überaus
liebenswürdig von Charakter, aber stets leidend. In dem tiefen
Ergriffensein des jungen Mannes von seiner Lehre, in dem hohen
Ernste, mit welchem derselbe die Sache nahm, sah Schopenhauer
„ein Unterpfand" seiner Wirkung „auf kommende Geschlechter".

Am 22. Februar 1849 vollendete er sein 61. Lebensjahr und
mit diesem Jahre begann die letzte Periode seines Lebens. Am
2. März schreibt er an Frauenstädt: „Ihre Aufmerksamkeit, an
meinen Geburtstag zu denken, hat mich ungemein gerührt, da Sie
wohl der Einzige sind, der daran gedacht hat. Aber offenbar ist
ein einziger, aus wahrer Hochschätzung allein entspringender Glückwunsch mehr werth als hundert von Interesse oder blosser Höflich-
keit eingegebene, wie sie den Grossen und Reichen dargebracht
werden. Dieser Gedanke zusammen mit Ihrer Andeutung, dass
vielleicht dereinst Mehrere jenes Tags gedenken dürften, rief mir

---

* Es waren dies unter Anderen Leopold Schefer und David Strauss,
mit welchen von Doss alsdann befreundet wurde.

sogleich einen schönen Vers von Byron ins Gedächtniss, den ich Ihnen bestmöglichst verdeutschen will:

In the desert a fountain is springing,
In the white waste there still is a tree,
And a bird in the solitude singing
That speaks to my spirit of thee.

In der Wüste ist doch eine Quelle,
In der weiten Oede — ein Baum,
Und ein Vöglein, singend so helle,
Belebet den einsamen Raum."

Kurz zuvor war ihm ein langes gehaltreiches Sendschreiben von dem alten Freunde der Familie Schopenhauer, dem bekannten Schriftsteller *Johann Gottlob von Quandt* zugekommen, der sich, als Hegelianer, bis dahin gegen seine Philosophie abwehrend verhalten. Im Januar 1819 hatte er, während Schopenhauer's Abwesenheit die Freiexemplare des Hauptwerks in Empfang genommen und nach Schopenhauer's Wunsch versendet, ohne sich damals selbst damit bekannt zu machen. Jetzt, nach dreissig Jahren, hatte er den ersten Band der neuen Ausgabe gelesen, und schrieb darüber Schopenhauer sehr enthusiastisch: „Der Weg, welchen Sie vom Realen zum Idealen gefunden haben, ist eine grössere Entdeckung, als die, welche von den Portugiesen gemacht wurde, dass man über das Weltmeer von Europa nach Indien gelangt." Aber er war deshalb kein blinder Anhänger des Freundes geworden; sondern widersprach demselben in wichtigen Punkten. Schopenhauer schreibt deshalb an Frauenstädt: „Dennoch polemisirt er durchweg gegen mich vom Standpunkt des Realismus, Pantheïsmus und Optimismus aus. Der ästhetische Theil hat seinen ungetheilten Beifall, weil er das versteht. Habe ihm geschrieben, er solle nur den zweiten Band lesen, da würde sich's schon geben: denn ein Mann wie Becker ist er nicht, mit dem ich mich in Controverse einliess."

Von Quandt's Kritik scheint mir indessen diese Abweisung nicht verdient zu haben. Man höre nur folgende Stelle seines Briefs über das vierte Buch der „Welt als Wille und Vorstellung": „Der Ascet, welcher sich selbst nicht will, ist eben auch in dem *principio individuationis* befangen, wie der Egoist; beide lehnen sich gegen den Universalwillen auf, nur jeder in seiner Weise, indem der eine nicht wollen will, der andere seinen Eigenwillen will. Unser Zustand ist kein ursprünglich heilloser; er ist es durch die Verkehrtheit der Menschen, er ist es durch den Irrthum geworden, dass von den meisten Menschen jeder sich für ein Ding an sich hält.

„Die Aufgabe des Individuum ist also nicht, sich nicht zu wollen, seine vom Universalwillen gewollte Einzelheit zu verneinen, sondern nur den Eigenwillen aufzuheben und sich dem höheren Willen unterzuordnen. Es ist die Aufgabe die: im Erkennen und Wollen in Uebereinstimmung mit dem durchaus Seienden zu treten ... Wie in der unorganischen Natur der Wille in der Einzelerscheinung unbewusst, als Naturkraft oder Naturgesetz, mit Nothwendigkeit herrscht, so muss und soll sich der Mensch dem Universalwillen mit Bewusstsein fügen, soll mit Bewusstsein wollen, und dies ist die wahre Resignation ... Unsere ganze Freiheit ist nichts weiter als bewusst und willig zu wollen, was wir als Theil des Ganzen müssen ... Aber der Wille dieses Ganzen ist, da sich das Ganze selbst wollen muss, auch nicht frei. Das, was Sie das Ding an sich nennen, das unbedingte Ding, nennen Andere Gott, und über die Freiheit Gottes hat Spinoza in der Ethik vortrefflich gesprochen, und gezeigt dass Gott selbst nicht absolut frei, sondern durch sein Wesen gebunden ist. Es dreht sich gleichsam in diesem Identitätscirkel die Freiheit umher und das Ding an sich kann nichts anderes sein wollen, als es seinem Wesen nach existirt, und weit weniger noch hat der Mensch, diese Einzelerscheinung von jenem, die keine Existenz für sich hat, eine Freiheit (sich) zu wollen oder sich nicht zu wollen. — Lassen Sie sichs gefallen zu sein! Alle Mortification des Willens richten Sie nur gegen Ihren Privatwillen, aber nicht gegen den Universalwillen, der Sie und mich und sich gewollt hat. Ich hoffe Sie in diesem Jahre wiederzusehen, allein ich fürchte nicht, Sie als Trappist anzutreffen . . .‟

Von Quandt war ein Jahr älter als Schopenhauer und starb ein Jahr vor diesem. In dem angeführten Briefe nennt ihn Schopenhauer einen „grossen Kunstkenner und sehr reichen Gutsbesitzer‟. Wie er über Schopenhauer dachte, erhellt aus einem schönen Briefe an Dr. Asher vom 26. December 1856, in dem er unter anderm sagt: „Schopenhauer ist der einzige Freund, der mich auf meinem langen Lebenswege bis jetzt mit liebevoller Theilnahme begleitet hat und in allen Erinnerungen an die entscheidendsten und gehaltreichsten Augenblicke steht er, sei es als handelnde Person oder berathender Beobachter, vor mir. Ich bin überzeugt, dass seinem liebedürstenden, oft gekränkten und überaus erregbaren Gemüthe die Vertheidigung, welche Sie gegen Weiss * übernommen haben, sehr wohlthun wird. Darum hielt mich die Bedenklichkeit, Ihnen als ein unbekannter Mann zu schreiben, nicht ab, meinen Dank mit voller Wärme auszusprechen.‟ **

Vor seiner Verheirathung hatte von Quandt eine nicht erwiderte Neigung zu Schopenhauer's Schwester gehegt, die ihm zeitlebens eine warme Freundschaft bewahrte. In dem nämlichen Jahre (1849) entschlief diese in den Armen ihrer treuen Freundin, Sibylle Mertens zu Bonn, am 25. August. Ihr Leib wurde am hundertsten Geburtstage ihres väterlichen Freundes und Beschützers, Goethe's, der Erde zurückgegeben, ein Zusammentreffen, welches Sibylle Mertens auf Goethe'schen Säcularthalern zum Andenken an die Geschiedene eingraviren liess. —

Nach dem Heimgange Adelens war Schopenhauer der letzte seines Namens. *** Nicht lange zuvor waren zwei neue Haus-

---

* Ch. H. Weisse, der bekannte „Philosophie-Professor‟, auf den wir zurückkommen.

** Dr. David Asher: Arthur Schopenhauer. Neues von ihm und über ihn (Berlin 1871), S. 38.

*** Wenigstens in seiner Familie. Der Name soll sonst in Deutschland noch vorkommen.

genossen bei ihm eingezogen, die ihm während dieses letzten Sta-
diums seiner irdischen Pilgerfahrt bis zum Tode zur Seite blieben.
Es war dies seine Dienerin *Margaretha Schnepp* aus Heidelberg
und sein brauner Pudel Butz, der ihm jedoch den Verlust des
überaus intelligenten und anhänglichen weissen Vorgängers nicht
ersetzen konnte.

Mit dem Eintritt ins Greisenalter finden wir Schopenhauer
nach alle dem wesentlich verändert. Wenn er daher Ende 1849
an Frauenstädt schreibt: „Mit mir ist Alles beim Alten", so müssen
wir dabei nur an die letzten Jahre denken, als sein Haar bereits
weiss geworden, wie das seines „theueren, lieben, grossen, schönen"
Pudels, an dessen Liebkosungen das kälter gewordene Herz sich
jetzt genügen liess und dessen Tod ihn darum tief betrübte.

Sturm und Drang der Jugend, die Rastlosigkeit des männlichen
Alters lagen hinter ihm. Er arbeitete an seinem letzten Werke
und nahm die sich mehrenden Zeichen des künftigen Ruhmes mit
wachsendem Selbstgefühl entgegen. Seine Briefe sind davon erfüllt, nicht minder waren es seine Gespräche. So trat ein Zustand
der Befriedigung bei ihm ein, der bis dahin seinem Leben fremd
geblieben. Er bekannte gern, dass, wie jedes Lebensalter seine
Leidenschaft habe und der Wille sich nur in jedem auf einen
andern Gegenstand werfe, die Ruhmsucht die Leidenschaft des
Greisenalters sei (Frauenstädt, Memorab., S. 412); man darf indessen nicht glauben, dass er sich im Grunde seines Herzens über
den wahren Gehalt jener Beifallsbezeigungen jemals getäuscht
habe. „Wenn man", sagte er einmal, „so ein langes Leben in
Unbedeutendheit und Geringschätzung zugebracht hat, da kommen
sie am Schluss mit Pauken und Trompeten und meinen es sei was".

Freilich ist es nichts. Nur von den Erdengütern etwa ist der
Ruhm das höchste, als ein Reflex des nicht verwirklichten Ideals
der Seele „der im Leben ihr göttlich Recht nicht ward";* über
das irdische Treiben hinaus hat er keinen Werth. Schopenhauer

---

* Hölderlin im Gedicht „Die Parzen".

hat dies selbst in treffendster Weise ausgesprochen: „Der Ruhm ist eine Existenz in den Köpfen Anderer, einem elenden Schauplatz und das Glück durch ihn chimärisch; die gemischteste Gesellschaft kommt in seinem Tempel zusammen: Soldaten, Minister, Quacksalber, Gaukler, Millionäre, und alle diese finden mehr *estime sentie* als der Philosoph, der sie höchstens bei hundert findet, bei den übrigen nur *estime sur parole.*" (Vgl. „Parerga", I, 423). Und gereimt:

> Ruhm kommt oft erst zu der Frist,
> Wo man sein nicht achtet,
> Weil man die verachtet,
> Deren Stimm' er ist. *

Allein schon das natürliche Interesse, das er an der Ausbreitung seiner Lehre in den letzten zehn Jahren seines Lebens nahm, verschaffte ihm ein heiteres Alter. Auch hierin also wich er von den meisten Sterblichen ab, deren Lebensmorgen hell, deren Alter dumpf und öde zu sein pflegt. Die Zeit hatte, wie er, auf sein erbleichtes Haar deutend, sagte, auch ihm Rosen gebracht, aber weisse. Beinahe, meinte er, wäre es ihm ergangen, wie dem hungernden Kinde im Volksliede:

> Und als das Brot gebacken war,
> Lag das Kind auf der Todtenbahr.

Mehr noch als die erlangte Anerkennung seiner Geisteskraft trug deren allmähliche Befreiung von der Herrschaft des „Willens" mit dem Eintritt des Alters zu seiner Befriedigung bei. Nur ein Mensch von so ausserordentlicher Energie des Temperaments, von so abnorm starker Heftigkeit der Triebe und zugleich von so erstaunlicher Entwickelung des intellectuellen Lebens vermag die endliche Erlösung von der dämonischen Gewalt der Leidenschaften zu empfinden wie er. Bei diesem Thema floss der Mund des Greises von erhabenen Gedanken, von tief ergreifenden Gefühlen über.

---

* Frauenstädt, Memorab., S. 374.

Er, dessen Lehre in dem Postulat der Verneinung des Willens gipfelt, er, der die Selbsterkenntniss als das reinste und edelste, als das höchste und letzte Ziel unseres irdischen Daseins unermüdlich betrachtet, geübt und gepriesen — er sah das Feuer, welches solange in seinen Adern gesprüht, lächelnd verlöschen und der Verlust der Genüsse ward ihm zum höchsten Genuss. Vor allem schätzte er sich mit Sophokles * glücklich, dem Taumel der Aphrodisien entrückt zu sein; denn in diesem Punkte war das Selbstgenügen des Jünglings auf schwachen Füssen gestanden. „Die Liebe zwingt all' uns nieder!" klagt der Dichter **; um wie viel mehr einen Solchen, in dem der „Wille zum Leben" sich so überaus mächtig und innig bethätigt. Mit Lord Byron hatte er oft geseufzt, dass es ihm so schwer werde mit den Weibern zu brechen, und doch so leicht, mit den Männern! *** Jetzt fand er sich endlich in Stand gesetzt, seinem Genius ungetheilt anzugehören.

Danach gestaltete sich seine Lebensweise immer gleichförmiger und, wie es dem Philosophen ziemt, durchaus nach Grundsätzen geregelt. An dem, was er einmal als zweckmässig angenommen hatte, hielt er überhaupt mit unverbrüchlicher ja pedantischer Strenge fest. Andere hören den guten Rath auch, aber sie befolgen ihn nicht; sie machen Erfahrungen, ohne daraus für sich Nutzen zu ziehen. Ihm wurde jede neu gewonnene Einsicht in irgendeiner Richtung zugleich Maxime seines Handelns. Blieb er dabei auch nicht frei von Einbildungen, so förderte doch die eiserne Consequenz, mit der er verfuhr, sein allgemeines Wohlbefinden, ihn von Jugend auf vor den peinlichen Vexationen eines schwachen und unsteten Charakters bewahrend.

Sein allgemeines Vorbild im äussern Leben war Kant; doch

---

* Plato, Republ., I, 329, c. Vgl. Parerga, I, 524.

** Hölderlin im Gedicht „Lebenslauf".

*** Byron, Letters and Journals by Th. Moore, I, 499: „*The more I see of men, the less I like them; if I could but say so of women too, all would be well.*"

nicht in Allem. Denn er sah in manchen Gewohnheiten dieses grossen Mannes nur die nothgedrungene Rücksicht auf seine schwächliche Constitution, während er selbst sich, als auch in physischen Stücken „wohlgeboren", etwas zutraute.

Vom frühen Aufstehen war er für sich kein Freund, da dem Kopfarbeiter langer Schlaf nothwendig sei, auch erfreute er sich noch als Greis eines tiefen und festen Schlafs; doch that er sich eher Gewalt an, als dass er sich die kostbaren Morgenstunden durch zu langen Schlaf verkürzt hätte. Zwischen 7 und 8 Uhr verliess er, Sommers wie Winters, das Bett und wusch sich kalt mit einem kolossalen Schwamme den ganzen Oberkörper. Daneben nahm er regelmässig, je nach der Jahreszeit kalte oder warme Bäder. Den Augen, als dem werthvollsten Sinnesorgan, wandte er besondere Pflege zu: er badete sie, indem er sie mehrmals offen untertauchte, wodurch er den Sehnerven vorzüglich zu stärken glaubte. Bis ins vorgerücktere Mannesalter trug er eine Brille; später legte er dieselbe ab und begnügte sich mit einer Lorgnette. Die Sitte des Einklemmens eines eckigen Glases vor Einem Auge war ihm „ein specieller Beleg zur Verkehrtheit der Zweifüsser".

Dann setzte er sich zum Kaffee, den er sich selbst bereitete. Seine Dienerin hatte die Weisung, sich in den Frühstunden gar nicht blicken zu lassen; denn er hielt grosse Stücke darauf, seine Gedanken morgens, wann das Gehirn einem frisch gestimmten Instrumente gleiche, vollkommen concentrirt zu erhalten. Dass Alexander von Humboldt diese kostbaren Stunden des Tages mit Briefschreiben und andern Allotriis verbracht, dagegen nachts, wann er von Hof kam, gearbeitet, war ihm ein Indiz gegen die spätern Leistungen dieses schon bei lebendigem Leibe unter die Götter versetzten Mannes seiner Zeit. Die Mangelhaftigkeit des menschlichen Erkenntnissvermögens schilderte er bei solchem Anlass mit lebhaften Farben. In dieser geistigen Sammlung verharrte er bei seiner Arbeit den ganzen Vormittag. In spätern Jahren nahm er in der zweiten Hälfte desselben Besuche an. Da er im Flusse des Gesprächs die Stunde leicht vergass, so erschien um

Mittag seine Dienerin und gab das Zeichen zum Aufbruch. Vor dem Ankleiden spielte er in der Regel eine halbe Stunde Flöte.

Um 1 Uhr ging er zu Tisch. Er war sein Leben lang der Wirthstafel verschrieben, ohne sich an deren Schattenseiten zu gewöhnen. Das Lärmen der Gäste, das Rasseln der Teller, die Hudeleien der Kellner waren ihm höchlich zuwider; zuletzt half ihm seine Harthörigkeit darüber hinweg.

Als er in seinem letzten Lebensjahre von Dr. Asher gefragt worden, ob er es nicht mit eigener Wirthschaft versuchen wolle, antwortete er: *Mihi est propositum in taberna mori!* Gleichwol hielt er das Gewerbe der Gastwirthe nach dem Vorbild der Alten für anrüchig, und mit welchen Augen er schon als Gymnasiast die Kellner ansah, geht aus folgender Aeusserung hervor:

„Wie erbärmlich Zeit und Kräfte des Menschenlebens, das herrlichste und kürzeste was wir kennen, angewandt und mit unbegreiflicher Thorheit verschwendet werden, wird mir am deutlichsten, wenn ich einen Menschen sehe, dessen Arbeit es ist, mir aufzuwarten: wie das unbegreifliche, zusammengesetzte Geschöpf, das herrlichste, höchste der Natur mit den kleinsten Sorgen sich beschäftigt und sich abängstigt, Tage, Monate zubringt ohne viel andere Gedanken."

Freilich waren ihm auch schon damals die täglichen Bedürfnisse des Menschen in anderm Lichte erschienen, als den meisten Sterblichen; denn als Student schreibt er: „Das Elend des Lebens tritt wohl nie in helleres Licht, als wenn ein denkender Mensch das Ungewisse, Missliche desselben, die gänzliche Nacht, in der er lebt, eben recht deutlich, mit Grausen gesehen hat, und wie er nichts Festes, Unbestrittenes finden kann, woran er sich halte, wenn er, sage ich, nach diesen Gedanken, nicht sogleich eine Existenz, die keine ist, vernichtet, sondern Athemholen, Essen, Trinken, Schlafen das Feste ist, woran er sich hält und wohin er auch zurückkehrt wie in den Hafen." Dann setzt er freilich hinzu „Aber es ist nicht so! das Feste, woran er sich hält, ist das für jenen Augenblick nur in den Hintergrund getretene Wissen der ewigen Wahrheit, welche das ist, was ihn jeden Augenblick im Leben hält; und wie das Athemholen dem Körper, damit er dem Geist nicht den Dienst versage, nothwendig ist, so jenes dem Geist, dass er das Band nicht zerreisse. Tritt jenes Wissen in den Vordergrund, so gibt es Kunst und Wissenschaft."

Indessen — *homo sum!* Schopenhauer erfreute sich eines so starken Appetits, dass er denselben zu den ihn beherrschenden Untugenden zählte, aus welchen er Freunden gegenüber kein Hehl machte. Er tröstete sich damit, dass auch Kant und Goethe stark getafelt hätten und dass er im Trinken desto mässiger sei. Bei der Mahlzeit sprach er gerne; doch verhielt er sich aus Mangel an tauglicher Tischgesellschaft öfter beobachtend. So legte er z. B. eine Zeit lang täglich ein Goldstück vor sich hin, ohne dass die Tischnachbarn wussten, was er damit wollte; nach aufgehobener Tafel nahm er es wieder an sich. Endlich darüber zur Rede gestellt, erklärte er: das sei für die Armenbüchse, wenn die am Tisch sitzenden Offiziere nur ein einziges mal eine andere ernsthafte Unterhaltung als über ihre Pferde, Hunde und Frauenzimmer auf die Beine brächten.

Nach Tisch begab er sich gleich wieder nach Hause, nahm seinen Kaffee und hielt eine Stunde Siesta. Den ersten Theil des Nachmittags füllte dann leichtere Lektüre aus. Gegen Abend ging er regelmässig ins Freie. Er wählte gewöhnlich einsame Feldwege; nur wenn das Wetter zu schlecht war, blieb er in den die Stadt umkränzenden Anlagen. Sein Schritt war bis ins letzte Jahr seines Lebens voll jugendlicher Spannkraft und Geschwindigkeit. Dabei war sein Körper in beständiger Action und im Gehen pflegte er mit dem Stock, einem kurzen dicken Bambusrohr, von Zeit zu Zeit heftig auf den Boden zu stossen. Vor der Stadt zündete er sich eine Cigarre an, die er aber nur zur Hälfte rauchte, da er den feuchten Rest für schädlich hielt. Zuweilen blieb er stehen, sah sich um, und eilte dann wieder, einige unarticulirte Laute ausstossend, weiter. Diese seine Gewohnheit, sein überaus sanguinisches Temperament dann und wann laut werden zu lassen,

ohne den Ausdruck erst zu wählen, brachte ihn wol bei Vorübergehenden in Verdacht, als moquire er sich über sie; und doch
sah er weder rechts noch links und bedurfte, um eine Physiognomie
in einiger Entfernung zu erkennen, der Lorgnette. Unwahr ist
es, dass er Grüsse nicht erwidert habe; im Gegentheil that er dies,
ohne darauf zu sehen, wer ihn grüsste, den Hut vor Leuten, die
ihm gänzlich fremd waren, am tiefsten abziehend, nach der von
ihm selbst formulirten Maxime: *Give the world its due in bows!*
Wie er überhaupt der Weisheit des Brahmanen folgte:

> Der Adler fliegt allein, der Rabe scharenweise:
> Gesellschaft liebt der Thor und Einsamkeit der Weise —

so blieb er auf diesen Spaziergängen vorzugsweise gern allein,
schon deshalb, weil er im Freien, nach Kant's Beispiel, mit ge-
schlossenem Munde athmete; noch mehr aber aus dem tiefen Bedürfniss nach ungestörtem Verkehr mit der Natur, deren „durchgängige Wahrheit und Consequenz" ihn den „Winkelzügen" der
menschlichen Gesellschaft gegenüber wahrhaft anheimelte. Wie er
mit ihr zu leben verstand, sieht man aus seinen vereinzelten Bemerkungen über Naturschönheit. „Wie ästhetisch ist doch die
Natur!" ruft er z. B. bewundernd aus: „Jedes ganz unangebaute
und verwilderte, d. h. ihr selbst frei überlassene Fleckchen, sei
es auch klein, wenn nur die Tatze des Menschen davon bleibt,
decorirt sie alsbald auf die geschmackvollste Weise, bekleidet es
mit Pflanzen, Blumen und Gesträuchen, deren ungezwungenes Wesen,
natürliche Grazie und anmuthige Gruppirung davon zeugt, dass
sie nicht unter der Zuchtruthe des grossen Egoisten aufgewachsen
sind."

In der guten Jahreszeit unternahm er einige grössere Touren,
ohne jedoch über Nacht wegzubleiben. Reisen, die ihm in jungen
Jahren so reichen Genuss gewährten, hielt er im spätern Lebensalter für unnöthig, ja unpassend. Die moderne zwecklose Reise-
sucht der vermögenden Stände, das massenhafte „Hin- und Her-
rutschen zur Erholung" verspottete er derb. Schon die bestän-

digen Hudeleien, denen der Reisende ausgesetzt sei, müssten jeden verständigen Alten davon abhalten. Daher beschränkte er sich seit vielen Jahren auf wenige Ausflüge an den Rhein oder in den Taunus. Nur sein treuer Gefährte, der Pudel, begleitete ihn auf diesen einsamen Wegen und machte ihm die Gesellschaft der Zweifüsser entbehrlich.

Nach dem Spaziergange ging er ins Lesecabinet. Wie erwähnt, las er regelmässig, wenn auch nur flüchtig die „Times"; dann einige englische und französische Revuen. Den deutschen Zeitungen schenkte er erst, seitdem sie sich mit ihm beschäftigten, grössere Aufmerksamkeit. Von literarischen Zeitschriften las er gewöhnlich die „Göttinger gelehrten Anzeigen", die „Heidelberger Jahrbücher" und W. Menzel's „Literaturblatt". Er lobte Menzel, dass er belehrende und unterhaltende Recensionen zu schreiben verstehe, wie dies die Engländer und Franzosen nicht anders gewohnt seien; während unsere deutschen Recensenten den Leser in der Regel nur ermüdeten und im Unklaren liessen, sodass nur die Autoren selbst, über die sie berichteten, daraus klug werden könnten.* Das Geschäft der Buchanzeiger sei verständige Exposition des Inhalts, die in den meisten Fällen der Mühe, das Buch selbst zu lesen, überheben müsse. Am meisten ärgerte ihn der unter unsern Tagesschriftstellern eingerissene Verderb der Sprache. Diesen noch gründlicher an den Pranger zu stellen, als bereits in den Parergen geschehen, war ihm ein wahres Anliegen. Es empörte ihn, dass der Deutsche nicht einmal über das einzige Gut, auf das er stolz sein könne, Wache halte. Während des Abendlas er die neuesten Nachrichten in der „Frankfurter Postzeitung".

In frühern Jahren brachte er die meisten Winterabende im Concert oder Theater zu; da ihm jedoch seine Harthörigkeit diese

---

* Die Klage ist alt. So schreibt Schiller den 20. Januar 1802 an Goethe über eine Recension seiner Jungfrau: „Und dies nennt man nun ein Werk kritisiren, wo ein Leser, der das Werk nicht gelesen, auch nicht die leiseste Anschauung davon bekommt." (Briefw. VI, 76.)

Genüsse allmählich verkümmerte, beschränkte er sich auf einzelne Symphonien, Oratorien und classische Opern. Der Cultus der Musik gehörte so wesentlich zu seiner Seelendiätetik, dass er ihn zu keiner Zeit seines Lebens vernachlässigte. Als die beste Katharsis des Gemüths empfahl er ihn in der Einleitung zu seinen Vorlesungen den Studenten, und wer die Bedeutung seiner Erklärung dieser wunderbaren Kunst würdigen will, darf die geistvollen Andeutungen seines Verehrers Richard Wagner in dessen Aufsatz über Beethoven nicht ungelesen lassen. Bei Anhörung der Symphonien des letztern sass er regungslos mit geschlossenen Augen von Anfang bis zu Ende und verliess nach diesem sogleich den Concertsaal, um den Eindruck nicht durch die folgenden Salonstücke abzuschwächen. Gegen Störungen jeder Art war er höchst empfindlich. Im Jahre 1844 richtete er deshalb ein Sendschreiben an den damaligen Leiter der frankfurter Oper, Kapellmeister Guhr, um demselben die Fütterung der Thüren und der beweglichen Sitze mit Polstern und Ledern, sowie die Bedeckung der Gänge mit Teppichen dringend ans Herz zu legen. Zwischen 8 und 9 Uhr ging er zum Nachtessen, das gewöhnlich in einer kalten Fleischspeise und einer halben Flasche leichten Weins bestand. Der Wein erregte ihn leicht, sodass er schon nach dem zweiten Glase lebhafter wurde. Er war geneigt, es als ein Zeugniss gegen die geistige Anlage eines Menschen anzusehen, wenn einer mehr als eine Flasche vertragen konnte. Gegen Bier hatte er eine entschiedene Abneigung. Er sass in der Regel allein, fing nicht leicht ein Gespräch mit fremden Tischgenossen an und rügte es als eine Verletzung der guten Sitte, wenn ein Unbekannter sich neben ihn setzte, während Platz genug an der Tafel war. In jüngern Jahren gab er manchmal die gewohnte Zurückhaltung auf, um auch Fremden gegenüber seine Meinung zu äussern, später aber sagte er mir einmal, als er eben einen Zudringlichen ohne Antwort gelassen: „Incognito geht das nicht mehr; ausser mit Engländern." Seit er nur noch auf dem linken Ohr hörte, war es ihm überhaupt unangenehm, wenn Zwei zugleich mit ihm sprachen. Sonst liebte er, wie gesagt, die Unterhaltung bei Tische sehr und blieb, wenn das Gespräch nach seiner Art war, ohne eine Spur von Ermüdung bis tief in die Nacht hinein sitzen.

Mehr noch als auf den frühern Stationen lebte er in Frankfurt als Fremder und vermied jeden Contact mit den örtlichen Interessen. Daher bewegte sich sein Verkehr mit den Leuten an sich schon in einer kühlern vornehmern Sphäre und eine weite Kluft trennte ihn vom grossen Haufen, den Jahr ein Jahr aus nur das Nächstliegende erfüllt. Für alle jene täglich abzuhandelnden, die Mühle der geselligen Unterhaltung treibenden kleinen Fragen, jenen vielgeschäftigen Austausch des Neuesten, den man kurzer Hand Klatsch nennt, hatte er keinen Sinn. Sein geselliges Leben, fast allein auf das Gespräch verwiesen, beschränkte sich auch in diesem gern auf das Höhere, im Wechsel der Erscheinungen Beharrende. Als geborener Philosoph philosophirte er immer, an jedem Orte, unwillkürlich. Gedanken bilden war sein Lebenselement, in dem er sich allererst sicher und behaglich fühlte. Aber freilich sprach er nie in abstracten Phrasen, seine Rede war anschaulich, einfach, präcis, licht und lebendig wie sein Stil. Unbetheiligt bei den zahlreichen Interessen, Sorgen, Leiden und Freuden des Familienlebens und auch dem öffentlichen nur in seinen grossen allgemeinen Zügen mit Antheil folgend, concentrirte sich die ganze Kraft seiner Unterhaltung auf das, was die Alten Dialektik nannten, d. i. die Kunst der Gesprächführung im Gebiete des reinen Denkens, eine Definition, die er dem Missbrauche gegenüber, welchen moderne Philosophaster, nach Hegel's Vorgang, mit dem Worte getrieben, neben Schleiermacher allein aufrecht erhalten hat.

Es war aber seine Gesprächsweise in dem Maasse antik, dass sie immer stark zu dem neigte, was Schleiermacher künstlerisches Denken nennt, d. h. er stellte seine Gedanken während der Mittheilung unwillkürlich unter ästhetische Gesichtspunkte, eine Eigenthümlichkeit, die natürlich nicht das mindeste mit Schönrednerei gemein hat. Um die vollstimmigen Register seines Geistes ins

Spiel zu setzen, bedurfte er nicht des Dienstes der Kategorien, noch überhaupt des abstracten Jargons einer Schule; sondern er sprach frei beseelt aus der verborgenen Fruchtbarkeit eines harmonischen Ideenbaues heraus, wie die alten Denker dies nicht anders gewusst haben. Er verkannte nicht, dass die Wahrheit, wenn sie vom Munde zum Ohr geht, vor ihrem letzten Kriterium, der Schönheit sich beugen, dass sie gefallen müsse; freilich im höchsten, im ethischen Betrachte. Denn wenn wir uns fragen, worin zuhöchst und zuletzt dieses Wohlgefallen an der Rede wurzele, so werden wir sagen müssen: es ist das innerste Leben des Gemüths wie es in die Sphäre des Wortes tritt, das uns entzückt und befriedigt. Der tiefste Ernst und die höchste Schönheit des Gesprächs finden sich im Brennpunkt des Gefühls zusammen, wo der ganze Mensch spricht, nicht etwa sein Mund allein, oder sein Kopf, oder irgendeine zufällige wandelnde Stimmung oder Erregung.

So war Schopenhauer's Redeweise und so stand allem, was er sprach, abgesehen von der objectiven Gültigkeit des einzelnen, oft einseitigen Urtheils, eine ungemeine Ueberzeugungskraft zur Seite, deren Reiz nicht selten am meisten gefiel, wenn man am wenigsten nachgab. Er selbst führte, wann er sprach, einen glänzenden Gegenbeweis wider seine Lehre von der Nichtigkeit des individuellen Lebens, indem er ganz Person war und je tiefer er dachte, desto individueller erschien. Ich war noch sehr jung, als ich ihn zum ersten mal sprechen hörte. Ich sass in seiner Nähe an der Wirthstafel, kannte ihn nicht, wusste nicht, wer er war. Er demonstrirte Einem den Anfang der Logik, das Gesetz der Identität und des Widerspruchs vor, und lebhaft steht mir noch das befremdende Gefühl vor der Seele, Einen über $A = A$ sprechen zu hören und ein Gesicht dazu machen zu sehen, als spräch' er mit seiner Geliebten von der Liebe.

Er ging jederzeit ganz auf in dem was er sprach und gab nicht Acht darauf, was nebenher etwa vorging. Philister, die dabei sassen und den Rauch ihrer Cigarren vor sich hinbliesen, fühlten oft das grösste Unbehagen, einen Menschen neben sich zu haben, dem das Gespräch keine Erholung, sondern ein Geschäft zu sein schien, ja der sich über die gleichgültigsten Dinge ereifern konnte, als wenn es ein Vermögen gälte. So subjectiv und passionirt aber auch seine Unterhaltung war, fiel etwas vor, das seine Aufmerksamkeit davon abzuziehen vermochte, so sah man ihn plötzlich verstummen und in einem Grade betrachtend und objectiv werden, welcher der Zerstreutheit der meisten Menschen völlig uneigen ist. So erinnere ich mich, dass ich einst bei ihm sass und zu ihm sprach, als auf einmal sein Gesicht sich veränderte, indem sein Blick auf den Pudel fiel, der eben ins Zimmer gelaufen war und mich als einen Menschen, den er noch nicht recht kannte, aufmerksam fixirte. Ich schwieg, und erst nach einer langen Pause ergriff er wieder das Wort mit der Frage: Haben Sie den Blick gesehen?

Ueberhaupt sah und beobachtete er das Leben gern in seinen einfachsten und ursprünglichsten Gestalten, also bei Pflanzen und Thieren, besonders bei den wilden. Als zur Herbstmesse 1854 ein lebender junger Orang gezeigt wurde, sah er diesen „muthmaasslichen Stammvater unseres Geschlechts", auf dessen persönliche Bekanntschaft er bis zu seinem siebzigsten Jahre vergeblich gewartet habe, fast täglich, und ermahnte seine Bekannten, diese Gelegenheit nicht unbenutzt vorübergehen zu lassen, ja, lieber heute als morgen zu gehen, denn er könnte morgen todt sein. Besonders fiel ihm der Blick des Thieres auf, das keinen Zug äffischer Bosheit hatte und dessen Kopf, im Stirn- und Scheitelbein entschieden besser gebildet als derjenige der niedrigsten Rasse unsers eigenen Geschlechts, keine thierische Geberde verrieth. Er fand in diesem merkwürdigen, von Jugend auf melancholischen Thiere die Sehnsucht des naturbildenden Willens nach der Erkenntniss personificirt, wie wenn er seinen Blick mit dem des Propheten in das gelobte Land hätte vergleichen wollen. Bei jener Gelegenheit kam er darauf zu sprechen, wie es ihm schon in jungen Jahren aufgefallen sei, dass der Hund, dieses gezähmte

Raubthier, der Verwandte, vielleicht der Abkömmling des Schakals oder des Wolfs, der treue, liebevolle, gelehrige, menschenähnliche Gefährte des Menschen geworden; das harmlose, grasfressende Schaf aber nicht, und dass beim Menschen etwas Aehnliches statt-zuhaben scheine, indem die ursprünglich wilden, harten, mit star-ken sinnlichen Neigungen und Leidenschaften behafteten Naturen zu den höchsten Tugenden gelangten, wie denn schon Platon die starke Neigung zum Bösen in den trefflichsten Naturen bemerkt habe.

Mit den Gegenständen der Unterhaltung war er wenig wähle-risch; denn das Kleinste und Gemeinste wusste er mit dem Be-deutenden unmittelbar in Verbindung zu setzen. Nur erotische Gespräche vermied er, und hatte er sich dazu verleiten lassen, so warf er sich's hinterher vor, weil es den ersten Grundsätzen seiner Lebensklugheit widerstritt, sich auf ein Gebiet zu begeben, auf dem die Gefahr sich zu encanailliren so gross sei. Ueberhaupt war es ein unterscheidendes Merkmal und kein geringer Vorzug seiner Mittheilung, dass er die angeborene Aristokratie seines Geistes niemals verbarg, vielmehr sich jeder, auch der geheimsten Connivenz in dieser Richtung als eines Abfalls von seiner bessern Natur schämte. Aber eben diese rücksichtslose Ungescheutheit, mit welcher er sich selbst und Dem, mit welchem er sprach, die weite Kluft zwischen seiner ganzen Denk- und Sinnesart und der gemeinen bei jedem Anlasse bewusst werden liess, isolirte ihn stets von neuem, und so nahm sein Verkehr mit den Leuten in der Regel einen kurzen Verlauf und ein gewaltsames Ende. Seine Sprödigkeit wuchs in dem Maasse, als er sich jenem routinirten und schlagfertigen *intellectus vulgaris* gegenüber fand, der sich im Frohndienste des Willens sicherer fühlt als der impertinente Bediente eines vielvermögenden Herrn. Dieser praktischen Süffi-sance des gemeinen Menschenverstandes setzte er die nackte Schneide der Grobheit entgegen, da ihm die völlige Ungleichartigkeit der Waffen einen ehrlichen Kampf von vornherein als unmöglich er-scheinen liess.

Nicht selten bedauerten solche klugen Leute lebhaft, dass ein
Mann von seinem Geiste für das Leben verloren sei; er aber hielt
diesen Verlust für keinen schlechten Gewinn, denn er dachte mit
Thomas von Kempen (nach Seneca, Ep. 7): „*quoties inter homines
fui, minor homo redii.*" Zwar sage Goethe, dass das Gespräch noch
erquicklicher sei als das Licht; aber dennoch sei es besser, gar
nicht zu sprechen, als ein so karges ledernès Gespräch zu führen,
wie das gewöhnliche, bei dem drei Viertel von dem, was einem
zu sagen einfiele, nicht gesagt werden dürfen, aus ebenso albernen
als nothwendigen Rücksichten, und die Unterhaltung in der That
nichts anderes sei als ein qualvolles Seiltanzen auf der schmalen
Linie des ohne Gefahr zu sagen Vergönnten. In der Regel hinterlasse jedes Gespräch — das mit dem Freunde und der Geliebten
ausgenommen — einen unangenehmen Nachgeschmack, eine leise
Störung des innern Friedens. Dagegen hinterlasse jede Selbst-
beschäftigung des Geistes einen wohlthuenden Nachklang. Unterhalte er sich mit den Menschen, so empfange er ihre Meinungen,
die meistens falsch, flach oder erlogen seien und in der armseligen Sprache ihres Geistes. Unterhalte er sich mit der Natur, so
gebe sie, wahr und unverstellt, das ganze Wesen jedes Dinges,
davon sie rede, anschaulich, unerschöpflich und rede mit ihm die
Sprache seines Geistes. Ihn beschäftigen seine Gedanken und
deren Mittheilung allemal lebhaft; aber die Meisten seien in der
Regel nicht in demselben Fall: ihrem freien Denken und Sprechen
fehle es an wahrhaftigem Interesse und ihrem Antheil an beiden
an Lebhaftigkeit, um sie ganz einzunehmen. Daher bleibe ihnen
auch stets viel Aufmerksamkeit auf die nächste Umgebung, soviel
als er unmittelbar sich gar nicht vorstellen könne. Während sein
Blick auf einen Punkt fixirt sei, irre der ihrige umher und jedes
störende Geräusch sei ihnen willkommen. So könne er z. B. die
Menschen nie weniger für seinesgleichen halten, als wenn er sie
zwecklos klappern oder Hundegebell anhören oder Kanarienvögel
halten sehe. Ihm galt nichts höher als die contemplative Sammlung
des Geistes, und was ihn am meisten vom lauten Markte des

Lebens zurückschreckte, war eben die grenzenlose Zerstreuung des Bewusstseins nach aussen, der harte Sklavendienst unsers bessern Selbst unter dem von seinen nichtigen oder schlechten Zwecken ganz erfüllten Willen. Mit Reflexionen obiger Art ging seine Geselligkeit oft zu Ende und er war dann jedesmal froh, wenn er die Einsamkeit der Natur oder seiner Studirstube wieder hatte.

In besonders schroffem Gegensatze standen seine Ansichten mit der politischen und socialen Richtung seiner Zeit. Seine modernen Verehrer gehen auch mit Achselzucken und Stillschweigen darüber hinweg; diese Ansichten gehören aber, so einseitig und unausgebildet sie sein mögen, so sehr zu seinem Wesen, dass ich darauf eingehen muss.

Das Genie wirft seinen vorurtheilsfreien uninteressirten Blick auf alle Gebiete des Lebens und so begegnet es ihm oft, dass die Simplicität seiner Ansicht von dem aufgeputzten Wahne der Zeit auf dem einen oder dem andern dieser Gebiete besonders grell absticht. Schopenhauer's Rechtsphilosophie wird vor Allem die unverkennbare Ehre zutheil, in den Augen unserer modernen Volksbeglücker, welche die öffentliche Meinung billig in Pacht haben, veraltet, barok, dürftig, ja absurd zu erscheinen.

Nachdem zuerst Hegel mit dialektischen Kunststücken das speculative Deutschland von der vollendeten Gottheit des Staats überzeugt, auch die mit überrheinischer Revolutionsmilch grossgezogenen Vollblutgeister unserer Zeit ihre socialistischen Saturnalien durchgetanzt hatten, trat die nüchterne, ihres Ziels gewisse, über jeden Tadel erhabene neueste Volksherrlichkeit auf die Bühne. Die erstaunlichen Erfolge in den empirischen Wissenschaften, die dadurch erreichten grossen Vortheile auf dem Felde des äussern Lebens ermuthigen dieses vortreffliche Geschlecht immer mehr, alle Autorität, wess Namens und Standes sie sei, über Bord zu werfen und, des Ballastes seiner Vergangenheit ledig, mit vollen Segeln in das hohe Meer des Genusses hinauszusteuern. Indessen geht dieser, mit allem Pomp der Civilisation einherstolzirenden Humanitätshoheit unserer Tage eine Kleinigkeit ab, die unser Freund in den Vordergrund seiner politischen Ansicht zu stellen indiscret genug gewesen ist: die Erkenntniss des unveräusserlichen Egoismus und der eudämonistischen Grundverkehrtheit des Willens der Einzelnen, aus deren Zusammenstellung das sublime Ganze sich aufbaut, und welche, unter dem nobeln Flitter ihren Zweck bergend, das eigentliche, vorzeitliche und deshalb unzeitgemässe Princip der vielgeschäftigen, wort- und thatenreichen politischen Gegenwart mit vermehrter Kraft zu Tage fördern.

Wer sich von dieser grundsätzlichen Blindheit für das „Soll" im Hauptbuche der Menschheit, von dieser zum System erhobenen Verkennung und Vertuschung ihres fortlaufenden Deficits überzeugen will, der studire die modernen Geschichtschreiber und Culturhistoriker, welche nicht Worte genug finden, den glänzenden Stand des Geschäfts zu verdeutlichen; nur aber die ethische Dignität des Begriffs der Civilisation naiv übersehen, wenn sie nicht gleich, wie H. Th. Buckle, dreist behaupten, das Princip der Perfectibilität liege nur im Intellectuellen, weil die moralischen Wahrheiten stabil seien und die Tugenden und Laster der Individuen keine bleibende Spur zurücklassen; während die Vortheile der Entdeckungen, z. E. der Spinnmaschine, ins Unendliche wachsen! Diese Raffinerie der zum Verstand hinaufgeschraubten Materie findet denn auch ihr *Specificum contra omnes morbos societatis humanae* in der modernen negativen Freiheitsidee, die mit ihren vier Hauptphasen, als Glaubensfreiheit, Gewerbefreiheit, Pressfreiheit und Dienstfreiheit *(majestas populi)* alle Winkel unsers Erdballs auf das Vollkommenste zu erleuchten verspricht; ohne dass es auf die, überdies problematische, positive Willensfreiheit auf diesem welthistorischen Standpunkte weiter ankäme.

Unser Philosoph dagegen, dem es Ernst mit den „socialen Problemen" und um ein positives Resultat ehrlich zu thun war, huldigte andern Maximen. Er fand für gut, vor Allem an die triviale, der modernen Denkart aber abhanden gekommene Wahrheit zu erinnern, dass das Volk ein Abstractum ist, und verschärfte Chamfort's Bonmot über die intellectuelle Schwäche der Menge: „*Le public! le public! combien faut-il de sots pour faire un public?*" durch sein jederzeit ungescheut ausgesprochenes Misstrauensvotum gegen die moralische Beschaffenheit derselben. Diesem seinem politischen Pessimismus geht der theoretische Beifall der modernen Staatsverbesserer nicht minder ab, als seinem moralischen derjenige unserer modernen Theologen; beide jedoch erkennen in der Praxis die Richtigkeit desselben an, indem die letztern, wo sie irgend tiefer greifen, mit der Forderung der Selbstverleugnung beginnen; die erstern aber, sobald es sich nicht mehr um Schönrednerei und Dupirung der Massen handelt, die Ruhe als das grösste Glück und den Gehorsam gegen das Gesetz als die allein wesentliche Pflicht des Bürgers auf das handgreiflichste zu dociren wissen.

Schopenhauer war für seine Person Aristokrat *de la veillue*, der schon vor der Erfindung der Eisenbahnen nur mit erster Klasse fuhr und der Erfahrungen der Revolutionen nicht bedurfte, um für seinen Privatgebrauch auf die „Volksrechte" Verzicht zu thun; aber diese seine persönliche Stellung in der Gesellschaft hatte auf seine politische Theorie keinen Einfluss. Nach ihr kommt der Staat nur zu Stande durch eine zwiefache Beschränkung der Einzelwillen, und zwar nicht sowol ethisch als vielmehr physisch. Indem nämlich der Einzelne sich die erste Beschränkung auferlegt, thut er dies in seinem wohlverstandenen Interesse; denn sein Intellect belehrt ihn, dass dies das einzige Mittel sei, sich in der Gesellschaft mit den Andern vor grössern Nachtheilen zu schützen. Die innere Gesinnung, welcher allein Moralität oder Immoralität zukommt, der durch äussere Motive nicht zu ändernde ewig freie Wille bleibt dabei unberührt. Der Staat ist daher so wenig gegen den Egoismus überhaupt und als solchen gerichtet, dass er umgekehrt gerade aus dem sich wohlverstehenden, methodisch verfahrenden, vom einseitigen auf den allgemeinen Standpunkt tretenden und so durch Aufsummirung gemeinschaftlichen Egoismus Aller entsprungen und diesem zu dienen allein da ist, errichtet unter der richtigen Voraussetzung, dass reine Moralität, d. h. Rechthandeln aus moralischen Gründen nicht zu erwarten ist. Keineswegs also gegen den Egoismus, als eine Anstalt zur Beförderung der Moralität, sondern allein gegen die nachtheiligen Folgen des Egoismus, welche aus der Vielheit egoistischer Individuen ihnen allen wechselseitig hervorgehen und ihr Wohlsein stören, ist, dieses Wohlsein (το ζην ευδαιμονως) bezweckend, der Staat gebildet.* Allein diese erste Beschränkung des Eigenwillens genügt noch nicht. Nach ihr liesse sich der Staat noch als Verwirklichung des reinen Rechts denken. Auch dies verbietet der praktische Zweck desselben, indem die unerlässliche Rücksicht auf die intellectuelle Schwäche und moralische Hinfälligkeit der den Staat bildenden Individuen zu einer weitern Beschränkung der Einzelwillen und damit zur weitern Entfernung von der rein ethischen Richtung derselben nöthigt. Jene erste Beschränkung bestand in der Unterordnung unter eine gemeinsame Regel, das Gesetz, und konnte recht wohl mit der moralischen Zwecksetzung des Individuums coincidiren; die zweite Beschränkung dagegen geschieht auf Kosten des abstracten Rechts, indem sich die Autorität im Staate, damit dieser bestehen könne, zum Theil auf die Gewalt und selbst auf das Unrecht stützen muss.

Der reine Rechtsstaat ist mithin eine leere Fiction, und die Politik wird, je mehr sie ihre Aufgabe erkennt, desto mehr eine empirisch-pragmatische, überall auf das nächste Bedürfniss und, wo sie je darüber hinausgeht, auf das Maass der gegebenen Zustände zurückzuführende Wissenschaft. Schon deren Fundamentalbegriff, die Souveränetät, wird danach von Schopenhauer treffend erfasst, wenn er zwar das Recht eines Sterblichen, ein Volk wider seinen Willen zu beherrschen, leugnet, aber zugleich dieses „Volk“ einen ewig unmündigen Souverän nennt, der unter bleibender Vormundschaft stehen müsse und nie seine Rechte selbst verwalten könne, ohne grenzenlose Gefahren herbeizuführen; zumal er, wie alle Unmündigen das Spiel hinterlistiger Gauner werde, die des-

---

* Die Welt als Wille und Vorstellung, I, 408.

halb Demagogen heissen. Ein Recht aber, zu dessen Ausübung
ich nicht befugt bin, steht mir in Wirklichkeit gar nicht zu. Er
führt also wohlverstanden alle Autorität im Staate, da er die göttliche nicht zur Hand nehmen will, auf dessen Naturgesetz zurück; lehrt mithin, im Einvernehmen mit allen echten Politikern
von Aristoteles bis auf Schleiermacher, und im Widerspruch mit
den Rodomontaden moderner „Spassphilosophen", keinen rein ethischen, sondern einen physisch gebundenen Staat. So nennt er die
Republiken „widernatürlich, künstlich gemacht, aus der Reflexion
entsprungen"; rechtfertigt das monarchische Princip, ohne dessen
repräsentativen Charakter zu verkennen, mit physischen Analogien
und wagt mit dem ihm eigenen naiv erhabenen Humor die Hypothese: dass das Recht von einer analogen Beschaffenheit sei, wie
Fluor, Alkohol, Blausäure u. a., die sich nicht rein und isolirt,
sondern nur mit einer Beimischung, die ihnen zum Träger diene
oder die nöthige Consistenz verleihe, darstellen lassen: dass es
also, um seiner eigentlichen, nur idealen und daher ätherischen
Natur ungeachtet, in dieser realen und materiellen Welt wirken
und bestehen zu können, ohne sich zu evaporiren und davon zu
fliegen in den Himmel, wie dies bei Hesiod geschehe, eines Zu-
satzes von Willkür und Gewalt nothwendig bedürfe. „Ueberall
und zu allen Zeiten", sagt er („Parerga", Bd. II., §. 129), „hat es
viel Unzufriedenheit mit den Regierungen, Gesetzen und öffentlichen Einrichtungen gegeben; grossentheils aber nur weil man stets
bereit ist, diesen das Elend zur Last zu legen, welches dem menschlichen Dasein selbst unzertrennlich anhängt, indem es, mythisch
zu reden, der Fluch ist, den Adam empfing und mit ihm sein
ganzes Geschlecht. Jedoch nie ist jene falsche Vorspiegelung auf
lügenhaftere und frechere Weise gemacht worden, als von den
Demagogen der «Jetztzeit». Diese nämlich sind, als Feinde des
Christenthums, Optimisten: die Welt ist ihnen «Selbstzweck» und
daher an sich selbst, d. h. ihrer natürlichen Beschaffenheit nach,
ganz vortrefflich eingerichtet, ein rechter Wohnplatz der Glück-
säligkeit. Die nun hiergegen schreienden kolossalen Uebel der

Welt schreiben sie den Regierungen zu; thäten nämlich nur diese ihre Schuldigkeit, so würde der Himmel auf Erden existiren, d. h. Alle würden ohne Mühe und Noth vollauf fressen, sich propagiren und krepiren können: denn dies ist die Paraphrase ihres «Selbstzweck» und das Ziel des « unendlichen Fortschritts der Menschheit», den sie in pomphaften Phrasen unermüdlich verkündigen." Eine solche Sprache, so inhuman sie an das verwöhnte Ohr der Gegenwart schlägt, schliesst den echten Liberalismus so wenig aus, dass sie vielmehr, aus der tiefen Sehnsucht nach einer bessern Gestalt der Menschheit hervorgegangen, die unerlässliche Grundbedingung zu allen jenen Gütern, deren Erwerb der moderne Eudämonismus zu seiner Selbstbeschönigung vorschützt, in das hellste Licht stellt. So tief demnach Schopenhauer's politische Ueberzeugung von der Nothwendigkeit einer entschiedenen Präponderanz des Autoritätsprincips im Staate wurzelte; so streng er sogar schon „Respect vor den Fürsten" verlangte, weil ihr blosses Dasein ein Gewinn, weil ihr Schutz gegen Pöbelherrschaft und Anarchie nicht leicht zu theuer erkauft sei, so war er doch kein Verfechter einer blinden Reaction. Die Legitimität, äusserte er angesichts der letzten Ereignisse in Italien, sei eine schöne Sache; aber sie gebe für sich allein noch keinen Anspruch auf Erfolg. Um dessen gewiss zu sein, müsse eine Regierung intellectuell über der beherrschten Masse stehen; moralisch aber dürfe sie nicht zu edel sein, wie Titus, aber ebenso wenig unter das Niveau des allgemeinen Rechtsgefühls herabsinken. In diesem Sinne prophezeite er Napoleon III. den Sturz mit den Worten: „Er ist zu schlecht".

Von keiner Schwäche war er freier als vom Nationalstolze, ja er meinte, sein Patriotismus beschränke sich auf die deutsche Sprache, deren sich, wie erwähnt, das Ohr des Knaben in Frankreich so ganz entwöhnt hatte, dass er sie zum zweiten mal lernen musste. Fremd und misstönend trat sie ihm damals entgegen, aber eben deshalb ging ihm danach in der Schrift ihre ganze Kraft und Herrlichkeit auf, als er Goethe's Werke las. Im übrigen schämte er sich, wie mancher grosse Deutsche vor ihm, ein Deutscher zu sein und gedachte mit Vorliebe des Herkommens seiner Ahnen aus den Niederlanden.

Dem universellen Blick des Philosophen kam dieser sonst nicht löbliche Mangel an Patriotismus zu statten. Er erhitzte sich nicht, wenn er politisirte, solange das Thema dabei blieb; eine wohlthuende Objectivität, die über die ephemeren Interessen des Tags unwillkürlich zu einer weiten Aussicht erhob, liess sein Urtheil selbst dann noch gerecht erscheinen, wenn es einseitig war. Nicht selten würzte der köstlichste Humor seinen Tiefsinn. So illustrirte er die Geschichte der Jahre 1848—1851 mit der Parabel Goethe's von den Fröschen, die, nachdem der Teich aufgethaut war, der hohen Plane ungeachtet „quackten wie vor alter Zeit".

Particuläre, geschweige denn locale Fragen berührte er nie: er stand über ihnen; die grossen öffentlichen Ereignisse aber verloren in seinen Augen alles Factiöse und Verbitternde. Nur wenn sie ihm allzu nahe rückten und seine Geistesruhe bedrohten, regten sie ihn auf; sonst fand er, dass die Zeitungsschreiber seinen Pessimismus weit überträfen, weil sie sich dadurch interressant machten, und ärgerte sich z. B. über die „Times", als diese anfangs 1859 den italienischen Krieg prophezeilte, obwol er mit andern Politikern bald eines andern belehrt werden sollte. Bei diesem Anlasse suchte er einen Trost für die Uebel der Zeit in der Betrachtung: dass in politischen Dingen die Menschen am wenigsten wüssten, was ihnen fromme und ob ein Ereigniss ihnen zum Guten oder Schlimmen ausschlage, ja dass in der Regel das Gegentheil von Dem, was politische Tollwuth erstrebe, von ihr erreicht werde. Diesem Gedanken sowie seiner Stimmung während der Revolutionszeit gibt er unter anderm in einem Briefe an Dr. Frauenstädt vom 11. Juni 1848 Ausdruck: „Geistig habe ich diese vier Monate schrecklich leiden müssen: alles Eigenthum, ja der ganze gesetzliche Zustand bedroht! In meinem Alter wird man von dergleichen schwer afficirt — den Stab, an dem man das ganze Leben zurückgelegt und dessen man sich werth bewiesen, wanken zu sehen! Nun, «*inde salus unde origo*» (*scil. malorum*) habe ich vor 30 Jahren auf einem Grabstein in Venedig gelesen. Die Pariser hatten's eingebrockt und haben's ausgefressen; — haben uns in den Koth hinein und wieder, *si Diis placet*, herausgezogen: nicht mehr als billig." —

Schopenhauer's Privatökonomie war im höchsten Grade geordnet. Weil ihm das Glück frei zu sein, das Glück, den Tag anbrechen zu sehen und sagen zu können: er gehört mir! über Alles ging; weil er mit Shenstone dachte: „Freiheit ist eine bessere Herzstärkung als Tokayer", verwaltete er sein väterliches Erbe mit ängstlicher Vorsicht, und lebte er, nach Cicero's Grundsatz: „*magnum vectigal parsimonia*", mässig und sparsam. Verschwendung war in seinen Augen ein weit grösseres Laster als der Geiz; aber mit Unrecht hielt man ihn für geizig; denn nicht nur an sich selbst liess er es nicht fehlen, sondern er übte auch Mildthätigkeit in einem für seine Verhältnisse ungewöhnlichen Grade. Keine Gelegenheit zur Milderung fremder Noth, insbesondere bei Unglücksfällen, das Seinige beizutragen liess er vorübergehen; ja er scheute selbst grössere Opfer nicht, wenn es zu helfen galt. Seine verarmten Anverwandten unterstützte er viele Jahre hindurch und zu seiner Universalerbin setzte er eine milde Stiftung ein. Durch Ordnung und einfache Lebensweise sowie durch den Ankauf von Leibrenten gelang es ihm trotz des frühern grossen Kapitalverlustes sein Einkommen allmählich aufs Doppelte zu bringen. Als ihm in seinen letzten Lebensjahren die neuen Auflagen seiner Schriften, für die er früher kaum Gratisverleger gefunden, Erkleckliches eintrugen, meinte er, in einem Alter, in welchem Andere nichts mehr verdienen können, werde er noch zum Manne des Erwerbs. Und doch war es ja nur die Arbeit seiner Jugend, die sich im Alter bezahlt machte, wie bei andern Sterblichen auch.

Seine häusliche Einrichtung war äusserst einfach. Erst nach seinem fünfzigsten Jahre schaffte er sich eigenes Mobiliar an. Für feinere Comforts und ästhetische Ausschmückung seiner Umgebung hatte er keinen Sinn. Seine Zimmer hinterliessen den Eindruck eines Absteigequartiers, in dem man nicht lange zu bleiben gedenkt: es war eine Wohnung für den Fremdling auf Erden.* Im Sommer 1859 bezog er zum letzten mal eine neue, in der ihm die Grösse seines Studirzimmers gestattete, seine ganze Bibliothek darin aufzustellen, während er in der frühern Wohnung zwischen Studirzimmer und Bibliothek den offenen Hausgang gehabt hatte. Dadurch wurde es wohnlicher in seinen vier Wänden.

In einer Ecke dieses Zimmers thronte auf einer Marmorconsole die vergoldete Statuette Buddha's. Als er dieselbe 1856 von Paris erhalten hatte und nach Entfernung des schwarzen Lacks, mit dem sie überzogen gewesen, in Gegenwart seiner strengkatholischen Dienerin, die sich in ihrer Stube ein mit gemachten Blumen reichgeschmücktes Altärchen errichtet hätte, sehr befriedigt betrachtete, bemerkte diese mit dem, gemeinen Leuten eigenen plumpen Gelächter: „Der sitzt ja wie ein Schneider da!" worauf sie Schopenhauer mit den Worten zurechtwies: „Sie grobe Person, so spricht sie von dem Siegreich-Vollendeten! habe ich jemals ihren Herrgott gelästert?"

Es war nicht völlig, wenn auch drei Viertel Scherz! Schopenhauer hatte seinen Glauben wie wir Alle: der natürliche Schwerpunkt des menschlichen Geistes trat als solcher, im Gefühl der Ehrfurcht, auch in seinem Leben zuweilen hervor; allerdings weit seltener als bei religiösen Menschen, und gerade am stärksten in einem Alter, da dasselbe bei Andern am schwächsten zu sein pflegt: in den sogenannten besten Jahren, wann Andere über den Glauben ihrer Jugend schon hinaus und in die Religion ihrer

---

* Er wohnte 1831—1836 Alte Schlesingergasse Nr. 32 (jetzt 16); dann bis 1. April 1840 Am Schneidwall Nr. 10 (jetzt Untermainquai 2); dann bis 1. März 1843 Neue Mainzerstrasse Nr. 3 (jetzt 16); dann bis 1. Juli 1859, also über 16 Jahre, Schöne Aussicht Nr. 17, und zuletzt nebenan Nr. 16, in welchem Hause er gestorben ist. Die Gedenktafel an dem Hause Nr. 17, die besagt, dass er von 1831—1860 daselbst gewohnt habe, enthält demnach zwei falsche Jahreszahlen. Seit 1836 wohnte er wegen der grössern Sicherheit gegen Feuersgefahr stets im Parterrestock.

reiferen Erfahrung noch nicht hineingewachsen sind. Im Beginne
der dreissiger Jahre, nach seiner Uebersiedlung nach Frankfurt,
da sein Leben von innen wie von aussen zu veröden drohte, kehrte
er mit neuem Eifer zu seinen orientalischen Studien zurück. Bei
dem ältesten urkundlich überlieferten Glauben der Menschheit
suchte er Trost und Beruhigung. Das Oupñeckhat lag auf seinem Tisch, und vor dem Schlafengehen verrichtete er darin seine
Andacht. Damals war des Rajah Rammohun Roy englische Uebersetzung einiger Hauptstücke aus den Veden* erschienen, ein Buch,
das ihn wegen seiner absichtlichen oder unabsichtlichen Entstellung
des Textes zu kritischen Invectiven reizte, die seinen Glaubens-
eifer in seiner ganzen Energie zeigen. Man höre, des Beispiels
halber, folgende Glosse:

„It seems likely that wherever the translator has put the word
God (which comes from Wodan and is used to design the Deva
of Jews, Christians and Mahommetans) the sacred Text of the
Veda has Brahm, in the neuter, not Brahmà and certainly not
Deva. We see moreover the translator, secretly addicted to the
barbarous creed issued from the Jews, trying everywhere in his
notes and explanations to misconstruct the plainly expressed sense
of the holy text into the meaning of that creed: therefore we
cannot have an implicit reliance even on his translations: yet it
seems hardly credible, that, as he is born a Bramin, the perver-
sion of his mind and profaneness of his belief should go so far as
to make him falsify the ever holy text of the Veda: and in this
hope we are confirmed by observing that the text, as by him
translated, in so many instances plainly speaks out doctrines
directly opposed to the rude notions, which the translator unhap-
pily adopted, where he then only tries to misrepresent and distort
their meaning in his explanatory parenthesis. —· And yet I find,
by comparison with Anquetil, that our miserable Apostate has
corrupted the text, his mind being taken in by those absurd and

---

* Translation of several principal Books, Passages and Texts of the
Veda's and some controversial Works (London 1832).

revolting Jewish superstitions." (Es scheint, dass überall, wo der Uebersetzer das Wort Gott gesetzt hat, welches von Wodan kommt und zur Bezeichnung des Deva der Juden, Christen und Mahomedaner dient, der heilige Text der Veden Brahm, im Neutrum, hat, nicht Brahma und sicherlich nicht Deva. Wir sehen zudem den Uebersetzer insgeheim dem von den Juden ausgegangenen barbarischen Glauben ergeben, indem er in seinen Anmerkungen und Erklärungen überall bemüht ist, den unzweideutig ausgesprochenen Sinn des heiligen Textes jenem Glauben entsprechend umzudeuten. Deshalb können wir auch seinen Uebertragungen kein unbedingtes Vertrauen schenken, und doch scheint es kaum glaublich, dass, da er ein geborener Brahmine ist, sein Kopf bis zu dem Grade verdreht und sein Glaube nichtswürdig genug sein sollte, ihn den allerheiligsten Text der Veden verfälschen zu lassen! In der Hoffnung, dass dies nicht sein könne, werden wir durch die Wahrnehmung bestärkt, dass der Text in seiner Uebersetzung an vielen Stellen offen Lehren ausspricht, die den vom Uebersetzer bedauernswürdigerweise angenommenen rohen Begriffen direct entgegengesetzt sind, wo er dann lediglich in seinen erläuternden Einschiebseln den Sinn solcher Stellen zu entstellen und zu verdrehen versucht. — Und dennoch finde ich, bei Vergleichung mit Anquetil, dass unser elender Apostat von jenem unsinnigen und empörenden jüdischen Aberglauben besessen den Text verfälscht hat.)

Auf seinem Schreibpulte stand seit 1851 die Büste Kant's von Hagemann. Ueber dem Sofa prangte ein Oelporträt Goethe's; an den Wänden umher hingen Bildnisse von Kant, Shakspeare, Descartes, Claudius*, Familienporträts, endlich Hundestücke von

---

* Den Wandsbecker Boten, diesen Typus echter Religiosität, hielt er sehr hoch und las ihn mit Erbauung. Kann man aber Claudius lieben ohne Etwas von der ewigen Kindschaft Gottes im Herzen zu tragen? Das ist die geheime Verbindung aller grossen Genien untereinander, mögen sie auch noch heterogener scheinen als diese beiden! Vgl. „Die Welt als Wille", I, 466 und die schöne Stelle über den Missbrauch des Christenthums (II, 716), auf welches der alte Satz: *„abusus optimi pessimus"* Anwendung findet.

Woollett und Ridinger. Vor dem Sofa stand ein classisch antiker runder Tisch und daneben ruhte sein Pudel auf einem schwarzen Bärenfelle. Die verschiedenen Pudel, welche er in den achtundzwanzig Jahren seines frankfurter Aufenthalts nacheinander besass, bereiteten ihm neben der Unterhaltung auch vielen Verdruss, da sie die Hausordnung störten und unliebsame Erörterungen mit den Hausherren hervorriefen. Sein Hund führte ausser dem profanen Namen, den nur im intimen Verkehr geltenden esoterischen Namen Atma d. h. Weltseele.

XV.

1850—1854.

Als Schopenhauer im Sommer 1850 „nach sechsjähriger täg-
licher Arbeit" sein letztes Werk: „Parerga und Paralipomena"
vollendet hatte, war sein literarischer Credit noch so gering, dass
seine Verleger den Druck desselben nicht einmal gegen Verzicht
des Verfassers auf jedes Honorar zu übernehmen wagten. Dazu
kam, dass er dieser seiner populärsten Schrift den unpopulärsten,
die Buchhändler geradezu abschreckenden Titel gegeben hatte, wie
er sich denn überhaupt mit der Wahl der, aller Marktschreierei
fremden, nur die treffendste Bezeichnung des Inhalts bezweckenden Titel seiner Schriften von Anfang an im Licht gestanden.
Autoren niederen Rangs verstehen sich auf solche Dinge besser.
Schon über „Die vierfache Wurzel" musste er manchen Spott hören:
sie roch zu stark nach der logischen Kräuterkammer. „Ueber
das Sehen und die Farben" hatte, um anzulocken, zu wenig Farbe.
„Die Welt als Wille und Vorstellung" schmeckte, wie Herbart
alsbald bemerkte, nach aufgewärmtem Fichtianismus; während
man bei dem „Willen in der Natur" an die bereits nicht mehr
gangbaren Spielereien der Naturphilosophie dachte. Auf dem Titel
der „beiden Grundprobleme der Ethik" endlich neutralisirte eine
„nichtgekrönte" Preisschrift die gekrönte.

Nachdem er die „Parerga" drei Verlegern vergebens angeboten
hatte, wandte er sich in seiner Noth an seinen Erzevangelisten,

dem es nach mehrern fruchtlosen Versuchen glückte, einen berliner
Buchhändler, A. W. Hayn, zur Uebernahme der Druckkosten einer
kleinen Auflage zu bestimmen. Der Verfasser erhielt nichts als
10 Freiexemplare! Das Werk erschien infolge dieser Verzögerung
erst gegen Ende des folgenden Jahres, zu einer für dasselbe günstigen Zeit, nämlich in der sogenannten Reactionsperiode, da es
auf der einen Seite dem politischen und socialen Katzenjammer,
auf der andern Seite dem seit zwei Jahren fast abhanden ge-
kommenen allgemeinern, keinen ephemeren Bedürfnissen dienenden
literarischen Interesse mit vollen Händen zu Hülfe kam.

Der Leser lustwandelte darin zu seiner steigenden Verwunderung wie in einem altfranzösischen Park, in dem ihm zunächst
Manches fremdartig und barock, jedoch die Neugierde fesselnd und
bei einiger Vertiefung in die Labyrinthe desselben sogar modern
erschien. Vielleicht der schwächste Theil des Buchs, der Dialog
über die Religion, übte die meiste Anziehungskraft. Er galt und
gilt noch immer für höchst originell und zeitgemäss; obwol er
im Grunde nur eine durch Klarheit ausgezeichnete Repristination
englisch-französischer Aufklärung bildet. Genug, das Buch brach
ihm nach wenigen Jahren Bahn. Es bot solide, zum Theil derbe
und herbe Kost, aber höchst sorgfältig und schmackhaft zubereitet,
sodass selbst der verwöhnte Magen der „Jetztzeit" sie leicht ver-
daute. Es half also nichts, dass die Herren von der Profession
auch dieses Werk „secretirten" — oder wie soll man ein Verfahren nennen, wie z. B. das eines der Herausgeber der „Zeitschrift
für Philosophie und philosophische Kritik", welcher, über eine
Reihe ephemerer Novitäten ausführlich berichtend, zum Schlusse
auch der „Parerga" als eines der „merkwürdigsten Werke der jüngst
erschienenen philosophischen Literatur" Erwähnung thut, in welchem
Schopenhauer „wirklich in grösster Breite zwischen tiefsinniger
Forschung und fast scurriler Possenreisserei* auf- und abstreife"

---

* Mit dieser ist gewiss der Tractat über „Universitätsphilosophie"
gemeint, die jedoch von alters her (als Rockenphilosophie oder „Brot-
und Butterphilosophie") verspottet und gegeisselt worden ist.

(le style c'est l'homme), ohne auch nur deren Inhalt anzugeben, geschweige denn die mit „tiefsinniger Forschung" wahrlich nicht übersättigten Leser seiner Zeitschrift einmal mit solcher Kost zu regaliren. Nur das erfuhr man, dass Schopenhauer, eine „Mischung seltenen Tiefsinns und kleinlichsten vorurtheilsvollen Urtheils", als pathologisch-psychologisches Problem zu betrachten sei, „dessen Räthsel sich eigentlich nur durch persönliche Kenntniss lösen liesse", wonach es ihm nur schmeichelhaft sein kann, dass sie, die ihm noch kurz vor seinem Tode nicht nur den Rang eines grossen Philosophen, sondern jedes wirkliche Verdienst um die Philosophie abgesprochen hatten, nachdem diese persönliche Kenntniss durch meine Schrift über ihn vermittelt war, bei Besprechung dieser Schrift, nun da er todt war, alsbald von dem „grossen, urkräftigen Manne" zu reden wussten, der „Bedeutendes geleistet" habe (a. a. O., XLII, 296 fg.).*

Es war deshalb nicht immer nur versteckter Neid und geheime Furcht, sondern oft auch vorurtheilslose Urtheilslosigkeit, d. h. wirklicher Mangel an Unterscheidungsvermögen hinter jenem vieljährigen Ignoriren, Secretiren und Verdächtigen zu suchen; aber kann man es Schopenhauer verargen, wenn er selbst hier zu unterscheiden keine Lust hatte?

Er nannte diese seine vermischten kleineren Schriften sein „letztes Kind", mit dessen Geburt er „seine Mission auf dieser Welt vollbracht" habe. Nun heisse es: *manum de tabula!* Kant's und Goethe's letzte Schriften waren ihm abschreckende Beispiele der Fortsetzung des Schreibens über die Jahre der vollen Geisteskraft hinaus. Dies hinderte ihn jedoch nicht, mit jener graziösen Ironie gegen sich selbst, die er von Voltaire gelernt hatte, seinen Freund Becker einst zu warnen, dass derselbe mit ihm nicht die Erfahrung mache, welche Gil Blas mit dem Erzbischof von Granada gemacht. Als nämlich Gil Blas in der Gunst dieses Kirchenfürsten

---

* Damit ist auch die Antwort auf die Frage eines andern Herausgebers jener Zeitschrift: Was sie denn gethan hätten, gegeben.

am höchsten stand, befahl ihm derselbe bei Verlust seiner Gnade aufs strengste an, sobald er wahrnehmen werde, dass seine Predigten die ersten Spuren von Altersschwäche verriethen, es ihm sofort anzuzeigen; und als nun Gil Blas nach einiger Zeit, da eines Tags sein Gönner infolge eines Schlaganfalls nur noch radotirt statt gepredigt hatte, auf dessen Frage, wie er mit seiner letzten Homilie zufrieden gewesen sei, dieselbe zwar lobte, aber, weil Seine Gnaden es so befohlen hätten, schliesslich schüchtern gestand, dass der Discurs ihm nicht ganz auf der Höhe der frühern zu stehen scheine, so erhielt er alsbald seinen Abschied, mit der Versicherung, dass es nicht seine Freimüthigkeit, sondern nur sein schlechter Geschmack sei, den man nicht brauchen könne, da nie zuvor eine bessere Predigt geschrieben worden sei.

Wenige Wochen nach der Hinausgabe der „Parerga" wurde durch dieselben Schopenhauer ein Anhänger zugeführt, der für die Verbreitung seines Namens von grossem Einflusse werden sollte. Am 2. Januar 1852 schreibt Schopenhauer an Frauenstädt: „Dr. Lindner schickt mir sein Schriftchen «Meyerbeer's Prophet als Kunstwerk» und erzählt mir, er sei philosophischer Docent in Breslau gewesen, aber wegen seiner Unchristlichkeit deshabilitirt worden, habe sich jetzt der Kantischen Philosophie zugewendet und durch die «Parerga» sei ich ihm, gerade zur rechten Zeit, bekannt geworden." Als Mitredacteur der Vossischen Zeitung war es *Ernst Otto Lindner* vor Andern leicht gemacht, für Schopenhauer aufs erfolgreichste thätig zu werden. Bald ertheilte ihm der Meister den Ehrengrad eines *Doctor indefatigabilis*. Im April 1853 schreibt er ihm triumphirend: „Meine Philosophie hat soeben den Fuss in England gesetzt." Ein Zufall hatte ihn bereits auf den im Aprilheft der „*Westminster and Foreign Quarterly Review*" erschienenen Artikel „*Iconoclasm in German Philosophy*" aufmerksam gemacht. Lindner sorgte nicht allein dafür, dass Schopenhauer sofort in den Besitz der Review kam, sondern liess auch den Artikel durch seine Frau, eine Engländerin, übersetzen und unter dem Titel „Deutsche Philosophie im Auslande" in die Vossische Zeitung aufnehmen.

Der lebendig geschriebene Aufsatz konnte nicht verfehlen, über Schopenhauer's Schriften vielen die Augen zu öffnen; obgleich alsbald ein „Philosophieprofessor"* bemüht war, diese Wirkung durch die aus der Luft gegriffene Insinuation zu neutralisiren, die Recension sei „wahrscheinlich in Deutschland geschrieben". Dr. Lindner stigmatisirte diese Verdächtigung, auf den forcirten Titel des damals eben herausgekommenen jüngsten Opus des Verdächtigers anspielend, witzig als einen eclatanten Beleg zur „Aesthetik des Hässlichen". Den Namen seines englischen Recensenten, des durch verschiedene ausgezeichnete Uebersetzungen aus dem Griechischen und Deutschen in England bekannten *John Oxenford*, erfuhr Schopenhauer erst drei Jahre später.

Es ist sehr bemerkenswerth, dass nicht etwa tiefer eindringendes Verständniss, sondern schon die erste oberflächliche Bekanntschaft mit Schopenhauer für englische Reviewers genügte, den Denker und Schriftsteller ersten Ranges in ihm zu erkennen und ihm durch die Art, wie sie ihn bei sich einführten, auch bei seinen Landsleuten zum Durchbruch zu verhelfen. So sollte das Vertrauen, das er zeitlebens auf englische Intelligenz und Urtheilskraft gesetzt, obwol er dieselben, wie wir gesehen haben, wiederholt vergeblich direct für sich zu gewinnen versucht hatte, schliesslich ohne sein Zuthun glänzend gerechtfertigt werden. Schon ein Jahr vor der grössern allgemeinen Besprechung des Philosophen durch Oxenford hatte die „*Westminster Review*" die eben erst herausgekommenen „Parerga" als „eine der interessantesten Erscheinungen im Gebiete der Philosophie" begrüsst. Unter Anführung einer charakteristischen Stelle aus Lewes' „Geschichte der Philosophie", welcher behauptet, die deutsche Speculation habe ausserhalb der Univer-

---

* Karl Rosenkranz: „Zur Charakteristik Schopenhauers" in der „Deutschen Wochenschrift" von Karl Gödeke (Hannover 1854), Heft 22, S. 675.

sitäten, wo sie als Profession getrieben werde und von wo aus
„der metaphysische Jargon allerdings zuletzt die Tagesblätter in-
ficire", keinen Grund und Boden in der Nation; nach Aufhebung
der Professuren würde man bald nichts mehr von ihr hören —
war von Schopenhauer gesagt: „German philosophy" d. i. die Universitätsphilosophie jener Zeit sei nie mit einem entschiedenern
und, wenn er die Aufmerksamkeit finde, die sein Scharfsinn und
sein Wissen verdienten, nie mit einem gefährlicheren Gegner in
Berührung gekommen. Wer ihn widerlegen wolle, müsse überzeu-
gendere Gründe ins Feld führen als gegenwärtig in den philosophischen Schriften Deutschlands zu finden seien.

Auch Oxenford ging von diesem Antagonismus aus. Die Titel
sämmtlicher Werke Schopenhauer's voranstellend, begann er mit
den Worten: „Nur wenigen unserer englischen Leser wird der
Name Arthur Schopenhauer bekannt sein. Noch wenigere werden
wissen, dass das geheimnissvolle Wesen, dem dieser Name angehört, seit etwa 40 Jahren an dem Umsturz des ganzen seit Kant's
Tode von den Universitätsprofessoren aufgebauten Systems deutscher
Philosophie gearbeitet hat und — ein merkwürdiger Beleg zu dem
akustischen Gesetz, nach welchem der Knall der Kanone erst
lange nach dem Abfeuern vernommen wird — sich jetzt erst Gehör verschafft. Die allerwenigsten aber werden eine Ahnung davon
haben, dass Arthur Schopenhauer einer der genialsten und lesens-
werthesten Schriftsteller der Welt ist, gross als Theoretiker, von
universellster Bildung, unerschöpflicher Kraft in der Aufhellung
der Probleme, erschreckender Logik, unerbittlicher Folgerichtigkeit
und dabei von der — für jedermann ausser den Getroffenen höchst
unterhaltenden Eigenschaft, seine Gegner auf eine furchtbare Weise
zu treffen."

Und bei diesem Kampfe steht der englische Kritiker mit ganzem Herzen auf Schopenhauer's Seite. Etwas Unnützeres als die
den verschiedenen (nachkantischen) Schulen deutscher Philosophie
angehörenden Werke zweiten Rangs gebe es im Bereich der gesammten Literatur nicht. Ja der unparteiische englische Leser

erfahre durch die Invectiven Schopenhauer's gegen die Meister selbst keineswegs etwas Neues; nur werde ihm seine eigene Meinung von der Sache mit einem mal zum deutlichen Bewusstsein und zur vollen Ueberzeugung gebracht.

So sehr aber Schopenhauer's Lehre ihrer Form nach als „die genialste, geistvollste und unterhaltendste", die sich denken lasse, bezeichnet wird, so war doch der Inhalt derselben dem Engländer von seinem Utilitätsstandpunkte aus ganz heterogen. Die Tröster Hiob's hätten nichts Entmuthigerendes, Abstossenderes vorbringen können, nichts könne den Bestrebungen der Gegenwart entgegengesetzter sein. „Nichtsdestoweniger", so schliesst der Recensent, „sollte es uns höchlich wundernehmen, wenn unser Abriss dieses genialen, excentrischen, kühnen und, wir fügen hinzu, furchtbaren *(terrible)* Schriftstellers nicht einige unserer Leser zur Anschaffung seiner Werke veranlasste, in welchen jede Seite reich an neuen und überraschenden Ansichten ist. Wir wünschen nur, wir könnten unter den Philosophen des heutigen Deutschlands einen Autor entdecken, der ihm an Tiefe und schöpferischer Kraft, an Klarheit und Gelehrsamkeit gleichkäme und dabei auf einem unsern Gefühlen und Ueberzeugungen mehr zusagenden Standpunkte stände, als der dieses misanthropischen Weisen von Frankfurt."

Aber die Wirkung des für Engländer geschriebenen Artikels sollte vielmehr in Schopenhauer's Vaterland, wo man so gern sein Urtheil aus der Fremde bezieht, eine durchgreifende sein. Von allen Seiten häuften sich nun die Zeugnisse wärmster Anerkennung. Die Encyklopädien und Journale brachten Lebensabrisse und Auszüge aus Schopenhauer's Schriften. Nicht allein das sogenannte gebildete Publikum nahm Antheil an dem „misanthropischen Weisen von Frankfurt" sondern sogar die „Philosophieprofessoren" fingen an, sich eingehender mit seiner Philosophie zu beschäftigen und seine persönliche Bekanntschaft zu suchen, was jedoch einem oder dem andern, z. B. Prof. Weisse aus Leipzig im Herbst 1855, missglückte. Einmal in weitere Kreise eingedrungen, blieben seine Schriften nicht lange auf die Beachtung der Fachgenossen beschränkt, sondern fanden in allen Facultäten, namentlich bei Naturforschern und Philologen eifrige Leser.

Schon ein Jahr zuvor war ihm die Freude zutheil geworden, dass jenes im Sommer 1813 in Rudolstadt von ihm geschriebene Kapitel vom Seinsgrund, welches zuerst Goethe's Aufmerksamkeit auf ihn gelenkt hatte, den Gymnasiallehrer Kossack in Nordhausen zu einer ausführlichen Probe einer „systematischen Entwickelung der Geometrie aus der Anschauung" nach seinen Grundsätzen veranlasste. Zur selben Zeit war Böckh, von Berlin kommend, mit ihm zusammengetroffen und hatte sich sehr gefreut ihn wieder zu sehen, weil er vor seiner Abreise Humboldt bei der Lektüre eines „Dorguthianum" getroffen, der sich lebhaft nach Schopenhauer erkundigt und ihm erzählt habe, dass am nämlichen Tage nach dem verschollenen Privatdocenten, der jetzt auf einmal so viel von sich reden mache, bei ihm gefragt worden sei — und niemand wusste auch nur wo er lebe!

Damals wurde ihm die Mitgliedschaft der Berliner Akademie nahegelegt, die er aber mit Stolz zurückwies. Im Leben meinte er, hätten sie ihn missachtet und nach dem Tode wollten sie sich mit seinem Namen schmücken. Habe er ohne sie gelebt, so könne er ohne sie sterben. Sie möchten fortfahren, dem Erfinder der Monaden und prästabilirten Harmonie alljährlich ihr Loblied zu singen und wenn es ihnen an Ehrenmitgliedern fehle, so werden ja wol ein halbes Dutzend Generallieutenants* da sein, die sie dazu nehmen könnten; er habe auch ohne Diplom die Ehre zu bleiben — wer er sei! Auf den Rath Frauenstädt's, Humboldt, der in Berlin grossen Einfluss habe, ein Exemplar der „Parerga" zu senden, erwiderte er: „Ich, meine Werke dem Compilator zu Füssen legen? Sie trauen mir mehr Demuth zu, als ich besitze. Die Speichelleckerei der Gelehrten gegen ihn ist ekelhaft, zumal wenn sie seinen schönen Stil bewundern. Der hat etwas ganz specifisch Langweiliges, in

---

* von Radowitz war damals gerade in die Akademie aufgenommen worden.

seiner breiten Wohlgesetztheit. Mit welcher irgend wichtigen allgemeinen Wahrheit Humboldt die Menschheit bereichert, habe ich
noch zu lernen. Was soll mir sein Einfluss? Ich verlange Nichts."
Und am 21. August 1852 schreibt er am Schluss eines für
seine Charakteristik classischen Briefes an Frauenstädt, in welchem
er auch seinen Erzevangelisten so unbarmherzig tractirt, dass er
drei Tage später ein Pflaster auf die Wunde zu legen für gut
findet:

„Ich danke Ihnen für die Ehrenbezeugungen, die Sie mir
wünschen, ja gar verschaffen möchten. Sein Sie ganz ruhig: der
Verdienstorden und das Verdienst treffen nicht so leicht zusammen:
hat also gute Wege. Dieser wirklich edel und erhaben concipirte
Orden* ist bereits seinem hohen Zweck untreu geworden: aus
«nicht mehr als dreissig» hat man «nicht weniger als dreissig»
gemacht, daher eine Menge Leute von sehr geringen Verdiensten
dasselbe Kreuz tragen, womit der König den Prinzen von Preussen
für die Bewältigung der badischen Rebellion belohnt hat. Die
Vertheilung ist in den Händen des Kapitels, welches aus lauter
Professoren besteht, die nun jeden alten *emeritus* aus ihrer Gilde
damit decoriren, z. B. kürzlich den Creuzer für seine mytholo-
gischen Faseleien u. A. m. Es müsste im Inlande mit ebenso viel
Zurückhaltung wie im Auslande vertheilt werden, bloss an eigentliche geistige Eminenzen. Aber das ist ein excellenter Einfall,
dass Sie den Humboldt auf mein Urtheil über die Farbenlehre
hinweisen möchten: da würden Sie ihn in Ingrimm versetzen. Er
hat sich im 3. Bande des Kosmos auf das Kläglichste mit der
Neutonischen Farbenlehre compromittirt, wobei er von einem grün-
lichen Roth redet, dies ist wie von einem Ostwestwind; er redet
also wie ein Blinder von der Farbe. Ueberhaupt, wo ist eine
Eitelkeit, die ich nicht gekränkt hätte? man dient nicht

---

* *Pour le mérite.* Es war eine Stelle vacant, bezüglich deren ihm
Dr. Frauenstädt geschrieben hatte, dass, wenn es bei ihm stände,
Schopenhauer dieselbe erhalten sollte.

der Welt und der Wahrheit zugleich. Daher, wenn es Kreuze regnete, keines auf meine Brust fiele."

Anfangs 1854 erschienen Frauenstädt's „Briefe über die Schopenhauer'sche Philosophie" mit dem Artikel John Oxenford's als Einleitung. Dankerfüllt schreibt Schopenhauer am 28. Januar: „Habe Ihr Buch zweimal mit unendlichem Pläsir gelesen: ist mir, als sähe ich in einem Convexspiegel mein verkleinertes Bild. Ist eine vollkommen ähnliche Miniatur. Sie haben es machen können, weil Sie nicht nur eine vollständige Kenntniss und Verständniss meiner Philosophie haben, sondern so tief eingedrungen sind und sie so durchdacht und durchdrungen haben, dass Sie soviel davon wissen wie ich selbst. Dies beweisen besonders die drei letzten, apologetischen Briefe; und durch das viele Studium sind Sie so zu Hause in meinen Schriften, dass Sie aus den entlegensten Winkeln heranschleppen, was Sie eben brauchen, oft Dinge, die vierzig Jahre von einander abgefasst sind. Dass aber das Alles ganz zusammenpasst, beweist die Einheit und Festigkeit meiner Lebens- und Weltansicht. Wie anders z. B. Schelling, sogar Spinoza; auch Kant: — bei keinem liesse sich das so machen, sie alle haben gefackelt... Meine Empfindung bei Ihrem Buche ist der des Epikuros ähnlich, als er, nach Seneka, auf dem Sterbebette seinen Metrodoros berief, mit ihm alle seine Dogmata nochmals durchging, *et gaudebamus ob inventa nostra.*"

In diesem Buche war auch die, Schopenhauer's höchstes Interesse erregende Notiz Becker's benutzt, dass Maupertuis in seinen 1752 erschienenen *„Lettres du Natif de St. Malo"* die Idealität des Raumes beleuchtet hatte und darüber von Voltaire verspottet worden war. Schopenhauer schrieb deshalb an Becker, dem er ein Exemplar der „Briefe" zusandte: „Sie haben auf das Buch ein entschiedenes Recht, weil nämlich darin mit Ihrem Kalbe gepflügt, oder besser, der Hase, den Sie aufgejagt hatten, erlegt wird, im 14. Briefe. Sie werden sich erinnern, dass auf Ihren ersten Bericht über Voltaire's Aeusserungen im Akakia ich auf der hiesigen Bibliothek vergebens gesucht habe nach den betreffenden Briefen des

Maupertuis. Ich theilte darauf die Sache Frauenstädt mit, der, ohne mir weiter darüber zu berichten, in Berlin, dem ehemaligen Schlachtfelde jener Heroen, die Dokumente zusammengebracht hat, aus denen erhellt, dass die wichtige Lehre von der Idealität des Raums vor Kant da war. Ich glaube wirklich, dass Kant wenigstens den Grundgedanken daher genommen hat zu seiner glänzendsten Entdeckung. Maupertuis spricht die Sache vollkommen aus, gibt jedoch durchaus keinen Beweis dafür: ob er gar auch noch einen Hintermann hat? Kant steht demnach zu ihm, wie Neuton zu Robert Hooke.

Der erste Wink ist immer die Hauptsache. Diese Entdeckung, die Kanten grossen Abbruch thut, ist sehr wichtig und wird eine bleibende Stelle in der Geschichte der Philosophie behalten. Doch «Ihre Verdienste, die bleiben im Stillen». Sehn Sie, das kommt davon, dass man sein Licht unter den Scheffel stellt, ein stummer Apostel bleibt, statt ein verkündender Evangelist zu werden."

In der Folge machte Becker auch darauf aufmerksam, dass Kant selbst in seinen 1786 erschienenen „Metaphysischen Anfangsgründen der Naturwissenschaft", S. 50, von einem „grossen Mann" spricht, „der vielleicht mehr als sonst jemand das Ansehen der Mathematik in Deutschland zu erhalten" beitrage und „mehrmalen die metaphysischen Anmaassungen, Lehrsätze der Geometrie von der unendlichen Theilbarkeit des Raumes umzustossen, durch die gegründete Erinnerung abgewiesen" habe, „dass der Raum nur zu der Erscheinung äusserer Dinge" gehöre, aber „nicht verstanden worden" sei u. s. w. Hierauf antwortete Schopenhauer merkwürdigerweise: „die Stelle, welche Sie anführen, habe ich aufmerksam nachgelesen; ich glaube aber doch nicht, dass Kant seinen Vormann meint: weil, wenn dieser die Idealität des Raumes ausgesprochen hätte, man ihn nicht auf die Weise hätte missverstehen können, wie Kant sagt. Der Gegenstand, die Urquelle der grossen Lehre, ist sehr wichtig und erforschungswürdig. Eine deutsche Akademie sollte ihn zur Aufgabe einer Preisfrage machen."

Und doch sagt Kant (a. a. O.) wenige Sätze weiter: „Daher war Leibniz' Meinung, soviel ich einsehe, nicht, den Raum durch die Ordnung einfacher Wesen nebeneinander zu erklären, sondern ihm vielmehr diese als correspondirend, aber zu einer bloss intelligiblen (für uns unbekannten) Welt gehörig zur Seite zu setzen, und nichts Anderes zu behaupten als was anderwärts* gezeigt worden, nämlich **dass der Raum sammt der Materie, davon er die Form ist, nicht die Welt von Dingen an sich selbst, sondern nur die Erscheinung derselben enthalte und selbst nur die Form unserer äusseren sinnlichen Anschauung sei.**"

Auch ward diese Auffassung der Leibniz'schen Lehre zu Kant's Zeiten von Anderen getheilt, wie unter anderm aus Platner's „Aphorismen" (1. Aufl., 1776) zu ersehen, wo es in der neuen Bearbeitung von 1793, also freilich **nach** dem Erscheinen der Kritik, unter anderm heisst: „Wenn Kant sagt, der Raum ist eine Urform der Sinnlichkeit: so ist es, meiner Vorstellung nach, ganz dasselbe, was Leibniz lehrt: dass die Ausdehnung eine Weise unseres Vorstellungsvermögens und nichts in den Dingen selbst ist." Platner wahrt dabei Leibniz das Urheberrecht, indem er sagt: „dass Ausdehnung, Raum und Bewegung nur subjective Erscheinungen sein möchten: daran hat vor Leibniz kein Metaphysiker gedacht."**

---

* Ohne Zweifel meint er seine „Kritik" und die „Prolegomena".

** A. a. O., S. 420. 436 fg. Platner unterstützt seine Meinung mit eingehenden Gründen und sagt unter anderm: „der einzige Unterschied, der etwa noch (zwischen Kant und Leibniz) übrig bliebe, wäre dieser: dass Kant überhaupt die Dinge an sich, Leibniz aber ihre Ordnung untereinander als den Stoff angibt, welcher in die Form des Raums eingekleidet werde. Diese Ordnung wäre aber nicht die Form der Vorstellung des Raumes; denn diese ist Ausdehnung. Es folgt also aus dem Leibnizischen Systeme ganz wie aus dem Kantischen, dass der Raum, sofern er Ausdehnung oder ausgedehnt ist, nur allein in unserem sinnlichen Vorstellungsvermögen beruhet und, wenn dieses aufgehoben würde, gänzlich wegfallen müsste. Denn der ideale Raum, den Leibniz noch übrig lässt, ist nichts anders als der Stoff zu dieser Vorstellung, und am Ende sind Kants Dinge an sich dasselbe, nur mit dem Unterschiede, dass Leibnizens Dinge an sich (vermöge der Voraussetzung,

Schopenhauer's Zweifel an dem Bezug jener Stelle auf die Idealität des Raumes, wenn er sie auch nicht bis zu Ende gelesen haben sollte, mag hiernach aus der Abneigung gegen die Enttäuschung erwachsen sein, die ihm der Beweis bereiten musste, dass der Keim einer Theorie, wegen deren er Kant unermüdlich in den Himmel erhoben, nicht allein von dem grossen Denker aus zweiter Hand genommen, sondern dass dies auch ohne grosses Aufheben von ihm selbst erwähnt sein könne.

Die Ueberschätzung des intellectuellen Unterschiedes zwischen den Menschen bildet, wie wir gesehen haben, einen Grundzug im Charakter Schopenhauer's, welcher durch den seinem Zeitalter eigenthümlichen und in seinem Aelternhause noch besonders gepflegten „Cultus des Genius" von Jugend auf gefördert worden war.

Ist es überhaupt wahr, dass der intellectuelle Unterschied der Menschen grösser sei als der moralische? Die Geschichte der Wissenschaften, der Naturwissenschaften wie der Geisteswissenschaften, lehrt, dass auch gewöhnliche Köpfe die glücklichsten Einfälle haben und oft besser zu verwerthen wissen als das Genie die seinigen, sowie dass die grössten Köpfe sich nicht selten in unglückliche verrennen. Was Schopenhauer eigentlich vorschwebte, ist die geistige Einheit, das geistige Centrum im Gemüthe eines Menschen, im Deutschen wol auch „die Seele" genannt.* Dies

---

dass sie verknüpfte Substanzen seien) den Stoff zugleich durch die Verhältnisse darbieten, in welche sie (in dem idealen Raume, der aber gar nichts Ausgedehntes ist) geordnet sind." — Wenn aber *Leibnitz* (in den Briefen an *Clarke*) Ausdrücke gebraucht wie: — *«le temps ne saurait être qu'une chose idéale, et l'analogie du temps et de l'espace fera bien juger que l'un est aussi idéal que l'autre — le temps sans les choses n'est autre chose qu'une simple possibilité idéale"* u. a. m., so war dabei doch wol seine Grundidee, dass Raum und Zeit, obschon nichts an sich, doch etwas an den Dingen, eine gewisse „Ordnung" der Dinge seien, immer noch realistisch. Nichtsdestoweniger dürfte, nach Kant's eigenem Zeugnisse, Leibniz unzweifelhaft als dessen „Vormann" in der transcendentalen Aesthetik anerkannt werden müssen.

* So in Schiller's bekanntem Distichon: „Leben athmet die bildende Kunst" u. s. w.

ist es, was die Menschen oft „auf Sternenweiten" trennt und dem Einen die Welt völlig anders zeigt als dem Andern; aber es läuft nicht auf abstracte Erkenntniss hinaus, obwol es auch in dieser zu Tage tritt, sondern es lebt sich in der ganzen Persönlichkeit, mehr nach der ethischen Seite und in der künstlerischen Darstellung aus — ein Leben, das als *motus in loco natali placidus*, d. h. wenn es seinen Grund in einem höhern gefunden hat, harmonisch ist, sonst aber, zum *motus turbidus* alterirt, disharmonisch „den eignen Werth in ung'nügender Selbstsucht aufzehrt". So tief ist leider der Mensch in diese versunken, dass j e d e r das überschätzt, worin er sich vor seinesgleichen auszeichnet, dass unsere Selbstzufriedenheit mehr die Frucht unserer Selbstüberhebung als Selbsterkenntniss ist und unser Lebensgenuss oft nur in der Vergleichung unserer vortheilhaftern Existenz mit der unvortheilhaftern unserer Mitmenschen besteht. —

Gleichzeitig mit Frauenstädt's „Briefen" erschienen von dem Prediger der „freien Gemeinde" in Hamburg, *G. Weigelt* (wirklich gehaltene) „Vorlesungen über die Geschichte der neueren Philosophie", in welchen Schopenhauer's Lehre „im Ganzen richtig und mit sichtbarem Enthusiasmus" (Brief an Frauenstädt vom 4. März 1854) dargestellt war. Weigelt übersandte dieselben Schopenhauer mit einem Huldigungsschreiben, in dem es unter anderm heisst:

„Es ist in der sogenannten gebildeten Welt hier und da das Verlangen rege von Kant und Fichte, Schelling und Hegel etwas mehr als nur die Namen zu kennen, zumal da ja die Philosophie, wie gesagt wird, die Ehre der deutschen Nation ausmachen soll. Diesem mehrfach gegen mich ausgesprochenen Bedürfniss habe ich nachgegeben, weshalb die vorliegenden Reden einen äusseren Anlass wie Zweck haben, und allein hiernach zu beurtheilen sind. Mag nun auch immerhin das unbedeutend sein, was für Andere dabei herausgekommen ist, ich selbst habe in Veranlassung dessen einen Gewinn und Genuss gehabt, wie nie zuvor und wie ich entfernt nicht ahnte, dass ein solcher möglich sei auf diesem Felde. Eben als ich mich an die Vorarbeiten zu meinen Vorträgen machte, sandte mir ein Buchhändler Ihre «Parerga und Paralipomena». Sogleich erregte die Originalität der Gedanken wie der Diktion meine Neugierde, und immer, wenn ich die Bücher aus den Händen legte, zog es mich wieder unwiderstehlich zur Lectüre hin ... Wer, wie ich, so und so viele Jahre Theologie studirt, wer durch Hegels Religionsphilosophie, durch Marheineke, Vatke, Dorner etc. den Zwiespalt zwischen Glauben und Wissen, Offenbarung und Vernunft glücklich ausgesöhnt hat, der blickt, wie Sie wissen, lächelnd auf Kant herab, und gar überflüssig ist es ihm, mit Denkern kantischer Richtung specielle Bekanntschaft zu machen. Sie sind gerecht genug, uns armen studirenden Jünglingen keinen Vorwurf daraus zu machen, dass uns Werke, wie die Ihrigen, gänzlich verborgen geblieben. Da ist es nun aber ein rechtes Glück, dass in Deutschland neben der philosophischen Spekulation noch die buchhändlerische Geschäfte macht ... In wenigen Wochen hatte ich Ihre sämmtlichen früheren Werke — oder vielmehr, dieselben hatten mich. Ein altes Vorurtheil fiel nach dem andern, immer sicherer ward mir der Boden, auf den ich zu stehen kam. Jetzt begreife ich, was einem wahrhaft frommen Christen seine Bibel werth ist. Was ich auch lese, Alles treibt mich wieder hin zu Ihnen, ich muss Alles auf Sie beziehen, immer fragen wie das mit Ihrer grossartigen Weltanschauung zusammenstimmt, Alles, Alles nach ihr bemessen. Ja, dass ich es nur gestehe, ich scheue mich fast, an die Lectüre einiger noch ungelesener Kapitel zu gehen, die zum Verständnisse der Hauptsache nicht durchaus nothwendig sind, um der Zukunft nicht allen Genuss vorweg zu nehmen: ich werde geizig, was ich nie gewesen bin. Sie können und werden ein tieferes Verständniss bei Anderen finden, als bei mir, aber schwerlich werden Ihre Werke einen gewaltigeren Eindruck jemals auf irgend einen Anderen machen. Dieser Eindruck aber wird stärker, je öfter ich Sie lese, weil das Verständniss bei jedem abermaligen Lesen wächst und mit demselben die Verwunderung und der Genuss ... Ein ungemeines Interesse für Sie haben meine Zuhörer gewonnen. So viel in meinen Kräften steht, suche ich

dies Interesse anzufeuern und rege zu erhalten. Meine Absicht
ist, im nächsten Winter über Ihre Ethik und Aesthetik Vorträge
zu halten, für die ich mir ein grösseres Publikum und vollstän-
diges Verständniss verspreche. — Wenn nicht grosse politische
Ereignisse einseitig alles Denken und Streben in Anspruch nehmen, so ist sehr bald Ihre Zeit gekommen, früher, als Sie Selbst
das erwarteten. Zu deutlich kündigt sich das Ende der spekulativen Afterweisheit an, die trotz allen Eklats nicht weit über
die Schule hat hinausdringen können. Wird aber auch wirklich
durch den Lärm der Welt eine Zeit lang die Stimme der Philosophie übertönt, so muss deren zukünftige, neue Epoche nothwendig mit Ihnen beginnen. Dies ist in jedem Fall so gewiss,
als es gewiss ist, dass das Philosophiren an einen Wendepunkt
gekommen ist. Auch wollte ich Ihnen eigentlich dies nicht sagen,
weil Sie das selbst, und warum es so kommen muss, am besten
wissen und mit grossartiger Zuversicht oft genug ausgesprochen
haben. Aber das fühle ich vielleicht besser als Sie, dass Sie die
Philosophie über die Grenzen der Schule weit hinaus ins Volk
tragen werden. Ihre Werke werden einst in den Händen eines
jeden Gebildeten sein. Wie aus denselben das augenblicklich durch
die Kirche verhöhnte metaphysische Bedürfniss sich Befriedigung
holen wird, so werden Sie zugleich zur Neubelebung des verdor-
benen Geschmacks und ästhetischen Sinnes in hohem Maasse beitragen. Sie werden nicht bloss Philosophen, Sie werden auch
Dichter bilden, wie wir sie nöthig haben. Ist doch in Ihren
Werken mehr Poesie enthalten als in unserer ganzen belletristi-
schen Tagesliteratur. Ich bin stolz darauf, dass ich Ihre Bedeutung für die Zukunft schwach erkenne und lebhaft fühle. Nehmen
Sie die Erstlinge der Ehrfurcht und Bewunderung, die Ihnen die
Nachwelt in reichem Maasse zollen wird, freundlich von mir entgegen!" —

Zur besondern Freude gereichte ihm die in demselben Jahre
nothwendig gewordene neue Auflage der Schrift „Ueber den Willen
in der Natur". Die im August 1854 geschriebene Vorrede benutzte

er dazu, des Verhältnisses seiner Philosophie zu dem sich immer
mächtiger entfaltenden Zeitgeiste zu gedenken. „Das Bedürfniss
wirklicher Fortschritte in der Philosophie", heisst es da, „wird zu
jetziger Zeit dringender als je fühlbar. Einerseits beruht dies
auf dem beispiellos eifrigen Betriebe sämmtlicher Zweige der
Naturwissenschaften, welcher, grösstentheils von Leuten gehand-
habt, die nichts ausserdem gelernt haben, droht zu einem krassen
und stupiden Materialismus zu führen, von welchem das zunächst
Anstössige nicht die moralische Bestialität der letzten Resultate,
sondern der unglaubliche Unverstand der ersten Principien ist, da
sogar die Lebenskraft abgeleugnet und die Natur zu einem zufälligen Spiele chemischer Kräfte erniedrigt wird.* Der andere,
zu wirklichen Fortschritten der Philosophie aufrufende Umstand,
ist der allen hypokritischen Verhüllungen und allem kirchlichen
Scheinleben zum Trotz immer mehr überhand nehmende Un-
glaube."

Zugleich wurden die „Philosophieprofessoren" bedacht. Die
bedrohlich um sich greifende „Feuersbrunst" seines Rufs zu löschen,
waren sie in der letzten Zeit „mit Klystirspritzen" herzugeeilt,
„zur Charakteristik Schopenhauer's" u. s. w., aber sie hatten Oel ins
Feuer gegossen. Sie waren sogar auf den unglücklichen Gedanken verfallen, Schopenhauer gegenüber zur Waffe des Witzes zu
greifen und Rosenkranz hatte von der „jüngsten Schilderhebung
eines Kaisers der deutschen Philosophie in der alten Wahl- und
Krönungsstadt" geschrieben. Schopenhauer meinte, seine Kaiser-

---

* Hier hat die (1867 erschienene) dritte Auflage den Zusatz: „Und
die Bethörung hat den Grad erreichen können, dass man ganz ernstlich vermeint, der Schlüssel zu dem Mysterium des Wesens und Daseins dieser bewunderungswerthen und geheimnissvollen Welt sei in
armseligen chemischen Verwandtschaften gefunden. Wahrlich, der
Wahn der Alchymisten, welche den Stein der Weisen suchten und bloss
hofften, Gold zu machen, war Kleinigkeit, verglichen mit dem Wahn
unserer physiologischen Chemiker!" Wie würde er vollends über den
Wahn unserer physiologischen Mechaniker geurtheilt haben!

würde erlaube ihm keine Antwort. „Nichtsdestoweniger habe ich den Philosophieprofessoren eine betrübte Nachricht mitzutheilen. Ihr Kaspar Hauser, den sie beinah 40 Jahre hindurch von Licht und Luft so sorgfältig abgesperrt und so fest eingemauert hatten, dass kein Laut sein Dasein der Welt verrathen konnte — ihr Kaspar Hauser ist entsprungen! Einige meinen gar es sei ein Prinz . . .“

Im übrigen zeigte die neue Ausgabe der fast zwanzig Jahre alten kleinen Schrift, dass Schopenhauer nach Vollendung der „Parerga“ in Wahrheit für immer „die Hand vom Tische“ gelegt; denn, wenn irgendwo so war ihm hier die Versuchung nahegetreten, die weiteren „Bestätigungen seiner Philosophie“ zur Erörterung zu bringen, wenn auch damals — fünf Jahre vor dem Erscheinen von Darwin's Werk über die Entstehung der Arten — noch nicht das bedeutsame Material erwachsen war, dessen sich jetzt die empirischen Wissenschaften im Einklange mit seinen Philosophemen rühmen.

Im November 1854 folgte die zweite Auflage des Schriftchens „Ueber das Sehen und die Farben“. Der Verleger hatte ihm angezeigt, dass der durch vier Decennien geschleppte Vorrath nunmehr binnen kurzer Zeit erschöpft worden sei. Auch an diese Schrift legte er nun „die nachbessernde Hand“ mit der zuversichtlichen Versicherung: „Obwohl seit dem ersten Erscheinen derselben weder Physiologen noch Physiker das Werkchen der Berücksichtigung würdig gefunden“ hätten, sondern „davon ungestört bei ihrem Text geblieben seien“, und obwol er inzwischen 40 Jahre Zeit gehabt, seine Theorie „auf alle Weise und bei mannichfaltigen Anlässen zu prüfen“, so sei doch seine Ueberzeugung von der vollkommenen Wahrheit derselben keinen Augenblick wankend geworden, und auch die Richtigkeit der Goethe'schen Farbenlehre sei ihm noch ebenso einleuchtend wie vor 41 Jahren, da Goethe selbst ihm seine Experimente vorzeigte.

Ein Vierteljahr danach, im Februar 1855, hielt Helmholtz zum Besten von Kant's Denkmal in Königsberg einen Vortrag „Ueber das Sehen der Menschen", der, ohne Schopenhauer's Namen zu nennen, mit dessen Lehren auffällig in Berührung trat. Hierüber schrieb diesem Becker im Januar 1856: „Herr Dr. Mayer* hat mir eine Brochüre mitgetheilt, die mich lebhaft wieder an Sie erinnert und theils erfreut, theils verdrossen hat. Denn sie enthält eine neue Bestätigung einer Ihrer Lehren von Seiten eines unbefangenen Naturforschers, dessen Bemerkungen zugleich dafür sprechen, dass das Bedürfniss nach ächter Philosophie wieder erwacht und somit die Empfänglichkeit der Zeit für Ihre Theorien immer im Wachsen begriffen ist. Sie und Ihre Werke werden aber mit keiner Silbe erwähnt, was von Rechts wegen hätte geschehen müssen, wenn Sie dem Verfasser bekannt waren. Das beweist, dass denn doch das so lange fortgesetzte Secretirungssystem der «Herren vom Gewerbe» immer noch einigermaassen fortwirkt und bis jetzt verhindert hat, dass Ihre Lehren in Regionen eingedrungen sind, wo man sie höchst willkommen heissen würde. Helmholtz hat, wie er sagt, obiges Thema gewählt, weil «die Lehre von den sinnlichen Wahrnehmungen der Punkt ist, an dem sich Philosophie und Naturwissenschaften berühren»; er beklagt aber, «dass die Psychologen die geistigen Acte, von denen dabei die Rede ist, meist unmittelbar zur sinnlichen Wahrnehmung gerechnet und kaum näheren Aufschluss über sie zu erhalten gesucht haben». Obgleich nun dies eigentlich auch von *Kant* gesagt werden kann, dessen Erkenntnisslehre erst durch Sie ergänzt und berichtigt worden ist, so weist er doch lediglich auf ihn zurück, der nachgewiesen habe, «was an unseren Vorstellungen von den besonderen und eigenthümlichen Gesetzen des denkenden Geistes herrühre» und dass der Satz: «keine Wirkung ohne Ursache ein vor aller Erfahrung gegebenes Gesetz unseres Denkens» sei. Helmholtz' eigne Darstellung dagegen ist keineswegs aus *Kant* ge-

---

* Arzt und Naturforscher in Mainz, einer der ältern Verehrer Schopenhauer's, der diesen schon in seinem 1849 erschienenen Buche über „die Spinal-Irritation" verherrlichte.

schöpft, sondern stimmt fast bis ins Einzelne mit der Ihrigen vollständig überein. Er zeigt nicht nur, dass das Sehen intellektual und dass der — von der reflektirenden Vernunft zu unterscheidende — Verstand es ist, welcher die Data der Sinnesempfindung in Anschauung körperlicher Objekte verwandelt; sondern auch dass dies durch Anwendung des Causalitätsgesetzes geschieht und dass letzteres eine Erkenntniss *a priori* ist. Sogar für diese Apriorität gibt er den nämlichen Beweis, welchen Sie dem misslungenen Kant's (schon 1813 in der ersten Ausgabe des Satzes vom Grunde) substituirt und 1847 in § 21 der zweiten Ausgabe näher entwickelt haben."

Als Beleg fügte Becker einige Stellen aus dem Helmholtz'schen Vortrage an. Dann fuhr er fort:

„Der Gedanke ist nahe liegend, dass Helmholtz von Ihnen geborgt habe; jedoch zeigen andere Stellen, dass er Sie wirklich nicht kennt, namentlich die folgende sonderbare, in welcher er den Vertheidigern der Goethe'schen Farbenlehre einen Standpunkt zuschreibt, welcher dem Ihrigen gerade entgegen gesetzt ist, da Sie umgekehrt der Ansicht sind, dass man die Newton'sche Farbenlehre nur festhalten könne, wenn man die wunderlichste *harmonia praestabilita* annehme: «die neuere Philosophie, ausgehend von der Annahme der Identität der Natur und des Geistes, suchte die Gesetze des Geistes auch zu Gesetzen der Wirklichkeit zu machen und musste demgemäss auch versuchen, die Gleichheit unserer Sinnesempfindungen mit den wirklichen Eigenschaften der wahrgenommenen Körper nachzuweisen. Zu dem Ende warf sie sich namentlich zur Vertheidigerin von Goethe's Farbenlehre auf. Dass der Streit über diese wesentlich diesen Sinn habe, habe ich bereits bei einer andern Gelegenheit* darzulegen gesucht.»"

Becker urtheilte, wie man sieht, sehr vorsichtig; Schopenhauer

---

* „Ueber Goethe's naturwissenschaftliche Arbeiten", in der „Allgemeinen Monatsschrift für Wissenschaft und Literatur" (Jahrgang 1853, S. 383).

aber verstand in solchen Dingen keinen Spass. Gerade dieses Hereinziehen Kant's zur Theorie des Sehens und der „neueren Philosophie" zur Farbenlehre beseitigte · bei ihm jeden Zweifel, der etwa noch bei ihm übrig gewesen wäre und er antwortete dem Freunde:

„Sie legen zu viel Gewicht auf Helmholtz. Im Jahr 1853 erschienen plötzlich mehrere Widerlegungen der Goethe'schen Farbenlehre, die man ja längst widerlegt glaubte und ruhig belächelte. Warum sie jetzt kamen, sagten sie nicht. Damit man nicht nachsähe, wo die *altera pars* zu hören sei. Sie wollten mich widerlegen, ohne mich zu nennen. Sie kamen nämlich infolge meiner «Parerga» von 1851 und infolge der dadurch ihnen eingejagten Angst, dass das gegen Goethe begangene literarische Verbrechen an den Tag kommen könnte — wie es soll und wird. Darunter war auch Helmholtz' Aufsatz in der Allg. Monatsschrift, den ich gelesen habe, eine schlechte Vertheidigung einer schlechten Sache. Dove's Farbenlehre gehört auch dahin. Ich habe ein Schriftchen von Helmholtz «Ueber Wechselwirkung»*, darin von dieser gar nicht die Rede ist sondern bekannte Sächelchen aus der Mechanik vorgetragen werden. Seinen Vortrag über das Sehen kenne ich nicht. Aus Ihren Auszügen geht aber deutlich hervor, dass er mich ausgeschrieben hat, und nennt mich nicht. Bei Kant, wie Sie wissen, spazirt durch die Sinne die Aussenwelt ganz fertig in den Kopf hinein."

Seitdem ist bekanntlich durch den von Czermak** und andern geführten Nachweis der Uebereinstimmung der physiologischen Theorie Schopenhauer's mit der Young'schen und Helmholtz'schen Farbentheorie Schopenhauer's Verdienst zu hohen Ehren gekommen und zugleich der von mir oben bei der Erzählung der Entstehung der Schrift angedeutete Grundmangel derselben, dass nämlich, gleich-

---

* Ueber die Wechselwirkung der Naturkräfte und die darauf bezüglichen neuesten Ermittelungen der Physik (Königsberg 1854).
** Abhandlungen der Wiener Akademie, Bd. LXII, Heft 2.

wie Newton nicht an das Auge, Schopenhauer nicht an die Sonne gedacht, deutlicher ins Licht getreten.

Die Farbenlehre gab im folgenden Jahre einem in Frankfurt lebenden Verehrer Schopenhauer's, dem Geologen Dr. *Otto Volger*, dem er ein Exemplar der zweiten Auflage zum Geschenk gemacht hatte, Veranlassung, seine Dankbarkeit durch ein Sendschreiben zu bezeigen, in dem er die schwache oder doch dunkle Seite derselben, nämlich das Schema des Auseinandertretens der „qualitativen Thätigkeit" der Netzhaut in Zahlenbrüchen, einer kritischen Beleuchtung unterwarf. Nach Schopenhauer ist jede Farbe die „qualitative Hälfte" der vollen Thätigkeit der Retina, zu der sie durch eine andere Farbe, ihr Complement, ergänzt wird. Diese Thätigkeit bezeichnet er näher als Polarität, die von aussen erregt werde wie die schlummernde Elektricität (Trennung von $+ E$ und $- E$) durch Reibung. Die Polarität der Retina habe „indessen das Unterscheidende, dass bei ihr in der Zeit, also successiv sei, was bei den andern polarischen Erscheinungen im Raum, also simultan". Ferner habe sie „das Besondere, dass der Indifferenzpunkt, wiewol innerhalb gewisser Grenzen, verrückbar" sei. Im weitern gibt er über diesen Indifferenzpunkt keine Aufklärung, und Dr. Volger machte ihn darauf aufmerksam, dass derselbe, als der Nullpunkt, in seinem Schema überhaupt fehle, sowie dass die „Herstellung des Weiss aus Farben" (Farbenlehre, §. 10), welche ihm Goethe so sehr verdacht habe, nicht der richtige Ausdruck des von ihm entdeckten chromatischen Gesetzes sein könne; dass vielmehr seiner eigenen Nachweisung gemäss das Weiss, welches nicht mit der Klarheit verwechselt werden dürfe, als neutrale Farbe den Nullpunkt zwischen Grün und Roth einnehmen müsse; während das Schwarz (der negative Grenzpunkt bei Schopenhauer) und das Klare (an der Stelle des Weiss) an die beiden Pole zu stehen kommen müssten, indem beide keine qualitative Veränderung des Lichts — der Thätigkeit der Retina — mehr unterscheiden lassen, sondern nur die äusserste quantitative Differenz derselben darstellen.

„Grün und Roth", fuhr Dr. Volger fort, „können nun freilich auch nicht mehr als halbe Qualitäten, sondern müssen als ganze Qualitäten, als Einheiten, nämlich als — 1 und + 1 bezeichnet werden, und demgemäss die anderen Farben. Die Plusreihe folgt mit wachsenden Zahlen, entsprechend den Nennern der Saitenlängen der höheren Töne oder den Schwingungszahlen dieser Töne selbst ... Aber wie die Empfänglichkeit unseres Ohrs eine begrenzte ist und in den «überhohen» Tönen eine Unendlichkeit von verschiedenen Tönen für uns ununterscheidbar bleibt, so, und noch enger begrenzt, erstreckt sich auch die Farbenreihe nicht weit, und wir sind nicht im Stande, was über Gelb hinausgeht, noch von der farbenlosen Klarheit zu unterscheiden. Hieher gehört also das Zeichen $+ \infty$ (Plus-Unendlich). Ganz entsprechend auf der Minusseite, der Ruheseite. Unterhalb des Violett hört wieder unser Unterscheidungsvermögen für Qualitäten auf — es wirkt nur noch die Quantität, hier negativ, also als Finsterniss, als Schwarz, dem somit das Zeichen $- \infty$ (Minus-Unendlich) gebührt.

„Daher ist auch Ihre Aufstellung (S. 24 der 2. Aufl.) der intensiven Theilung der Thätigkeit der Retina zu verändern:

| Licht | Halbschatten | Finsterniss |
| Klarheit (statt Weiss) | Grau | Schwarz. |

Bei eignem Versuche werden Sie sich überzeugen, dass Weiss und Schwarz nie das Grau des Halbschattens, sondern vielmehr das, vom Grau im gewöhnlichen Leben zwar nicht genügend geschiedene, aber wesentlich verschiedene G r e i s geben.

„Warum unterscheidet die Stickerin sehr sorgfältig klare Glasperlen von weissen? weshalb ist reines Glas als derbes Stück klar, als Pulver aber schneeweiss, wenn Weiss das ganze Licht wäre? Das Weiss entsteht nur da, wo (wie durch die «Brechung» in den Glassplitterchen oder in den Nädelchen des Schnee's) das Licht qualitativ getheilt* und der qualitative Gegensatz durch das

---

* Diese Worte hat Schopenhauer, wol zum Beweise, dass Volger mit seiner ganzen Kritik im Newtonismus versire, dick unterstrichen;

Sichdurchkreuzen der Farben oder das Sichdecken der farbigen Bilder neutralisirt wird. Die Klarheit aber ist da, wo das Licht überhaupt qualitativ gar nicht verändert ist. Je nach der Quantität kommt es hier als lichtere oder minder lichte Klarheit, als Halbschatten oder (negativ) als Finsterniss zum Vorschein.

„Die Sonne ist nicht weiss sondern klar. Die Quantität des Lichtes blendet hier unser Auge; Weiss als solches ist nicht blendend: das intensivste weisse Papier vermag das Auge ruhig anzublicken. Aber, wie jede Farbe, kann auch das Weiss durch die geringere oder grössere Klarheit (Beleuchtung) schattiger (Goethes σκιερον ist auch im Weiss!)* oder leuchtender auftreten. Weiss gehört also mit in die Reihe der Farben, aber freilich ohne einen Gegensatz zu haben, als Neutralität.

„Eine schöne Analogie bieten zu den Farben die Krystallgestalten dar, deren Analogie mit den Tönen andererseits eine so evidente ist. Es handelt sich bei diesen Gestalten stets um die Neigung der Flächen zu einer Axe, welche sehr verschieden sein kann, wie die Farben. Die Gleichheit von *sinus* und *cosinus* der

---

es war aber nur an die Stelle des „Lichts" die Thätigkeit der Retina zu setzen, um ganz im Kreise der physiologischen Theorie zu bleiben.

* Auch diese Worte hat Schopenhauer, offenbar zum Zeichen seines kategorischen Widerspruchs, dick angestrichen. Aber Dr. Volger bemerkte in seinem Briefe über den Streitpunkt zwischen Goethe und Schopenhauer, wie mir scheint, sehr richtig, dass beide recht gehabt und geirrt hätten, nur nach verschiedenen Seiten hin. „Goethe fühlte, dass aus Qualitäten keine Quantität entstehen könne. Für quantitativ aber hielt er das Weiss: den Gegensatz zum Schwarz. Sie, verehrter Herr, zeigten, dass das Weiss aus der Vereinigung je zweier complementärer d. h. entgegengesetzter Farben entstehe. Damit war Goethe äusserlich widerlegt — aber recht hatte er doch, deshalb verzieh er Ihnen nie. *Ad rem* hatten Sie ihn belehrt, aber *ad hominem* keineswegs. Es war für Goethe offenbar weniger darum zu thun, das Weiss aus den Farben nicht darstellen zu können, als darum, festzuhalten, dass die Aufhebung qualitativer Gegensätze keine Quantität erzeugen könne."

Neigung (also Neigung gegen die Hauptaxe gleich 45°) entspricht dem Neutralitätspunkte, wo Hauptaxe und Horizontaldimension einander gleich sind, also $1:1 = 0$ (isometrischer Oktaëder). Ist die Hauptaxe länger, so sind die Flächen steiler: aufstrebende Gestalten, positive Farben, hohe Töne. Ist die Hauptaxe kürzer, so sind die Flächen gedrückter: stumpfe Gestalten, negative Farben, niedere Töne. Zu jeder Grundgestalt stellt sich gleichsam die Tonleiter dar durch Gestalten, deren Hauptaxe (bei Gleichbleiben der Horizontaldimension) sich zur Hauptaxe der Grundgestalt verhält wie die Schwingungszahlen der Töne zu der des Grundtones. Höhere und tiefere Oktaven = aufstrebenderen und stumpferen Gestalten. Aber für unsere Wahrnehmung ist die Reihe jederseits mit wenigen Oktaven zu Ende. Bald werden die Gestalten so steil, dass wir die Flächen für vertikal halten, von den Flächen wahrer vertikaler Prismen oder Säulen nicht mehr zu unterscheiden vermögen: unendlich «spitze» (richtiger unendlich aufstrebende) Gestalten = $+\infty$. Andererseits werden die Gestalten bald so stumpf, dass wir die Flächen für wagerecht halten und von wirklichen wagerechten Flächen nicht zu unterscheiden vermögen: unendlich-stumpfe Gestalten = $-\infty$. Bekanntlich sind $+\infty$ und $-\infty$ die in der Krystallographie für Prismen und Basen wirklich eingeführten Zeichen. Wir haben somit folgende Analogien:

$1:1$

$-\infty$ 0 $+\infty$

Basis   Grundgestalt   Prisma

Uebertiefe Töne   Grundton   Ueberhohe Töne

Finsterniss   Weiss   Klarheit.

„Möchten Sie, hochverehrter Herr, in obiger Darlegung der Ergebnisse meines Nachdenkens nur einen Beweis des Ernstes finden, mit welchem ich Ihren tiefen Gedanken zu folgen strebe, deren hohen Werth die Wissenschaft hoffentlich noch, bevor Sie aus dem Kreise der sichtbaren Welt scheiden, anzuerkennen beginnen wird. Vielleicht erlauben Sie mir ein ander Mal noch weitere Anmerkungen; für heute nur die Versicherung, dass ich mich von Neuem überzeugt habe, dass das Wesentliche Ihrer Anschauung unumstösslich ist, und mit der Wahrheit geht es wie mit Demanten: man kann die Fassung noch so oft verändern, der Solitair bleibt immer derselbe."

Diese scharfsinnige Kritik des Naturforschers*, deren Kern Schopenhauer nicht gelten lassen wollte, indem er den „Nullpunkt" auf das Thermometer verwies, gibt ein schönes und lehrreiches Beispiel, wie man Schopenhauer's Genie und reelles Verdienst hochhalten kann, ohne sich den oft schreienden Einseitigkeiten desselben gefangen zu geben oder (mit den „Philosophieprofessoren") den Solitair, weil er kein Gerstenkorn ist, wie der Hahn in der Fabel zu verachten und zu verscharren. Ja, der von den Naturphilosophen missbrauchte und deshalb in der Philosophie um allen

---

* Dr. Volger war so freundlich, mir einige Erläuterungen zu seinem Briefe zu geben; da jedoch das Thema an diesem Orte nicht erschöpft werden kann, so muss ich ihm überlassen, darauf zurückzukommen und theile nur daraus mit, dass die Neutralisirung der Farbenpaare im Weiss von der Farben wirkung, nicht von der Licht wirkung zu verstehen ist, in welcher letztern sich dieselben nicht aufheben, sondern vereinigen, sowie dass Dr. Volger hervorhebt, wie die von Schopenhauer aufgestellte Zahlenscala „weder dem Polaritätsgegensatze Rechnung trage, noch mit der von Schopenhauer selbst so kräftig betonten Thatsache, dass das Grün aus der Vereinigung des Gelb und Blau, das Orange aus der Vereinigung des Gelb und Roth und das Violett aus der Vereinigung des Roth und Blau hervorgeht, vereinbar sei": ein Widerspruch, welchen Schopenhauer (Farbenlehre, S. 79) durch ein Rechenexempel zu beseitigen versucht habe, das er wol selbst, falls es ihm bei einem Newtonianer begegnet wäre, als ein Taschenspielerstückchen bezeichnet hätte, da es sich nicht darum handele, zwei Brüche auf gemeinsamen Nenner zu bringen, also nicht um die Möglichkeit aus $x\ \frac{1}{3} + y\ \frac{3}{4}$ das Ergebniss von $(x + y)\ \frac{1}{2}$ herzustellen, sondern darum, dass die Theilzahl für Grün sich einfach aus der Vereinigung der Theilzahlen des Blau und des Gelb ergebe, da dasjenige einfache prismatische Blau, welches mit ebensolchem Gelb zusammenwirke, das prismatische Grün zum Vorschein bringe, wie Schopenhauer selbst dasselbe (S. 58 der Farbenlehre) darzustellen lehre.

Credit gebrachte Begriff der Polarität mahnt an das bereits vor 16 Jahren von mir angedeutete Grundgebrechen der Philosophie Schopenhauer's: nicht allein seinem Farbenschema nämlich, sondern auch seinem System, der „Welt als Wille und Vorstellung" fehlt der Neutral- oder Indifferenzpunkt, die Mitte! Was er mit Goethe als unumstössliche Wahrheit erkannt und den Physikern gegenüber festgehalten hatte, dass die Farbe eine „Vermählung des Lichts mit der Finsterniss" sei, das nämliche Verhältniss war ihm, da er zu speculiren anfing, als das Grundproblem der Philosophie, in der Vereinigung des Idealen und Realen (im Ich) vor Augen gestanden. Mit der Forderung der „völligen Immanenz, der gänzlichen Abwesenheit alles Mythischen, aller Hypostasen und aller historischen Auffassung der Welt" hatte er im schroffsten Gegensatze zu Schelling und Hegel damit begonnen, als „Lavoisier der Philosophie" das Ich in Willen und Erkenntniss zu zerlegen. Diese Zerlegung, und nächst ihr die strenge Sonderung des anschauenden und denkenden Erkennens, nannte er den „Wendepunkt" seiner Philosophie im Gegensatze zur Philosophie seines Zeitalters. Er lehrte uns in den verschiedenen Gestalten auf beiden Hemisphären seiner Welt ein Identisches erkennen, indem er einerseits in der Welt der Vorstellung das gleiche Wesen der Causalität als Ursache, Reiz und Motiv nachwies, und andererseits in der Welt des Willens die Identität des in allen Wirkungen als unbekannte Grösse zurückgebliebenen x mit unserm eigenen Willen. Er entdeckte auch im Willen den realen oder positiven und in der Vorstellung den formalen oder negativen Pol des Ich — aber der *nexus* dieser beiden, je nur in sich übereinstimmenden Factoren ist dabei unerklärt geblieben: zwei *toto genere* verschiedene Principien stehen sich, wennschon miteinander in einen räthselhaften physischen Knoten verflochten, dualistisch gegenüber. Das begeisterte Lob, welches ihm von Quandt gab: dass er, grösser als Vasco de Gama, den Weg vom Realen zum Idealen entdeckt habe, werden wir demnach nicht unterschreiben können.

Die Polarität charakterisirt er als eine in zwei sich bedingende, sich suchende, zur Wiedervereinigung strebende und in dieser verschwindende, *in specie* entgegengesetzte, *in genere* identische Hälften zerfallende Thätigkeit. Für ihre sämmtlichen Erscheinungen liege deshalb ein passender Ausdruck in Platon's Worten: ᾽Επειδὴ οὖν ἡ φύσις δίχα ἐτμήθη, ποϑοῦν ἕκαστον τὸ ἥμισυ τὸ αὐτοῦ, ξυνῄει.* Diese tiefsinnige Allegorie seines „göttlichen" Lehrers hätte ihn weiter führen und für sein ganzes System von entscheidendem Einflusse werden können. Denn gleichwie die platonische Androgyne, oder der himmlische Eros, jene beiden Menschenhälften oder Halbmenschen erst zum ganzen Menschen, oder nach Paulus' Wort „zum vollkommenen Manne, zum vollen Wuchse der Fülle Christi" vollendet, so darf man überall nicht bei jener Dualität der Kräfte, geschweige denn bei einer derselben stehen bleiben oder auch nur von einer als solcher den Ausgang nehmen; sondern man muss auf ihren gemeinsamen Grund, ihre gemeinsame Wurzel eingehen, welche freilich nicht die naturphilosophische „Indifferenz" sein kann, die den Gegensatz *per generationem aequivocam* erzeugt und ebenso unbegreiflich wieder verschlingt.

Hier ist selbstverständlich nicht der Ort dazu; es sei nur, bei Gelegenheit der Farbenlehre, die Bemerkung gestattet, dass Schopenhauer bei einem von ihm verachteten Philosophen hätte lernen können, dass man die Attraction und Repulsion der Pole nicht versteht, wenn man die Action des sie scheidenden wie vereinenden Princips nicht versteht, oder wenn man, wie dies Goethe und nach ihm die Naturphilosophen versucht, eine Theorie des Lichts und der Finsterniss ohne Theorie des Feuers zu Stande bringen will.** Und von dem noch mehr verachteten Hegel: dass man ein Ding weder in seinem Anfange, wo es noch nicht ist, noch an seinem Ende, wo es nicht mehr ist, sondern nur in seiner Mitte richtig zu erfassen vermag.

---

* Sympos, C. 15 (191 *A*): „Als nun ihre natürliche Gestalt in zwei Hälften getheilt war, sehnte sich jede nach ihrer Hälfte und so kamen sie zusammen."
** Baader, Werke, IX, 317.

XVI.

1854—1860.

Nach Schelling's Heimgang im August 1854 war Schopenhauer als der letzte der grossen deutschen Philosophen übriggge-
blieben, und es ist erfreulich zu sehen, wie er seinen so scharf
getadelten Vorgänger, von dem er noch in dessen letztem Stadium
gesagt, er sei mit einer Süffisance in Berlin aufgetreten, als ob er
den persönlichen Gott in der Tasche mitgebracht habe*, nun doch
gegen seinen Schüler in Schutz nahm. Am 11. September schreibt
er an Frauenstädt über dessen Aufsatz „Zur Erinnerung an Schelling": „Was Sie darin sagen, ist Alles wahr, aber Sie sind doch
nicht gerecht gegen ihn, sofern Sie das Gute verschweigen, was
ihm doch nachzurühmen ist. Trotz allen seinen Possen und den
grösseren seiner Anhänger, hat er doch die Auffassung der Natur
überhaupt wesentlich verbessert und gefördert, wie ich denn auch
manches an ihm gelobt habe."

Waren doch beide, nach dem Stein der Weisen suchend, zum

---

* Man lese die am 15. November 1841 zu Berlin gehaltene, von
Schopenhauer als „Thronrede" persiflirte Antrittsvorlesung, in der man
sogar einem speculativen „Nationalliberalismus" begegnet; denn Herr
von Schelling verkündigt mit einer des Herrn von Treitschke würdigen
Sicherheit: „in Berlin müssen sich jedenfalls die Geschicke deutscher Philosophie entscheiden".

Theil auf die nämlichen Quellen gestossen. Der „Zusammenhang der Natur mit der Geisterwelt" hatte beide ihr Leben lang beschäftigt und als gläubige Ungläubige hatten sie sich bis zuletzt gegen die in ihren alten Tagen überhand nehmende mechanische Auffassung der Natur gewehrt. Schopenhauer's schöne Abhandlung „Ueber das Geistersehen und was damit zusammenhängt" zeigt, wie weit er in der tiefern Würdigung der magischen und ekstatischen Erscheinungen mit Schelling und dessen Schule zusammenging. Er war weit entfernt, einem Kieser, Kerner, Ennemoser, Passavant in alle Irrgänge der Phantasie zu folgen, ja über die Seherin von Prevorst sagte er: es gebe Probleme, deren alleinige Lösung die sei, dass sie erlogen seien. Nichtsdestoweniger nahm er keinen Anstand zu behaupten, dass, wer heutzutage die Thatsachen des animalischen Magnetismus und seines Hellsehens bezweifle nicht ungläubig, sondern unwissend zu nennen sei, und dass der thierische Magnetismus, wenn er auch einstweilen mehr Räthsel aufgebe als löse, vom philosophischen Standpunkte aus die inhaltschwerste aller jemals gemachten Entdeckungen bilde; denn er sei wirklich die praktische Metaphysik, wie schon Baco von Verulam die Magie definire, gewissermassen eine Experimentalmetaphysik. Daneben wusste er von einem „räthselhaften, in unserm Innern verborgenen, durch die räumlichen und zeitlichen Verhältnisse nicht beschränkten und insofern allwissenden, dagegen aber gar nicht ins gewöhnliche Bewusstsein fallenden, sondern für uns verschleierten Erkenntnissvermögen zu reden, welches im magnetischen Hellsehen seinen Schleier abwerfe. *

Als daher im Winter 1854 der berühmte Magnetiseur *Regazzoni* in Frankfurt seine Vorstellungen gab, gehörte Schopenhauer zu seinen aufmerksamsten Beobachtern und nahm bald mit einer gewissen Leidenschaft Partei für denselben, obwol die Experimente dieses Italieners zum Theil bedenklicher Natur waren und dadurch

---

* Parerga, I, 297. Das Urbild des „Unbewussten", in welchem es freilich zum Zerrbilde geworden!

die Sache verdächtig machten. Ein bekannter Physiolog und Vivisector unternahm es, Regazzoni „als Charlatan zu entlarven", indem er einer Magnetisirten einen lebendigen Frosch in den Nacken setzte und dieselbe dadurch sofort erweckte. Ueber die Tauglichkeit und Beweiskraft dieses Experiments entstand zwischen dem Magnetiseur und dessen Anhängern auf der einen und einer Anzahl frankfurter Aerzte auf der andern Seite ein öffentlicher Streit, an welchem Schopenhauer so lebhaften Antheil nahm, dass es ihn grosse Ueberwindung kostete, nicht mit seiner Ansicht in die Oeffentlichkeit zu treten. Desto rücksichtsloser liess er seinem Aerger gegen die „Medikaster" in Gesprächen und Briefen den Lauf. *

Im December desselben Jahres sandte ihm *Richard Wagner* „aus Verehrung und Dankbarkeit" seinen damals blos für Freunde gedruckten Zukunftstext „Der Ring der Nibelungen", worüber er jedoch, gleichwie über Wagner's Musik, den Kopf schüttelte, so erfreulich ihm auch die Anhängerschaft eines so hervorragenden Sachverständigen in Bezug auf seine Metaphysik der Musik sein musste. (Vgl. S. 533.) —

Der damalige erfolgreiche populäre Debut der Herren „vom Tiegel und der Retorte" erregte seinen besondern Unwillen, sodass er z. B. am 15. Juli 1855 an Frauenstädt schreiben konnte: „In meinem Letzten schrieb ich, dass ich erwartete, der Dr. Büchner würde für sein «Kraft und Stoff» suspendirt werden. Mit hoher Befriedigung ersehe aus der gestrigen Postzeitung dass dies schon eingeleitet ist. Ihm geschieht recht: denn das Zeug ist nicht bloss höchst unmoralisch, sondern auch falsch, absurd und dumm: und die Wurzel ist die Unwissenheit, das Kind der Faulheit, des Cigarrenrauchens und Politisirens. So ein Mensch hat Nichts gelernt als sein Bischen Klystierspritzologie; keine Philosophie, keine

* Namentlich in einem Briefe an Frauenstädt vom 30. November 1854, wo es zum Schlusse heisst: „Mich freut, dass ich dem Regazzoni mein Zeugniss in sein Album geschrieben habe, klar und französisch."

Humanitätsstudien getrieben: und damit wagt er sich dummdreist und vermessen an die Natur der Dinge und der Welt. Ebenso Moleschott. Geschieht ihnen Recht: erleiden die Strafe für ihre Ignoranz."

Dagegen las er um dieselbe Zeit „mit grosser Freude und wahrer Erbauung" den damals erschienenen ersten Theil von Graul's „Bibliotheca Tamulica", welcher drei tamulische Schriften zur Erläuterung des Vedanta-Systems oder der rechtgläubigen Philosophie der Hindus enthält, darinnen Schopenhauer seine Lehre „wie im Spiegel" erblickte. —

Da er nun das abyssinische Sprichwort: „Wenn der Nil erst in Kahira ist, wird es keiner Dembea mehr gelingen, ihn zu fesseln", auf seinen Ruhm anwenden konnte, so nahm er im Frühjahr 1855 das Anerbieten des in Frankfurt lebenden französischen Malers *Julius Lunteschütz*, sein Brustbild zu malen, bereitwillig an: denn er gebe damit der Welt den Rahmen zu dem Bilde, dass e r i h r gemalt habe. Als sein Tischnachbar hatte Lunteschütz vielfach Gelegenheit, ihn in der Unterhaltung zu beobachten und kannte daher seine Physiognomie genau. Lunteschütz' Atelier befand sich damals Schopenhauer's Wohnung gegenüber im Deutsch-Herren-hause am linken Mainufer, wo „d e r F r a n k f o r t e r" (Verfasser der „T h e o l o g i a d e u t s c h") als Priester und Custos gelebt: — „Parterrestube, dicke alte Grundmauern, wohl noch vom alten Gebäude, dieselben, an denen E r sass" (Brief an Frauenstädt vom 29. Juni 1855). Trotz der vielen langen Sitzungen aber, über die sich Schopenhauer sehr beklagte, fiel das Porträt schliesslich nicht befriedigend aus. Bald nach Vollendung desselben und später, nach Schopenhauer's Tode, machte Lunteschütz mit Hülfe der vorzüglichen, im 70. Lebensjahre Schopenhauer's aufgenommenen Schäfer'schen Photographie, nach welcher auch der dieser Biographie beigegebene Stich gefertigt ist, weitere Versuche, dem Original näher zu kommen, was ihm in der That so weit geglückt ist, dass das zuletzt vollendete, dermalen noch in des Künstlers Besitz befindliche Brustbild Schopenhauer's Kopf sehr lebenswahr

wiedergibt. Jenen „langsamen Bildungsprocess des bleibenden Ge-
sichtsausdrucks durch unzählige vorübergehende charakteristische
Anspannungen der Züge", der nach Schopenhauer ("Parerga", I,
673) der Grund ist, „warum die geistreichen Gesichter es erst allmälich werden und sogar erst im Alter ihren hohen Ausdruck erlangen", muss der echte Porträtmaler in seinem Geiste cursorisch
wiederholen: daher die grosse Schwierigkeit der Aufgabe.

Die nach jenem ersten Oelbilde im darauf folgenden Jahre bei
Sachse in Berlin gefertigte Lithographie begrüsste Schopenhauer
mit gemischten Empfindungen. Denn obwol er mit der Ausführung
zufrieden war, ärgerte es ihn, dass sein Name fehlerhaft mit doppeltem *p* darunter stand und sein schöner Vorname mit einem *A.*
abgefunden war. Im October 1853 hatte ihm Frauenstädt geschrieben, dass den Wünschen Derer, die ihn zu sehen brennten,
ein Bild von ihm in der „Illustrirten Zeitung" entgegenkommen
würde, auch möge er einer neuen Auflage seines Hauptwerks sein
Porträt beigeben. Hierauf antwortete Schopenhauer: „Dass Sie,
mein theurer Apostel, nur ja sich nicht einfallen lassen, mir eine
Illustration in der Illustrirten Zeitung zu veranstalten! *Di me-
liora!* Ich will nicht mit meiner Person dem müssigen Lesepöbel
zur Kurzweil dienen. Auch ein Porträt vor Werken geziemt sich
erst nach dem Tode des Verfassers. Ich weiss von keinem grossen
Schriftsteller, dass er es bei Lebzeiten gethan.* Weshalb schon
das alte Epigramm:

> Sorgt ja, dass doch von euern Zügen
> Ein treues Bild der Nachwelt übrig ist:
> Da sieht sie euch, Autoren, mit Vergnügen,
> Wenn sie euch lange nicht mehr liest."

In demselben Jahre war ihm ein neuer „aktiver Apostel" in
der Person des Lehrers Dr. *David Asher* in Leipzig zugewachsen,

---

* Desto besser gefallen sich darin die kleinen; weshalb sich
neuestens eine Revue geradezu die Aufgabe gestellt hat, die Porträts
ihrer Mitarbeiter zu liefern. Es fehlen nur noch diejenigen der —
Abonnenten.

dessen „Offenes Sendschreiben" an ihn (Leipzig 1855) die Veranlassung eines bis zu Schopenhauer's Tode fortgesetzten Briefwechsels ward. Asher blieb nicht nur für die Verbreitung seiner Philosophie thätig*, sondern, am Stapelplatz der Literatur in Deutschland wohnend und von grosser Belesenheit, hatte er ihm auch jederzeit Neues und Interessantes mitzutheilen. Ihm verdankte Schopenhauer die Bekanntschaft mit seinem ältesten Vorgänger in der Lehre vom Willen, dem auf die Ausbildung der Kabbala von grossem Einfluss gewordenen arabisch-jüdischen Philosophen *Salomon Ibn Gebirol* (Avicebron oder Avencebrol bei den Scholastikern), dessen *Fons vitae* 1857 von S. Munk in Paris herausgegeben wurde. Wäre Schopenhauer dieser Spur früher gefolgt, so hätte er seine Vorurtheile gegen die altjüdische Philosophie und Theologie vielleicht corrigirt. Dazu war es in seinem 69. Jahre zu spät. „Allerdings", schreibt er im October 1857 an Dr. Asher, „kann Gebirol als mein Vorgänger angesehen werden, da er lehrt, dass der Wille Alles in Allem ist, thut und macht; damit ist aber auch seine ganze Weisheit zu Ende: denn er lehrt es nur so *in abstracto* und wiederholt es tausendmal. Zu mir verhält er sich wie ein Nachts unter dickem Nebel leuchtender Glühwurm zur Sonne. Nichtsdestoweniger hat er doch die richtige Einsicht gefasst, sogar auch das Dasein der objectiven Welt bloss in der Erkenntniss des Subjekts, nur dass er in der Dumpfheit und Armuth bleibt."

Gelegentlich eines Artikels von Dr. Asher: „Arthur Schopenhauer's Ansicht über Musik" in Frz. Brendel's „Anregungen für Kunst, Leben und Wissenschaft" (Leipzig 1856, S. 187 fg.) schreibt Schopenhauer am 12. November 1856 an Asher: „Vor allen Dingen will ich Ihnen noch nachträglich die Versicherung geben, dass, so Viele auch schon über meine Philosophie geschrieben haben, noch Keiner das eigentliche Grundverdienst derselben so deutlich und

---

* Vgl. Dr. David Asher, Arthur Schopenhauer. Neues von ihm und über ihn (Berlin 1871).

bestimmt hervorgehoben hat, wie Sie in Ihrem Aufsatz über meine Musik, S. 190 und 191." Er meinte die Umkehrung aller seitherigen philosophischen Anschauung, nach welcher der Intellect für das Primäre war angesehen worden. —

Unter den zahlreichen Besuchen, die er im Sommer 1855 empfing, ist der des Malers und Professors an der Königl. Kunstakademie zu Dresden, *Johann Karl Bähr* zu nennen, welcher noch in Schopenhauer's letztem Lebensjahre die Anfänge seines merkwürdigen, bis jetzt nicht nach Verdienst beachteten Werkes: „Der dynamische Kreis" (Dresden 1861—1866) herausgegeben und später gleich seinem Schwiegersohne *Rudolf Hantsch* für Goethe's und Schopenhauer's Farbenlehre eintrat *, indem er zugleich durch seine Untersuchungen über den dynamischen Werth der Farben die Richtigkeit der von Schopenhauer angenommenen absolut positiven beziehungsweise negativen Polarität der drei Grundfarben bestätigte. „Der hat mir sehr gefallen", schreibt Schopenhauer am 3. September 1855 an Frauenstädt, „brav und gescheut: kennt alle meine Schriften sehr genau und ist voll davon."

Der Sohn dieses an Geist und Gemüth hochgeborenen Mannes ** sollte Schopenhauer noch näher treten. Es war dies Dr. *Karl G. Bähr*, jetzt Advocat in Dresden, welcher Schopenhauer im April 1856 persönlich kennen lernte, nachdem er schon im Winter 1854 auf 1855 als leipziger Student in der von Ch. H. Weisse geleiteten „philosophischen Gesellschaft" das Referat über Schopenhauer's Philosophie übernommen hatte, welches die im folgenden Jahre von der philosophischen Facultät zu Leipzig gestellte Preisaufgabe einer „Darlegung und Kritik der Principien der Schopenhauer'schen Philosophie" mit veranlasst zu haben scheint. Der

---

* Goethe's Farbenlehre und die Farbenlehre der heutigen Physik von Rudolf Hantsch (Dresden 1862). Vorträge über Newton's und Goethe's Farbenlehre von Joh. Karl Bähr (Dresden 1863).

** Er war geboren in Riga 1801 und starb in Dresden 1869. Vgl. den von seinem Sohne geschriebenen Nekrolog im Jahrbuch der deutschen Dante-Gesellschaft, III, 496—500.

Preis wurde dem Cand. theol. Rudolf Seydel zuerkannt *, während Bähr's Arbeit ** von dem Meister selbst gekrönt worden ist. Am 1. März 1857 schreibt dieser an denselben:

„Werthgeschätzter Herr Bähr!

„Empfangen Sie meinen herzlichen Dank für Abfassung und Uebersendung Ihrer Schrift. Ich habe diese zweimal mit grösster Aufmerksamkeit durchgelesen, und sie hat nicht nur meine Erwartung weit übertroffen sondern mich in Erstaunen und Bewundrung versetzt. Diese Reife des Geistes, Besonnenheit, Urtheil, sichere Haltung des Vortrags und gründliche Auffassung sowohl der Kantischen als meiner Philosophie sind in Ihrem Alter (ich denke 22 Jahre) ein Phänomen. Kein Mensch wird dieses Buch für das Werk eines jungen Mannes halten, vielmehr eines sehr gereiften, von wenigstens 40 Jahren. Sie haben mehr Kantische Philosophie inne, als sechs Professoren zusammengenommen. Die Veranlassung der Schrift haben Sie (vielleicht auch auf Rath des Verlegers) eben deshalb nicht erwähnt, damit Ihre Jugend kein ungünstiges Vorurtheil errege. *Recte*.

„Besonders freut es mich, dass Sie meine Philosophie in enger Verbindung mit der Kantischen aufgefasst haben, als ein Ganzes: so ist's Recht. Sie haben nicht, wie alle Andre, die über meine Lehre geschrieben (bloss Weigelt zum Theil ausgenommen), sich meiner Worte bedient, um meine Gedanken wiederzugeben; sondern Sie reden eine ganz andere Sprache, als ich, und tragen die Lehren in ganz anderer Weise und Ordnung vor, weil Sie eben meine Philosophie in sich aufgenommen und wohl verdaut haben, daher Sie solche frei reproduziren. Daher eben ist es auch das Gründlichste, was noch darüber gesagt worden. Ihr Vortrag ist jedoch abstrakt, trocken und schwierig: Dem, der die Sachen kennt, ganz

---

* „Schopenhauer's philosophisches System dargestellt und beurtheilt von Rudolf Seydel. Gekrönte Preisschrift" (Leipzig 1857).

** „Die Schopenhauer'sche Philosophie in ihren Grundzügen dargestellt von C. G. Bähr" (Dresden 1857).

fasslich; dem Neuling hingegen schwer verständlich. Besonders dunkel wird er in Ihrer Deduktion des Dinges an sich, die mir selbst nicht klar geworden ist und mir auch unrichtig vorkommt. Sie identifiziren Wahrnehmung mit Empfindung: das ist gegen den Sprachgebrauch, der aber hier sehr treffend ist; denn erst Objekte nehmen wir wahr d. h. erkennen sie als real: also ist Wahrnehmung identisch mit Anschauung. Von der Empfindung aber zu etwas ausserhalb unser führt keine andere Brücke, als das Kausalitätsgesetz, und dies ist cerebralen Ursprungs, wie die Empfindung sensualen. Also ist das Thor geschlossen und die Brücke aufgezogen: nur durch Verrath, von innen ist die Festung zu nehmen, *ut dixi.* Ihr Resümé p. 98 kann ich demnach durchaus nicht gelten lassen. Aber das freut mich, ein Mal wieder ausführliche Diskussionen über das Ding an sich* zu lesen, ganz wie in den neunziger Jahren. Habe ich doch die Sache wieder auf die Bahn gebracht. Kuno Fischer in Jena liest jetzt auch Kantische Philosophie.

„In dem Absatz p. 93/94 haben Sie eine wirklich tiefgedachte Bemerkung beigebracht.** Scharfsinnig und treffend ist die Parallele, die Sie p. 145 zwischen Kant's und meinem Verfahren nachweisen***; p. 125 & 128 über das Substrat ist sehr richtig und

---

* Später haben sich diese Erörterungen bekanntlich gehäuft.

** „Hieraus" (dass Kant unter «Empfindung», ja sogar unter dem Ausdrucke «Modification des Gemüths» alles im Bewusstsein unmittelbar Gegenwärtige, woraus eine Erfahrung erwächst, verstehe) „entspringt aber der Uebelstand, dass man gar keinen Grund sieht, warum etwas als eine Bestimmung anderer Dinge ausser uns und nicht vielmehr als eine empirische Bestimmung unseres eigenen Daseins in der Zeit aufzufassen ist. Der Stoff aller Erfahrung ist zunächst nur Gegenstand des innern Sinnes also Bestimmung des Selbstbewusstseins. Wenn nun der Verstand einen Theil desselben von unserem empirischen Selbst lostrennt, so muss er dazu doch eine Nöthigung empfinden, entspringend aus dem unmittelbaren Innewerden des Unterschiedes zwischen Sinnesempfindungen und den aus uns selbst kommenden innern Regungen, den eigentlichen Modificationen des Gemüths."

*** „Wer erkennt aber nicht im Gange dieser ethischen Unter-

scharfsinnig bemerkt. * Ueberhaupt habe ich gar viele Stellen angestrichen, die ich mit Ueberraschung und grossem Beifall gelesen: es wäre zu weitläuftig sie alle zu besprechen.

„Jetzt aber will ich Einiges, das ich nicht ganz billige, anführen: aber streng zu tadeln habe ich durchaus nichts gefunden. — Was Sie p. 20 als die «unmittelbare Gegenwart» der Vorstellungen bezeichnen, ist wenigstens nicht das, was ich («Satz vom Grund» § 19) darunter verstehe. — p. 118 «so vermisst man» — ist ein sehr ungerechter Vorwurf: ich bin der Erste, der den Unterschied zwischen abstrakter und intuitiver Vorstellung scharf bezeichnet und hervorgehoben hat. Zudem sind die Begriffe, als Stoff der Urtheile, diesen vorhergängig. — Ihrer Argumentation gegen mich, p. 122—125 stelle ich entgegen W. a. W. u. V. Bd. 2 p. 273 und nächstdem Parerga Bd. 2 § 64 und p. 233, 234. **

---

suchungen die grosse Aehnlichkeit mit der Art und Weise, wie sich Kant sein erkenntnisstheoretisches Problem zurecht legte? Er sagte: synthetische Sätze *a priori* sind w i r k l i c h, wie aber sind sie m ö g l i c h? Ebenso nun geht Schopenhauer von den beiden Thatsachen des Mitleids und der Zurechenbarkeit aus, und erklärt ihre Möglichkeit aus dem Princip des kritischen Idealismus.“

* „Die Transcendalphilosophie musste nämlich die Frage gänzlich unberührt lassen, welches denn das S u b s t r a t der erkennenden Handlung sei, die sie als das letzte Gegebene, das Reale, bestehen liess: ob vielleicht eine Intelligenz an sich, oder Materie, oder auch Wille?“

„Schon das Urtheil: «Ich denke» oder «Ich erkenne», welches der letzte Grund einer Erkenntnisstheorie ist, legt unserem Denken, als Thätigkeit, ein Substrat, das I c h unter, welches während der Selbstuntersuchung des Bewusstseins völlig ausser Betracht bleiben musste, weil eben nur eine bestimmte Aeusserung desselben, das Erkennen, in Betracht genommen wurde.“

** Diese Argumentation Bähr's betrifft die Anwendung des Berkeley'schen „Kein Objekt ohne Subjekt“, mit welcher Schopenhauer „einen höchst bedenklichen Schritt über das idealistische Princip Kant's hinaus thut“, indem er „behauptet: dass die Spontaneität der erkennenden Handlung sowie die Form des reinen Erkannt-werdens, des blossen O b j e k t s e i n s f ü r e i n S u b j e k t schon zur E r s c h e i n u n g gehöre“, womit Bähr jedoch nicht „die höchst wichtige und auf eine unvergleich-

„Ihr Buch, als die erste gründliche Diskussion meiner Lehre, könnte der Verbreitung derselben sehr förderlich seyn, wenn es nur weniger schwer zu verstehen wäre. Jedenfalls ist es mir eine Ermuthigung, dass es noch solche Köpfe gibt, wie Sie, und dass ich solchen vollkommen fasslich bin. Auf das Buch von Seydel bin ich begierig: aber ich wollte viel darauf wetten, dass es dem Ihrigen himmelweit nachstehen wird, und dass sein Sieg zu erklären ist aus dem, was ich im zweiten Bande meines Hauptwerkes Kap. 19 am Schluss des § 7 erwähnt habe.

„Bedenke ich nun gar, dass Sie ein Jurist sind, also die Philosophie als Nebenstudium betrieben haben, so steigt meine Bewunderung Ihrer Leistung. * — —

„*Macte virtute tua!* Mit Dankbarkeit und Freundschaft der Ihrige *Arthur Schopenhauer.*"

Bähr's Schrift ist kein Encomium, sondern was der Titel besagt: eine Darstellung und Kritik der Grundgedanken der Schopenhauer'schen Philosophie. Sie unterscheidet sich dadurch von dem, Hohes und Geringes nivellirenden Raisonnement der meisten Kritiker Schopenhauer's (auch des gekrönten), dass sie Sinn verräth für das, was den weiten Abstand des Genies von dem Chor der Rockenphilosophen begründet, mögen die Fehler und Mängel

---

lich tiefsinnige und geniale Auffassung der Natur begründete Lehre Schopenhauer's antasten will, nach welcher der Intellekt, aus dem Willen hervorgegangen, ursprünglich nur das Medium der Causalität auf erkennende Wesen und von Natur dazu bestimmt ist, den Bestrebungen eines individuellen Willens zu dienen."

* Nachdem er die gekrönte Preisschrift gelesen, schrieb er auf sein Exemplar der Bähr'schen: „Das Urtheil der Leipziger Fakultät, welches nicht diesem schönen Buche Bähr's, sondern der miserabeln Arbeit des R. Seydel den Preis zuerkannt hat, besagt: «nicht um Wahrheit und Klarheit ist es uns zu thun, sondern darum, dass Einer, *per fas et nefas*, gehauen oder gestochen, den Schopenhauer herabsetzt und diskreditirt: dafür haben wir den Preis ausgesetzt — aus dem uns anvertrauten Gelde.» — Sie hätten das *respice finem* im Auge behalten sollen. So übertölpelt man das Publikum nicht. Das Ding schlägt um und fällt ihnen auf den Kopf."

des erstern so gross sein wie sie wollen, Sinn für die intellectuelle
und ethische Tiefe der Schopenhauer'schen Weltansicht, für ihre
Bedeutung als „einzig echte" Nachfolge der Vernunftkritik und für
ihren Werth in unserer Zeit.

Bähr erkennt den „grossen Missgriff" Schopenhauer's, dass derselbe „vom Willen *a priori* das ausmachen will, was nur vom
Ding an sich in transcendentaler Bedeutung *a priori* behauptet werden
darf — nämlich Grundlosigkeit und Einheit, und dass wir somit
„zu einem empirischen und doch auf transscendentale Art be-
wiesenen ἕν καὶ πᾶν gelangen". Freilich meint er, dieser Widerspruch werde die Unterscheidung des objectivirten Willens von
dem Willen als Ding an sich von Schopenhauer anderwärts selbst
gehoben, indem die eigentliche Grundlage des ἕν καὶ πᾶν Schopenhauer's die Erfahrung selbst, die Betrachtung der Natur und mehr
noch die Untersuchungen der Ethik seien.

In diesen letzteren sieht er mit Recht: dass sie „in höherm
Maasse als alle andern für die wichtigsten Wahrheiten der Metaphysik Schopenhauer's entscheidend" seien, weil Schopenhauer „uns
den Gegenstand der Moral zugleich als das reale Princip einführt,
und denselben zum Erklärungsgrund der Erfahrung in ihrer Ge-
sammtheit macht".

Man verstatte, Bähr's eigene, vorzügliche Einsicht in Schopenhauer's Denkweise gewährenden Worte anzuführen: „In einer Hinsicht freilich musste die Erkenntnisstheorie der Metaphysik vorarbeiten, indem sie nämlich die zwingenden Fesseln unserer Vor-
stellungsformen dadurch, dass sie deren Idealität feststellte, in
gewissem Sinne von uns nahm, und unserer Erkenntniss ein Feld
von Möglichkeiten eröffnete, welches der Betrachtung der Erfahrung selbst eine ganz neue Wendung geben konnte. Jene Möglichkeiten, denen zunächst nur eine negative Bedeutung zukam,
konnten einen realen Gehalt bekommen, zu etwas Wirklichem
werden, jedoch nicht durch dialektische Kunststücke, sondern einzig
und allein durch eine innige und tiefe Auffassung der Natur und
unseres eigenen Wesens.

„Dies ist nun auch das eigentliche Bestreben der Schopenhauer'schen Metaphysik und in dieser Weise schliesst sich dieselbe innig an die Erkenntnisstheorie an, ohne dass darum zwischen beiden die rechte Grenze aufgehoben würde.

„Die Freiheit oder Grundlosigkeit des Dinges an sich konnte nicht so ohne Weiteres auf den Willen übertragen werden; sie blieb für diesen eine blosse Möglichkeit. Dadurch aber dass die Erfahrung uns das ethische Phänomen des Gefühls der Verantwortlichkeit für unsere Handlungen aufwies, wurden wir zur Ueberzeugung von der Aseïtät des Willens hingeführt, und aus der transscendentalen wurde mithin eine metaphysische Wahrheit. Ebenso nun konnte der Gedanke des ἓν καὶ πᾶν, d. h. die Annahme, dass das allen Dingen zum Grunde liegende Reale trotz aller Verschiedenheit und Vielheit in der Erscheinung seinem Wesen nach Eines sei, durch die Transscendentalphilosophie nur als möglich nachgewiesen werden, indem diese die Idealität unserer Anschauungsformen feststellte; die Wahrheit und Wirklichkeit dieser Annahme lehrte uns aber das zweite Urphänomen der Ethik, das Mitleid, in welchem wir uns mit Andern identificiren, lehrte auch eine allgemeine Betrachtung der Natur, wo wir alle Kräfte und Lebensäusserungen zurückführen mussten auf dasselbe dunkle, ruhelose Streben nach Selbsterhaltung und Selbstbethätigung, welches vielfachen Hemmungen durch ein ausser ihm Liegendes unterworfen ist. — Wie ungleich realer und unserm Verständniss zugänglicher als die todte Abstraktion einer transscendentalen Einheit der Naturwesen, die nur ein Ausdruck der Ohnmacht unserer Vernunft ist, über die Grenzen der Erscheinung hinauszugehen, ist doch die Bedeutung jenes «tat twam asi» (dies bist Du), welches beim Anblick fremden Wehs uns die Stimme des Mitleids zuruft. Die Maxime der reinsten Tugend, wie den Ausspruch höchster Weisheit enthält es in sich, und eröffnet uns einen tiefen Blick ins Innere der Natur und eine wahrhaft grandiose Weltansicht."

Schopenhauer blieb bis zu seinem Tode mit Bähr im Briefwechsel und schätzte dessen Briefe vor allen andern. So schreibt er ihm am 12. Januar 1860: „Ihr Brief hat mir, wie jedes Mal, grosse Freude gemacht: ganz entschieden sind Sie unter Allen die mir schreiben, Der, dessen Briefe mir am meisten heimkommen, wegen des vielen Verstandes, der Klarheit und wahren Aufrichtigkeit. Daher auch genügt mir der geringste Anlass, um Ihnen zu schreiben." Dann geht er auf ein Schreiben *Maillard's* in der „*Revue germanique*" über, welcher eine Uebersetzung der „Metaphysik der Geschlechtsliebe" ins Französische begonnen hatte, und räth davon ab, dieses Kapitel aus dem Zusammenhang zu reissen; vielmehr würde eine sorgfältige und schöne Uebersetzung der ein Ganzes bildenden vier Kapitel 41—44 des 2. Bandes der „Welt als Wille und Vorstellung" am geeignetsten sein „den Franzosen eine verlockende Probe seiner Philosophie zu geben".

Bald darauf, am 25. Februar 1860, schrieb er ihm, für den Glückwunsch zum Geburtstag dankend, zum letzten mal. Da heisst es unter anderm: „Lieber Herr Bähr, herzlichen Dank für Ihren Glückwunsch und Ihren Brief, der, wie immer, die meiner übrigen Korrespondenten weit hinter sich lässt. Schade, dass Sie nun einmal Jurist sind und bleiben müssen: doch freut es mich, dass Sie «Unabhängigkeit» im Auge haben, als welche besser ist denn Reichthum: σχολη καλλιστον κτηματων hat Sokrates gesagt. Da werden Sie wohl einmal etwas Tüchtiges und Würdiges in die Welt setzen. Wenn nur Ihre Gesundheit gut ist: fast Alle haben irgend ein wiederkehrendes oder chronisches Uebel, ich seh's täglich. Ich aber nicht."—

Im nämlichen Aprilheft der „*Westminster Review*" von 1853, welches für Schopenhauer's Ruf von so durchschlagender Wirkung werden sollte, war auch in einer grössern Abhandlung, „*Early Christianity, its creed and Heresies*", das 1852 in London erschienene Werk seines Universitätsfreundes *Bunsen:* „*Hippolytus and his age*" besprochen und dadurch einer an den andern wieder lebhaft erinnert worden. Seit 1854 hatte Bunsen seinen Ruhesitz in Heidelberg aufgeschlagen. Von dort schrieb er am 26. März 1857 an Schopenhauer:

„Eine mir in diesen Tagen durch Kuno Fischer zugekommene Nachricht von einem Ihnen, mein verehrter und unvergessner

Freund, zugestossenen Unfalle war glücklicherweise mit der Kunde
Ihrer vollkommenen Herstellung verbunden. Doch bin ich sehr
begierig zu hören, wie es Ihnen geht. Ich habe nie vergessen,
dass Sie der Erste waren, welcher den ganz unbekannten Jüngling bei der Hand nahm und ihn in der freundlichsten und
gütigsten Weise ins Leben, nach Weimar, in Ihr Haus und zu
Goethe führte. Das Zusammentreffen in Rom brachte uns, nach
zwanzig Jahren Trennung, nicht wieder näher zusammen.* Seit
1854 wieder in's Vaterland zurückgekehrt, habe ich mich glücklich wie ein Patriarch, mit zehn Kindern und dreizehn Enkeln,
in eine anmuthige Einsiedelei zurückgezogen und bin seitdem besonders Ihrem Schaffen und Wirken gefolgt. Die zweite Auflage
Ihres grossen spekulativen Werkes kannte ich schon in London,
wo ich sie einigen denkenden Freunden bekannt machte. Längst
nun wäre ich schon einmal zu Ihnen gekommen, wenn man mir
nicht von Ihrer timonischen Misanthropie so viel erzählt hätte,
dass ich durch das Philistergeschwätz irre gemacht wurde, zwei-
felnd ob Sie mich auch gern noch einmal wiedersehen würden.
Nun höre ich aber dass Kuno Fischers Gewährsmann diesem erzählt, wie Sie Sich freundlich über mich geäussert, und da in
diesem Augenblicke die Nachwehen der Ischiadica mir eine Reise
nicht gerade angenehm oder räthlich machen, so benutze ich die
heutige Sendung meines jüngsten Sohnes Theodor nach Frankfurt,
um Sie zu bitten, ihn, wenn es Ihnen möglich ist, vorerst an meiner
Statt zu empfangen, um ihm zu sagen, wie es Ihnen geht. Ich
glaube, dass Sie, wie alle grossen Philosophen in ihrem Alter, von
Sokrates bis auf Kant, aufgehört haben, Bücher zu lesen**, etwa
Romane oder, wie der Athener, Aesops Fabeln ausgenommen. Wenn

---

* Soll wol heissen zehn Jahren, nämlich 1819. Schopenhauer ist
nach 1823 nicht mehr in Italien gewesen. Bunsen's römischer Aufenthalt erstreckt sich allerdings von 1817—1838.
** Schopenhauer las im Greisenalter mehr als je, namentlich auch
in den Classikern. Während seiner letzten Krankheit noch im Stobäus.

Sie sonst das eine oder andere meiner ἔπεα πτερόεντα* an meine Zeitgenossen hier und unter den Angelsachsen, gesehen haben, so wissen Sie, dass wir über Manches zwar verschieden denken, über die Priorität des Willens aber vor aller Wirklichkeit ganz übereinstimmen, und dass ich auch, von meinem Standpunkte, der Philisterei, Heuchelei, Pfäfferei und aufgeblasenen Professoren-Mittel-mässigkeit den Krieg erklärt, gegen welche Sie von Anfang an redlich und mit Ehrfurcht vor dem Genius und der Wahrheit so muthig gekämpft haben.

„Doch schon zu viel für einen stummen und blinden Dol-metscher, wie ein Brief ist! Wenn Sie mich sehen können und wollen, komme ich einmal an einem schönen Tage des Morgens von hier zu Ihnen, um Abends das mir einst so liebe, jetzt aber als Fress-, Diplomaten- und Juden-Gomorrha verhasste Frankfurt wieder zu verlassen und zu meinem stillen Landsitze zurückzu-kehren. Vielleicht treibt Sie ja auch ein schöner Frühlingstag ins Freie und dann besuchen Sie mich hier.

„Vorerst lassen Sie mich aber durch meinen Sohn wissen, wie es Ihnen geht und wo möglich, dass Sie Sich bisweilen noch freundlich erinnern Ihres Ihnen dankbar ergebenen Freundes

Bunsen."

Sie sahen sich wieder und erneuerten zugleich das Andenken an den Dritten im göttinger Bunde, den Sohn des 1763 in Wall-dorf bei Heidelberg geborenen, in Amerika emporgekommenen Johann Jakob Astor, den 1875 in Neuyork als hundertfacher Mil-lionär verstorbenen *William Backhouse Astor*. So weit, meinte Schopenhauer, sei der Lebenszweck von Dreien, die sich einst so nahe gestanden, auseinander gegangen: der Eine habe Rang, der Andere Reichthum, der Dritte — Weisheit erlangt. Dass er in Bunsen über dem Diplomaten den Gelehrten und Schriftsteller ignorirte, wird nach der Geistesrichtung beider niemand wunder-nehmen. So sagte er über Bunsen's letzte literarische Phase:

---

* Beflügelte Worte (Homer).

„Gott in der Geschichte" sei Bunsen in der Geschichte, und zur
Bibelübersetzung gehöre ein besserer Hebräer. Das Resultat ihres
Wiedersehens konnte hiernach beiderseits kein befriedigendes sein.
Eben in jenem Hauptwerke Bunsen's, im „Hippolyt", war sozusagen der innerste Kern der absoluten Differenz zwischen beider
Denkweise blosgelegt: indem die von Bunsen ausgeführte Idee der
Offenbarung als einer fortlaufenden Manifestation Gottes durch
den menschlichen Geist in Schopenhauer's Augen nicht etwa nur
auf einer Begriffsverwechselung beruhte, sondern geradezu eine
intellectuelle Unredlichkeit involvirte, gegen welche er von Kindes-
beinen auf keine Duldung kannte. Trotz seiner tiefen Einsicht in
die Idealität der Zeit, hatte er absolut kein Verständniss für den
von Bunsen nicht ursprünglich erzeugten, sondern nur angewand-
ten Gedanken, dass alles zeitliche (äussere) Geschehen mit einem
ewigen (immanenten) Geschehen solidarisch verbunden ist, und dass,
was in seiner ursprünglichen (höhern) Region real ist, in einer
niedrigern nur ideal oder bildlich zum Vorschein kommen und
wirken kann. In Bunsen's Idee von einer dem Begriff der Offenbarung inhärirenden geschichtlichen Entwickelung des religiösen Glaubens sah Schopenhauer nicht einmal reine Mystik,
die er gern mild beurtheilte, sondern nur „eine elastische Religion,
die sich dem jeweilig herrschenden Zeitgeiste anpasse". Für ihn
war eben alle Offenbarung nothwendig eine äussere, Einmal ver-
laufene Begebenheit, „*a matter of fact*", nicht auch „*a matter
of thought*"; die Gedanken sollten nur der Philosophie angehören.
Aber wenn schon die Heiden wussten:

$$\text{Δύναται γὰρ ἴσον τῷ δρᾶν τὸ νοεῖν}^*,$$

warum soll sich der lebendige Gott, welcher Geist ist, nicht auch
in der Geschichte des menschlichen Geistes, in den religiösen Vorstellungen offenbaren? Bei der mit ihrem nüchternen *common*

---

* Aristophanis fragm. ap. Clem. Alex. Stromat., VI, p. 749:
„Denn das Denken vermag soviel wie das Thun."

sense nur auf die Aussenseite der Dinge gerichteten „*matter of fact nation*", wie Schopenhauer („Parerga", I, 287) die Engländer bezeichnet, konnte diese Idee freilich ebenso wenig Verständniss finden, weshalb es Schopenhauer sehr zur Genugthuung gereichte, dass der gelehrte, Bunsen günstige Recensent die Bemerkung macht: die philosophischen Sätze, in welchen Bunsen seinen speculativen Glauben verkörpert habe, seien trotz ihrer Tiefe und ihres Reichthums und trotz Bunsen's erstaunlicher Beherrschung der englischen Sprache so specifisch deutsch, dass zu fürchten stehe, sie werden den meisten Engländern unverständlich bleiben. —

Im Sommersemester 1857 wurde auch das erste Universitätscollegium über Schopenhauer's Philosophie gelesen und zwar von einem Naturforscher, *Dr. G. W. Körber* in Breslau, welcher hierüber Schopenhauer schreiben konnte, er habe die Freude gehabt, dass gegen zwanzig Zuhörer mit gespanntestem Interesse des Meisters Worten gelauscht hätten. In welchem Grade damals bereits Schopenhauer's Schriften die Geister ergriffen hatten, bewies der Enthusiasmus, der sich in vielen Briefen an ihn Luft machte. So nennt ihn auch Körber einen „Genius des Jahrhunderts", der ihm „die Schuppen von den Augen gerissen, die der Hegelianismus diesen aufgelegt hatte". „Eingeführt durch Frauenstädt in die unsterblichen Wahrheiten seiner Lehre", habe er diese „aus ihren Quellen mit steigender Begeisterung ganz in sich eingesogen" und sei „Einer der jetzt so Vielen", die für die nächste Zukunft sich die „Schopenhauer'sche Schule" würden nennen dürfen. Nirgends habe er bei den sich häufenden speculativen Fragen, die das tiefere Studium der Natur mit sich bringe, klareren Aufschluss und wahrere Begründung „als in den Dogmen seiner Weltanschauung" gefunden.

Um die nämliche Zeit trat in Berlin *Dr. F. Grävell* als Verfechter der Goethe'schen Farbenlehre auf. Er übersandte Schopenhauer seine erste Schrift „Goethe im Recht gegen Newton", deren geistigen Grossvater er den Philosophen nannte.

Zur siebenzigsten Wiederkehr des Geburtstags desselben, am

22. Februar 1858 liefen zahlreiche Ovationen ein und der Besitzer seines Oelporträts von Lunteschütz, Wiesike auf Plauenhof in Brandenburg, sandte einen grossen silbernen Pokal mit der Inschrift: „Nur die Wahrheit hält Stich: sie allein beharrt, sie ist der unzerstörbare Diamant." Sein alter Freund Becker schrieb ihm: Was der König David von den siebzig oder achtzig Jahren und dem was darüber hinausgeht, gesagt habe, könne doch nicht auf die seltenen Günstlinge der Natur Anwendung finden, und als ein Omen betrachte er es, dass, als er die betreffende Bibelstelle habe nachsehen wollen, er statt derselben, Psalm 92, Vers 15 aufgeschlagen, wo es heisse: „Und wenn sie gleich alt werden, so werden sie doch blühen, fruchtbar und frisch sein." Schopenhauer dankte mit dem Zusatze: „Dass das Alte Testament an zwei Stellen sagt, 70 — 80 Jahre, würde mich wenig scheeren; aber Herodot sagt das Selbe, auch an zwei Stellen: dies hat mehr auf sich. Allein der heilige Upanischad sagt an zwei Stellen: 100 Jahr ist des Menschen Leben, und *Mr. Flourens, De la longévité*, berechnet es auch so. Das ist ein Trost." So gern lebte er jetzt!

Unter den Gratulationsschreiben war auch ein langes in unvollkommenem Deutsch, das ihn seines holländischen Ursprungs halber erfreute. Es kam von Mynher *F. W. van Eeden* in Haarlem, welcher Schopenhauer versicherte, in dessen „grossartigem Werke" alles gefunden zu haben, „was er von seinen Landesgenossen vergebens erwartete". Auch hier hiess es wieder: „Es ist mir wie ein Bibel, den ich in jedem trostlosen oder langweiligen Moment immer mit dem schönsten Erfolg aufschläge."

Zu gleicher Zeit schrieb ihm ein anderer Niederländer, *de Broy van Bruyck*, welcher durch den Dichter *Hebbel* auf ihn aufmerksam gemacht worden war, aus Wien unter anderm: „Mögen Sie noch freundlich vernehmen, was mir ein gegenwärtig in Berlin lebender Freund kürzlich geschrieben: «Deinen Enthusiasmus für Schopenhauer begreife ich nicht nur, sondern ich fände das Gegentheil gerade in deiner Natur unfassbar. Dieser Mann ist für mich nach Hebbel der einzige, der in der Neuzeit eine ganze Umwälzung meiner Gedanken und Anschauungen erzeugte. Ich wäre kaum im Stande, den Punkt klar bloszulegen, wo der Einfluss jener übermächtigen Natur in mir entschieden hervortrat, allein ich fühle es evident, dass ich seit dem Moment, der mir Schopenhauer erschloss, auf eigene innere Fernsichten trat, die ich bis dahin nur blass und dunkel ahnte. Vor allem ist es der Humor inmitten der pessimistischen Weltanschauung, welcher mir aus Schopenhauer elektrisch entgegenschlug, diese Freiheit des Individuums trotz dessen äusserster Gebundenheit an die mystische Nothwendigkeit. Mir war dabei zu Muthe, als ob ich in die Bilderflucht zweier einander gegenüber hängender Spiegel hineingeschaut und mir beim letzten Bilde, das ich erblickt, gesagt hätte: freilich, besässest du nur das Auge, du würdest dann noch weiter und so *in infinitum* sehen! Wenn Schopenhauer über die subtilsten Probleme spricht, so hat man die Empfindung, als müsse die schweigsame Natur, von dem genialen Forscher im Innersten gepeinigt, die Lippen einmal entsiegeln und ein Erlösungswort sich entwischen lassen,»" Man erkennt aus solchen, damals schon sehr zahlreichen Zeugnissen von Ausländern den internationalen Charakter und Werth der Schopenhauer'schen Schriften.

Auch die leipziger „Illustrirte Zeitung" konnte ihn nun nicht länger mit seinem Bildnisse verschonen, einem „unähnlichen abscheulichen Fratz", der ihm zu um so grösserm Aerger gereichte, als es ihm „durchaus nicht darum zu thun" gewesen war, „in dem Philisterblatt zwischen Eisenbahndirektoren und ähnlichem Volk abconterfeit zu stehn."*

Aber dasselbe Jahr brachte eine „*res magna gravisque*", wie er an Becker schreibt: das Erforderniss einer neuen Auflage der „Welt als Wille und Vorstellung". Am 5. August 1858 nämlich zeigte ihm die Verlagshandlung an, dass seine Prophezeiung vom Jahre 1843: „Meine Philosophie wird sich sicherlich, wenn viel-

---

* Brief an Dr. Asher vom 13. April 1858, a. a. O.

leicht auch erst spät, Bahn brechen", sich erfülle. So erfreulich
diese Nachricht für ihn war, so antwortete er doch, der Wahrheit gemäss: er habe darauf schon so lange gewartet, dass der
Eindruck das Gegentheil der Ueberraschung gewesen sei.

Redaction und Revision des um 8½ Bogen vermehrten Werks,
beschäftigten ihn über ein Jahr. In der classisch kurzen Vorrede
vom September 1859 kommt er auf die schon angeführten Worte
seines Lieblings Petrarca zurück: *Si quis tota die currens* u. s. w.
mit dem Zusatze: „Bin ich zuletzt doch auch angelangt und habe
die Befriedigung, am Ende meiner Laufbahn den Anfang meiner
Wirksamkeit zu sehen, unter der Hoffnung dass sie, einer alten
Regel gemäss, in dem Verhältniss lange dauern wird, als sie spät
angefangen hat."

Es war in der That für ihn Abend geworden und die Nacht,
da niemand wirken kann, brach trotz des Upanischads schnell
über ihn herein. Aber desto geschäftiger hatte sich sein Leben
in der letzten Zeit gestaltet, sodass er seufzte: „Wie kurz ist
doch der Tag!"* Kaum war gegen Ende des Jahres 1859 die
dritte Auflage seines Hauptwerks erschienen, so musste er schon
an eine neue Ausgabe der Abhandlungen zur Ethik die Hand
anlegen.

Mittlerweile mehrten sich die Zeichen der öffentlichen Beachtung seiner Schriften im Auslande. Nachdem bereits 1856 die
„*Revue française*" unter der Ueberschrift „*Philosophie de la magie*"
eine Uebersetzung des Abschnitts „Animalischer Magnetismus und
Magie" aus „Ueber den Willen in der Natur" von Alex. Weill
gebracht hatte, recensirte *Ad. Franck* Schopenhauer im October
1858 in den „*Débats*", und die „*Revue germanique*" lieferte im
Januar 1859 ein Stück aus den „Parergen". Der damals als
Professor am Lyceum in Zürich lebende verbannte Neapolitaner
de Sanctis veröffentlichte im Decemberheft der „*Rivista contem-
poranea*" 1858 einen langen Dialog „*Scopenhauer e Leopardi*",

---

* Brief an Dr. Asher vom 15. April 1860.

welcher Schopenhauer ausserordentliche Freude machte. In allen seinen Briefen aus jener Zeit; erwähnt er denselben und am 23. Februar 1859 schreibt er darüber an Dr. Lindner: „Es ist ein wichtiger Fortschritt, der mir Italien eröffnet. Hab' es zweimal sehr aufmerksam gelesen und muss erstaunen wie sehr dieser Italiäner sich meine Philosophie angeeignet und wie wohl er sie verstanden hat: er excerpirt nicht, wie die deutschen Professoren, namentlich Erdmann, meine Schriften, ohne wahres Verständniss und nach der Seitenzahl. Nein, er hat sie *in succum et sanguinem* vertirt und hat Alles an der Schnur, wo er es gerade braucht. Auch ist er von der Wahrheit überzeugt und voll Enthusiasmus; glaubt jedoch, um sein Publikum zu amüsiren, hin und wieder ein *sarcastic sneer* zeigen zu müssen. P. 405 fg. lobt er mich himmelhoch und thut dabei dem Leopardi Unrecht, — den ich oft, mit Bewunderung lese. Die Invektiven gegen mich, am Schluss, lasse ich gelten: denn sie laufen darauf hinaus, dass die *giovane Italia* so wenig wie unser Pack von 1848 an mir ihren Mann gefunden hat."

In dem nämlichen Jahre gingen kurz nacheinander zwei seiner ältesten Freunde heim. Am 3. November 1858 nämlich starb in Frankfurt *Dr. Martin Emden*, ein wohlhabender lediger jüdischer Advocat, mit dem er seit seiner Uebersiedelung nach Frankfurt Umgang gepflogen hatte und allmählich näher befreundet worden war. Emden stand ihm als juristischer Rathgeber treulich zur Seite und theilte seine musikalischen Interessen. Die Tonkunst war die einzige Muse dieses Junggesellen, dessen gutmüthiger und kühler Pyrrhonismus sich mit Schopenhauer's Paradoxien leicht zurechtfand. Daher kam es, dass er von den ältern frankfurter Tischgenossen Schopenhauer's wol der einzige war, mit dem sich dieser im Laufe der Zeit nicht überwarf. Nur Einer Controverse zwischen beiden erinnere ich mich: sie betraf Rossini's „Wilhelm Tell", von welchem Emden nie ohne Widerspruch Schopenhauer sagen hörte, dass es eine Oper von Rossini sei, aber keine Rossini'sche Oper.

Schopenhauer's unglaubliche Unsicherheit und Unentschlossenheit in allem was ausser seinen rein theoretischen Cirkeln lag, liess ihn den Verlust dieses uneigennützigen, stets bereitwilligen Freundes doppelt schwer empfinden. Vier Wochen danach, am 30. November 1858, starb (als Professor der Philologie in Giessen) *Friedrich Osann.* Obwol seit Jahren ausser Verkehr mit demselben, zeigte sich Schopenhauer von dem Tode dieses treuen Freundes seiner Jugend tiefer ergriffen, als sonst bei ihm zu bemerken war. Aber der reiche Nachwuchs jüngerer Freunde und das viele Neue, was jeder Tag ihm jetzt brachte, halfen ihm darüber hinweg. —

Nachdem drei weitere nach der Natur gemalte Porträts von *Lunteschütz, Julius Hamel* und *Angilbert Göbel* vollendet waren, erschien im Herbst 1859 die Bildhauerin *Elisabeth Ney* aus Berlin, um Schopenhauer's Büste zu modelliren. Sie verstand es, ihn dergestalt zu fesseln, dass er sich im Preise ihrer Schönheit, und Liebenswürdigkeit nicht genug thun konnte, und es war in der That ein seltsamer Anblick, wenn der Greis der jungen Künstlerin beim Spaziergange den Hof machte. Die Büste fiel nach Wunsch aus und wurde in Berlin in Gips abgegossen. —

Im Januar 1860 empfing Schopenhauer ein Schreiben des Hofschauspielers *Clemens Rainer* in Oldenburg, welcher bekannte: der Darlegung des Wesens der Kunst durch Schopenhauer „eine bedeutende Aufhellung des Pfades nach dem ihm vorschwebenden Ziele zu verdanken". Er hatte den „Mephistopheles" gespielt, mit Erfolg, aber sich selbst nicht genügend, und wandte sich deshalb mit der Bitte an den Philosophen, ihm „in einigen Strichen seine Gedanken über die Gestalt und deren Stellung zum Gedicht sowie über die Aufgabe des Darstellers, der sie von der Bühne herab versinnlichen solle, zu geben". Er schrieb unter anderm: „Sie erwähnen — und zwar, wenn ich Sie verstanden, nicht missbilligend, dass man die Lockungen und Verführungen, welche die Verneinung des Willens vereiteln, ihr ein stetes Hinderniss in wechselnden Gestalten entgegenstellen, als Teufel personificirt habe. Der Mythos zeigt in ihm die Ursache, warum Erlösung und Befreiung illusorisch oder doch gefährdet sind. Goethe benutzte nach Seydelmann's Ausdruck diesen alten, wohlbekannten Teufel zu seiner wunderbaren Gestalt. Er that aber etwas hinzu, was ihn bedeutend modificirte, besonders durch den ihm beigelegten Zug, dass er als heilsames Ferment schaffend wirken müsse. So redlich ich mich in das Werk Ihres Geistes zu vertiefen strebte, ist mir bis zur Stunde unerschlossen, wie viel von dieser Modification der Hinneigung des Dichters zum Hellenismus zuzurechnen sein möge . . . Mir ist Mephistopheles die Verkörperung des Egoismus, der lieblosen Selbstsucht, die auf allen Stufen der Objektivation im *principio individuationis* befangen, in einzelnen Erscheinungen sich selbst zerfleischt (nicht bloss das Menschenherz zum Bösen stachelt, sondern auch als verheerende Schlossen die Halme des Feldes in den Boden schmettert, oder als Biss der Schlange ein anderes Leben abschneidet); aber eben durch die Wucht des Leidens, das er in Beispiel und Erfahrung fühlen lässt, der endlichen Erkenntniss, welche das *pr. indiv.* durchschaut, zum Siege hilft: nur so vermag ich ihn als schaffenden Teufel zu erkennen . . ."

Hierauf antwortete Schopenhauer: „Geehrtester Herr, dass Sie nach *rite* vollbrachten Studien und Examen sich dem Theater zugewandt haben, ist ein gutes Anzeichen, indem es auf entschiedenen Hang und dieser auf wirkliches Talent deutet; vorausgesetzt, dass Ihre physische Beschaffenheit entsprechend sei: denn dem Schauspieler ist seine Korporisation und Sprachorgan, was dem Virtuosen sein Instrument.

„Ich will versuchen, Ihre etwas unbestimmt gestellte Frage zu beantworten, so gut ich kann; obwohl ich zweifle, dass sich praktische Resultate daraus ergeben werden. — Ob das «und muss, als Teufel, schaffen» d. h. wirken, einen gewissen Hellenismus oder wohl gar Optimismus, der Alles als zum Besten führend auffasst, in Goethe's Ansicht zuzuschreiben sei, oder ob wirklich der Teufel, als Urheber des Uebels und Leidens indirekt zur Verneinung des Willens und dadurch zur Erlösung beitragend von

ihm gedacht worden, vermag ich so wenig wie Sie zu entscheiden.
Eine die letztere Ansicht erläuternde Stelle finden Sie in der eben
jetzt erschienenen 3. Auflage meines Hauptwerks Bd. 2, S. 660 fg.
Da der genetische Gesichtspunkt nie zu vernachlässigen ist, müssen
wir im Auge behalten, dass der Teufel ursprünglich Ahriman ist,
— worüber ich Einiges gesagt habe im 2. Band der Parerga,
S. 314. Auch ist zu erinnern, dass der Prolog im Himmel dem
Kap. 1 im Hiob nachgebildet ist. — Sie haben ganz richtig die
Stelle in meinem Hauptwerk herausgefunden, im 4. Buch, Bd. 1,
§. 68, wo ich den Teufel als Personifikation der Verlockungen
zur Bejahung des Willens bezeichne. Vom Standpunkt meiner
Philosophie aus wäre er zu erklären als die Personifikation der
koncentrirten Bejahung des Willens. Damit hängt es zusammen,
dass wir als das Hauptgeschäft des Teufels überall die Unzucht
jeder Art finden und er meistens Zoten im Munde führt: in dieser
Hinsicht habe ich etwas beigebracht in besagter neuer Auflage,
Bd. 2, S. 651. — Gerade in diesem Sinn finden wir ihn dargestellt in den vortrefflichen «Paralipomena zum Faust», welche im
17. Bande des Goethe'schen «Nachlasses» (oder Bd. 57 der sämmtlichen Werke) stehn und gewiss aus alter Zeit, d. h. jüngeren
Jahren sind. Diese müssen Sie, falls solche Ihnen entgangen
wären, durchaus lesen: jedoch treten hier Satan und Mephistopheles als zwei verschiedene Personen auf. — Sie nehmen, wie
Sie sagen, den Mephistopheles als Verkörperung des Egoismus:
dies reicht nicht aus: daraus macht man noch keinen Teufel;
sondern hiezu gehört «die zweite antimoralische Potenz», die positive Bosheit, welcher das Leiden Anderer Selbstzweck ist und die
ich daher als die eigentlich teuflische Potenz bezeichnet habe im
§. 14 «antimoralische Tendenzen» in der Abhdlg. über das Fundament der Moral, in den «beiden Grundproblemen der Ethik»,
welches Buch ich Ihnen empfehle, da die ethische Seite meiner
Philosophie Ihnen am nächsten liegt. — Ich weiss nicht, ob Ihnen
ein Buch zu Gesicht gekommen ist: «A. Schopenhauer als Inter-
pret des Faust» von Dr. Asher 1859. Ich kann es Ihnen nicht

gerade empfehlen, da es wenig leistet; jedoch hat es eine Menge Parallelstellen aus dem Faust und meinen Werken, wiewohl viele gezwungen und unpassend sind.

„Dies ist Alles, was mir zu Ihrem Zweck und auf Ihre Frage beigefallen ist. Sie sehn meinen guten Willen. — Vor zwei Jahren habe ich hier den jetzt wohl schon berühmten Schauspieler *Haase* als Mephistopheles gesehen und bin sehr befriedigt gewesen: er war durch und durch in Verruchtheit getränkt und ein gewisses *air de réprobation* verliess ihn nie. Am meisten hat er mich frappirt im Anfang, plötzlich als fahrender Scholast dastehend.

„Von Herzen wünsche ich Ihnen Gesundheit und glänzende Erfolge. *Arthur Schopenhauer.*"

Dieser Brief trägt die Spuren des Greisenalters und erinnert an einen reichen Mann, der, um eine laufende Ausgabe zu bestreiten, Geld in allen Taschen sucht, weil er die Fülle seines Kassenschranks vergessen hat. Der „Faust" begleitete Schopenhauer in jungen Jahren wie ein Brevier durchs Leben und steht mit seiner fundamentalen Lehre von der „Bejahung und Verneinung des Willens" im innigsten Zusammenhang. Denn auch die Idee des „Faust"* bewegt sich wesentlich um das Verhältniss der φύσις zum ἦϑος, der Natur zum Geiste — wie bereits Schiller erkannt hatte, wenn er von der „symbolischen Bedeutsamkeit" der Tragödie schrieb, in der man „die Duplicität der menschlichen Natur" und „das verunglückte Bestreben, das Göttliche und das Physische im Menschen zu vereinigen, nicht aus den Augen verliere". Und gleichwie diese Idee selbst dem Genie eines Goethe zu mächtig war, als dass er über ein blosses „Fragment" hinausgekommen wäre — denn die späteren Conceptionen des ersten Theils geschweige denn die des zweiten irren vielfach vom Ziel

---

* „Ohne eine solche dunkle aber mächtige Totalidee, die allem Technischen vorhergeht, kann kein poetisches Werk entstehen, und die Poesie, deucht mir, besteht eben darin, jenes Bewusstlose aussprechen und mittheilen zu können d. h. es in ein Object zu übertragen." (Schiller an Goethe am 27. März 1801.)

ab — so fehlte auch Schopenhauer dieses Ziels in seiner Bestimmung jenes Verhältnisses. Aber soweit beide dasselbe richtig aufgefasst haben, erläutern Dichter und Denker einander unübertrefflich. Das zweite und vierte Buch der „Welt als Wille und Vorstellung" bilden deshalb in Wahrheit den besten Commentar zum ersten und ursprünglichen Goethe'schen „Faust", wozu auch die „Auslassungen" oder Paralipomena (ihrem Hauptstocke nach) gehören.

Das Experiment, welches Mephistopheles* unter göttlicher Zulassung mit Faust anstellt, ist der Volkssage entsprechend kein anderes als die falsche, schwarze, höllische Magic, im Gegensatze zur himmlischen, durch welche Gottes Bild im Menschen wiedererweckt (imaginirt) und damit für letzteren die wahre, ursprüngliche Herrschaft über die Natur wiedergewonnen wird; wogegen jenes falsche *imperium in naturam*, welches durch die Imagination in die von Rechts wegen unter ihm stehende und deshalb nur durch Unterwerfung zu bezwingende irdische Natur erstrebt wird, das dem Menschen vom Teufel unter der Devise *Natura parendo vincitur (Bacon)* vorgespiegelte Trugbild ist. Die Reizungen, mittels deren der Mensch in diesen „Blend- und Zauberwerken des Lügengeistes" bestärkt wird, um „Vernunft und Wissenschaft, des Menschen allerhöchste Kraft" zu verachten, bilden eben den Inhalt der Tragödie, deren (der Sage und Idee entsprechende) Durchführung dem Dichter misslingen musste, weil seinem wunderbaren, im Fragmente mit „beneidenswerther Sicherheit" (Gervinus) manifestirten Natursinn der entsprechende Rechtssinn d. i. die entsprechende ethische Vertiefung fehlte, sodass er, statt der erforderten sittlich-religiösen Peripetie des Stücks, zuletzt auf ein in endlose Polypragmosyne verlaufendes ernsthaftes Possenspiel verfiel, welches mitnichten als die richtige Lösung jenes gewaltigen Problems erscheinen kann.

---

* Die Idee desselben war Goethen auch bei der ersten Conception nicht begrifflich klar, sondern durch Theorien getrübt, weshalb sowol der „Erdgeist" als auch der „Satan" in die Rolle des Mephistopheles, der hier nur *a potiori* zu verstehen ist, hereinspielen.

Goethe redet irgendwo von einer „Tücke der Natur", vor welcher der Mensch sich in Acht zu nehmen habe, während doch seines Glaubens Regel Vertrauen und zwar unbedingtes Vertrauen zu dieser Natur war. Dass eine solche Tücke nicht der selbstlosen Materie beigemessen werden kann, sondern „nur einem diese Materie überall, zugleich mit dem Segen durchziehenden und durchwitternden geistigen Verderbniss und Fluch, dessen Kenntniss, als eines Radicals dieser Materie, erst die wahre Physik begründen würde", darauf hat unter anderm Baader hingewiesen, indem er sagt: „Der kreatürliche selbstsüchtig gewordene Geist, indem er, nur Mitwirker seiend, zum Selbstwirker sich erheben will, muss die Natur, welche nur Werkzeug ist, zu seinem Mitwirker erheben wollen, was ihm aber misslingt, indem er statt eines Mitwirkers nur einen Gegenwirker in dieser Natur findet. Das Böse kann nie Natur fassen (*prendre nature*, wie Saint-Martin sagt), weil es immer schon von der Natur gefasst oder gebunden ist. Denn das eben ist ja das Leiden der Natur, dass sie, von diesem bösen Willensgeist gleichsam besessen, zu einer ihrer Bestimmung zuwiderseienden Actuosität entzündet und beunruhigt wird, und der Patholog weiss oder sollte es wissen, dass jede morbose Sensibilität und Activität nur die Folge einer abnormen Potenzirung oder Steigerung dessen ist, was nicht activ sein sollte." In demselben Sinne sagt Saint-Martin: „*toute la nature n'est qu'une douleur concentrée*" („Ministère de l'homme esprit", p. 299).

Von diesem Leiden der Natur, von diesem Schmerz des Lebens also reden Goethe und Schopenhauer jeder auf seine Weise unübertrefflich, und indem letzterer sich nicht damit begnügt, wie Lukrez („De rerum natura", V, 200) Fehler und Mängel, ja eine „*culpa*" in der Natur als Nothwendigkeit anzuerkennen, vielmehr dafür einen freien Willen verantwortlich macht, dient seine Lehre zur Beleuchtung der genialen, nur in ethischer Hinsicht nicht zur vollen Klarheit gediehenen Intuitionen des Goethe'schen „Faust" wie wenige andere.

Hatte schon die Philosophie der Alten in ihren höchsten

Spitzen, Platon und Aristoteles, die Einsicht gewonnen, dass der Mensch, um wahrhaft menschlich zu sein, sich über das blos Menschliche zum Göttlichen erheben d. h. über seine (thierisch-materielle) Natur hinauskommen, darüber Herr werden müsse, so ist Schopenhauer zu der Erkenntniss der Nichtigkeit, des mora-lischen Unwerths alles blos natürlichen Lebens und der Noth-wendigkeit einer gänzlichen Umkehr des Willens zum Zwecke der Erlösung von diesem Leben durchgedrungen. Wenn daher Faust in der Selbstentzweiung, in die ihn dieses Leben gebracht, vor dem Abgrunde des Selbstmords plötzlich zurücktritt und „Vernunft und Wissenschaft", bei denen er vergeblich sein Heil gesucht, von sich werfend, — dem Teufel, der ihn weissgemacht, ihm zeigen zu wollen, „wie leicht sichs leben lässt", seine Seele verschreibt, d. h. sich der „Bejahung des Willens" in die Arme stürzt, so ist dies — mag nun die Scene in Faust's Studirzimmer, in Auerbach's Keller, in Gretchens Schlafstube oder in der Hexenküche spielen — wesentlich nichts anderes, als die von Schopenhauer so ein-leuchtend demonstrirte Lebens- und Leidensgeschichte des natür-lichen Menschen: Text Predig. Salom. 2, 1. Nur dass bei Scho-penhauer die Einsicht in die Quelle des Uebels fehlt, indem er statt des verkehrten creatürlichen Willens den ewigen Willen mit sich selbst in Widerspruch gesetzt und, als dessen Erscheinung, die materielle Welt an sich schon vom Uebel sein lässt, anstatt dieselbe als Schutzhülle wider dasselbe zu begreifen, da denn freilich sein ganzes System eine andere Gestalt hätte gewinnen müssen.

Aber jene an sich schon grosse und fruchtbare Erkenntniss, welche, wie gesagt, ahndungsweise bereits in der Philosophie der Alten und, mit einer zum Glaubensartikel gewordenen allgemeinen Ueberzeugung im Mittelalter* sich ausspricht — „ἡ γαρ φυσις δαι-

* Nur muss man die Lehre von der Verderbniss des natürlichen Menschen nicht mit jener erst im 17. Jahrhundert aus einem falschen Supranaturalismus erwachsenen Naturfeindschaft und Naturscheu ver-

μονια αλλ᾽ ου Ͽεια εϲτιν" sagt Aristoteles („De Divinat.", c. 2, p. 463) und „*Darumb só ist der bóse geist und die nátúr eins*" heisst es in der deutschen Theologie — findet sich für moderne Augen bei Schopenhauer mit einer Deutlichkeit beleuchtet, wie sonst nirgends. Und wenn er zur Widerlegung des Pantheismus sagt, dass einen Gott, der sich hätte beigehen lassen, sich in eine solche Welt, wie die, in welcher wir leben, zu verwandeln, doch wahrlich der Teufel geplagt haben müsste („Welt als Wille", II, 399), so spricht er damit nur wider Willen die tiefere Wahrheit aus, dass es mit dieser Welt allerdings nicht mehr *res integra* ist, wie er überall naiv voraussetzt, sondern dass diese Welt mit all ihrem endlosen Jammer und ihrer grenzenlosen Verworfenheit allerdings nur ein „Kampf ums Dasein" ist, aber um ein besseres — ein Zug nach der verlorenen Heimat, wie das Christenthum lehrt, zu dessen negativen Wahrheiten Schopenhauer vortrefflich hinleitet, ohne zu den positiven durchgedrungen zu sein. — Deshalb kann auch die Katastrophe der Tragödie, „die Leidensgeschichte Gretchens", nicht besser als mit der Lehre von der „Verneinung des Willens zum Leben" illustrirt werden, wie dies Schopenhauer in §. 68 seines Hauptwerks (Bd. 1) selbst hervorgehoben hat. —

Im April 1860 schrieb *Ottilie von Goethe* an Schopenhauer, ihm ihre Freude an seinem Ruhm auszusprechen, an der Kraft, die ihn das Ziel, das er sich fünfzig Jahre zuvor unter ihren Augen gesteckt, „der Philosoph des 19. Jahrhunderts zu werden", hatte erreichen lassen. „Wie selten", schrieb sie, „gelingt

mengen. Das christliche Mittelalter stand vielmehr, wie der Orient, auf vertrautem Fusse mit der Natur, wie sein naiver Glaube an dieselbe, seine Naturphilosophie und seine derben Sitten beweisen. Erst die entartete protestantische Orthodoxie löste diese Bande und trieb die Unnatur bis zu den Hexenprocessen, nachdem an die Stelle der Ascese nüchterner Weltsinn und Muckerthum getreten und alles Naturgefühl dem zum Perrükenstock vertrockneten Menschen bis zu dem Grade ausgetrieben und entfremdet war, dass dasselbe in den Tagen eines Barthold Brockes wieder neuentdeckt werden musste.

609

das, wie Viele bleiben auf dem Weg zurück, den sie durchlaufen
wollten, wie Viele geben auf oder wechseln ihre Absicht — kurz
die Hindernisse sind zu gross für die Meisten, um das Ende an
den Anfang knüpfen zu können." —

Im August endlich lief ein anonymes Schreiben aus Weisskirchen
in Mähren ein, in dem es hiess: „Die Schreiber dieser Zeilen sind
zwei junge Menschen, Zöglinge einer Militairanstalt, wo sie in
enger Haft gehalten werden. Die, natürlich heimliche Lesung
Ihrer Schriften hat uns mit der glühendsten Begeisterung und der
innigsten und aufrichtigsten Hochachtung für Sie erfüllt. Wir
lesen Ihre Bücher zu wiederholten Malen mit immer regerem Eifer
und vermehrtem Genusse, je mehr sich uns der tiefe Gehalt er-
schliesst. Die Wahrhaftigkeit und der biedere Sinn, der aus jedem
Ihrer Worte spricht, haben Ihnen unsere ganze und innige Zuneigung gewonnen."

Sie baten um Aufschluss über das Dilemma der Verneinung
des Willens, also über das nämliche Thema, über das er mit Becker
correspondirt hatte. „Jeder Mensch hat den ganzen und ungetheilten Willen in sich, er selbst ist nichts als Wille. Wenn nun das
Individuum den Willen verneint — der Wille sich selbst vernichtet
— so muss auch alle Objectivation verschwinden — die Welt wäre
erlöst und zu dieser Erlösung der ewig leidenden reichte ein
einziges, den Willen verneinendes Individuum hin. Das ist der
Knoten, den wir nicht zu lösen vermögen . . ."

Sie baten die Antwort *poste restante* unter Chiffern vor dem
15. September an sie abgehen zu lassen. „Es sind dies zwar
förmliche Bedingungen, die wir Ihnen da unberechtigter Weise
stellen; doch wollen Sie unsere gedrückte Lage bedenken: wir be-
gingen schon einen Unterschleif, indem wir diesen Brief uncon-
trolirt wegsandten und begehen einen neuen, indem wir Ihre Antwort ebenso empfangen."

Die intellectuelle Nothlage der Jünglinge, die sich Schopenhauer aus dieser Mittheilung construirte, die Wichtigkeit des Problems und der Appell an seine Wahrhaftigkeit bewogen ihn, gegen

seine Regel, zu eingehender Antwort, welche — drei Wochen vor seinem Tode geschrieben — das Letzte war, was aus seiner Feder geflossen ist. Sie lautet:

„Ihr Schluss ist formell richtig, auch die Prämissen sind wahr, und doch ist die Aussage der Conklusion falsch. Dies kommt daher, dass eine Amphibolie des Begriffs vorgeht. Der Wille wird als individueller in der Erscheinung genommen; dann aber wieder als Ding an sich. In letzterer Beziehung wird jedoch der Gegenstand transcendent d. h. geht über alle Möglichkeit unseres Verständnisses hinaus, weil über die Erfahrung hinaus die Formen unseres Intellects, Raum, Zeit, Causalität nicht mehr anwendbar sind. Diese Formen jedoch behalten Sie bei, indem sie die Prädikate Ganzes und Theil, Zahl und Einheit, Ursach und Folge auf den Willen als Ding an sich anwenden. Z. B. Sie fassen ihn mittelst unserer Anschauungsform Raum, folglich quantitativ, indem Sie sagen: «da der Wille in jedem Individuum ganz ist, muss mit seiner Verneinung in diesem Individuum die ganze Welt aufgehoben sein.» Wenn Sie aber die Sache so rein quantitativ auffassen wollen, hätten Sie consequenterweise höher oben anfangen und sagen sollen: «nimmermehr kann der Eine und untheilbare Wille ganz in jedem von zahllosen Individuen sein.» Denn dies ist eine räumliche Unmöglichkeit. Imgleichen geht Ihre Frage eigentlich auch auf die Kausalität, die der aufgehobene Wille auf die Erscheinungswelt ausübt. Ebenfalls die Zeit nimmt sie in Betracht, indem sie sagt: «nach dem Eintritt einer Verneinung des Willens muss u. s. w.».

„Diese ganze Amphibolie entsteht daraus, dass Ihre Frage sich auf die Gränze des unserer Erkenntniss Zugänglichen und des ihr Unzugänglichen, Transcendenten gestellt hat und nun die Begriffe über diese Grenze hin- und herwirft.

„Ich meinerseits hüte mich vor aller Transcendenz und rede immer nur von Dem was sich in der Erscheinung nachweisen lässt, zeige also den Willen in seiner Bejahung nebst den an dieser hängenden Erscheinungen, der Welt, als ihren Folgen: — dann den Willen in seiner Verneinung; hier kann ich aber auf die Folgen nicht weiter schliessen als negativ und da sind sie für uns — Nichts.

„Ob nun die den Willen bejahenden Individuen und das ihn ausnahmsweise verneinende sich in der Zeit als vor oder nach einander darstellen, macht keinen Unterschied, so wenig wie dass sie im Raum neben einander auftreten müssen: dies Alles geschieht bloss in der Erscheinung und vermöge ihrer Formen. Für den in der Verneinung begriffenen individuellen Willen habe ich die negative Folge ausgesprochen Bd. 1 p. 452 und damit die äusserste Gränze, zu der unsere Fassungskraft reicht, berührt.

„Alles hier Gesagte wird Ihnen umsomehr einleuchten, je mehr Sie sich mit der Kritik der reinen Vernunft bekannt gemacht haben. In Hinsicht auf die unüberschreitbare Gränze aller unserer metaphysischen Erkenntniss empfehle ich, die drei Seiten des letzten Kapitels des 2. Bandes aufmerksam zu lesen. Zur Aufhellung Ihres Problems ist auch zu berücksichtigen Bd. 2 p. 698 «die Individualität» u. s. w. — Auch kann man auf Ihren Einwurf erwidern: Wenn durch Einen, der den Willen verneint, die Welt verschwindet, so ist sie vermöge eines Andern, der ihn bejaht, wieder hergestellt. Die Wahrheit ist: für den der sie will, ist sie stets da, für den der sie nicht will, ist sie nicht."

Mit diesem lichtvollen Commentar — gegen dessen absolute Geltung wir, von unserm Standpunkt, freilich Einspruch erheben müssen (vgl. oben S. 278) — schloss der redliche Wahrheitsfreund sein gedankenreiches Leben würdig ab.

XVII.

Schluss.

Von seiner Uebersiedelung nach Manheim im Sommer 1832 bis in sein letztes Lebensjahr hatte sich Schopenhauer nicht allein einer festen Gesundheit erfreut, sondern auch den Satz an sich bewährt gefunden: *crescente vita crescit sanitas et morbus*. Namentlich hatten ihn Ohren- und Zahnschmerzen für immer verlassen, die ihn in frühern Jahren nicht selten heimgesucht. Eine Ohnmacht, welche ihn 1857 bei Tische befallen, und von einem Sturz begleitet war, liess keine weitere Störung zurück. Seine gewohnte Lebensweise erlitt deshalb viele Jahre hindurch keine erhebliche Unterbrechung. Im April 1860 aber, als er eines Tages vom Mittagstische kam und seinen gewöhnlichen energischen Schritt nach Hause richtete, empfand er plötzlich Athmungsbeschwerden und Herzklopfen. Diese Symptome wiederholten sich den Sommer über und zwangen ihn zuweilen, auf offener Strasse anzuhalten, auch, da er sich an langsames Gehen nicht gewöhnen wollte, seine Spaziergänge abzukürzen. Im August trat morgens nach dem Aufstehen der erste bedenkliche Anfall ein, wobei er sich entfärbte und zu ersticken schien. Sein Arzt fand keine organische Veränderung und beschränkte sich darauf, ihm schmälere Kost anzurathen. Gegen alle Medicamente hatte Schopenhauer den natürlichen Widerwillen eines von Jugend auf gesunden Menschen und hielt Alle für Thoren, die sich die verlorene Gesundheit aus der Apotheke wieder einkaufen wollten. Die Kunst, die Maschine unseres Leibes im Ganzen tüchtig zu erhalten, fiel ihm mit der Behandlung des erkrankten zusammen. Indessen war er mit seinen mangelhaften pathologischen Kenntnissen immer sehr unzufrieden, während er sich in der Physiologie zu Hause fühlte. Ich rieth ihm, die kalten Flussbäder einzustellen und im Bette zu frühstücken, wozu er aber nicht zu bewegen war.

Am Morgen des 9. September, nachdem sich einige Tage zuvor der Erstickungsanfall wiederholt hatte, wurde ich zu ihm gerufen und fand ihn von einer Lungenentzündung ergriffen. Er sagte gleich, dies sei sein Tod; erholte sich aber, nachdem die Krisis eingetreten war, in wenigen Tagen wieder so rasch, dass er das Bett verlassen und einige Besuche empfangen konnte. Wie sehr er geschwächt war, fühlte er wohl; doch gab er sich der Hoffnung auf Genesung hin, als ihn am 18. September abermals ein Anfall traf.

Am Abend dieses Tages sprach ich ihn zum letzten mal. Er sass auf dem Sofa und klagte über intermittirendes Herzklopfen, während seiner Stimme nichts von der gewohnten Stärke fehlte. Er las in D'Israeli's „*Curiosities of literature*", die ihm eine leichte Unterhaltung gewährten, und hatte die Stelle aufgeschlagen, welche von den Autoren handelt, die ihre Verleger zu Grunde gerichtet haben. „Dazu hätten sie mich auch beinahe gebracht", sagte er scherzend. Dass seinen Leib nun bald die Würmer zernagen würden, sei ihm kein arger Gedanke: dagegen denke er mit Grauen daran, wie sein Geist unter den Händen der „Philosophieprofessoren" zugerichtet werden würde. Er fragte nach dem Neuesten in Politik und Literatur und sprach die Hoffnung aus, dass Italien doch noch eins werden könne; gab mir aber zu, dass wir dann das alte, reich individualisirte Italien, an dessen vielfachen Spaltungen in Charakter, Geist und Sitte, vielleicht unbewusst jener grosse Antheil des gebildeten Europa jahrhundertelang gehaftet, gegen ein modern verwischtes und nivellirtes vertauschen müssten.

Als literarische Neuigkeit hatte ich ihm Baader's Commentar zu Saint-Martin's Schriften mitgebracht und die Stellen angezeichnet, an denen der Herausgeber seiner erwähnt. „Es gibt mancherlei Philosophen, abstracte und concrete, theoretische und praktische", sagte er: „dieser Baader ist ein unausstehlicher." Ich erinnerte ihn daran, dass Baader schon 1828 und 1836 den Studenten seine Werke empfohlen und, trotz der fundamentalen Divergenz der beiderseitigen Denkweisen, in den Vorlesungen über Jakob Böhme's Theologumena und Philosopheme anerkannt habe, dass Schopenhauer „durch sein Werk und durch seine Aufrichtigkeit sich ein ungleich grösseres Verdienst erworben, als eine Unzahl anderer, in demselben Geiste schreibender Philosophen unserer Zeit". — „Es ist wahr", erwiderte er: „ich erinnere mich, er hat glimpflich von mir gesprochen; aber ich kann ihm nicht helfen."

Ueber dem Gespräch war es dunkel geworden; die Dienerin zündete die Kerzen an — denn das verdeckte Licht einer Lampe mochte er nicht — und ich konnte mich noch seines hellen Blickes freuen, in dem nichts von Krankheit und Alter zu lesen war. Es wäre doch erbärmlich, meinte er, wenn er jetzt sterben sollte: er habe den Parergen noch wichtige Zusätze zu geben. Er kam auf die Entstehungsgeschichte des Buchs: die Hauptsache seien die Paralipomena, die im Hauptwerke ihre Stelle gefunden haben würden, wenn er zu jener Zeit hätte hoffen dürfen, dessen dritte Auflage zu erleben.

Bei der ungewöhnlichen Rüstigkeit seines Greisenalters, die ihm bis zuletzt den vollen Genuss seiner Kräfte erlaubte, bei der fast jugendlichen Energie aller geistigen Functionen, die ihn bis an den äussersten Rand seines Lebens begleitete, durfte er wohl erwarten, ein höheres Alter zu erreichen. Zeichnet doch die nach dem .siebenzigsten Jahre geschriebenen Zusätze zur „Welt als Wille und Vorstellung" dieselbe Frische, derselbe lebendige Fluss, ja, wenn möglich, eine grössere Klarheit aus, als das, was er vierzig Jahre früher geschrieben. Mit solchen Bemerkungen suchte ich ihn aufzuheitern. Die gefährlichste Periode des höhern Alters

schienen ihm die ersten siebziger Jahre zu sein; wenn diese glücklich überschritten wären, würden die nächsten zehn leichter erlebt.
Früher glaubte er seiner Feinde wegen lange leben zu müssen;
jetzt lebte er gern, um sich in der warmen Anerkennung zu son-
nen, die ihm von allen Seiten, selbst aus den entlegensten Orten
entgegenkam. Er legte Werth darauf, dass seine Schriften von
Dilettanten und, nach deren Art, mit Enthusiasmus ergriffen wurden: nur bei ihnen hoffte er den zum Verständnisse derselben
nöthigen Grad von Unbefangenheit und Unabhängigkeit finden zu
können, und am meisten freute es ihn, wenn er stets neue Beweise erhielt, dass seine scheinbar irreligiösen Lehren „als Religion
anschlugen", und den leergewordenen Platz des verlorenen Glaubens ausfüllend, zur Quelle innerster Beruhigung und Befriedigung
wurden. In der That der beste Beweis seines unsterblichen Genies!
denn dem Werke eines blossen Talents wird so etwas auf dem
trockenen Felde der Abstraction nimmer gelingen.

Unter solchen Betrachtungen war er wärmer und weicher geworden als ich ihn jemals gesehen hatte. Ungern verliess ich ihn,
um seine Kräfte zu schonen. Keine Ahnung sagte mir, dass ich
ihm das letzte mal ins Auge sah, zum letzten mal die Hand drückte.
Ernsthaft äusserte er noch: es würde für ihn nur eine Wohlthat
sein, zum absoluten Nichts zu gelangen; aber der Tod eröffne
leider keine Aussicht darauf. Allein, es gehe wie es wolle, er
habe zum wenigsten ein reines intellectuelles Gewissen. Bei
der Einheit und Festigkeit seiner Welt- und Lebensansicht ein
doppelt seltenes Glück!

Am nächsten Tage war ich verhindert, ihn zu sehen. Den
darauf folgenden 20. September befiel ihn morgens nach dem Aufstehen ein heftiger Brustkrampf, sodass er auf den Boden fiel und
sich die Stirn verletzte. Den Tag über fühlte er sich wieder frei
und die folgende Nacht verlief gut. Er war wie gewöhnlich auf-
gestanden, hatte sich kalt gewaschen und alsdann zum Frühstück
gesetzt; die Dienerin hatte eben erst die Morgenluft in das Zimmer
gelassen und sich dann entfernt. Einige Augenblicke später trat

sein Arzt herein und fand ihn todt, auf den Rücken gelehnt in der Ecke des Sofas sitzend. Ein Lungenschlag hatte ihn schmerzlos dieser Welt entrückt: das Gesicht war unentstellt, ohne die Spur eines Todeskampfs. Er hatte immer gehofft, leicht zu sterben; denn wer sein Leben lang einsam gewesen sei, werde sich auf dieses solitaire Geschäft besser verstehen als Andere. Statt unter den auf die ärmliche Capacität der „bipedes" berechneten Alfanzereien, werde er im freudigen Bewusstsein endigen, dahin zurückzukehren, von wo er so hoch begnadigt ausgegangen sei, und seine Mission vollbracht zu haben.

Seinem bei mir schriftlich niedergelegten Willen gemäss unterblieb die Section. Auf meine Frage, ob er dieselbe verbieten wolle, hatte er nach kurzem Bedenken geäussert: „Ja. — Haben sie vorher nichts gewusst, so sollen sie auch nachher nichts wissen." Das Haupt mit einem Lorbeerkranze geschmückt, wurde die Leiche seiner Verordnung gemäss in schwerem eichenen Sarg in einer Leichenkammer des Friedhofs in der Stille beigesetzt und erst am 26. September feierlich beerdigt. Vor dem kleinen, wunderlich gemischten Häuflein, das sich zu dieser Feier, zum Theil aus der Ferne, zusammengefunden — ausser Becker, Kilzer und mir befand sich kein Näherstehender darunter — sprach zuerst Pfarrer Dr. Basse im Geiste der evangelischen Kirche; dann ich das Folgende.

„Der Sarg dieses seltnen Mannes, der ein Menschenalter hindurch in unserer Mitte lebte und gleichwol ein Fremdling unter uns blieb, fordert seltene Gefühle heraus. Keiner steht hier, der ihm durch die süssen Bande des Blutes angehörte; einsam, wie er gelebt, ist er gestorben. Und doch sagt uns Etwas vor diesem Todten, er habe Ersatz gefunden für seine Einsamkeit. Sehen wir Freund wie Feind so verlassen hinabfahren in die Nacht des Todes, so öffnen sich unsere Augen für ein Glück, das da bleiben könnte, und jedes andere Gefühl schweigt vor dem brennenden Durste nach den Quellen des Lebens. Diese heisse Begierde nach der Erkenntniss des Ewigen, die Meisten nur im Angesicht des

Todes, nur selten und flüchtig wie im Traum beschleichend —
ihm war sie die unwandelbare Gefährtin eines langen Lebens. Ein
echter Liebhaber der Wahrheit, der das Leben ernst nahm, brach
er von Jugend auf ungestüm ab, wo er auf Schein stiess, auf die
Gefahr hin, mit allen Menschen, allen Verhältnissen zu brechen.
Dieser tiefe, sinnige Mensch, dem doch ein Herz in der Brust
schlug, lief er nicht beleidigt, wie ein Kind, das sich im Spiele
erzürnt, durch sein ganzes Leben dahin — einsam und unver-
standen, nur sich selbst getreu?

„Frei geboren und erzogen, blieb sein Genius ungebeugt von
den Bürden der Welt. Immer pries er dankbar diese grosse
Gunst seines Schicksals, einzig bemüht, sie zu verdienen, und stets
bereit, Verzicht zu thun auf Alles, was sonst die Herzen der
Menschen erfreut, im Angesicht seines erhabnen Berufs. — Lange
blieb ihm sein irdisches Ziel verhüllt: der Lorbeer, der jetzt seine
Stirn umflicht, ward ihm erst am späten Abend gereicht; aber
felsenfest wurzelte in seiner Seele der Glaube an seine Bestimmung. Während der langen Jahre unverdienter Verborgenheit wich
er keinen Fuss breit ab von seinem einsamen hohen Weg und
ergraute lächelnd im harten Dienst der spröden Geliebten, die er
sich erwählt, eingedenk jenes Spruches aus dem Buche Esra (vor
der neuen Ausgabe seiner Ethik, deren Erscheinen er nicht mehr
erleben sollte): «Gross ist die Macht der Wahrheit und sie wird
siegen.»

„Welche von uns so glücklich waren, dem ausserordentlichen
Manne näher zu stehen, ich meine zu einer Zeit, da noch kein
Tagesblatt von ihm sprach und der «Narr» in unserer Mitte noch
nicht als der «Weise von Frankfurt» in Geltung stand, die werden
sich des Vereins eines seherhaften Scharfblicks, den nie das Ausser-
wesentliche an den Erscheinungen irrte, mit jener, wie soll ich
sagen, kindlichen Hülflosigkeit im Wirken auf dieselben, jener dem
Genie so eigenen Thorheit in den Augen der Welt — sie werden
sich dieses wunderbaren Vereins in den lebensvollen feinen Zügen

des Mannes, in dem zu allen Stunden von der Idee beseelten glanzreichen geistigen Auge an dieser Stätte erinnern.

„So möge sein Bild unter uns fortleben — unentstellt durch das falsche Lob und den falschen Tadel, die sich an die Fersen des Ruhmes heften. Er wird nicht vergessen werden! Dafür bürgt, dass er nicht den Weg der Ephemeren gegangen ist, die ihre vergängliche Sache suchen; sondern sein Verdienst in der Sache der Wahrheit selbst suchte. Wie manche Schlacke des Irrthums auch von dem Gold der Erkenntniss abgeht, das er in einem ganz dem Dienst der Wissenschaft geweihten hochbegabten Leben zu Tag gefördert — zwei Grundpfeiler seiner Lehre werden stehen, wann längst die Spur seines Grabes, das wir hier gründen, nimmer aufzufinden ist.

„Alles Gute sollte nicht in die Mode kommen, denn ihr Wesen ist der Wechsel; still und langsam, aber unaufhaltsam sollt' es sich seine Bahn brechen wie die Natur. Unseres Freundes Lehre war, wie der Schnitt seines Rockes, völlig aus der Mode und wird es — einiger gutgemeinten aber übel angebrachten Posaunenstösse ungeachtet — bleiben. Ein für unsere Apotheker-philosophen und modernen Eklektiker gänzlich überwundener Standpunkt: der Idealismus bildet den Grund derselben. Es weht kein Geist darin, der den Phosphor zum Vater hätte! In einer Zeit, die, vermessen durch die Erfolge der menschlichen Kräfte im äussern Leben, den jahrtausendalten Besitzstand des innern, die Fundamente unserer geistigen Existenz mit plumper Hand antastet — in einer solchen Zeit erscheint seine, allerdings überkühne, idealistische Grundansicht — die aber zu den eigentlichen Mysterien der Philosophie gehört — als das kräftigste Gegengift gegen die zersetzende Säure des Materialismus.

„Aber er war mehr als Idealist. Sein geistiges Princip war kein leerer Gedankenschemen. Er kam aus der Schule Platon's und Kant's. Daher seine herrliche ethische Tiefe. Seinem Scharfblick entging nicht der Stand der Erniedrigung, der Corruption, in dem wir leben. Die Leiden der Welt und die Nichtig-

keit des irdischen Daseins auf ihren wahren Ursprung, den verkehrten Willen zurückführend, und den letzten Zweck der Dinge
ausschliesslich im Sittlichen findend, adelte er seine Lehre zu jener
erhabenen Mission, welche die auserwählten Denker aller Jahrhunderte der höchsten Wissenschaft immer zugeeignet haben. Ja,
wenn wir dem merkwürdigen Manne ganz gerecht werden sollen,
so müssen wir anerkennen, dass er der Erste gewesen, welcher die
Ethik zur Metaphysik, das Sittliche zum Absoluten erhoben,
indem er, den Willen als das Wesen der Dinge fassend, dem viel-
verschlungenen Räthsel der Welt eine einfache, rein sittliche Lösung gab, indem er den sittlichen Willensact mit dem innersten
Wesen der Welt identificirte. Die Frage freilich nach der Daseins-
form dieses Dinges an sich, ausserhalb jeder Verkörperung,
wies er, als unbefugt, entschieden zurück und leugnete deshalb an
demselben auch die Form des menschlichen Bewusstseins,
welches dem Bedürfnisse des philosophischen Neulings so ganz
unentbehrlich erscheint, dass er dasselbe, auch noch im siebenten
Himmel, nicht ohne gewaltigen Anstoss vermisst.

„Eine solche Lehre, theoretisch wie praktisch auf die Ver-
läugnung der Sinne gerichtet, darf der Staat getrost walten lassen,
und es befremdet niemand, die atheistischen Bücher Schopenhauer's unverboten zu sehen. Die sittliche Ordnung der Dinge,
Recht und Gesetz in uns, ausser uns und vor Allem über uns,
in Gestalt einer starken Autorität über die Leidenschaften der
Masse, das war ihm das einzig Tröstliche und Bedeutsame in den
Verhältnissen der Menschen, deren natürlicher Selbstsucht er in
allen Stücken das Schlimmste zutraute. Für diese Sinnesart legt
noch sein letzter Wille Zeugniss ab, wodurch er seine Landsleute,
die im Kampf gegen die Revolutionsmacher unserer Tage invalid
gewordenen Preussen zu Erben seines Nachlasses eingesetzt hat.
Bei aller dieser Entschiedenheit seines Urtheils und seiner Gesinnung, bei aller Schroffheit in der Aeusserung derselben, schlug
ihm ein weiches, unendlich empfängliches, freilich auch unendlich
empfindliches, reizbares Herz in der Brust. Der flache Blick des

Alltagsmenschen sah den Misanthropen in ihm: aber wie gering er von den Menschen auch dachte, er fühlte mit ihnen, er war voll von Mitleid.

In jüngern Jahren trat ihm die Versuchung nahe, ein Haus zu gründen; er folgte ihr nicht und blieb einsam: dankbar erkannte er an, dass sein guter Stern ihn nicht reicher sein liess, als eben für ihn nöthig war, damit er selbst sorgenfrei sein konnte. Und ein Haus hat er dennoch gegründet, in dem die Menschheit Eintritt hat: den kühnen, kunstreichen Bau seiner tiefsinnigen Gedanken, in dessen dunkeln Grund — nach Jean Paul's schönem Gleichniss auf ihn — das irdische Tageslicht nicht, wol aber das ferne Licht überirdischer Sterne hinableuchtet. — Sei ihm die Erde leicht! Friede seiner Asche!" —

Ein von Immergrün umrankter flacher Grabstein von schwarzem belgischen Granit deckt seine Ruhestätte. Die Grabschrift aber weicht von der englischen Sitte, der er bis dahin folgte, auffallend ab. Denn auf englischen Gräbern finden wir ganze Nekrologe, sogar mit Citaten aus Zeitungsartikeln in den Marmor gegraben; bei ihm dagegen nur — *Arthur Schopenhauer*, „nichts weiter, kein Datum, noch Jahreszahl, gar nichts, keine Silbe". Und als ich ihn fragte, wo er ruhen wolle, sagte er: „Es ist einerlei, sie werden mich finden."

Schopenhauer's Statur war unter der Mittelgrösse, sein Knochenbau gedrungen und kräftig, die Figur gleichwol, in jungen Jahren, schlank; die Brust hob sich zwischen den breiten Schultern energisch und seine Stimme blieb bis zu seinem Tode ungemein stark. Die Hände waren klein und ausdrucksvoll. Aschblondes krauses Haar fiel dem Jüngling, wie es damals Mode war, über die Stirn. An der Oberlippe trug er als Student ein kurzes Bärtchen. So zeigt ihn der nach einem im 21. Jahre, wahrscheinlich von Gerhard von Kügelgen 1809 in Weimar gemalten Pastellporträt sehr sorgfältig gefertigte Stich vor dem Titelblatt. Der röthlich blonde Backenbart des Mannes harmonirte mit der goldenen Brille, die er jedoch nie unausgesetzt getragen, und nach dem fünfzigsten Jahre ganz ablegte. Der Mund war in der Jugend voll und schön; zog sich aber später, mit dem Verlust der Zähne, sehr in die Breite. Die Nase war besonders regelmässig und fein geschnitten, an den Flügeln breit, an der Wurzel scharfkantig, vom Stirnbein in sanftem Winkel gerade abfallend. Die Augenhöhlen waren gross und standen auffallend weit voneinander ab, sodass er eine gewöhnliche Brille kaum gebrauchen konnte. Glanzreiche blaue Augen verklärten den imposanten Kopf.

Sein Blick war von solchem Feuer, von solcher geistigen Schönheit, dass er damit, besonders in jungen Jahren, unwillkürlich auffiel. Als er 29 Jahr alt war, kam ein ihm unbekannter älterer Herr auf ihn zu, ihm zu sagen, er würde etwas Grosses werden. Ein Italiener, der ihm völlig fremd war, redete ihn mit den Worten an: *Signore, lei deve avere fatto qualche grande opera: non so cosa sia, ma lo vedo al suo viso* (Mein Herr, Sie müssen irgendein grosses Werk geschaffen haben: ich weiss nicht was, aber ich sehe es an Ihrem Blick). Ein Engländer, der ihn nur gesehen hatte, äusserte, er müsse einen ausserordentlichen Geist haben. Ein Franzose sagte plötzlich über ihn: *Je voudrais savoir ce qu'il pense de nous autres; nous devons paraître bien petits à ses yeux. C'est qu'il est un être supérieur.* Der Sohn einer durchreisenden englischen Familie, die sich im Gastzimmer in Schopenhauer's Nähe niederliess, rief erregt: *No, I'll sit here, I like to see his intellectual face!* (Nein, ich will hier sitzen, ich sehe gern sein geistvolles Gesicht). Derartiges begegnete ihm manchmal, denn sein Gesicht phosphorescirte von Geist. Schwieg er, so sah er Beethoven ähnlich; gab er sich dagegen der Unterhaltung hin, so hatte man Voltaire vor sich.

Er selbst schreibt an Dr. Frauenstädt den 30. October 1853, er habe sich zweimal photographiren lassen, aber nur Caricaturen erhalten: „Sonderbar, als ich das Eine, als es neu war, aufmerksam betrachtete, fiel mir ein, ich sähe darauf aus, wie Talleyrand, den ich 1808 oft und bequem geschn. Wenige Tage darauf sitz' ich bei Tische neben einem alten Engländer: nach einiger Conversation und Vertraulichkeit sagt er: «Sir, soll ich Ihnen sagen, wem Sie ähnlich sehen? Dem Talleyrand, den ich in jungen Jahren oft gesehen und gesprochen habe»."

Seine Haltung war durchweg aristokratisch; er erschien stets in ganzer Toilette: schwarzem Frack, weisser Halsbinde und Schuhen. Dem Wechsel vieler Moden zum Trotz behielt er den Kleiderschnitt seiner Jugendzeit bis zum Tode bei. Der Leibrock mit umgelegtem, vornen zackig ausgeschnittenem Stehkragen wurde immer streng nach dem alten Muster erneuert. Dass er mit dieser Tracht gleichwol wenig auffiel, lag daran, dass er sie seiner Persönlichkeit völlig angepasst und untergeordnet hatte.

Schopenhauer hat zwei letztwillige Verfügungen hinterlassen. Ein Testament vom 26. Juni 1852 und ein Codicill vom 4. Februar 1859. In dem erstern setzte er „den in Berlin errichteten Fonds zur Unterstützung der in den Aufruhr- und Empörungskämpfen der Jahre 1848 und 1849 für Aufrechterhaltung und Herstellung der gesetzlichen Ordnung in Deutschland invalide gewordenen preussischen Soldaten wie auch der Hinterbliebenen solcher, die in jenen Kämpfen gefallen", zum Universalerben ein und bedachte seine entfernten Anverwandten in Danzig mit einem grössern Legat, zu welchem auch sein Antheil an den Schopenhauer'schen Ländereien in Ohra gehören sollte. Dr. Frauenstädt vermachte er seine wissenschaftlichen Manuscripte, die mit Papier durchschossenen Exemplare seiner Werke, die Werke Kant's aus seiner Bibliothek, Kant's Büste und seine Busennadel mit Smaragd, sowie, in einem nachträglichen Zusatze, das Verlagsrecht zu allen fernern Auflagen seiner Schriften; seiner Dienerin eine Leibrente und den grössten Theil seines Mobiliars; Dr. Emden, den er zu seinem Testamentsvollstrecker ernannte, die übrige Fahrniss, namentlich die Bibliothek, die Instrumente, Bilder und Musikalien. Auch für die Verpflegung seines Pudels setzte er ein kleines Kapital aus. Zugleich enthält das Testament die nöthige An-

weisung wegen des Vermögensbestandes und folgende lateinische
Ermahnung.

„Heic autem moneo arcam meam scriptoriam, vulgo secretarius
nuncupatam, primo per omnes ejus loculos, foros, recessus et
angulos diligenter perscrutandam atque rimandam, ipsumque atra-
mentarium excutiendum esse, quin etiam epistolas ceterasque char-
tas omnes, in parvis forulis ductilibus superioris, ergo valvâ oper-
tae arcae partis asservatas singulatim explicandas esse, quippe quae
saepe syngraphas similiaque continent, item notas musicas, in su-
prema arcae parte repositas foliatim evolvendas esse, denique vero
ipsam arcam tabulatim disjungendam et rescindendam esse, ita ut
ne duae quidem ejus tabulae amplius cohaereant. Nam hoc pacto
demum invenientur quae inveniri maximi momenti est. Hoc igitur
coram testibus idoneis fieri jubeo, omnibusque injungo. — Frag-
menta arcae divulsae dentur Doctori M. Emden." (Hier mache
ich noch auf Folgendes aufmerksam. Zunächst sind sämmtliche
Gefache, Schubladen, Winkel und Ecken meines Schreibpults sorgfältig zu durchsuchen, auch ist das Schreibzeug auszuleeren; sodann sind alle in den kleinen Schubladen der oberen, mit der
Klappe verschlossenen Abtheilung des Pults aufbewahrten Briefe
und sonstigen Papiere einzeln zu entfalten, weil sie öfters Schuld-
urkunden u. dgl. enthalten, ebenso sind die Musiknoten in der
obersten Abtheilung des Pults blattweise aufzuschlagen; endlich
aber ist das Pult selbst Stück für Stück zu zerlegen und abzubrechen, dergestalt dass nicht zwei Bretter mehr zusammenhängen. Denn so erst wird man die Hauptsache finden. Demnach
verordne ich und verpflichte Jedermann, dass dies vor tauglichen
Zeugen geschehe. Die Bruchstücke des auseinandergelegten Pults
soll Dr. Emden erhalten).

Nachdem er 1856 seinen Antheil an den Schopenhauer'schen
Ländereien in Ohra verkauft hatte und Dr. Emden 1858 gestorben
war, hob er durch das erwähnte Codicill jene Legate auf, erhöhte
die andern und fügte grosse und kleine neue Vermächtnisse hinzu.
Mich ernannte er zu seinem Testamentsvollstrecker und mir ver-

machte er seine Bibliothek; dem Dr. Karl Bähr seine goldene Uhr, dem Dr. Lindner die goldene Uhrkette mit Petschaften und Schlüssel, dem Dr. Asher seine goldene Brille, dem Maler Lunteschütz die Elfenbeinbüste seines Urgrossvaters und das Porträt seiner Mutter, aus jungen Jahren, in Pastell. Nur die activen Jünger waren also mit Andenken bedacht.

Die Schädelform, welche ich durch den Bildhauer Professor Zwerger mittels Gipsabdruckes in letzter Stunde von der Leiche nehmen liess, umfasst leider nicht den ganzen Kopf, sondern bricht vornen unter der Nase, hinten unter dem Mittelhauptswirbel und an den Seiten mit den obern Ohrlappen ab; sodass namentlich die für die kranioskopische Messung wichtigen Oeffnungen des Gehörganges fehlen. Die von Professor J. Ch. G. Lucae an dem Gipsabgusse mit dem Tasterzirkel und zur Controle mit dem Maassstab von der geometrischen Zeichnung genommenen Schädelmaasse sind:

Höhenumfang von der Nasenwurzel bis zur *protuberantia occipitalis* 370 Millimeter; Höhenumfang über der Ohrenbreite 330; Umfang des Hinterhaupts von Ohr zu Ohr 260; Umfang des Vorderhaupts von Ohr zu Ohr 330; Querumfang über Stirn und Hinterhaupt 600.

Den Profilumriss habe ich meiner Schrift „Arthur Schopenhauer aus persönlichem Umgange dargestellt" in einer Zeichnung beigegeben, auf welcher derselbe mit den Seitencontouren der Schädel Kant's, Talleyrand's, Schiller's, Napoleon's und Tiedge's nach C. G. Carus' „Atlas der Kranioskopie" zur Vergleichung zusammengestellt ist. Es fehlt dabei jedoch an exacten Grundlagen, überdies hat die Schädelmesskunde seit sechzehn Jahren grosse Fortschritte gemacht. *

* Vgl. H. von Jhering, Zur Reform der Kraniometrie in der Zeitschrift für Ethnologie (V. Jahrgang 1873, S. 121), wo der Sprengel'sche Kraniometer besprochen ist. Auch Gildemeister im Correspondenzblatt der deutschen Gesellschaft für Anthropologie, Ethnologie und Urgeschichte (1876, Nr. 4 und 5).

Dagegen findet man in Dr. Gustav Scheve's „Phrenologischen Reisebildern" (Köthen 1863) die demselben von mir mitgetheilten geometrisch genauen drei Umrisse des Gipsabgusses, von der Seite, von vorn und von oben gesehen, welche in ihrer Vergleichung lehrreich sind. Dr. Scheve sagt darüber: „Die Seitenansicht, welche die Mittellinie des Kopfes wiedergibt, bietet fast gar kein besonderes Interesse dar, denn alle Organe in dieser Mittellinie sind fast gleichmässig stark entwickelt. Weit mehr Interesse bietet die Ansicht von vorn, welche uns die merkwürdige Breite des Kopfes sehen lässt. Obwol die Stirne breit ist, so ist sie doch fast schmal zu nennen gegen die ausserordentliche Breite des Kopfes über den Ohren. Auch der Oberkopf, welcher uns in der Seitenansicht mittelmässig hoch oder weder hoch noch niedrig zu sein scheint, zeigt sich hier entschieden niedrig gegen die Breite. Von noch grösserm Interesse vollends ist die Ansicht des Kopfes von oben. Dieser Umriss zeigt nicht nur die Breite über den Ohren, sondern lässt auch genau erkennen, wie sich der Kopf von der vergleichungsweis schmalen Stirne zur Breite auswölbt. Diese Breite beginnt gleich vom Organ des Acquisital (Erwerbssinn), sodass also die drei Organe Actital (Thätigkeitssinn, Zerstörungssinn), Secretal (Verheimlichungssinn) und Acquisital als entschieden gross erscheinen. Dem gegenüber ist auch das Organ des Idealital (Sinn der Idealität) nur mittelmässig zu nennen, obgleich der Kopf an den obern Schläfen an und für sich keineswegs schmal ist."

Also, was beim ersten Blick auf diesen Schädel am meisten imponirt, ist dessen Breite zwischen den, ziemlich tief stehenden Ohren. Die Entfernung derselben voneinander, die sogenannte Ohrwirbelbreite beträgt am Gipsabguss 6″ 6‴ pariser Maass. Auch die Stirnbreite mit 5″ 5‴, die Hinterhauptbreite mit 5″ 4‴ und die Augenbreite mit 5″ sind verhältnissmässig sehr gross. Länge und Höhe aber treten der Breite gegenüber ungefähr gleichmässig zurück.

Wenn die zuerst von dem trefflichen Emil Huschke versuchte Deutung der drei grossen Hirnabschnitte die richtige ist, wonach das Gefühlsleben im Scheitelhirn, das Verstandesleben im Stirnhirn und das Willenleben im Hinterhauptshirn seinen Mittelpunkt hat — und sie ist von unserer modernen Physiologie, wenn diese auch Männern wie Oken, Burdach, Carus, Huschke u. a. gegenüber eine hohe Miene aufsetzt, weder überboten noch beseitigt * — so ergibt sich für die kranioskopische Beurtheilung des Schopenhauer'schen Schädels ein entschiedenes Ueberwiegen der Willenssphäre über die Gefühls- und Gemüthssphäre, ja auch über die Verstandessphäre. Alle drei Schädelwirbel sind zwar im allgemeinen in hohem Grade ausgebildet; die enorme Entwickelung der Kraft- und Willenssphäre aber gibt dem Kopfe so sehr seinen unterscheidenden Charakter, dass derselbe auf den ersten Anblick nicht als der eines Gelehrten, sondern als der eines Athleten erscheint. Dass dieser Kraftfülle, ja Ueberkraft ein starker Intellect voranleuchtete, verräth die reiche Entwickelung der vordern Stirntheile. Dagegen stellt sich der Kopf über den Schläfen und um den Scheitel verhältnissmässig als flach dar.

Die gewiss nur sehr *cum grano salis* zu verstehende, aber durchaus nicht, wie es Mode ist, wegzuwerfende phrenologische Beurtheilung des Kopfes stimmt hiermit im allgemeinen vollkommen überein, indem sich die Maasse der Organe der Gefühls- und Gemüthssphäre mit Ausnahme des zweifelhaften Sinns der „Hoffnung“ sämmtlich kleiner darstellen.

Dr. Scheve's, theils im März 1861 auf meine Veranlassung, theils im Sommer 1862 niedergeschriebenes Urtheil ist merkwürdig genug, um es hier einzureihen. Als Scheve sich dasselbe bildete, war ihm Schopenhauer nur von Hörensagen bekannt. Er hatte gehört, Schopenhauer habe „ein Werk über den Willen geschrieben“ und sei „ein Weiberfeind“. Das war alles was er von ihm wusste. Erst meine Schrift über denselben gewährte ihm einen Ein-

---

* Freilich muss man jene Deutung nicht derart missverstehen, als sei dabei an eine concrete Existenz dieser allgemeinen „Seelenvermögen“ in selbständigen Organen, wie diejenigen der ihnen correspondirenden drei höhern Sinne gedacht.

blick in dessen Leben, Charakter und Lehre. Er sagt, erst diese
Schrift habe ihm das Räthsel, welches in dem Kopfe Schopenhauer's imponirend vor ihm gestanden, zu seiner vollsten Befriedigung gelöst. Alle seine phrenologischen Vota über den Charakter
des Philosophen, d. h. über die verschiedene Stärke seiner innern
Sinne fänden sich bestätigt: sodass er auf diese Leistung der praktischen Phrenologie stolz sein könne. Auf der andern Seite habe
er „kaum jemals aus einer phrenologischen Untersuchung soviel
gelernt als aus dieser"; denn kaum sei jemals „ein Geistesbau,
dessen verborgenen Grundriss er zu Tag gestellt, in seiner äussern
Erscheinung so originell und phrenologisch interessant gewesen
wie dieser".

Nachdem er sich rücksichtlich der Mängel des Objects seiner
Untersuchung gehörig verwahrt, fährt er fort: „Als ich den Kopf
langsam aus seiner Einhüllung löste, wurde ich durch den Anblick
desselben aufs Höchste überrascht, weil ich so ganz Anderes fand,
als ich erwartete. Das grosse Gehirn mit starken Organen der
niederen Sinne, besonders mit gewaltigem Organ des Thätig-
keitssinnes (Zerstörungssinnes) imponirte mir, aber ganz anders
als ich vorausgesetzt; ich fürchtete mich beinahe vor dem Kopfe.
Was? ists möglich? rief ich laut. Der Gedanke an eine Ver-
wechslung, an einen Scherz, ein auf die Probe Stellen der Phrenologie, der für einen Augenblick in mir aufstieg, verschwand gänzlich bei nochmaligem Lesen des Briefs Dr. Gwinner's. Auch
stimmte, wie ich mir alsbald bei weiterm Nachdenken sagte, die
Organisation des Kopfes damit überein, dass Schopenhauer auf
den Willen, der ja nichts anderes als Thatkraft ist, besonderes
Gewicht zu legen schien.

„Dem phrenologischen Urtheil über den Kopf stelle ich die
Organenmaasse * voran.

---

* Es sollte kaum der Erinnerung bedürfen, dass man sich nicht
an die mangelhaften, zu viel oder zu wenig sagenden, ja zum Theil geradezu irreleitenden Benennungen dieser „Organe" stossen darf, und

„Niedere Sinne (Triebe): Geschlechtssinn gross bis sehr gross. — Anhänglichkeit mittelmässig bis ziemlich gross (d. h. über Mittelmaass oder genauer zwischen mittelmässig und gross). — Kampfsinn ziemlich gross. — Zerstörungssinn (Thätigkeitssinn, Thatkraft, Willenskraft) sehr gross. — Verheimlichungssinn gross. — Eigenthumssinn (Erwerbssinn) gross bis sehr gross. —

„Gemüthssinne: Selbstgefühl ziemlich gross. — Beifallsliebe (nach Gall: Eitelkeit, Ruhmsucht, Ehrgeiz) ziemlich gross. — Festigkeit ziemlich gross. — Gewissenhaftigkeit ziemlich gross. — Ehrfurcht (Religiosität) ziemlich gross. — Hoffnung gross. — Wohlwollen (Mitgefühl) ziemlich gross. — Sinn für Neues (Wunderbares) mittelmässig. — Idealität (Sinn für das sogenannte idealisch Schöne oder Poetische, wohl auch „Phantasie") mittelmässig.

„Verstandessinne und zwar niedere: Gegenstandssinn gross. — Gestaltsinn ziemlich gross. — Ortsinn gross. — Thatsachensinn ziemlich gross. — Wortsinn ziemlich gross.

„Höhere oder Denkkräfte: Vergleichungsvermögen (Tiefsinn) gross. — Schlussvermögen (Scharfsinn) ziemlich gross.

„Was zuerst ein allgemeines phrenologisches Urtheil über Schopenhauer's Kopf betrifft, so liebe ich ein solches überhaupt nicht, da es immer mehr oder weniger ungenau ist. Die Natur kennt nichts Allgemeines als solches, sondern nur Besonderes. Fast wäre ich versucht, das allgemeine Urtheil über Schopenhauer zu geben, dass er in gewissem Sinne das Gegentheil eines Philo-

---

dass man sich diese eben nicht isolirt wie die Sinnesorgane, geschweige denn musivisch nebeneinander gepflastert zu denken hat; vielmehr, bis auf weiteres, als elektrische Apparate geistiger Kraftcentren, deren Wirkungssphären ineinandergreifend sich wechselseitig bedingen und bestimmen — eine Vorstellung, welche die atomistischen Theorien unserer Tage dem Verständnisse näher gelegt haben. Der Scheidekünstler des Geistes und Begründer der Kranioskopie, Gall, war, wie schon Huschke bemerkt, ein genialer Beobachter aber schlechter Kritiker, dem deshalb erst kommende Zeiten zu seinem Rechte verhelfen müssen. Dr. Scheve hat lateinische Namen vorgeschlagen, was wol das Richtige ist, sobald nur die Wissenschaft in der Kenntniss der Centralorgane weiter vorgerückt sein wird.

sophen war, insofern man sich nämlich unter einem Philosophen einen Menschen denken kann, bei welchem die Sinne des (theoretischen) Denkens vorragend stark, die Sinne der (praktischen) Thatkraft oder Willenskraft dagegen vergleichungsweise schwach sind.

„Im Einzelnen ist der Geschlechtssinn entschieden stark. Schopenhauer kann kein Weiberfeind, sondern nur das Gegentheil gewesen sein. Insofern es jedoch Männer gibt, welche eine starke Geschlechtsliebe haben und sehr an den Frauen hängen, aber dennoch die Frauen gering achten, so könnte dies wohl auch hier gewesen sein. Es ist dies sogar nicht unwahrscheinlich bei diesem Charakter, wegen der Ueberkraft, die in ihm liegt und die zu einer gewissen Schroffheit, zur Verachtung jeder, also auch weiblicher Schwäche hinneigen musste.

„Anhänglichkeit ist nicht schwach; aber wenn die Freundschaft Schopenhauer's eine engere und von Dauer sein sollte, so musste wohl der Freund mehr Geduld mit ihm und seinen Eigenthümlichkeiten haben, als er geneigt war, geduldig gegen die Schwächen des Freundes zu sein. Wegen des grossen Verheimlichungssinns schloss sich Schopenhauer jedenfalls nur schwer an.

„Kampfsinn ist nicht mehr als ziemlich gross, wird aber bedeutend von dem sehr grossen Thätigkeitssinn unterstützt. Bei geistiger Ruhe suchte daher Schopenhauer den Streit nicht auf, war nicht «Krakehler»: allein weil die geistige Ruhe gar wenig seine Sache war, so konnte er leicht in Streit gerathen. Grosse Nachgiebigkeit oder Friedfertigkeit war seine letzte Schwäche.

„Thätigkeitssinn (Zerstörungssinn) ist, wie gesagt, sehr gross, wohl am grössten von allen Sinnen, so dass mir der Kopf beim ersten Anblick hauptsächlich durch die Grösse dieses Sinnes imponirte. Welche Kraft! welche Ueberkraft! Und Schopenhauer ein Philosoph! Ein von ihm aufgestelltes philosophisches System kann nur ein System der Ueberkraft sein.* Wie wird sich diese

---

* Nachdem Dr. Scheve mit Schopenhauer's Schriften bekannt geworden, bemerkte er: ich wünschte hier, was so nahe lag, gesagt zu haben:

in seinem System aussprechen? Jedenfalls war Schopenhauer von
Natur nicht Philosoph als solcher, oder nicht Philosoph im gewöhnlichen Sinne des Wortes, sondern ein Mann des praktischen
Wirkens und Schaffens.* Diese grosse Kraft musste ihren ent-
sprechenden Wirkungskreis haben, musste sich ausleben können,
wenn Schopenhauer sich im Leben an seiner Stelle, wenn er sich
glücklich fühlen sollte. Natürlich war dieser so starke Thätigkeitssinn an sich weder gut noch schlimm, weder ein Vorzug noch
ein Fehler des Charakters oder aber beides zugleich. Einerseits war
dieser Sinn, wenn er seinen richtigen oder natürlichen Wirkungskreis hatte, als unermüdliche und unbeugsame Kraft des Wirkens
und Schaffens ein Vorzug des Charakters; andererseits aber, wenn
der Sinn seinen natürlichen Wirkungskreis nach Aussen nicht
fand und nach Innen ausbrennen musste, so konnte Schopenhauer
leidenschaftlich, heftig, böse, launisch, schroff, rücksichtslos, un-
geduldig, tadelsüchtig sein. Jedenfalls konnten dann diese Züge

---

„kann nur ein System der Ueberkraft, der geistigen Zerstörung — des
Pessimismus sein".

* Ein von Dr. Scheve bereitwillig zugegebener Fehlschluss. Ich
schrieb ihm darüber unter anderm: „Was Ihnen vorschwebte, dass hier
nämlich neben den sogenannten theoretischen Geisteskräften praktische
Geisteskräfte sich in solcher Entwickelung und natürlich starker Anlage
zeigen, dass jene von der Mitwirkung dieser wesentlich beeinflusst
werden mussten, ist ohne Zweifel richtig: Schopenhauer's System kam
nicht allein aus seinem Vorderkopf; die übrigen Organe waren dabei
stark und vielleicht stärker betheiligt, als bei den meisten Philosophen.
Aber die weitern Schlüsse, die Sie ziehen" — er folgerte nämlich auch,
dass Schopenhauer's System nicht als solches d. h. nicht als blosser
Gedankenbau, abgesehen vom Gegenstand oder Inhalt, besondern Werth
gehabt haben werde — „bestätigt die Erfahrung nicht, und es dünkt
mich, dass man die Entwickelung der Kraftsphäre d. h. der Willens-
organe nicht ohne weiteres auf dasjenige beziehen darf, was wir praktische Thatkraft nennen, wenigstens zeigt Schopenhauer's Charakter,
wie sich diese Thatkraft in einer solchen organischen Complication
finden kann, dass sie ihre Bethätigung nicht im praktischen Leben,
sondern nur im theoretischen Felde der Ideen hat und den Erkennt-
nissorghuen nur deren Energie und eigenthümliche Richtung mittheilt."

neben den Zügen der Gemüthlichkeit (Sinn der Anhänglichkeit, Sinn des Wohlwollens) sich häufig geltend machen. Jeder Mensch ist bekanntlich aus sogenannten Widersprüchen zusammengesetzt. Die Widersprüche in Schopenhauer waren in der bezeichneten Art sehr gross.

„Obgleich der Verheimlichungssinn gross ist, wonach Schopenhauer nicht offenen, sondern verschlossenen Charakters war, so ist doch derselbe als Grundlage der nöthigen Selbstbeherrschung in dieser Grösse nothwendig neben dem noch grösseren Thätigkeitssinn. Oft mag noch die Selbstbeherrschung, die nöthige Zurückhaltung gefehlt haben gegenüber der auflodernden Kraft.

„Eigenthumssinn ist entschieden gross. Obgleich daher der praktische Geschäftsmann das Gegentheil des Philosophen als solchen ist, so hatte doch Schopenhauer den Zug des praktischen Geschäftsmannes, dass er auf Eigenthum sehr bedacht, in kleinen und grossen Dingen häuslich und sparsam war. Dieser Zug tritt gegenüber dem mittelmässigen Sinn für Idealität noch entschiedener hervor. Also auch insofern war Schopenhauer nicht ein geborener oder einseitiger Philosoph. Wird sich dieser Zug, oder wie wird er sich in Schopenhauer's Philosophie aussprechen?

„Selbstgefühl ist zwar nur ziemlich gross, wird aber sehr von dem Thätigkeitssinn, Kampfsinn und den Denkkräften unterstützt. In Schopenhauer war zwar nicht ein Zug von vortretendem Stolz oder Hochmuth, aber doch eine sehr entschiedene männliche Selbständigkeit, hinter welcher, sie unterstützend, wie wir gesehen, eine noch entschiedenere männliche Kraft stand. Wenn daher Schopenhauer rücksichtslos oder herrschsüchtig sein konnte, so war diese Rücksichtslosigkeit oder Herrschsucht weniger die des Engländers als die des urkräftigen Deutschen, d. h. sie ging weniger aus blinder Selbsterhebung, als aus Ueberkraft, die sich fühlt, hervor. Wegen des ziemlich starken Selbstgefühls fehlte bei Schopenhauer auch der Egoismus nicht, umsoweniger, da das Selbstgefühl sehr vom Eigenthumssinn unterstützt wird.

„Ziemlich gross ist auch die Beifallsliebe. Schopenhauer

besass Ehrgeiz, war nicht gleichgiltig gegen Anerkennung oder
Zurücksetzung: aber jedenfalls artete dieser Ehrgeiz nicht in jene
häufig gefundene kleinliche Eitelkeit aus.

„Festigkeit ist ziemlich gross bis gross, konnte aber leicht
als sehr gross erscheinen, da wo es auf Kraft oder Kraftäusserung
ankam.

„Ehrfurcht ist ziemlich gross. Schopenhauer hatte Sinn für
Autorität, dieses Wort in der weitesten Bedeutung genommen. Da
aber der Sinn der Ehrfurcht hier in Harmonie steht mit dem des
Selbstgefühls, Kampfsinns und den Denkkräften, so kann bei Schopenhauer weder von vorragendem noch von blindem Zug der
Verehrung irgendwie die Rede sein. Ueberragt ist hier der Sinn
der Verehrung sehr vom Thätigkeitssinn, so dass bei der Aufregung, beim Zürnen der Zug der Verehrung wenig ins Gewicht
fiel, schwer zur Geltung kam. Weil dieser Sinn bei Schopenhauer
jedenfalls kein vorragender ist, so kann das religiöse Element
nicht — wie dies so oft in philosophischen Systemen der Fall
ist — ein wesentliches Element der Schopenhauer'schen Philosophie sein.

„Wohlwollen ist ziemlich gross. Schopenhauer war einerseits wohlwollend, theilnehmend; aber andererseits, wie wir gesehen, auch egoistisch; ferner war er nicht aus Wohlwollen sanft,
sondern im Gegentheil, wie wiederholt zu bemerken, leicht böse,
gereizt, erzürnt.

„Der Sinn für Wunderbares ist nur mittelmässig. Ein Interesse an Neuem und Ungewöhnlichem als solchem lag Schopenhauer ferne; das praktisch Bewährte galt ihm mehr, als das, was
die Phantasie als werthvoll ausmalen kann. Dies um so mehr als
dieser Sinn auch nicht unterstützt ist von dem der

„Idealität, welcher in seiner Bedeutung mit ihm Aehnlichkeit
hat und hier auch nur mittelmässig ist. Beide Sinne verhalten
sich zueinander ungefähr so wie sich das Wunderbare zum Schönen
verhält. Jeder der beiden Sinne gibt in starker Entwicklung eine
gewisse Phantasie, welche, wenn in Harmonie mit der Denkkraft,

dieselbe hebt und unterstützt. Ueberragt der Sinn für Wunderbares die Denkkraft, so entsteht der Phantast, der geistige Abenteurer; überragt der Sinn der Idealität, so entsteht der ideale Schwärmer der Enthusiast. Da die beiden Sinne bei Schopenhauer mittelmässig sind, so kann von einer den Verstand überragenden, oder nur von einer auf den Verstand stark Einfluss übenden Phantasie hier nicht die Rede sein. Eine praktisch verständige Nüchternheit, vielleicht einseitig überschlagend durch die Ueberkraft, war ein Zug im Charakter Schopenhauer's und — jedenfalls auch seiner Philosophie.*

„Ueber die Verstandessinne zuerst ein allgemeines Wort. Die niederen Verstandessinne werden auch Beobachtungssinne oder Wahrnehmungssinne, die höheren auch eigentliche menschliche Denkkräfte genannt. Die ersteren geben das Talent, die Gegenstände, Formen, Oertlichkeiten, Ereignisse u. s. w. aufzufassen und festzuhalten, die letzteren das Talent, das Aufgefasste durch Vergleichen und Schliessen zu verarbeiten und zu verwerthen. Die ersteren also geben das Talent des (objektiven) Nachdenkens. Sind in einem Falle die ersteren stark, die letzteren schwach, so leistet der Mensch viel im objektiven Auffassen und Beobachten, z. B. als Gelehrter in den Naturwissenschaften, Botanik, Mineralogie, Anatomie u. s. w., allein er ist nicht gross als Denker durch scharfsinnige und geistreiche Verarbeitung des Beobachteten. Sind im andern Falle die Beobachtungssinne schwach, aber die Denkkräfte stark, so fehlt dem Menschen der Sinn und das Gedächtniss für Einzeldinge, Formen, Ereignisse u. s. w., aber er ist stark im

---

* Aus der Betrachtung der letztgenannten beiden „Gemüthssinne" wird besonders klar, dass es sich bei diesen sämmtlich nicht um directe „moralische Eigenschaften" handelt, worauf die Benennungen zum Theil zu deuten scheinen, sondern nur um bestimmte geistige Richtungen, Strahlen der Geisteskraft, die sich freilich im Willen reflectiren; daher denn Schopenhauer's Anstoss an der Lehre Gall's auf einem Missverständnisse dieser Lehre beruht, die für roh gehalten wird, weil sie nur ein roher — Diamant ist, der des Schleifers harrt.

(subjektiven) Denken, er ist scharfsinnig, geistreich. Sind beide, die Beobachtungssinne und die Denkkräfte stark, so ist der Mensch sowohl Beobachter als Denker.

„Bei Schopenhauer sind die beiderlei Verstandessinne in etwa gleicher Stärke vorhanden. Schopenhauer war also weder einseitig objektiv (Beobachter mit schwacher Denkkraft) noch einseitig subjektiv (Denker mit schwacher Beobachtungsgabe). Für Schopenhauer als Philosophen ist dies nicht unwichtig. Er gehörte nicht zu jenen zahlreichen Philosophen, welche zu abstrakt, zu subjektiv sind, und welchen für ihr philosophisches Gebäude der reelle Grund und Boden fehlt. Es braucht nicht hinzugefügt zu werden, dass er auch andererseits ein nicht zu objektiver Philosoph war; denn zu objektive Philosophen gibt es nicht. Wo die Beobachtungssinne stark und die Denkkräfte schwach sind, da fehlt die Philosophie. Denn diese ist eben nichts anderes als die auf die Verarbeitung der Beobachtungen angewendete höhere Denkkraft." —

Der Mensch, der nach diesen freilich unvollkommenen und in Einzelheiten unsicheren, im Grundstock aber richtigen Daten vor uns steht, war also in der That vorherrschend „Wille und Vorstellung" und den Primat in seinem Seelenleben hatte entschieden der Wille. Das Gefühl dagegen trat, als blosser Modus dieser beiden, in den Hintergrund.

Und gleichwie dieses Ergebniss mit der richtigen Auffassung seiner Lehre zusammenstimmt, so finde ich darin auch eine Bestätigung der Darstellung seines Charakters. Denn wenn ich die erstaunliche Kraftfülle, die ausserordentliche Stärke des Willens an diesem Schädel betrachte, so drängt sich mir die Ueberzeugung auf: die Seele dieses Menschen muss ein glühender Drang verzehrt haben, die ihr eingeborene Idee ihres Daseins handelnd auszugestalten — also nicht etwa nur: sie zu erkennen! Die Erkenntniss an sich, das Leben in der Wissenschaft, Gelehrsamkeit und Schriftstellerei vermochten diesem Menschen keine wahre, keine eigentliche Befriedigung zu geben. Erwägen wir nun den

Umfang und die Tiefe der auszulebenden Idee, des Ideals, das ihn
beseelte, das aus seinen Augen sprach und das seine Werke wieder-
spiegeln — so zieht sich sein Leben und Leiden in einer Welt,
die zur Verwirklichung dieses Ideals keine Mittel bietet, zu einem
tragischen Knoten zusammen, der seine Lösung nur in der „Verneinung des Willens" finden konnte, weil ihm die centrale Einheit
des Lebens im Gefühl, welches den Gegensatz aufhebt, nicht in
gleichem Grade bewusst geworden war.